오직
그대 자신을 등불로 삼아라

나라다 마하테라 지음
정동하 석길암 옮김

경 서 원

1985

이 책은
나라다 마하테라(스리랑카) 스님의
《 The Buddha and his teachings 》
의 온전한 번역입니다.

이 책의 초판은 1942년에 간행되어 수차에 걸쳐 수정 보완하여
1964년에 베트남의 사이공에서 발행되고 또 그 후에 추가 수정 보완하여
1973년 콜롬보에서 발행된 것을 온전히 완역한 것이다.

차　례

* 이끄는 글

제 1 부　부처님의 생애

제 1 장　부처님—— 탄생에서 출가까지 ………………………… 23
제 2 장　고　　행 ………………………………………………… 33
제 3 장　깨달은 자(부처) ………………………………………… 43
제 4 장　깨달은 후 ………………………………………………… 50
제 5 장　부처님 그래도 법을 설하셔야 합니다. ……………… 57
제 6 장　처음으로 법을 설하다(初轉法輪) …………………… 68
제 7 장　진리의 가르침 ………………………………………… 87
제 8 장　부처님과 친척들(1) …………………………………… 98
제 9 장　부처님과 친척들(2) …………………………………… 112
제10장　부처님의 후원자와 반대자들 ………………………… 125
제11장　부처님의 왕족 후원자들 ……………………………… 145
제12장　부처님의 전도 활동 …………………………………… 155
제13장　부처님의 하루 일과 …………………………………… 170
제14장　부처님의 열반 …………………………………………… 175

제 2 부　부처님의 가르침

제 1 장　불교란 무엇인가? ……………………………………… 203

제 2 장 불교의 특성 ………………………………………… 223
제 3 장 네 가지 성스러운 진리(四聖諦) ……………………… 239
제 4 장 업(業) ……………………………………………… 250
제 5 장 업이란 무엇인가? ………………………………… 262
제 6 장 업의 작용 ………………………………………… 271
제 7 장 업의 본질 ………………………………………… 287
제 8 장 생명의 기원은 무엇인가? ………………………… 296
제 9 장 창조자 …………………………………………… 305
제10장 윤회를 믿는 이유 ………………………………… 309
제11장 삶의 수레바퀴(緣起論) …………………………… 317
제12장 탄생 그리고 죽음 ………………………………… 329
제13장 존재의 세계 ……………………………………… 332
제14장 윤회는 어떻게 일어나는가? ……………………… 340
제15장 무엇이 윤회하는가(無我)? ………………………… 346
제16장 도덕적 책임 ……………………………………… 358
제17장 업의 하강과 상승 ………………………………… 361
제18장 업과 재탄생에 대한 서양의 인식 ………………… 367
제19장 니르바나 ………………………………………… 375
제20장 니르바나의 특성 ………………………………… 383
제21장 니르바나로 가는 길(1) …………………………… 393

제 22 장	니르바나로 가는 길(2)	398
제 23 장	장애	412
제 24 장	니르바나로 가는 길(3)	415
제 25 장	아라한의 상태	425
제 26 장	보살의 이상	431
제 27 장	바라밀(完成)	439
제 28 장	네 가지 무한한 마음(四無量心)	467
제 29 장	여덟 가지 세속적인 조건들	490
제 30 장	삶의 문제들	507

부록 : 망갈라(기쁨)경 ·············· 521
　　　파라바바(몰락)경 ·············· 524
　　　바살라(천민)경 ·············· 528
　　　라타나(보석)경 ·············· 533
　　　메타(자애)경 ·············· 538

역자후기

이끄는 글

지금까지 동양과 서양에서 불교도나 비불교도인 학자들이 불교에 관심 있는 사람들을 위해서 부처님의 삶과 가르침을 알리기 위해 수많은 책을 써왔다. 그중에 아놀드(Edwin Arnold)경이 쓴 'The Light of Asia'는 지금도 훌륭한 저서로 인정받고 있다. 서양에서 많은 진리의 탐구자들이 이 유명한 시를 읽고 불교에 매력을 느끼게 되었다. 동서양의 불교도들은 독자들에게 부처님의 가르침을 일깨워 주려고 노력하는 저자들에게 많은 찬사를 보낸다.

이 책은 팔리경전과 주석서 그리고 불교국가 특히 스리랑카에서 많이 알려진 경전들을 토대로 승가의 한 승려의 입장에서 저술한 것이다. 이 책은 첫 장에서 부처님의 생애를 다루었으며, 둘째 장에서는 부처님의 가르침을 다루었다.

* * *

부처님의 가르침은 깨달음의 유일한 길을 자세히 설명하는 도덕적이고 철학적인 체계이다. 그리고 단순한 학문적인 관점에서 다루어질 수 없는 내용들이다. 교리에 대한 실제적인 실천이 없이 단순히 배우기만 하는 것은 아무런 소용이 없다. 부처님께서는 실천하지 않고 배우기만 하는 자는 향기가 없는 화려한 꽃과 같다고 말씀하셨다. 법을 배우지 않는 자는 눈 먼 사람과 같고, 법을 실천하지 않는 자는 책을 많이 저장해 둔 도서관에 불과하다.

* * *

어떤 이들은 불교가 수동적이고 비활동적인 종교라고 성급한 비판을 한다.

그러나 이러한 비판은 진실을 잘못 알고 있는 데서 기인하는 것일 뿐이다. 부처님은 이 세상에서 최초의 가장 적극적인 진리의 전도자였다. 그분은 대중과 지식인 계층에 진리를 가르치기 위해 45년간 이곳 저곳을 돌아다니셨다. 그리고 마지막 열반의 순간까지도, 모범적인 삶과 가르침으로 인류를 위해 헌신했다. 그분의 뛰어난 제자들 또한 그분의 가르침을 잘 따랐다. 그들은 아무런 보수도 바라지 않으면서, 노자 한 푼 없이 아주 멀리 떨어진 지방으로 오로지 진리를 전하기 위하여 떠났다.

부처님의 마지막 말씀은 '부지런히 노력하여라'였다. 스스로의 노력이 없이는 어떠한 해탈 또는 마음의 정화도 얻을 수 없다. 그러므로 불교는 무엇을 얻고자 외적 대상에 대하여 기도하는 것을 부정한다. 그 대신 명상을 통하여 자기억제, 정화, 깨달음으로 이끈다.

불교의 특성은 명상과 봉사에 있다. 사실 모든 불교국가들은 불교의 요람 속에서 성장하였다.

부처님의 첫번째 훈계는 '나쁜 행동을 하지 말라' 즉 자신과 남에게 욕하지 말라는 것이었다. 이것은 그 다음에 오는 훈계-'좋은 행동을 하라' 즉 '자신과 남을 기쁘게 하라'로 이어진다. 그분이 말씀하신 최상의 충고는 '자신의 마음을 정화시켜라'였다. 이것은 가장 중요하고 가장 본질적인 것이었다.

이러한 종교가 비활동적이고 수동적이라고 불리울 수 있을까? 우리는 깨달음으로 이끄는 37가지 요소 중에 정진이나 노력이 9번이나 나타난다는 사실을 유념해야 할 것이다.

부처님께서는 제자들과의 관계를 분명하게 밝히셨다.

"너희들은 스스로 노력해야 한다.

여래는 단지 스승일 뿐이다."

부처님은 그 길을 가르칠 뿐이며 마음을 정화하기 위하여 그 길을 따라가는 것은 우리 자신에게 달려있다.

스스로 노력하는 것은 불교에서 중요한 부분을 차지하고 있다.

"스스로에 의해서 자신을 정화시킨다.

스스로에 의해서 자신을 더럽힌다."

* * *

계율과 규칙의 한계 내에서, 비구들은 계율을 범하지 않고 그들 자신의 삶의 영역 속에서 활동할 수 있으며, 반면에 재가 신자들은 부처님의 가르침을 따라서 속세에 살면서 그들 자신의 삶 속에서 종교적 생활을 영위해 나갈 수 있다.

불교는 삶에 있어서 비구들에게 가야 할 길을 제시해주며, 재가 신자에게는 또 다른 길을 제시해준다.

어떤 면에서 모든 불교도들은 용감한 투사들이다. 그들은 싸운다. 그러나 무기와 폭탄을 갖고 싸우지는 않는다. 그들은 죽인다. 그러나 아무 죄없는 사람들을 죽이지는 않는다.

그러면 과연 그들은 누구와 그리고 무엇과 싸우는 걸까? 누구를 자비스럽지 못하게 죽이는 걸까? 그들은 바로 자기 자신들과 싸운다. 왜냐하면 인간의 가장 큰 적은 바로 자기 자신이기 때문이다. 마음은 그의 가장 나쁜 적이며, 또한 가장 친한 친구이기도 하다. 그들은 가차없이 욕망과 성냄 그리고 어리석음의 번뇌를 죽인다. 그리고 그 자리에는 깨끗함과 맑은 정신 그리고 지혜가 안주하게 된다.

고독하게 혼자서 이러한 번뇌와 싸우기를 좋아하는 자는 그렇게 함으로써 완전히 자유롭게 된다. 은둔해서 살고 있는 비구들은 아주 좋은 예들이다. 이렇게 하는 것에 만족하는 사람들에게 고독은 행복이다.

한편, 이 세상에 살면서 삶의 여러 문제에 부딪치면서 기쁨을 추구하고 행복한 세계를 만들고 완전한 평화와 조화를 이룬 이상적인 사회시민으로서 살아갈 수 있는 사람들은 속세에서 이렇게 책임감을 갖고 어려운 삶의 과정을 택한다.

인간은 불교를 위한 수단이 아니다. 그러나 불교는 인간을 위한 수단이다.

* * *

불교에 의하면, 부자이든 가난한 자이든 만약 올바른 견해만 갖고 있다면, 이상적인 불교도가 되는 데 아무런 장애가 없다고 한다. 부처님의 가장 큰 후원자였던 아나타핀디카는 대부호였다. 이와는 반대로 가티카라는 그 당시 군주보다도 훨씬 더 높게 인정을 받았는데, 무일푼의 옹기장이였다.

불교는 부자와 가난한 자를 함께 포용하며 또한 일반대중과 지식인 계층에게 동등한 호소력을 나타낸다.

평범한 대중들은 불교의 신앙적인 면과 검소한 윤리에 마음이 이끌렸으며, 반면에 지식인 계층은 고차원적인 교리와 정신적 수양에 매력을 느꼈다.

불교국가를 우연히 방문한 자가, 처음으로 불교사원에 들어가면 불교는 거치장스러운 의식이나 의례가 많고, 여러가지 불상들을 숭배하는 미신적인 종교라고 잘못 생각할 가능성이 있다.

불교는 관용의 정신이 강하기 때문에 이와 같이 대중들에게 필요한 외적인 형태의 숭배를 부정하지는 않는다.

우리는 그들이 이러한 종교적인 의식을 통하여 신앙심을 더욱 두텁게 하는 것을 볼 수 있다. 불교도들은 불상앞에 무릎을 꿇고 앉아서 불상에 대한 존경심을 나타낸다. 불상의 의미를 제대로 이해하는 불자들은 부처님의 원만한 공덕에 대해 명상한다. 그들은 그 불상으로부터 세속적이거나 정신적인 도움을 추구하지 않는다. 한편으로 보리수는 깨달음의 상징이다.

부처님께서 제자들에게 바랐던 것은 이러한 형태의 존경이 아니라 자신의 가르침을 실천하며 따르는 것이었다. 부처님의 훈계는 '나의 가르침을 가장 잘 실천하는 자는 나를 가장 존경하는 자다.' 이었다.

불교를 제대로 이해하는 불자들은 외부적인 형태의 숭배없이 가르침을 실천할 수 있다. 사원이나 불상이 없이 팔정도(八正道)를 따르는 것은 절대적으로 필요하다.

불교가 전생과 내생의 삶의 연속 그리고 무한한 세계의 존재를 가정하고 있다고 해서 절대적으로 초세간적이라고 말하는 것이 옳은 걸까?

부처님께서 가르치고자 했던 것은 고통의 원인을 뿌리째 뽑아서 중생들을 해방시키고 누구라도 원한다면 삶과 죽음의 윤회 속에서 벗어나는 길이었다.

그렇지만 부처님께서는 세속적인 삶의 과정에 대해서도 자세한 설명을 해 주었다.

물질적, 정신적 발전 모두 국가의 발전에 본질적으로 필요하며 어느 하나가 다른 하나로부터 분리될 수 없다. 오늘날 이 세계에서 물질지향적인 국가들 사이에서 증명되듯이 정신적인 발전을 희생하면서 물질적인 발전을 이루어서도 안된다.

인류의 물질적인 발전에 관심을 기울이는 것은 각국의 정부나 자선단체들의 의무이며, 반면에 불교같은 종교들은 이상적인 사회인을 만들기 위해 도덕적 발전을 하는 데 중요한 역할을 한다.

* * *

불교는 중도를 강조하면서 대부분의 종교들과는 반대로 신 중심의 믿음과 상반되는 인간 중심의 가르침을 펴고 있다. 그렇기 때문에 불교는 내적인 것과 개인의 해탈에 관심을 갖는다. 따라서 다르마(진리)는 스스로 깨달아야만 한다.

일반적으로 대다수 인류가 바라는 궁극적인 목표는 허무주의 또는 영원주의이다. 물질주의자들은 인간의 사후에는 영혼이 완전히 소멸된다고 믿는다.

다른 종교들에 의하면 인간의 삶의 목표는 사후에 전지전능한 존재 또는 어떤 설명할 수 없는 존재와 영원히 결합해서 사는 데 있다고 하는데 이것은 영원주의의 한 형태이다.

불교는 중도를 주장한다. 불교의 목표는 소멸시켜야 할 어떠한 영원한 것도 없기 때문에 허무주의도 아니며, 영원히 존재할 영원한 영혼도 없기 때문에 영원주의도 아니다.

그러나 불교의 목표는 바로 지금 이 삶 속에서 이루어질 수 있다.

아라한은 사후에 어떻게 될까? 이것은 대답하기엔 미묘하고 어려운 질문이다. 왜냐하면 니르바나는 말로 표현할 수 없고 시간과 공간을 뛰어 넘었기 때문에 초세속적인 상태이다.

정확히 말해서 니르바나는 존재하지만 니르바나를 얻는 자는 없다.

부처님께서는 아라한이 사후에 존재하거나 존재하지 않는다고 말하는 것은 옳지 않다고 말씀하셨다. 예를 들면, 만약 불이 타다가 소멸되면, 우리는 그것이 어느 방향으로 갔다고 말할 수가 없다. 더 이상 장작이 추가되지 않으면, 불은 타는 것을 그친다.

부처님께서는 이러한 불의 예화를 인용하면서 그 질문은 잘못되었다고 덧붙였다. 혹자는 혼란스러울지도 모르겠다. 그러나 이것은 그렇게 혼동할 만한 일이 아니다.

여기에 현대 과학자의 적절한 설명이 있는데, 로버트 오펜하이머(R. Oppenheimer)는 다음과 같이 말했다.

"예를 들어 전류가 똑같은 위치에 남는지의 여부에 대해서 질문한다면, 우리는 '아니요'라고 대답해야 한다. 만약 전류의 위치가 시간에 따라서 변하느냐고 묻는다면, 우리는 '아니오'라고 대답해야 한다.

만약 전류가 잠깐 정지했는지를 묻는다면 우리는 '아니오'라고 대답해야 한다. 만약 그것이 움직이느냐고 묻는다면 '아니오'라고 대답해야 한다."

"부처님께서는 인간의 사후에 자아의 상태에 대해 질문받았을 때 이와 같은 대답을 하였다. 그러나 17~18세기 과학의 전통에서 본다면 이것들은 쉽게 이해할 수 있는 답변이 아니었다."

분명히 이 현명한 저자는 아라한의 사후의 상태를 언급하고 있는 것이다.

* * *

그런 상태를 얻는다는 게 무슨 소용이 있는가? 왜 우리는 존재를 부정해야 하는가? 왜 우리는 인생이 즐거움으로 가득찼다고 우리의 존재를 확신하지 못하는가?

이것은 일반적인 질문이다. 이것들은 삶을 즐기거나 인류를 위해서 봉사하기를 바라는 사람들의 전형적인 질문이다.

전자에게 불교는 다음과 같이 말할 수 있다. ─당신이 좋아한다면 당신은 그것을 할 수 있다. 그러나 순식간에 사라지는 환상과 같은 세속적인 즐거움의 노예는 되지 말라. 당신이 이것을 좋아하든 좋아하지 않든 당신은 뿌린 대로 거두어야 할 것이다. 후자에게 불교는 다음과 같이 말할 것이다. — 어떠한 일이 있어도 인류의 행복을 위해서 일하라. 그리고 남을 도와주는 데서 즐거움을 찾으라.

불교는 삶의 목표인 니르바나를 필요로 하는 사람들에게 그것을 제공한다. 그러나 모두에게 강요하지는 않는다. 부처님께서는 다만 "와서 보라"라고 훈계하셨다.

* * *

궁극적인 목표가 성취될 때까지 불자는 성스럽고 유익한 삶을 영위해 가야 한다. 불교는 개인들의 다양한 능력에 알맞게 구성된 뛰어난 도덕적 규범을 갖고 있다.

그것들을 보면 다음과 같다.
1) 다섯 가지 계율 : ① 죽이지 말 것. ② 도둑질하지 말 것. ③ 간음을 범하지 말 것. ④ 거짓말하지 말 것. ⑤ 정신을 혼미하게 하는 것을 마시지 말 것.
2) 네 가지 무한한 마음 : 사랑・동정・기쁨・평정.
3) 열 가지 초월적인 바라밀 : 보시・지계・출가・지혜・정진・인내・믿음・원력・자애・평정.
4) 팔정도 : 올바른 이해・올바른 견해・올바른 말・올바른 행위・올바른 직업・올바른 노력・올바른 관찰・올바른 집중.

가장 **빠른** 방법으로 아라한의 경지를 얻기를 바라는 자들은 부처님께서 라훌라에게 가르쳤던 다음과 같은 말씀에 대해 명상하는 것이 좋을 것이다. "이 육체는 나의 것이 아니다. 이것은 내가 아니다. 이것은 나의 자아가 아니다."(*N'etam mama, n'eso'ham asmi, na me so attā.*)

여기서 말해 두고 싶은 것은 이 책이 학자들을 위한 것이 아니라, 부처님의 삶을 이해하고 그분의 근본적인 가르침을 배우려는 모든 자들을 위해서 만들어졌다는 것이다.

이 책의 초판은 1942년에 간행되었다. 제 2 판은 많은 수정과 함께 내용들을 보완해서 1964년 사이공에서 베트남의 많은 원조자들의 도움에 의해서 발간되었다.

그리고 지금 출판하는 책은 2장을 더 추가하고 중요한 경전들을 보충했다.

이 책이 베트남의 팜 킴 칸 Pham Kim Kahn에 의해 번역되어 사이공에서 출판된 것을 매우 기쁘게 생각한다.

이 책을 준비하면서 나는 팔리 성전 Pali Text Society의 번역서들과 다른 몇몇 불교 또는 비불교학자들이 쓴 저서를 인용하였다. 때때로 나는 그들의 견해를 그대로 인용했으며, 그들의 적합한 표현도 그대로 사용하였으며, 가능한 한 인용자료를 알려 주었다.

구나라트나 V. F. Gunaratna에게 매우 깊은 감사를 드린다. 그는 불교교리에 정통한 유능한 불제자로서 여러가지 바쁜 와중에도 깊은 애정으로 나의 일을 도와주었다.

그리고 교정을 봐 준 비구 나나자가타 Nānajagata 와 란자니 구네틸레케 Ranjani Goonetillekce 와 이 책을 출판해 준 아포테카리스 출판사에 감사드린다.

2517년 7월 14일 – 1973
콜롬보, 바지라라마   나라다

제 1 부
부처님의 생애

Namo tassa bhagavato arahato sammā-sambuddhassa!
거룩하신 응공(應供),
최상의 깨달음을 얻으신
부처님께 경의를 표합니다!

제 1 장
부 처 님
— 탄생에서 출가까지 —

유일한 존재, 뛰어난 한 인간이 많은 사람들의 이익을 위해서, 많은 사람들의 행복을 위해서, 이 세상에 태어났다. 이 유일한 존재가 누구인가? 그가 바로 여래(如來), 위 없는 분(無上士), 완전히 깨달은 부처님이시다.

——앙굿타라 니가야

탄 생(誕生)

B.C. 623년 5월 보름날, 네팔의 인도 국경지대인 카필라 성의 룸비니 동산에서 이 세상의 가장 위대한 종교지도자가 될 고귀한 왕자가 태어났다.

그의 아버지는 석가족의 정반왕이었으며, 어머니는 마야부인이었다. 그가 태어난 지 7일만에 사랑하는 어머니가 세상을 떠나자, 어머니의 동생인 마하파자파티 고타미가 다시 왕과 결혼해서 태자를 양자로 삼았으며 유모인 난다가 태자를 보살폈다.

이 뛰어난 왕자의 탄생으로 사람들은 모두 크게 기뻐하였다. 어느날 아시타와 칼라세말라라는 선지자가 이 소식을 듣고 기뻐하면서 왕자를 보려고 왕궁을 방문하였다. 정반왕은 이들의 예기치 않은 방문을 크게 기뻐하고 이들에게 경의를 표하기 위해 왕자를 데려오게 했다. 그런데 놀랍게도 왕자가 발을 움직여 선지자의 헝클어진 머리 위에 올려 놓았다. 그 순간 선지자는 왕자가 장차 큰 인물이 될 것임을 예견하고 자리에서 일어나 합장하고 예를 표했다. 정반왕도 마찬가지로 경의를 표했다.

그 위대한 선지자는 처음에는 기뻐하더니 곧 슬픔에 잠겼다. 옆에서 그 이유를 묻자, 그는 이 왕자가 장차 완전히 깨달은 부처가 될 것이므로 기뻐서 웃는 것이고, 자신은 그 전에 죽어서 무색계에 태어나기 때문에 부처님의 수승한 가르침을 배울 수 없기 때문에 슬퍼하는 것이라고 말했다.

이름을 짓다.

태어나서 닷새 후에 왕자에게는 '바라는 것이 충족되다'라는 뜻을 지닌 싯다르타라는 이름이 지어졌고, 그의 성은 고타마였다.

고대 인도의 관습에 따라서 많은 박식한 바라문들이 작명의식을 위해서 왕궁에 초대되었다. 그들 가운데는 여덟명의 특출한 사람들이 있었다. 왕자의 특징을 조사한 후 그들 중 일곱은 두 개의 가능성을 나타내는 두 손가락을 들어 보이면서 전세계를 지배하는 왕이 되거나 부처가 될 것이라고 말했다.

그러나 가장 젊고 지혜에 있어서 누구보다도 뛰어난 콘다냐는 이마 위에 있는 머리카락이 오른쪽으로 돈 것을 가리키면서 한 손가락만 들고 이 왕자는 출가하여 부처가 될 것이라고 단호하게 선언하였다.

파종제(派種祭)

태자의 어린 시절에 매우 충격적인 사건이 일어났다. 이것은 전에 없었던 정신적 경험이며, 후에 구도하는 기간에는 깨달음의 열쇠가 되어 도움을 주었다.

농사일을 증진시키기 위하여 정반왕은 파종 의식을 제정하였다. 이것은 고관대작을 비롯하여 서민층까지 모든 사람들이 잘 차려입고 참가하는 축제의식이었다.

정해진 날이 되자 왕은 신하들을 거느리고 들로 나갔는데, 어린 왕자 또한 유모와 함께 왕을 따라나서게 되었다. 왕이 참가한 파종제에서, 유모는 왕자를 덮개 달린 유모차에 뉘인 채 한적한 보리수 나무 밑의 시원한 그늘 아래에 자리잡았다.

파종제가 최고조로 흥겨워졌을 때, 유모는 잠깐 이 흥겨운 장면에 정신이 쏠려서, 태자로부터 한눈을 팔았다.

축제의 흥겨운 분위기와는 대조적으로 잠부나무 밑은 지극히 고요한 정적이 감돌았다. 주위는 조용한 명상의 분위기를 자아내고 있었고, 나이는 어리지만 지혜가 뛰어난 태자는 깊은 생각에 잠기기 시작했다. 가부좌를 틀고 앉아서 가장 중요한 수행법인 수식관, 즉 숨을 들이쉬고 내쉬는 일에 집중하여 삼매로 알려진 심일경성(心─境性)의 첫 번째 선정에 몰입했다.

태자의 유모들은 축제에 한눈을 팔면서 태자를 돌보는 것을 깜박 잊어버렸다가 갑자기 태자가 생각이 나서 황급히 돌아왔는데, 태자가 가부좌를 틀고 앉아서 깊은 명상에 잠긴 것을 보고 깜짝 놀랐다. 정반왕은 이 말을 듣고 급히 그곳으로 가서 명상에 잠겨 있는 태자를 보자, 태자에게 예를 올리면서 "귀여운 태자야, 이것이 내가 너에게 두 번째 경의를 표하는 것이다."라고 말했다.

교 육

상세한 설명은 없지만 모든 왕자들처럼 싯다르타 태자도 왕자들이 받는 교육을 받았음이 틀림없다. 무사계급으로서 그는 전투에 관한 특별한 훈련을 받았다.

결혼 생활

열여섯 살이 되어서, 같은 나이인 아름다운 야쇼다라 공주와 결혼했다. 행복한 결혼 생활 이후에 거의 13년간 그는 사치스러운 생활을 하면서 궁궐 밖의 변천하는 삶에 대해서는 아무것도 모른 채 행복에 빠졌다. 후에 부처님께서는 왕자로서의 사치스러운 생활에 대해서 다음과 같이 회고하셨다.

"나는 극도로 화려한 생활을 했다. 부친은 나를 위하여 궁궐에 세 개의 연못을 만들어 주었다. 각각의 연못에는 파란 연꽃, 빨간 연꽃 그리고 하얀 연꽃이 피었다. 나는 카시[1]의 특산품인 백단향 이외는 사용하지 않았다." 나의 터어반, 튜닉[2] 옷 그리고 망토는 모두 그곳에서 가져온 것들이었다."
"낮과 밤으로 내가 더위, 추위, 먼지, 이슬에 영향을 받지 않도록 나의 머리

위에는 백산(百傘)이 드리워져 있었다."

"나를 위해서 세 개의 궁궐이 지어졌다. 하나는 추운 계절, 하나는 더운 계절 그리고 다른 하나는 장마철을 대비해서였다. 4개월의 장마 기간에 나는 장마철을 위한 궁전에 살면서 한번도 밖에 나오지 않고 여자 무희들에 둘러싸여 하루종일 즐겁게 지냈다.
다른 사람들의 가정에서 곡식 찌꺼기와 신 음식을 노예와 일꾼들에게 줄 때, 부친의 왕궁에서는 그 이상의 쌀과 고기 등의 음식을 노예와 일꾼들에게 주었다."

시간이 지남에 따라 그는 점차 진실을 알기 시작했다. 그의 사색적인 성격과 무한한 연민의 정은 그를 왕궁의 덧없는 즐거움에 단순히 탐닉하도록 허락하지 않았다. 그는 개인적인 고통에 대해서는 몰랐지만 고통받는 인류에 대해서 깊은 동정심을 느끼기 시작했다. 안락과 번영의 가운데서도 그는 보편적인 고통을 깨닫기 시작했던 것이다.

출 가

싯다르타 태자는 이렇게 생각하였다.

"내가 이러한 본능적인 삶을 살아가면서 나고, 늙고, 병들고, 죽고, 괴롭고, 또 번뇌와 고통을 당해야만 하는가? 만약 내가 이러한 본능적인 것들에 지배된다면 어떻게 이러한 것들의 무의미를 깨달아서 완전한 자유인 니르바나를 깨달을 것인가?
세속적인 생활은 속박되고 제한되어 있고, 투쟁의 연속이다. 그러나 출가자의 삶은 드넓게 열려 있는 하늘과 같다. 세속에 살면서 모든 면에서 완벽하고 청정한 삶을 살아가려는 것은 너무나 어렵다."

어느 화창한 날에 그는 바깥 세상을 보려고 궁궐 밖으로 나갔다. 그런데 여기서 그는 삶의 진실한 면을 직접적으로 접촉하게 되었다. 궁궐의 제한

---

1) 카시 : 인도의 중부지역
2) 튜닉 : 옛 그리이스 사람의 소매가 짧고 무릎까지 내려오는 속옷과 같은 종류

된 영역 안에서 그는 인생의 장미빛 모습만 보았다. 그러나 어두운 면, 인류의 공통적인 면은 의도적으로 베일에 가려져 있었다.

마음속으로만 생각해왔던 것을 처음 생생한 현실로 보게 되었다. 공원으로 가는 도중에 그의 관찰력 있는 눈은 늙은 사람, 병자, 시체, 거룩한 고행자의 이상한 모습들을 목격하게 되었다.

앞의 세 개의 장면은 삶의 엄연한 법칙과 인류가 겪는 보편적인 법칙을 보여 주었다. 그리고 네 번째는 삶의 고통을 극복하고 고요한 평화를 얻는 길을 보여 주었다.

이 네 가지의 예기치 않았던 광경이 이 세상을 싫어하고 출가하게끔 마음을 재촉하였다. 그는 감각적 즐거움의 무가치를 깨닫고, 진리와 영원한 행복을 찾아서 속세를 떠나기로 결심하였다.

사색에 잠기면서 마지막 결정을 내리고 막 공원을 떠나려 하는 순간 아들이 태어났다는 소식이 전해졌다. 그러나 기대했던 것과는 달리 그는 기뻐하지 않았다. 오히려 가장 소중하고 유일한 자식을 하나의 장애로 간주했다.

평범한 아버지라면 이 즐거운 일을 환영했을 것이다. 그러나 싯다르타 태자는 "아, 장애(*rāhu*)가 태어났구나, 속박이 생기는구나"하고 소리쳤다. 그래서 할아버지(정반왕)는 어린 손자를 라훌라라고 이름지었다.

궁궐은 싯다르타 태자에게 있어서 더이상 명상을 하기에 쾌적한 장소가 아니었다. 그의 매력적인 젊은 부인도 사랑스러운 어린 아들도 출가하려는 그의 결심을 막을 수 없었다.

그에게는 성실한 남편이나 아버지 또는 심지어 왕 중의 왕이 되는 것 보다도 더 중요하고 유익한 역할을 무한히 하게 될 운명이 지워져 있는 것이다.

궁궐의 유혹적인 것들은 더이상 그를 기쁘게 하는 대상이 아니었다. 이제 떠날 때가 무르익어 갔다. 그는 충실한 마부 찬나에게 애마 칸타카에 말안장을 얹으라고 지시했다. 그리고 야쇼다라가 잠들어 있는 방으로 갔다.

방문을 열고서, 그는 문간에 섰다. 그리고 깊은 잠에 빠져 있는 아내와 자식을 침착한 시선으로 바라 보았다. 사랑하는 두 사람을 놔 두고 떠나려는 순간에 둘에 대한 강한 연민의 정이 그의 마음 속에 강하게 일어났다. 그리고 이와 함께 고통받는 인류에 대한 연민의 정도 강하게 일어났다.

그는 부인과 자식이 풍족한 여건 속에서 잘 보호받고 있다고 생각했기 때문에 그들의 속세에서의 행복한 미래에 대해서 걱정하지 않았다.

그가 출가하는 것은 그들을 덜 사랑하기 때문이 아니라 인류를 더 사랑하기 때문이었다.

모든 것을 뒤로 남기고 그는 홀가분한 마음으로 한밤중에 궁궐을 몰래 빠져 나가서 어둠 속을 달려서 먼길을 갔다.

그는 홀로 외롭게 아무것도 가진 것이 없이 진리와 평화를 찾기 위해서 떠났다. 이렇게 해서 그는 이 세상을 포기(출가)한 것이다. 이것은 세속적인 생활을 다 살아온 늙은이의 포기가 아니었다. 그리고 뒤에 아무것도 남길 것이 없는 가난한 자의 포기도 아니었다.

이것은 젊음의 열정과 풍부한 부와 번영을 갖고 있는 - 역사상 그 누구와도 견줄 수 없는 - 왕자의 포기였다.

나이 29세에 싯다르타 태자는 역사적인 여행을 떠났다. 그는 먼 곳으로 떠났다. 아노마 강을 건너서 그 둑에서 쉬었다. 여기서 머리와 수염을 깎고 자신의 장신구와 의복을 찬나에게 건네주면서, 왕궁으로 돌아가서 고행자의 노란 가사를 걸치고 스스로 어려운 생활을 할 것이라고 전하라고 말했다.

한때는 부족한 것이 없이 살던 고행자 싯다르타는 이제 돈 한 푼 없는 방랑자가 되어서 사람들이 주는 자그마한 보시에 의해 살아 갔다.

그에게는 일정한 거주처가 없었다. 그늘진 나무 또는 외딴 동굴이 밤낮으로 이어지는 추위와 더위를 막아 주었다. 맨발과 까까머리로 태양이 내리쬐는 길과 살을 에는 추위 속을 걸어다녔다.

그의 것이라 부를 수 있는 것은 다만, 음식을 얻기 위한 바루와 몸을 덮기에 알맞은 가사를 제외하고는 아무 것도 없었다. 오로지 모든 정열을 진리를 찾는데 집중하였다.

진리를 찾아서

이렇게 해서 진리를 추구하는 구도자가 된 싯다르타는 마음의 진정한 평화를 찾아서, 뛰어난 고행자인 알라 칼라마에게 가서 말했다.
"칼라마여, 나는 당신과 함께 성스러운 생활을 해 나가고 싶습니다."
그러자 알라 칼라마가 말했다.
"오, 존경하는 이여. 그대는 나와 함께 머물러도 좋소. 지혜 있는 사람이면 스스로 자신의 직관적인 지혜에 의해서 이 가르침을 깨닫고 오래되지 않아서 스승의 경지에 도달할 수 있을 것이오."
오래지 않아 그는 가르침을 다 배웠다. 그러나 이것은 그에게 조금도 최고의 진리의 깨달음을 가져다주지 못했다. 그래서 그는 생각하였다. 알라 칼라마는 "나는 스스로 깨닫고 그 얻은 상태에서 계속 머무른다."고 말했다. 이것은 단순히 믿고 있기 때문만은 아닌 것 같다. 알라 칼라마는 이 교리를 이해하고 증득하면서 살고 있음에 틀림이 없다.
그래서 그에게 가서 말하였다.
"알라 칼라마여, 당신이 스스로 직관적인 지혜로 깨닫고 얻은 경지가 어느 정도입니까?"
그러자 알라 칼라마는 깊은 선정의 단계인 무색계(無色界)를 그에게 알게 해주었다.
그는 다시 생각하였다. '알라 칼라마에게는 확신, 근면, 정진, 노력, 선정, 집중, 그리고 지혜가 있다. 나도 이러한 것들을 닦아야겠다. 알라 칼라마는 스스로 깨닫고 그 얻은 상태를 유지한다고 말했다. 나 또한 그 경지를 깨닫기 위해 노력한다면 될 것이다.'
오래 가지 않아서, 그는 자신의 직관적 지혜로 그 법을 깨닫고 몸소 증득하는 경지를 얻었다. 그러나 이것도 결코 그에게 최고의 진리의 깨달음을 가져다 주지는 못했다.
그는 알라 칼라마에게 다가가서 말했다.
"알라 칼라마여, 이것이 그대가 말한 스스로의 지혜에 의해서 깨닫고 그 얻은 상태에 머무는 최고의 경지인가? 그러나 친구여, 나 또한 이 법의 최상의 경지를 깨닫고 그 얻은 상태에 머물고 있다."
질투심이 없는 스승은 그의 뛰어난 제자가 성공했다는 말을 듣고 매우 기뻐했다. 그는 그를 자신과 동등한 수준으로 올려놓고 존경하면서 말했다. "기쁘다. 친구여 우리는 지금 너무나 기쁘다. 우리는 당신 같은 거룩한 고행자를 존경한다. 나의 지혜에 의해서 스스로 깨닫고 선언하고 얻은 경지에 머무르는 것과 똑같이 당신 또한 스스로 깨닫고 얻은 경지에 머무르고 있다. 그리고 당신 스스로 지혜에 의해서 깨닫고 그 상태에 머무르는 경지를 나도 나의 지혜에 의해서 스스로 깨닫고 선언하고 그 경지에 머무르고 있다.

이와 같이 내가 알고 있는 교리를 당신 또한 알며, 당신이 알고 있는 교리를 나 또한 안다. 나와 마찬가지로 당신도 그렇다. 당신과 마찬가지로 나도 그렇다. 그러니 친구여, 이리 오게나. 우리들이 구도의 도반(道伴)이 되는 게 어떻겠나."

그러나 고행자 고타마는 단지 높은 정신적 집중 단계로 이끌뿐, "괴로움을 혐오하게 하고, 괴로움에 초연하게 하여, 괴로움을 지멸(止滅)하게 하는 평온함, 통찰, 깨달음 그리고 니르바나로" 이끌지 못하는 수련과 교리에 만족할 수 없었다.

그는 자신이 완벽해지기 전에는 똑같은 정신적 상태를 얻은 또 다른 친절한 스승들과 협조하면서 구도자들의 무리를 이끌어가는 것을 바라지 않았다.

이것은 눈봉사가 눈봉사를 이끄는 것과 다름이 없다고 그는 생각했다. 알라 칼라마의 가르침에 만족을 못느낀 싯다르타는 정중히 그의 곁을 떠났다.

정치적인 혼란이 없던 평화로운 시대에 인도의 지식인 계층들은 어떤 종교적인 체제나 다른 것들을 연구하고 수행하는 데 종사하였다. 고독하게 성스러운 생활을 해가는 사람들을 위해서 모든 편의시설이 제공되었다. 그리고 대부분의 스승들은 많은 제자들을 거느리고 있었다. 그래서 고타마가 전의 스승보다 더 능력있는 스승을 발견하는 것이 그리 어려운 것은 아니었다.

그는 웃다카 라마푸타에게 찾아가서 그와 함께 수행을 하고 싶다고 말했다. 웃다카는 즉석에서 그를 제자로 받아들였다.

오래지 않아 지혜로운 고행자 고타마는 그의 교리를 다 배우고 스승이 보여주었던 지각도 없고, 지각이 없음도 없는 비상비비상처(非想非非想處) 선정의 마지막 상태를 얻었다.

이것은 선정의 최고 단계로서 의식이 매우 미세하고 순화되어서 의식이 존재한다고도, 그렇지 않다고도 말할 수 없는 경지이다. 고대의 인도 성현들은 이 이상 더 정신적인 경지로 깊이 들어갈 수가 없었다.

거룩한 스승은 훌륭한 제자가 수행에 성공했음을 전해 듣고 매우 기뻐했다.

이전의 스승들과 달리 지금의 스승은 그를 모든 제자들의 스승으로써 함께 있기를 원했다. 그는 말했다.

"친구여 우리는 즐겁다. 너무 즐겁다. 당신 같은 거룩한 고행자를 만나게 되어서!

내가 알고 있는 경지를 당신도 안다. 당신이 알고 있는 경지를 나도 안다. 내가 했듯이 당신도 그렇다. 당신과 마찬가지로 나도 그렇다. 자 친구여 지금부터는 자네가 고행자들의 무리를 이끌어주게나."

그러나 그는 아직 최고의 진리에 대한 의문을 해결하지 못했다. 그는 마음의 완전한 통제를 얻었으나 궁극적인 목표는 여전히 멀리 있었다. 그는 지고의 니르바나, 괴로움의 완전한 소멸, 모든 갈망의 완전한 근절을 찾고 있었다.

웃다카의 이 교리에도 또한 만족하지 못한 그는 다시 떠났다. 그는 자신이 추구하는 것이 그가 배울려고 하는 사람들보다 훨씬 높이 있다는 것을 깨달았다.

그는 자신이 바라는 것 — 최상의 진리 — 을 충분히 가르쳐 줄 능력 있는 사람은 아무도 없다는 것을 깨달았다. 또한 최고의 진리는 자신의 내부에서 발견된다고 생각하고 외부의 도움을 바라는 것을 포기하였다.

싯다르타 태자의 가계

부계

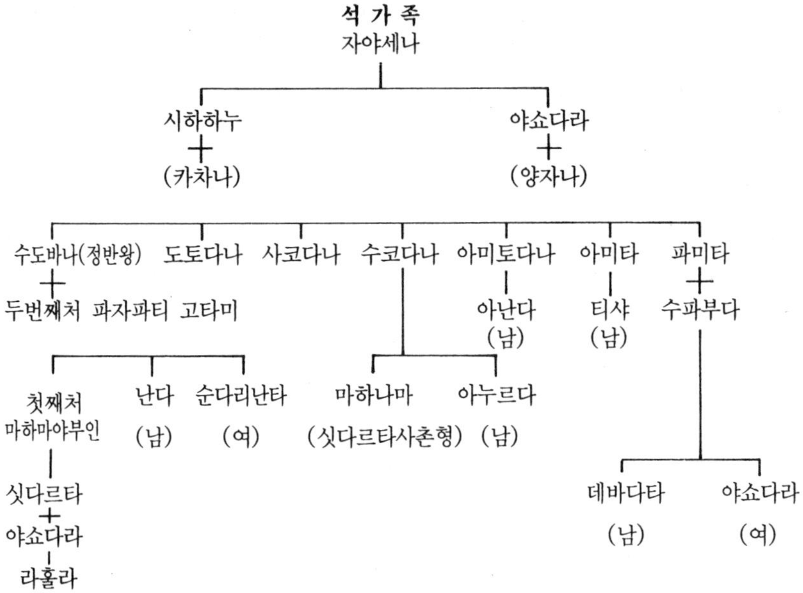

```
                        석 가 족
                        자야세나
              ┌────────────┴────────────┐
           시하하누                    야쇼다라
              +                          +
           (카차나)                    (양자나)

수도바나(정반왕)  도토다나  사코다나  수코다나  아미토다나  아미타   파미타
    +                                              │         +
 두번째처 파자파티 고타미                          아난다    티샤   수파부다
                                                   (남)     (남)
  첫째처      난다   순다리난다   마하나마   아누르다
 마하마야부인  (남)    (여)    (싯다르타사촌형)  (남)
    │
  싯다르타
    +                                              데바다타    야쇼다라
  야쇼다라                                           (남)       (여)
    │
  라훌라
```

모계

```
                        콜리야족
                        데바다하
                ┌──────────┴──────────┐
              양자나                 카차나
                +                      +
              야쇼다라               시하하누

   수파부다    단다파니      마하마야   파자마타고타미
     +                         └────────┬────────┘
   파미타                           정반왕의 처
     │
  ┌──┴──┐
데바다타  야쇼다라          싯다르타    난다    순다리난다
           +
         싯다르타
           │
         라훌라
```

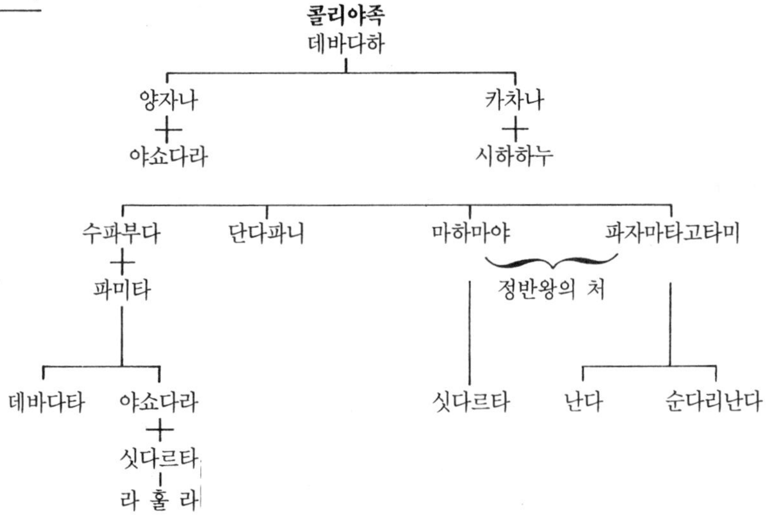

제 2 장
고　　행

쉽게 하는 일은 옳지않은 것이며 자신에게 이익이 되지 않는다.
그러나 매우 힘들게 하는 것은 정말로 유익하고 좋은 것이다.

——法句經

고 행

　　고행자 고타마는 용기를 잃지 않고 그 어느 것과도 비교될 수 없는 평화, 지고의 진리를 찾아 방랑하면서 마가다 지역을 건너서 상업도시인 우루벨라에 도착했다. 그곳에서 그는 풍성한 대지, 향기로운 숲 사이로 유유히 흐르는 강, 그리고 바로 가까이에 음식을 얻을 수 있는 마을을 발견하고서 생각했다.
　　'이곳은 정말 풍성한 대지와 아름다운 숲과 동산 그리고 그 사이로 유유히 흐르는 강 바로 가까이에 음식을 얻을 수 있는 마을이 있는 곳이다. 고행을 하는 성스러운 자에게 정신적인 분위기를 제공해 주기에 정말로 알맞는 장소이다.'
　　그곳은 명상을 하기에 매우 알맞은 장소였다. 주변환경은 평화스러웠고 대지는 풍족했으며, 경치는 아름다웠다. 그래서 그는 목적이 달성될 때까지 여기에서 정착하기로 결심하였다.
　　싯다르타의 출가를 전해 듣자 그의 미래를 예언한 가장 젊은 바라문 콘다나와 다른 바라문의 네 명의 자식들-바디야, 바파, 마하나마, 아지- 또한 출가해서 그의 수행에 참가했다.
　　고대의 인도에서는 의식, 의례, 속죄, 희생제를 매우 중요하게 여기고 있었다. 사람들은 일반적으로 엄격한 고행생활을 하지 않으면 어떠한 해탈도 얻을 수 없다고 믿고 있었다. 이러한 분위기 때문에 고행자 고타마는 6년간 모든 형태의 가장 금욕적이면서 초인간적인 고행을 다 겪었다. 그러나 육체를 더 고통스럽게 하면 할수록 그의 목표는 그만큼 더 자신으로부터 멀어지는 것만 같았다.

고타마가 갖은 방법을 다 동원해서 얼마나 강렬한 고행을 했으며, 결국 어떻게 성공했는지에 대해서는 여러 경전에 생생하게 묘사되고 있다.

마하사차카경은 그가 행한 초기의 정진과정을 다음과 같이 묘사하고 있다.

그리고 나서 다음과 같은 생각이 나에게 떠올랐다.

'만약 내가 미각에 대해서 이를 악물고, 혀를 입천장에 대고 도덕적인 생각을 유지하고 있으면, 나의 비도덕적인 생각은 가라앉고 제거될 것이다.'

그래서 나는 미각에 대항해서 이를 악물고 혀는 입천장에 대고 도덕적인 생각으로 나의 비도덕적인 생각을 누르고 가라앉히고 제거했다. 내가 이같이 정진할 때, 땀이 겨드랑이에서 흘러나왔다. 마치 힘 센 사람이 약한 사람의 어깨나 머리를 붙잡고 눕혀서 항복하게 하는 것처럼 나도 그렇게 했다.

나의 정진은 격렬하였고 그칠줄 몰랐다. 나는 의식이 깨어 있는 상태를 유지하게 되었고 동요되지 않았다. 그렇지만 나의 육체는 피곤하고 그러한 고통스러운 고행 때문에 평온하지 않았다. 오히려 지나친 고행으로 기진맥진하게 되었다. 비록 그러한 고통스러운 감각이 나에게 일어났지만 그것들은 조금도 나의 마음에 영향을 미치지 못했다.

그래서 나는 이렇게 생각했다.

'만약에 숨을 쉬지 않은 선정을 닦으면 어떻게 될까?'

그래서 나는 입과 콧구멍으로 들어오고 나가는 숨을 억제했다.

내가 입과 콧구멍에서 나가고 들어오는 숨을 억제함에 따라 나의 귀로 부터 나온 공기가 마치 대장장이가 풀무질을 할 때처럼 큰 소리를 내기 시작했다.

그럼에도 불구하고 나의 정신력은 강했고 결코 굴하지 않았다. 그러나 나의 육체는 여전히 피로했고 고행의 결과는 평온하지 못했다. 고행으로 기진맥진하였다. 비록 이러한 고통스러운 감각이 나에게서 일어났지만, 그것들은 조금도 나의 마음에 영향을 미치지 못했다.

그래서 나는 다시 생각했다.
'만약에 숨쉬지 않는 훈련을 하면 어떻게 될까?'
그래서 나는 입과 코 그리고 귀에서 들어가고 나오는 숨을 억제했다. 그리고 내가 입, 코 그리고 귀에서 나오는 숨을 멈추었을 때 내부에 있던 공기가 나의 피부를 격렬하게 찔렀다. 마치 힘 센 사람이 날카로운 송곳으로 다른 사람의 피부를 뚫듯이 공기가 나의 피부를 격렬하게 찔렀다.

비록 이러한 고통스러운 감정이 나에게서 일어나도 그것들은 조금도 나의 마음에 영향을 미치지 못했다.

그때 나는 이렇게 생각했다.
'만약에 숨을 정지하는 선정을 다시 닦으면 어떻게 될까?'
그래서 나는 입, 코 그리고 귀로 들어오고 나가는 숨을 억제했다. 그리고 내가 숨을 멈추었을때 지독한 고통이 머리에서 일어났다. 마치 강한 사람이 딱딱한 가죽끈으로 다른 사람의 머리를 단단히 묶을 때 나타나는 것과 같은 고통이 나의 머리에서 일어났다. 그럼에도 불구하고 나의 정진은 강렬했다. 그러한 고통스러운 감각도 나의 마음에 영향을 끼치지는 못했다.

그래서 다시 이렇게 생각했다.
'만약 숨쉬지 않는 선정을 다시 닦으면 어떻게 될까?'
그래서 나는 입, 코, 귀로 쉬는 숨을 멈추었다. 이와 같이 숨을 억제하자 수많은 공기가 나의 복부를 강타했다. 마치 숙련된 푸줏간 주인이 날카로운 푸줏간 칼로 배를 자르는 것처럼, 많은 공기가 나의 복부를 강타했다. 그럼에도 불구하고 나의 정진은 강렬했다. 그러한 고통스러운 감각은 나의 마음에 영향을 끼치지는 못했다.

다시 나는 이렇게 생각했다.
'만약에 숨쉬지 않는 선정을 다시 하면 어떻게 될까?'
그래서 나는 입, 코, 귀로 나오고 들어가는 숨을 억제했다. 이와 같이 내가 숨을 억압하자 굉장한 불길이 나의 몸 전체에 퍼지기 시작했다.

마치 두 명의 강한 사람이 약한 사람의 팔을 붙잡아서 불타오르는 숯가마에 태우는 것처럼 나의 육체에도 지독한 불길이 퍼졌다. 그럼에도 불구하고 나의 정진은 격렬했다. 고통스러운 감각은 나의 마음에 영향을 미치지 못했다.

나를 본 신들은 다음과 같이 말했다. "고행자 고타마는 죽었다" 또 어떤 신은 "고행자 고타마는 아직 죽지 않았다. 그러나 죽어 가고 있다."라고 말했다. 이와 반대로 어떤 신들은 "고행자 고타마는 죽지도 죽어 가고 있지도 않다. 고행자 고타마는 아라한이다. 그것이 아라한이 감수해야 할 과정이다." 라고 말했다.

방법의 변화

그때 나는 혼자 이렇게 생각했다.
'만약에 음식을 완전히 절제하면 어떻게 될까?'
그러자 신들이 나에게 접근해서 말했다.
"존경하는 이여, 음식을 완전히 절제하는 수행을 하지 마십시오. 그러나 만약 당신이 그것을 수행하면 우리는 당신의 몸에 있는 기공을 통해 하늘의 정기를 쏟아 넣을 것입니다. 그것으로 당신의 몸이 유지될 수 있을 것입니다."
그때 나는 생각했다. 내가 단식수행을 하면서 이 신들이 천상의 정기를 나의 육체의 기공을 통하여 쏟아넣고 나의 몸이 계속 유지된다면, 이것은 나를 기만하는 것이다. 그래서 나는 거절하면서 "필요없다"고 말했다.

그리고 나서 다음과 같은 생각이 떠올랐다.
'만약 내가 음식을 조금씩 섭취하고 푸른 콩, 살갈퀴, 렌즈콩(편두), 완두콩의 즙을 조금씩 마시면 어떻게 될까?'
내가 그러한 음식과 즙을 조금씩 섭취하자 나의 육체는 극도로 해방되었다. 하지만 여전히 나의 몸은 음식의 부족때문에 여기 저기 마디풀 또는 큰 고랭이풀을 엮어놓은 것 같았다.

나의 엉덩이도 음식이 부족해서 마치 낙타의 발굽처럼 되고, 등뼈는 마치 염주알을 엮어놓은 것처럼 안으로 구부려져 몸을 떠받치고 있었다. 마치 황폐한 집의 서까래가 여기저기 축 늘어져 있듯이 나의 갈비뼈도 영양분의 결핍으로 앙상하게 가지만 보였다. 마치 깊은 우물에서는 물 속에 잠겨 있는 별을 보듯이 나의 눈동자도 영양의 결핍으로 안으로 움푹 들어갔다.

마치 싱싱했을 때 잘 자란 호박이 바람과 햇빛에 의해서 말라 비틀어지듯이 나의 머리의 거죽도 영양분의 부족때문에 말라 비틀어졌다.

그리고 뱃가죽을 만지려고 하면, 대신 등뼈가 만져지곤 했다. 이처럼 나는 필요한 영양분의 부족때문에 뱃가죽이 등뼈에 말라 붙었으며, 배설물을 내보내려면 음식이 부족했기 때문에 그 자리에서 비틀거리다 그대로 쓰러지곤 하였다.

그리고 몸을 소생시키기 위하여 손발을 두드리곤 했다. 내가 그렇게 할 때 신체의 머리부분에서는 영양의 부족 때문에 썩은 부위가 떨어져 나가곤 했다.

나를 보는 사람들은 말했다. "고행자 고타마는 검다." 어떤 이들은 "고행자 고타마는 검지 않고 푸른색이다." 그리고 어떤 이들은 "고행자 고타마는 검지도 푸르지도 않으며 황갈색이다."

이것은 순수한 피부색이 영양분의 부족 때문에 손상되어서 이렇게 여러 가지 상태로 나타나게 된 것이다.

그리고 나서 다시 나에게 이런 생각이 떠올랐다.

'과거의 어떤 바라문이나 고행자도 날카롭고, 고통스럽고, 뼈를 깎는 듯하고, 살을 도려내는 듯한 감각을 경험했다. 그들은 틀림없이 이 이상은 아니지만 이렇게 높은 정도로 그것들을 경험했을 것이다.

미래의 어떤 고행자나 바라문도 고통스럽고, 날카롭고 뼈를 깎는 듯하고 살을 에는 듯한 감각의 경험을 할 것이며, 그들 또한 이 이상은 아니지만 그 정도의 높은 상태를 경험할 것이다.

그러나 나는 이러한 모든 고통스럽고 어려우며 금욕적인 것에 의해서는 뛰어난 지고의 지혜, 통찰, 인간의 상태를 초월할 만한 가치를 얻지 못할 것이다. 분명히 깨달음에는 또 다른 길이 있을 것이다!'

마군의 유혹

그의 오랫동안의 고통스러운 금욕은 결과적으로 헛된 것으로 증명되었다. 마음의 평화보다는 오히려 고통이 더욱 증가될 뿐이었다. 비록 육체적으로는 초인간이 되었지만 빈약하게 영양을 공급받은 그의 육체는 혹사당하는 것을 지탱할 가능성이 없었다. 우아했던 자태는 거의 알아볼 수 없을 정도로 완전히 시들어버렸다. 황금색의 피부는 창백하게 변했고, 혈관은 말라버렸고, 육체와 근육은 움추러들었고, 눈은 푹 빠져서 흐릿해졌다. 그의 모습은 살아 있는 해골이었다. 그는 거의 죽음에 가까워지고 있었다.

이렇게 비참한 상태에 있으면서도 여전히 나란자라 강둑에 머물면서 최고의 상태, 완전한 평화의 상태를 얻기 위하여 명상하면서, 정진하고 있었다. 이때 마군이 다음과 같이 상냥하게 속삭였다.

"당신은 여의고 몰골은 형편이 없다. 죽음이 당신 가까이에 다가오고 있다. 당신의 많은 부분이 이미 죽음에 놓여 있다. 오로지 생명만이 남아있다. 오 착한자여, 살아나야 한다. 삶이 더 좋은 것이다. 살아야만 당신은 공덕을 쌓을 수 있다. 금욕적인 생활을 하면서 불의 희생제를 하면서 많은 공덕을 얻을 수 있다. 이러한 고행으로 무엇을 하려느냐?

고행의 길은 힘들고 어려우며 쉽게 성취할 수 없다."

마군은 고타마의 면전에 서서 이 말을 반복하였다. 그러자 고타마가 응답했다.

"오 사악한 자여, 경솔한 무리들아. 너는 너 자신을 위해서 여기에 왔구나. 자그마한 공덕도 나에게는 조금도 유익하게 여겨지지 않는다. 마군아, 공덕이 필요한 건 너다.

확신, 자기제어, 인내, 지혜가 나의 것이다. 나는 이와 같은 것에 전념하고 있는데 너는 왜 세속적인 삶에 대해서 묻느냐?

심지어 강의 물줄기도 부는 바람에 마르는데, 왜 이와 같이 고행하는 나의 피가 마르지 않겠느냐?

피가 마를 때, 담즙과 점액질도 또한 마를 것이다. 하지만 나의 육체가 소모되어갈 때, 나의 마음은 더욱더 맑아질 것이다.
나의 선정, 지혜 그리고 집중은 더욱 확고해질 것이다. 내가 이렇게 살면서 최고의 고통을 겪는 동안에도 나의 마음은 욕망을 바라지 않는다. 존재의 순수함을 유지해라!
감각적 욕망이 너의 첫 번째 무리(軍)이다.
둘째는 성스러운 삶의 혐오이다.
세 번째는 굶주림과 목마름이다.
네 번째는 갈망이다.
다섯 번째는 게으름과 지둔한 것이다.
여섯 번째는 두려움이다.
일곱 번째는 의심이고, 여덟 째는 비방과 고집이다.
아홉 번째는 칭찬과 명예를 얻는 것 그리고 나쁜 명성을 얻는 것이다.
열 번째는 자신을 칭찬하면서 남을 비난하는 것이다.
마군아 이것이 나의 적인 사악한 자의 무리(軍)들이다.
비겁한 자는 그 적을 이겨낼 수 없다. 그러나 극복한 자는 행복을 얻게 되리라.
이제 나는 문사초(文邪草)[3]를 휘날리리라!
이 세상의 이익을 위하여!
정복을 당해서 사느니 차라리 전쟁터에서 싸우다 죽는 게 나에게는 더 좋다!
어떤 고행자와 바라문들도 이 전쟁터에 뛰어들 것 같아 보이지 않는다. 그들은 거룩한 길을 알지도 못하며 걸어가지도 못한다.
사방에서 코끼리를 정열하고 있는 마군의 군대를 보면서 나는 전쟁터로 나간다. 마군은 나를 밀어낼 수가 없다. 신들과 이 세상이 정복하지 못한 너희들의 군대를 마치 굽지 않는 그릇을 돌로 쳐서 깨뜨리듯이 나의 지혜로 파괴해 버릴 것이다.

---

3) 풀의 일종임. 전투자는 문자풀을 머리위투구의 깃 또는 깃발위에 장식하면서 전쟁에서 퇴각하지 않는 것을 가리킨다.

나의 마음을 제어하면서 선정의 상태를 튼튼히 다져서 전 지역을 돌아다니면서 많은 제자들을 훈련시킬 것이다.
나의 가르침을 근면하게 의욕적으로 수련하면서, 너희를 개의치 않으면서 가는 그들의 길에 고통은 없을 것이다."

중 도(中道)

고행자 고타마는 고행이 그 당시의 구도자들에 의해서 해탈을 하는 데 없어서는 안될 것으로 간주되고 있었지만, 자기 경험을 통하여 그 무의미함을 확신하고, 실제적으로는 지성을 나약하게 만들어버려서 결국 정신의 퇴보를 초래한다는 사실을 알게 되었다.

그는 정신적인 발달을 더디게 하는 성향이 있는 극단적인 자기탐닉을 버린 것처럼, 극단적인 자기 금욕도 완전히 포기하고 그 중간의 방법을 채택할 생각을 하게 되었는데, 이것은 나중에 그의 가르침의 두드러진 특성 중의 하나가 되었다.

그는 부친이 파종제에 참가하고 있을 때, 잠부 나무의 서늘한 그늘 아래 앉아서 명상하면서 숨쉬는 것에 집중하여 첫째 선정을 얻게 되었던 것을 회상했다.

그래서 그는 생각했다. '그렇지, 이것이 바로 깨달음으로 가는 길이다.' 적당한 육체는 정신적인 발전에 필요하다. 그래서 그는 육체를 기본적으로 유지하기 위해 조금 거칠은 음식은 먹기로 결심했다.

이때 그와 함께 있었던 다섯 명의 동료들은 고행자 고타마가 어떠한 진리든지 이해할 수 있으며, 그 진리를 자신들에게 나누어 줄 것이라고 크게 기대를 걸고 있었는데, 갑자기 방법을 바꾸자 실망하고 그의 곁을 떠나서 구도자 아시파타나가 있는 곳으로 갔다. 그리고 "고행자 고타마는 사치스러워서 고행하는 것을 그만두고 안락한 생활로 되돌아갔다."고 말했다.

도움이 가장 필요한 결정적 시기에 동료들은 그를 혼자 내버려두고 떠나가버렸다. 그는 용기를 잃지않고 부지런히 정진해나갔다.

비록 치열한 고행기간에는 그들이 함께 있는 것이 도움이 되었지만, 오히려 이제는 그들과 헤어지는 것이 자신에게 도움이 되었다. 흔히 위대한 성자들은 혼자 있을 때 고독한 숲속에서 진리를 깨닫고 복잡한 문제를 해결할 때가 종종 있다.

진리의 새벽

거칠은 음식을 먹고 잃었던 힘을 되찾으면서 그는 쉽게 젊은 시절에 얻었던 첫번째 선정을 발전시켰다. 그리고 점차적으로 두 번째, 세 번째, 네 번째 선정을 얻었다.

선정을 발전시키면서 완전히 하나로 모아진 그의 마음은 이제 모든 사물의 본래 모습을 그대로 반영시키는 잘 닦은 거울과 같았다.

이와 같이 고요하고 밝게 정화되고, 욕망과 번뇌에서 벗어나서 유연하고, 빈틈이 없으며, 흔들리지 않는, 확고한 생각으로 전생의 기억을 돌아보는데 마음을 돌렸다.

그는 수많은 지나간 생애를 다음과 같이 회상했다.

첫 번째 삶, 두 번째 삶, 그리고 셋, 넷, 다섯, 열, 스물, 쉬흔 번째의 삶까지. 그리고 나서 일백 년, 천 년, 십만 년, 그리고 나서 많은 세계의 분해, 많은 세계의 분해와 진화, 그 당시에 있었던 그의 그러저러한 이름, 가정, 그 당시에 있었던 신분 또는 먹었던 음식, 그가 경험한 기쁨과 괴로움, 그의 삶의 마감까지 보았다.

그리고 그곳을 떠나서 그밖의 다른 곳에 가서 태어났다. 그에 따른 그의 이름, 그의 가정, 그의 계층, 그의 음식, 그가 겪은 기쁨과 괴로움, 그러한 그의 삶의 마감까지.

그리고 나서 그곳을 떠나 지금 여기에 와서 태어났다. 이와 같이 그는 전생에서 여러가지 모습을 상세하게 회상해 보았다. 이것이 바로 초경에 그가 깨달은 첫 번째 앎이었다.

이와 같이 과거에 대한 무지를 떨쳐버리면서 그는 자신의 순수한 마음을 존재들이 사라지고 다시 나타나는 것을 인식하는 데로 돌렸다. 뛰어난 통찰력과 투시력으로 그는 존재들이 한 상태에서 사라졌다가 다른 곳에서 다시 나타나는 것을 보았다. 그는 비천함과 고귀함, 아름다움과 추함, 행복과 불행 같은 모든 것들이 그들의 행위에 의해서 나타남을 보았다. 그는 이러한 선한 개체들이 나쁜 행위, 나쁜 말, 나쁜 생각에 의해서 성스러운 자들을 욕하고 그릇된 신앙때문에 그들의 육체가 분해된 사후에 고통받는 상태로 다시 태어나는 것을 알게 되었다. 그는 이러한 선한 개체들이 좋은 행위, 좋은 말, 좋은 생각에 의해서 성스러운 자들을 비방하지 않으며 올바른 믿음으로 올바른 신앙자들의 삶을 따라가기 때문에 그들의 육체가 분해된 사후에 행복한 천상에 태어나는 것을 알게 되었다.

이와 같이 혜안으로 그는 존재들이 사라지고 다시 나타나는 것을 알았다. 이것이 바로 한밤중에 깨달은 두 번째 앎이었다.

미래에 대한 이와같은 무지를 몰아내면서 그는 그의 순수한 마음을 번뇌의 소멸을 깨닫는 데로 돌렸다.

그는 다음과 같은 사실을 알게 되었다. '이것은 괴로움이다. 이것은 괴로움의 일어남이다. 이것은 괴로움의 소멸이다. 이것은 괴로움의 소멸로 가는 길이다.'

마찬가지로 이번에는 다음과 같은 사실을 깨달았다. '이것이 번뇌다. 이것이 번뇌의 일어남이다. 이것은 번뇌의 소멸이다. 이것은 번뇌의 소멸을 이끄는 길이다.'

이와 같이 이해하고 깨닫게 되자, 그의 마음은 감각적인 갈망의 번뇌로부터, 존재하려는 번뇌로부터, 어리석음의 번뇌로부터 해방되었다.

해방이 되자 그는 '나는 해방되었다'는 것을 알았다. 그리고 그는 깨달았다. '윤회는 끝났다. 삶은 성스러움으로 넘친다. 이루어야 할 것은 다 이루어졌다. 이 이상의 상태는 다시 없다.' 이것은 새벽에 깨달은 세 번째의 앎이었다.

이제 무지(無知)는 사라졌다. 그리고 지혜가 생겼다.

어둠은 사라졌다. 그리고 빛이 생겼다.

제 3 장
깨달은 자(부처)

'여래들은 단지 스승일 뿐이다'

———법구경

부처의 특성

　6년 동안의 각고의 노력끝에 35세의 고타마는 어떤 초자연적인 힘의 도움이나 인도없이 오로지 그 자신의 노력과 지혜에 의지해서 모든 번뇌의 뿌리를 뽑고, 윤회의 연속을 멈추게 하고, 사물을 있는 그대로 깨달아서 깨달은 자, 즉 부처가 되었다.
　그 후에 그는 고타마부처로 불리어졌는데, 이는 과거에 수련한 수많은 부처들과 미래에 나올 부처들 중의 하나이다. 그는 부처로 태어나지 않았다. 그러나 스스로의 노력에 의해서 부처가 되었다.

　부처(Buddha)는 팔리어 '*budh* - 이해하는, 깨어 있는-'의 단어에서 파생되었다. 그가 사성제를 완전히 깨닫고 무지의 잠 속에서 깨어났기 때문에 그는 부처라고 불린다.
　그는 깨달았을 뿐만 아니라 또한 남들에게 교리를 자세히 설명하고 일깨워 주기 때문에 단지 교리를 깨닫기만 하고 남에게는 일깨워 줄 수 없는 연각(緣覺)과 구별해서 정등각자(正等覺者 ; *Sammā Sambuddha*)로 불린다.

　깨닫기 전에 그는 보살이라고 불리었는데 이것은 '깨달음을 얻기를 바라는 자'를 의미한다. 부처가 되기를 바라는 모든 사람들은 보살의 과정을 겪어야 한다. 이것은 철저한 수행과 보시, 지계, 출가, 지혜, 정진, 인내, 믿음, 원력,

자비와 완전한 평정의 기질을 닦아가는 기간이다.

특별한 시기에 오로지 한 명의 정등각자가 출현한다. 마치 어떤 식물이나 나무가 오로지 한 송이의 꽃만을 피울 수 있듯이 하나의 세계체제에는 오로지 한 명의 정등각자만 나올 수 있다. 부처는 유일무이한 존재이다. 이러한 존재는 매우 드물게 이 세상에 출현하며, 인류를 위한 자비심에서 신들과 인간들의 이익과 행복을 위해서 탄생한다.

붓다는 '부사의자(不思議者 ; *acchariya manussa*)'라고 불린다. 왜냐하면 그는 지극히 훌륭한 사람이기 때문이다. 그는 '불사의 시여자(不死의 施與者 ; *amatassa dātā*)'라고 불린다. 왜냐하면 그는 불사(不死)를 주는 자이기 때문이다.

그는, '최상자(最上者 ; *varado*)'라고 불린다. 왜냐하면 그는 순수한 사랑, 수승한 지혜, 최상의 진리를 주는 자이기 때문이다.

그는 또한 '법왕(法王 ; *Dhammassāmi*)'이라고 불린다. 왜냐하면 그는 모든 법의 왕이기 때문이다.

부처님 스스로 말씀했듯이 그는 완성자, 존경을 받을만한 자, 완전히 깨달은 자, 아직 생기지 않은 길의 창조자, 아직 공포하지 않은 길의 선언자, 길을 아는 자, 길을 보는 자, 길을 깨달은 자이다.[4]

부처의 경지를 깨닫기까지는 아무런 스승이 없었다. "나는 스승이 없다(*Na me ācariyo atthi*)"는 부처님의 말씀이다. 그는 이전의 스승들로부터 보통의 경험을 배웠다. 그러나 자신의 직관적인 지혜에 의해서 초세속적인 경지를 깨달은 스승은 아무도 없었다.

만약 부처님이 다른 스승이나 또는 다른 종교체계 즉 힌두교 같은 종교체계를 통해서 깨달음을 추구했다면 스스로 그 누구와도 견줄 수 없는 스승 무상사(無上士 : *ahaṁ sattha anuttaro*)이라고 말할 수는 없었을 것이다.

---

4) 제자들은 그를 붓다, 세존, 등으로 부른 반면에 그 밖의 추종자들은 존경하는 고타마, 구도자 고타마 등등으로 불렀다. 부처님은 스스로 자신을 일컬을 때는 여래(如來)란 말을 사용했는데 이것은 이와같이 온자 또는 이와같이 간 자를 의미한다.

제 3 장 깨달은 자(부처) 45

초전법륜에서 부처님께서는 전에는 보지못한 빛이 몸에 생겼다고 말씀하셨다.
 그는 출가한 초기에는 당시의 유명한 종교지도자들의 충고를 듣기 위해 찾아헤맸다. 그러나 자신이 찾는 것을 그들의 가르침에서 찾을 수 없었다. 주변 여건은 그가 스스로 생각해서 진리를 찾도록 엮어져가고 있었다.
 그는 자신의 내부에서 진리를 찾았다. 그는 사고의 가장 깊은 심원 속으로 빠져들어갔다. 그리고 아직 듣거나 보지를 못했던 궁극적인 진리를 깨달았다. 내부에서 빛이 나와 전에는 결코 보지 못했던 광채를 둘레에 발산했다.
 알아야 될 모든 것을 알게 되고, 모든 지식의 열쇠를 얻게 되자 그는 '전지자(全知者 : *Sabbaññū*)' 즉 '모든 것을 아는자'로 불리게 되었다. 이 초세간적인 앎은 그가 수많은 생을 거치면서 끊임없이 스스로 노력해서 얻은 것이다.

누가 부처인가?
 한번은 도나라고 불리는 바라문이 부처님의 발자국의 독특한 모양을 보고 가까이 다가가서 물었다.
 "당신이 숭배하는 것은 범천(梵天)인가?"
 "아니오, 바라문이여. 나는 범천을 조금도 숭배하지 않습니다."
 "그럼 당신이 숭배하는 것은 건달바(乾達婆)[5]인가?"
 "아니오, 바라문이여. 나는 건달바를 조금도 숭배하지 않습니다."
 "그러면 야차(夜叉)인가?"
 "아니오, 바라문이여. 야차가 아닙니다."
 "그러면 당신이 숭배하는 것은 인간인가?"
 "아니오, 바라문이여. 인간이 아닙니다."
 "그러면 도대체 당신이 숭배하는 것은 무엇이요?"
 부처님께서 대답했다.
 "나는 범천, 건달바, 야차, 인간으로 태어나는 조건들인 번뇌를 제거했습니다." 그리고 다음과 같이 덧붙였다.
 "향기롭고 아름다운 연꽃송이가 더러운 물에 물들지 않듯이,

---
5) 음악을 담당하는 신

나는 이 세상에 의해서 더럽혀지지 않는다네.
바라문이여, 그러므로 나는 깨달은 자이니라."

바가바트기타가 찬미하는 힌두신인 비쉬누는 정의를 보호하고, 사악한 것을 파멸시키고 진리를 확립하기 위해서 서로 다른 시기에 계속해서 태어난다고 한다. 하지만 부처님께서는 자신이 비쉬누의 화신이라고 주장하지 않았다.

부처님 말씀에 의하면, 수많은 천신들이 또한 삶과 죽음의 지배를 받는 부류라고 한다. 그러나 인간의 운명을 지배하고 인간의 모습으로 서로 다른 시대에 지구에 나타나는 전능한 능력을 소유한 지고의 신은 없다.

부처님은 결코 자신의 능력으로 남을 구원해주는 '구원자'라고 부르지 않았다. 그는 제자들에게 그들의 해탈을 위해서 스스로를 의지해서 노력하라고 격려했다. 번뇌와 청정은 둘 다 자신에게 달려있기 때문이었다.

부처님께서는 제자들과의 관계를 명확히 하면서 자기의존과 개인적인 노력의 중요성을 강조하면서 다음과 같이 분명히 말씀하셨다.

"너희들은 스스로 노력해야 한다.
여래는 단지 가르치는 자일 뿐이다."

부처님은 단지 인간이 고통과 죽음에서 해방되고 궁극적인 목표를 얻는 길과 방법을 가르칠 뿐이다. 그 길을 따라서 삶의 고통 속에서 벗어나는 것은 그의 충실한 제자들의 몫이었다.

"구원을 위해서 남에게 의지하는 것은 소극적이다. 그러나 자신에게 의지하는 것은 적극적인 자세이다."

다른 대상을 의지한다는 것은 자신의 노력을 포기했다는 것을 의미한다.

"너 자신을 섬으로 삼아라. 너 자신을 의지하고 살아라. 그 밖의 다른 곳에서 의지처를 구하지 말라."

부처님께서 열반에 들기 전에 마지막으로 한 이 의미심장한 말씀은 매우 인상적이고 고무적이다. 이것은 자신의 목적을 달성하는 데 자신의 노력이 얼마나 결정적으로 중요한가를 보여주고, 외적인 구원자들을 통해서 구원을 바라는 것이 얼마나 피상적이고 무의미한 것인가를 보여준다. 헛된 기도와 무의미한 희생제로 상상의 신들에 대한 속죄를 통하여 사후에 있을 환상의 행복을 갈망하는 것은 무의미하다.

부처님은 인간이었다. 인간으로 태어났지만, 부처로 살았으며, 부처로서 그의 삶은 끝났다. 비록 인간이었지만 자신이 닦은 특유한 인격때문에 지극히 뛰어난 인간이 되었다.

부처님은 이 점의 중요성을 강조하면서, 누구라도 그가 불사신이라는 잘못된 생각에 빠질 여지를 남겨두지 않았다. 역사상 종교지도자들 중에서 부처님처럼 신이 아니면서 신같은 존재로 여겨지는 자는 없었다.

부처님 당시에 부처님은 추종자들에 의해서 의심할 여지없이 높이 존경받았지만 한번도 신적인 것과는 연결시키지 않았다.

부처님의 위대함

그는 한정된 목숨을 가진 인간으로 태어나서, 자신의 노력에 의해서 부처라 불리는 완성의 최고의 상태를 얻었고, 그 깨달음을 혼자만 간직하지 않고 인간의 마음의 무한한 능력과 잠재된 가능성을 일깨워주기 위하여 이 세상에 선언하였다.

인간의 위에 있는 보이지 않는 전능한 신을 설정하고 그러한 전능한 신과의 관계에서 인간에게 복종을 강요하는 대신에, 그는 인간이 어떻게 자신의 노력에 의해서 최고의 지혜와 지고의 깨달음을 얻을 수 있는지에 대해서 보여주었다.

이렇게 해서 그는 인간의 가치를 높였다. 인간은 삶의 고통으로부터 벗어날 수 있으며, 외부적인 신이나 사제의 중재에 의존하지 않고 니르바나의 영원한 기쁨을 깨달을 수 있다고 가르쳤다.

자기 중심적이고 지배력을 추구하는 세상에 대하여 자신을 버리고 사회에 도움을 주는 성스러운 마음을 가르쳤다. 인류의 발전을 방해하는 카스트 제도의 악폐에 대항하면서 모든 사람들의 동등한 권리를 주장하였다.

해탈의 문은 모든 사람 즉, 지위가 높거나 낮거나 현인이거나 죄인이거나 삶의 어떠한 위치에 있든 새로운 문에 관심을 갖고 완성을 바라는 자에게 열려 있다고 강조하였다.

그는 억눌리고 짓밟힌 여성의 지위를 향상시켰으며, 사회에서 그들의 중요성을 일깨웠을 뿐만 아니라 여성을 위해서 처음으로 교단을 조직하였다.

세계 역사상 처음으로 그는 노예제의 폐지를 시도하였다. 그리고 불쌍한 동물들의 희생제를 금지했으며, 그들을 그의 자비의 영역으로 끌어들였다.

제자들에게 그의 가르침 또는 자신에게 무조건 복종할 것을 강요하지 않았다. 그 대신 사고의 완전한 자유를 인정했고, 제자들이 단순히 그를 존경하는 이유로 해서 자신의 말을 그대로 받아들이지 말고 '마치 현명한 사람이 황금을 확인하기 위해서 불에 태우고, 자르고, 시금석에 문질러 보듯이' 그것들에 대한 철저한 탐구를 거친 후에 받아들이라고 훈계했다.

그는 파라차라와 키사고타미와 같은 자식을 잃은 어머니들을 위로하였다.

그는 푸리가타리샤 장로 같은 아무도 돌보지 않는 환자를 자신의 손으로 직접 어루만지면서 간호해주었다. 그는 라주말라와 소파카 같은 가난하고 소외된 자들을 도와주어서 비참하게 횡사하지 않도록 구해주었다.

그는 앙굴라마 같은 살인자와 암바팔리 같은 창녀의 생명도 소중히 여겼다. 그는 약한 자에게 용기를 주었고, 흩어진 자를 단결하게 했고, 무지한 자를 일깨웠고, 신비적인 것을 분명하게 드러나게 했고, 미혹한 자를 올바르게 인도하고, 비천한자를 격상시키고, 덕스러운 자를 더욱 성스럽게 하였다.

부자와 가난한 자, 현자와 죄인 모두가 그에게 똑같이 사랑을 받았다. 그의 거룩한 삶의 여러 면들은 모든 사람을 고무시키는 원동력이 되었다. 그는 수많은 스승들 중에서도 가장 자비스럽고 가장 관용이 있었다.

그의 의지, 지혜, 자비, 봉사, 출가, 완전한 정화, 모범적인 일생, 흠 없는 방편들이 진리와 깨달음을 널리 알리는데 사용되었다.

이러한 모든 요인들이 세계의 5분의 1에 달하는 사람들이 부처님을 인류

역사상 최고의 스승으로 맞이하지 않을 수 없게 만든 것이다.
　부처님에게 열정적인 찬사를 보내면서 라다크리슈난(Sri Rādhkrishnan)은 다음과 같이 쓰고 있다.

　"동양에서 온 스승 고타마붓다는 그 누구보다도 인간의 관심사인 삶과 사고에 영향을 끼쳤으며, 넓고 깊은 가르침을 편 종교의 창시자로서 모두에게 신성시되고 있다. 그는 세계의 사상사 속에서 모든 깨인 인간들의 일반적인 부류에 속한다. 지적인 완벽, 도덕적인 성실, 정신적인 통찰력에서 판단할 때, 그는 분명히 역사상 위대한 인물 중의 하나임에 틀림없다."

　한편 웰스(H. G. Wells)는 《역사상 세명의 위대한 인물들》에서 다음과 같이 진술하고 있다.

　"붓다에게서 당신은 분명히 진솔하고, 경건하고, 고독하게 밝음을 위해 싸우는, 신비적인 것보다는 선명한 인간성을 지닌 한 인간을 볼 것이다. 가장 현대적인 대부분의 사상이 그의 가르침과 가장 가깝게 조화를 이루고 있다. 삶의 모든 고통과 불만족은 이기심 때문이라고 그는 가르쳤다. 인간이 평온해지기 위해서는 먼저 자신의 감각적 즐거움을 추구하는 삶을 그만두어야 한다. 그러면 그는 위대한 존재로 바뀔 것이다. 지금 불교는 여러 가지 언어들을 통하여 이천오백 년간 망각 속에 있던 인간들을 일깨워 주고 있다. 어떤 면에서 그는 우리들과 우리들이 요구하는 것에 더욱 가까이 있다. 그는 그리스도보다 인간의 중요성을 훨씬 명료하게 하고 있으며, 인격의 영원성에 대한 의문을 덜 애매하게 했다."

　타고르는 그를 지금까지 태어난 사람 중에서 가장 위대한 인물이라고 했다. 덴마크 학자인 파우스볼(Fausbol)은 부처님을 찬양하면서, "그를 알면 알수록 더욱 더 그를 사랑하게 된다"고 말했다.

　부처님의 진실한 제자들은 겸손하게 이렇게 말한다.
　"그를 알면 알수록 그를 더욱 더 사랑한다, 그를 더욱 더 사랑할 수록 나는 그를 더욱 더 잘 알게 된다."

제 4 장
깨달은 후

'이 세상에서 행복한 것은 집착을 여의는 것이다'

———우다나(自說經)

역사적인 깨달음의 새벽이 밝기 바로 전에, 보살이 보리수와 가장 유사한 아자팔라 바니안 나무의 옆에 앉았을 때, 순진한 소녀 수자타가 예기치않게 그를 돌보기 위해 특별히 준비한 약간의 우유죽을 가져다 주었다. 그는 이 우유죽을 먹고, 깨달은 후에 7주간을 그 자리에 앉아서 보리수와 그 근처에서 고요하고 깊은 명상속에서 보냈다.

첫째 주

첫 주간 내내 부처님은 보리수 밑에 한 자세로 앉아서 해탈의 기쁨을 누리고 있었다.

1주일이 지나간 후의 초경에, 깊은 선정으로 들어가서 철저하게 연기(緣起)의 일어남을 차례대로 관찰했다.

"이것(原因)이 있으므로, 저것(結果)이 있다.

이것(原因)이 일어나므로, 저것(結果)이 일어난다."

무명(無明)에 의해서 도덕적이거나 비도덕적인 조건지어진 행위(行)[6]가 일어난다.

---

[6] 無明을 근원으로 하고 감각 등의 여러가지를 발생케 하는 몸과 입과 의지의 세 가지 업(業)을 말한다. 또는 일체의 유위법(有爲法)을 의미한다.

조건지어진 행위에 위해서 식(識)이 일어난다.
식에 의해서 정신과 물질(名色)[7]이 일어난다.
명색에 의해서 감각의 여섯 가지 영역(六處)이 일어난다.
육처에 의해서 부딪침(觸)이 일어난다.
촉에 의해서 느낌(受)이 일어난다.
느낌에 의해서 갈애(愛)가 일어난다.
갈애에 의해서 집착(取)이 일어난다.
집착에 의해서 생성(有)이 일어난다.
생성에 의하여 탄생(生)이 일어난다.
탄생(生)에 의해서 노쇠, 죽음, 슬픔, 비참, 고통, 비탄, 절망이 일어난다.

이것이 모든 고통의 덩어리와 그 기원이다.
그래서 세존은 이 의미를 깨닫고 그때 기쁨에 넘쳐서 사구게송을 읊었다.
"실로 진리가 정열적으로 명상하는 바라문[8]에게 드러날 때, 그의 모든 의심은 사라져 버린다.
왜냐하면 그는 진리와 함께 그것의 원인을 알기 때문이다."

한밤중에 연기의 법칙을 거꾸로 다음과 같이 관찰했다.

"원인이 없으면 결과가 없다. 원인이 소멸됨에 따라 결과도 소멸된다."
무명(無明)의 소멸에 의해서 조건지어진 행위(行)가 소멸된다.
식(識)의 소멸에 의해서 명색(名色)이 소멸된다.
명색의 소멸에 의해서 육처(六處)가 소멸된다.
육처의 소멸에 의해서 부딪침(觸)이 소멸된다.
촉의 소멸에 의해서 느낌(受)이 소멸된다.

---

7) 心的인 것과 物的인 것의 총칭
8) 바라문은 '베다를 배우는 자'를 의미하는 용어로, 일반적으로 카스트의 사제들에게 적용되는 용어이다. 그런데 때때로 부처님 자신이 이 용어를 사용했는데 이것은 '사악함을 버린다'의 의미에서였다.

느낌의 소멸에 의해서 갈애(愛)가 소멸된다.
갈애의 소멸에 의해서 생성(有)이 소멸된다.
생성의 소멸에 의해서 탄생(生)이 소멸된다.
탄생의 소멸에 의해서 나고, 늙고, 죽고, 슬픔, 비탄, 고통, 절망이 소멸된다.

이렇게 해서 모든 고통의 응어리가 소멸된다.
이와같이 해서 세존은 위에서 언급한 뜻을 알고 그때에 기쁨이 넘쳐 사구게송을 읊었다.
"실로 진리가 정열적으로 명상하는 바라문에게 드러나게 될 때 그의 모든 의심은 깨끗이 사라진다.
왜냐하면 그는 그 원인을 제거하는 법을 알기 때문이다."

새벽에, 세존은 연기의 법칙을 순서적으로 그리고 역으로 이와 같이 명상했다.

"원인이 있을 때 결과가 있다. 원인이 일어나면 결과가 일어난다. 원인이 없을 때 결과도 없다. 원인이 소멸되면 결과도 소멸된다."
무명에 의해서 조건지어진 행위가 일어난다.
이와 같이 해서 모든 고통의 덩어리가 일어난다.
무명의 소멸에 의해서, 조건지어진 행위가 소멸한다 ……
이와 같이 해서 고통의 모든 덩어리가 소멸된다.

그래서 세존은 이 의미를 이해하고 그때에 이처럼 기쁨에 넘치는 사구게송을 읊었다.
"실로 진리가 정열적으로 명상하는 바라문에게 드러날 때, 그는 사악한 자의 무리들을 물리친다. 마치 태양이 하늘을 밝게 비추듯이."

둘째 주

둘째 주는 특별한 일이 없이 평온하게 지나갔다. 그러나 그는 고요히 인류에게 위대한 도덕적인 교훈을 가르쳤다. 그는 깨달음의 고행을 하는 동안 자신을 보호해준 보리수 나무에 깊은 감사의 표시로서 일정한 거리를 두고 앉아서 일주일간 눈 하나 깜짝 않고 나무를 응시하면서 앉아 있었다.
 그의 거룩한 예를 따르는 제자들은 그의 깨달음을 기억하면서 지금까지도 원래의 보리수뿐만 아니라 또한 그 나무의 다음 세대들도 존경하고 있다.

셋째 주

 부처님께서 보리수 나무 밑에 계속 머물게 되자 천신들은 그가 깨달음을 얻은 것을 의심하였다. 부처님은 그들의 마음을 읽고 그들의 의심을 씻어 주기 위하여 신통력을 써서 보석으로 유보장(遊步場)을 만들고는 그 안에서 거닐었다.

네째 주

 네번째 주에 부처님은 보석으로 된 유보장에서 아비다르마(勝法)의 오묘한 이치를 명상하면서 보냈다.
 경전들은 그가 아비다르마의 일곱 번째 논(論)인 연기론에 대해서 깊은 명상에 잠겼을 때, 그의 몸과 마음이 지극히 순수한 상태가 되어서 몸에서 여섯 가지 색의 광채가 나왔다고 기술하고 있다.

다섯째 주

 부처님은 다섯째 주에도 해탈의 기쁨을 누리면서 보리수 나무 가까이 있는 유명한 아자팔라 바니얀 나무 아래에서 한 자세로 앉아있었다.
 부처님께서 선정의 상태에서 깨어났을 때, 자만심이 강한 바라문이 그에게 와서 관례적으로 상냥하게 인사를 나눈 후에 다음과 같이 물었다.
 "존경하는 고타마여, 바라문(사악함을 버린 자)이 되려면 어떤 조건을 갖추어야 합니까!"
 부처님께서는 사구게송을 기쁘게 읊으면서 대답했다.
 "어떤 자가 자만심이 없고, 번뇌로부터 자유롭고, 자신을 제어하고, 지식에 정통하고, 거룩한 삶을 올바르게 이끌어가면 그 자신을 바라문이라고 부를 수 있다."

자타카(本生譚)에 의하면 이 기간에 마군의 딸들인 탄하, 아라티, 라가가 부처님을 유혹하려 했으나 결국 실패했다고 설명하고 있다.

여섯째 주

여섯째 주에는 아자팔라나무에서 나가수 나무로 가서 다시 해탈의 기쁨을 누리면서 보냈다. 그때 갑자기 큰 소나기가 쏟아지면서 비구름과 우중충한 날씨 속에 며칠간을 계속 내렸다. 그런데 나가수의 왕이 뱀의 모습으로 주거지에서 밖으로 나와 부처님의 몸을 일곱겹으로 칭칭 감았다. 그리고 우산 모양의 넓은 뒷목으로 부처님의 머리를 덮어서 폭풍우에 영향을 받지 않도록 했다.

일주일이 되었을 때 뱀은 맑게 개인 구름 없는 하늘을 보고 부처님의 몸을 감았던 것을 풀고 원래의 젊은 사람의 모습으로 돌아가서 합장하면서 세존의 앞에 섰다.

그래서 부처님께서는 이와 같이 사구게송을 읊었다.

"행복은 오로지 스스로 만족하는 자, 진리를 들은 자, 그리고 진리를 본 자에게만 한정된다. 이 세상에서 행복은 집착을 떠나는 것이며, 감각적 욕망을 뛰어넘는 것이다.

'나'라는 자만심의 억제는 실로 가장 큰 행복이다."

일곱 번째 주

일곱 번째 주에 부처님께서는 라자야타나 나무 밑에서 해탈의 기쁨을 누리면서 평화롭게 보냈다.

부처님의 최초의 설법중의 하나

"많은 윤회를 거듭하면서 나는 방랑했네.
열심히 찾았건만, 찾을 수 없었네.

제 4 장 깨달은 후 55

이 집을 지은 자를.
다시 태어나는 것은 괴로운 일이었네.
오! 집을 지은 자여(渴愛), 그대가 보이는구나.
그대여 이제 다시는 집을 짓지 말게나.
그대의 모든 서까래(煩惱)를 짓지 말게나.
그대의 마룻대(無知)는 산산조각이 났다네.
마음은 조건지어지지 않은 것(니르바나)을 얻었다네.
갈애의 끝은 이루어졌다네."

깨달은 직후인 새벽에 부처님께서는 그의 뛰어난 정신적 승리와 내적인 경험을 위의 사구게송으로 생생하게 묘사하고 있다.

부처님은 과거생에서의 방랑이 고통을 수반했다고 언급하였는데 이것은 분명히 윤회에 대한 믿음을 증명해주는 하나의 사실이라 볼 수 있다. 그는 방황하면서 고통을 겪어야만 했는데, 왜냐하면 육체 즉, 집을 지은자를 찾지 못했기 때문이었다.

그의 마지막 탄생에서 혹독한 고행 끝에 홀로 명상에 몰입하고 있는 동안에 자신의 마음속 깊이 숨겨져있는 고요한 건축가를 찾아냈다. 이것은 갈애 또는 집착, 자기가 창조한 정신적인 요소였다. 언제, 그리고 어떻게 이 갈애가 최초로 생겨났는지는 알 수 없다. 그러나 자신에 의해서 창조된 것은 자신에 의해서 제거될 수 있다. 아라한을 얻음으로써 집을 지은 자가 발견되었고, 갈애는 뿌리째 뽑히게 된 것이다.

이것은 이 귀절 뒤에서 '갈애의 소멸'로 언급되고 있다.

자신이 지은 집의 서까래는 번뇌, 즉 집착, 혐오, 망상, 자만심, 잘못된 견해, 의심, 나태, 불안, 몰염치, 거만함 같은 것들이다. 서까래를 지탱하는 마룻대는 모든 번뇌의 뿌리인 무지를 나타낸다. 무지의 마룻대가 지혜에 의해서 산산조각 나면서 마침내 집이 완전히 파괴된다.

서까래와 마룻대는 건축가가 바라지 않는 집을 지은 재료이다. 그것들의 파괴에 의해서 건축가는 원하지 않는 집을 다시 지을 재료를 빼앗겨 버린다.

집의 파괴에 의해서 마음에는 어느 것도 비교할 수 없는 조건지어지지 않은 상태, 즉 니르바나를 얻는다.

제 5 장
부처님 그래도 법을 설하셔야 합니다.

다르마의 향기를 맡은 자는 평온한 마음으로 기쁨 속에 머무른다.
현명한 자는 성자가 보여준 다르마 속에서 언제나 즐거워한다.

─── 법구경

스승으로서의 다르마

부처님께서 깨닫고 얼마 되지 않아서, 니련선하 강의 둑에 있는 아자팔라 바니얀 나무밑에서 머무르며 홀로 명상에 몰입하고 있을 때, 다음과 같은 생각이 떠올랐다.

'누군가를 존경하지도 않고 섬기지도 않고 사는 것은 그다지 좋은 일이 아닌 것 같다. 만약에 고행자나 바라문 가까이서 그를 존경하면서 살면 어떻게 될까?'

그러자 이번에는 다음과 같은 생각이 떠올랐다.

'계율을 완성하기 위해서 또 다른 고행자나 바라문 가까이서 그를 존경하고 공경하면서 살아야 되는 걸까?

그렇지만 나는 천신, 마군, 범천을 포함한 이 세상에서, 고행자, 바라문, 천신, 인간을 포함한 이 세상의 존재들 가운데서, 나보다 높은 계율을 지닌 자가 있어서 그와 사귀면서 존경하고 섬길 수 있는 또다른 고행자와 바라문을 보지 못했다.

선정을 더욱 완벽히 하기 위해서 또 다른 고행자와 바라문 가까이서 그를 존경하고 공경하면서 살아갈까?

그러나 나는 이 세상에서 나보다 더 높은 선정의 경지를 얻은 자, 내가 사귀고 존경하고 섬길 수 있는 어떠한 고행자나 바라문도 보지 못했다.

지혜를 더욱 완벽히 하기 위하여 또 다른 고행자나 바라문 가까이서 그를 존경하고 공경하면서 살아야 할까? 그러나 나는 이세상에서 지혜에 있어서 나보다 높은 경지를 얻은 자가 있어서 내가 사귀고 존경하고 섬길수 있는 어떠한 고행자나 바라문도 발견하지 못했다.

완전한 해탈을 위해서 또 다른 고행자나 바라문 가까이서 그를 존경하고 공경하면서 살아갈까? 그러나 나는 이세상에서 나보다 해탈의 경지가 높아서 내가 사귀고 섬길 수 있는 어떠한 고행자나 바라문도 발견하지 못했다.'

그때 그에게 이런 생각이 떠올랐다.

'그러면 내가 지금 깨달은 다르마를 존경하고 공경하면서 살면은 어떻게 될까?'

이때 범천 사함파티가 부처님의 생각을 파악하고는 마치 강한 사람이 구부렸던 팔을 뻗치거나 또는 뻗쳤던 팔을 구부리는 것처럼 천상계에서 사라져서 부처님 앞에 나타났다.

그리고 한쪽 어깨 위에 가사를 걸치고, 오른쪽 무릎을 팔위에다 대고 합장하고 부처님에게 예를 올리면서 다음과 같이 말했다.

"과연 그렇습니다. 세존이시여! 과연 그렇습니다. 오 완성자여! 오! 존경받을 만하고 최상의 깨달음을 얻은 이들은 과거에도 있었으면서 바로 이 다르마를 존경하고 공경하면서 살았읍니다.

존경받을 만하고 최상의 깨달음을 얻은 이들은 미래에도 있을 것이며, 또한 바로 이 다르마를 증명하고 공경하면서 살고 있습니다."

이것은 범천 사함파티가 한 말이다. 그리고 더 나아가 다음과 같이 말하였다.

"과거의 깨달은 이들도 미래의 깨달은 이들도 그리고 현재의 이들도 고통을 물리치고 성스러운 다르마를 존경하면서 살았고, 살아갈 것이고, 살고 있습니다. 이것이 바로 깨달은 이들(부처)의 특성입니다.

그래서 자신의 번영을 바라고 자신의 위대함을 바라는 자는 반드시 성스러운 다르마를 존경하고 부처님들의 가르침을 가슴에 깊이 새겨야만

제 5 장 부처님 그래도 법을 설하셔야 합니다   59

할 것입니다."
　범천 사함파티는 이렇게 말하고 부처님께 정중히 예를 올리고 오른쪽으로 돌아서 순식간에 사라져버렸다.

법을 청하다

　부처님께서 라자야타나 나무 그늘에서 아자팔라 바나얀 나무로 가서 고요히 명상에 잠겼을 때 다음과 같은 생각이 떠올랐다.
　'내가 깨달은 이 법은 너무나 심오해서 인지하기 어렵고, 이해하기 어렵고 심원하고 숭고하고 논리의 영역밖에 있고, 오묘해서, 지혜에 의해서만 이해할 수 있다.
　존재들은 물질적인 즐거움에 집착해 있다. '서로 의존해서 일어나는 것'과 연관된 연기의 법칙은 이해하기가 어려운 부분이다.
　그리고 이 니르바나-조건지어진 것의 소멸, 모든 번뇌의 사라짐, 갈애의 뿌리째 뽑음, 집착을 여읨, 그리고 윤회의 멈춤- 또한 쉽게 이해할 수 있는 문제가 아니다. 만약 내가 이 법을 가르친다면, 다른 사람들은 나를 이해하지 못할 것이다. 그것은 나를 피곤하게 할 것이다. 그리고 나를 싫증나게 할지도 모른다.
　나는 어렵게 진리를 깨달았다. 지금 그것을 선언할 필요는 없다. 이 진리는 탐욕과 증오에 의해서 지배되는 자에게는 쉽게 이해될 수 없다. 욕망에 지배된 자는 어둠에 가려서 진리를 볼 수 없다. 이것은 흐름을 거슬러 간다. 그리고 깊고 심오하고 미묘해서 이해하기가 어렵다.'
　부처님께서는 이렇게 생각하면서 진리를 설하지 않으려고 생각했다.
　이때 범천 사함파티가 부처님의 마음을 읽고는 이 세계가 그 진리를 듣지 못해서 소멸되어 버릴까 두려워서, 그 앞에 다가가서 법을 청하면서 다음과 같이 말했다.
　"오 거룩한 이여, 세존이시여 법을 설하여 주십시오! 완성자여! 법을 설하여 주십시오! 그들의 눈에 먼지가 덜 낀 존재들이 있습니다. 그들은 진리를 듣지 못하면 사라져버릴 것입니다. 법을 이해하는 자들이 있을 것입니다."
계속해서 그는 말했다.
"아주 오랜 옛날에 마가다에서 법이 일어났지만 시간이 지나면서 타락해버렸습니다. 죽음없는 세계로 가는 이 문을 여십시오.
그들 더럽혀지지 않은 자들이 법을 듣고 이해하게 하소서!
마치 돌산의 정상에 서 있는 자가 주위에 둘러싸인 사람들을 내려다 보는 것처럼 모든 것을 보는 자, 지혜로운 자도 다르마의 궁전으로 올라가십시오!
고통이 없는 이여, 슬픔에 빠진 이들과 태어남과 죽음을 극복한 이들을 살펴 보십시오!
일어나십시오. 오 영웅이여, 전쟁에서의 승리자여,
사막의 대상의 선도자여,
빚에서 자유로운 자, 그리고 이 세상에서 벗어난 자여!
세존이시여 법을 가르치소서!
어디엔가 법을 이해할 수 있는 이들이 있을 것입니다."
그가 이렇게 말했을때 세존은 그에게 말했다.
"오 범천이여, 다음과 같은 생각이 나에게 떠올랐다.
'내가 깨달은 이 법은 탐욕과 증오에 지배된 자에게는 쉽게 이해될 수 없다.
욕망에 지배된 자, 어둠에 가린 자는 법을 볼 수 없다.
이 법은 흐름을 거슬러 간다. 심오하고 미묘해서 이해하기 어렵고 오묘하다.'
이와 같은 생각이 들자 나의 마음은 수그러들어서 법을 가르치지 않기로 했다."

범천 사함파티는 두 번째로 부처님에게 간청했으나 그는 똑같은 대답을 했다. 그가 세 번째로 간청했을 때 세존은 중생들에 대한 가엾은 생각이 들어서 혜안으로 이 세계를 둘러보았다. 그는 눈에 적고 많은 티끌이 있는 존재들, 예민하고 무딘 지성을 갖고 있는 존재들, 착하거나 나쁜 성격을 갖고 있는 존재들, 쉽게 배울 수 있는 존재들, 배워도 잘 이해하지 못하는 존재들을 보았다.

파란색, 빨간 또는 노란 연꽃의 경우, 어떤 연꽃들은 물에서 나서 물에서 자라고, 물에 잠긴 상태를 유지하면서 물 속에서 잘 자란다.

어떤 연꽃들은 물에서 나서 물에서 자라고 물의 표면을 유지하면서 자라고, 어떤 연꽃들은 물에서 나서 물에서 자라고 물 밖으로, 뛰어올라서 물에 젖지 않는다.

이와 마찬가지로 세존이 그의 혜안으로 이 세계를 비추어 볼 때, 그는 그들의 눈에 적거나 많은 먼지가 낀 존재들, 예리하고 무딘 지성을 가진 것들, 좋거나 나쁜 성격을 갖고, 쉽게 배우고 어렵게 배우는 존재들을 보았다.

"그들에게 죽음 없는 세계의 문은 열려있다. 귀가 있는 자는 확신하게 되리라. 오 범천이여. 인간들에게는 이 장엄하고 뛰어난 교리를 가르치지 않으려고 했지만, 이제 법을 설할 것이다."

기쁨에 넘친 범천은 그가 세존이 법을 설하도록 유도했다고 생각하면서 공손히 예를 올리고 그의 오른쪽을 돌아서 순식간에 사라져버렸다.

최초의 두 귀의자

49일간 선정의 기간이 지나간 후 부처님이 라자야타나 나무밑에 앉아 있을 때 타파수와 발리카라는 두 명의 상인이 우칼라로부터 우연히 그 길을 지나게 되었다. 그때 전생에 그들의 친척이었던 천신이 나타나 그들에게 다음과 같이 말했다.

"거룩한 분, 세존께서 지금 라자야타나 나무밑에 머무르고 계십니다. 지금 깨달은 직후입니다. 어서 가서 세존에게 밀가루와 꿀을 드리십시오.[9] 그러면 여러분은 오랫동안 부유함과 기쁨을 누리게 될 것입니다."

이 황금 같은 기회를 포착하자 기쁨에 넘친 두 상인은 세존에게 가서 공손히 인사하고, 세존께서 그들의 간소한 보시를 받아들여서 그들의 공덕을 쌓

---

9) 튀긴 밀가루와 꿀은 고대의 인도에서 여행자들의 일상적인 식사였다.

을 수 있게 해달라고 간청했다.

그때 세존에게 다음과 같은 생각이 떠올랐다.

'여래는 음식을 그들의 손으로부터 직접 받지않는다. 어떻게 이 밀가루와 꿀을 받아야 할까?'

그 순간 사천왕이 부처님의 마음을 알아차리고 사방에서 부처님에게 네 개의 바리때를 바치면서 말했다.

"오, 세존이시여. 이것으로 밀가루와 꿀을 받으소서!"

부처님께서는 제때에 갖다 준 바리때로 오랜 기간의 단식 끝에 상인들이 바친 음식을 드셨다. 식사가 끝난 후에 상인들은 부처님의 발 앞에 엎드려서 말했다.

"우리는 세존과 법에 귀의하고자 합니다.[10]

세존이시여, 저희들을 오늘부터 목숨이 다할 때까지 귀의하는 재가 신자로 받아들여주십시오."

이들은 부처님에게 귀의한 최초의 재가 신자들인데, 그들은 삼귀의 중 앞의 두 개를 암송했다.

베나레스로 가는 길에서

법을 가르칠 결심을 하고 위대한 포교의 길을 떠나기에 앞서 부처님께서는 생각하였다.

'이 진리를 누구에게 맨 먼저 가르쳐야 할 것인가?

어쩌면 알라칼라마가 괜찮을지 모르겠다. 그는 학식이 있고 현명하고 지혜롭다. 그리고 오랫동안 그의 눈에는 거의 티끌이 없었다. 내가 그에게 진리를 처음으로 가르치면 괜찮을까? 그는 진리를 빨리 이해할 것이다.'

그때 천신이 부처님 앞에 나타나서 말했다.

"거룩한 이여! 알라칼라마는 일주일 전에 세상을 떠났습니다."

부처님께서는 혜안으로 그것이 사실인 것을 알았다. 그래서 이번에는 웃

---

10) '부처님께 귀의합니다. 법에 귀의합니다.'라는 두 개의 귀절이다. 그 당시에는 승가나 승려의 조직이 아직 형성되지 않았기 때문에 그들은 세 번째의 귀의인 '승가에 귀의합니다.'는 하지 않았다.

다카를 생각했다. 그러자 그 순간 천신이 그는 어제 저녁에 죽었다고 말했다. 부처님께서 다시 혜안으로 보고 그것도 사실인 것을 알았다.

마지막으로 부처님께서는 다섯 명의 고행자를 생각했는데, 그들은 부처님이 고행하는 동안 시중들었던 동료들이었다.

부처님께서는 신통력으로 그들이 베나레스 근처의 이시파타나의 사슴동산에 머무르고 있는 것을 보았다. 그래서 그때까지 우루베라에서 지내던 부처님은 기쁘게 베나레스로 떠났다.

부처님께서 먼 길을 걷고 있을 때, 자신이 깨달음을 얻었던 보리수 근처에서 유행승 우파카가 그를 보고 말했다.

"친구여! 당신의 모습이 매우 깨끗합니다.

당신의 안색이 준수하고 맑습니다. 친구여, 누구 밑에서 출가를 했습니까? 누가 당신의 스승입니까? 누구의 가르침을 배웠습니까?"

그러자 부처님께서 대답하였다.

"나는 모든 것을 극복했다네. 모든 것을 알고 있다네.

모든 집착에서 벗어났다네. 모든 것을 포기했다네.

나는 갈애의 소멸(니르바나)에 완전히 몰입했다네.

나 스스로 모든 것을 이해했는데, 누구를 나의 스승으로 삼겠나?

어떠한 스승도 나는 없다네.

나와 동등한 자는 아무도 없다네.

신들을 포함해서 이 세상에서 나와 견줄 만한 자는 없다네.

이 세상에서 나야말로 진정한 아라한이라네.

나는 누구도 능가할 수 없는 스승이라네.

나 혼자서 완전한 깨달음을 얻었다네.

나는 평온하고 고요하다네.

카시 지역에 진리의 수레바퀴를 돌리려고 간다네.

이 캄캄한 세상에서 나는 죽음이 없는 북을 두드려야 하겠네."

그러자 우파카가 질문하였다.

"그러면 친구여, 자네는 자네가 무한한 정복자인 아라한임을 인정하는가?"

부처님께서 대답했다.

"번뇌를 소멸시킨 사람들은 나와 같은 정복자들이다.

나는 모든 잘못된 조건들을 정복했다. 그러므로 우파카여, 나는 정복자라고 불린다."[11]

"그럴 수도 있겠지 친구여." 우파카는 퉁명스럽게 말하면서 머리를 끄덕이다가 옆길로 돌아서서 휑하니 가버렸다.

첫 번째 퇴짜를 맞은 것에도 동요하지 않고, 부처님은 여행을 계속하여 드디어 베나레스 사슴동산(鹿野園)에 도착하였다.

다섯 승려들을 만나다

다섯 고행자들은 부처님께서 고행을 하는 동안 그것이 무의미하다는 것을 깨닫고 엄격한 금욕생활을 단념한 것을 오해하여서 부처님이 멀리서 오는 것을 보고 인사를 하지않기로 약속했다.

그들이 말했다.

"친구들, 사문 고타마가 오고 있네. 그는 이제 사치스러워졌어. 그는 고행을 포기하고 부유한 행활로 되돌아갔어. 그를 환영하지도 말고 보살피지도 마세.

그의 바리때와 가사도 거들어주지 말기로 하세. 그렇지만 자리는 마련해두세. 만약 그가 원하면 거기에 앉도록 하지 뭐."

그렇지만 부처님이 점점 가까이 올수록 그의 위엄스러운 모습에 압도되어 그를 정중히 모시지 않을 수 없게 되었다. 한 사람이 앞으로 나가서 바리때와 가사를 받아서 놓고, 다른 사람이 자리를 마련하고, 그리고 한 사람은 그의 발을 씻을 물을 떠 왔다.

그렇지만 그들은 부처님을 일반적으로 손아랫 사람이나 친구들에게

---

11) 부처님이 이 말을 한 이유는 스승들의 도움 없이 혼자서 깨달음을 얻었기 때문이다. 물론 깨닫기 전에는 스승들이 있었지만, 아무도 그에게 완벽한 깨달음을 얻는 길을 가르쳐 주지 못했다. 그래서 불교가 힌두교에서 자연적으로 성장한 것이라는 견해는 당연히 잘못된 견해이다.

하는 식으로 고타마 또는 아부소(친구)라고 불렀다.
　이때 부처님께서 그들에게 말했다.
　"오 비구들이여, 여래를 이름이나 아부소(친구)라고 부르지 말라. 오 비구들이여, 세존은 여래이니라. 완전히 깨달은 자이니라. 잘 들어라, 비구들이여. 나는 죽음이 없는 것(不死)을 얻었다네. 나는 진리를 설명하고 가르칠 것이다. 만약 그대들이 나의 가르침을 따라서 행동하면 그대들은 머지않아 그대들의 직관적인 지혜에 의해서 깨달을 것이다. 바로 이 삶 속에서 성스러운 삶의 최고의 상태를 얻을 것이다.
　성스러운 가정의 아들들이 집없는 자(出家者)가 되기 위하여, 올바르게 집을 떠나는 것을 위하여 살아갈 것이다."
　그러자 다섯 비구가 대답했다.
　"아부소(친구) 고타마여.
　자네의 품행으로 보건데, 자네는 엄격한 고행을 하지 않았으므로 어떠한 초인적인 특별한 지혜도 없으며, 성자가 될 만한 통찰력도 없다.
　자네는 타락해서 고행을 그만두고 사치스러운 생활로 되돌아갔는데, 어떻게 그러한 초인적인 지혜와 성자같은 통찰력이 있겠는가?"
　이에 대해서 부처님께서 말했다.
　"오 비구들이여, 여래는 타락하지 않았고 고행을 단념하지 않았고, 사치스러운 생활로 되돌아가지 않았다. 세존은 여래이니라. 완전히 깨달은 자이니라.
　오 비구들이여, 나는 죽음 없는 상태(不死)를 얻었다. 나는 진리를 설명하고 가르칠 것이다.
　만약 그대들이 나의 가르침을 따라서 행동한다면 그대들은 자신의 직관적인 지혜에 의해서, 멀지 않아서 깨달을 것이고, 바로 이 삶에서 성스러운 삶의 최고의 상태를 얻어서 성스러운 가정의 아들들이 집 없는 삶을 위해서, 가정을 올바르게 떠나기를 위해서 살아갈 것이다.
　편견을 지닌 고행자들은 똑같이 실망한 태도를 보였다. 그러자 두 번째로 부처님께서는 그들에게 자신의 깨달음을 재확인해주었다.

그러나 완고한 고행자들이 세 번째로 자신들의 견해를 나타내면서 부처님을 믿는 것을 거절하자 부처님은 그들에게 다음과 같이 물었다.
"오 비구들이여, 전에 내가 한번이라도 이와 같이 말하는 것을 들어 보았느냐?"
"아니오, 없었습니다, 거룩한 이여!"
부처님께서는 세 번째로 자신이 깨달음을 얻었으며, 그의 가르침을 따라서 행동하면 진리를 깨달을 수가 있다고 말했다.
이것은 실로 부처님의 신성한 입에서 나온 솔직한 말이었다.
비록 그들의 견해가 완고했지만 정신적인 견해가 높은 그 고행자들은 부처님의 위대한 성취를 완전히 확신하고 자신들의 인도자와 스승으로서의 자격을 인정하였다. 그래서 앉은 채로 그의 성스러운 가르침을 들었다.
부처님은 우선 고행자들 중 두 명에게 설명했는데, 그 동안에 세 명은 탁발하러 나갔다. 그리고 돌아오면서 여섯 명을 부양할 것을 갖고 왔다.
그리고 고행자들 중 세 명에 대해서 가르칠 때, 두 명의 고행자가 탁발하러 나가서 다시 여섯명을 부양할 것을 가지고 돌아왔다. 이렇게 해서 다섯 고행자가 부처님에게 설법을 듣고 배웠다.
그들은 이제 나고, 늙고, 죽고, 고통스럽고, 번뇌에 지배되는 자신들의 삶의 본래 모습을 깨달아서, 태어나지 않고, 늙지 않고, 병들지 않고, 죽지 않고, 괴롭지 않고, 번뇌가 없고, 비교할 수 없는 최고의 평화, 니르바나를 추구하고, 비교할 수 없는 안락과 태어남, 늙음, 병듦, 죽음, 고통, 번뇌로부터 자유스러운 니르바나를 얻었다. 이것은 그들의 마지막 탄생이었고 이런 상태로 다시 태어나는 일은 결코 없게 되었다.
초전법륜은 네 가지 성스러운 진리(四聖諦)를 다루고 있는데, 이것은 부처님께서 설한 최초의 법이다. 이것을 듣고 연장자인 콘다냐는 성인의 첫째 경지를 얻었다. 후에 더 많은 가르침을 받은 후에 나머지 네명도 예류과를 얻었다.
아나탈라카나(無我想)경은 자아가 없는 것을 다루고 있는데, 다섯 명 모두가 성인의 마지막 경지인 아라한을 얻었다고 기록하고 있다.

첫 번째 다섯 제자들

이렇게 해서 아라한을 얻고 부처님의 첫 번째 제자가 된 다섯 명의 거룩한 승려들은 콘다냐, 바디야, 바파, 마하나마, 그리고 아싸지였다.

콘다냐는 정반왕이 어린 태자에게 이름을 지으려고 여덟 명의 바라문을 소집했을 때 그중에서 가장 젊고 지혜로운 자였다. 나머지 네 명은 나이 많은 바라문들의 자식들이었다. 이들 다섯 명은 부처님께서 깨달음을 얻기 위하여 고행을 하는 동안 그를 돌보면서 함께 고행자로서 숲에 머물렀다. 그러나 부처님께서 무의미한 고행을 단념하고 신체에 알맞게 영양분을 공급하고 잃었던 기력을 되찾자, 이들 충실한 추종자들은 그의 방법의 변화에 실망해서, 그를 버리고 이시파타나로 갔다. 그들이 떠나서 얼마 되지 않아 보살은 깨달음을 얻었던 것이다.

콘다냐는 첫 번째 아라한이 되어서 승가의 가장 연장자가 되었다. 그리고 그 위대한 사리불을 개종시켜서 부처님의 십대제자가 되게 한 것은 다섯 명 중의 하나인 아싸지였다.

제 6 장
처음으로 법을 설하다(初轉法輪)

'길 중에 최고는 여덟 가지 성스러운 길(八正道)이다.
진리 중에 최고는 사성제이다. 집착을 여의는 것은 최고의 상태이다.
두 발 달린 것 중 최고는 진리를 보는 자이다'

——법구경

도 입

고대의 인도는 삶과 그 목적에 대해 다양한 견해를 주장하는 뛰어난 사상가와 종교 스승들로 유명하였다.

디가-니까야(長部)의 브라흐마잘라(梵海)경은 부처님 당시에 유행하던 62가지의 다양한 사상이론에 대해서 다루고 있다.

이들 중에서 하나의 극단적인 견해는, 그 당시 일반적인 종교적 견해와 정반대였던 물질주의자의 허무주의의 가르침인데, 이것은 창설자의 이름을 따서 차바카스(Cāvākas)라고 했다.

팔리어나 산스크리트에서 Lokāyeta로 알려지고 있는 고대의 물질주의에 의하면 인간은 사후에 완전히 소멸하며, 죽음은 모든 것의 끝이다. 현 세계만이 실재이다. '죽음은 모두에게 온다. 그러므로 먹고 마시고, 즐거워하라.'는 것이 그들의 사상체계의 이상적 모습으로 나타난다.

'종교는 어리석은 탈선이며, 정신병이다.

고결하다는 것은 환상이고, 즐거움만이 유일한 실재이다.

죽음은 삶의 끝이다.

모든 선함, 지고(至高), 순수, 동정 같은 것은 믿을 수 없다.

제 6 장 처음으로 법을 설하다 69

번뇌와 본능을 제어할 필요는 없다. 왜냐하면 그것들은 자연이 인간에게 준 유산이기 때문이다.'

또 하나의 극단적인 견해로 해탈은 오로지 엄격한 금욕적인 생활을 해나갈 때만 가능하다는 것이었다.

이것은 가장 전통있는 교단의 고행자들에 의해서 확고하게 주장되던 순수한 종교적인 교리이다. 보살이 깨달음의 고행을 하는 동안 보살을 돌보던 다섯 비구들은 끈질기게 이 교리에 집착하였다. 이 교리에 따라서 부처님 또한 깨닫기 전에 직접 모든 형태의 금욕을 시도해보았다. 그리고 6년 동안의 철저한 고행을 한 끝에야 비로소 그는 금욕이 무의미하다는 것을 깨달았다.

그 결과 그는 성공할 수 없는 고행의 과정을 바꾸고 중도를 택했다. 그러자 그의 충실한 제자들은 그에게 실망하고 떠나면서 말했다.

"고행자 고타마는 타락했다. 고행을 그만두었다. 그리고 안락한 생활로 되돌아갔다."

그들이 갑자기 보살을 버리고 떠나간 것은 그에게 분명한 물질적인 손실이었다. 왜냐하면 그들은 그가 필요한 모든 것들을 시중들었기 때문이다.

그렇지만 그는 용기를 잃지 않았다. 확고한 의지를 가진 보살은 어쩌면 혼자 남게 된 것에 대해서 행복을 느꼈는지도 모른다.

그는 기력을 회복해서 솟아나는 즐거움 속에서 자신의 삶의 목표인 깨달음을 얻을 때까지 꾸준히 정진하였다.

부처님께서는 7월 보름날 깨달아서 정확하게 2개월 후에 최초의 설법을 자신을 시중들던 다섯 비구에게 행하였다.

부처님의 첫번째 설법

초전법륜(初轉法輪 : *Dhammacakkappavattana*)은 부처님의 첫 번째 설법에 붙여진 명칭이다.

이것은 흔히 '진리의 왕국(正義의 王國)' '진리의 수레'를 의미하는 것으로 묘사된다. 주석서에 의하면 여기서 *Dhamma*는 지혜 또는 앎을 의미하며, *Ca-*

*kka*는 근본이나 설립을 의미한다고 한다. 그래서 *Dhammacakka*는 지혜의 근본이나 설립을 의미한다. *Dhammacakkappavattana*는 지혜의 근본을 의미한다.

*Dhamma*는 또한 진리로, *Cakka*는 수레바퀴로 해석될 수 있다. 그렇게 되면 *Dhammacakkappavattana*는 '진리의 수레바퀴의 설립 또는 굴림'을 의미한다.

가장 중요한 설법에서 부처님은 팔정도를 자세히 설명했는데, 이것은 그가 스스로 발견한 것으로, 그의 새로운 가르침의 핵심을 이루었다. 그는 엄격한 고행을 믿는 다섯 비구들의 요청에 의해서 극단적인 자기탐욕과 자기고행을 피하라고 가르쳤다. 왜냐하면 이것은 둘 다 고행자들을 완전한 평화와 깨달음으로 이끌지 못하기 때문이다.

전자는 사람의 정신적 발전을 퇴보시키며, 후자는 사람의 지성을 나약하게 한다. 그는 이러한 두 개의 견해를 비판했는데, 왜냐하면 그는 자신의 경험에 의해서 그것들의 무의미함을 깨달았기 때문이다. 그래서 가장 현실적으로 합리적이고 유익한 길, 완전한 정화와 완벽한 해탈로 이끄는 길을 선언하였다.

초전법륜은 부처님이 베나레스 근처의 이시파타나 사슴동산에 머무는 동안 상세히 설해진 것이다. 6년간이나 부처님과 가깝게 지냈던 지성적인 다섯 비구들은 설법을 듣기 위해 참석한 유일한 인간들이었다. 경전은 또한, 눈으로 볼 수 없는 천신과 범천같은 많은 존재들이 설법을 듣는 황금같은 자리에 참석했다고 전하고 있다. 불교도들은 이 세계 이외의 다른 세계에 육체적인 눈으로 인지할 수 없는 형체를 가진 존재가 살고 있는 것을 믿기 때문에, 어쩌면 많은 천신들과 범천이 또한 이 중요한 상황에 참석했다고 믿을 수도 있다.

어쨌거나, 부처님께서는 이 다섯 비구에게 직접적으로 말했고 이 설법이 오로지 그들을 위한 것이었다는 것은 분명하다.

부처님은 처음부터 그들에게 두 개의 극단을 피하라고 훈계했다. 그가 실제로 한 말은 "여기에 두 개의 극단(*anta*)이 있다. 출가자(*pabbajitena*)는 여기에 도움을 청해서는 안된다."였다. 두 개의 용어에 대해서 특별히 강조하고 있는데 '*anta*'는 끝 또는 극단을 의미하고 *Pabbajita*는 이 세상을 포기한 자를 의미한다.

　부처님의 말씀에 의하면, 하나의 극단은 감각적 욕망에 대한 끊임없는 집착이었다. 부처님께서는 이 극단을 비천하고, 저속하며, 세속적이고, 무지한, 그리고 이익이 없는 것으로 설명했다.

　하지만 이것을 가지고 부처님께서 자신의 모든 추종자들이 물질적인 즐거움을 단념하고, 이 삶을 즐기지 않고 숲에서 지내기를 바란 것이라고 잘못 생각해서는 안된다. 부처님은 그렇게 속좁은 분이 아니었다.

　환상에 빠진 감각주의자가 이것에 대해서 어떻게 느끼든 간에, 욕망이 없는 사상가에게 감각적 즐거움을 누린다는 것은 한 순간이고 결코 만족할 수 없으며 결국에는 불유쾌한 결과를 야기시키는 것일 뿐이다.

　부처님은 속세의 행복을 이야기하면서, 부의 취득과 소유물을 즐기는 것이 재가 신자에겐 두 가지 기쁨의 원천이라고 말했다.

　그러나 지각이 있는 출가자는 결코 이러한 덧없는 즐거움을 추구하면서 기쁨을 찾지않는다. 보통 사람에게는 놀라운 일이지만 출가자들은 그것들을 멀리한다. 감각주의자들에게는 즐거운 것들이, 오히려 포기 하나만이 즐거움인 출가자에게는 경계의 대상이 된다.

　또 다른 극단은 자기억제에 끊임없이 집착하는 것이다. 부처님은 평범한 사람들이 겪어보지 못한 이 극단을 언급하면서 이것은 고통스럽고, 무지하고, 유익하지 않다고 말했다. 첫 번째 극단과는 달리, 이것을 저속하거나 세속적이거나 비천하다고 설명하지는 않았다.

　이 세 개의 용어를 사용하지 않았다는 것은 매우 중요한 의미를 가진다. 일반적으로 감각적 즐거움에 대한 집착을 포기한 진지한 출가자는 이 고통스러운 방법에 의존하는데, 주로 삶의 고통으로부터 벗어나 자신의 해탈을 얻는 수단으로 삼는다.

　부처님은 무익한 수행의 고통스러운 경험을 했기 때문에 이것을 소용이 없는 것이라고 설명했다. 이것은 고통을 줄이는 대신 오로지 고통을 증가시킬 뿐이다.

　부처님은 처음에 이 문제를 분명히 해서 그의 경청자들이 가지고 있던 잘못된 인식을 제거해주었다. 그들의 혼동된 마음이 가라앉고 받아들일 자세가 되었을 때 부처님께서는 두 개의 극단에 대해서 자신의 경험을 이야기했다. "여래는 이 두 개의 극단의 잘못을 깨달아서 중도를 따랐다."고.

이 새로운 길 또는 방법은 스스로 발견한 것이다. 부처님은 자신의 새로운 사상체계를 중도(中道)라고 말했다.

부처님은 제자들을 설득하여, 새로운 길에 마음을 두도록 하기 위하여 그것의 여러가지 좋은점을 이야기했다. 두 개의 정반대되는 극단과 달리 중도는 정신적인 통찰력과 지성적인 지혜로 사물을 있는 그대로 보도록 이끌어준다. 통찰력이 분명해지고 지성이 민감할 때 모든 것을 자신의 순수한 지각으로 볼 수 있다. 게다가 번뇌를 자극하는 첫째 수단과 달리 중도는 번뇌를 정복해서 평화로 이끈다. 무엇보다도 이것은 성인의 초세속적인 네 개의 길의 획득,[12] 성스러운 네 가지 진리의 이해, 그리고 마지막으로 궁극적인 목적지인 니르바나의 깨달음으로 이끈다.

그러면 무엇이 중도인가? 이에 대해 부처님은 '그것은 성스러운 여덟가지 길(팔정도)이다'라고 말했다. 그래서 경전에는 여덟가지 요소가 널리 언급되고 있다.

첫째 요소는 올바른 이해인데, 이것은 불교의 근본이다. 부처님은 승려들의 의심을 말끔히 씻어 주고 그들을 올바른 길로 이끌기 위해서 올바르게 이해하는 것부터 시작하였다.

올바른 이해는 '자신을 실재적으로 아는 것'에 대하여 다루고 있다. 이것은 집착을 여의거나 포기, 자애, 그리고 해를 끼치지 않는 올바른 생각으로 이끈다. 이것은 이기심, 악의, 그리고 잔인함에 대하여 각각 반대되는 것이다.

올바른 생각을 통하여 올바른 말, 올바른 행동, 그리고 올바른 직업을 얻

---

12) 깨달음의 계위(階位)를 말함.
　　예류자(預流者) : 성인의 흐름에 들어간 자
　　일래자(一來者) : 욕계에 한번 돌아오는 자
　　불환자(不還者) : 다시는 욕계에 오지 않는자
　　아라한(阿羅漢) : 완전히 깨달은 자

게 되는데, 이 세 가지 요소가 개인의 인격을 완전하게 만들어준다.

여섯번째 요소는 올바른 노력인데, 이것은 사악한 상태를 제거하고 자신의 선한 상태를 발전시키는 것을 다룬다. 이러한 자신의 정화는 주의 깊은 내적 성찰에 의해서 가장 잘 이루어진다. 그것을 위해서 일곱 번째 요소인 올바른 관찰은 본질적으로 중요하다.

노력은 관찰과 연관되어 여덟번째 요소인 올바른 집중 또는 마음이 완전히 하나로 모아진 상태(心一境性)를 만들어낸다.

하나로 모아진 마음은 아무런 왜곡 없이 모든 것이 명확하게 반영되는, 깨끗이 닦은 거울과 같다. 부처님은 먼저 두 개의 극단과 새롭게 발견한 중도로 이야기를 이끌어가면서 사성제를 자세히 설명해주었다.

*Sacca*는 진리를 나타내는 팔리어인데, 이것은 '있는 그대로의 것'을 의미한다. 이것의 산스크리트 동의어는 *satya*인데, 이것은 '논쟁의 여지가 없는 사실'을 의미한다.

부처님은 자신의 가르침의 규율로 이러한 네 가지 진리를 선언하였다. 이것은 이른바 인간이라는 것과 연관되어 있다. 그래서 그의 가르침은 인간중심적이며, 신중심적인 종교들과 반대가 된다.

이것은 내적인 지향이며, 외적인 지향이 아니다. 부처님이 출현하든 안하든 이 진리는 그대로 존재하며 부처님은 그것들을 환상에 빠진 세계에 나타내 보였다.

그것들은 시간과 함께 변하지도 않으며 변할 수도 없다. 왜냐하면 그것들은 영원한 진리이기 때문이다. 부처님이 설법에서 "전에는 들어보지 못한 것들에 대해서, 나에게 혜안, 앎, 지혜, 통찰과 빛이 생겼다."고 말했듯이 이것들을 깨닫는데 있어서 어느 누구에게도 도움을 받지않았다. 이 말은 매우 중요한데 설법을 듣는 자들이 부처님의 새로운 가르침의 기원에 대해서 의심했기 때문이다. 따라서 불교와 힌두교의 사상체계에 어떤 근본적인 공통된 교리가 있는 것은 사실이지만, 불교가 힌두교에서 자연적으로 발전한 부산물이란 설명은 정당화될 수 없다

이 진리들은 팔리어로 *Ariya*[13] *Saccāni*(성스러운 진리)이다. 그렇게 부르는

이유는 그것들이 최상의 성스러운 자 즉, 번뇌를 완전히 제거한 자에 의해서 발견되었기 때문이다.

첫번째 성스러운 진리는 고통(*dukkha*)을 다루고 있다. 여기에 알맞은 영어 표현이 없기 때문에, 고통 또는 슬픔으로 부적절하게 해석되고 있다. 인식적인 면에서 두카는 참아내기가 어렵다는 것을 의미한다. 추상적인 진리로서 두카는 '하찮은(*du*), 비어 있는(*kha*)'의 의미로 사용된다.[14] 이 세계는 고통에 놓여있다. 그래서 이것은 하찮은 것이다. 이것은 어떠한 실재도 결여되어 있다. 그래서 이것은 비어있다. 그래서 두카는 '보잘 것 없이 비어 있음'을 의미한다.

평범한 사람들은 오로지 겉모습만 보는 자이다. 그러나 아리야(성자)는 사물의 진실한 모습을 본다. 아리야(성자)에게 있어서 모든 인생은 고통스럽게 느껴지며, 인간을 환상적인 즐거움으로 속이는 이 세상에서는 실재적인 행복을 찾지 못한다.

물질적인 행복은 단지 어떤 욕망들의 만족에 불과하다. 모든 것은 태어나게 되어 있으며, 그 결과 늙고, 병들고, 결국 죽게 되어 있다. 아무도 이 네 가지 고통의 원인에서 벗어날 수 없다.

가득 채워지지 못한 것 또한 고통이다. 일반적으로 인간은 자신이 싫어하는 사람이나 상태와 연관이 맺어지는 것을 바라지 않으며, 또한 자기가 좋아하는 상태와 분리되는 것을 원하지 않는다.

그렇지만 우리가 소중히 여기는 욕망이라는 것은 항상 만족스럽게 채워지지는 못한다. 때때로 우리가 최소한으로 바라거나 기대하는 것들에 의해서 괴롭힘을 당한다.

때때로 예기치 않게 너무나 고통스러워서 참을수 없는 환경에 놓이게 되었을 때 어떤 어리석고 나약한 사람들은 스스로 목숨을 끊음으로써 그 문제가 해결될 것으로 생각하고 행동한다.

---

13) Ariya는 인도를 침략한 이주민의 부족 명칭이었으나 후에 그 의미가 '성스러운' '올바른'으로 바뀌었다.
14) 이것은 개념의 상징적인 해석의 전형적인 예인데, 주석가들에 의해서 고안되서 사용되고 있다. 이러한 해석은 실례적인 어원학적인 근거는 없다.

진실한 행복은 자신의 내부에서 발견된다. 그것은 부와 권력, 명예 또는 승리라는 용어에 한정되지 않는다. 만약 그러한 세속적인 것들이 강제적으로 또는 부당하게 얻어진 것이거나, 또는 잘못 이용되거나 심지어 집착할 때, 그것들은 소유자에게 고통과 불행의 원인이 될 수도 있다.

일반적으로 감각적 즐거움을 누리는 것이 보통 사람들에게는 최상이자 유일한 행복이다.

인간들이 이렇게 덧없는 물질적인 즐거움을 기대하고 만족하고 공상에 빠지면서 어떤 순간적인 기쁨을 얻는다는 것은 의심의 여지가 없다. 그러나 사실 그것들은 하나의 환영이며 일시적인 것에 불과하다.

부처님은 집착을 여의거나 물질적인 즐거움을 뛰어넘는 것은 더 큰 기쁨이라고 말했다. 간단히 말해서 육체의 구성 자체가 고통의 원인이다.

갈애(渴愛)에는 세 가지 종류가 있다.

첫째는 갈애의 총체적인 형태로 모든 감각적인 즐거움에 단순히 집착하는 것이다(*Kāmataṇhā*).

두번째는 존재(有)에 집착하는 것이다(*Bhavataṇhā*).

세번째는 비존재(非有)에 집착하는 것이다(*Vibhavataṇha*).

주석가들에 의하면 앞의 두 가지 갈애는 영원성에 대한 믿음과 연관된 감각적 즐거움에 집착하는 것이다. 그리고 나머지 하나는 허무주의와 연관된 것이다.

*Bhavataṇhā*는 또한 형상의 세계(色界)에 대한 집착으로 해석될 수 있으며, *Vibhavataṇha* 는 형상이 없는 세계(無色界)에 대한 집착이다. 왜냐하면 *rūparāga*(색계)와 *arūparāga*(無色界)는 두 개의 속박으로 다루어지기 때문이다.

이 갈애는 모든 사람에게 잠재되어 있는 뿌리깊은 정신적 요소이다. 그리고 대부분의 삶의 고통을 야기시키는 주요한 원인이다. 이 갈애는 총체적이거나 미세한 형태로 윤회에 의해 다시 태어나게 이끌고 또한 존재들이 모든 형태의 삶에 집착하게 만든다.

갈애의 총체적인 형태는 성인의 두번째 단계인 일래자를 얻음으로써 누그러진다. 그리고 성인의 세번째 단계인 불환자를 얻음으로써 뿌리가 뽑힌다.

아주 미세한 형태의 갈애는 성인의 마지막 단계인 아라한을 얻음으로써 뿌리가 뽑힌다.

첫번째 성스러운 진리인 올바른 이해는 갈애를 뿌리째 뽑는 것으로 이끈다.

두번째 성스러운 진리는 평범한 사람의 정신적 경향이 감각의 외부적 대상으로 향하는 것을 다룬다.

세번째 성스러운 진리는 불교도의 궁극적 목표인 괴로움의 완전한 소멸, 니르바나를 다룬다. 이것은 바로 이 삶 속에서 갈애의 모든 형태를 완전히 뿌리 뽑음으로써 달성될 수 있다.

니르바나는 외부적 세계에 대한 모든 집착을 포기하고 정신적인 눈으로 바라볼 때 이해될 수 있다.

이른바 인간과 삶의 다양한 형태에 의존하는 괴로움을 다루는 첫 번째 진리는 주의깊게 파악 분석하고 탐구하여야 한다. 이러한 탐구는 본래 그대로의 자기 자신을 올바로 이해하게끔 이끌어준다.

고통의 원인은 갈망 또는 집착이다. 이것은 두 번째 성스러운 진리이다. 법구경은 다음과 같이 말하고 있다.

"갈애로부터 고통이 생기고, 갈애로부터 두려움이 나온다. 갈애로부터 완전히 자유로운 자에게 고통은 없으며, 두려움은 더욱 없다."

부처님은 갈애가 탄생의 되풀이(*Ponobhavika*)를 이끈다고 말했다. 이 팔리 용어는 매우 주목할 필요가 있다. 왜냐하면 어떤 학자들은 부처님이 윤회의 교리를 가르치지 않았다고 말하고 있기 때문이다.

이 두번째 진리는 간접적으로 과거, 현재 그리고 미래의 태어남을 다루고 있다.

세번째 성스러운 진리는 여덟 가지 올바른 길을 발전시켜서 깨달아야 한다. 이 독특한 길은 니르바나로 가는 유일한 올바른 길이며, 네 번째 성스러운 진리이다.

부처님은 네가지 성스러운 진리를 다양한 방법으로 자세히 설명하면서, 다음과 같은 말로 끝을 맺었다.

"비구들이여, 내가 사성제와 그 밑에 각각 세 개의 양상과 열두 개의 형태에 대한 절대적이고 순수하면서도 직관적인 지혜를 완전히 깨닫지 않는 한, 비교할 수 없는 최상의 깨달음을 얻었다고 인정할 수 없었다. 내가 이 진리들에 대해서 절대적이고 순수하면서도 직관적인 지혜를 완전히 깨닫자, 비로소 나는 비교할 수 없는 최상의 깨달음을 얻었다고 인정했다. 그리고 나에게 지혜와 통찰이 일어났다. '내 마음의 해탈은 흔들릴 수 없으며, 이것이 나의 마지막 태어남이며, 다시 존재할 곳은 더 이상 없다.'"

설법이 끝나갈 무렵 다섯 명 중에서 연장자인 콘다냐는 가르침을 이해하고 성인의 첫째 단계를 얻어서 무엇이든지 발생이 있으면, 그것의 소멸이 있다는 것을 깨달았다.

부처님이 초전법륜을 설법하고 있을 때 천신들이 찬양하였다.

"이 세상에서 어떤 고행자, 사제, 신, 마군, 또는 범천도 이러한 법을 자세히 설명하지 못했으나, 오로지 베나레스 근처 이시파타나의 사슴동산에서 세존만이 자세히 설명하셨다."

다른 세계의 천신들과 범천들이 이것을 듣고 모두 기뻐하고 찬양하면서 몸에서 광채를 발하면서 이 세상을 비추었다. 진리의 밝은 빛이 전세계를 비추어서 모든 중생들에게 평화와 행복이 깃들게 했다.

부처님의 첫번째 설법 : 초전법륜

이와 같이 나는 들었다.

어느 때 세존께서 베나레스 근처의 이시파타나에[15] 있는 사슴동산에 머무르고 계셨다. 그때 세존께서는 다섯 명의 비구에게 다음과 같이 말씀하셨다.

"오, 비구들이여. 여기에 두 가지 극단이 있다. 수행자는 이것을 피해야 한다.

---

15) 현재의 시나스의 옛날 명칭. 부처님이 불쌍한 암사슴과 태어나지 않은 새끼를 구하기 위해 자신을 희생하였다는 전생 이야기가 있다. 이 지역의 현재 이름은 전생에 태어난 사슴의 보호자였던 사랑가나타 보살의 이름에서 유래한 것이다.

(1) 하나는 감각적 욕망에 탐닉하는 것이다. 이것은 비천하고, 저속하며, 세속적이고, 무지하고, 이익이 없는 것이다.
(2) 다른 하나는 자기억제에 집착하는 것이다. 이것은 고통스럽고, 무지하고 이익이 없는 것이다.

여래는 이 두 가지의 극단을 버려서 중도를 깨달았다. 중도는 통찰력과 지혜를 증진시키고 평화, 수승한 지혜, 깨달음, 니르바나로 이끈다.

오, 비구들이여. 여래가 깨달아서 통찰력과 지혜를 증진시키고 평화, 수승한 지혜, 깨달음, 니르바나로 이끄는 중도란 무엇인가?

그것은 바로 여덟 가지 성스러운 길이다. 즉 올바른 이해, 올바른 생각, 올바른 말, 올바른 행위, 올바른 직업, 올바른 노력, 올바른 관찰, 올바른 집중이다. 오 비구들이여. 이것이 여래가 깨달은 중도이니라."

부처님은 계속해서 설명했다.

"비구들이여, 이것이 괴로움의 성스러운 진리이다(苦聖諦). 태어남이 괴롭고, 늙음이 괴롭고, 질병이 괴롭고, 죽음이 괴롭다. 싫어하는 것들이 보여서 괴롭고, 좋아하는 것들과는 헤어져서 괴롭고, 바라는 것을 얻지 못해서 괴롭다.

간단히 말해서 다섯 모임(五蘊)의 집착이 괴롭다.

자, 비구들이여. 이것이 고통의 원인에 관한 성스러운 진리이다(集聖諦). 이것은 윤회를 낳고, 집착을 야기시키며 이 삶과 다른 삶을 기꺼이 받아들이는 갈애이다. 이것은 감각적인 즐거움에 대한 갈애이며, 존재(有)에 대한 갈애이며, 비존재에 대한 갈애이다.

자, 비구들이여. 이것은 고통의 소멸에 관한 성스러운 진리이다(滅聖諦). 이것은 갈애로부터 완전히 벗어나고, 갈애를 완전히 제거하고, 갈애의 포기이고 소멸이며, 갈애로부터의 자유이다. 그리고 갈애에 대한 집착을 여의는 것이다.

자, 비구들이여. 이것이 고통의 소멸로 이끄는 성스러운 진리의 길이다(道聖諦).

이것은 여덟 가지 성스러운 길이다. 즉, 올바른 이해, 올바른 생각, 올바른 말, 올바른 행위, 올바른 직업, 올바른 노력, 올바른 관찰, 올바른 집중이다."

1. (1) '이것은 고통에 대한 성스러운 진리이다.'
   이와같이, 오, 비구들이여. 전에는 들어보지 못한 것에 대하여 나에게 혜안, 지각, 지혜, 통찰, 그리고 빛이 생겼다.
   (2) '이 고통에 대한 성스러운 진리는 이해되어야 한다.'
   이와같이, 오, 비구들이여. 전에는 들어보지 못한 것에 대해서 나에게 혜안, 지각, 지혜, 통찰, 그리고 빛이 생겼다.
   (3) '이 고통에 대한 성스러운 진리는 이해되었다.'
   이와같이, 오, 비구들이여. 전에는 들어보지 못한 것에 대해서 나에게 혜안, 지각, 지혜, 통찰 그리고 빛이 생겼다.

2. (1) '이것은 고통의 원인에 관한 성스러운 진리이다.'
   이와같이 오, 비구들이여. 전에는 들어보지 못한 것에 대해서 나에게 혜안, 지각, 지혜, 통찰, 그리고 빛이 생겼다.
   (2) '이 고통의 원인에 관한 성스러운 진리는 뿌리째 뽑혀야 한다.'[16]
   이와같이 오, 비구들이여. 전에는 들어보지 못한 것에 대하여 나에게 혜안, 지각, 지혜, 통찰, 그리고 빛이 생겼다.
   (3) '이 고통의 원인에 관한 성스러운 진리는 뿌리째 뽑혔다.'
   이와같이 오, 비구들이여. 전에는 들어보지 못한 것에 대해서 나에게 혜안, 지각, 지혜, 통찰, 그리고 빛이 생겼다.

3. (1) '이것은 고통의 소멸에 관한 성스러운 진리이다.'
   이와같이 오, 비구들이여. 전에는 들어보지 못한 것에 대하여 나에게 혜안, 지각, 지혜, 통찰, 그리고 빛이 생겼다.
   (2) '이 고통의 소멸에 관한 성스러운 진리는 깨달아져야 한다.'

---

16) 팔리어 성전에는 이렇게 적혀있다. 그러나 물론 이것은 뿌리째 뽑혀야 할 것이 고통의 원인이며, 이에 관련된 진리를 뿌리채 뽑는다는 뜻이 아니다. 이것은 똑같은 언어를 일상생활에서 더 이상 말하지 않는 어법의 일종으로 보면 되겠다.

이와같이 오, 비구들이여. 전에는 들어보지 못한 것에 대하여 나에게 혜안, 지각, 지혜, 통찰, 그리고 빛이 생겼다.
　(3) '이 고통의 소멸에 관한 성스러운 진리는 깨달아졌다.'
이와같이 오, 비구들이여. 전에는 들어보지 못한 것에 대하여 나에게 혜안, 지각, 통찰, 그리고 빛이 생겼다.

4. (1) '이것은 고통의 소멸로 이끄는 길에 관한 성스러운 진리이다.'
이와같이 오, 비구들이여. 전에는 들어보지 못한 것에 대하여 나에게 혜안, 지각, 지혜, 통찰, 그리고 빛이 생겼다.
　(2) '이 고통의 소멸로 이끄는 길에 관한 성스러운 진리는 닦아져야 한다.'
이와같이 오, 비구들이여. 전에는 들어보지 못한 것에 대하여 나에게 혜안, 지각, 지혜, 통찰 그리고 빛이 생겼다.
　(3) '이 고통의 소멸로 이끄는 길에 관한 성스러운 진리는 닦여졌다.'
이와같이 오, 비구들이여. 전에는 들어보지 못한 것에 대하여 나에게 혜안, 지각, 지혜, 통찰 그리고 빛이 생겼다.

설법을 마치면서 부처님은 말했다.
"오, 비구들이여. 사성제와 그 밑에 세 가지 양상과 열두 가지 형태에 대한 절대적이고 순수하고 직관적인 앎이 나에게 분명하지 않는한[17] 나는 신, 마군, 범천들을 포함한 이 세상에서, 그리고 고행자와 사제, 신과 인간들 사이에서 내가 비교할 수 없는 최상의 깨달음을 얻었다고 인정하지 않았다. 오, 비구들이여. 사성제와 그 밑의 세 가지 양상과 열두 가지 형태에 대해서 절대적이고 순수한 직관적인 앎이 나에게 완전히 분명해졌을 때, 비로소 나는 신, 마군, 범천을 포함한 이 세상에서, 고행자, 사제, 신, 인간들의 무리 중에서 내가 비교할 수 없는 최상의 깨달음을 얻었다고 인정했다. 그리고 나에게 지각과 통찰이 생겼다.

---

17) 각각의 진리는 세 가지 양상으로 구성되었다. 이와 같이 해서 네 개의 진리가 12개의 형태로 구성된다.

'내 마음의 해탈은 흔들리지 않는다. 이것은 나의 마지막 태어남이며, 그리고 다시 존재하는 것은 없다.'[18]"

이와 같이 세존께서 설명을 마치자 기쁨에 넘친 비구들은 세존의 가르침을 크게 찬양하였다. 이 가르침이 자세히 설명되었을 때, 콘다나존자에게 티끌과 더러움이 없는 진리를 보는 눈이 생겼다. 그리고 그는 '일어나는 것은 무엇이든지 모두 소멸하게 되어있다'는 것을 알았다.

부처님께서 초전법륜을 자세히 설하셨을 때, 지상의 신들이 외쳤다.

"이 세상에서 어떠한 고행자, 사제, 신, 마군, 범천에 의해서도 자세히 설명되지 않은 초전법륜은, 베나레스 근처의 이시파타나에 있는 사슴동산에서 세존에 의해서 설해졌다."

이것을 듣고, 천신들 - 차투마하라지카 카바팅사, 야마, 투시타, 님마나라티, 파라니미타바사바티, 그리고 범천 파리사자, 범천 프로히타, 대범천 파리타바, 아파마나바, 아바사라, 파리타수바, 마파마나수바, 수바키나, 베하팔라, 아비하, 아타파, 수다사, 수다시, 아카니타 등이 또한 함께 기뻐했다.

바로 그 순간에 이러한 찬사가 범천계까지 전해지자 일만세계가 강하게 흔들리면서 진동하였다. 광채가 신들의 몸에서 나와 이 세상을 밝게 비추었다.

그때 세존께서 말씀하셨다.

"친구들이여, 콘다나가 과연 이해했구나.

친구들이여 콘다나가 제대로 이해했구나."

그래서 콘다나 존자는 아냐타(了知) 콘다나로 불리게 되었다.

초전법륜의 주요내용

1. 불교는 자신의 체험에 근거를 두고 있다. 즉 실천적인 것이지, 사색적인 것이 아니다.
2. 부처님은 그 당시의 전통적인 방법을 버리고 순수하게 그 자신이 발견한 중도를 발전시켰다.
3. 불교는 방법 또는 길(道)이다.

---

18) 아라한과를 말하는 것이다.

4. 합리적인 이해는 불교의 핵심이다.
5. 맹목적인 믿음은 배척한다.
6. 믿음과 독단적인 교리 대신에 실천의 중요성이 강조된다.
7. 바라문교에서 중요시되었던 의식과 제례를 불교에서는 별로 행하지 않는다.
8. 비위를 맞추어야 할(속죄해야 할) 신은 없다.
9. 중도에는 신분의 차별이 없다.
10. 계율(戒), 집중(定), 지혜(慧)는 니르바나를 얻는데 있어서 본질적인 요소이다.
11. 불교의 근본은 사성제이며 그것은 경험에 의해서 증명될 수 있다.
12. 사성제는 개인의 인격과 관련되어 있다. 그래서 불교는 인간중심적이고 내부지향적이다.
13. 사성제는 부처님에 의해서 발견되었으며, 부처님은 아무에게도 도움을 받지 않고 그것을 깨달았다. 부처님께서 직접하신 말씀인 '그것들을 전에는 들어보지 못했다.'에서 알 수 있듯이.
14. 사성제는 시간과 함께 변화될 수 없다.
15. 자신의 구성체, 이른바 개별성 또는 삶의 다른 모습들을 다루는 괴로움에 대한 첫번째 진리는 면밀한 분석과 세심한 관찰이 있어야 한다. 이러한 탐구만이 자신을 제대로 이해할 수 있게 한다.
16. 첫번째 진리에 대한 이해는 고통의 원인을 뿌리째 뽑는 것으로 이끈다. 두 번째 진리는 평범한 사람들이 가진 감각의 외부적 대상에 대한 심리적 태도를 다룬다.
17. 고통의 두번째 진리는 우리들 모두에게 잠재되어 있는 강력한 힘을 다룬다.
18. 삶의 고통의 원인인 갈애는 눈에 보이지않는 강력한 정신적인 힘이다.
19. 두번째 진리는 간접적으로 과거, 현재,미래의 태어남을 다루고 있다.
20. 그래서 윤회의 연속은 부처님에 의해서 받아들여졌다.
21. 그것으로 미루어보아 업의 교리도 받아들였다는 것을 알 수 있다.

22. 고통의 소멸에 관한 세번째 진리는 비록 자신에게 달려있지만, 앞의 두개가 세속적인 것과 달리 이성적인 논리를 뛰어넘는 초세속적인 것이다.
23. 세번째 진리는 순수한 자기 깨달음이다. 혜안에 의해서만 이해되는 진리이다.
24. 이 진리는 완전한 포기에 의해서 깨달아진다. 이것은 외부적 대상을 포기하는 것이 아니라 외부적 세계에 대한 내부적인 집착의 포기를 의미한다.
25. 이 집착의 완전한 근절에 의해서 세번째 진리-니르바나-가 깨달아진다. 니르바나는 자신을 세속적인 것에 묶는 이 강력한 힘을 근절할 때 얻어진다.
26. 니르바나는 또한 만들어지는 것이 아니라 얻어진다는 것을 이해해야겠다. 이것은 바로 이 삶 자체에서 얻을 수 있다. 그러므로 비록 다시 태어나는 것이 불교의 중요한 교리 중의 하나이지만 불교의 목표는 미래에 태어나는 것에 의존하지 않는다.
27. 세번째 진리는 네번째 진리를 닦아서 깨달아져야 한다.
28. 강력한 힘(집착)을 근절하기 위하여 여덟 개의 강력한 요소(팔정도)를 닦아야 한다.
29. 여덟 개의 강력하고 선한 정신적 힘은 자신에게 내재한 나쁜 힘을 몰아내기 위해 형성된 것이다.
30. 여덟 가지 요소들은 순수한 정신이다.
31. 모든 되풀이되는 태어남으로부터 완전한 자유, 절대적인 순수함, 모든 번뇌로부터 해방된 마음, 영원한 자유는 이 위대한 승리에 수반되는 기쁨들이다.
32. 해탈은 완전한 것인가 아니면 절대적인 순수인가? 후자가 알맞은 표현이다.
33. 각각의 경우에 질문할 수도 있다. 무엇이 완전해진 상태인가? 무엇이 순수해진 상태인가? 불교에 존재 또는 영원한 실재는 없다. 단지 의식의

흐름만이 있을 뿐이다. 그리고 이 의식의 흐름은 모든 번뇌를 벗어던짐으로써 순수하게 된다고 말하는 것이 더 적절하겠다.

두번째 설법

아나타라카나(無我想)경

어느 때 세존께서 베나레스 근처의 이시파타나에 있는 사슴동산에 머무르고 계셨다. 그때 세존께서 다섯 비구들에게 말씀하셨다.
"오, 비구들이여!"
"세존이시여!" 그들이 대답했다. 그러자 세존께서는 다음과 같이 말씀하셨다.
"오, 비구들이여. 육체(rūpa)에는 자아가 없다(anattā)[19]. 오, 비구들이여. 만약 육체에 자아가 있다면 이 육체는 고통받지 않을 것이다. '이 육체가 이렇게 되도록 하라, 이 육체가 이렇게 되지 않도록 하라'와 같은 가능성이 또한 존재할 것이다. 그러나 이 육체에 자아가 없는 한, 이 육체는 고통을 받아야 하며 '이것이 그렇게 되게 하라, 이것이 그렇게 되지 않게 하라' 같은 명령을 할 가능성은 존재하지 않는다."
같은 맥락에서 느낌, 지각, 의지, 의식들에도 또한 자아가 없다.[20]
"오, 비구들이여. 이 육체가 영원한 것인가 아니면 무상한 것인가?"
"무상한 것입니다. 세존이시여."
"무상한 것은 기쁜 것이냐, 아니면 고통스러운 것인가?"
"그것은 고통스럽습니다, 세존이시여."
"'이것은 내 것이다, 이것은 나다, 이것은 나의 자아이다.'라고 생각하는 것은 옳은 것이냐?"

---

19) 영원히 변하지 않는 실재, 신에 의해 창조되거나 신적인 실재에서 나오는 것.
20) 이른바 존재하는 것은 다섯가지 모임(五取蘊)으로 구성되었다. 이 다섯가지 모임외에는 거기에 아무런 존재도 없다. 만약 하나라도 그 모임을 떠나면 아무것도 남지 않는다. 자아는 다섯가지 중의 어떤 하나에도, 그것들의 전부에도, 그것들의 바깥에도 머무르지 않는다.

"절대 그렇지 않습니다, 세존이시여."

"오, 비구들이여. 이와 마찬가지로 느낌, 지각, 의지, 의식이 모두가 무상하고 고통스러운 것이다."

이것들이 무상하고 고통스럽고 일시적인 것이라면, '이것은 나의 것이다. 이것는 나다, 이것은 나의 자아이다.'[21]라고 생각하는 것은 옳은 것이냐?

"절대 그렇지 않습니다, 세존이시여."

"오, 비구들이여. 그러므로 육체는 과거, 현재, 미래이든 내적이든 외적이든, 전반적이든 섬세하든, 낮든 높든, 멀리 있든 가까이 있든 간에 올바른 앎에 의해서 그것의 참모습이 이해되어야 한다.

'이것은 나의 것이 아니다, 이것은 내가 아니다, 이것은 나의 자아가 아니다.'"

"모든 인식, 지각, 의지, 의식은 과거, 현재, 미래이든, 내부적이든 외부적이든, 전반적이든 섬세하든, 낮든 높든, 멀리 있든 가까이 있든 간에 그것들의 참모습이 옳바른 앎에 의해서 이해되어야 한다. 이것들은 나의 것들이 아니다. 이것들은 내가 아니다. 이것들은 나의 영혼이 아니다."

"이와 같이 배운 성스러운 제자는 육체, 인식, 지각, 의식에 대해서 혐오스럽게 생각하고, 그 혐오스러운 것에서 벗어나는 초연함을 통하여 해방된다. 그러면 그는 '나는 해방되었다'는 것을 알기 시작한다. 윤회는 끝났으며, 성스러운 삶을 살아가고, 이루어져야 할 것은 이루어졌고, 이런 상태는 더이상 없다는 것을 깨닫게 된다."

이것이 세존께서 하신 말씀이며, 기쁨에 넘친 비구들은 세존의 말씀에 찬사를 보냈다.

부처님께서 이것을 설하실 때 다섯 비구들의 마음은 어떠한 집착도 없이 번뇌에서 자유롭게 되었다.

---

21) 갈애때문에 사람들은 잘못 생각하고 있다.— 이것은 내것이다. 자만심때문에 사람들은 생각한다.—이것이 나다. 잘못된 견해로 사람들은 생각한다.—이것은 나의 자아이다. 이것들은 세개의 잘못된 관념들이다.

제 7 장
진리의 가르침

'부처님의 탄생은 기쁜 일이다.
장엄한 진리의 가르침은 기쁜 일이다.
승가의 화합은 기쁜 일이다.
화합한 자들의 수행은 기쁜 일이다.

———법구경

야사와 그의 친구들의 귀의

베나레스에 장자의 아들이 있었는데, 그의 이름은 야사로 방탕한 생활을 하고 있었다. 어느날 아침 그는 일찍 일어나서 시녀들과 무희들이 헝크러진 모습으로 자는 것을 보고 혐오감을 느꼈다.

이러한 광경은 매우 불쾌해서 대저택이 마치 납골장의 으스시한 모습을 하고 있는 것 같았다. 순간 그는 삶의 헛됨을 깨닫고, 집에서 뛰쳐나가면서 말했다.

"나는 너무나 괴롭다. 나는 너무나 숨이 막힌다."

그리고 이시파타나 방향으로 갔는데, 그곳은 부처님께서 다섯 비구들에게 아라한을 얻게 한 후 잠깐 머물렀던 곳이다. 이 날은 첫번째 설법으로 다섯 비구가 모두 아라한을 얻은 후 5일째 되는 날이었다.

마침 그때 부처님은 여느 때와 마찬가지로 공터에서 천천히 거닐고 있었다. 그가 멀리서 오는 것을 보고 부처님께서 공터에서 나와 준비된 자리에 앉았다.

야사가 멀지않은 곳에 서서

"오, 나는 너무나 괴롭습니다. 나는 너무나 답답합니다!"

하고 울부짖었다. 그러자 부처님께서 말씀하셨다.
 "오, 야사야! 여기에 가까이 오너라. 야사야, 자리에 앉아라. 내가 너에게 진리를 가르쳐주겠노라."
 피로워하던 야사는 부처님께서 격려하는 말을 듣고 마음이 즐거워졌다. 그는 금으로 만든 신발을 벗고, 부처님께 가까이 다가가서 공손히 인사하고 한쪽에 자리를 잡고 앉았다.
 부처님께서 그에게 진리를 자세히 설명해주자 그는 성인의 첫째 경지(預流果)를 얻었다. 처음에 부처님께서는 그에게 보시, 지계, 천상의 상태, 감각적 즐거움의 무의미함, 이욕의 즐거움에 대해서 말했다.
 부처님께서는 그의 마음에 여유가 생기고 더 깊은 가르침을 인식할 만한 준비가 되어있음을 보고 그에게 네 개의 성스러운 진리를 가르쳐주었다.
 한편, 야사의 어머니는 아들이 없어진 것을 맨 먼저 발견하고 남편에게 이 사실을 알렸다. 대부호는 즉시 마부들을 사방으로 보내놓고 그 자신은 금신발의 흔적을 따라서 이시파타나 쪽으로 갔다.
 부처님께서는 그가 멀리에서 오는 것을 보시고 신통력으로 대부호가 자기아들을 보지 못하도록 했다. 대부호는 부처님께 가까이 다가와서 혹시 그의 아들을 보았는지를 공손히 여쭈었다.
 "허허, 자 우선 여기 자리에나 앉아보십시오. 당신은 자식을 찾을 수 있을 겁니다."
하고 부처님께서 말했다. 이 말을 듣고 그는 기뻐서 자리에 앉았다. 부처님께서 그에게 설법을 하자 그는 매우 감동해서 말했다.
 "오 거룩한 이여! 뛰어난 이여! 훌륭합니다. 정말 훌륭합니다. 이것은 마치 거꾸로 넘어진 사람이 다시 일어서는 것 같고, 길 잃은 자에게 그 길을 명백히 가르쳐주는 것 같으며, 어둠 속에서 등불을 들고 서서 눈이 있는 자가 볼 수 있게 하는 것처럼 세존께서 여러가지 방법으로 자세히 설명해주신 교리도 마찬가지입니다. 거룩한 이여! 나는 부처님과 진리, 승가에 귀의합니다. 세존께서 저를 지금부터 목숨이 다할 때까지 귀의하는 제자로 받아들여주십시오!"

그는 삼보(佛, 法, 僧)에 귀의하는 첫번째 재가 신자가 되었다. 야사는 부처님께서 그의 부친에게 설법하시는 것을 듣고 아라한을 얻었다.

그러자 부처님께서는 신통력을 풀어서 야사의 부친이 그의 아들을 볼 수 있도록 했다. 대부호는 그의 아들을 보자 부처님과 제자들에게 그 다음날 탁발할 때 들러달라고 요청하였다. 부처님께서는 조용히 특유의 미소를 지으시면서 승락의 표시를 했다.

대부호가 떠나자 야사는 부처님께 그의 출가와 수계를 허락해주길 간청하였다.

"오 비구들이여! 여기로 오라. 진리는 잘 가르쳐졌다. 괴로움의 완전한 소멸을 위해서 성스러운 생활을 해나가라."

이렇게 말하면서 부처님은 그에게 수계를 받도록 했다.

야사존자까지 포함해서 이제 아라한의 수는 여섯으로 늘어났다. 다음날 초대한 대로, 부처님은 그의 여섯 제자와 함께 대부호의 집을 방문했다.

야사존자의 어머니와 그의 출가 전의 아내는 부처님의 진리의 가르침을 듣고 성인의 첫번째 경지(預流果)를 얻었다. 그래서 그들은 여자로서는 첫번째로 부처님의 재가 신자가 되었다.[22]

야사존자에게는 네 명의 뛰어난 친구들 — 비말라, 수바후, 푸나지 그리고 가밤파티 — 이 있었다.

그들은 자신들의 성스러운 친구가 그의 머리와 수염을 깎고, 노란 가사를 입고, 집없는 생활을 시작했다는 소식을 듣고 야사존자에게 다가가서 자신들도 그의 뒤를 따르고 싶다고 말했다.

야사존자가 그들을 부처님께 안내해서 진리를 듣게 하자 그들 또한 아라한을 얻었다. 여러 지역에서 가정생활을 해나가던 야사의 50명 이상의

---

22) 우바새(남자), 우바리(여자) : 삼보와 밀접한 관계에 있는자. 이 두개의 용어는 부처님의 제자중 남자와 여자 재가신자에 적용되었다. 재가신자는 삼보에 귀의하는 즉시 우바새(남)와 우바리(여)가 되었다.
부처님께 귀의합니다(나는 부처님에게서 의지처를 찾습니다)
가르침에 귀의합니다(나는 진리에서 의지처를 찾습니다)
스님들께 귀의합니다(나는 승가에서 의지처를 찾습니다)

친구들이 또한 부처님으로부터 가르침을 받고 아라한을 얻어서 승가에 들어왔다.

부처님께서 깨달으신 후 2개월이 채 넘지않아 아라한의 숫자가 점차적으로 늘어나서 60명이 되었다. 그들 모두가 특출한 가문 출신들이었고, 존경할만한 부모들의 뛰어난 아들들이었다.

진리의 첫번째 전도자

빠른 시간 동안에 60명의 제자들을 깨닫게 한 부처님께서는 새로운 진리를 누구에게나 가르치기 위해 진리의 전도자로써 그들을 보내기로 결심하였다.

그들을 여러 지방에 보내기 전에 부처님께서 그들에게 다음과 같이 훈계하셨다.

"비구들이여. 나는 신이든 인간이든간에, 모든 속박으로부터 자유롭다.

비구들이여. 그대들 또한 신이든 인간이든, 모든 속박으로부터 자유롭다. 앞으로 가라, 비구들이여. 많은 이들의 이익을 위해서, 많은 이들의 기쁨을 위해서, 세상에 대한 자비심에서 신들과 인간의 이익을 위해서, 그리고 기쁨을 위해서.

한 길을 두 명이 가지 말아라.

오, 비구들이여. 처음도 뛰어나고, 중간도 뛰어나고, 끝도 뛰어난 진리를 가르쳐라. 모두 완벽하고 순수한, 성스러운 생활을 알려주어라.

그들의 눈에 먼지가 덜 낀(마음의 번뇌가 적은) 존재들이 있다. 그들은 진리를 듣고 눈의 먼지를 털어낼 것이다. 어디엔가 진리를 이해하는 자가 있을 것이다.

오 비구들이여, 나 또한 진리를 가르치기 위하여 세나니가마에 있는 우루벨라로 갈 것이다. 지혜로운 자의 깃발을 올려라. 숭고한 진리를 가르쳐라. 다른 사람들의 이익을 위해서 일하라. 그대들은 그대들의 의무를 다해야 한다!"

이와 같이 함으로써 부처님은 다른 사람들을 위한 자비심에서 진리를 전도하기 위해 깨달은 제자를 임명해서 보낸 최초의 종교적 스승이 되었다.

영원한 안식처도 없이 혼자 고독한 방랑자가 되어서 돈 한 푼 가진 것 없이, 이들 첫번째 전도자들은 숭고한 진리를 가르치기 위하여 이곳에서 저곳으로 방랑의 길을 걸어가게 되었다.

그들은 자신들을 덮을 가사와 음식을 얻을 바리때 외에는 다른 어떠한 물질적인 소유물도 없었다. 지역이 광활하고 전도자가 상대적으로 적었기 때문에 그들은 전도여행을 홀로 떠나도록 충고를 받았다.

그들은 모든 감각적인 집착에서 해방된 아라한이었기 때문에 유일한 목적은 오로지 진리를 가르치고 성스러운 삶을 알리는 것이었다.

인생의 목적을 달성한 아라한의 원래의 역할은 모범적인 생활과 가르침으로 사람들의 도덕적 정신을 향상시키는 일을 하는 삶을 살아가는 것이다.

물론 물질적인 발전도 중요했지만, 그것이 그들의 우선적인 관심사는 아니었다.

승가조직의 성립

그 당시에 60명의 아라한 제자들이 이 세상에 있었다. 부처님은 이 청정한 이들을 핵심으로 해서 수행자의 집단을 조직하였는데, 이것은 '조직에 있어서 민주적이었고 분배에 있어서 평등하였던 것이다.'

최초의 구성원들은 상류계층에서 끌어왔다. 이들은 모두가 부자였으며, 교육을 받은 이들이었다. 그러나 승가는 카스트 계급이나 계층, 지위에 관계없이 뜻이 있는 모든 사람들에게 개방되었다. 젊은이와 늙은이들은 물론, 모든 카스트 계급에 속한 사람들이 승가에 들어오는 게 자유롭게 허락되었으며, 어떠한 차별도 없이 한 가정의 형제들처럼 지냈다.

이 비구들의 성스러운 조직은 오늘날까지 유지되고 있는데, 인류역사상 가장 오래된 수도자들의 집단이다. 그러나 모든 사람들이 집을 떠나서 집 없는 생활을 하도록 기대할 수는 없었다.

재가 신자들 또한 진리에 따라서 올바른 생활을 영위해갔으며, 성인의 경지를 얻었다. 예를 들면, 야사 존자의 부모와 그의 아내도 부처님의 최초의 재가 신자가 되었다. 이 세 사람은 성인의 첫째 단계를 얻을 정도로 모두 정신적으로 충분히 앞서 있었다.

부처님은 진리의 이상적인 전도자로서 60명의 아라한을 데리고, 오로지 진리를 듣기를 원하는 이들에게 설명해 줌으로써 그의 숭고한 진리를 전파하기로 결정하였다.

귀의한 서른 명의 젊은이들

부처님께서는 베나레스의 이시파타나에 머무시다가 우루벨라를 향해 가고 있었다. 도중에 그는 숲에 있는 나무그늘에 앉아있었다. 그때 30여 명의 행복한 젊은이들이 그들의 아내들과 함께 이 숲에 놀러왔다. 그들 중 하나가 부인이 없었기 때문에 술집에 있는 여자를 데리고 왔다.

그들이 한창 재미있게 놀고 있을 때 이 여자는 그들의 귀중품을 갖고 도망쳐버렸다. 젊은이들은 숲에서 그녀를 찾아헤매다가 부처님을 보자 여자 하나가 지나가는 것을 보지 못했느냐고 물었다. 그러자 부처님께서 질문했다.

"젊은이들이여, 그대들은 여자를 찾는 것과 자신을 찾는 것 중 어느 것이 더 중요하다고 생각하느냐?"[23]

"오 거룩한 분이시여, 자신을 찾는 것이 더 중요합니다."

"그렇지. 그러면 여기에 앉아 봐라. 내가 너희들에게 진리를 가르쳐주마."

"거룩한 분이시여, 그렇게 하겠습니다."

하고 그들이 대답하면서 세존에게 공손히 인사하고 그 옆에 앉았다.

그들은 부처님의 말씀을 열심히 듣고 진리의 눈을 얻었다. 이 일이 있은 후에 그들은 승가에 들어와 수계를 받았다.

카사파 삼형제의 귀의

부처님은 여러 곳을 거쳐 드디어 우루벨라에 도착하였다.

---

23) 자신을 찾는 것. 이 구절은 매우 중요한 의미를 담고있다. 여기서 부처님은 일부 학자들이 알려고 시도하는 어떤 영혼이나 정신적인 잠재력을 언급하고 있지 않다. 어떻게 부처님이 두번째 설법에서 분명히 부정한 영혼의 존재를 강조하겠는가? 부처님은 이 귀절을 단지 '그들 자신을 찾는 것' 또는 '자신을 성찰하는 것'이란 의미에서 사용하였다.

이곳에는 우루벨라 카사파, 나디 카사파, 가야 카사파로 알려진 삼형제가 있었는데 그들은 헝클어진 머리를 하고 수행하는 고행자들이었다. 그들은 모두 형제들로 각자가 500명, 300명 그리고 200명의 제자들을 거느리고 있었다.

맏형인 우루벨라카사파는 자신이 얻은 경지가 잘못된 것도 모른채 자신이야말로 아라한이라고 생각하면서 고행하고 있었다. 부처님께서 맨 먼저 그에게 다가가서 독사가 살고 있는 불의 신전에서 밤을 지내는 것을 허락해달라고 했다. 그 신전에서 부처님은 신통력으로 독사를 가만히 있게 하였다. 이것을 보고 우루벨라 카사파는 매우 만족해서 부처님을 그의 손님으로 머물도록 초대했다. 부처님께서는 이 고행자를 감화하기 위해 어쩔 수 없이 몇 번의 신통력을 보여주지 않을 수 없었다.

그런데 그는 여전히 부처님이 자기만큼 능력이 있는 아라한이 아니라는 믿음에 집착하고 있었다. 그러나 마침내 부처님은 그에게 자신이 아라한이라는 것을 납득시켰다. 결국 그와 그의 제자들이 승가에 들어와서 수계를 받았다.

그의 형제들과 제자들도 그의 형의 뒤를 따랐다. 부처님은 카사파 삼형제와 그들의 천 명의 제자를 데리고 우루벨라에서 멀지않은 카야시사로 떠났다

여기에서 부처님께서 아디타파리야경을 설하시니, 이것을 듣고 모두가 아라한의 경지를 얻었다.

아디타파리야경 ——모든 것은 불타오른다.[24]

"모든 것은 타오르고 있다. 오 비구들이여. 무엇이 타오른단 말인가? 눈이 타오르고 있다. 형상(色 : 눈에 보이는 물질)이 타오르고 있다. 눈의 '식별(識別)[25]' 타오르고 있다. 눈의 '부딪침[26]'이 타오르고 있다. 눈의 '부딪침'을 인연으로 하여 생겨난, 즐겁거나 고통스럽거나 또는 즐겁지도 고통스럽지도 않은, 느낌이 타오르고 있다.

---

24) 이 비유는 옛날에 불을 숭배하던 수행자들이 있었기 때문에 그들이 쉽게 이해하도록 하기 위해서 한 것이다.

그럼 무엇에 의해서 불이 타오르는가?
내가 선언하노니, 욕망, 미움, 무지, 태어남, 늙음, 죽음, 슬픔, 비참, 고통, 비애 그리고 절망에 의해서 이 불은 타오른다.
이와 같이 깊이 생각하라. 비구들이여. 지혜롭고 성스러운 제자는 눈, 형상, 보는 의식, 모든 느낌-즐거움, 고통, 또는 즐겁지도 고통스럽지도 않음- 등 눈의 접촉에서 일어나는 것들에 대해서 혐오감을 갖는다.
그는 귀, 소리, 코, 냄새, 혀, 맛, 몸, 접촉, 마음, 정신적 대상들, 의식, 정신에 대한 의식, 정신적 감명에서 일어나는 모든 느낌-즐거움, 고통 또는 즐겁지도 고통스럽지도 않음-에 대해서 혐오감을 갖는다.
혐오감을 갖고 그는 집착을 여읜다. 집착을 여의어서 그는 해방된다. 그는 태어남이 끝났고, 성스러운 삶을 살았고, 이루어져야 할 것은 이루어졌고, 그리고 다시 이런 상태는 더 이상 없음을 깨닫는다."
부처님께서 설법을 마쳤을 때 모든 비구들이 아라한의 경지를 얻었고 모든 번뇌를 근절했다.

사리불과 목건련 두 제자의 귀의

우파티사 지방의 라자가하에서 멀지 않은 곳에 날라카라고 알려진 지역이 있었다. 여기에 사리불이라는 매우 총명한 젊은이가 살고 있었다.
그는 마을 유지의 가정에 속했기 때문에 또한 우파티사라고 불리었다.
비록 바라문의 환경 속에서 성장하였지만 삶에 대한 그의 폭넓은 인생관과 원숙한 지혜는 그에게 이전의 종교를 버리고 고타마 부처의 더욱 관용적이고 합리적인 가르침을 받고 싶은 마음을 간절하게 했다. 그의 형제들과 누이들도 그의 고귀한 예를 따랐다.
그의 아버지인 반간타는 바라문에 대한 믿음에 완강히 집착하였다는데 임종 순간에 스스로 불교로 개종하였다.

---

25) 추리하고 분별하여 사유(思惟)하는 것을 말한다. 눈과 눈에 보이는 색(色)이 접할 때 생긴다.
26) 눈과 눈에 보이는 색(色)과 눈의 식별(識別)이 만나는 것을 말한다. 십이인연(十二因緣) 중의 촉(觸)에 해당한다.

그의 어머니는 자기 자식이 불제자가 되는 것을 못마땅하게 생각했다.

우파티사는 부유한 가정에서 자랐다. 그에게는 목건련으로 알려진 매우 친한 친구인 콜리타가 있었는데, 어린 시절부터 매우 가깝게 지내왔다. 어느날 둘이서 축제를 즐기다가 모든 감각적 즐거움이 얼마나 헛되고 얼마나 일시적인 것인가를 깨달았다.

그 즉시 그들은 속세를 떠나서 해탈의 길을 찾겠다고 결심했다. 그래서 마음의 평화에 대해 질문하면서 이곳 저곳을 방랑하였다.

두 젊은 구도자는 처음에 산자야에게 갔다. 그는 많은 제자들을 거느리고 있었는데 그 조직에 가담하였다. 그리고 그들은 스승이 전해 준 지식을 얻었다. 그러나 그들은 스승의 보잘것 없는 가르침에 만족하지 못했다. 인간들이 부딪치는 보편적인 고통에 대한 처방을 발견할 수 없었다. 그래서 그를 떠나 마음의 평화를 찾아서 다시 이곳 저곳을 방랑하였다. 그들은 많은 유명한 바라문과 고행자들에게 찾아갔지만 어디에서나 실망하였다. 그리고 결국에는 마을로 돌아와서 둘 중에 어느 쪽이 먼저 그 길을 발견하면 서로 알려주기로 약속하였다.

마침 그때 부처님께서는 이 세상에 거룩한 진리를 전파하기 위해 첫번째 60명의 제자들을 보냈다. 그리고 부처님 자신은 우루벨라 쪽으로 갔고, 첫번째 다섯 제자 중의 하나인 아사지 존자는 라자가하 방향으로 갔다.

구도자들의 좋은 업이 두 청년의 정신적 고뇌를 동정의 눈으로 바라보고 있던 것처럼 작용하기 시작했다. 우파티사가 라자가하 마을에서 방랑하고 있을 때 우연히 한 고행자를 만났는데, 그의 존엄한 모습과 성인다운 행동이 즉시 그의 마음을 사로잡았다.

이 고행자는 눈을 지그시 내리깔아서 그 앞에 조금 떨어진 곳을 바라보고 있었고, 그의 고요한 얼굴은 그의 내부에 깊은 평화가 있음을 나타내 주었다. 이 위엄스러운 성자는 골격이 잡혀있었고, 가사를 단정히 입었으며, 소량의 음식을 소중히 받아서 바리때에 넣으면서, 이 집에서 저 집으로 조용한 발걸음을 옮기고 있었다.

그는 마음속으로 생각했다. '결코 나는 이전에 이와 같은 고행자를 본 일이

제 7 장 진리의 가르침 95

없다.' 분명히 그는 아라한을 얻은 사람 중의 하나이거나 아라한으로 가는 길을 닦는 자일 것이다.' 그는 그에게 가서 '존경하는 이여, 누구를 위하여 당신은 출가하였습니까? 누가 당신의 스승입니까? 누구의 가르침을 당신은 전하고 있습니까?'라고 묻고 싶었다.

그렇지만 우파티사는 그에게 묻는 것을 삼가했다. 왜냐하면 그렇게 할 경우 그가 조용히 걸식하는 것을 방해할 것이라 생각하였기 때문이다.

아라한 아사지는 그가 필요한 만큼의 소량의 음식을 얻어서, 음식을 먹을 적당한 장소를 찾고 있었다. 우파티사는 이것을 보고 안면에 희색을 띠면서 절호의 기회를 포착하여 그에게 앉을 자리와 물을 떠다 바쳤다. 이처럼 배우는 자의 자세로 사전에 준비하는 의무를 다한 다음 그는 즐겁게 인사를 나누고 공손하게 물었다.

"존경하는 분이시여, 당신의 감각기관은 고요하고 평온합니다. 당신의 피부 색깔은 맑고 깨끗합니다. 누구의 이익을 위해서 당신은 출가했습니까? 당신의 스승은 누구입니까? 당신은 누구의 가르침을 전하고 있습니까?"

겸손한 아라한 아사지는 모든 위대한 사람들의 특성처럼 공손히 대답했다.

"나는 아직도 승가에서 신참입니다. 형제여, 그리고 나는 그대에게 진리를 길고 자세히 설명해 줄 수가 없습니다."

"나는 우파티사라고 합니다. 존경하는 이여, 많든 적든 당신이 아는대로 말씀해주십시오. 그러면 그것은 나에게 백 또는 천 가지로 이해될 것입니다."

"조금이든 많이든 말씀해주십시오." 우파티사는 계속 간청했다.

"정 그러면 나에게 그 핵심만 간단히 말씀해주십시오. 나에게는 오로지 그 핵심이 필요합니다. 단순한 말의 나열은 소용이 없습니다."

아사지 존자는 스승의 심원한 사상을 솜씨있게 요약한 인과의 법칙에 대해서 사구게송을 읊었다.

"모든 것은 원인이 있어서 생긴다.
그 원인을 여래는 설하신다.

그리고 그것을 없애고 끊는 것도 설하신다.
위대한 사문은 이같이 가르치신다."
　비록 간결하게 표현되었지만, 우파티사는 그러한 거룩한 가르침을 충분히 이해했다. 그는 오로지 진리를 발견하기 위해 잠깐의 언질을 필요로 하였던 것이다.
　아사지 존자는 그에게 진리로 가는 길을 잘 가르쳐주었다. 그래서 앞의 두 귀절을 듣는 즉시, 그는 성인의 첫 단계인 예류과를 얻었다.
　새로 귀의한 우파티사는 의심할 여지없이 존경스러운 스승이 그에게 부처님의 거룩한 가르침을 소개해준 것에 대해서 무어라고 설명할 수 없는 감사한 마음을 느꼈을 것이다.
　그는 그의 훌륭한 설명에 깊은 감사를 표현하면서, 부처님에 대한 대략적인 이야기를 듣고 그 자리를 떠났다.
　그의 스승에 대한 존경심은 다음에 잘 나타나고 있다.
　그가 아사지 존자로부터 진리를 들었기 때문에 어느 방향이든지 스승이 머무르고 있다는 말을 들으면 그 방향으로 합장하거나 공손히 절하였으며 그가 잠잘 때에는 그 쪽으로 발을 뻗고 자지도 않았다고 한다.
　그 후, 약속을 지키기 위하여 그는 친구인 콜리타에게 기쁜 소식을 전하려고 돌아왔다. 콜리타도 그의 친구만큼 깨달아 있었는데, 사구게송을 듣고 성인의 첫 단계를 얻었다.
　그들은 지금까지 찾아헤매던 마음의 평화를 얻자 기쁨이 넘쳐서, 의무상 새로운 교리를 자신들의 스승에게 알려주기 위하여 스승인 산자야에게 갔다. 그러나 스승이 그들의 새로운 가르침을 거절하자 우파티사와 콜리타는 그들을 따르는 산자야의 많은 제자들을 데리고 그들의 뛰어난 스승, 부처님을 방문하기 위하여 벨루바나 사원으로 갔다.
　부처님은 간청을 받아들여서 승가에 입단하는 것을 허락하였다. 단지 이 한 마디를 하시면서.
　"오너라, 오 비구들이여! (Etha Bhikkhave!)"
　2주일 후에 사리불 존자는 부처님께서 유행승 디가나카에게 베다나 파리가하경을 설법하시는 것을 옆에서 듣고 아라한을 얻었다.

　바로 그날 저녁에 부처님께서 주위에 제자들을 모아서 승가에서 첫번째와 두번째 제자의 서열에 사리불과 목건련(일주 전에 아라한을 얻었다) 존자를 각각 인가(印可)하였다.

제 8 장
부처님과 친척들(1)

'친척을 도와주는 것은 기쁨이다.'

——망가라경

정반왕은 부처님을 만나기를 원했다

부처님께서 라자가하에 머물면서 진리를 가르치고 있다는 소식이 노년의 정반왕의 귀에 들려오자 깨달은 아들을 보려는 그의 열망이 점점 더 강해졌다.

그는 부처님께서 카필라 성을 방문하도록 아홉번이나 계속해서 아홉 명의 신하들에게 수행원들을 딸려서 부처님 있는 곳으로 보냈다.

그런데 그의 기대와는 달리 부처님께 간 신하들이 모두 함흥차사가 되어서 돌아오지 않았다. 왜냐하면 그들은 모두 진리를 듣고 아라한을 얻어서 승가에 들어가버렸기 때문이었다. 사실 아라한은 세속적인 일에 무관심하였기 때문에 그들은 부처님께 정반왕이 애타게 보고 싶어한다는 전갈을 전해주지 않았던 것이다.

번번이 실망한 정반왕은 마침내 또 다른 충실한 신하인 칼루다이를 보냈는데, 그는 부처님의 어린 시절 죽마고우였다. 다른 사람들과 마찬가지로 그도 아라한을 얻고 승가에 들어가는 행운을 얻었다. 그러나 그는 다른 사람들과 달리 부처님께 정반왕이 애타게 보고 싶어한다는 전갈을 알려주고 노쇠한 부친을 방문하도록 설득하였다.

마침 여행하기에 가장 알맞은 계절이었기 때문에, 부처님은 많은 제자들의 보필을 받는 가운데 도중에 진리를 가르치면서 천천히 그 먼 거리를 여행하여 드디어 2개월만에 카필라성에 도착하였다.

니그로다 공원에는 그가 머물 수 있도록 모든 것이 잘 정돈되어 있었다. 그런데 자만심이 강한 석가족 사촌형제들은 저희들끼리 '그는 우리의 어린 동생이고, 우리의 조카이고, 우리의 손자이다.'라고 생각하면서 젊은 왕자들에게 말했다.

"너희들이나 그에게 인사해라. 우리는 너희들 뒤에 앉아 있겠다."

그리고 그들은 부처님에게 마땅히 해야 할 존경의 표시를 하지않고 앉았다. 그때 부처님은 공중으로 올라서 특이한 현상들을 보여주었다. 정반왕은 이 놀라운 광경을 보고 즉시 그에게 예를 올리면서 이것은 그의 세번째 경의의 표시라고 말했다.[27] 그래서 모든 석가족이 부처님에게 공손히 존경을 표시하지 않을 수 없었다.

부처님은 공중에서 내려 와서 준비된 자리에 앉았다. 겸손해진 친척들도 모두 자리에 앉아서 진지하게 그의 가르침을 들었다.

이때 갑자기 소나기가 석가족들의 머리 위로 쏟아져내렸다. 이 이상한 현상에 대해서 그들 사이에서 의견이 분분했다. 그러자 부처님께서는 베산타라 자타카를 설법함으로써 비슷한 사건이 전생에서도 그의 친척들 앞에서 발생했음을 보여주었다.

석가족들은 부처님의 설법을 기쁘게 듣고는 부처님과 제자들을 점심에 초대할 의무를 모르고 그냥 돌아가버렸다. 왕도 또한 속으로 '만약 내 아들이 나의 집으로 오지 않으면, 어디로 갈까?'라고 생각하면서도 미처 부처님을 초대할 생각이 떠오르지 않았다. 그렇지만 정반왕은 집에 돌아와서 그들이 궁궐에 도착하기를 기대하면서 몇 가지 음식을 준비했다.

정반왕의 귀의

그 다음날 식사에 특별한 초대가 없었기 때문에 부처님과 제자들은 카필라성의 시민들의 집에 탁발하러 다닐 준비를 하였다.

탁발을 나가기 전에 부처님은 혼자 생각하였다. '과거의 부처님들은 그

---

27) 처음은 아시타가 태자를 보러 왔을 때 태자가 그의 머리에 발을 올려 놓을 때였고, 둘째는 파종제를 할 때 태자가 유모차에 가부좌로 앉아서 명상에 잠겼을 때였다.

들의 친척의 도시에 들어가서 곧바로 그들의 친척집에 들어갔는가?, 아니면 평범하게 걸식하면서 이집 저집을 다녔는가?'

부처님은 그들이 이집 저집을 걸식하러 다녔다는 것을 파악하고 카필라성의 거리에 걸식을 구하러 떠났다.

정반왕은 며느리인 아쇼다라로부터 부처님이 거리로 걸식하러 나간다는 얘기를 전해 듣고 마음이 언짢아서 급히 현장으로 달려가서 부처님께 예를 표하고 말했다.

"아들아, 너는 왜 나를 창피스럽게 만드느냐? 나는 네가 걸식하러 다니는 것을 보니 너무나 부끄러워서 얼굴을 못들겠다. 황금가마를 타고 여행을 가곤 했던 네가 바로 이 도시에서 꼭 걸식을 해야만 하느냐? 너는 왜 나를 부끄럽게 만드느냐. 내 체면이 말이 아니다."

부처님은 왕에게 놀라웁게도 다음과 같이 대답했다.

"오 임금님이시여, 나는 아버지를 부끄럽게 만들지 않았습니다. 나는 나의 직계(부처의 계보)의 관례를 따르고 있습니다."

그러자 왕이 다시 물었다.

"아들아, 그러면 걸식하면서 생계를 유지하도록 하는 게 우리가문의 관습이냐? 분명히 우리 가문은 무사의 직계이며, 무사가 걸식하러 나가지는 않는다."

"오 왕이시여, 이것은 아버지 왕족의 관례가 아닙니다. 이것은 부처 직계의 관례입니다. 수천 명의 부처가 걸식하면서 살았습니다."

부처님은 그때 길거리에 서서 왕에게 이와 같이 조언했다.

"걸식하기 위해 문앞에 서 있는 것은 부끄러운 일이 아닙니다. 이것은 올바른 생활로 이끄는 것입니다. 올바른 삶은 이 세상과 다음 세상에서도 행복하게 합니다."

이것을 듣고 정반왕은 진리를 깨달아서 성인의 첫째 경지를 얻었다.

그래서 그는 즉시 부처님의 발우를 들고, 부처님과 제자들을 궁전으로 모시고 가서 약간의 음식을 대접하였다. 음식을 다 드신 후 부처님께서 다시 왕에게 말했다.

"올바른 생활을 해나가십시오. 그렇게 하지않는 자는 타락합니다. 올바르게 사는 자는 이 세상과 다음 세상에서도 행복하게 삽니다."

그래서 왕은 성인의 두 번째 경지를 얻었고, 파자파티 고타미는 성인의 첫째 경지를 얻었다.

왕이 언젠가 한번은 그의 아들이 목적을 이루지 못하고 심한 고행 때문에 죽었다는 말을 들었었는데, 그때 그는 절대 그럴 리 없다고 하면서 믿지않은 적이 있었다.

부처님께서 담마팔라 자타카를 설하면서 전생에서도 정반왕은 화장한 뼈무더기를 보면서도 그의 아들이 죽었다고 믿는 것을 거절하였다고 말해 주었다. 이때 그는 성인의 세번째 경지를 얻었다.

임종에 가까워서 왕은 부처님으로부터 마지막으로 진리를 듣고 아라한을 얻었다.

해탈의 기쁨을 일주일간 누린 후에 그는 재가자 아라한으로서 세상을 떠났는데, 부처님이 40세가 다 된 때였다.

부처님과 아쇼다라

아쇼다라 태자비는 또한 라훌라마타, 빔바 그리고 바다카차나로 알려졌는데, 그녀는 콜리아족을 다스리던 수파부다왕과 정반왕의 누이인 파미타의 딸이었다.

그녀는 싯다르타 태자와 같은 나이였으며 열여섯 살에 결혼하였다. 이것은 태자가 무술대회에서 이겨서 그녀를 얻게 된 것이었다. 그녀는 매우 행복하고 부유한 생활을 했다.

그녀의 나이 25살에 유일한 아들인 라훌라를 낳았다. 그리고 그녀는 현명하고 사색적인 남편을 온 정성을 다해서 사랑했으나, 싯다르타는 삶의 고통으로부터 해방되기 위해 출가를 결심하여야만 했다.

그는 정숙하고 사랑스러운 아내 아쇼다라에게 한 마디 이별의 말도 없이 젊은 그녀 스스로 어린 아들을 돌보도록 놔둔 채 깊은 밤에 궁전을 떠나야만 했다.

그녀는 여느 때와 마찬가지로 일어나서 사랑하는 남편에게 아침인사를 하러 갔다. 그러나 놀랍게도 그녀는 그가 떠나가버린 것을 발견했다.

자신의 사랑하는 남편이 자신과 새로 태어난 아이를 놔두고 떠난 것을 깨달았을 때, 그녀는 충격 끝에 슬픔에서 헤어나지 못했다. 그녀는 가장 사랑하는 남편을 이제 영원히 잃어버렸다. 모든 매혹적인 것이 다 갖춰진 궁전이 그녀에게는 이제 아무런 즐거움이 없는 감옥이 되고 말았다.

온 세상이 공허하게 보였다. 이제 그녀의 유일한 위안은 어린 아들이었다. 비록 몇몇의 크샤트리아 남자들이 그녀에게 구애의 손길을 뻗쳤으나 그녀는 모든 제안을 거절하고 그녀의 사랑하는 남편에 대한 영원한 믿음으로 살았다.

그녀의 남편이 고행자의 생활을 한다는 소식을 듣고 그녀는 모든 보석 장신구들을 떼어내고 수수한 노란색 옷으로 갈아입었다. 6년 내내 고행자 고타마가 깨닫기 위해 고생하는 동안 아쇼다라 태자비는 그의 구도과정을 가까이서 지켜보면서 마찬가지로 고행을 하였다.

부처님께서 깨달은 후 카필라성을 방문해서 그 다음날 왕의 초대로 궁전에 갔을 때, 아쇼다라를 제외한 모든 사람들이 그에게 경의를 표하려고 왔다. 그녀는 생각했다.

'조금이라도 나에게 미덕이 있다면 분명히 세존께서 스스로 내 앞에 오실 것이다. 그러면 그때 그에게 인사를 해야지.'

식사가 끝나자 부처님께서 발우를 왕에게 건네준 다음 두 명의 측근 제자를 데리고 아쇼다라의 방에 들어가서 그를 위해 준비된 자리에 앉으면서 제자들에게 말했다.

"임금님의 며느리인 그녀가 하고 싶은 대로 나에게 존경을 표하도록 놓아두어라. 아무 말도 하지 말아라."

아쇼다라는 부처님께서 오신다는 말을 듣고 시녀들에게 노란옷을 입도록 지시했다.

부처님께서 자리에 앉자 아쇼다라가 천천히 다가와서 부처님의 발목을 잡고 그녀의 머리를 발 위에 올려놓아서 그녀가 하고 싶은 대로 존경심을 표시했다.

이와 같이 자신의 애정과 존경심을 보여주고 나서 그녀는 조용히 자리에 앉았다. 왕은 그녀의 성스러운 품행을 칭찬하고 그녀의 사랑과 정절에 대해서 말했다.

"아들아, 며느리는 네가 노란 가사를 입었다는 소식을 들었을 때, 그녀 또한 노란옷을 입었다. 네가 하루에 한 끼 식사만 한다는 소식을 들었을 때 그녀도 마찬가지로 했다.

네가 장엄한 마차를 타는 것을 그만두었다는 말을 듣고 그녀 또한 초라한 마차에 탔다. 네가 아름다운 꽃장식과 향기로운 물건들을 포기했을 때 그녀도 또한 그것들을 포기했느니라."

"너의 친척들이 그녀를 데려가겠다고 전갈을 보내와도 그녀는 단 한번도 쳐다보지 않았다. 나의 며느리가 이처럼 덕이 있단다."

"아버님, 그녀는 지금뿐만 아니라 전생에도 나를 보호하고 나에게 헌신적이었고 나를 믿었습니다."

부처님께서 이렇게 말씀하시면서 찬다키나라 자타카를 들려주었다.

부처님은 전생에 그녀와의 관계를 이야기해 주면서 그녀를 위로하고 궁궐을 떠났다. 정반왕이 세상을 뜬 후에 파자파티 고타미가 비구니가 되었을 때, 아쇼다라 또한 승가에 들어와서 아라한을 얻었다. 그녀는 여자 제자들 중에서 최고의 대신통력을[28] 얻었으며 나이 78세에 세상을 떠났다.

그녀의 이름은 장노니게(長老尼偈)에는 나타나지 않지만 그녀와 관계된 내용은 아파타경에서 발견된다.[29]

부처님과 라훌라

라훌라는 부처님과 아쇼다라의 유일한 혈육이다. 그는 싯다르타 태자가

---

28) 앙굿타라-니가야 주석서에 따르면, 부처님 제자들 중에 4명의 제자만이 대신통력을 지녔다. 나머지 제자들은 십만겁까지만 회상할 수 있었으나, 이들은 셀 수 없는 기간을 회상할 수 있었다. 사리불, 목건련, 바큘라 장로, 바다카차나의 4명이 이 능력을 얻었다.
29) 여기서 연등불을 만났을때 부처가 되기를 결심한 보살(고타마의 전생)과의 관계를 말하고 있다.

출가를 결심한 바로 그 날에 태어났다. 어린 아들이 태어났다는 기쁜 뉴스가 그에게 전해졌을 때 그는 공원에서 명상에 잠겨 있을 때였다. 그는 보통사람들의 기대와는 달리 그 소식에 기뻐하는 대신 탄식했다.

"장애가 태어났구나. 속박이 생기는 구나! (*Rāhu jāto, bandhanaṁ jātaṁ*!)"

이 말에 어울리게 할아버지인 정반왕은 손자의 이름을 라훌라라고 지었다. 라훌라는 아버지 없는 애들처럼 어머니와 할아버지 품에서 자랐다.

그가 일곱 살이 되었을 때, 부처님은 깨달은 후 처음으로 카필라 성을 방문했다. 그가 방문해서 칠일째 되는 날, 야쇼다라 태자비는 어린 라훌라를 단정히 차려입히고, 부처님을 가리키면서 말했다.

"잘 봐 두어라 아들아. 바라문같이 잘 생긴 황금색이 비추는 고행자가 이만 명의 수행자들에 의해 둘러싸인 것을 잘 보아라!"

"그가 너의 아버지다. 그리고 그는 위대한 보물을 갖고 있었다. 그의 출가때문에 우리는 그것들을 볼 수가 없다. 그분에게 가라. 그리고 네가 물려받을 것에 대해 여쭈어보아라. 그리고 말하라 '아버지 나는 태자입니다. 왕위를 물려받은 후 이 세상의 군주가 되겠습니다. 나는 부(富)가 필요합니다. 나에게 부를 주십시오. 왜냐하면 아들은 아버지에게 속한 것의 주인이기 때문입니다'라고."

천진난만한 라훌라는 부처님 앞으로 갔다. 그리고 어머니에게 충고받은 대로 매우 귀엽게 그의 유산에 대해서 물어 봤다.

"오 사문이여. 심지어 당신의 그림자조차도 저를 기쁘게 합니다."

식사를 마친 후 부처님이 궁궐을 떠나자 라훌라가 뒤따라와서 말했다.

"나에게 유산을 주세요."

그리고 그 이외에도 라훌라는 많은 것들을 요구했다.

아무도 그가 따라오는 것을 제지하지 않았다. 공원에 도착해서 부처님은 생각했다.

'그는 아버지의 부(富)를 원한다. 그러나 그 부란 것은 세상과 영합된 것이어서 걱정거리로 가득 찰 것이다.'

'그에게 일곱 가지의 성스러운 부를 주어야겠다. 그것은 내가 보리수 밑에서 얻은 것이다. 그리고 그를 초월적인 상속의 소유자로 만들 것이다.'

그는 사리불존자를 불러서 어린 라훌라를 가르치도록 지시했다.

라훌라는 그때 겨우 일곱 살밖에 안되었지만 승가에 들어오는 것이 허락되었다.

정반왕은 그의 사랑하는 손자가 교단에 갔다는 갑작스러운 소식을 듣고 매우 상심하였다. 그는 부처님에게 찾아가서 어느 누구도 부모의 동의를 사전에 허락받지 않고 교단에 들어가지 못하도록 점잖게 요구하면서 말했다.

"세존이 출가를 했을 때 그것은 나에게 큰 고통의 원인이었다. 이것은 난다가 출가했을 때도 그랬고, 특히 라훌라의 경우는 더욱 그렇다.

부모의 자식에 대한 사랑은 살가죽, 살덩이, 근육, 뼈, 골수에 사무치는 것이다.

세존이여, 성스러운 자는 부모의 허가를 받지않은 자식에게 수계를 줄 수 없다는 나의 요청을 받아들여주기 바란다."

부처님께서 즉시에 그 요구를 승락해서 이것을 계율로 정하였다. 그렇지만 일곱 살밖에 안된 어린 소년이 성스러운 생활을 해 나가는 것은 거의 상상할 수 없는 일이었다. 그러나 사미승 라훌라는 예외적으로 잘 따르고 수련을 잘 받아서, 그의 웃어른들로부터 매우 열심히 교육을 받았다.

경전에 의하면, 그는 아침 일찍 일어나서 한 웅큼의 모래를 손에 쥐어서, "오늘은 나의 스승님으로부터 이만큼 많은 조언을 들어야겠다."고 말했다고 한다.

그에게 설해진 초기경전의 하나인 암발라티비카-라울로바다경에서 부처님께서는 교단에 가입한 즉시 정직의 중요성에 대해서 강조했다고 한다.

어느날 부처님께서 라훌라에게 들렀을 때, 라훌라는 부처님이 멀리서 오는 것을 보고 자리를 마련하고 발 씻을 물을 준비하였다.

부처님께서 발을 씻은 후 대야에 약간의 물을 남기고 말하였다.

"라훌라야, 이 대야에 약간의 물이 남아있는 것이 보이느냐?"

"예 세존이시여."

"마찬가지로, 라훌라야. 고의적으로 거짓말하면서 부끄러워하지 않는 승려의 정신은 이처럼 보잘것 없는 것이란다."
그리고 나서 부처님은 나머지 물을 버리고 말했다.
"고의적으로 거짓말하는 것을 부끄러워하지 않는 승려의 정신은 참으로 이렇게 버려야 한단다."
부처님은 대야를 거꾸로 뒤집으면서 말했다.
"고의적으로 거짓말하는 것을 부끄러워하지 않는 승려의 정신은 참으로 이렇게 뒤집어서 완전히 버려야 한다."
마지막으로 대야를 바르게 놓으면서 말했다.
"고의적으로 거짓말하는 것을 부끄러워하지 않는 승려의 정신은 참으로 이렇게 비워버려야 한다."
"나는 누구에게든지 고의적으로 거짓말하는 것을 부끄러워하지 않는 자에게 말한다. 그가 저지르지 못할 악은 없기 때문에 그에 의해서 할 수 없는 어떠한 악한 일도 없다는 것을."
"그러므로 라훌라야, 심지어 농담할 때조차도 거짓말을 하지 않도록 너 자신을 닦아라."
이와 같이 부처님은 자상한 예를 들어서 정직의 중요성을 강조하면서, 그에게 깊이 생각해서 행동하는 것의 중요성을 설명하고 어린 아이가 이해할 수 있게 그러한 방법으로 계율의 기준을 설정해주었다.

부처님께서 물었다.
"라훌라야, 거울은 무엇을 하기 위한 것이냐?"
"비추어보는 것입니다. 세존이시여."
"마찬가지로, 라훌라야. 깊이 생각한 후에 몸으로 행해야 하며 깊이 생각한 후에 말해야 하며, 깊이 생각한 후에 뜻으로 옮겨져야 한다."
"네가 몸으로 하고자 하는 어떠한 행위도 다음과 같이 깊이 생각한 후에 실행에 옮겨야 한다.
'이제 내가 몸으로 하려는 행위는 나에게 해를 입힐 것인가? 또는 다른 사람들에게 해를 입힐 것인가? 또는 나 자신과 다른 사람들에게 해를

입힐 것인가?'

만약에 몸으로 하는 행위가 원만스러운 것이 아닐 때, 이것은 괴로움을 수반하고 고통을 야기시킬 것이다.

만약 깊이 생각해서 '지금 내가 몸으로 하는 행위는 나에게 또는 다른 사람에게, 그리고 나와 다른 사람 모두에게 해를 끼치는 것으로 이끌 것이다.'라고 깨닫게 되면, 몸으로 하는 행위는 원만하지 못해서 괴로움을 수반하고 고통을 낳을 것이다. 그러므로 어떠한 일이 있어도 몸으로 그러한 행동을 해서는 안된다."

"만약 이와 반대로 깊이 생각해서 '내가 지금 몸으로 하고자 하는 행위는 나 자신이나 다른 사람 또한 나 자신과 다른 사람에게 해를 입히지 않을 것이다.'라는 생각이 들면, 이때 몸으로 하는 행위는 원만하고 즐거움을 수반하며, 기쁨을 낳는다. 그러면 몸으로 하는 행위를 너는 이행하여야 한다."

부처님은 어린 라훌라에게 자신의 행위를 하는 동안 그리고 한 후에 깊이 생각하는 것을 가르쳐 주면서 말했다.

"깊이 생각할 때, '내가 지금 몸으로 하려는 행위는 나에게, 다른 사람에게 그리고 나 자신과 다른 사람들에게 해를 입히게 될 것이다.'라는 생각이 들면 그때 몸으로 하는 행위는 원만하지 못해서, 괴로움을 수반하고 고통을 낳는다. 그러면 너는 몸으로 하는 행위는 그만 두어야 한다.

깊이 생각해서, '지금 몸으로 하려는 나의 행위가 나에게도 남에게도 나와 남에게도 해를 입히지 않을 것이다.'라고 생각이 들면 그때, 이 몸으로 하는 행위는 원만하고, 즐거움과 기쁨이 수반된다. 그러면 너는 그렇게 몸으로 하는 행위는 계속 해나가야 한다."

부처님은 다시 덧붙여서 말했다.

"만약 깊이 생각해서, '지금 내가 한 이 행위가 원만하지 않다'고 생각이 들면 그러한 행위는 고백해야 하며, 스승이나 선배 또는 성스러운 생활을 하는 너의 동료들에게 분명하게 알려주어야 한다.

너의 행위가 원만스럽지 못한 것을 고백하면, 너는 이 다음에 신중함을 얻게 될 것이다."

부처님은 계속해서 원만하고 원만하지 못한 말과 마음에 대해서도 똑같은 방법으로 충고해주었다.

그리고 부처님은 마음을 정화시키는 데에는 끊임없이 깊이 생각하는 것이 중요하다는 것을 말하면서 다음과 같이 훈계를 끝마쳤다.

"이와 같이 너는 자신을 잘 단련해야 한다. 끊임없는 반성에 의해서 몸으로 하는 행위를 정화하고, 끊임없는 반성에 의해서 말하는 것을 정화시키고, 끊임없는 반성에 의해서 마음을 정화시켜야 한다."

상웃타 니가야에는 특별한 장이 있는데 여기서 부처님께서는 사미승 라훌라에게 자연의 무상함을 설명해주었다. 라훌라 존자가 어린 시절에 승가에 들어갔기 때문에 부처님은 기회가 있을 때마다 그에게 훈계하고 올바른 길로 이끌었다.

숫타니파타는 부처님이 되풀이해서 그를 다음의 구절로 훈계했다고 기록하고 있다.

"매우 달콤하고 매우 매력적으로 보이는 다섯 가지 감각적 즐거움을 포기하라.

고통을 그친 자가 되려는 신념을 갖고 집에서 떠나 앞으로 나가라.

인가에서 멀리 떨어진 한적하고 고요한 외딴 곳을 찾아라.

음식을 절제하라.

가사, 바루, 필수품, 거주지에 집착하지 말아라.

이 세상에 다시 태어나지 말아라.

근본적인 다섯 가지 감각에 대하여 억제하는 것을 수련해라.

몸에 대해서 관하는 것을 발전시키고 평정심이 가득 차게 하라.

욕망을 자극하는 감각대상의 유혹을 피하라.

외부적 대상에 대하여 혐오감을 느끼도록 하라.

마음을 통일시켜서 가라앉은 마음을 발전시켜라.

감각의 외적인 모양에 대하여 생각하지 말라.

잠재된 자만심을 버려라.

이와 같이 자만심을 뿌리째 뽑아서, 너는 완전한 평화에 머무를 것이다."
라홀라가 열여덟 살 때 부처님은 그에게 감각적 욕망을 제어하는 것에 대해서 중점적으로 가르쳐 주었는데, 이것은 라홀라 존자의 잘 생긴 용모 때문에 그의 마음에 감각적 욕망이 일어날 가능성이 많았기 때문이었다.

어느날 라홀라가 걸식을 하면서 부처님의 뒤를 따르고 있었다. 부처님이 앞서서 걸어가고 라홀라가 그 뒤를 따라가는 모습이 마치 상서로운 백조의 왕이 그의 아름다운 새끼 백조를 데리고 가는 것 같았으며, 사자의 왕이 위풍당당한 새끼 사자를 데리고 가는 것 같았다. 둘 다 금빛의 모습이었고, 위엄스러운 모습이 거의 동등했다. 그리고 둘 다 카스트의 무사들이었으며 둘 다 왕위를 버렸다.

라홀라는 세존을 찬양하면서 속으로 생각하였다.
'나 또한 나의 아버지 세존같이 잘 생겼다. 아버지의 모습은 위엄스럽다. 그리고 내 모습도 비슷하다.'
부처님께서 즉시 그의 자만심을 읽고, 뒤돌아보면서 그에게 다음과 같이 충고했다.
"얘야, 어떤 형상(물질)이든지 다음과 같이 생각하여야한다.
이것은 나의 것이 아니다.
이것은 나가 아니다.
이것은 나의 영혼(자아)이 아니다."
라홀라는 풀이 죽어서 부처님에게 오로지 형상에만 그렇게 생각해야 하는지 물었다. 부처님은 다섯 모임(오온)에 대해서도 이와 같이 해야 한다고 대답했다.

라홀라 존자는 부처님으로부터 이렇게 훈계를 받자 마을로 걸식하러 가지 않기로 결심했다. 그는 돌아와서 나무 그늘에 앉아서 가부좌를 틀고, 몸을 세워서 명상에 들어가려고 했다.
이때 사리불 존자가 라홀라가 명상하려는 것을 보자 라홀라가 부처님께서 가르친 또다른 명상의 대상에 대해서 수련하려는 것을 모르고 그에게 숨이

나가고 들어가는(수식관) 데 집중하라고 권유했다.

그런데 라훌라는 하나는 부처님에 의해서, 하나는 그의 스승으로부터 서로 다른 것에 대한 명상을 지시받았기 때문에 혼동이 되었다. 그래서 그는 먼저 그의 스승의 말에 따라서 숨쉬기에 집중한 다음에 부처님에게 이 문제에 대해서 가르침을 받으려고 갔다.

현명한 의사는 환자에게 필요한 약을 적절하게 제공해주는 것처럼 부처님은 먼저 형상(물질)과 다른 모임들에 대해서 간략히 설명해 준 다음에, 특별히 나쁜 조건들에 대해서 각각 제거하는 명상의 대상들을 간략하게 설명해주었다. 그리고 나서 수식관에 대한 명상을 설명해주었다.

부처님의 가르침을 실행해서 그는 명상에 성공했다. 그리고 오래 지나지 않아서 출라 라훌로바다경을 듣고 아라한을 얻었다.

부처님께서 깨달은지 14년째 되어서 라훌라는 수계를 받았다. 그런데 불행히도 그는 부처님과 사리불 존자보다 먼저 세상을 떠났다.

라훌라 존자는 특히 밀행(엄격한 고행)으로 유명하였다. 다음의 사구게 송은 장로게에서 그에 대해서 쓴 것이다.

"운좋게 양쪽에 있기 때문에
남들은 나를 '행운의 라훌라'라 부른다네.
나는 부처의 아들이었고
또한 진리를 보는 자의 아들이었다네.
나의 모든 번뇌는 소멸되었다네.
이제 더이상 나에게 다시 태어남은 없다네.
그리고 나는 아라한이라네. 보시를 받을만한 자라네. 나는 삼학(계, 정, 혜)의 소유자이고, 죽음이 없음을 보는 자라네.
감각적 욕망에 눈이 멀고, 펼쳐진 그물에 걸리고 갈애의 덮개로 눈이 가려졌던 나는 마치 깔때기병 속에 들어간 물고기 같았네.
하지만 나는 이제 그 감각의 욕망을 태워버렸네.
마군의 속박도 끊어버렸다네.
갈애를 그 근원으로부터 뿌리째 뽑아버렸다네.

지금 나는 고요하다네.
아! 나는 너무나 평화스럽다네."

제 9 장
부처님과 친척들(2)

'진실은 최고의 친척이다.'

──법구경

부처님과 이복동생 난다

부처님이 카필라성에 머무르면서 3일째 되는 날, 파자파티 고타미 왕비의 아들인 난다 왕자가 태자 즉위식과 결혼식 그리고 집들이를 거행하면서 축하를 받고 있을 때, 부처님이 궁궐을 방문했다. 부처님께서 식사를 마치고 축하하는 말을 하면서 바루를 왕자에게 주고는 바루를 되돌려받지 않고 자리에서 일어났다.

왕자는 부처님께서 조금 있으면 바루를 되돌려받겠지 하고 속으로 생각하면서 따라갔다. 그러나 부처님은 여전히 그것을 되돌려받지 않고, 왕자는 부처님에 대한 존경심 때문에 스승의 뒤를 계속 따라갔다.

이때 그의 약혼녀 자나파다 칼라니는 왕자가 손에 바루를 들고 부처님의 뒤를 따라가고 있다는 말을 듣고, 뺨에 눈물을 흘리면서, 머리카락을 반쯤 풀어헤친 채, 정신없이 난다 왕자를 뒤쫓아가서 말했다.

"오 왕자여, 제발 돌아와주세요!"

이 비통한 절규가 왕자의 가슴에 와닿자 그는 가슴이 뭉클해서 어찌할 줄을 몰랐다. 그러나 부처님에 대한 존경심때문에 그는 도저히 먼저 말을 꺼내서 바루를 되돌려줄 수가 없었다. 공원에 다 이르자 부처님께서 난다에게 승려가 되고 싶지 않느냐고 물었다.

부처님으로서 그리고 자신의 형으로서 그에 대한 존경심이 너무나 컸기 때문에 마음에 내키지 않았지만 왕자 난다는 승가에 들어가는 것에 동의하였다.
 그러나 난다 비구는 처음에는 출가한 자의 정신적인 기쁨을 누릴 수 없었다. 그는 매우 침울했고, 끊임없이 그의 신부를 생각하였다. 그는 자신의 고민을 비구들에게 털어 놓았다.
 "형제들이여, 나는 만족하지 못하고 있소. 나는 지금 종교적인 생활을 하고 있지만, 이제 더 이상 성스러운 삶을 이끌어갈 자신이 없소. 나는 고결한 계율을 포기하고 싶소. 그리고 더 낮은 재가자의 삶 속으로 돌아가고 싶소."
 이 말을 전해 들은 부처님은 난다에게 그러한 소문이 사실이냐고 물었다. 그는 자신의 의지가 나약함을 털어놓으면서 그의 신부에 대해서 걱정이 된다고 고백했다.
 부처님께서 그를 올바른 길로 돌려 놓을 묘안을 짜냈다. 그래서 신통력으로 그를 삼십삼천궁으로 데려가서 천상의 천녀들을 보여주었다.
 그 과정에서 난다 존자는 외톨이가 된 원숭이가 귀, 코, 꼬리는 불에 타서 잃어버리고, 다 타버린 벌판에서 나무 그루터기에 매달려있는 것을 보았다.
 천궁에 도착해서 부처님이 그에게 천상의 천녀들을 가리키면서 물었다.
 "난다야, 너의 고귀한 아내 자나파다 칼라니와 천상의 천녀들 중에서 어느 쪽이 더 아름답고 매력적으로 보이느냐?"
 "세존이시여, 자나파다 칼라니는 이들 천상의 여신들에 비교하면 혼자 된 원숭이와 같습니다. 그들이 훨씬 더 아름답고 매력적입니다."
 "잘 생각하였다. 난다야, 만약 네가 내가 시킨 대로 참고 견디면 그들을 네가 차지할 수 있다고 보증하마."
 그러자 난다 존자가 어린애같이 철없이 말했다.
 "그렇게 되면 저는 성스러운 삶을 살면서 최고의 즐거움을 갖겠습니다."
 난다 존자가 천상의 천녀들을 얻기 위해서 성스러운 삶을 살려고 한다는 말을 듣고, 비구들은 그를 '타산적인 놈'이라고 놀려댔다.
 마침내 그는 자신의 유치한 동기에 대해서 부끄럽게 생각하게 되었다.

그래서 새로운 각오로 열심히 수행해서 마침내 아라한을 얻었다. 그리고 부처님께 가서 말했다.

"세존이시여, 전에 세존께서 천상의 여신들을 얻게 하겠다고 보증하신 약속을 없었던 걸로 하겠습니다."

부처님께서 대답했다.

"난다야, 네가 세속적인 것에 대한 집착을 그만두었을 때, 그리고 너의 마음이 번뇌로부터 해방되었을 때, 그 순간에 이미 나의 약속은 면제되었단다."

그리고 나서 다음의 사구게송을 읊었다.

"그는 진흙 속을 가로질러가 욕망의 가시를 짓밟은 자. 그는 번뇌를 소멸했네. 그같은 이는 즐거움이나 괴로움에도 마음이 흔들리지 않는다네."

어떤 승려들이 그가 아라한을 얻은 것을 의심하자 부처님께서 다음의 사구게를 노래하면서 설명해주었다.

"빗물이 잘 덮혀지지 않은 지붕에 스며드는 것처럼, 욕망도 수양되지 않은 마음에 스며든다.
잘 덮혀진 지붕에 빗물이 스며들지 못하듯이, 욕망도 잘 수양된 마음에는 스며들지 못한다."

난다는 해탈의 기쁨을 누리면서, 스승을 찬양하였다.

"오, 스승님의 방편은 너무나 뛰어나다네. 그것에 의하여 나는 윤회의 늪 속에서 빠져나와 니르바나의 물가에 서게 되었다네."

장로게에는 그에 대한 내용이 다음과 같이 실려있다.

"올바르게 성찰하지 못해서 나는 바깥 모습에 집착했다. 애정의 욕망에 지배되어서, 나는 침착하지 못하고 자주 변덕스러웠다. 태양의 아들 부처님께서 짜낸 묘안에 의해서, 나는 올바르게 행동하고 현실에서 내 마음을 벗어나게 했다."

그후 난다 존자는 자기제어에 있어서 제자들 사이에서 최고의 위치에 서게 되었다.

부처님과 아난다

싯다르타 태자의 사촌인 아난은 정반왕의 동생인 아미토다나의 아들이었다. 그가 태어났을 때 모든 친족들에게 기쁨을 가져왔기 때문에 그의 이름을 아난다(환희)라고 불렀다.

부처님께서 승가를 조직한지 2년 후에 아난은 석가족의 엘리트들 즉 아누루다, 바디야, 바구, 킴빌라, 그리고 데바다타와 함께 승가에 들어갔다. 얼마 안되어서 푸니·만타니푸타 존자로부터 설법을 듣고 성인의 첫째 경지인 예류과를 얻었다.

부처님께서 쉬흔다섯 살이 되었을 때 노년의 아난 존자는 부처님을 가까이서 모시는 시자가 되었다.

부처님께서 깨달으신 후 처음 20년간은 정해진 시자가 없었다. 잠깐 시중을 드는 비구들은 그렇게 충실하지 않았고, 그들은 크게 칭찬받을 만한 행동을 하지 못했다.

어느 날 부처님께서 제타바나에 머무르면서 비구들을 모아놓고 말씀하셨다.

"오, 비구들이여. 나는 이제 늙었다. 내가 이길로 가자고 하면 어떤 이는 다른 길로 가곤 한다. 어떤 이는 나의 바루와 가사를 땅에 떨어뜨리기도 한다.

나를 항상 시중들 수 있는 제자 하나를 추천하라."

그 즉시 모든 비구들이 사리불 존자 아래쪽에서부터 서로 시자가 되겠다고 자원하였다. 그러나 부처님께서는 그들의 호의를 거절하셨다. 아난 존자가 조용히 침묵을 지키고 앉아있자, 비구들이 그에게 부처님의 시자가 될 것을 권유하였다. 그는 부처님께서 다음의 여덟 가지를 인정해야 한다는 조건 아래 동의하였다.

1) 부처님께서 몸소 받으신 가사를 그에게 주어서는 안된다.
2) 부처님께서 몸소 받으신 음식을 그에게 주어서는 안된다.

3) 부처님께서는 그에게 똑같이 향기 나는 방에서 지내도록 허락해서는 안된다.[30]
4) 부처님께서는 부처님이 초대된 곳은 어디든지 그를 데리고 가면 안된다.
5) 부처님께서는 아난다가 초대된 곳은 어디든지 친절하게 함께 가야 한다.
6) 부처님께서는 멀리서 부처님을 뵈러 온 방문객을 아난이 소개하는 것을 허락해야 한다.
7) 부처님께서는 그가 의심이 일어나면 언제든지 질문할 수 있도록 승락해야 한다.
8) 부처님께서는 그가 자리에 없을 때 설법한 것을 그에게 쾌히 다시 들려주어야 한다.

부처님께서는 소극적 그리고 적극적인 각기 네가지의 부탁을 받아들였다. 그 후로부터 아난다 존자는 부처님의 마지막 순간까지 25년간 충실한 시자로서의 역할을 다하였다. 그는 부처님이 가는 곳은 어디든지, 그림자처럼 따라다니면서 애정과 보살핌으로 부처님이 필요한 모든 것을 시중들었다. 낮이나 밤이나 그는 항상 스승의 뜻에 따라서 헌신적인 생활을 하였다.

기록에 보면, 그는 밤에는 잠을 자지 않기 위하여, 그리고 부처님께서 주무시는 데 방해되는 것을 막기 위해, 몽둥이와 횃불을 들고 부처님 처소 주위를 아홉번 돌곤 했다고 전하고 있다.

아난다와 보리수

아난 보리수를 심는데 책임을 진 사람은 아난 존자였다.

부처님께서 멀리 전도여행을 떠나서 안계실 때, 헌신적인 추종자들은 꽃과 화환을 갖고 와서 부처님 처소 입구에 놓고 기쁘게 돌아가곤 했다.

아나타핀디카가 이러한 사정을 듣고 아난다 존자에게 부처님께서 설법

---

30) 부처님처소를 일컫는 말. 이 처소는 제타바나에 있는 아나타핀디카가 특별히 부처님을 위해서 지었다.

하시기 위해 먼 지방에 가 있는 동안 추종자들이 존경심을 표시하기 위해 알맞은 장소가 있는 지에 대해서 부처님께 여쭈어보라고 부탁했다.

그래서 아난다 존자는 부처님께 가서 여쭈었다.

"세존이시여. 부처님을 기쁘게 하는 존경의 대상은 얼마나 많이 있습니까?"

"아난다야, 거기에는 세 가지가 있다. 신체와 관련된 것을 존경하는 것이며,[31] 개인적인 사유물에 속한 것을 존경하는 것이며, 여래의 지나간 일에 대해서 존경하는 것이다."

"그러면 살아 있는 동안에 탑을 지으면 괜찮겠습니까?"

"아니다. 신체와 관련된 존경의 대상물은 하지 말아라. 그것은 내가 세상을 뜬 다음에 세우는 게 알맞겠다.

여래의 지나간 일에 대해 존경하는 것은 순수하게 정신적인 것이라서 신체적인 바탕이 없다. 하지만 내가 사용하던 보리수는 여래가 살아있든 죽어있든 존경의 대상이 될 것이다."

"세존이시여, 스승님께서 설법하시러 멀리 여행을 떠났을 때 제타바나의 큰 사원은 의지할 데가 없습니다. 그리고 사람들은 존경할 장소를 찾지 못합니다.

세존이시여, 제가 대보리수에서 씨를 가져와서 제타바나의 입구에 심으면 어떻겠습니까?"

"오, 아난다야. 그거 매우 좋은 생각이다. 그래, 그것을 심도록 해라. 그러면 그 나무는 제타바나에 오래도록 살 것이다."

아난다 존자는 이 문제를 부처님의 중요한 재가신자들 ― 아나타핀디카, 비사카, 그리고 코살라왕 ― 에게 전했다. 그리고 목건련 존자에게 대보리수에서 열매를 얻어오라고 부탁했다.

목건련은 흔쾌히 승낙하고 곧 달려가서 나무 밑에 떨어져있던 보리수 열매를 얻어다가 아난다 존자에게 주었다.

아난은 이것을 코살라왕에게 건네주고 왕은 다시 이것을 아나타핀디카에게 주었다. 그래서 그는 좁은 땅을 일구어서 씨앗을 심었다. 그때 그곳에서 자

---

31) 손톱이나 머리카락같은 부처님의 신체적 유물을 일컫는다.

란 나무는 아난다보리수라고 알려지고 있다.[32]

아난다와 여자

부처님을 설득해서 여자를 승가에 가입시킨 것 또한 아난다였다. 만약 그의 중재가 없었다면 마하 파자파티 고타미는 비구니가 되지 못하였을지도 모른다.

비구니들은 그를 매우 존경했고 그의 법문은 그들에게 크게 인정을 받았다. 한번은 그가 부처님께 다가가서 여쭈었다.

"스승님, 우리들은 여자들에 대해서 어떻게 생각해야 합니까?"

"보지 않는 것으로 해라, 아난다야."

"그렇지만 만약 그들을 보게 되면 어떻게 해야 합니까?"

"그들에게 말을 걸지 말아라, 아난다야."

"하지만 만약 말을 걸게 되면 어떻게 해야 합니까?"

"경계하라, 아난다야."

이 평범한 충고가 비구들에게 적용되어서 그들은 여자를 대함에 있어서 항상 경계하지 않으면 안되었다.

아난다는 뛰어난 기억력을 보유했고, 부처님과 항상 가까이 있으면서 부처님의 설법을 모두 들을 수 있는 특권을 갖고 있었기 때문에 나중에 진리의 수호자로 임명되었다.

어느 바라문의 질문에 자신이 알고 있는 진리를 언급하면서 아난다 존자는 다음과 같이 말했다.

"부처님으로부터 팔만이천 법문, 그리고 비구들로부터 이천 법문을 들었다. 그래서 팔만사천 법문이 나에게 있다."

부처님은 그를 제자들 가운데 다섯 가지 면에서 최고의 지위에 있음을 인정해 주었다. 즉 박식함, 풍부한 기억력, 좋은 행동, 꾸준한 인내력, 그리

---

[32] 이 가장 오래된 역사를 가진 신성한 나무는 지금도 인도의 사레트 마레트(고대의 사바티)에 가면 볼 수 있다.

고 시중드는 일이었다.

　비록 뛰어난 제자였고, 진리에 정통했지만, 그는 부처님께서 열반에 들 때까지 '배우는 자'로 남아있었다.

　그에 대한 부처님의 마지막 충고는 다음과 같다.

　"아난다야, 이전에 너는 좋은 일을 많이 했다. 이제는 빨리 번뇌에서 벗어나거라."

　그가 아라한을 얻은 것은 부처님께서 열반에 드신 후였다.

　부처님 열반 후 그는 1차 결집에 참석해야 했는데, 이것은 오로지 아라한들로만 구성된 것이었다. 그래서 그는 며칠간을 각고의 노력으로 정진해서 회의 전날 밤 침실에 막 누우려는 순간에 아라한을 얻었다.

　기록에 보면, 그는 앉고, 서고, 걷고, 자는 자세 어디에도 속하지 않으면서 아라한을 얻은 유일한 제자라고 전해지고 있다.

　아난다 존자는 일백이십 살에 세상을 떠났다.

　법구경 주석서에 의하면, 로히니 강 양쪽 강가의 사람들이 똑같이 그를 받들었고, 양쪽이 모두 그의 사리를 가지려고 다투자, 그는 강의 중간에서 공중에 가부좌를 하고 앉아서 대중들에게 진리를 설하고는 자신의 몸을 두 개로 나누어서 한 부분을 가까운 해안에 또 다른 부분은 좀 더 떨어진 해안에 떨어지기를 바랐다.

　그리고 나서 그는 깊은 명상에 들어가서 몸에서 불이 타오르도록 했다.

　그 순간에 그의 몸으로부터 불이 나와 타면서 그가 원했던 대로 신체의 한 부분은 가까운 해안에, 그리고 다른 부분은 저편 해안에 떨어졌다고 전해지고 있다.

　장로게에는 그가 여러 번 언급한 몇 가지의 사구게송이 실려있는데 다음의 귀절은 이른바 아름답다는 육체의 덧없음을 잘 표현해주고 있다.

　'괴로움의 모임, 불안전한 덩어리로 만들어진 이 육체를 보아라. 그리고 항상 생각하라. 그 곳에 영원한 것은 없음을.'

부처님과 마하 파자파티 고타미

마하 파자파티 고타미는 수파부다 왕의 막내 여동생이었다. 그녀의 언니는 마야부인이었으며 둘 다 정반왕과 결혼하였다. 그녀는 난다(Nandā)라 불리는 딸과 난다(Nanda)라 불리는 아들이 있었다.

후에 둘 다 승가에 들어갔다. 마야부인이 세상을 떠남에 따라 그녀는 언니의 아들인 싯다르타 태자를 양자로 삼아서 그녀의 아들인 난다는 유모에게 맡겨서 기르도록 했다.

그녀의 성은 고타미였고 대부인이라고 불렸는데 점장이가 그녀는 많은 부하들의 우두머리가 될 것이라고 예언했기 때문이었다.

부처님께서 궁궐을 방문해서 정반왕에게 담마팔라 자타카를 설할 때 그녀는 예류과를 얻었다. 싯다르타와 난다가 이미 출가를 했기 때문에 정반왕이 세상을 뜬 후에 그녀 또한 승가에 들어가서 성스러운 생활을 하려고 결심하였다.

부처님께서 로히니 강으로부터 나오는 수로 문제에 대해서 석가족과 콜리아족의 분쟁을 해결하기 위해 카필라성을 방문해서 니그로다 공원에서 머무르고 있었다. 그때 마하 파자파티 고타미가 부처님께 가서 여자도 승가에 들어갈 수 있도록 허락해 달라며 다음과 같이 요청했다.

"세존이시여, 만약 여자들도 출가를 허락받고 집 없는 생활을 하면서 여래께서 설하신 교의와 계율에 따라 수행하면서 살면 매우 좋을 것 같습니다."

아무런 이유도 말하지 않고 부처님은 그 즉시 거절하면서 말했다.

"오 고타미여, 그 뜻은 충분히 이해합니다. 하지만 여자에게 출가를 허락하는 것은 당신에게 좋은 일이 못될 것입니다."

고타미는 두 번 세 번 반복해서 간청했지만 부처님의 대답은 똑같았다.

그 후에 부처님께서 카필라 성에서 베살리로 여행을 떠나셨다. 마침내 그 곳에 도착해서 쿠타가라 광장에 있는 마타바나에 머무시게 되었다.

결심이 굳은 파자파티 고타미는 그래도 실망하지 않고, 머리를 자르고, 노란 옷을 입고 석가족의 여자들의 무리를 이끌고 카필라 성에서 베살리에 이르는

약 150마일의 거리를 많은 어려움을 겪으면서 걸어갔다.

발바닥은 부어오르고, 몸은 먼지로 뒤범벅이 되면서도 마침내 베살리에 도착해서 기원정사의 입구 바깥에 서 있었다.

아난다 존자는 그녀가 우는 것을 발견하고 자초지종을 듣자 부처님께 가서 말했다.

"스승님, 보십시오. 마하 파자파티 고타미는 지금 퉁퉁 부어오른 발과 먼지로 뒤덮인 몸으로 슬픔에 잠겨서 입구 바깥에 서 있습니다. 여자도 출가해서 세존께서 설하신 가르침을 배우고 수행하는 교단에 들어가도록 허락해주십시오.

세존이시여, 여자도 출가해서 교단에 들어가도록 허락하면 좋지 않겠습니까?"

"그만 됐다. 아난다야. 여자에게 출가를 허락하는 것이 너에게 좋은 일이 못되는구나!"

아난다 존자가 두 번 세 번 그들을 대신해서 다시 부처님에게 간청하였으나 부처님은 승락하지 않았다.

그래서 아난다 존자는 다른 방법으로 접근하면서 부처님께 여쭈어 보았다.

"스승님, 여자도 집을 나와서 세존께서 가르치신 교리와 계율 밑에서 출가자의 생활을 해 나가면 예류자(성인의 흐름에 들어간 자), 일래자(한번 돌아오는 자), 불환자(다시 돌아오지 않는 자), 아라한(최고로 깨달은 자)이 될 수 있습니까?"

부처님께서 그들도 얻을 수 있다고 대답하였다.

이 긍정적인 대답에 용기를 얻어서 아난다 존자는 다시 간청하면서 말했다.

"그렇다면 스승님, 그들은 성인의 경지를 얻을 수 있습니다. 왜냐하면 파자파티 고타미는 오랫동안 온 정성을 다해서 세존을 보살폈습니다. 이모이면서 유모로서 세존을 길렀고, 우유를 주었고, 어머니가 세상을 뜨자 세존은 그녀의 젖을 먹고 자랐습니다.

그렇다면 스승님, 여자도 출가해서 여래가 가르친 교리와 계율 밑에서 교단에 들어가는 것을 허락하는 것이 좋을 것입니다."

"아난다야, 만약 파자파티 고타미가 이 여덟 가지 계율을 받아들인다면 교단에 들어오는 것을 허락하마."

부처님께서는 마침내 아난다 존자의 간청을 들어줄 수밖에 없었다.

여덟 가지 계율은 다음과 같다.

1. 비록 백 살이 된 비구니일지라도 모든 비구를 일어서서 맞이하고, 조촐한 자리를 권하고, 예배하며 존경해야 한다.
2. 비구니는 비구가 없는 곳에서 장마철의 안거(安居)를 보내서는 안된다.
3. 비구니는 15일마다 비구로부터 계율을 배우고 설법을 청해 받아야 한다.
4. 비구니는 안거를 마친 다음 세 가지 일, 즉 보고 듣고 의심한 일을 살펴, 그 동안의 수행을 비구에게 점검받아야 한다.
5. 비구니가 중대한 죄를 범하면, 비구승단과 비구니승단으로부터 15일 동안 떨어져있으면서 참회를 하고 용서를 받아야 한다.
6. 여섯 가지 계율을 2년 동안 수련한 여자 초심자는 비구와 비구니들의 승단으로부터 구족계를 받아야 한다.
7. 비구니는 어떠한 일이 있어도 비구를 비난하거나 욕해서는 안된다.
8. 그러므로 비구니는 비구들에게 충고를 할 수 없다. 하지만 비구들은 비구니들에게 충고를 할 수 있다.

"이 계율들은 살아 있는 한 존경하고 공경하고 높이 받들어서 어겨서는 안된다."

아난다 존자가 이것들을 파자파티 고타미에게 전하자 그녀는 이 여덟 가지 주요한 계율을 지키겠다고 기꺼이 동의하였다. 그것을 받아들임으로 해서 그녀는 자동적으로 수계를 받았다.

비구니 승가를 설립하고 나서 부처님께서 미래에 그것이 가져올 결과를 내다보면서 말했다.

"아난다야, 만약 여자들이 출가해서 여래가 설한 교리와 계율 밑에서 교단에 들어오는 것을 허락하지 않았다면 성스러운 삶은 오랫동안 지속되고 거룩한 진리는 천년 동안이나 유지되었을 것이다.

그러나 여자들이 교단에 들어왔기 때문에 성스러운 삶은 오랫동안 유지되지 못하고 거룩한 법은 오백 년밖에 유지되지 못할 것이다."

부처님은 덧붙여서 말했다.

"아난다야, 마치 여자가 많이 있고 남자가 적은 집에 도둑이 쉽게 쳐들어오듯이, 어떠한 교리와 계율 밑에서라도 여자가 세상을 포기하고 집없는 상태로 들어가는 것을 허락받으면, 성스러운 삶은 오래 지탱되지 않을 것이다."

"그리고 마치 어떤 사람이 큰 저수지에 제방을 튼튼히 쌓아서 물이 밖으로 넘치지 못하게 하듯이, 나도 비구니들을 위해서 이 여덟 가지 계율을 설정해서 그들이 살아가는 동안 어기지 않도록 한 것이다."

이 이야기를 들어보면 이것이 일반적으로 여성들에게 달갑게 여겨지지는 않을 것이다. 하지만 부처님은 결코 여자들을 도매금으로 싸잡아서 비난하고자 한 것이 아니라 단지 여성이란 존재의 나약함을 염두에 둔 것이라고 볼 수 있다.

비록 몇 가지 타당한 이유를 들어서 부처님에게 여자들이 승가에 들어오는 것을 허락했지만, 어쨌거나 분명한 사실은 부처님이 인류 역사상 최초로 계율과 규정으로 여자를 위한 승가를 설립했다는 것이다. 부처님께서 비구 승가에서 두 명의 주요한 제자로서 사리불과 목건련 존자를 임명했듯이, 두 명의 주요한 제자, 즉 켐마 존자와 우팔라바나가 비구니 승가를 위해서 임명되었다.

어느날 파자파티 고타미가 부처님에게 가서 그녀가 듣고 혼자 정진해서 목표를 이룰 수 있게 법을 설해 달라고 요청했다.

부처님이 말했다.

"고타미여, 어떠한 교리이든지 그대가 다음과 같이 생각이 든다면, ─이것은 평화가 아니라 번뇌로, 존경심이 아니라 자만심으로, 적게 바라는 것이 아니라 많이 바라는 것으로, 고요하게 홀로 있는 것이 아니라 세속적인 것을 좋아하게 하는 것으로, 열심히 노력하는 것이 아니라 게으름으로, 작은 것에 만족하는 것이 아니라 불만족으로 가득 차는 것으로 이끈다.

그러면 고타미여, 이와 같이 마음속에 새겨야 합니다. 이것은 진리가 아니다. 이것은 계율이 아니다. 이것은 스승의 가르침이 아니다.

그러나 고타미여, 어떠한 교리이든지 그대에게 이같이 생각이 든다면, -이것들은 번뇌가 아닌 평화로, 자만심이 아닌 존경심으로, 많은 것을 원하는 것이 아닌 적은 것을 원하는 것으로, 혼자 있고 세속적인 것은 좋아하지 않으며, 열심히 노력해서 게으르지 않으며, 만족하고 질투하지 않게 이끈다.

그러면 그대는 마음속에 이렇게 새겨도 좋습니다.

이것은 진리이며, 이것은 계율이다. 그리고 이것은 스승의 가르침이다."

오래지 않아 그녀는 직관과 분석적인 앎[33]을 얻은 아라한이 되었으며 석가족의 다른 여자들도 아라한을 얻었다.

여자 제자들 중에 파자파티 고타미는 나이와 경험에서 최고의 높은 위치에 있었다. 장로니게에는 그녀가 아라한을 얻은 후 읊은 몇 개의 게송이 실려있다.

---

33) 의미, 다르마, 어원의 세계에 대한 분석적인 앎과 올바르게 이해하는 것

제 10 장
부처님의 후원자와 반대자들

'튼튼한 바위가 바람에 흔들리지 않듯이
현명한 사람은 칭찬이나 비난에 동요하지 않으리니'

———법구경

　부처님은 인류의 번영을 위해서 공평하게 노력했다. 부자와 가난한 자, 지위가 높고 낮은 자에 대해서 차별을 두지 않았다.
　그의 제자와 추종자들은 모두 사회의 높고 낮은 계층 출신들로 구성되었다.
　그래서 사람들의 애정은 매우 자발적이었고 존경심은 깊었다.
　왕과 고관대작들, 대부호와 빈민들, 경건한 사람들과 창녀들 등 모든 계급의 남자와 여자들이 서로가 부처님을 모시려고 경쟁하였으며, 그의 거룩한 진리의 전도가 성공하도록 도와주었다.
　부자들은 그에게 필요한 사원을 세워주는데 돈을 아끼지 않았으며, 반면에 가난한 자들은 그에 대한 넘치는 믿음을 가지고 검소한 방법으로 자신들이 할 수 있는 존경의 표시를 보여주었다.
　그는 완전히 동등하게 부자와 가난한 자들의 보시를 받았으며, 어느 누구에게도 특별하게 치우치지 않는 태도를 보여주었다.
　그럼에도 불구하고 사실 그는 가난한 자와 비천한 자들에 대해서 더 많은 자비와 연민의 정을 보여주었다.
　마치 벌이 꽃 속에서 꽃은 다치지 않고 꿀을 뽑아내듯이 그는 어느 누구에게도 조그마한 불편함도 끼치지 않고 그의 추종자와 후원자들 사이에서 살았다.

여러 종류의 다양한 보시물이 그에게 바쳐졌으며, 그는 그것들을 모두 완벽한 무집착으로 받아주었다.

그러나 동기에 있어서 절대적으로 순수하고 인간에 대한 그의 봉사가 완벽하게 이타적이었지만 부처님은 진리를 펴는 과정에서 수많은 반대자들과 부딪치지 않을 수 없었다.

부처님은 다른 종교 지도자들이 받아보지 못한 심한 비난과 근거 없는 모략과 심지어 잔인한 공격까지도 받아야만 했다.

그의 주요한 반대자는 상대 종파의 평범한 스승들이었고 그가 정당하게 비판하였던 전통적인 교리와 미신 같은 의식과 제례를 행하던 전통파의 추종자들이었다. 그중에서도 가장 큰 개인적인 반대자는 그를 죽이려다 결국 실패한 그의 사촌형제이면서, 예전의 제자였던 데바다타였다.

부처님과 데바다타

데바다타는 수파부다 왕과 부처님의 이모인 파미타의 아들이었다. 그리고 아쇼다라는 그의 누이동생이었다. 그래서 그는 부처님과는 사촌관계에 있었다. 그는 일찍이 아난을 비롯한 다른 석가족 왕자들과 부처님의 승가에 들어갔다.

그는 성인의 어느 단계도 얻을 수 없었지만 세속적인 신통력에는 남다른 재주를 보였다. 그의 주요한 후원자 중의 하나가 아자타사투 왕이었으며, 왕은 그에게 사원을 지어 주었다.

초기에 수행하던 시절에 사리불 존자가 라자가하까지 그를 칭찬하러 갈 정도로 모범적인 수행자 생활을 하였다. 그런데 나중에는 세속적인 부와 명예에 지배되어 점점 부처님을 질투하게 되고 매우 과격한 성격으로 변해서 부처님의 가장 큰 개인적인 적이 되고 말았다.

그러나 부처님에 대한 나쁜 마음이 일어나자 동시에 신통력도 자동적으로 사라져 버렸다.

그의 사악한 마음과 타락한 생활에도 불구하고 그는 많은 추종자와 팬들을 거느리고 있었으며 어떤 자들은 사리불보다도 그를 더 좋아했다.

한번은 그가 부처님에게 다가가서 부처님은 이제 나이가 들었기 때문에 그에게 승가의 통제권을 물려 달라고 요구했다.

부처님은 곧바로 거절하면서 말했다.

"사리불이나 목건련에게도 나는 승가를 물려주지 않을 것이다. 그런데 내가 그대에게 물려줄 것 같은가?"

그는 거절당하자 화가 나서 언젠가 복수하겠다고 다짐했다.

부처님은 승가를 보존하고 권위를 유지하기 위하여 데바다타가 불, 법, 또는 승가의 이름으로 한 것은 모두 데바다타 자신에게 책임이 있다고 선언하였다.

그래서 그는 부처님을 죽이려고 아자타사투왕과 공모하였다.

아자타사투는 그의 아버지를 죽여서 왕위를 빼앗고 반면에 데바다타 자신은 부처님을 제거해서 승가를 장악하려는 계획을 세웠다.

아자타사투는 마음에 내키지는 않았지만 결국 그의 훌륭한 아버지를 죽이는 데 성공하였다. 그리고 데바다타는 부처님을 살해하려고 활쏘는 사수를 고용했다.

그런데 예상과 달리 고용인들이 모두 부처님의 추종자가 되어버렸다.

첫 번째 시도가 좌절되자 그는 자신이 직접 부처님을 제거하기로 결심하였다. 부처님께서 기자쿠타 산 기슭을 걷고 있을 때, 그는 산꼭대기로 올라가서 잔인하게 부처님을 향해서 바위를 떨어뜨렸다. 다행히 바위는 중간에 다른 바위에 부딪치는 바람에 파편이 부처님의 발에 상처를 조금 내어서 피가 나왔는데, 의사인 지바카가 부처님을 돌보면서 치료했다.

그러나 데바다타는 여기에서 포기하지 않고 또다른 계획을 세웠다. 그는 코끼리 날라기리에게 술을 먹여서 난폭하게 만든 다음, 부처님이 걸어오는 방향으로 내보냈다. 사나운 코끼리가 부처님을 향해서 돌진해 올 때, 아난다 존자가 그 앞으로 나서서 스승을 위해서 자신의 목숨을 희생하려고 하였다. 그러나 부처님은 그 코끼리를 자비심으로 순종시켰다.

이 마지막 사악한 행동에 의해서 데바다타는 완전히 민심을 잃어버렸다. 대중의 여론은 그에게서 완전히 돌아서버렸다. 이제 왕은 하는 수 없이 그에 대한 후원에서 손을 떼야만 했다.

데바다타의 평판이 나빠지자 그의 추종자들은 점차 줄어들기 시작했다. 이제 그는 계획을 바꾸어서 책략을 꾸미기로 했다.

그의 상상력이 풍부한 두뇌는 평화롭게 보이는 또 다른 계획을 짜냈다.

그와 똑같이 사악한 마음을 가진 코칼리카 같은 비구들의 도움을 받아서 승가를 분열시킬 생각을 하였다.

그는 부처님에게 비구들에게 다음의 다섯 가지 계율을 시행하도록 강요하였다.

1) 승려들은 일생 내내 숲속에 머물러야 한다.
2) 그들은 걸식으로 살아야 한다.
3) 그들은 분소의를 입어야 한다.
4) 그들은 나무 밑에서 살아야 한다.
5) 그들은 일생 동안 물고기와 육식을 하지 않는다.

그가 이렇게 한 것은 부처님이 여기에 동의하지 않을 것을 잘 알고 있었기 때문이었다. 그는 부처님의 거절을 비난의 구실로 삼아서 무지한 대중들의 지지를 얻으려고 생각했다.

이 요구가 들어왔을 때, 자비스럽고 도량이 넓은 부처님은 제자들이 이 규칙을 선택하든 안하든 자유이지만 모두에게 그것들을 강조해서는 안된다고 선언하였다. 데바다타는 이 거절을 트집잡아 승가의 분열을 획책하였다.

그는 비구들에게 질문하였다.

"형제들이여, 누구의 말이 더 성스러운가? 여래의 말인가? 아니면 내가 언급했던 말인가? 누구든지 고통으로부터 자유롭기를 원하는 자는 나에게로 오라."

아직 다르마에 정통하지 않은 풋내기 승려들은 그의 요구에 찬성해서 그에게로 갔다. 데바다타는 그들을 데리고 가야시사로 갔다.

그러나 사리불과 목건련 존자가 부처님으로부터 지시를 받고 그곳으로 가서 그들에게 법을 설명한 다음에 다시 되돌아오게 하는데 성공하였다.

그 후에 데바다타에게 사악한 운명이 찾아왔다. 그는 심하게 아프기 시작했고 죽기 전에 지나간 잘못을 반성하면서 부처님을 보기를 원했다. 그러나 그의 악업이 그것을 방해해서 부처님을 보지 못하고 비참하게 죽어가야만 했다. 그렇지만 그는 마지막 순간에 부처님에게 귀의했다.

비록 그는 극악한 죄 때문에 비참한 상태에서 고통을 받고 있지만, 수행자의 처음 기간에는 그래도 성스러운 삶을 살았기 때문에 경전에는 먼 훗날에 아타사라라 불리는 연각이 된다고 기록하고 있다.

아나타핀디카

부처님의 주요한 후원자는 아나타핀디카 장자였다.

재가 신자 중 그는 가장 많은 보시를 한 사람으로 알려지고 있다. '불쌍한 자를 도와 주는 자'라는 뜻의 아나타핀디카의 원래 이름은 수다타였다.

누구와도 견줄 수 없는 그의 보시하는 마음 때문에 후대에는 지금의 새 이름으로 알려지고 있다. 그가 태어난 곳은 시마리였다.

어느 날 그는 약간의 사업적인 일 때문에 라자가하에 있는 사촌형을 방문했다. 그런데 사촌형은 보통 때와는 달리 그를 환영하러 밖으로 나오지 않았다.

수다타가 안으로 들어가보니 마당에서 한창 잔치를 준비하는 모습이 보였다. 조금 후에 그는 사촌형이 기쁨에 넘쳐서 부산하게 집안을 꾸미는 이유가 바로 내일 부처님을 대접하기로 되어있기 때문이라는 것을 알게 되었다.

'부처님'이라는 짤막한 한 마디가 그의 관심을 불러일으켜서 자신도 부처님을 뵙고 싶은 생각이 간절해졌다.

그는 부처님이 이웃 마을에 있는 시타바나에 머무르고 있으므로 다음날 아침에 그를 볼 수 있다는 말을 듣고 잠을 잤다. 부처님을 만나고 싶은 마음이 간절해서 한 잠도 못 자고 평상시보다 일찍이 일어나서 시타바나로 출발했다. 부처님에 대한 그의 강렬한 믿음 때문에 그의 눈에서는 광채가 나왔다. 그는 공동묘지를 거쳐서 그 곳으로 가고 있었다. 날은 아직 캄캄했고 두려운 생각이 들었다. 그는 돌아갈까 생각했다. 그때 야차인 시바카가 그를 격려하면서 말했다.

"백 마리의 코끼리와 말들도
노새가 이끄는 백 개의 수레도
삼만 명의 여자들의 귀에 달려있는
보석 귀걸이도
한번 내딛는 발걸음의 십육분의 일의 가치도 없으리니,
나아가라, 오 선남자여 앞으로 가라!
앞으로 나아감이 물러섬보다 훨씬 나으리라."

그 말을 듣자 두려움이 사라지면서 그 자리에서 부처님에 대한 믿음이 생기기 시작하였다. 다시 빛이 밝게 비추자 그는 용기를 얻어서 그곳으로 갔다. 그럼에도 불구하고 이러한 일은 두 번 세 번이나 일어났다.

마침내 그는 시타바나에 도착했다. 그때 부처님께서는 천천히 거닐면서 그를 기다리고 있었다. 부처님께서 그의 성씨인 수다타를 부르면서 그 앞에 오라고 했다. 아나타핀디카는 부처님이 자신의 이름을 부르자 기뻐서 공손히 부처님께 인사를 드리면서 즐겁게 지내는지 여쭈었다.

부처님께서 말씀하셨다.
"모든 불이 소멸한 아라한은
분명히 항상 즐겁게 지낸다.
감각적 욕망에 집착하지 않는 자,
그의 모든 존재는 평온하고,
모든 번뇌의 뿌리를 제거한 곳에 새로운 삶이 일어나고,
모든 장애를 물리치고 마음의 고통과 갈망은 가라앉는다.
마음에 평화를 얻었기 때문에
그는 고요와 평정 속에서 행복하게 지낸다."

그는 부처님의 진리를 듣고 예류과를 얻었다. 그리고 우기에는 시타바나에서 머물도록 부처님을 초대했다.

부처님께서는 그 초대를 받아들였다.

아나타핀디카는 사바티로 돌아와서 정사를 짓기에 알맞은 장소를 찾던 중 제타 왕자가 갖고 있는 제타숲이 마음에 들어서 그것을 사려고 했다.

제 10 장 부처님의 후원자와 반대자들   131

그런데 제타 왕자가 그 제의를 거절하면서 만약 그 땅을 황금으로 다 덮으면 판다고 했다. 아나타핀디카가 재산을 다 팔아서 황금으로 깔기시작하자 제타 왕자는 그 정성에 감복해 팔면서 함께 정사를 짓자고 제의했다. 그래서 그들의 이름을 딴 그 유명한 기수급고독원이라는 정사를 짓게 되었다. 여기서 부처님은 우기를 열아홉 번이나 보냈으며, 이 정사에서 많은 가르침을 폈다.

이후 그는 부처님을 피곤하게 할까봐 아무런 질문도 하지 않았지만 부처님은 그에게 특히 재가신자에 관련된 많은 설법을 해주었다.

한번은 부처님께서 아나타핀디카에게 올바른 보시에 대해서 생각하는 법을 가르쳐 주었다.

"부처님과 승가에 음식을 보시하는 것은 큰 공덕이 있다. 음식을 보시하는 것보다 더 큰 공덕은 승가를 위해서 사원을 짓는 것이다. 그러나 승가를 위해서 사원을 짓는 것보다 더 큰 공덕은 삼보에 귀의하는 것이다.

삼보에 귀의하는 것보다 더 큰 공덕은 다섯 가지 계율을 지키는 것이다. 다섯 가지 계율을 지키는 것보다 더 큰 공덕은 잠깐 동안이라도 자비에 대해서 생각하는 것이다.

그러나 그 무엇보다도 가장 중요한 것은 삶의 덧없음에 대해서 통찰력을 키워가는 것이다."

이 설법에서 보시는 불제자가 우선적으로 실천해야 하는 것임을 알 수가 있다. 더 나아가 보시보다 더 중요한 것은 말과 행동을 닦는 최소한의 다섯 가지 계율을 지켜 나가는 것이다. 그러나 더 중요하고 더 유익한 것은 자신을 더욱 성실하게 이끄는 자비심 같은 성스러운 덕을 계발시켜 가는 것이다. 그리고 마지막으로 마음을 닦는 것 중에서 가장 중요하고 가장 유익한 것은 사물을 있는 그대로 보고 이해하려고 하는 진지한 노력이다.

부처님께서는 재가신자가 누릴 수 있는 네 가지 기쁨에 대하여 다음과 같이 말씀하셨다.

"여기에 네 가지 기쁨이 있다. 이것은 항상 또는 가끔씩 감각적 즐거움을 누리는 재가신자들이 갖고 있는 것이다. 즉 그것은 소유의 기쁨, 부의 기쁨,

빚없는 기쁨, 비난받지 않는 기쁨들이다.

'그러면 무엇이 소유의 기쁨이냐?'

여기 어떤 사람이 있다. 그에게는 열심히 노력해서 부를 얻고, 팔을 걷어 부치고 일한 것만큼 모으고, 땀을 흘리면서 정직하게 일해서 모은 부가 있다. 그가 이렇게 자신이 모은 부를 보면서 '이 부는 나의 것이다' '열심히 노력해서 정직하게 얻었다'고 생각할 때 기쁨이 그에게 오고 만족이 그에게 온다. 이것이 바로 소유의 기쁨이라고 불리는 것이다.

'무엇이 부의 기쁨인가?'

여기에 어떤 사람이 있다. 그는 열심히 노력해서 얻은 부에 의해서 그의 부와 그것으로 공덕을 쌓는 일에서 기쁨을 얻는다. 그가 이러한 부를 보면서 '나는 이렇게 축적된 부를 가지고 공덕을 쌓는 행위를 즐긴다'고 생각할 때 기쁨이 그에게 오고 만족이 그에게 온다. 이것이 부의 기쁨이라고 불리는 것이다.

'무엇이 빚이 없는 기쁨인가?'

여기에 한 사람이 있다. 그는 누구에게도 적거나 많은 빚이 없다. 그가 '나는 누구에게나 적거나 많은 빚이 없다'라고 생각할 때, 기쁨이 그에게 오고 만족이 그에게로 온다. 이것이 빚이 없는 기쁨이라고 불리는 것이다.

'무엇이 비난받지 않는 기쁨인가?'

여기에 성스러운 수행자가 있다. 그는 자신의 몸으로 하는 행위가 비난받지 않고, 말로 하는 것이 비난받지 않고, 생각으로 하는 것이 비난받지 않는 것을 기뻐한다.

그가 '나의 몸, 말, 생각으로 하는 행위가 남에게 비난받지 않는 것이어서 기쁘다'라고 생각할 때, 기쁨이 그에게 오고 만족이 그에게 온다. 이것이 비난받지 않는 즐거움이라고 불리는 것이다."

"빚이 없는 기쁨을 얻은 사람은
참소유의 기쁨을 돌이켜볼 줄 안다.
그가 부의 기쁨을 누릴 때, 그는
지혜로 그것을 있는 그대로 보고 안다.

이와 같이 하면 그는 두가지 면에서 참으로 현명한 자이다.
그러나 이것은 비난받지 않는 자의 기쁨의
십육 분의 일에도 미치지 못하는 것이다."

또 한번은 부처님께서 아나타핀디카의 집을 방문했을 때, 집안에서 누가 큰소리로 외치는 것을 듣고 무슨 일이냐고 물었다.

아나타핀디카가 대답했다.

"세존이시여, 그것은 우리와 함께 살고 있는 며느리 수자타의 소리입니다. 그녀는 부유한 가정에서 여기에 왔습니다. 그녀는 시아버지, 시어머니는 물론 남편의 말조차도 귀담아 들으려고 하지 않습니다. 또한 세존을 조금도 존경하거나 공경하거나 믿지도 않습니다."

그러자 부처님께서 그녀를 앞에 불러서 일곱 가지 종류의 아내들에 대해서 설명했는데, 이것은 오랜 옛날은 물론 지금도 적용될 수 있는 아내들의 모습이었다. 그 내용을 보면 다음과 같다.

마음이 매우 사악하고, 동정심이 없고, 외간 남자를 좋아하고, 남편을 무시하고, 절개가 없고, 괴롭히는 성격을 가진 여자를 골치 아픈 '원수 같은 아내'라고 부른다.

남편이 장사, 기술, 농사를 해서 번 돈을, 아무리 작더라도 낭비하려고 하는 여자를 '도둑 같은 아내'라고 부른다.

아무것도 하지않으려 하고, 게으르고, 탐욕스럽고, 거칠고, 잔인하고, 나쁜 말을 좋아하고, 성실한 사람들에게 횡포를 부리며 사는 여자를 '군주 같은 아내'라고 부른다.

항상 친절하고 자비심이 있고, 남편을 어머니가 아들을 대하는 것처럼 보호해주고, 남편이 모은 재산을 지켜주는 여자를 '어머니같은 아내'라고 부른다.

아랫 누이가 오라버니에게 대하는 것처럼 남편에 대해서 공손하고, 존경하고, 남편이 바라는 것에 순응해서 살아가는 여자를 '누이 같은 아내'라고 부른다.

남편을 보면 오랫만에 찾아오는 친구를 보는 것처럼 즐거워하는 여자는 덕스럽고 순결하다. 이런 여자를 '친구 같은 아내'라고 부른다.

해를 끼치고 벌을 주겠다고 으르렁거려도 화내지 않고 침착하게, 아무런 사악한 마음을 갖지 않고 남편의 모든 것을 참으며, 미움에서 벗어나 남편이 원하는 대로 맞추어서 사는 여자를 '시녀 같은 아내'라고 부른다.

부처님은 일곱 종류의 아내들의 특징을 열거하면서, 골치 아픈 원수 같은 아내, 도둑 같은 아내, 군주 같은 아내는 나쁘고 바람직하지 못한 이들이지만, 반면에 어머니 같은 아내, 누이 같은 아내, 친구 같은 아내 그리고 시녀 같은 아내는 착하고 칭찬할 만한 아내라고 했다.

"수자타야, 이 일곱 가지 아내들중에 남자들은 어떤 여자를 원하고, 그들 중에 너는 어느 것이 되고 싶으냐?"

"세존이시여, 세존께서는 앞으로 저를 시녀같은 여자로 생각해주십시오."

매우 정숙한 부인인 푸날라카나는 그의 아내였다. 그리고 마하수바다, 클라수바다, 그리고 수마나는 그의 착한 딸들이었다. 두 언니는 예류과를 얻었고, 반면에 동생은 일래과를 얻었다. 그의 외동 아들인 칼라는 처음에 종교에 무관심했으나 나중에 아버지의 도움에 의해서 예류과를 얻었다.

아나타핀디카는 사리불 존자로부터 심오한 설법을 들은 후에 마지막 숨을 거두었다. 그가 임종에 가까와 오자 부처님에게 전갈을 보내 사리불 존자를 보내어 자비를 베풀어주기를 요청하였다.

초청을 받은 사리불 존자는 아난다 존자를 데리고 그의 집에 가서 그의 건강을 물었다. 그는 심한 아픔으로 고통받고 있으며, 더 이상 나을 것 같지가 않다고 말했다.

그래서 사리불 존자는 그에게 매우 심오한 설법을 들려주었다. 설법이 끝나갈 즈음에 그의 눈에서 눈물이 쏟아져내렸다. 아난다 존자가 그것을 보고 몸이 더 아픈지 물었다.

아나타핀디카가 대답했다.

"아닙니다. 존자여, 비록 내가 오랫동안 스승님과 제자들을 모셔왔지만,

이런 법문은 지금까지 한번도 들어 본 적이 없습니다."

사리불 존자가 대답했다.

"이렇게 심오한 설법은 흰 옷을 입은 재가 신자에게는 가르치지 않았습니다. 왜냐하면 그들은 그 뜻을 이해할 수 없기 때문에 수행의 경지가 높은 제자들에게만 설해진 것입니다."

그러나 아나타핀디카는 사리불 존자에게 그렇게 심오한 법을 재가 신자에게도 해달라고 요청했다. 왜냐하면 재가 신자 중에도 그것을 이해할 수 있는 자가 있기 때문이었다.

이 두 위대한 제자가 돌아간지 얼마 안되어 아나타핀디카는 세상을 떠났고, 그 즉시 다시 도솔천에 태어났다.

밤에 천신 아나타핀디카 장자가 제타 숲을 밝게 비추면서 부처님 앞에 나타나 절하고는 사리불 존자의 덕을 찬미하면서, 부처님과 제자들이 그의 정사에 머무르고 있는 것에 크게 기뻐하면서 말했다.

"질서정연하게 훈련된 선의지와 지혜와 마음, 훌륭한 도덕에 기초한 고결한 행동, 지위나 부가 아닌 바로 이러한 것이 인간을 정결케 하나이다."

비사카

비사카는 다낭자야 장자의 마음씨 고운 딸이었다

그녀의 어머니는 수마나 데비였고, 그녀를 아껴주었던 할아버지는 멘다카 장자였다. 그녀가 일곱 살이 되었을 때 부처님께서 앙가 성의 부디야에 있는 그녀의 마을을 우연히 방문하게 되었다. 그녀의 할아버지는 부처님께서 방문한다는 소식을 듣고 그녀에게 말했다.

"오 귀여운 손녀야, 오늘은 너에게 즐거운 날이구나. 그리고 나에게도 말이다. 오백 명의 시녀들을 모아서 오백 대의 마차에 태우고 부처님께서 오시는 곳으로 마중나가거라"

그녀는 곧 준비를 해서 부처님을 마중하러 나갔다. 부처님을 뵙자 인사를 하고 공손히 그 옆자리에 앉았다. 부처님께서는 그녀의 단정한 예절을 기쁘게 생각해서 그녀와 다른 사람들에게 법을 설하였다. 비사카는 비록 나이는 어리지만, 정신적인 면에서는 비교적 일찍 성숙한 편이었다.
 그래서 어린 나이에도 불구하고 법을 듣고 즉시 예류과를 얻었다.
 경전에 의하면 그녀는 어린 나이였지만 남자 같은 힘과 여자의 모든 매력을 갖추었다고 한다. 그녀의 머리결은 공작의 꼬리 같았다. 그것을 풀어놓았을 때는 치마의 끝에까지 내려왔으므로 머리의 끝은 땋아서 올렸다.
 그녀의 입술은 연분홍빛처럼 붉었으며, 하얀 치아는 안으로 들어간 것 없이 가지런했으며, 다이아몬드같이 빛났다. 그녀의 피부는 화장품을 사용하지 않고도 푸른 연꽃의 화관처럼 부드러웠고 은빛을 띠었다. 그녀의 이러한 젊은 모습은 몇 명의 아이들을 낳고도 계속 유지되었다고 한다. 이 다섯 가지 여성의 아름다움. 즉 머리카락, 근육, 골격, 피부 그리고 젊음을 타고난 어린 비사카는 세속적인 지혜와 정신적인 통찰력이 모두 뛰어났다.
 그녀가 열다섯 또는 열여섯이 되었을 때의 어느 날, 축제에 참가하기 위하여 목욕재계하려고 하녀들을 데리고 걸어서 강가에 갔다.
 그런데 갑자기 소나기가 쏟아지자 젊은 비사카를 제외하고 모두 정신없이 필사적으로 뛰어서 어느 집회장으로 들어갔다. 그런데 여기에는 어떤 바라문이 있었는데 마침 그는 자신의 젊은 스승을 위해서 다섯 가지 종류의 아름다움을 소유한 괜찮은 규수를 한 사람 찾으려고 와 있었다.
 조금 후에 비사카가 옷과 장신구가 모두 젖은 모습으로 천천히 집회장 안으로 걸어서 들어왔다. 핀잔 주기 좋아하는 바라문은 이것을 보고 다른 사람들처럼 빨리 뛰어오지 않아서 비에 젖었다고 나무랐다. 그러자 총명한 비사카는 즉시 일어나서 자신의 행동에 대해서 다음과 같이 말했다.
 "저는 남들보다 훨씬 더 빨리 올 수는 있었지만 그렇게 하는 것을 일부러 자제했습니다. 보석으로 가득 장식한 왕이 그의 허리띠를 졸라매고 궁궐 안에서 뛰는 것은 왕의 품위를 손상시키는 행동입니다.
 마찬가지로 평범한 장식을 한 코끼리는 뛸 수 있어도 등에다 장식을 가득 채운 코끼리를 뛰게 하는 것은 어울리지 않습니다.
 승려들 또한 재가 신자들처럼 경망스럽게 뛰어다니면 비난을 받습니다.
 마찬가지로 여자가 남자같이 뛰는 것은 품위있는 광경이라 할 수가 없습니다."

 바라문은 그녀의 재치 있는 대답에 매우 흡족해서 그녀야말로 자기 스승의 이상적인 신부감이라고 생각했다. 그래서 자신의 스승과 결혼시키기로 했다. 그의 스승은 장자의 아들로 이름은 푸나바타나였는데 그 자신은 미가라로 불리웠다.

 그런데 그녀는 많은 시련을 겪고 아들을 낳은 후에 그를 미가라라고 불렀다.

 결혼식은 성대하게 거행되었다. 결혼하던 날 그녀의 현명한 부친은 많은 지참금과 값비싼 귀중품들을 주면서 다음과 같이 충고하였다.

1. 안에 있는 불(비방)을 밖에 가져가지 말라.
2. 밖에 있는 불(비방)을 안에 들여오지 말라.
3. 되돌려준 자에게는 주어라.
4. 되돌려 주지 않는 자에게는 주지 말아라.
5. 되돌려 준 자와 되돌려 주지 않은 자 모두에게 주어라.
6. 기쁘게 앉아라.
7. 기쁘게 먹어라.
8. 기쁘게 잠자라.
9. 불처럼 보살펴라.
10. 집주인을 신처럼 공경하라.

 이것들이 의미하는 것을 다음과 같다

1. 아내는 남편과 시부모에 대해서 남에게 험담해서는 안된다.
2. 그들의 단점이나 집안 싸움을 어디에도 말해서는 안된다.
3. 물건은 그것들을 돌려주는 사람에게만 빌려주어라.
4. 어떠한 물건도 그것을 돌려주지 않는 사람에게는 빌려주지 말라.
5. 가난한 친족과 친구들은 비록 그들이 갚지 않을지라도 도와주어야 한다.
6. 아내는 정숙한 자세로 앉아야 한다.
 시부모와 남편을 보면 서 있어야 하며, 앉아서는 안된다.
7. 아내는 식사를 하기 전에 먼저 시부모와 남편의 식탁이 제대로 차려져

있는지 보아야 한다. 또한 하인들도 음식을 제대로 먹고 있는지 보아야 한다.
8. 자기 전에 아내는 모든 문이 잠겨져 있는가, 난로는 안전하고 하인들은 해야 할 일을 다 마쳤는가, 시부모님은 쉬고 계시는지 잘 살펴야 한다. 평상시 아내는 아침 일찍 일어나야 하며 몸이 피곤하지 않는 한 낮잠을 자서는 안된다.
9. 시부모와 남편을 불같이 여겨야 한다. 불을 다루듯이 그들을 주의깊게 대해야 한다.
10. 시부모와 남편은 신같이 공경하면서 보살펴야 한다.

어느날 그녀는 남편의 도시인 사바티에 도착했다. 그녀는 모든 계층의 사람들이 그들의 능력과 신분에 따라서 보낸 여러가지 선물을 받았다.

그러나 그녀는 천성적으로 마음씨가 곱고 인정이 많아서 고맙다는 말을 전하면서 되돌려주었다. 그리고 그녀의 친족들처럼 그 도시의 사람들을 대했다.

그녀는 짐승조차도 자비스럽게 대했는데, 한번은 암말이 한밤중에 새끼를 낳았다는 말을 듣고, 즉시 하녀들에게 횃불을 들게 하고 마굿간으로 가서 어미말을 정성껏 보살펴주었다.

그녀의 시아버지는 니간타나타푸타[34]의 독실한 제자였다.

그는 많은 나체 고행자들을 그의 집에 초대했다. 그들이 오면 비사카는 그 앞에 가서 이른바 아라한이라는 이들에게 경의를 표하도록 되어 있었다.

그녀는 아라한이라는 말에 기쁨을 감추지 못하고 집회장으로 달려갔다. 그런데 비사카같이 교양이 있는 여자에게 부끄러움이라고는 조금도 모르는 나체 고행자의 모습은 차마 눈뜨고 못 볼 장면이었다.

그녀는 괜히 자기를 보냈다고 원망하면서 그들을 접대하지 않고 처소로 되돌아와버렸다. 그러자 나체 고행자는 장자에게 고타마의 여자신도를 그

---

34) 니간타 나타푸타는 흔히 자이나교의 창시자인 마하비타와 동일시되고 있다. 부처님과 직접 대면했다는 기록은 없지만 그는 부처님과 동시대의 뛰어난 인물이었다. 그의 제자들은 지금도 인도에 많이 있지만, 그의 가르침은 한번도 인도밖으로 전파되지는 않았다.

의 집에 데려왔다고 힐책했다 그들은 장자에게 그녀를 당장 집에서 내쫓으라고 했다. 장자는 겨우 그들을 진정시켰다.

하루는 장자가 비싼 의자에 앉아서 황금 밥그릇에 담긴 맛좋은 쌀죽을 먹고 있었다. 그때 한 비구가 걸식하러 집에 들어왔다. 비사카는 시아버지에게 부채질을 하고 있었는데, 비구가 왔다는 것을 시아버지에게 알리지 않고 시아버지가 비구를 볼 수 있도록 옆으로 살짝 비켰다. 그런데 장자는 비구를 보면서도 못본체하고 계속 먹기만 했다.

비사카는 공손히 비구에게 말했다.

"존자여 그냥 돌아가셔야 되겠습니다. 시아버님이 상한 음식을 드시고 계시거든요."

이 말을 들은 장자는 며느리의 속마음도 모르고 매우 기분이 상해서 밥상을 치우라고 소리치면서 비사카를 집에서 내쫓으라고 했다. 그렇지만 집안 사람들이 모두 비사카를 좋아하고 있었기 때문에 아무도 감히 그녀를 건드릴 수 없었다. 그런데 비사카는 비록 마음이 잘 수양되었지만 아무런 잘못도 없이 시아버지의 말을 따를 수는 없었다.

그녀가 공손히 말했다.

"아버님 제가 집을 나가는 데는 충분히 납득할 만한 이유가 없습니다. 저는 개천가에서 데려온 하녀같이 여기서 자라지 않았습니다. 자기 부모가 살아있는 딸들은 이같은 식으로 떠나지 않습니다. 저의 아버님께서 제가 여기로 떠나올 때 여덟 명의 친족을 모아서 그들에게 저를 맡기면서 '만약 나의 딸에게 잘못된 일이 생기면 그것을 조사하라'고 말했습니다. 그러니 그들에게 말해서 나의 유죄 여부를 조사하도록 하십시오."

장자는 그녀의 합리적인 제안에 동의해서 그들을 불러들여서 말했다.

"요전날 내가 앉아서 금사발에 맛있는 우유죽을 먹고 있었는데, 며느리가 내가 깨끗하지 못한 음식을 먹고 있다고 말했다."

그러자 비사카가 그녀의 무죄를 주장하였다.

"제가 그렇게 말한 것은 다 이유가 있어서 그렇습니다. 어떤 비구가 걸식하기 위하여 문 앞에 서 있었는데 시아버지는 그것을 모르고 달콤한 우유죽을 먹고 있었습니다.

제가 생각하기를 '이생에서 아무런 좋은 일도 하지않은 나의 시아버지는 오로지 전생의 공덕을 다 써버리고 있다.' 그래서 비구에게 말하기를 '그냥 가세요 존자여, 나의 시아버지가 거칠은 음식을 먹고 있습니다.'라고 했습니다. 그런데도 제가 잘못했다고 생각하세요?"

그래서 시아버지는 하는 수 없이 그녀의 무죄를 인정하였다. 그러나 심술궂은 장자는 다시 그녀가 며칠 전에 하인들을 데리고 한밤중에 집 뒤켠으로 가서 딴 짓을 했다고 죄를 씌웠다.

이에 대해 그녀가 산고를 겪고 있는 암말을 보살피기 위해서 갔다고 설명하자 친척들은 그들의 성스러운 딸이 심지어 하녀들도 안하려는 궂은 일을 솔선해서 했다고 말했다. 이렇게 해서 그녀는 두 번째 면죄를 받았다.

그러나 복수심이 가득한 장자는 그녀의 죄를 발견할 때까지 헐뜯기를 멈추지 않았다. 마침내 장자는 그녀가 잘못이 없다는 것을 트집잡았다. 그래서 그녀가 집에서 떠나오기 전에 그녀의 아버지가 준 열 가지 충고에 대해서 시비를 걸었다.

예를 들면, 그는 그녀에게 "집안에 불은 집 밖에 나가서는 안된다"는 훈계가 과연 우리 집안의 일을 이웃에게 알리지 않고 사는 것이 진짜 가능하냐고 물었다. 그녀는 이 기회를 이용해서 시아버지에게 열 가지 훈계를 상세히 설명해서 만족하도록 했다.

그녀의 무죄가 증명되자 이번에는 자존심이 강한 비사카가 처음에 시아버지가 말했던 대로 집을 떠나려고 했다. 그러자 비사카에 대한 장자의 태도가 완전히 바뀌어서 그가 지금까지 모르고 했던 행동을 용서해달라고 사정하게 되었다.

불교 정신에 따라서 너그러운 비사카는 종교적인 활동을 하는 데 완전한 자유를 인정하라는 조건 아래 용서를 받아들였다. 시아버지가 이것을 받아들이자, 비사카는 지체하지 않고 부처님을 집에 초대했다. 부처님께서 오셔서 식사 대접을 받은 후 그녀에게 설법을 하였다.

이때 장자는 커텐 뒤에 앉아서 설법을 들었다. 설법이 끝나갈 무렵 그는

제 10 장 부처님의 후원자와 반대자들   141

예류과를 얻었다. 그리고 며느리가 그를 해탈의 길로 이끌어준 데 대해서 무한한 감사를 표시하면서 앞으로 비사카를 자기 어머니처럼 여기겠다고 감격스럽게 말했다.

그 다음날 부처님께서 그녀의 집을 방문해서 설법을 하자 시어머니가 이것을 듣고 예류과를 얻었다. 그녀는 지혜와 기지 그리고 인내로 시댁을 행복한 불교가정으로 개종시키는 데 성공하였다.

날마다 비사카는 집에서 승가에 보시를 하였다. 그녀는 승가에 필요한 것을 도와주기 위해 오전과 오후에 사원을 방문했고, 부처님으로부터 설법을 들었다.

또 다른 독실한 불교신자인 수피야는 그녀가 방문할 때 항상 같이 다녔다.

비사카는 승가를 매우 헌신적으로 돌보았다. 한번은 부처님께 가서 다음의 여덟 가지 부탁을 들어달라고 간청했다.

1. 그녀가 살아 있는 한은 장마 기간에도 승가에 가사를 보시하는 것을 허락할 것.
2. 사바티로 오는 비구에게 보시를 하게 할 것.
3. 사바티를 떠나는 비구에게 보시를 하게 할 것.
4. 병든 비구에게 음식을 주는 것을 허락할 것.
5. 환자를 돌보는 자에게 음식을 주는 것을 허락할 것.
6. 아픈 비구에게 약을 주는 것을 허락할 것.
7. 비구들에게 쌀죽을 주는 것을 허락할 것.
8. 비구니들에게 목욕할 때 입는 옷을 주는 것을 허락할 것.

부처님께서는 그녀의 여덟 가지 부탁을 들어주었다.

어느날 비사카는 자신의 아버지가 신부 지참금으로 준 가장 좋은 옷으로 치장하고 사원을 방문하게 되었다.

그런데 이렇게 잘 차려 입고 부처님을 뵙는 게 석연치 않다는 생각이 들어서 그 옷을 꾸려서 하녀에게 주고 시아버지가 준 다른 옷을 입고 부처님을 만나러 갔다. 설법이 끝나자 그녀는 하녀를 데리고 사원을 나왔다. 그런데 그만 하녀가 안에 놓아두었던 그 옷꾸러미를 갖고 오는 것을 깜빡 잊어버리고 돌아왔다.

아난다 존자가 이것을 보고 부처님께 말씀드리자, 주인이 찾으러 올 때까지 안전한 장소에 놓아두라고 했다. 비사카는 하녀가 옷을 두고 왔다는 말을 듣고, 만약 아난다 존자가 그것을 발견하지 않았다면 다시 갖고 오라고 했다.

하녀가 다녀와서 자초지종을 말하자, 그녀는 부처님께 가서 그 옷을 팔아서 그 돈으로 무언가 유용한 일에 쓰고 싶다고 말했다.

부처님께서 그녀에게 동쪽 거리에 승가가 사용할 수 있도록 사원을 짓는 것이 좋겠다고 조언했다.

그런데 아무도 그 비싼 옷을 살 돈이 없었기 때문에, 그녀가 스스로 그 옷을 사는 것으로 했다. 그래서 비싼 금액을 들여서 사원을 세우고 동원(東園)이라고 이름지었다.

비사카의 초청으로 부처님과 제자들은 장마 기간 동안 이 새로운 넓은 사원에서 지냈다. 부처님께서 이곳에서 여섯 번의 우기를 지냈다는 사실에 비사카의 기쁨은 두말할 나위가 없었을 것이다.

경전에 보면 후덕스러운 비사카는 하녀의 명백한 소홀함을 책망하는 대신 사원을 세워서 얻은 공덕을 그녀에게 나누어주었다고 한다. 왜냐하면 하녀가 그녀에게 선행을 베풀 수 있는 기회를 제공했기 때문이었던 것이다.

부처님께서는 비사카에게 여러 번 설법을 하였다. 한 설법에서 부처님은 재가 신자들이 포살계(布薩戒)[35] 일에는, 여덟 가지 계율을 지킬 것을 말했다. 포살 계일은 오늘날도 거의 아시아의 상좌부권 불교에서 시행되고 있다.

부처님께서는 여자가 행복한 상태로 태어날 수 있도록 만드는 여덟 가지 덕성에 대해서 다음과 같이 말씀하셨다.

"의욕적으로 살아라. 남편을 항상 소중히 여기도록 하라. 남편이 자신에게 모든 기쁨을 가져다주지 않는다고 해서 자신 또한 남편을 소홀히한다면

---

35) 흔히 음력으로 초하루, 여드레, 보름, 스물세째날은 포살계일 또는 종교휴일로 간주되고 있다, 이때 재가신자들은 다음의 여덟가지 계율을 지킨다. 1. 살생, 2. 도둑, 3. 사음, 4. 거짓말, 5. 술, 6. 오후식사, 7. 춤, 노래, 선정적인 쇼, 향수, 화장품사용, 8. 높거나 사치스러운 의자사용을 삼가한다.

결코 좋은 아내가 될 수 없다. 현명한 아내는 아무리 화가 나도 남편에게 악담을 하면서 화를 내지 않는다. 오히려 모든 정성을 다해서 남편을 공경한다. 솜씨 있고 재치 있게 때에 맞추어서 남편이 벌어온 돈을 잘 관리하며 집안 일을 잘 꾸려나간다. 이와 같이 남편이 바라는 것을 충족시켜 주고 그 뜻에 순응하는 아내는 사랑스러운 천신들이 사는 곳에 다시 태어난다."

다른 경전에서 부처님께서는 여자들에게 행복과 번영을 가져오는 여덟 가지 품성을 다음과 같이 말씀하셨다.

"비사카야, 여기에 한 여자가 있는데, 그녀는 자신의 일을 다하고 하인들을 잘 관리하고, 그녀의 남편에게 사랑을 받으며, 그의 재산을 보호해 준다."
"비사카야, 여기에 한 여자가 있는데, 그녀는 진실과 믿음, 계율, 자비, 지혜를 갖추었다."

그녀는 승가와 관련된 여러 가지 일에서 중요한 역할을 하였다.

때때로 부처님은 비구니들 사이에서 일어나는 논쟁을 해결하기 위하여 그녀에게 중재하도록 지시하기도 했다.

또한 그녀의 중재에 의해서 어떤 계율들이 비구들에게 설정되기도 하였다. 그녀는 보시의 정신으로 중요한 진리의 후원자가 되었고, 부처님의 최고의 여자 후원자가 되었다.

그녀의 위엄 있는 우아한 품행, 세련된 예의범절, 공손한 말씨, 윗사람에 대한 공경과 존경심, 불행한 사람들에 대한 동정심, 종교적인 열정에 의해서 그녀는 많은 사람들의 마음을 사로잡았다.

경전에 보면, 열 명의 착한 아들과 열 명의 착한 딸을 둔 행복한 어머니라는 행운을 가진 여성 신자였으며, 일백이십 살까지 살다가 세상을 떠났다고 전한다.

의사 지바카

지바카는 부처님의 유명한 주치의였다. 그가 태어나자마자 창녀인 그의 어머니는 그를 바구니에 담아서 길 옆의 쓰레기 더미에 갖다 버렸다.

빔비사라 왕의 아들인 마바야 왕자가 우연히 그 곳을 지나다가 까마귀들에 둘러싸인 불쌍한 어린애가 아직 살아있는 것을 보고 데리고 가서 유모에게 돌보도록 했다.

그가 살아서 발견되었기 때문에 이름을 지바카(生命)라고 불렀다. 그는 왕자의 양자가 되어서 코마라바차라고 불리었다. 자라서 그는 유능한 내과와 외과 의사가 되었다.

경전에 보면, 그는 심각한 두통으로 앓고 있던 장자에게 두 번의 수술을 성공적으로 행했다고 기록되고 있다.

그는 하루에 세 번 부처님을 보살폈다고 한다. 그리고 부처님께서 데바다타가 내던진 돌의 파편에 의해서 발에 상처가 났을 때, 이것을 치료해서 낫게 해드렸다.

그는 자신의 집 근처에 사원을 세울 필요성을 느껴 망고 공원에 승가를 하나 세웠다. 그리고 이 사원의 낙성식을 한 후에 예류과를 얻었다.

지바카경은 고기를 먹는 문제에 대해서 다루고 있는데 이것은 부처님께서 지바카에게 설명한 것이다. 아자타사투 왕이 왕위를 찬탈한 후 괴로워할 때 그를 부처님에게 인도한 것도 지바카였다.

그의 요구에 따라 부처님은 제자들에게 청소와 같은 육체적인 운동을 하도록 이르셨다.

제 11 장
부처님의 왕족 후원자들

지혜로운 사람은 잠깐이라도
어진이를 섬기면 곧 진리를 깨닫는다. 혀가 국맛을 알듯이.

———법구경

빔비사라왕

마가다 왕국의 수도인 라자가하를 다스리던 빔비사라 왕은 부처님의 첫 번째 왕족 후원자였다. 열다섯 살에 왕위를 물려받아서 52년 간을 통치하였다.

싯다르타 태자가 출가해서 거룩한 고행자의 모습으로 라자가하 거리에서 걸식을 하고 있을 때, 왕은 그의 궁궐에서 그의 존엄한 모습과 위엄있는 행동을 보고 크게 감명받았다. 그는 즉시 사람을 보내서 그가 누군지 알아보도록 하였다. 부처님께서 식사를 마치고 산기슭에 앉아서 쉬고 있다는 연락을 받은 왕은 신하들을 동반해서 성스러운 고행자에게 가서 그가 태어난 곳과 출신성분을 물었다.

고행자 고타마가 대답했다.

"오 왕이시여. 히말라야 바로 뒤에 오래된 코살라족이 있는데, 부와 힘을 갖고 있는 나라입니다.

나는 태양 왕조에 속한 석가족의 가문에서 태어났습니다. 나는 감각적인 즐거움을 바라지 않습니다. 감각적 즐거움의 헛됨을 깨닫고 최고의 진리를 찾아서 출가했습니다."

그래서 왕은 깨달은 후에 왕궁을 방문하도록 초대했다.

부처님은 깨닫기 전에 왕과 약속한 대로 아라한을 얻은 많은 제자들을 데리고 가야에서 마가다 왕국의 수도인 라자가하로 갔다.

여기서 그는 종려나무 동산인 영묘(靈廟)에서 머물렀다.

부처님께서 이 왕국에 도착했다는 기쁜 소식과 함께 누구와도 비교할 수 없는 스승으로서의 높은 명성이 곧 온 도시에 퍼졌다.

왕은 그가 왔다는 말을 듣고 많은 수행원들을 데리고 부처님을 환영하기 위하여 왔다. 왕은 부처님께 다가가서 공손히 예를 올리고 그 옆 자리에 앉았다. 신하들 중에 어떤 이는 부처님께 공손히 인사를 하고, 어떤 이는 친구에게 하는 것처럼 부처님을 향하여 바라보고, 어떤 이는 합장하면서 인사하고, 어떤 이는 자신을 소개하는가 하면, 한편 어떤 이들은 아무 말 없이 자리에 앉았다.

부처님과 우루빈나 가섭이 대중들에 의해서 최고의 존경을 받고 있었기 때문에, 그들은 부처님이 우르빈나 가섭 밑에서 성스러운 생활을 이끌어 가고 있는지 아니면 후자가 전자 밑에서 승단을 이끌고 있는지 분간이 되지 않았다.

부처님께서 그들의 마음을 읽고 우르빈나 가섭에게 왜 불의 신전을 그만두었는지 질문하였다.

부처님이 질문한 속뜻을 알아차린 우루빈나 가섭은 자신은 가치가 없는 감각적 즐거움보다 니르바나의 번뇌가 없고 평화로운 상태를 더 좋아하기 때문에 신전을 단념했다고 설명했다.

이렇게 말한 후 부처님의 발밑에 엎드려서 그에 대한 자신의 존경심을 보여주었다.

"나의 스승이신 거룩한 이, 세존이시여, 저는 당신의 제자입니다. 나의 스승이신 거룩한 이, 세존이시여, 저는 당신의 제자입니다."

사람들은 이 말을 듣고 매우 기뻐했다. 그래서 부처님께서 마하 나라다 가섭 본생담을 설해서, 전생에서도 부처님께서 그가 나라다로 태어났을 때 이와 비슷한 방법으로 개종시켰던 일을 말씀하셨다.

부처님께서 설한 법문을 듣고 '진리의 눈'이 그들에게 생겼다. 빔비사라 왕은 예류과를 얻었고, 불·법·승 삼보에 귀의하면서 부처님과 제자들에게 다음날 궁궐에서 식사를 하도록 초청하였다.

식사를 마친 후 왕은 부처님께 어디에 머물면 좋을지 질문하였다.

부처님께서는 시내에서 너무 멀지도 않고 또 너무 가깝지도 않고, 방문하고 싶은 사람들이 즐겁게 올 수 있고 낮에는 너무 붐비지 않고, 밤에는 너무 시끄럽지 않고 사람들이 다니지 않고 번거롭지 않아서 혼자 있기에 알맞은 장소가 있으면 좋겠다고 말씀하셨다.

왕은 그의 죽림이 이러한 모든 조건에 잘 부합된다고 생각하였다. 그래서 부처님께서 그에게 진리를 가르쳐 준 것에 대한 대가로 '다람쥐들의 보호구역'으로 알려진 이상적인 공원을 기증하였다.

이 동산은 비구들이 사용할 수 있는 건물은 없었지만 많은 그늘진 나무들과 격리된 장소가 있었다. 이곳은 부처님과 제자들이 거주할 수 있도록 보시된 첫 번째 장소였다. 부처님께서는 계속해서 세 번의 우기와 이후에 세 번의 우기를 이 조용한 죽림정사에서 보냈다.

왕은 부처님의 설법을 들은 후 한달에 여섯 번씩 지키는 포살일을 준수하면서 모범적인 군주의 생활을 하였다. 마하 코살라왕의 딸이면서 또한 파세나디 코살라왕의 누이인 코살라대비는 왕비였으며 아자타사투는 그녀의 아들이었다. 또 다른 왕비인 케마는 부처님의 제자가 된 후에 비구니 교단의 첫째지위에 임명되었다.

비록 왕은 신앙심이 강한 군주였지만 그의 전생의 악업 때문에 말년에 가서는 슬프고 고통스러운 종말을 맞게 되었다. 아자타사투 왕자는 왕위 계승자였는데, 데바다타의 꾐에 빠져서 부왕을 살해해서 왕위를 빼앗으려고 시도했다.

처음에 그것이 실패해서 붙잡혔으나 자비스러운 부왕은 아들을 벌주는 대신에 왕관을 벗어서 그에게 주었다. 그러나 은혜를 모르는 아들은 아버지에 대한 그의 은혜를 감옥에 가두어 굶겨 죽이는 것으로 대신하려고 했다.

그의 어머니만 매일 왕에게 가는 것이 허락되었다. 왕비는 처음에 그녀의 허리춤에 몰래 음식을 넣고 갖다주었다. 그러나 왕자가 이것을 발견하고서 제지했다. 그래서 이번에는 머리 댕기 속에 숨겼다.

왕자는 이것도 못하게 막았다. 나중에 그녀는 향기로운 물에 목욕해서 그녀의 몸에 꿀, 버터, 물소젖의 버터 기름, 당밀을 섞어서 발랐다.

왕은 그녀의 몸을 핥아서 생명을 유지했다. 철저하게 경계하던 왕자는 이것을 용케 알아내고 이제 더이상 어머니가 아버지를 방문하지 못하도록 하였다.

빔비사라 왕은 영양을 섭취할 어떠한 방법도 없었지만 예류과에 들어갔기 때문에 천천히 거닐면서 정신적인 기쁨을 누리고 있었다.

마침내 사악한 아들은 그의 거룩한 아버지의 목숨을 끝내기로 결정하였다. 잔인하게도 그는 이발사에게 왕의 발바닥 거죽을 벗겨서 소금과 기름을 넣고 타오르고 있는 숯불 위로 걷도록 지시하였다.

왕은 이발사가 다가오는 것을 보고 아마 아들이 자신의 어리석음을 깨닫고는 이발사를 보내어 그의 긴 수염과 머리를 자르고 감옥에서 내보내 주려는 것으로 생각했다.

그러나 그의 기대와는 달리 생각지도 못한 슬픈 최후를 맞게 되었다. 이발사는 잔인하게도 야만인 같은 왕자의 비인간적인 명령을 집행하였다. 훌륭한 왕은 이렇게 큰 고통 속에서 죽어갔다. 바로 그날 아사타사투에게 아들이 태어났다. 탄생과 죽음의 소식을 전하는 전갈이 궁궐에 동시에 도착했다. 그는 기쁜 소식을 전하는 전갈을 먼저 읽었다. 첫 아들을 소중히 여기는 그의 애정은 표현할 수 없는 정도였다. 그의 몸은 기쁨으로 떨렸다. 그리고 아버지의 자식에 대한 사랑이 그의 뼛속 깊이 스며들었다.

즉시 그는 사랑하는 어머니에게 달려가서 물었다.

"오 사랑하는 어머니여, 나의 아버지도 내가 어렸을 때 나를 사랑했습니까?"

"얘야, 그걸 말이라고 하느냐! 네가 나의 뱃속에 잉태되었을 때, 나는 너의 아버지의 오른손에서 피를 한모금 빨아먹고 싶은 강한 충동이 일어났단다.

그러나 나는 감히 이것을 말하지 못했단다. 마침내 나는 점점 약하고 창백해지기 시작했지. 결국 나는 나의 비인간적인 욕망을 말할 수밖에 없었다.

너의 아버지는 기쁘게도 나의 소원을 충족시켜 주었다. 그리고 나는 그 혐오스러운 약을 마셨다.
이것을 보고 점장이는 네가 아버지의 적이 될 것이라고 예언했다.
그래서 너는 아자타사투(태어나지 않은 적)라고 이름지어졌다. 나는 유산을 하려고 했지만 너의 아버지가 그것을 막았다.
네가 태어난 후에 다시 나는 너를 죽이려고 했지만 너의 아버지가 말렸다. 언젠가 한번은 네가 손가락의 종기로 고생하고 있을 때 아무도 너를 잠들게 달랠 수 없었다.
그때 네 아버지는 궁궐에서 법을 집행하고 있었는데 너를 무릎에 앉혀서 달래면서 종기를 입으로 빨았다.
아, 그의 입 안에서 종기가 터졌지.
아, 나의 아들아, 그 고름과 피!
하지만 너의 자애로운 아버지는 너를 너무나 사랑한 나머지 그것을 삼켰단다."
그 말을 듣고 아자타투스는 소리쳤다.
"빨리 달려가서 나의 사랑하는 아버지를 석방시켜라, 빨리!"
그러나 이미 그때는 그의 자애로운 아버지의 눈이 감겨 버리고 만 뒤였다.
그 때 또다른 전갈이 그의 손에 쥐어졌다. 아자타사투는 뜨거운 눈물이 쏟아져 내리는 것을 주체할 수 없었다. 그는 그 자신이 아버지가 되어서야 아버지의 사랑이 무엇인지 비로소 깨닫게 된 것이다.
빔비사라 왕은 죽어서 자나바사바라 불리는 천신으로 즉시 태어났다.
그 후에 아자타사투는 부처님을 만나서 독실한 재가 신자 중의 하나가 되었으며, 부처님께서 열반에 든 후 승려들이 결집을 하는 데 주도적인 역할을 했다.

파세나디 코살라왕

마하 코살라왕의 아들인 파세나디 코살라왕은 코살라 국과 그 수도인 사바티를 통치하던 군주였으며, 부처님의 또 다른 왕족 후원자였다 그는 부처님과 비슷한 나이 또래였는데 여러가지 능력을 인정받아서 그의 부친이 살아있는 동안에 왕위를 물려받는 행운을 얻었다. 그에 대한 이야기는 아마도 부처님의 초기 교단 부문에서 설명되어야 할 것같다.

상윳타-니가야에 보면 한번은 그가 부처님께 가서 부처님이 아직은 젊은 스승인데 어떻게 완전한 깨달음을 얻었다고 주장할 수 있는지에 대해서 물었다.

부처님께서 말씀하셨다.

"오, 왕이여. 여기에 무시하거나 경멸해서는 안될 네 가지 대상이 있습니다. 그것들은 바로 투사 왕자, 뱀, 불 그리고 승려입니다."[36]

그래서 부처님은 이것을 주제로 해서 왕에게 재미있는 설법을 하였다.

설법이 끝나갈 무렵, 왕은 매우 기뻐서 그 즉시 부처님의 추종자가 되었다. 그 후로 죽을 때까지 그는 부처님에 대한 돈독한 믿음을 지녔다. 기록에 보면 한번은 왕이 부처님 앞에 엎드려서 발을 어루만지면서 그 위에 입맞춤을 하였다고 한다.

그의 제1부인인 말리카 왕비는 매우 헌신적이고 현명한 여자로서 다르마에 정통했고 남편을 불교에 귀의하도록 모든 정성을 기울였다고 한다.

어느날 왕이 열여섯 가지의 이상한 꿈을 꾸고 그것들이 무엇을 의미하는지 알 수가 없어서 마음이 매우 심란하였다.

그 꿈 이야기를 들은 바라문 제자들은 그것이 불길한 징조를 나타내는 것이기 때문에 앞으로 다가올 재앙을 막기 위해 정성을 들여서 동물 희생제를 지내야 한다고 충고했다. 충고를 들은 대로 그는 수천 마리의 불쌍한 동물의 목숨을 희생시키는 비인간적인 희생제를 치를 만반의 준비를 갖추었다.

말리카 왕비는 야만적인 행위로 죄를 범하려는 것을 듣고 왕을 설득해서 세속적인 바라문보다 훨씬 지혜가 뛰어난 부처님에게 해몽해 달라고 요청하는 것이 좋겠다고 조언했다. 그래서 왕이 부처님께 가서 열여섯 가지의

---

36) 성난 투사같은 왕자는 비록 나이는 어리지만 다른 사람에게 막대한 피해를 줄 수 있다. 비록 작은 뱀이라도 한번 물면 치명적이다. 작은 불도 큰 화재를 일으킬수 있다. 비록 나이는 어린 승려지만 성자나 진리를 가르치는 스승이 될 수 있다.

꿈을 말하면서 그 의미를 알고 싶다고 하자, 부처님께서는 자세히 설명해 주셨다.

빔비사라 왕과 달리 코살라 왕은 부처님의 자애롭고 교훈적인 설법을 들을 행운을 가졌다.

상윳타-니가야에는 코살라상윳타라고 불리는 곳이 있는데, 여기에 부처님께서 코살라 왕에게 설법한 내용이 대부분 기록되어 있다.

한번은 왕이 부처님과 함께 앉아 있었는데 어떤 고행자들이 머리를 길게 늘어뜨리고 긴 손톱을 하고 옆으로 지나가는 것을 보고 자리에서 일어나 공손히 인사하면서 자기 신분을 말했다.

"나는 왕이다. 당신이 존경하는 자, 코살라 파세나디다."

그들이 가버리자 그는 부처님께 그들이 아라한인지 아니면 아라한을 위해서 정진하는 고행자들인지 알고 싶다고 말했다.

부처님께서는 물질적인 즐거움을 누리는 평범한 재가 신자는 다른 사람이 아라한인지 아닌지 판단하기 어렵다고 말하면서 다음의 재미 있는 식별방법을 설명해주었다.

"어떤 사람의 행동거지는 사귀어보아야만 알게 되고, 그리고 금방이 아니라 오랜 시간이 지나서야 알게 되고, 무관심한 사람이 아니라 주의깊게 보는 사람에 의해서, 어리석은 사람이 아니라 지혜가 많은 사람에 의해서 알게 된다.

어떤 사람의 순수함은 대화를 통해서 알게 된다.

어떤 사람의 인내력은 어려운 일에 부딪혔을 때 알게 된다.

어떤 사람의 지혜는 논쟁을 해보면 알게 된다.

그리고 그것은 금방이 아니라 오랜 시간이 흐른 후에, 무관심한 사람이 아니라 주의깊게 보는 사람에 의해서, 무지한 사람이 아니라 지혜가 있는 사람에 의해서 알게 된다."

위의 내용을 요약해서 부처님께서 다음과 같이 게송을 읊었다.

"사람은 겉모습만으로 알 수가 없다.

잠깐 보는 것으로 더욱 확신할 수가 없다.

겉으로는 예의 바르게 행동하면서도
마음은 수양되지 않는 사람들이 이 세상에는 많이 있다.
마치 좋은 귀걸이가 진흙으로 만든 모조품이거나
동에다 금을 덮어서 금화를 만들듯이
겉으로는 깨끗하고 아름답게 보이지만
그 이면에는 더러움이 숨겨져 있다."

코살라 왕은 큰 영토의 통치자였기 때문에 항상 전쟁의 위험 속에서 지냈다. 특히 이웃나라의 왕들과는 더 그랬다. 한번은 그의 사촌인 아자타사투왕과 싸워서 패배한 적이 있었다.

부처님께서 이것을 듣고 말씀하셨다.

"승리는 미움을 낳는다. 패배한 자는 고통스럽게 산다.
행복하고 평화로운 삶을 위해서 승리와 패배를 포기하라."

후에 코살라 왕이 아자타사투 왕의 군대와 싸워서 이기자 그의 군대를 모두 몰수하고 아자타사투 왕만 살려주었다. 부처님께서 이 승리의 소식을 듣고 게송을 읊었는데 이 진리는 지금도 전쟁의 두려움 속에 떨고 있는 세계에 좋은 교훈을 주고 있다.

"한 인간이 자신의 목적을 이루기 위하여 다른 사람에게 해를 준다. 그러나 다른 사람에 의해서 해를 입었을 때, 그 사람은 다시 가해자에게 해를 입힌다.

악한 과보가 아직 무르익지 않는 한 그 어리석은 자는 지금이 좋은 기회라고 생각한다. 그러나 악한 행위가 열매를 맺을 때 그는 고통스러운 상태가 된다.

핍박한 자는 핍박을 당하며 정복자는 정복을 당하며,
괴롭힌 자는 괴롭힘을 당하며, 학대한 자는 학대를 받는다.
이와 같이 행위가 전개되면서 해를 끼친 자는 다시 해를 입는다."

그리고 부처님께서 코살라 왕에게 여자에 대해서 말씀하신 적이 있는데, 이것 또한 재미있고 여성들에게 큰 용기를 주고 있다.

한번은 왕이 부처님과 함께 대화를 나누고 있었는데, 신하가 와서 그의 귀에다 대고 말리카 왕비가 딸을 낳았다고 말했다.

왕은 아들이 아니라서 별로 기분이 안 좋았다.

고대 인도에서는 오늘날까지 내려오고 있지만 딸을 낳는 것을 별로 탐탁치 않게 여기고 있었다. 몇 가지 이해타산적인 면이 있었는데 예를 들면 신부 지참금같은 것을 주어야 하는 문제가 있었다.

그러나 부처님께서는 다른 어느 종교 지도자들과도 달리 여자에게 찬사를 아끼지 않았으며, 여자가 갖고 있는 네 개의 주요한 특성에 대해서 다음과 같이 말씀하셨다.

"어떤 여자들은 실로 남자보다도 더 낫다.
그녀를 키워라, 오 남자들이여!
현명하고 덕스럽고 시어머니를 여신같이 섬기는
정숙한 여자들이 있다.
이렇게 성스러운 아내는
이 왕국을 다스릴 군주가 될 용감한 아들을 낳으리."

'Itthī pi hi ekacciyā seyyā(어떤 여자들은 실로 남자보다도 더 낫다)'는 부처님께서 직접 하신 말씀이다. 어떠한 종교적인 스승도 특히 인도처럼 여자들이 제대로 인격적으로 대접받지 못하는 곳에서 부처님처럼 그렇게 대답하고 성스러운 말을 하는 자는 없었다.

코살라 왕은 일백이십 살이 된 그의 할머니가 기력을 회복하지 못하자 부처님께 가서 자신을 어머니처럼 돌봐 주던 할머니를 살리기 위해서 그가 할 수 있는 모든 노력을 다 하겠다고 말했다.

그러자 부처님께서 그를 위로하면서 말했다.

"오, 모든 존재들은 죽는다. 그들은 죽음으로 끝난다.
그들은 장래에 언젠가는 죽게 되어 있다.
도공에 의해 만들어진 모든 그릇들은 잘 구어져있든 잘 구어져 있지 않든 깨어진다. 그것들은 깨어져서 끝난다. 그것들은 장래에 언젠가는 깨어지게 되어있다."

왕은 설법을 듣기를 무척 좋아해서 바쁜 와중에서도 부처님께서 설법하신다는 말을 들으면 기회를 최대한 이용하여 찾아가서 설법에 참석하였다.
담마차티야와 칸나카타하경은 그때에 설해진 것들이다.

숯가게의 딸이며, 코살라 왕의 제1부인인 말리카 왕비는 그보다 먼저 세상을 떠났다. 빔비사라 왕의 누이가 그의 아내들 중의 하나였다. 그의 누이 중에 하나가 빔비사라 왕과 결혼했으며, 아자타사투는 그녀의 아들이었다.

코살라 왕에게는 비유리라는 아들이 있었는데 왕이 늙자 반란을 일으켰다.

그 아들의 어머니는 석가족인 마하나마의 딸이었다. 마하나마는 부처님과 친척이고, 그 아들의 할머니는 어릴 때 종이었다. 왕은 그녀를 자신의 부인으로 삼았을 때 이러한 사실을 몰랐다. 그의 비천한 가문에 대해서 석가족들이 경멸하는 이야기를 듣고 비유리는 석가족을 전멸시켜서 앙갚음하려고 했다.

불행하게도 왕은 비유리에 의해서 성 밖의 광장에서 시종 하나만을 데리고 고통스럽게 죽어가야만 했다. 코살라 왕은 부처님보다 먼저 세상을 떠났다.

제 12 장
부처님의 전도활동

'나는 모든 속박에서 자유스럽다. 인간이든 신이든,'
'오 비구들이여, 그대들 또한 모든 속박에서 자유롭다'

──〈율〉대품

    부처님의 자비롭고 성공적인 전도 활동은 45년간 지속되었다. 부처님께서는 깨달은 서른 다섯살부터 여든살에 숨을 거둘 때까지 모범적인 삶과 가르침으로 인류를 위해 살았다.
    부처님은 일생 동안 어떤 때는 혼자서, 그리고 때때로 제자들을 데리고 이곳 저곳으로 방랑하면서 사람들에게 진리를 가르치고 그들을 윤회의 속박에서 자유롭게 하였다.
    7월부터 11월까지 장마 기간에는 비가 계속해서 내리기 때문에 그 당시 인도의 모든 고행자들이 했던 관습에 따라서 휴식을 취하면서 한 곳에서 지냈다.
    고대 인도에는 오늘날과 마찬가지 세 가지 규칙적인 계절 즉, 장마기, 겨울 그리고 여름이 있었다. 장마기는 7월에 시작해서 11월까지 지속되는데 이것은 거의 7월 중순부터 11월 중순까지가 된다.
    장마 기간에는 폭우 때문에 강과 냇물이 자주 범람하면서 길이 침수되고 연락수단이 단절된다. 그래서 사람들은 대개가 그들의 집과 마을에 갇혀서 그 동안에 모아두었던 것을 사용하면서 지낸다.
    이 기간에는 구도자들이 여기저기 돌아다니면서 가르치는 여행이 어렵다. 그리고 무수히 많은 종류의 식물들과 벌레들이 번식하는데, 이것들은 사람들이 죽이지 않고는 움직일 수 없을 정도로 많이 번식한다.

이러한 여건 때문에 부처님의 제자를 포함한 모든 구도자들은 그들의 전도 활동을 잠깐 중지하고 격리된 장소에서 침거해야만 했다.

일반적으로 부처님과 제자들은 우기를 사원이나 한적한 공원에서 지내도록 초대받았다. 그렇지만 때때로 그들은 집이 없는 숲에서 머물기도 했다.

우기에는 사람들이 법을 듣기 위해 부처님 주위에 모였다. 그래서 그들은 부처님을 가까이 모실 수 있는 기회를 최대한으로 활용하여 부처님으로부터 여러가지 삶의 가르침을 들었다.

깨달은 후 20년간의 활동

베나레스에서의 첫해

부처님은 7월 대보름날 다섯 제자들에게 초전법륜을 설한 후에 베나레스 근처의 이시파타나에 있는 사슴 동산에서 우기를 보냈다. 그렇지만 거기에는 거주할 수 있는 특별한 건물이 없었다. 야사의 귀의가 이 기간에 있었다.

라자가하에서 보낸 두 번째, 세 번째, 네 번째 해

라자가하는 빔비사라왕이 통치하는 마가다국의 수도였다. 부처님께서 깨닫기 전에 한 약속을 지키기 위해서 왕을 방문했을 때, 왕은 부처님과 제자들에게 죽림을 보시했다. 이곳은 도시에서 그렇게 멀지도 않고 가깝지도 않아서 승려들에게는 아주 안성맞춤인 곳이었다.

베살리에서의 다섯 번째 해

이 기간에 부처님은 베살리 근처의 마하바나에 있는 영묘(靈廟)에 머무르고 있었다. 여기서 정반왕의 임종이 임박했다는 전갈을 듣고 임종 자리에 가서 법을 설하였다. 왕은 그 즉시 아라한을 얻어서 일주일간 모든 해탈의 기쁨을 누리다가 세상을 떠났다.

그리고 이 해에 파자파티 고타미의 요청에 의해서 비구니 교단이 설립되었다.

왕의 장례식을 치른 후, 부처님께서 잠시 동안 니그로다타마에 머무르고 있을 때 파자파티 고타미가 부처님께 가서 여자도 승가에 들어갈 수 있도록 요청하였다.

그러나 부처님은 이를 거절하고 라자가하의 영묘(靈廟)로 되돌아갔다.

그렇지만 파자파티 고타미는 출가하고 싶은 마음이 간절해서 많은 석가족과 콜리야족 여자들을 데리고 카필라성에서 라자가하까지 걸어가서 마침내 아난다 존자의 중재로 승가에 들어오는 것을 승락받았다.

6년째, 코삼비에 있는 망굴라 기슭에서 보내다

카필라 성에서 친척들의 자만심을 꺾어주기 위해 두 개의 신통력을 보여줬듯이, 두 번째로 망굴라 기슭에서 이교도들을 개종시키기 위하여 신통력을 보여주었다.

7년째, 삼십삼 천상에서 보내다

마야 부인은 싯다르타 태자가 태어나서 며칠 후에 세상을 떠났다. 그리고 즉시 도솔천에 천신으로 태어났다.

부처님께서는 7년째 되는 이 해 3개월간의 우기에, 선정삼매에 들어서 천신들에게 아비다르마(勝法)를 설법했는데 여기서 마야 부인은 부처님께 설법을 들었다.

그리고 부처님께서 선정에서 깨어나서 설법의 내용을 사리불 존자에게 말하면 그는 다시 이것을 제자들에게 상세히 들려주었다.

현재 아비다르마 피타카(論藏)에 있는 내용은 그때 설한 것으로 추측되고 있다. 그리고 기록에 의하면, 이 설법을 듣고 마야 부인은 예류과를 얻었다고 한다.

8년째, 바가 지방의 베사칼라숲에서 보내다

9년째, 코삼비에서 보내다

이 해에는 부처님께 원한을 품은 마간디야가 복수할 기회를 찾고 있었다.

마간디야는 아름다운 여자였다. 그녀의 부모들은 장래의 사위감들이 자신들의 딸에 비해서 훨씬 부족하다고 생각해서 딸이 결혼하는 것을 허락하지 않고 있었다.
 어느 날 부처님께서 세상을 관해서 보다가 그 부모들의 정신적인 경지가 높이 있는 것을 보았다. 그들을 진리의 길로 이끌어주기 위하여 그 아버지가 신성한 불을 모시는 장소를 방문했다.
 그 바라문은 부처님을 보자 위엄있는 모습에 반해서 그야말로 자기 딸을 결혼시킬 수 있는 최고의 사윗감이라고 생각했다. 그래서 부처님께 잠깐 나갔다 돌아올테니 그 자리에서 조금만 기다려달라고 요청한 다음 급히 딸을 데리러 뛰어갔다.
 그 동안 부처님은 그곳에 발자국을 남기고 다른 데로 옮겼다. 바라문과 그의 아내는 딸에게 가장 좋은 옷을 입히고 부리나케 달려왔지만 그곳에 남겨진 발자국만을 보았다. 그 아내는 족상에 정통해 있었는데 이것은 보통 사람의 발자국이 아니라 모든 번뇌를 근절한 성스러운 사람의 것이라고 말했다. 그리고 발자국을 쫓아가다가 부처님께서 멀리 있는 것을 보고 가까이 다가가서 그의 딸을 주려고 했다.
 그러자 부처님께서 자신이 어떻게 번뇌를 극복했는지에 대해서 말씀하셨다.
 "탄하, 아라티, 라가[37]를 보면서도 나는 어떠한 애정의 즐거움도 느끼지 않았다네. 이 육체란 무엇인가? 똥과 오줌으로 가득 차지 않았던가? 나는 그것을 만지지 않으리, 심지어 나의 발로도."
 이 설명을 듣고 바라문과 아내는 성인의 셋째 단계인 불환과를 얻었다. 그러나 자존심 강한 마간다야는 모욕감을 느끼고 마음속으로 생각하였다.
 "만약 이 남자가 나를 조금도 필요로 하지 않는다면 그가 그렇게 말하는 것은 정당한 것일 수도 있다. 그런데 그는 나를 똥과 오줌으로 가득찼다고 단언하였다. 하지만 나는 좋은 출생, 혈육, 사회적 지위, 경제적인 부 그리고 젊음의 매력을 지니고 있다. 나는 나와 대등한 남편을 얻을 것이다. 그리고 나서 고타마에게 그렇게 말한 대가를 반드시 치루도록 할 것이다."
 부처님의 말에 화가 나서 그녀는 원한을 품게 되었다.

---
[37] 마군의 세딸들의 이름

그 후에 그녀는 후데나 왕의 후궁이 되었다. 그리고 그녀의 지위를 이용해서 사람들을 매수한 다음, 부처님을 비난하면서 그 도시에서 내쫓도록 부추겼다. 부처님께서 시내로 들어갔을 때 그들이 외쳤다.

"당신은 도둑, 숙맥, 바보, 낙타, 소, 나귀, 짐승이다. 당신에게는 어떠한 구원의 희망도 없다. 당신이 기대할 수 있는 것은 오로지 벌을 받는 것이다."
아난다 존자가 이 모욕적인 말을 참을 수 없어서 부처님께 말했다.
"스승님 여기 사람들은 우리를 험담하고 욕하고 있습니다. 다른 데로 가시는 게 어떻겠습니까?"
"아난다야, 어디로 가자고?"
"예, 스승님. 어디 다른 도시로 말입니다."
"만약 그 곳 사람들이 우리를 험담하면 어디로 가야 하느냐?"
"그러면 또 다른 도시로 가면 되지 않겠습니까?"
"아난다야, 그렇게 말해서는 안된다.
어려움이 생기면 그것을 옳게 해결할 수 있는 길이 있단다.
오로지 그런 여건 아래서만 어디든지 갈 수가 있다.
그러나 아난다야, 누가 너를 험담하느냐?"
아난다가 대답했다.
"스승님 모든 사람들이 우리를 험담합니다. 노예들까지도…"
부처님께서는 아난다에게 참으라고 하면서 다음과 같이 훈계했다.
"코끼리가 전장에서 날아오는 화살을 참듯이 나 또한 참을 것이다.
사실 대부분의 사람들은 마음의 수양이 덜 됐다. 그들은 훈련된 말이나 코끼를 한 곳에 모이도록 잘 이끈다. 왕은 잘 훈련된 동물의 위에 올라탄다. 그러나 인간들 중에서 최고는 남의 비방을 참는 훈련을 하는 자이다. 훈련된 노새는 훌륭하다. 마찬가지로 철저하게 길들여진 말과 잘생긴 상아를 가진 코끼리도 훌륭하다.
그러나 마음을 길들인 사람은 그것들보다 훨씬 뛰어나다."
이어서 부처님께서는 아난다에게 훈계하면서 말했다.
"당황하지 말라. 이 사람들은 우리를 단지 칠일간만 험담할 것이다. 그리고 팔일째 되는 날부터 그들은 조용해질 것이다. 여래가 부딪치는 어려움들은 칠일 이상을 넘기지 않기 때문이다."

10년째, 파릴테야가 숲에서 보내다

부처님께서 코삼비에 머무는 동안, 법(Dhamnia)에 정통한 비구들과 율(律 ; Vinaya)에 정통한 비구들간에 언쟁이 벌어졌다. 후배 비구들이 세면장에서의 예의범절을 위반한 것에 관해서였다. 급기야 그들의 지지자들이 두 패로 나뉘어졌다.

심지어 부처님조차도 승려들의 언쟁을 말릴 수 없었다. 그들은 고집이 세서 부처님의 충고를 들으려고 하지 않았다.

그래서 부처님께서 마음속으로 생각했다.

'비구들이 서로 다투는 현실이 나의 마음을 아프게 하는구나. 게다가 승려들은 나의 말에 조금도 귀를 귀울이지 않는다. 당분간 사람들이 자주 들락거리는 곳에서 물러나 조용히 지내는 게 낫겠다.'

이렇게 생각이 들자 부처님은 승가에도 알리지 않고, 혼자 파릴테야가숲으로 들어가서 아름다운 사라나무 아래서 우기를 보냈다. 기록에 의하면 이때 코끼리나 원숭이가 부처님께 필요한 것을 시중들었다고 한다.

11년째, 바라문 부락의 에카날라에서 보내다

다음의 카시바라드바자 경은 여기서 설법한 것이다.

한번은 부처님께서 마가다 국의 바라문 부락인 다키나기리에 있는 에카날라에서 지내고 있을 때였다. 바라문 카시바라드바자의 농장에서는 오백명의 농부들이 열심히 씨를 뿌리고 있었다. 부처님께서 오전에 가사를 입고 바루를 들고 바라문들이 일하는 곳으로 탁발을 갔다.

마침 바라문들이 음식을 나누어주고 있었다. 부처님께서 그곳으로 가서 옆에 서 있었다. 음식을 얻기 위하여 서 있는 부처님에게 카시바라드바자가 말했다.

"사문 고타마여, 밭을 갈고 씨를 뿌리십시오. 나는 밭 갈고 씨를 뿌려서 얻은 것을 가지고 먹습니다. 당신 또한 밭갈고 씨를 뿌려야 합니다. 그리고 밭갈고 씨를 뿌려서 얻은 것으로 먹어야 합니다."
부처님께서 말씀하시었다.
"오 바라문이여, 나 또한 밭 갈고 씨를 뿌립니다. 밭 갈고 씨를 뿌려서 얻은 것을 먹습니다"
그러자 다시 바라문이 말했다.
"비록 고타마께서 '나 또한 밭을 갈고 씨를 뿌립니다. 그리고 밭 갈고 씨를 뿌려서 얻은 수확을 먹습니다'라고 말하고 있지만, 우리는 고타마의 괭이나 쟁기를 끄는 소를 볼 수가 없습니다. 쟁기나 소도 없이 어떻게 논밭을 갈며 씨를 뿌리고 가꾼다고 하십니까? 우리에게 그 까닭을 설명해 주시겠습니까?"
부처님께서 말씀하셨다.
"믿음은 종자이며 고행은 단비이다. 지혜는 나에게 있어서 멍에이며 괭이이고, 참괴(慙愧)하는 생각은 자루이며, 사유는 멍에의 줄이며, 늘 깨어있어서 주의깊게 관찰하는 것은 보습과 채찍이다.
나는 몸을 제어하고 말을 제어하고 음식을 절제한다.
진실을 가지고 나는 잡초를 뽑는다.
최고(아라한)에 몰입하는 것은 소를 풀어놓는 것이다.
인내는 나의 짐을 실어나르는 가축이다. 이것은 나를 속박에서 해방된 상태(니르바나)로 날라다 준다. 이것은 가는 방향을 바꾸지 않으며, 고통이 없는 곳으로 간다.
이와같이 해서 경작이 된다.
이것들은 죽음이 없는 열매를 낳는다.
밭을 다갈면 그 사람은 모든 괴로움에서 자유롭다."
그래서 바라문 카시바라드바자는 큰 그릇에 우유죽을 가득 넣어서 세존에게 드리면서 말했다.
"고타마 존자여, 이 우유죽을 드십시오!"
"고타마 존자는 농부이십니다. 왜냐하면 고타마 존자는 죽음 없는 과일이 열리는 농작물을 경작하기 때문입니다."

그런데 세존은 받는 것을 사양하면서 말했다.

"다르마를 암송해서 얻은 것은 내가 먹기에 알맞지가 않소. 오 바라문이여, 이것은 진리를 보는 자들의 규칙이 아닙니다. 깨달은 자는 그러한 음식을 거절합니다. 이 원리가 지속하는 한 이것이 생계수단입니다.

유일하고 번뇌가 없고 고요함에 머무는 위대한 성자에게는 다른 종류의 음식과 음료수를 대접하십시오. 왜냐하면 그는 좋은 행위의 씨를 뿌리기를 바라는 들판과 같기 때문입니다."

12년째, 베란자에서 보내다

베란자의 어떤 바라문이 부처님께서 많은 제자들을 데리고 날레주의 님바나무 근처에 있는 베란자에 머무르고 계시다는 소식을 듣고, 부처님께 가서 몇 가지 의문점에 대해서 질문하였다.

바라문은 부처님의 답변에 매우 만족하여 부처님의 추종자가 되었고, 부처님과 제자들을 우기에 베란자에서 지내도록 초대하였다. 부처님께서는 여느 때와 같이 미소를 지어보이면서 승낙하였다.

그런데 불행하게도 바로 이때 베란자에 가뭄이 들어서 부처님과 제자들은 말들에게 줄 사료를 먹고 지내야만 했다. 친절하게도 말장사꾼이 조촐한 음식을 그들에게 제공하였다. 그리고 부처님은 그것들을 완전히 똑같이 나누어주었다.

어느날 사리불이 깊은 선정에서 깨어나 부처님에게 가서 공손히 물었다. "어느 부처님의 시대가 오래 지속되었으며, 어느 부처님의 시대가 오래 지속되지 못했습니까?"

부처님께서 말씀하셨다.

"비파시, 시키 그리고 베사부 여래의 시대는 오래 동안 지속되지 못했으나 카쿠산다, 코나기마나 그리고 카사파 여래의 시대는 오래 동안 지속되었다."

부처님께서는 그 이유로 어떤 부처님들은 법을 자세히 가르치는 데 큰 노력을 기울이지도 않았고, 제자들의 수행을 위해서 어떠한 규정이나 규칙도 공포하지도 않은 반면에, 어떤 부처님들은 법과 계율을 가르치는 데 많은 노력을 기울였기 때문이라고 말씀하셨다.
 그래서 사리불은 공손히 부처님께 율법이 오래 지속될 수 있도록 승가의 미래의 제자들을 위해서 근본적인 계율을 공포할 것을 간청하였다.
 그러자 부처님께서 말씀하셨다.
 "참아라, 사리불아. 참아라. 여래만이 그것이 필요한 때를 안다.
 승가를 모독하는 상황이 일어나기 전까지는 어떤 수련의 방법도 여래는 제자들을 위해서 공포하지 않으며, 근본적인 계율도 정하지 않는다.
 오로지 승가를 모독하는 상황이 발생할 때 여래가 수행의 방법들을 공포하고, 승가를 모독시키는 것을 근절시키기 위해 제자들을 위해서 근본적인 계율을 정할 것이다.
 사리불아, 승가가 오랫동안 유지되면서 충분히 발전하고 얻는 것이 증가하고 박식해 졌을 때, 승가를 모독하는 일이 생겨난다. 그때 여래는 수련하는 방법과 승가에 대해 모독하는 행위를 막기 위해 근본적인 계율을 선포할 것이다."
 "사리불아, 제자들의 조직은 말썽의 소지가 제거되어 있고, 사악한 기질이 없으며, 더러움에서 벗어나 순수하고 인격을 잘 닦고 있다. 나의 오백 제자들 중에 마지막 제자[38]는 예류과에서 떨어지지 않고 꾸준히 나아가서 깨닫게 되어있다."
 베란자에서의 우기안거 기간은 율장의 바라이(婆羅夷)에 대한 소개를 주제로 하고 있다.
 부처님께서는 우기가 끝나자 소레야, 삼카사, 카나후자, 파야가로 전도여행을 떠났다. 그리고 강을 건너 베나레스에 조금 머물다가 베살리로 되돌아가서 마하나바에 있는 영묘에서 머물렀다.

 13년째, 탈리야 기슭에서 보내다

 14년째, 사바티의 제타바나 사원에서 보내다
 이 기간에 라훌라 존자가 20살이 다 되어서 구족계를 받았다.

---
38) 아난 존자를 가리킨다.

15년째, 카필라 성에서 보내다

싯다르타 태자가 자기의 딸인 아쇼다라 공주를 남기고 출가하자 진노하였던 슈파부다왕이 이때에 세상을 떠났다. 부처님께서는 여기서 우기 한 철만 지낸 것으로 보인다.

16년째, 알라비 마을에서 보내다

인간의 살을 먹는 귀신인 알라바카의 귀의가 이때 있었다. 알라바카는 무서운 귀신인데 밖에 나갔다 돌아와보니, 부처님께서 그의 집에 있는 것을 보고 화가 나서 당장 떠나라고 소리쳤다.

부처님께서 "잘 알았네 친구여." 라고 말하고 방을 나섰다.

그가 "들어오시오"하고 말했다.

부처님께서 다시 들어왔다. 그는 두 번 세 번씩이나 똑같은 요구를 하고 부처님은 이에 따랐다.

그러나 그가 네 번째로 지시했을 때, 부처님께서는 이를 거절하시면서 다른 것을 요구하라고 요청했다.

알라바카가 말했다.

"좋다. 그러면 내가 당신에게 문제를 내겠소.

만약 당신이 대답하지 않으면 당신의 머리속을 산산조각나게 하던지, 당신의 심장을 찢어버리든지 아니면 당신의 발을 잡아서 갠지스 강에다 버릴 것이오."

부처님께서 말씀하셨다.

"천만에, 친구여.

나는 신, 범천, 고행자, 바라문을 포함한 이 세상의 많은 신과 인간들 가운데서 나의 생각을 산산조각나게 하거나 나의 심장을 찢어놓거나, 나의 발을 잡아서 갠지스 강으로 날려보낼 수 있는 자를 발견하지 못했다.

어쨋든 친구여, 자네가 원하는 것을 물어보라."

알라바카는 다음과 같이 질문하였다.

"이 세상에서 어느 것이 인간의 최고의 소유물인가?

어느 것을 잘 닦아야 행복을 낳는가?

제 12 장 부처님의 전도활동 165

진실로 가장 달콤한 것은 어느 것인가?
어떻게 살아야 남들이 가장 멋있게 산다고 말할 것인가?"
이 문제에 대해서 부처님께서는 이와같이 말씀하셨다.
"이 세상에서 믿음이 인간의 최고의 소유물이다.
잘 닦은 진리는 행복을 낳는다.
진리야말로 모든 맛 중에 가장 달콤한 것이다.
남들은 말한다. 깨닫는 삶이 최고의 삶이라고"
알라바카는 다시 부처님께 질문하였다.
"어떻게 홍수를 건널 것인가?
어떻게 바다를 건너갈 것인가?
어떻게 괴로움을 극복할 것인가?
어떻게 마음을 정화시킬 것인가?"
부처님께서 말씀하셨다.
"믿음에 의해서 홍수를 건넌다.
깊이 생각하는 것에 의해서 바다를 건넌다.
정진에 의해서 고통을 극복한다.
지혜에 의해서 마음을 정화한다."
알라바카가 다시 질문하였다.
"지혜를 어떻게 얻는가?
부는 어떻게 쌓는가?
명성을 어떻게 얻는가?
친구는 어떻게 사귀는가?
사람이 죽어서 다음 세계로 갈때 어떻게 하면 슬프지 않는가?"
부처님께서 말씀하셨다.
"생각이 깊고 지적(知的)이고 믿음이 있는 사람은 니르바나로 이끄는 청정한 사람의 법을 듣고 지혜를 얻는다.
그는 끈기 있게 노력해서 필요한 부를 얻는다.
관용이 친구를 맺어준다.

네 가지 덕 즉 진실, 자기 억제, 인내, 관용을 가진 성실한 재가 신자는 사후를 슬퍼하지 않는다.
어디 한번 다른 고행자나 바라문에게 진실, 자기억제, 관용, 인내보다 더 위대한 것이 있는지 물어보라."
알라바카는 부처님께서 하신 말씀의 뜻을 잘 이해하고는 말했다.
"어떻게 내가 다른 고행자나 바라문에게 들어볼 수 있겠는가?
오늘 나는 미래의 행복의 비밀이 무엇인지 알았다.
나를 위해서 부처님께서 오셨다.
오늘 나는 어디에 보시를 해야 풍성한 열매를 맺는지 알았다.
마을에서 마을로 도시에서 도시로, 나는 완전히 깨달은 이와 거룩한 진리의 완벽함을 찬양하면서 다닐 것이다."

17년째, 라자가하에서 보내다

18년째, 팔리야 산기슭에서 보내다

19, 20년째, 라자가하에서 보내다

부처님과 앙굴마라

20년째에 부처님은 유명한 살인자 앙굴마라를 귀의시켰다. 그의 원래 이름은 아힘사카(不害)였다. 그의 아버지는 코살라 왕의 종교집회관이었다. 그는 고대의 유명한 교육기관인 타실라에서 교육을 받았다. 그리고 명성이 높은 스승들로부터 가장 총명하고 뛰어난 제자로 신임을 얻게 되었다.

그런데 불행하게도 그의 동료들이 그를 시기해서 거짓말을 꾸며대서 스승이 그에게 반감을 갖도록 만들어버렸다. 화가 난 스승은 자초지종도 들어보지 않고 그의 삶을 파멸로 이끌기 위해, 스승으로부터 용서를 받기 위해서는 천 명의 손가락들을 잘라서 가져와야 한다고 말했다.

그는 비록 마음이 내키지 않았지만 스승의 말에 따라서 코살라의 자닐리 숲으로 가서 손가락을 모으기 위해 사람들을 죽이기 시작하였다. 이렇게 해서 모은 손가락들을 나무에 매달았다. 그런데 까마귀와 독수리가 와서 쪼아먹자

나중에는 정확한 숫자를 확인하기 위해 목걸이를 만들어서 목에다 걸었다.
 그래서 그는 앙굴마라, 즉 손가락 화한(花環)으로 불려졌다. 그가 999개의 손가락을 모았을 때,(경전에는 그렇게 기록하고 있다), 부처님께서 그 앞에 나타났다. 그는 이 위대한 구도자를 죽여서 필요한 숫자를 채울 수 있다는 생각에 기쁨을 감추지 못하면서 칼을 빼어들고 부처님 앞으로 걸어갔다.
 부처님께서는 신통력으로 앙굴마라가 비록 그의 평상시 걸음으로 와도 부처님께 가까이 오지 못하도록 장애물을 만들었다. 앙굴마라는 온 힘을 다해서 달려왔지만 부처님을 따라잡을 수 없었다.
 숨이 차자 멈추어서 땀을 뻘뻘 흘리며 외쳤다.
 "멈추어라 사문이여."
 부처님께서 조용히 말씀하셨다.
 "오 앙굴마라여, 비록 나는 걷고 있지만 나는 이미 멈추었다.
 앙굴마라야, 그대가 멈추어라."
 이 악한이 생각했다.
 "수행자들은 진리를 말한다. 그는 자신은 이미 멈추었고 오히려 내가 멈추어야 한다고 말했다. 그것이 의미하는 것은 뭣일까?"
 그 자리에 서서 그는 부처님께 물었다.
 "그대 걷고 있는 자, 사문이여,
 그대는 '나는 멈추었다'고 말했소!
 그리고 나에게 '나(부처님)는 멈추었는데 앙굴마라는 멈추지 않았다'고 했소.
 내가 당신에게 묻겠는데 사문이여, 당신이 한 말의 뜻이 무엇이오?
  당신은 어째서 '나(부처님)는 멈추었는데 그대(앙굴마라)는 멈추지 않았다'고 말하는 것이오?"
 부처님께서 태연하게 말씀하셨다.
 "그래 나는 멈추었다. 앙굴마라야, 나는 영원히 멈추었다.
 모든 살아있는 것들에 대한 폭력은 이미 포기했다.
 그러나 그대는 그대의 손이 아닌 다른 사람들의 손을 여전히 가지려고 한다. 그래서 나는 멈춘 것이며, 그대는 여전히 가고 있는 것이다."

앙굴마라의 선업이 갑자기 작용하기 시작했다. 그는 이 위대한 고행자가 다름아닌 바로 고타마 부처이며, 그가 자비심으로 그를 도와주러 왔다고 생각했다. 그 즉시 그는 칼을 버리고 귀의하게 되었다.

그 후에 그의 간청에 의해서 승가에 들어오는 것이 허락되었는데, 그가 들어올 때 부처님께서는 단지 이 한 마디로 그를 맞아들였다.

"오너라, 오 비구여(*Ehi Bhikkhu*)"

앙굴마라가 비구가 됐다는 소문이 금새 나돌았다. 특히 코살라 왕은 그의 귀의를 듣고 큰 안도의 한숨을 내쉬었다. 왜냐하면 그는 백성들에게 분명히 위험한 대상이었기 때문이었다. 그러나 앙굴마라 존자는 조금도 마음의 평화를 얻지 못했다.

그는 깊은 명상을 수행해도 불쌍하게 희생당한 이들의 고통스러운 비명들이 줄곧 그를 괴롭히곤 했다.

그의 악한 행위 때문에 거리에서 탁발하다가 돌멩이와 막대로 두들겨 맞고, 짓밟혀서 머리가 깨지고, 피를 흘리며 사원으로 돌아오면서도 자신의 업을 받는 것이라고 생각하고 묵묵히 참아냈다.

어느 날 탁발을 나갔을 때 산고를 겪고 있는 여자를 보았다. 가엾은 생각이 들어서 이 사실을 부처님께 말씀드렸다. 그래서 부처님께서 그에게 다음의 진리의 말을 발음하라고 충고했는데, 이것이 나중에 앙굴마라-호경(護經)이라고 알려진 주문이다.

"여인이여 나는 성자의 가문에서 태어난 이후에 (즉 수계를 받은 이후에) 모든 살아있는 존재의 목숨을 의식적으로 파괴하지 않았음을 알았다.(즉 그 전에는 제 정신이 아니었다). 이 진리에 의해서 당신이 건강하길 그리고 당신의 애기도 건강하기를 바라노라"

이 주문을 외워서 고통스러워하는 산모 앞으로 가서 조금 떨어진 곳에 칸막이를 치고 자리를 깔고 앉아서 이 주문을 외었다. 그러자 그 즉시 산모는 아이를 힘들지 않게 낳았다. 이 주문의 효능은 지금까지도 지속되고 있다.

드디어 앙굴마라 존자는 아라한을 얻었다. 후에 부처님의 가르침에 귀의하게 된 자신의 과거를 회상하면서 다음과 같이 말했다.

"어떤 짐승들은 힘에 의해서 길들여진다. 어떤 것들은 갈고리에 의해서, 그리고 어떤 것들은 채찍에 의해서. 그러나 나는 이러한 사람에 의해서 길들여졌다.

-그는 몽둥이도 칼도 필요없는 자이다."

부처님께서는 생애의 나머지 25년간의 대부분을 아나타핀디카 장자가 사위성에 지은 제타바나 사원(기수급고독원)에서 지냈으며, 가끔씩 여자 재가신도의 핵심이었던 비사카가 지은 푸바라마에서 지내었다.

제 13 장
부처님의 하루 일과

'세존은 깨달았다. 그는 모든 중생을 깨우치기 위해 법을 가르친다'

────마지마 니가야(中部)

 부처님은 인류 역사상 모든 종교 지도자들 중에 가장 열정적이었고 가장 활동적인 스승이었다.

 부처님의 하루 일과는 육체적으로 필요한 최소한의 시간을 제외한 대부분의 시간을 종교적인 활동에 전념하였다. 그는 하루의 일과를 지내는 데 있어서 합리적이고 체계적이었다.

 그의 내적인 삶은 주로 명상적인 것이었으며 니르바나의 기쁨을 경험하는 것과 관련되었다.

 반면에 그의 외적인 삶은 인류의 도덕을 향상시키기 위한 이타적인 봉사의 생활이었다. 그 자신이 깨달았고, 최선을 다해서 남들을 깨우치기 위해 노력했고, 그들을 삶의 고통에서 해방시켰다.

 그의 하루 일과는 다섯 가지로 구분되었다.

 즉 1)오전 2)오후 3)초경 4)중경 5)말경이었다.

오전 일과

 대개 이른 아침에는, 혜안으로 도움을 필요로 하는 사람을 찾기 위해 이 세상을 둘러보았다. 만약 누구라도 그의 정신적인 도움이 필요하면 초청하지 않아도 찾아가는데 대개는 걸어서 갔다. 그러나 때때로 신통력으로 공중을 이용하여 가서는 그 사람을 올바른 길로 귀의시켰다.

일반적으로 부처님께서는 악하고 타락한 사람을 찾아갔다. 반면에 순수하고 덕이 있는 사람은 스스로 부처님을 찾아왔다.

예를 들면, 부처님께서는 스스로 살인자인 앙굴마라와 사악한 귀신 알라바카를 찾아가서 귀의시켰다. 그러나 지혜로운 비사카, 이타심이 많은 아나타핀디카 장자, 그리고 지성적인 사리불과 목건련은 정신적인 가르침을 배우러 부처님을 찾아왔다.

부처님은 누구든지 필요한 사람에게 그러한 정신적인 도움을 주었다. 하지만 어떤 특별한 상황에서 재가 후원자들로부터 초대받지 못하면, 임금도 그 앞에 엎드리는 부처님이지만 손에 바루를 들고, 혼자 또는 제자들과 함께 골목과 거리를 다니면서 탁발을 하곤 했다. 집 문앞에 아무런 말도 없이 조용히 서 있다가 어떠한 음식이든지 주는 것을 모아서 바루에 담고 사원으로 돌아왔다. 팔십이 된 나이에도 불구하고 건강에 아랑곳없이 그는 자신이 먹을 음식을 얻기 위해 베살리로 탁발을 다녔다.

부처님께서는 정오 전에 식사를 마쳤다. 그리고 점심이 끝난 직후에 매일 사람들에게 삼보에 귀의하고 오계를 지키도록 법을 간단히 설하여 준다.

만약 누구라도 정신적으로 발전하였으면 그에게 성인의 경지를 보여준다.

때때로 승가에 들어오고 싶어하는 자가 있으면 입단을 허락해주고 난 다음에 처소로 되돌아가서 지낸다.

오후 일과

부처님께서 점심식사 후에 법당에 자리를 잡고 앉으면 비구들이 법을 들으려고 모인다. 어떤 이들은 부처님께 다가가서 자신들의 근기에 적합한 명상의 대상을 배운다. 다른 사람들은 부처님께 예를 올리고 나서 그들의 방으로 물러가서 오후를 보낸다.

부처님께서는 제자들에게 설법을 한 후에 처소(향기나는 방)에 가서 쉰다.

만약 필요하면 잠깐 동안 오른쪽으로 누워서 의식이 깨어있는 상태로 잠을 잔다.

그 다음에 일어나면 대자비의 선정에 들어가서 그의 혜안으로 세상을 돌아보면서, 정신적인 도움이 필요한 제자들, 특히 명상을 하기 위해 한적한 곳에 머물고 있는 비구들을 물색한다. 만약 멀리서 잘못을 범한 자가 충고를 필요로 하고 있는 게 보이면, 신통력으로 그곳에 가서 그들에게 충고해주고 처소로 되돌아온다.

저녁이 가까워지면 재가 신자들이 법을 듣기 위해 부처님께 몰려온다.

불안(佛眼)으로 그들의 타고난 기질과 근기를 파악해서 그들에게 한 시간 정도 설법해준다. 청중들은 각자가 서로 다른 근기로 구성되었지만, 부처님의 설법이 직접적으로 각자에게 특별히 와 닿게끔 생각이 들게 한다. 이것은 진리를 가르치는 부처님 특유의 방법이었다.

일반적으로 부처님께서는 다른 사람을 귀의시키기 위해 친절히 예화와 비유를 들어서 가르치기 때문에, 부처님의 설법은 감정보다는 지성에 많이 호소한다.

부처님께서는 평범한 사람들에게는 계율과 천상의 기쁨을 먼저 가르쳐 준다. 조금 다른 경지에 있는 사람들에게는 물질적인 즐거움의 어리석음과 출가의 기쁨을 가르친다.

그리고 상근기를 가진자에게는 네 가지 성스러운 진리를 가르친다.

가끔 예외적으로 앙굴마라나 케마 같은 경우에 부처님께서는 신통력을 써서 상대방의 마음에 변화를 일으키도록 유도한다. 부처님께서는 성스러운 가르침을 대중과 엘리트 계층에 똑같이 호소했다.

한 불교시인은 이렇게 노래했다.

"현명한 자에게는 기쁨을 주고, 평범한 자에게는 지혜를 증진시키며, 아둔한 자에게서는 어두움을 몰아내는 이 법은 모든 이들을 위해 존재한다."

부자와 가난한 자, 지위가 높고 낮은 자들 모두가 이전의 그릇된 믿음을 버리고 새로운 평화의 진리를 품에 안았다.

부처님의 법은 최초에 다섯 비구를 핵심으로 시작되어서 곧 수백만 명으로 발전하였고, 인도 중부의 전 지역에 평화롭게 전파되었다.

초경

이 시간은 저녁 6시부터 10시까지인데 거의 비구들을 가르치는 시간이었다.

이 시간에 비구들은 자유롭게 부처님께 가서 법의 심오한 부분을 질문하여 의심나는 것을 풀고 알맞은 명상의 대상을 부여받으면서 진리의 가르침을 들었다.

중경

이 시간은 밤 10시부터 새벽 2시까지이다.

이 때는 보통 사람들의 눈에는 보이지 않는 천신이나 범천 같은 천상의 존재들이 내려와서 부처님께 법을 질문하였다.

상윳타 니까야에 보면 '이윽고 밤이 깊어지면 어떤 천신이 광채를 내면서 부처님께 다가가서 공손히 예를 올리고 그 옆에 서 있었다.' 하는 귀절이 자주 눈에 띈다.

말경

이른 새벽으로 2시부터 6시까지인데 네 개의 부분으로 나눈다.

첫째 부분은 2시에서 3시 사이인데 천천히 거닐면서 보낸다. 이것은 어느 정도 육체적인 운동을 하는 것에 속한다.

둘째 부분은 3시부터 4시 사이 인데, 오른편으로 누워서 의식이 깨어 있는 상태로 잠잔다.

세 번째 부분은 4시부터 5시 사이인데, 깊은 선정에 들어가서 니르바나의 기쁨을 누린다.

5시부터 6시까지는 대자비의 깊은 선정에 들어가서 모든 존재들에 대해서 자비스러운 마음을 보내주며 그들의 마음을 온화하게 해준다.

이 시간에는 전 세계를 불안(佛眼)으로 관하면서 누구라도 도와줄 수 있는 사람을 찾는다. 마음이 고결하거나 부처님의 도움이 필요한 사람은 비록 먼 거리에 살더라도 부처님 면전에 생생하게 나타난다.

부처님께서는 그들에 대한 자비심으로 직접 그들에게 가서 필요한 정신적인 도움을 준다. 이처럼 부처님의 일과는 하루 내내 종교적인 생활로 꽉

채워져 있었다.

다른 살아 있는 존재들과 달리 오로지 밤에 1시간만 취침을 했다. 그리고 새벽 두 시간 동안은 모든 존재들에게 행복이 깃들게 무한한 사랑의 마음을 보낸다.

부처님께서는 스스로 빈곤한 삶을 살아가면서도 어떠한 불편도 느끼지 않았고, 자신이 먹을 것은 스스로 걸식하였다. 일 년 중 우기를 제외한 8개월 동안을 이 곳에서 저 곳으로 옮겨 다니며, 일 년 내내 성스러운 진리를 가르쳤다. 여든 살이 다 되도록 오로지 모든 사람들의 번영과 행복을 위해서 피곤한 줄도 모르고 살았다.

담마프라디피카에 의하면 말경은 위의 네 가지로 나누어졌다.

이와 달리 주식서들에 의하면 말경은 세 개의 부분으로 구성되었다. 부처님께서는 그중에서 세 번째 부분에서 대자비의 깊은 선정에 든다고 기록하고 있다.

제 14 장
부처님의 열반

'태양은 낮 동안 빛난다. 달은 밤에 빛난다.
왕이 전투할 때 투구는 빛난다.
명상을 할 때 바라문은 빛난다.
그러나 부처님은 언제 어디서나 찬란히 빛난다.'

―― 법구경

　부처님은 매우 뛰어난 존재였다. 그럼에도 불구하고 모든 존재들과 마찬가지로 병들고 늙어서 세상을 떠났다. 그는 80세에 열반에 들 것을 알았다.
　부처님께서는 검소하였기 때문에 활동의 중심무대였던 사위 성이나 라자가하 같은 유명한 도시보다는 쿠지날라 같은 멀고 초라한 작은 부락에서 마지막 숨을 거두려고 결정하였다.
　부처님의 말씀대로 그는 80세에 '다 낡은-수레' 같았다. 그러나 비록 나이는 들어 늙었지만, 여전히 의지는 강했으며, 사랑하는 제자 아난을 데리고 먼길을 천천히 걸어가면서 전도하는 여행을 좋아했다.
　한편 부처님의 수제자 사리불과 목건련은 부처님보다 먼저 세상을 떠났다. 그리고 라홀라 존자와 아쇼다라도 먼저 세상을 떠났다.
　마가다 국의 수도인 라자가하는 부처님의 마지막 여행의 출발지였다. 부처님께서 라자가하에서 떠나려고 할 때 부친을 살해한 라자가하의 왕 아자타사투가 이제 한창 발전하고 있는 바지안 국을 선전포고도 없이 공격할 계획을 세우고 부처님께 대신을 보내서 그의 사악한 계획에 대해서 부처님의 의견을 들어보려고 했다.

번영의 조건
이에 대해 부처님께서 다음과 같이 말씀하셨다.

1) "바지안 사람들이 자주 만나고 많은 모임을 개최하는 한
2) 그들이 함께 모여서 단결하고, 단결력이 강해지고, 단결해서 그들의 의무를 수행하는 한
3) 법률로 정하지 않은 것은 시행하지 않으며, 이미 시행되고 있는 것을 취소하지 않고, 이미 확립된 고대의 바지안의 원칙에 따라서 행동하는 한
4) 바지안 사람들이 그들의 윗 사람들을 지지하고, 존경하고, 공경하고, 찬양하고 그들의 옳은 말에 귀를 기울이는 한
5) 그들 가정의 여자나 소녀들이 인신매매에 의해서 붙들려가지 않는 한
6) 그들이 숭배의 대상에 대해서 내적으로나 외적으로 지지하고, 존경하고, 공경하고, 찬양하고, 이전에 시행되었던 올바른 의식들을 소홀히 하지 않는 한
7) 그들이 아라한에 대해서 올바로 보호하고 지지하며 아직 오지않은 아라한이 그 영토로 들어오고, 그 영토에 들어온 아라한이 평화롭게 살 수 있는 한 바지안 사람들은 쇠퇴하지 않고 번영할 것이다."

부처님께서 말씀한 바지안족들의 번영의 조건에 대해서 들은 대신 비사카라는 왕에게 가서 바지안족은 외교나 그들의 동맹국을 부수지 않고 전쟁만으로는 정복되지 않을 것이라고 보고했다.

그래서 부처님께서는 이 기회를 이용해서 제자들에게 일곱 가지의 비슷한 번영의 조건들을 가르치기 위해 모든 비구들을 라자가하에 소집해서 다음과 같이 말했다.

1) "오 제자들이여, 비구들이 자주 모이고 자주 모임을 개최하는 한
2) 비구들이 함께 만나서 단결하고, 단결을 발휘하고, 승가의 의무를 단

결해서 수행하는 한
3) 비구들이 아직 선포하지 않은 것은 아무것도 선포하지 않으며, 이미 선포된 것을 폐지하지 않고, 이미 규정된 규칙에 따라서 행동하는 한
4) 비구들이 교단의 창시자들과 지도자들 같은 오랜 교단의 경험을 가진 장로들을 지지하고, 존경하고, 공경하고, 찬양하고, 그들의 가치있는 말을 존경하는 한
5) 비구들이 다시 태어나는 것으로 이끄는 집착에 얽매이지 않는 한
6) 비구들이 숲속에서 혼자 명상하는 것을 즐거워하는 한
7) 비구들이 혼자 수행하면서 자신의 내부를 늘 지켜보는 것을 닦아서 아직 그렇지 못한 이들을 그렇게 하도록 하고, 이미 그런 상태에 있는 자들을 평화롭게 살게 하는 한, 비구들은 쇠퇴하지 않고 번영할 것이다.

이 일곱 가지의 번영의 조건들이 비구들 사이에서 계속 존재하는 한, 비구들이 이 조건들에 대해서 잘 교육을 받는 한 그들은 쇠퇴하지 않고 번영할 것이다."

부처님께서는 무한한 자비심으로 또 다른 일곱 가지 번영의 조건으로 비구들을 일깨웠다.

"비구들이 사업거래를 좋아하고 즐겨하거나 종사하지 않는 한, 비구들이 잡담을 좋아하고 즐겨하지 않는 한, 비구들이 잠자기를 좋아하거나 즐겨하지 않는 한, 비구들이 세속적인 것을 좋아하거나 즐겨하거나 탐닉 않는 한, 비구들이 감각적 욕망을 갖지도 않고, 그 영향에 지배되지도 않는 한, 비구들이 나쁜 친구를 갖지 않고 또는 사귀지도 않으며, 사악한 기질이 없는 한, 비구들은 아라한을 조금 얻은 것에서 멈추지 않고 계속 나아갈 것이다."

더 나아가서 부처님께서는 이와같이 말씀하셨다.

"비구들이 신심이 있고, 겸손하고, 성실하고, 배우려는 의지가 넘치고, 꾸준히 정진하고, 항상 깨어있고, 지혜가 가득 차는 한, 비구들은 쇠퇴하지 않고 번영할 것이다."

사리불의 칭찬

이외에도 몇 번의 설법을 더한 후에 부처님께서는 아난다를 데리고, 라자가하를 떠나서 암발라티히카로 갔다. 그리고 다시 날란다로 가서 파바리카 망고 숲에서 지냈다. 이때 사리불이 부처님께 다가가서 부처님의 지혜를 찬양하면서 말했다.

"스승님이시여, 저는 스승님에 대해서 매우 기쁘게 생각합니다. 왜냐하면 저는 자신의 깨달음에 관해서 세존보다 더 위대하고 지혜로운 어떠한 고행자나 바라문이 과거에도 결코 없었고, 미래에도 없을 것이며, 현재에도 없다고 생각하기 때문입니다."

부처님께서는 제자로부터의 그런 찬사를 받아들이지 않고서 마음속으로 사리불 존자가 과거와 미래의 여래들의 공덕을 완전히 인식하지 못하고 그러한 열정적인 찬사를 터뜨렸다고 생각하였다.

사리불 존자는 자신이 모든 뛰어난 깨달은 자들을 직접적으로 알지 못한다고 인정하면서도, 모든 깨달은 자들이 다섯 가지 장애 즉,

1) 감각적 욕망 2) 악의 3) 게으름과 나태 4) 불안과 망상

5) 우유부단을 극복하고 지혜를 통해서 뿌리깊은 번뇌를 누그러지게 하고, 사념처[39]에 마음을 철저히 확립하고, 깨달음의 일곱 가지 요소(七覺支)를 올바르게 발전시키는 과정을 통하여 얻은 최고의 깨달음, 법의 계보에 정통하였다고 주장하였다.

파탈리푸타

부처님께서는 날란다로부터 파탈리가마로 갔는데, 그곳에는 마가다국의 주요대신인 수니다와 바사카라가 막강한 바지안족의 침략을 막기위해 작은 성벽을 쌓고 있었다.

여기서 부처님께서는 빈 집에 머물면서, 심안으로 수 천의 신들이 여기

---

39) 몸(身),느낌(受),마음(心),정신적 대상(法)의 모든 움직임과 본질에 대해서 늘 관찰하면서 주의깊게 살펴보는 불교의 정통명상으로 염처경(念處經)에서 자세히 다루고 있다.

저기에 출몰하는 것을 보고, '파탈리푸라는 성자들이 지내는 중요한 도시가 될 것이고, 상업의 중심지와 모든 종류의 상품들의 거래지가 되겠지만 불, 물, 분쟁의 세 가지의 위험에 놓이게 되겠다.'고 예언했다.

파탈리가마에 부처님께서 도착했다는 소식을 듣고, 대신들은 그 즉시 집에 부처님과 제자들을 초대하였다. 식사가 끝나자 부처님께서는 그들에게 다음과 같이 충고하였다.

"사려깊은 사람은 어디에 있든지 자신의 거처를 마련한다. 그가 그곳에 있는 형제들, 인격이 잘 수련된 사람들을 도와주게 하라. 그리고 그가 이루어 놓은 공덕들을 그곳에 나타나는 천신들에게 주어라. 공경을 받으면, 그들 또한 그를 공경할 것이다. 찬양을 받으면 그들은 다시 그를 찬양할 것이다. 어머니가 외아들을 대하듯이 그에게 정성을 다하라. 그러면 신들의 은총을 가진 그 자는, 행운을 가져오리라."

사람들은 그 도시에 그의 방문을 기념하기 위해서, 그가 떠나간 문을 '고타마-문'이라고 이름지었고, 그가 건너갈 배를 '고타마-나룻배'라고 이름짓기를 바랬다. 그러나 부처님께서는 사람들이 건너갈 준비를 바쁘게 하는 동안에, 신통력으로 범람하는 갠지스 강을 이미 건너가버렸다.

미래의 상태

부처님께서는 갠지스 강둑에서부터 코티가마로 갔다. 그리고 다시 나디카 마을로 가서 머물렀다. 그러자 아난다 존자가 부처님께 다가가서 그 마을에서 죽은 몇 사람들의 미래의 상태에 대해서 공손히 여쭈었다.

부처님께서는 연관된 사람들의 운명을 쭉 나타내보이면서 진리의 거울(法鏡)을 얻는 방법을 가르쳐주었으며, 그런 능력을 얻은 제자는 다음과 같이 자신에 대해서 예언할 수 있었다.

"나에게 있어서 고통스러운 상태에 태어나는 것, 축생계, 아귀계, 슬픔, 사악함, 더 낮은 상태들은 소멸되었다.

나는 성인의 흐름에 들어간 자이다. 더 이상 그 밑으로 다시는 떨어지지 않으며, 최후의 깨달음을 반드시 얻게 되어 있다."

진리의 거울(法鏡)

"오, 아난다야, 무엇이 진리의 거울이냐? 여기에 있는 성스러운 수행자는 부처의 공덕에 대해서 다음과 같이 깊이 생각하면서 완전한 믿음에 마음을 둔다."

'이와 같이 참으로 세존은 고귀하고, 완전히 깨달았고, 지혜와 원만함을 갖추었으며 그것을 성취시키며, 세상을 아는 자, 누구와도 견줄 수 없는 존재들을 훈련시키는 조련사, 신과 인간들의 스승, 무엇이든지 알고있는 성스러운 자이다.'

"그는 법의 특성에 대해서 다음과 같이 깊이 생각하면서 완전한 믿음에 마음을 둔다."

'세존에 의해서 법은 자세히 설명되었고, 스스로 깨닫게 하고, 즉각적인 효과를 미치고, 올바른 탐구를 통하여 니르바나로 이끌며, 현명한 자에 의해서 스스로 깨닫게 된다.'

"승가에 완벽한 믿음을 두는 자는 승가의 공덕을 다음과 같이 깊이 생각한다.

'세존의 제자들의 공동체는 좋은 행동을 한다.
세존의 제자들의 공동체는 올바른 행동을 한다.
세존의 제자들의 공동체는 현명한 행동을 한다.
네 쌍의 사람들(四位)은 여덟 사람(八聖人)으로 구성되었다.
세존의 제자들의 공동체는 보시·환대·공양·존경을 받을만한 가치가 있으며, 이 세상 누구와도 비교할 수 없는 공덕의 장(場)이다.'

"덕스러운 인격을 지닌 자는 성자를 기쁘게 하며, 손상되지 않고, 손대지 않고, 흠이 없고, 결백하고, 자유롭고, 현자에 의해서 칭찬 받고, 욕망에 물들지 않고, 집중(선정)으로 이끌려 간다."

부처님께서는 나디카로부터 번영의 도시 베살리에 도착해서 아름다운 창녀, 암바팔리의 동산에서 머물렀다.

부처님께서는 그녀의 방문을 기다리면서, 제자들이 그녀의 유혹에 빠지지 않게 하기 위해 마음을 단단히 먹으라고 주의하면서 명상하는 방법을 가르쳐주었다.

암바팔리

암바팔리는 부처님께서 그녀의 망고 동산에 도착했다는 소식을 듣고, 찾아가서 공손하게 부처님과 제자들을 다음날 점심식사에 초대하였다. 그래서 부처님께서는 그녀의 초대를 나중에 온 리차비 귀족들의 초대보다 먼저 받아들였다.

리차비 귀족들이 부처님께 공양할 수 있는 기회를 얻기 위해 그녀에게 많은 액수의 돈을 주어도 그녀는 공손히 이 제의를 거절하였다. 초대된 대로 부처님께서는 암바팔리의 집에서 식사를 했다.

식사가 끝난 후 창녀이지만 아라한의 잠재력을 갖고 있었던 암바팔리는 큰 마음을 먹고 그녀의 넓은 망고 숲을 부처님과 제자들에게 보시하였다.

그때는 우기였기 때문에 부처님께서는 제자들에게 베살리 근처에서 지내라고 지시하고, 그 자신은 그의 마지막 장소인 베살리 근처 마을의 벨루바에서 머물기로 결심하였다.

부처님의 병환

이 해에 부처님께서는 심한 병으로 고통을 받아야만 했다. 죽음에 가까울 정도로 격렬한 고통이 일어났지만, 주의 깊게 관찰하는 수련으로 고통을 이겨내면서 겉으로 내색하지 않고 굳센 의지로 이를 견디었다.

부처님께서는 이제 머지 않아 열반에 들 것을 알았다. 그러나 자신을 따르는 제자들에게 이를 알리지 않고, 교단에 필요한 가르침을 주지도 않고 열반에 드는 것은 적절치가 않다고 생각했다. 그래서 부처님께서는 자신의 의지로 병을 가라앉혀서 아라한의 기쁨상태에 놓이게 하였다.

병환에서 회복되자 즉시, 아난다 존자가 부처님께 다가가서 회복된 것을 기뻐하면서, 부처님께서 교단에 아무런 가르침도 주지 않고 열반에 들지 않았다고 생각하니 마음이 조금 놓인다고 말했다. 여기서 부처님께서는 중요하고 의미 있는 대답을 했는데, 이것은 분명하게 불·법·승의 독특한 성향을 보여준다.

부처님의 훈계

"아난다야. 승가는 나에게 무엇을 기대하느냐? 나는 비교적(秘敎的)인 것과 현교적(顯敎的)인 교리 사이에 어떠한 구별도 두지 않고 법을 가르쳤다. 진리에 관해서라면 여래는 스승의 주먹 속에 아무것도 감추어 둔 것이 없다."[40]

"어떤 이는 이렇게 생각할지도 모르겠다.

'비구들의 교단을 이끌어 갈 사람은 바로 나다.' 또는 '비구의 교단이 나에게 의존한다.' 또는 '교단에 관한 어떤 문제에 대해서 조언을 할 자는 바로 누구 누구이다.'

아난다야. 여래는 비구의 교단을 이끌어 갈 자가 누구 누구이거나 교단이 누구 누구에게 의지한다고 생각하지 않는다. 그런데 왜 여래가 교단의 문제에 대해서 조언을 남기겠느냐?"

"아난다야. 나는 이제 너무 늙고, 노쇠하고, 나이가 들어서 삶을 마칠 때가 가까이 왔다. 내 나이 이제 여든이다. 낡은 수레가 가죽끈의 도움으로 움직이듯이, 마찬가지로 여래의 몸도 그렇게 움직이고 있다.

아난다야. 느낌과 대상이 소멸되어서 심일경성의 깊은 선정에서 지낼 때만 여래의 몸이 편하게 된다."

"그러므로 아난다야. 너 자신을 섬(의지처)으로 삼아라. 너 자신에게 의

---

40) 이 두개의 용어는 개인과 가르침의 구별에 관한 것을 의미한다.
'나의 교리의 이만큼한 정도는 다른 사람들에게 가르치지 않을 것이다.--- 이러한 생각은 법을 중심적인 제자로 제한한다.'
'나의 교리의 이만큼한 정도는 다른 사람들에게 가르칠 것이다.--- 이러한 생각은 법을 다른 사람에게도 전달함을 의미한다.'
'나는 이 사람에게 가르칠 것이다.'--- 이러한 생각은 중심적인 제자를 한정한다.
'나는 이 사람에게 가르치지 않을 것이다.'--- 이러한 생각은 개인적인 차별을 의미한다. 부처님께서는 제자들과 가르침에 대해서 이러한 차별을 두지 않았다. 그리고 그의 가르침에는 아무것도 비밀스러운 것이 없었다.또한 그의 제자들 사이에서 중심권,주변권으로 만들지도 않았다.

지혜라. 그밖의 다른 곳에서 의지할 곳을 찾지 말라. 너의 섬으로서, 너의 의지처로서 법과 함께 살라. 어떠한 외부적인 의지처도 찾지 말라."
"아난다야. 어떻게 하면 비구가 그 자신을 섬으로 하고, 그 자신을 의지처로 하고, 어떠한 외부적인 의지처도 찾지 않고, 법을 섬으로 하고, 법을 의지처로 하고, 외적인 의지처를 찾지 않고 살 수 있느냐?"
"그러므로 아난다야. 비구는 정진하고, 생각을 되새겨 보고, 주의 깊고, 이 세상에 대한 탐욕을 버리고, 신체 느낌 의식 법에 대해서 항상 깨어 있는 것을 닦으면서 살아야 한다."[41]
"누구든지 지금 또는 나의 사후에 자신을 섬으로 하고, 자신을 의지처로 하고, 어떠한 외적인 의지처도 찾지 않고, 법을 섬으로 하고, 법을 의지처로 하고, 어떠한 외부적인 의지처도 찾지 않고 살아야 한다. 이런 비구들은 수행하려는 자들 중에서 가장 앞서 갈 것이다."

여기서 부처님께서는 마음의 정화와 고통스러운 삶에서 해방되기 위하여 개인적인 노력의 중요성을 특히 강조하였다. 거기에는 다른 존재들에게 빌거나, 다른 존재들에게 의존하는 것은 아무런 효과가 없다.

그러면 어떤 이는 이렇게 질문할지도 모르겠다. 즉 부처님께서 분명히 그의 제자들에게 다른 것들에서 의지처를 구하지 말라고 훈계했는데, 왜 불교도들은 불·법·승에 의지처를 구하는가?

사실 불교도들은 삼보(불·법·승)에 귀의하면서 단지 해탈의 길을 가르쳐 준 자로서 부처님, 그 유일한 방법이나 길로서 법, 살아가는 모범적인 방법으로서 승가에 귀의하는 것이다. 불교도들은 단순히 삼보에 귀의함으로서 자신들의 해탈을 얻을 것이라고 생각하지 않는다.

비록 부처님께서는 늙고 쇠약해졌지만 모든 가능한 기회를 이용하여 여러 가지 방법으로 비구들을 가르쳤을 뿐만 아니라, 개인적으로 초대가 없으면 직접 손에 바루를 들고 정규적으로 탁발을 나갔다.

어느날 여느 때와 마찬가지로 베살리에 탁발하러 갔다가 식사 후에 아

---

41) 즉 사념처를 부지런히 수행하라는 뜻이다. 사념처에 대해서는 비파사나 명상에 관한 책들을 참조하기 바란다.

난다 존자와 같이 차팔라 성지에 가서 베살리와 이 도시의 다른 성지에 대해서 찬탄하면서 아난에게 다음과 같이 말했다.

"누구든지 경험과 실천을 바탕으로 해서 마음을 수양하고, 발전시켜서 지배한 다음에 완성(선정)의 네 가지 수단을⁴²⁾ 철저하게 얻은 자는, 만약 그가 원한다면, 일백 년(kappa) 또는 그보다 조금 더(kappāvasesaṁ) 살 수 있다."⁴³⁾

"아난다야, 여래는 경험과 실천을 바탕으로 해서 마음을 수양하고, 발전시켜서 지배한 다음에 완성의 네 가지 수단을 철저하게 얻었다. 만약 원한다면 여래는 일백 년 또는 그보다 조금 더 오래 살 수 있다."

경전들은 덧붙이기를 세존께서 이와 같이 명백하고 분명히 제의를 했음에도 불구하고, 아난다는 그 뜻을 제대로 이해할 수 없었기 때문에, 인류에 대한 자비심에서 신과 많은 사람들의 선과 이익, 행복을 위해서 부처님께 일백 년만 더 머무르라고 권유하지 못했다고 전하고 있다.

경전은 그 이유를 그때 아난다의 마음이 마군에 의해서 지배되었기 때문이라고 설명하고 있다.

부처님께서 열반을 선언하다.

부처님께서는 이른바 진리란 것을 찾는 자들을 가르치기 위해 이 세상에 출현했다. 그들은 진실로 그리고 일상의 모든 고통에서 벗어나기 위한 유일한 길을 찾고 있는 자들이다. 부처님께서는 길고도 성공적인 전도 기간에 그 자신과 추종자들이 만족할 만큼 거룩한 전도 활동을 완성했다.

부처님께서는 여든이 되던 해에 자신의 일이 이제 끝났음을 알았다. 그리고 그의 진지한 제자들 즉 재가자와 출가자들 모두에게 필요한 모든 가르침을 주었고, 그들 또한 부처님의 가르침을 확실하게 이해했을 뿐만 아니라, 그것들을 다른 사람들에게 자세히 설명해 줄 수도 있었다.

그래서 부처님께서는 법력으로 아라한의 기쁨을 누리면서 수명을 더 늘

---

42) 네가지 신족(神足)은 의지,정진,마음,탐구 또는 지혜를 의미한다.
43) 여기서 kappa는 보통의 수명 ,약 일백년을 의미한다.
　　kappavasesam은 kappa가 좀 많은 것이므로 약 120년 정도이다.

리지 않으려고 결정했다.

그 대신에 차팔라 성지에 머물면서 아난다에게 3개월 이내에 열반에 들 것이라고 선언했다. 아난다는 즉시 부처님께서 한 말을 떠올리고 모든 사람들의 이익과 행복을 위해서 카파(일백 년)만 더 살 것을 간청했다.

부처님께서 말씀하셨다.

"아난다야. 네 뜻은 충분히 이해한다. 여래에게 간청하지 말아라. 그러한 요청을 할 때는 이미 지나갔다."

그리고 그는 삶의 덧없음에 대해서 말하고, 아난다와 함께 마하바나에 있는 영묘에 가서 모든 비구들을 베살리 근처에 모이도록 지시했다.

부처님께서는 비구들에게 다음과 같이 말씀하셨다.

"여래가 너희들에게 가르친 진리들을 잘 연구하고, 수련하고, 개발시키고, 발전시켜서, 성스러운 삶이 오래 유지되도록 하고, 인류에 대한 동정심을 가지고 신들과 인간들의 이익과 행복을 위해서 영속시켜야 한다."

"그 진리들이란 무엇이냐? 그것들은

명상의 네 가지 바탕(四念處)

올바른 노력의 네 가지 종류(四正勤)

완성의 네 가지 수단(四神足)

다섯 가지 기능(五根)

다섯 가지 힘(五力)

깨달음의 일곱 가지 요소(七覺支)

여덟 가지 성스러운 길(八正道)로서

깨달음의 37가지 요소(三十七道品)이다."[44]

그리고 나서 부처님께서는 다음의 마지막 훈계를 하고 승가에게 열반의 시기를 선언하였다.

"오 비구들이여, 내가 지금 그대들에게 말하는 것을 잘 들어라.

모든 조건지워진 것들은 변천한다. 부지런히 정진하라. 여래의 열반이 얼마 남지않았다. 지금부터 3개월 후에 여래는 열반에 들 것이다."

"나는 늙었다. 생명이 조금밖에 안 남았다. 너희들을 남겨 두고 나는 떠날 것이다. 나는 나 자신을 의지처로 삼아 왔다.

오, 비구들이여, 정진하라. 깨어있어라. 그리고 계율을 잘 지켜라. 잘 닦아진 생각들로 그대들의 마음을 보호하라. 이 법을 주의깊게 생각하면서 사는 자는 삶의 방랑에서 벗어날 수 있으며, 고통을 끝마칠 수 있다."

부처님은 마지막으로 베살리를 한번 돌아보고 아난다와 함께 반다가마로 가서 비구들에게 말했다.

"계율, 선정, 지혜 그리고 최고의 깨달음을 얻은 고타마는 이러한 것들을 깨달았다. 그것들을 잘 이해하라. 여래는 이 교리를 제자들에게 가르쳤다. 스승은 통찰력으로 고통을 벗어났으며, 모든 번뇌를 소멸시켰다."

네 가지 중요한 기준

부처님께서는 그 후에 마을과 마을을 지나서 보가나가라에 도착했다. 그리고 그곳에서 네 개의 위대한 예증 또는 기준에 대해 언급했는데, 이것에 의해서 부처님께서 가르치고자 하는 것을 명확히 이해할 수 있다.

1. "어떤 비구는 이렇게 말할 수 있다.

'나는 부처님의 입으로부터 이와 같이 듣고 이와 같이 받아들이고 있다. 이것은 교리이다. 이것은 계율이다. 이것은 스승의 가르침이다.' 그러면 그의 말은 무조건 받아들이지도 말고 거절하지도 말라. 그러한 말을 받아들이지도 말고 거절하지도 않으면서, 모든 낱말과 음절을 철저히 연구

---

44) 1. 四念處 : 몸(身), 느낌(受), 마음(心), 정신적 대상(法)을 주의깊게 관찰하는 것
2. 四正勤(斷) : 아직 나타나지 않은 악을 막는것(律儀斷), 이미생긴 악을 끊는것(斷斷), 아직 나타나지 않은 선을 일으키는것(隨護斷), 이미 일어난 선을 증가시키는것 (修斷)
3. 四神足(四如意足) : (Iddhipadas) 일반적으로 이것은 徹視, 徹聽, 知他人心, 飛行으로 번역되고 있는데 잘못 번역된 것 같다. 깨달음으로 가는 길에 이러한 신통력이 필요하지 않을 뿐더러 다른 요소들과도 맥락이 이어지지 않는다. 따라서 이책에서 저자가 주를 단 의지(chanda), 노력(viriya), 마음(citta), 그리고 탐구 또는 지혜(vimamsa)가 적합한 것으로 보인다.(역자주)
4. 五根 : 信, 精進, 念, 定, 慧의 五無漏根을 의미
5. 五力 : 信(信仰)力, 勤(努力)力, 念(憶念)力, 定(禪力), 慧(智慧)力
6. 七覺支(分) : 擇法(判斷), 精進, 喜(기쁨), 除(번뇌제거), 捨(평정), 定, 念

해서 경전에 갖다 대고 계율과 비교해 보라. 비교해서 만약 그것들이 경전과 내용이 조화를 이루지 못하고 계율과 일치하지 않으면, 그때 너희들은 이렇게 결론내려도 좋을 것이다.
'확실히 이것은 세존의 말이 아니다. 이것은 그 비구에 의해서 잘못 인식된 것이다.'
따라서 너희는 그것을 거절해야 한다. 그런데 비교하고 대조해 보았을 때, 그것들이 경전과 조화를 이루고 계율과 일치하면 너희들은 이렇게 결론을 내려도 좋을 것이다.
'확실이 이것은 세존의 말씀이다. 이것은 그 비구에 의해서 올바르게 인식되었다.'
이것을 첫 번째 위대한 기준으로 간주하라."

2. "다시 어떤 비구가 이렇게 말할 수 있다.
'어떤 사원에서는 승가가 지도적인 위치에 있는 장로와 함께 산다. 그 승가로부터 나는 다음과 같이 들었고 또 그렇게 받아들이고 있다. 이것은 교리이다. 이것은 계율이다. 이것은 스승의 가르침이다.'
그러면 그의 말을 무조건 받아들이거나 거절해서는 안된다. 그러한 말을 받아들이거나 거절하지 않으면서, 모든 낱말과 음절을 철저히 연구해서 경전에 갖다 대어보고 계율과 비교해 보아라. 그렇게 비교해서 만약 그것들이 경전과 조화를 이루지 않고 계율과 일치하지 않으면, 그때 너희들은 다음과 같이 결론내려도 좋다.
'확실히 이것은 세존의 말이 아니다. 이것은 그 비구에 의해서 잘못 인식되었다.'
그러면 너희는 그것을 거절해야 한다. 그런데 비교하고 대조해 보아서 경전과 조화를 이루고 계율과 일치할 때, 너희들은 다음과 같이 결론내려도 좋다. '확실히 이것은 세존의 말이다. 이것은 그 비구에 의해서 올바르게 인식되었다.'
이것을 두 번째 위대한 기준으로 간주하라."

3. "다시 어떤 비구는 이렇게 말할 수 있다.
'어떤 사원에 많이 배우고, 가르침에 정통하고, 다르마, 계율, 마트리스(論母)⁴⁵⁾에 능숙한 장로와 비구들이 많이 살고 있다. 그 장로들의 입으로부터 나는 다음과 같이 들었고, 또 그렇게 받아들이고 있다. 이것은 다르마다. 이것은 계율이다. 이것은 스승의 가르침이다.'
그러면 그의 말을 무조건 받아들이거나 거절해서도 안된다. 그런 말을 받아들이거나 거절함이 없이 모든 낱말과 음절을 철저히 연구해서 경전에 갖다대어서 계율과 비교해 보아라. 그때 비교해서 만약 경전과 조화를 이루지 않고 계율과 일치하지 않으면, 너희는 다음과 같이 결론을 내려도 좋다.
'확실히 이것은 세존의 말씀이 아니다. 이것은 그 비구에 의해서 잘못인식되었다.'
그러면 너희는 그것을 거절해야 한다. 그런데 비교하고 대조해 보아서 경전과 조화를 이루고 계율과 일치하면, 너희는 다음과 같이 결론을 내려도 좋다.
'확실히 이것은 세존의 말이다. 이것은 그 비구에 의해서 올바르게 인식되었다.'
이것을 세 번째 위대한 기준으로 간주하라."

4. "다시 어떤 비구가 이렇게 말할 수 있다.
'어떤 사원에 많이 배우고, 가르침에 정통하고, 다르마, 계율, 마트리스(논모)에 정통한 원로 비구가 살고 있다. 그 장로의 입으로부터 나는 이같이 듣고, 이같이 받아들이고 있다.'
'이것은 다르마다. 이것은 계율이다. 이것은 스승의 가르침이다.'
그러면 그의 말을 무조건 받아들이지 말고 거절하지도 말라.
그러한 말을 받아들이거나 거절함이 없이, 모든 낱말과 음절을 철저히 연구해서 경전에 갖다 대고 계율과 비교해 보라. 그렇게 비교해서 만약 경전과 조화를 이루지 않고 계율과 일치하지 않으면, 너희는 이렇게 결

---

45) 율장에서는 이것을 흔히 아비다르마 피타카(논장)을 언급할 때 사용한다.

론을 내려도 좋다.
'확실히 이것은 세존의 말씀이 아니다. 이것은 그 비구에 의해서 잘못 인식되었다.'
그러면 너희는 그것을 거절해야 한다.
그런데 비교하고 대조했을 때 만약 경전과 조화를 이루고 계율과 일치하면, 그때 너희는 이와 같이 결론을 내려도 좋다
'확실히 이것은 다르마다. 이것은 계율이다. 이것은 스승의 가르침이다.'
이것을 네 번째 위대한 기준으로 간주하라.

비구들이여, 이것들이 위대한 네 가지 기준들이다."

부처님의 마지막 식사

부처님께서는 이와 같은 교훈적인 설법으로 제자들을 일깨워주고 파바로 갔다. 여기서 부처님과 제자들은 대장장이 춘다의 대접을 받았다. 춘다는 기쁜 마음으로 수카라마다바로 불리는 특별히 맛있는 요리를 준비했다.[46]

춘다는 부처님의 충고에 따라서 부처님에게만 그 음식을 드리고 나머지는 땅에 묻었다. 그런데 식사 후에 부처님께서는 심한 이질로 고통을 겪게 되었는데, 아무런 불평도 없이 조용히 그것을 참아냈다.

부처님은 비록 극도로 허약하고, 심하게 아팠지만, 파바에서 6마일 정도 떨어진 마지막 휴식처 쿠시나라로 가기로 결정했다. 이 마지막 여행 과정에서 부처님은 허약과 병 때문에 스물다섯 군데에서 쉬어야만 했다고 전해지고 있다.

도중에 나무 밑에 앉아서, 아난다에게 목이 마르니 물을 좀 가져오라고 했다. 어려움을 무릅쓰고 아난다는 작은 시내에 가서 약간의 깨끗한 물을 가져왔다. 그런데 이 시내는 조금 전에 오백 대의 수레가 지나가면서 온통 흙탕물을 만들어놓은 곳이었다.

---

46) 주석서에 따르면, 돼지고기라고 하며, 어떤 이는 버섯의 일종이라고도 한다. 그리고 또한 특별한 종류의 맛있는 음식 또는 영양분이 많은 음식등으로 알려지고 있다.

그때 파쿠수라는 사람이 부처님에게 다가가서 부처님의 엄숙한 모습을 찬탄하면서, 한 쌍의 황금 가사를 보시했다. 부처님의 지시에 의해서 그는 하나를 부처님께 그리고 다른 하나는 아난다에게 입혔다.

아난다가 부처님께 가사를 입히다가 부처님의 피부가 환하게 빛나는 것을 보고 깜짝 놀라면서 말했다.

"아, 놀랍습니다, 스승님. 너무나 장엄합니다. 세존의 피부의 색깔이 너무나 밝고, 매우 빛이 납니다."

"제가 황금빛 나는 가사를 고르게 펴서 세존의 몸에 입히려고 할 때, 마치 가사가 그 빛을 잃어버린 것 같았습니다."

그러자 부처님은 두 가지 경우에 여래의 피부색이 밝고 맑은 광채가 난다고 설명해 주었다. 즉 하나는 여래가 깨달음을 얻은 밤이고 또 하나는 여래가 열반에 드는 밤이었다. 그래서 부처님은 그날 밤 말경에 쿠시나라 근처에 있는 말라스의 사라쌍수에서 열반에 들 것을 선언하였다.

춘다의 음식 공양

부처님은 카쿠타 강가에서 마지막 목욕을 하고, 잠깐 쉬면서 이렇게 말했다.

"아난다야, 혹시 어떤 이가 대장장이 춘다에게 '이것은 그대에게 나쁜 일이다. 그리고 여래가 마지막으로 그대가 준 음식을 먹고 열반에 드신 것은 그대에게 손실이다.'라고 말하면서 양심의 가책을 느끼게 선동할지 모르겠다.

그렇게 해서 춘다가 양심의 가책을 느끼면, 이렇게 말해서 위로해 주어야 한다.

'이것은 그대 춘다에게 좋은 일이다. 그리고 여래가 마지막 음식을 그대가 공양한 것으로 들었다는 것은 그대에게 큰 공덕이 될 것이다.'

나는 세존께서 다음과 같이 직접 말씀하신 것을 들었다.

'이 두 가지의 음식 공양은 똑같은 과보, 똑같은 이익, 그리고 다른 어느 것보다도 훨씬 좋은 과보, 훨씬 큰 이익이다. 그러면 이 두 가지의 공양이란 무엇이냐?

하나는 여래가 최고의 완전한 통찰을 얻었을 때의 음식 공양이고, 또다른 하나는 여래가 어떠한 것도 뒤에 남기지 않고 완전한 지멸(止滅)에 의해서 열반에 들 때의 음식 공양이다.

이 두 가지의 음식 공양은 똑같은 과보와 똑같은 이득 그리고 다른 어느 것보다 훨씬 큰 과보와 훨씬 큰 이득이 있다. 춘다는 이로 인해서 생명을 연장하고, 좋은데 태어나고, 행운이 따르고, 명성을 얻고, 천상과 군주의 힘을 물려받는다.'

아난다야, 이렇게 해서 춘다에게 어떠한 가책도 일어나지 않도록 해야한다."

부처님께서는 그의 마지막 음식을 공양한 춘다에 대한 자비심에서 우러러나오는 위로의 말을 하면서, 말라의 사라 숲으로 가서 아난다에게 사라쌍수 사이에 머리를 북쪽으로 해서 침상을 준비하라고 했다. 그리고 오른쪽으로 누워서 한 쪽 다리를 다른 쪽 다리 위에 올려놓고, 의식이 깨어있는 상태를 유지하면서 누웠다.

부처님은 어떻게 존경받는가

꽃이 가득 피어난 사라쌍수를 바라보면서 경건한 분위기가 감도는 속에서 부처님은 제자들에게 다음과 같이 훈계했다.

"아난다야, 진실로 여래를 존경하고 공경하고 찬양하는 것은 어떤 비구, 비구니, 우바새, 우바리를 막론하고, 법에 따라 살면서 자신의 의무를 다하고 올바르게 행동할 때, 그가 바로 여래에게 최고의 경의를 표시하면서 존경하고 공경하고 숭배하고 찬양하는 것이다.

그러므로 아난다야, 너는 이렇게 자신을 닦아야 한다.

우리는 법을 따르고, 자신의 의무를 다하고, 올바르게 행동하면서 살아야 한다고"

이때 부처님의 시중을 든 적이 있던 우바나 존자가 부처님 앞에 서서 부채질하고 있었다. 부처님께서 그에게 옆으로 비켜서라고 했다. 아난다는 그가 부처님을 열심히 보살피고 있는데 왜 옆으로 물러서라고 했는지 그 연유를 알고 싶어했다.

그러자 부처님께서는 천신들이 여래를 보기 위해 많이 모였는데, 우바나가 부처님을 가로막고 있어서 그들이 매우 언짢게 생각하고 있다고 말씀하셨다.

사대성지

부처님께서는 자신과 연관된 성스러운 네 개의 장소를 말씀하셨는데 독실한 신자들은 존경과 경의심을 갖고 찾아가보아야 한다.

그것들을 보면 다음과 같다.

1. 부처님께서 태어나신 곳(인도와 네팔의 국경 지대에 있는 룸비니)
2. 부처님께서 깨달음을 얻은 곳(가야 역에서 약 8마일 떨어진 붓다가야)
3. 부처님께서 초전법륜을 굴린 곳 (사르나트)
4. 부처님께서 열반에 든 곳(쿠시나라 – 지금의 카지아 – 고타푸르 역에서 약 32마일 떨어진 곳)

이에 대해서 부처님께서는 다음과 같이 말씀하셨다.

"성지를 순례하는 과정에서 신심을 갖고 죽은 자는 그들의 육체가 다 분해된 후에 천상에 다시 태어날 것이다."

수바다의 귀의

그때 유행승 수바다[47]가 쿠시나라에 살고 있었다. 그는 사문 고타마가 말경에 열반에 든다는 말을 들었다. 그래서 그는 마음속으로 생각했다.

'나는 유행승인 선배들과 스승들로부터 뛰어나고 완전히 깨달은 아라한이 이 세상에 출현하기는 실로 지극히 드문 일이라고 말하는 것을 들으면서 자랐다.

오늘밤 말경에 사문 고타마는 열반에 들 것이다. 나에게는 의문이 있다.

---

47) 이 수바다는 이 다음에 나이가 들어서 승가에 들어오는 수바다와는 다른 인물이다. 후자는 부처님의 열반은 조금도 슬퍼할 필요가 없다고 했다. 왜냐하면 스승의 명령에 속박당하지 않고 그들이 하고싶은 것은 무엇이든지 자유롭게 할 수 있기 때문이다.
이 말이 가섭존자를 자극해서 즉시 법과 계율을 보존하기위해서 1차 결집을 개최하게 되었다.

그리고 나는 사문 고타마를 믿고 있다. 분명히 사문 고타마는 진리를 잘 가르쳐 줄 것이다. 그에게 질문해서 나의 의심을 떨쳐 버려야겠다!'
 그래서 유행승 수바다는 아난다 존자가 있는 말라스의 구파바타나 사라나무 동산에 가서 그에게 다음과 같이 말했다.
 "나는 유행승인 선배들과 그들의 스승들로부터 특출하고 완전히 깨달은 아라한이 이 세상에 태어나는 것은 실로 지극히 드문 일이라고 말하는 것을 들으면서 자랐소.
 오늘밤 말경에 사문 고타마는 열반에 들 것이오. 나는 한 가지 의심을 갖고 있소. 그리고 나는 사문 고타마에 대해 확신하고 있소. 분명히 사문 고타마는 그 교리를 나에게 가르쳐줄 수 있을 것이오. 그러면 나는 의심을 떨추어낼 수 있을 거요."
 "오, 아난다여. 어떻게 사문 고타마를 잠깐이라도 볼 수 있겠소?"
 아난다가 대답했다.
 "잘 알았소. 친구 수바다여. 하지만 지금은 세존을 귀찮게 하지 않는 게 좋겠소. 세존은 지금 피곤하오!"
 두 번, 세번 째로 계속해서 수바다는 간청했고 아난다는 그때마다 똑같은 말로 거절했다. 이때 부처님께서 아난다와 수바다가 옥신각신하는 것을 듣고 아난다에게 말했다.
 "아난다야. 수바다를 말리지 말아라. 아난다야, 수바다에게 여래를 보게 하라. 수바다가 나에게 무엇을 묻든지 간에 모든 것이 다 진리를 알려고 하는 것이 아니냐. 그는 나를 괴롭히지 않을 것이다. 그리고 내가 무엇을 답변하든지간에 그는 곧 이해할 것이다."
 그래서 아난은 수바다를 부처님께 안내했다. 수바다는 부처님께 공손히 인사를 하고 그 옆에 앉아서 말했다.
 "오 고타마여. 여기에 다음과 같은 고행자와 사제들이 있습니다. 어떤 이들은 동료들과 무리들 중에서 지도자들이고, 어떤 이들은 어떤 종파의 우두머리들이면서 유명하고, 어떤 이들은 대중들에 의해서 훌륭한 사람으로 존경받는 지도자들입니다. 예를 들면 부루나가사파, 막칼리 고살라,

아지라케사캄발라, 푸구다카차야나, 산자야벨라티푸타, 니간타나타푸타[48] 같은 이들이 있습니다. 과연 그들은 자신들이 주장하는 대로 모두 진리를 철저하게 깨달았는지 아닌지, 아니면 그들 중 몇몇만 깨닫고 다른 이들은 아닌지에 대해서 알고 싶습니다."

부처님께서 말씀하셨다.

"오 수바다여! 그들 전부 또는 일부가 그것을 깨달았는지 아닌지하는 것 때문에 너 자신을 혼란스럽게 하지 말아라. 내가 너에게 진리를 가르칠테니 잘 귀담아 들어서 마음에 새겨라. 자 이제 말하마."

수바다가 대답했다.

"예, 고타마여! 그렇게 해주십시오."

부처님께서는 다음과 같이 말씀하셨다.

"어떠한 법이든 여덟 가지 거룩한 길이 없으면 첫째 사문과(沙門果), 둘째, 세째, 네째 사문과도 그 안에서 발견될 수 없다.[49]

오, 수바다여. 여덟 가지 거룩한 길이 있으면, 거기에 또한 첫째 사문과, 둘째, 세째, 네째 사문과가 발견된다."

"오, 수바다야. 이 법에는 여덟 가지 거룩한 길이 존재한다. 실로 여기에서는 첫째 사문과 둘째 사문과 세째 사문과 그리고 네째 사문과가 발견된다. 다른 교파에는 사문이 없다. 수바다야, 만약에 제자들이 올바르게 살아가면 이 세상에 아라한이 없는 일은 없을 것이다."

"나는 나이 스물아홉 살에 선한 진리를 찾아 출가하였다. 수바다여, 나는 출가한지 이미 오십 년이 지났다. 계와 정과 지혜의 행을 혼자서 깊이 생각하였고 바른 법을 설하였다. 이 교단밖에는 내가 깨달은 교리와 조금이라도 일치해서 행동하는 고행자는 단 한 명도 없었다."

그래서 수바다는 부처님께 다음과 같이 말했다.

"훌륭하십니다, 사문이여. 훌륭하십니다! 오 세존이시여! 이것은 마치 넘어졌던 자가 똑바로 일어서는 것과 같고, 감추어진 것이 드러난 것과

---

48) 이들은 모두 부처님 당시 유명했던 종교지도자 들이었다.
49) 예류자,일래자,불환자,아라한을 일컬음.

같고, 길을 잃은 자에게 그 길을 가르쳐주는 것과 같고, 어둠 속에서 등불을 잡은 것과 같아서 누구든지 눈이 있는 자는 볼 수 있는 것처럼 세존께서도 여러 가지 방법으로 자세히 교리를 가르쳐주셨습니다."

"그리고 세존이시여. 나는 붓다, 다르마, 승가에 귀의합니다. 세존 앞에서 사미계(沙彌戒)와 구족계(具足戒)를 받게 해주십시오!"[50]

부처님께서 말씀하셨다.

"수바다야. 누구든지 이전에 다른 가르침을 따르던 자가 사미계와 구족계를 바라면, 4개월의 수습기간이 있어야 한다. 4개월이 끝나면 제자들이 인정을 해서 그는 수계를 받고 비구로 승격한다. 그렇지만 너는 제대로 이해했기 때문에 예외로 해주겠다."

그러자 수바다가 말했다.

"세존이시여, 만약 이미 다른 교리를 따르던 자가 이 법에서 사미계와 구족계를 받기 위해서 4개월의 수습기간이 지나야 한다면, 저 또한 수습기간을 거치고 기간이 다 끝나면 제자들의 인정을 받아서 수계를 받고 비구의 위치로 승격하겠습니다."

부처님께서 아난에게 말씀하셨다.

"그러면 아난다야, 네가 수바다의 수계식을 받아라."

"예 그렇게 하겠습니다." 아난이 대답했다.

유행승인 수바다는 아난다 존자에게 다음과 같이 말했다.

"오, 아난다 존자여. 당신에게는 이득입니다. 이것은 정말로 큰 이득입니다. 왜냐하면 당신은 세존 앞에서 계사(戒師)로 임명되었기 때문입니다."

수바다는 부처님에게 사미계와 구족계를 받아서 마지막 귀의자가 되었다. 수바다는 사람들과 멀리 떨어져 단호하고 성실하게 정진했다. 구족계를 받은지 얼마 되지않아서 수바다는 왕족의 아들이 가정을 버리고 출가했던 목적인 성스러운 삶의 극치를 깨달았다. 윤회가 끝나고 성스러운 삶이 완성

---

50) 사미계는 신참자에게 자격을 주는 것인데, 머리와 수염을 깎고 삼보에 귀의하고, 열가지 계율을 지닌 후에 노란 가사를 수여한다. 이 초심자는 '사미'라고 부른다. 그는 세속적인 것에서 자신을 차단한다. 구족계는 오로지 20살이 넘어야 줄 수 있다. 구족계를 얻은 자는 교단의 정식 구성원이 되고 비구라고 불린다.

되었으며, 이번 삶이 다하면 더 이상 아무것도 없음을 깨달았다. 그리하여 그는 밤이 깊지 않아서 아라한이 되었다.

아난다에게 남긴 마지막 말씀

아난다는 여래의 몸을 어떻게 해야 할지 알고 싶었다. 부처님께서 말씀하셨다.

"여래의 유물을 존경하면서 너 자신을 소모하지 말라. 너 자신의 발전(아라한)에 대해서 관심을 가져라. 너 자신의 발전에 헌신하라. 너 자신의 이익을 위해서 노력하고 도움이 되게 하라. 현명한 무사들이, 현명한 바라문들이, 현명한 재가 신자들이 여래에 대해서 독실한 믿음을 갖고 있다. 그들이 여래의 유물을 공경할 것이다."

이 재미있는 종교적인 이야기 끝에 아난다는 옆으로 물러서서 울면서 마음속으로 생각했다. '아, 슬프도다. 나는 아직도 배워야 할 것이 많이 남아있다. 그런데 나의 스승은 잠시 후 열반에 들 것이다. 여래는 나의 좋은 스승이다.'

부처님께서는 아난다가 없는 것을 알고 그를 앞에다 불러놓고 다음과 같이 훈계했다.

"오 아난다야, 네 마음을 이해한다. 슬퍼하지 말아라, 울지 말아라. 내가 그 전에 너에게 말하지 않았느냐? 우리는 언젠가는 떨어져서 헤어져야 하고, 사랑스럽고 즐거운 것들로부터 우리 자신을 끊어야 한다고 하지 않았느냐?"

"오 아난다야, 너는 좋은 일을 많이 했다. 곧 번뇌에서 해방될 것이다."

그러면서 부처님께서는 그의 현저한 공덕을 말씀하시면서 칭찬하였다.

여러 가지로 아난다를 훈계한 후, 부처님께서는 아난다에게 쿠시나라로 가서 여래의 열반이 임박한 것을 말라스족에게 알리라고 지시했다. 말라스인들이 연락을 받자, 곧바로 온 마을 사람들이 여래에게 그들의 마지막 존경심을 표하기 위해 울면서 왔다.

마지막 장면

그때 세존은 아난을 불러서 말했다.

"아난다야. 너는 이렇게 말할지 모르겠다. '숭고한 가르침은 스승이 없다. 우리들은 이제 스승이 없다.'고. 그러나 그러면 안된다, 아난다야. 너는 그렇게 생각해서는 안된다. 어떤 교리와 계율이든 나에 의해서 가르쳐지고 선언된 것이 내가 없을 때 너희들의 스승이 될 것이다."

"오, 아난다야. 만약 승가가 원한다면 내가 열반에 든 후에 중요하지 않은 사소한 계율은 폐지해도 좋다."

부처님께서는 이 문제에 대하여 명령적인 어투 대신에 조건적인 어투를 사용하였다.

만약 부처님께서 덜 중요하고 사소한 것을 폐지하기를 바랬다면, 명령적인 용어를 사용했을 것이다. 부처님께서는 가섭 존자가 1차 결집을 주도하면서 승가의 동의에 의해서 어떠한 계율도 폐지하지 않을 것을 예견했다.

부처님께서 이 사소한 계율들에 대해서 분명히 언급하지 않았고, 아라한들이 그것들에 대해서 어떠한 결정도 내리지 못했기 때문에, 그들은 차라리 어떠한 계율도 그대로 놔두고 고치지 않기로 결정하였다.

다시 부처님께서는 제자들에게 말씀하셨다.

"오 제자들이여, 만약에 불·법·승 삼보 또는 팔정도에 대해서 조금이라도 의심이 있으면, 지금 여래에게 질문하여라. 나중에 '우리는 스승과 얼굴을 맞대고 지냈다. 그런데 우리는 세존 앞에서 부끄러워서 질문할 수 없었다.'고 후회하지 말라"

부처님께서 이렇게 말할 때 제자들은 침묵했다.

두 번, 세 번 부처님께서는 제자들에게 똑같이 말했다. 그리고 그때마다 제자들은 침묵했다.

"아마도 이것은 스승에 대한 존경심에서 나에게 묻지 않는 것 같다. 오, 제자들이여, 그러면 다른 친구들에게 그 뜻을 넌지시 비추어서 대신 질문하도록 하라."

여전히 제자들이 침묵을 지켰다. 그러자 아난다가 말했다.

"놀랍습니다, 세존이시여. 굉장합니다, 스승님! 저는 이 제자들의 무리를 보고 마음이 매우 기쁩니다. 여기에는 단 한 명도 불·법·승 삼보와 팔정도에 대해서 의심하거나 혼동하는 사람이 없습니다."
부처님께서 말씀하셨다.
"아난다야, 너는 이 문제를 믿음에서 우러러 나와 말하는구나. 여기 있는 제자들의 무리는 불·법·승 삼보와 팔정도에 대해서 단 한 명도 의심스럽거나 혼동하고 있는 사람이 없다는 것을 여래는 알고 있다.
이 오백 명의 제자들 중 마지막인 아난다는 예류과의 경지에서 그 밑으로 떨어지지 않고 반드시 깨닫게 되어있다.[51]"
부처님께서는 제자들에게 마지막으로 훈계를 했다.
"잘 들어라. 오, 제자들이여. 너희들에게 마지막으로 당부하겠다. 모든 구성된 것들은 변하게 되어 있다. 부지런히 정진하라.(vayadhammā samkhārā, appamādena sampādetha)"
이것은 세존의 최후의 설법이었다.

열 반

부처님께서는 먼저 색계의 첫번째 선정을 얻었다. 거기에서 나와 차례대로 둘째, 세째, 네번째 선정을 얻었다. 네 번째 선정에서 나와 다시 무색계의 무한한 공간계를 얻었다.

그곳에서 나와 무한한 의식계를 얻었다. 그곳에서 나와 인식도 인식이 아님도 아닌 세계를 얻었다. 그곳에서 나와 인식과 감각의 지멸을 얻었다.

아난다는 아직 심안이 발전되지 않았기 때문에, 부처님의 상태를 잘 이해하지 못해서 아누루다 존자에게 물었다.

"오, 아누루다 존자여. 세존께서 열반에 드시는 것 같소?"

"아니오, 아난 형제여. 세존은 열반에 들지 않았소. 부처님께서는 지금 인식과 감각의 지멸을 얻었소."

---

51) 이것은 아난존자에 대해서 언급한 것인데, 그는 이 말에 용기를 얻어서 나중에 아라한을 얻었다.

그때 부처님께서는 감각과 인식의 지멸에서 나와 인식도 인식이 아님도 아닌 세계를 얻었다. 여기에서 나와 아무것도 없는 세계를 얻었다.

여기에서 나와 무한한 의식의 세계를 얻었다.
여기에서 나와 네번째 선정의 세계를 얻었다.
여기에서 나와 세번째 선정의 세계를 얻었다.
여기에서 나와 두번째 선정의 세계를 얻었다.
여기에서 나와 첫번째 선정의 세계를 얻었다.
여기에서 나와 두번째 선정의 세계를 얻었다.
여기에서 나와 세번째 선정의 세계를 얻었다.
여기에서 나와 네번째 선정의 세계를 얻었다.
여기에서 그리고 즉시 그후에, 부처님께서는 마침내 열반하였다.
부처님의 열반은 B.C 543, 베사크(4-5월) 음력 보름날에 일어났다.

제 2 부
부처님의 가르침

제 1 장
불교란 무엇인가?

'이 교리는 심원하여, 알기 어렵고 이해하기 어려우며, 고요하고, 장엄하고, 논리의 영역 밖에 있으며, 오묘하여서 오로지 현명한 자만이 깨달을 수 있다.'

──마지마 니가야

삼 장(三藏)

부처님은 이제 우리 곁을 떠나가버렸다. 그러나 그가 오랫동안 성공적인 전도활동을 하면서 숨김없이 인류에게 전해준 거룩한 진리는 여전히 원래의 순수함을 간직한 채 존재하고 있다.

비록 스승이 그의 가르침에 대해서 아무런 기록도 남기지 않았지만, 제자들이 그것들을 잘 기억해서 구전(口傳)으로 계속 전하여 보존하였다.

부처님께서 열반에 든 지 3개월 후에, 아자타사투가 통치한 지 8년째 되는 해에, 오백 명의 뛰어난 아라한들이 교리의 순수함을 보존하기 위하여 라자가하에 모였다.

부처님으로부터 설법을 들을 수 있었던 특권과 영광을 가졌던 부처님의 사랑하는 시자 아난다 존자와 우바리 존자가 교리와 계율 각각의 질문에 대하여 대답하기 위해서 선출되었다.

1차 결집에서는 부처님의 가르침 전체를 나타내는 팔리삼장의 현재 형태를 갖추는 데 동의하였다.

아라한들의 또 다른 두 차례의 모임들이 100년, 236년 후에 각각 개최되어 부처님의 가르침을 암송하였는데, 이것은 일부 승려들이 부처님의 순수한 가르침을 오염시키려고 시도하였기 때문이었다.

B.C 83년 경에 신할라(고대 스리랑카 지명)[1]에서 독실한 신자인 바타 가나미 아바야왕 통치 기간에 아라한의 결집이 있었다. 그리고 삼장은 불교 역사상 처음으로 실론의 알루비하라에서 쓰여졌다.

성스럽고 선견지명이 있는 아라한들의 지칠 줄 모르는 노력 덕분에, 지금 또는 이 다음에도 진보적인 학자들이 순수한 가르침을 오염시키거나 심한 비판을 할 여지는 남아있지 않게 되었다.

부처님의 가르침의 핵심을 내포하고 있는 막대한 양의 삼장은 성경의 약 11배의 크기로 평가받고 있다. 삼장은 세 개의 바구니를 의미한다. 즉 계율의 바구니, 경전의 바구니, 그리고 아비다르마(勝論)의 바구니이다.

율 장(律藏)

성스러운 교단의 마지막 보루로 간주되고 있는 율장은 주로 비구와 비구니 교단의 규칙과 규정들을 다루고 있다. 부처님께서는 깨달은 후 거의 20년간 승가를 훈련시키고 통제하기 위해서 어떠한 한정된 규정도 만들지 않았다.

어떤 상황이 일어나면 그에 따라서, 승가의 미래의 제자들을 위해서 규칙을 공표하였다. 율장에는 계율을 공표하게 된 경위와 이에 연관된 사항 그리고 승가의 특별한 계율의식이 상세하게 묘사되어 있다. 그리고 어떤 부분에서는 추가적으로 율장과 연관된 교단의 초창기부터 점진적인 발달의 역사, 부처님의 삶에 대한 간략한 설명과 전도 활동 그리고 1-3차 결집에 대하여 상세한 설명을 가하고 있다. 간접적으로 이것은 고대 역사에 대한 유용한 자료를 제공해주며, 인도의 관습, 고대의 예술과 학문을 알려주고 있다.

율장을 읽어보면 승가의 민주적인 제도에 깊은 감명을 받지않을 수 없

---

[1] 캔디에서 약 24마일 떨어진 곳으로 실론 내륙의 작은 마을이다. 이 신성한 바위 사원은 지금도 실론 불교도들의 성지 순례지이다. 위대한 주석가 붓다고사의 일대기인 '붓다고사 수파티'에는 올라나무 잎사귀에 쓴 책이 쌓여졌을 때 여섯 마리의 코끼리보다도 높았다고 한다.

으며, 공동의 소유, 비구들의 월등히 뛰어난 도덕적 기준, 부처님의 뛰어난 조언의 능력 등은 현대의 의회제도를 앞서서 실행하였음을 알 수 있다. 제트란 Zetland경은 다음과 같이 말하고 있다.
"많은 사람들은 2천 년이 조금 넘은 고대 인도의 불교의 사부대중 가운데서 오늘날 시행되고 있는 의회제도의 원형이 발견되는 것을 보고 깜짝 놀라곤 한다."

율장은 다음의 다섯 권으로 구성되었다.
1. *Pārājika Pāli* : 바라이(婆羅夷)
2. *Pācittiya Pāli* : 파일제(波逸提)
3. *Mahāvagga Pāli* : 대　품(大　品)
4. *Cullavagga Pāli* : 소　품(小　品)
5. *Parivāra Pāli* : 부　수(附　遂)

경 장(經藏)

경장은 부처님께서 여러 경우에 승가와 재가자들에게 교훈적인 설법을 한 내용으로 구성되어 있다. 이외에도 사리불, 목건련 그리고 아난다와 같은 제자들이 설한 약간의 경전들도 포함되어 있는데, 이들은 부처님으로 부터 인정을 받았기 때문에 이들의 말은 부처님의 말씀처럼 존경을 받고 있다.

대부분의 가르침들이 주로 비구들을 위해 설해졌으며, 그 내용은 성스러운 삶과 교리에 대한 것을 다루고 있다. 예외적으로 몇 개의 다른 경전들이 있는데, 이것들은 재가 신자들의 물질적인 것과 정신적인 발전을 다루고 있다.

예를 들면, 시갈라바다경(善生經)은 주로 재가 신자들의 의무를 다루고 있는데, 여기에는 어린이들에게 들려 주는 약간의 재미있는 이야기도 실려 있다.

이러한 경전들은 처방책과 비교할 수 있는데, 왜냐하면 이것들은 다양한 사람들의 기질에 맞추어 여러가지 경우에 대해서 자세히 설명하고 있기 때문이다.

어떤 경우는 겉으로는 모순적인 설명을 하고 있는 것으로 보일 때가 있는데, 그것을 오해해서는 안된다. 왜냐하면 그것들은 부처님께서 특별한 목적에 적용하기 위해 설하였기 때문이다.

예를 들면, 질문자가 단지 호기심으로 어리석은 질문을 똑같이 반복할 때 부처님께서는 침묵을 지키기도 했으며, 질문자가 진지하게 진리를 추구하는 사람임을 알았을 때 자세히 설명해주기도 했다.

경장은 다음의 다섯 니가야(부)로 구성된다.

1. *Dīgha Nikāya* : 디가 니가야(長 部)
2. *Majjhima Nikāya* : 마지마 니가야(中 部)
3. *Saṁyutta Nikāya* : 상윳다 니가야(相應部)
4. *Aṅguttara Nikāya* : 앙굿타라 니가야(增支部)
5. *Khuddaka Nikāya* : 쿠다카 니가야(小 部)

이 다섯 니가야는 다시 15권의 경으로 나눈다.

1. *Khuddaka pāṭha* : 소송경(小誦經)
2. *Dhammapada* : 법구경(法句經)
3. *Udāna* : 자설경(自說經)
4. *Itivuttaka* : 여시어경(如是語經)
5. *Sutta Nipāta* : 경 집(經 集)
6. *Vimāna Vatthu* : 천궁사경(天宮事經)
7. *Peta Vattu* : 아귀사경(餓鬼事經)
8. *Theragāthā* : 장노게(長老偈)
9. *Therīgāthā* : 장노니게(長老尼偈)
10. *Jātaka* : 본생담(本生談)
11. *Niddesa* : 의석(義釋)
12. *Paṭisambhidā* : 무애해도(無碍解道)
13. *Apadāna* : 비유경(譬喩經)

14. *Buddhavaṁsa* : 불종성경(佛種姓經)
15. *Cariyā Piṭaka* : 소행장(所行藏)

논 장(論藏)

논장은 삼장 중에서 가장 중요하고 재미있는 부분이다. 왜냐하면 이것은 경장의 단순한 설법과 대조적으로 부처님의 가르침의 심오한 철학을 다양하게 포함하고 있기 때문이다.

어떤 학자들에 의하면 논(Abhidhamma)은 부처님의 가르침이 아니고 후대의 학승들이 자세히 설명한 것이라고 한다. 그렇지만 전통적인 견해는 논의 핵심을 부처님 그 자신의 가르침으로 돌리고 있다. *Kusalā dhammā*(善法), *Akusalā dhammā*(不善法), *Abyākatā dhammā*(無記法) 기타 등등과 같은 *Abhidhamma Matrice*(論母)들이 *Kathāvattu*(論事)를 제외한 여섯 논에 자세히 설명되었는데, 이들은 부처님에 의해서 자세히 설명된 것이다. 그리고 사리불 존자 또한 이러한 주제들에 대해서 상세히 설명하는 영광을 얻었다.

그렇지만 이러한 위대한 제자들이 누구든지간에 아비다르마는 부처님과 비교될 수 있는 지적인 천재성을 지닌 자의 저작임에는 틀림없다.
이것은 여러 가지의 미묘하게 뒤얽힌 상관관계를 자세히 묘사하고 있는 연기론에서 보면 분명해진다.

현명한 진리 탐구자들에게 아비다르마는 없어서는 안될 안내서이며, 지적인 향흥을 제공해준다. 여기에는 지혜를 발전시키고 이상적인 불교적 삶을 이끌어가기를 바라는 불교도와 학문적인 연구를 하려는 진지한 연구자들을 위한 지식이 풍부하게 갖추어져 있다. 아비다르마는 피상적인 독자들이 잠깐 재미있게 볼 수 있도록 고안된 주제가 아니다.
현대의 심리학자들은 비록 제한적이지만 마음, 사고, 사고의 과정 그리고 정신적인 특성(마음)을 다루는 분야에 있어서 만큼은 아비다르마의 영역안에 있다. 이것은 영원한 정신이나 영혼을 인정하지 않는다. 이것은 영혼이 없이 마음이란 것을 분석적으로 다룬다.

그렇지만 만약 누군가가 심리학에 관한 현대의 책을 통하여 아비다르마를 읽는다면, 그는 실망할 것이다. 왜냐하면 여기에는 현대의 심리학자들이 직면하고 있는 모든 문제를 해결하려는 어떠한 시도도 없다.

의식이란 것은 한정되어 있다. 생각은 주로 윤리적인 관점에서 분석되고 분류된다. 모든 정신적 특성(*Cetasika*)은 일일이 열거된다. 의식의 개개의 형태의 구성은 상세하게 설명된다. 어떻게 생각이 일어나는지 자세하게 설명되고 있다. 有分(*Bhavanga*, 잠재의식)과 速行(*Javana*, 생각의 순간)은 오로지 아비다르마에서 설명되고 있으며, 이와 대등한 현대의 심리학은 없는데, 이것은 심리학을 연구하는 자들에게는 특별한 관심의 대상이 되고 있다.

이것은 또한 학생과 학자들에게는 관심거리지만, 자신의 해탈과 아무런 관련이 없는 불필요한 문제들은 의도적으로 제쳐놓고 있다.

비록 물질에 대해서도 대략적으로 논의되고 있지만 이것은 유물론자를 위해 설명된 것은 아니다. 단지 마음을 분석하는 과정에서 물질의 근본적인 단위와 특질, 물질의 근원, 마음과 물질의 관계를 설명했을 뿐이다.

아비다르마는 마음과 물질의 체계화된 지식을 주려고 시도하지는 않았다. 이것은 사물을 있는 그대로 이해하는 데 도움을 주기 위하여 이른바 존재라고 불리는 것의 정신과 물질 두 개의 구성요소를 탐구하고 있다.

철학은 이러한 관계를 출발점으로 해서 발전되었다. 그리고 윤리적인 체계는 이러한 철학에 근거를 두고 궁극적인 목표, 니르바나를 실현하기 위하여 발전되어 왔다.

리스데비스 Rhys Davids가 올바르게 지적했듯이
"아비다르마는 우리들 내부에서, 우리들 주변에서, 우리가 발견한 것 그리고 우리가 발견하려는 것을 다루고 있다."

경장이 일반적인 가르침을 담고 있는 반면에, 논장은 궁극적이면서 본질적인 가르침을 담고 있다.

아비다르마의 지식이 부처님의 가르침을 완전히 이해하는 데 있어서 본질적인 것이라는 사실은 다르마를 연구하는 자들에 의해서 일반적으로 인정받고 있는데, 이것은 실재라는 문을 여는 데 필요한 열쇠를 제공해 주기 때문이다.

논장은 다음과 같이 일곱 개의 저서로 구성되어 있다.

1. *Dhammasaṅgani* ; 법집론(法集 論)
2. *Vibhaṅga* ; 분별론(分別 論)
3. *Dhātukathā* ; 계론(戒 論)
4. *Puggala Paññatti* ; 인시설론(人施設 論)
5. *Kathāvatthu* ; 논사(論事)
6. *Yamaka* ; 섭론(攝 論)
7. *Patthāna* ; 발취론(發趣 論)

불교는 철학인가?

이 신성한 경전들에 소장되어서 단순한 이론이나 사색과는 무관하게, 개인적인 경험에 의해서 입증될 수 있는 진리와 사실을 다루고 있는 거룩한 다르마는 오늘날 심원한 진리로 받아들여지지만 어쩌면 내일에는 내팽개쳐질지도 모른다. 부처님께서는 혁명적인 철학적 이론을 설명하지도 않았고, 새로운 물질과학을 창조하려 시도하지도 않았다. 쉽게 말해서 그는 삶의 고통으로부터 해방시키는 것에 연관된 내적인 것과 외적인 것에 대해서 설명하였으며 해탈의 유일한 길을 알려주었다.

게다가 부처님께서는 자신이 알고 있는 것을 모두 가르치지는 않았다. 한번은 부처님께서 숲에 머무르고 계실 때, 한 줌의 잎을 손에 응켜쥐고 대중들에게 말씀하였다.

"비구들이여, 내가 너희들에게 가르친 것은 내 손에 쥐고 있는 잎과 같다. 그리고 내가 가르치지 않은 것은 숲속의 잎들과 같다."

부처님께서는 개인의 정화에 절대적으로 본질적인 것이라고 판단되는 것만 가르쳤으며, 그의 거룩한 전도에 알맞지않은 질문에 대해서는 특유의 침묵을 지켰다. 말하자면 그는 많은 현대의 과학자들과 철학자들을 앞질렀다.

헤라클리테(B.C 500)는 모든 것은 흘러가고 있으며, 우주는 끊임없이 생성되고 있다고 믿었다. 그는 영원한 것은 아무것도 없으며, 모든 것은 변한다고 가르쳤다. 그리고 유명한 일화를 남겼는데, 인간은 똑같은 강물에 두 번 발을 들여놓을 수 없다고 말했다. 즉 두 번째 발을 담글 때 조금 전의 강물은 이미 흘러가버린 것이다.

피타고라스(B.C 532)는 다른 것들 중에서 영혼의 윤회를 가르쳤다.

데카르트(1596~1650)는 합리적인 의심을 바탕으로 모든 현상들을 조사할 필요가 있다고 주장하였다.

스피노자(1632~1677)는 영원한 실재의 존재를 인정하면서도 모든 존재는 일시적이라고 주장하였다. 그는 불변적인 영원한 앎의 대상을 발견함에 의해서 고통을 극복할 수 있다고 생각하였다.

버클리(1685~1776)는 이른바 원자란 것은 형이상학적인 허구라고 생각하였다.

흄(1711~1776)은 마음을 분석해서 의식은 일시적인 정신상태로 구성되었다고 결론내렸다.

헤겔(1770~1831)은 전체적 현상들은 전화(轉化)된다고 보았다.

쇼펜하우어(1788~1860)는 그의 '*World as Will and Idea*(의지와 표상으로서의 세계)'에서 괴로움의 진리와 그것의 원인을 서양의 관점에서 제시했다.

베르그송(1859~1941)은 변화의 이론을 옹호하면서 직관의 가치를 강조하였다.

윌리암 제임스(1842~1911)는 의식의 흐름을 언급하면서 영원한 영혼의 존재를 부정하였다.

그런데 부처님께서는 이미 2,500년 전에 무상, 고통, 무아의 진리를 이미 설명하셨다.

부처님의 도덕적, 철학적 가르침은 연구되어야 하고, 실천되어야 하며, 무엇보다도 자신의 직관적 지혜에 의해서 깨달아야만 한다. 이러한 가르침은 우리를 고통스런 삶의 바다를 건너가게 해주는 뗏목에 비유된다.

엄격하게 말하면 불교는 철학으로 불릴 수 없다.
왜냐하면 이것은 '단순히 지식을 사랑하거나 지식을 찾는 데로 이끄는 것'이 아니기 때문이다. 또한 불교는 '(형이상학적인 것으로서) 알려지지 않은 것 또는 (윤리적 또는 정치철학으로서) 불분명하게 알려진 것'의 가설적인 해석이 아니다.
만약에 철학이 어떤 특정한 사실을 탐구하는 것만이 아니라, 우리가 알고 있는 이 세계의 근본적인 특성과 우리가 살만한 가치가 있는 이 세계에서 삶의 유형을 탐구하는 것이라면, 불교는 철학에 가까울 수 있겠다. 그러나 불교는 철학보다는 훨씬 더 포괄적인 것을 다루고 있다.

철학은 주로 지식을 다루고 실천과는 관련이 없다. 반면에 불교는 실천과 깨달음에 그 목적을 두고 있다.

불교는 종교인가 ?

리스데비즈 Rhys Davids는 그의 저서 '불교'에서 다음과 같이 쓰고 있다. "종교religion란 무엇을 의미하는가? 잘 알려진 이 말은 우리들 자신과 연관되지 않은 언어에서는 발견되지 않고 있으며, 이것의 유래는 불확실하다.
키케로 Cicero는 어느 구절에서 *re*와 *lego*로부터 이것을 파생시켜서 그것의 실재적 의미는 기도와 주문의 반복이라고 주장했다. 다른 해석서에서는 이 말을 *re*와 *logo*로부터 파생시켜서, 원래의 의미를 신과의 결합 또는 끊임없는 결합이라고 했다.
세 번째 해석은 이 말을 *lex*와 연결시켜서 주의깊게 마음의 의식구조를 양심적으로 지켜 나가는 것이라고 했다."

그런데 우리가 알고 있는 일반적인 종교의 관점에서 본다면 불교는 종교라고 말할 수 없다. 왜냐하면 이것은 초자연적인 신에게 어떠한 헌신도 다 바칠 수 있는 '믿음과 숭배의 체계'가 아니기 때문이다.

불교는 신자들에게 맹목적인 믿음을 요구하지 않는다. 그래서 단순한 믿음은 권위를 잃게 되고, 이것은 '앎에 바탕을 둔 확신'으로 대치된다.

불자가 예류과를 얻어서 불·법·승 삼보에 대한 모든 의심이 완전히 해결될 때까지는 가끔씩 의심을 일으킬 가능성이 있다.

부처님에 대한 불교도의 믿음은 환자가 유명한 의사를 존경하는 것과 같은 믿음, 또는 제자가 갖는 스승에 대한 믿음과 같은 것이다. 비록 불교도가 청정의 길을 가르쳐 주는 그 누구와도 견줄 수 없는 안내자와 스승으로써 부처님께 귀의하지만, 그는 결코 노예 같은 복종자는 아니다.

불교도는 단지 부처님에게 귀의하거나 믿음으로 해서 청정한 상태를 얻을 수 있다고 생각하지는 않는다. 타인의 어려움을 씻어 주는 능력은 부처님의 능력 밖의 일이다. 엄격히 말해서, 아무도 타인을 정화시킬 수 없으며, 또한 더럽힐 수도 없다. 부처님은 교훈적인 스승으로서 존재할 뿐이며, 우리 자신을 정화시키는 것은 결국 우리들 자신에게 달려 있다.

법구경에서 부처님께서는 다음과 같이 말씀하셨다.

"스스로에 의해서 자신은 사악해지고,
스스로에 의해서 자신은 더럽혀진다.
스스로에 의해서 자신이 사악함에서 벗어나고,
스스로에 의해서 자신이 청정해진다.
청정과 더러움은 자신에게 달려있고,
아무도 타인을 청정하게 할 수는 없다."

불제자는 경전 또는 어떤 깨달은 자들을 무조건 순종하는 노예가 아니다. 그는 부처님의 제자가 되었다고 해서 자신의 사고의 자유를 희생시키지 않는다. 그는 완전히 자유롭게 자유의지를 활용하며, 깨달음을 얻을 때까지 꾸준히 지혜를 발전시켜 나간다. 왜냐하면 모두가 잠재적인 부처들이기 때문이다. 불제자들은 부처님에 대한 존경심이 마음속에서부터 스스로 우러러나와 모든 권위를 부처님께 부여하지만 부처님 자신은 그러한 모든 권위를 이미 버렸다.

자기 스스로 깨닫는 것은 불교에서 진리의 유일한 판단 기준이다.
이것의 핵심은 합리적인 이해이다. 부처님께서는 제자들에게 단지 어떤 사람이 권위가 있다고 해서 그 사람의 말을 무조건 받아들여서는 안되며, 자신의 이성으로 사물이 옳은지 그른지 직접 판단해야 한다고 말씀하셨다.

한번은 칼라마스라 알려진 케사푸타인이 부처님께 와서는, 많은 구도자들과 바라문들이 자신에게 와서 자신들의 교리만 주장하고 다른 사람의 교리는 부정하기 때문에, 자신은 어느 것이 옳은지 몰라서 당황하고 있다고 말했다.

부처님께서는 그에게
"오 칼라마스여, 그럴 만도 하지. 네가 의심하는 것은 당연하다. 네가 혼란을 느끼는 것은 당연하다. 의심스러운 문제가 있을 때 동요가 생긴다."라고 말하면서 다음과 같은 충고를 했는데, 이것은 고대의 회의적인 바라문과 마찬가지로 현대의 합리주의자들에게도 중요한 메시지를 남겨주고 있다.

"오, 칼라마스여. 단순히 누구로부터 들었다는 것만으로 어떤 사실을 받아들이지 말라.(오래전에 이와 같이 들었다고 생각되는 것)
어떠한 것도 단지 전통이라고 해서 받아들이지 말라.(오랜 세대를 거쳐서 이와 같이 전해져 왔다고 생각하는 것)
어떠한 것도 소문에 의해서 받아들이지 말라.(다른 사람이 말한 것을 어떠한 조사도 없이 믿는 것)
어떠한 것도 단지 경전과 일치한다고 해서 받아들이지 말라.
어떠한 것도 단순한 상상에 의해서 받아들이지 말라.
어떠한 것도 단순한 추론에 의해서 받아들이지 말라.
어떠한 것도 단지 겉모습만을 보고 받아들이지 말라.
어떠한 것도 단지 너의 선입관과 일치한다고 해서 받아들이지 말라.

어떠한 것도 단지 받아들일만 하다(즉 받아들여져야 한다)고 해서 받아 들이지 말라.
단지 어떤 구도자를 존경하기 때문에 그의 말을 받아들여야 옳다고 생각해서도 어떠한 것을 받아들이지 말라."
"네 스스로 이러한 것들이 비도덕적이고 비난받을 만하고, 현명한 사람에 의해서 혹평을 받으며 이러한 일들이 실행되고 완성되었을 때, 결과적으로 파멸과 고통으로 이끈다고 판단할 때, 너는 실로 그것들을 거절해야 한다."
"네 스스로 이러한 것들이 도덕적이고, 비난받지 않고, 현명한 사람에 의해 칭찬받고, 이러한 것들이 실행되고 완성되었을 때 번영과 행복으로 이끈다고 판단될 때, 그때 너는 그것에 따라서 행동해야 한다."

2500년 전에 부처님께서 가르치신 이 지혜로운 판단의 기준은 문명화된 20세기의 오늘날에도 여전히 그 가르침의 원래의 의의와 신선함을 나타내 주고 있다.

다른 경전에서는 이와 똑같은 충고를 다른 말로 간략히 설명하고 있다.
"현명한 사람이 금을 태우고 잘라 보듯이(시금석에 문지르듯이), 너도 나의 말을 조사한 후에 받아들여야 하며, 단순히 나에 대한 존경심 때문에 받아들여서는 안된다."

부처님께서는 제자들에게 단지 윗사람의 권위 때문에 받아들여서는 안 되며, 스스로 진리를 찾으라고 가르쳤다. 물론 불교에 맹목적인 믿음은 없다고 인정하지만, 혹자는 불자들 사이에서 불상에 대한 숭배 같은 것이 현재 존재하고 있지 않느냐고 의문을 제기할 수도 있을 것이다. 그렇지만 불자들은 어떠한 불상에게도 세속적, 또는 정신적 이익을 바라면서 숭배하지는 않는다. 다만 그것이 나타내는 의미에 대해서 경의를 표할 뿐이다.

불자는 불상 앞에 가서 불상이 아니라 부처님에게 꽃과 향을 바친다. 그는 감사의 표시로 부처님의 공덕을 상기하기도 하고, 금방 시들어 버릴 꽃을 보면서 삶의 변천을 깊이 생각해 보기도 한다.

지혜로운 불자는 자신이 곧 성스러운 부처라고 생각하면서 부처님의 원만한 인격을 조금씩 닮아 가려고 노력한다.

위대한 철학자 카이저 Count Kaiserling는 'Travel Diary of Philosopher(철학자의 여행기)'에서 불상에 대한 소감을 다음과 같이 쓰고 있다.

"나는 이 세상에서 부처님의 상호보다 더 장엄한 것을 보지 못했다. 이것은 우리가 눈으로 볼 수 있는 세계에서 가장 완벽한 영감을 나타내고 있다."

그리고 불자는 보리수도 숭배하지 않는다. 다만 이것을 깨달음의 상징으로 간주할 뿐이다. 오로지 그때만이 존경의 가치가 있다. 비록 불자들 사이에서 이러한 외부적 대상에 대해서 존경하는 마음을 갖는 것이 지배적이지만 부처님은 신으로서 숭배되지는 않는다.

이렇게 외부적 대상에 대해서 존경심을 나타내는 방법이 절대적으로 필요한 것은 아니다. 하지만 이것들은 신심을 불러일으켜주며, 자신의 마음을 집중시키는 데 도움을 준다.

지성인은 그것들 없이도 깨달음의 길을 갈 수 있다. 왜냐하면 그는 쉽게 자신의 마음을 부처님에게 집중할 수 있으며, 부처님을 마음속에 떠오르게 할 수 있기 때문이다.

우리는 자신의 이익을 위해서, 그리고 감사하는 마음에서 부처님께 그러한 경의를 표한다. 그러나 부처님께서 제자들에게 기대하는 것은 맹목적인 복종이 아니라 자신의 가르침에 따라서 실천하는 삶이다.

부처님께서 열반에 들기 전에 많은 제자들이 경의를 표하려고 왔다. 그런데 한 비구가 그의 암자에서 명상에 잠겨서 앉아 있었다. 이 사실이 부처님께 보고되자, 그 비구를 불러들여서 오지않은 이유를 묻자 그가 대답했다.

"세존이시여, 앞으로 3개월 후면 세존께서는 열반에 드실 것입니다. 그래서 저는 마음속으로 '스승을 공경하는 최고의 방법은 부처님께서 열반에 드시기 전에 아라한을 얻는 것이다'라고 생각했습니다."

부처님께서 이 현명한 비구를 극구 칭찬하면서 말씀하셨다.

"훌륭하다. 정말 훌륭하다. 나를 사랑하는 자들은 이 비구를 본받아야 한다. 나의 가르침을 가장 잘 실천하는 자가 나를 가장 공경하는 자이다."

또 다른 경우에 부처님께서는 '법을 보는 자는 나를 보는 자이다.'라고 말씀하셨다.

덧붙여서 말하면, 불교에는 간청이나 중재의 기도는 없다. 부처님께 아무리 많이 기도해도 그는 구원될 수 없다. 부처님은 자신에게 기도하는 자에게 세속적인 은혜를 주지 않으며, 또한 줄 수도 없다. 불자는 구원받기 위해서 기도해서는 안된다. 오로지 자신을 의지해야 하며 자유를 성취하고 청정을 얻기위해 부지런히 노력해야 한다.

부처님께서는 제자들에게 다른 사람에게 의지하지 말고 자신을 의지하고 자신을 믿으라고 충고하면서 말씀하셨다.

"너는 스스로 노력해야 한다.
여래는 단지 스승일 뿐이다."

부처님께서는 신에 대한 기도는 무의미하다고 하였으며, 신을 위해 무조건 굴종하는 노예적인 정신을 비판하였다. 부처님께서는 기도 대신에 명상의 중요성을 강조하셨다. 이것은 자신의 수련, 자기 통제, 자기 정화, 자기 깨달음을 증진시켜 준다. 이것은 마음과 정신력을 강하게 만들어 준다. 그러므로 명상은 불교에 있어서 핵심을 이루고 있다.

불교에는 대부분의 다른 종교들처럼 복종하고 두려워해야 하는 전지전능한 신이 존재하지 않는다. 불교는 전능한 신으로 간주되는 초자연적인 힘의 존재를 부정한다.

물론 신의 계시나 예언도 없다. 그러므로 불자는 자신의 운명을 결정하고, 임의로 대가를 주거나 벌을 주는 어떠한 지고의 초자연적인 힘에 복종하지 않는다. 불자는 신적인 존재의 계시를 믿지 않으며, 또한 불교는 진리의 독점을 주장하지 않으며, 어떠한 다른 종교도 맹목적으로 비난하지 않는다.

'종교의 가장 큰 적은 비관용이다.'

부처님께서는 그 특유의 관용의 정신으로 제자들에게 화내지 말며, 불평하지 말며, 심지어 다른 사람들이 부처님을 비난하거나 가르침 또는 교단을 험담해도 언짢게 생각하지 말라고 가르치셨다. 덧붙여서 부처님께서는 다음과 같이 말씀하셨다.

"만약 너희들이 그렇게 한다면, 너희들 자신의 정신적 손실의 위험을 초래할 뿐만 아니라 그들이 한 말이 옳은지 그른지 판단할 수 없다."
 이 얼마나 현명한 생각인가! 다른 종교들이 정당한 근거없이 서로를 헐뜯는 것을 비판하면서 부처님께서 말씀하셨다.
 "사람이 위를 쳐다보면서 하늘에 침을 뱉을 때, 침은 하늘을 더럽히지는 않는다. 그러나 되돌아와서 그 자신을 더럽힌다."

 불교는 우리가 맹목적으로 믿어야 하는 어떤 독단적인 교리나 합리적인 이유없이 충실한 믿음으로 받아들여야 할 어떠한 신조가 아니다. 불교는 미신적인 의식이나, 교단에 가입하는데 형식적인 의례의 준수나, 자신의 정화를 위해서 행하는 의미없는 희생제나 속죄의식을 가르치지 않는다.
 그러므로 엄격히 말해서 불교는 종교라 부를 수 없다. 이것은 믿음과 숭배의 체계도 아니며, 웹스터 사전의 정의 '인간은 신의 존재 또는 그들이 마땅히 복종하고, 봉사하고 공경해야 할 그들의 운명의 결정권을 갖고 있는 신을 외적인 행위나 형태로 설명한다.'는 것도 아니다.
 칼 맑스는
 "종교는 영혼이 없는 상태에서 영혼을 말하고, 마음이 없는 세계에서 마음을 말하는 대중의 아편이다."라고 말했다.
 불교는 그러한 종교가 아니다. 모든 불교국가들은 불교의 요람으로부터 발전되었고, 불교국가들의 현재의 문화적 발전은 불교의 영향 때문임은 두말할 나위가 없다.

 그렇지만 만약 종교가 외형적인 것 이상으로 삶에 대한 관점을 갖게 하는 가르침이고, 삶을 단순히 바라보는 것이 아니라 삶을 깊게 들여다 보게 하는 가르침이고, 삶을 들여다보는 것과 일치하게 행동을 이끌도록 제공해주는 가르침이고, 삶을 용기있게, 그리고 죽음을 침착하게 맞이할 수 있도록 하는 가르침, 또는 삶의 고통으로부터 해방시켜주는 사상체계라면, 불교는 확실히 종교 중의 종교이다.
 달케 Dahlke는 불교에 대해 다음과 같이 말했다.
 "이것을 가지고 불교를 종교라고 하는 판결은 내려졌다. 일반적인 의미에서 우리에게 이 삶을 초월해서 본질적으로 다른 것을 가르치는 종교는 올바른 종교가 될 수 없다."(*Buddism and its Place in the Mental World* P.27)

불교는 윤리적인 체계인가?

불교는 뛰어난 도덕적 규범을 포함하고 있는데, 하나는 승려를 위한 것이고 다른 하나는 재가 신자를 위한 것이다. 그리고 이것은 일반적인 도덕적 가르침보다 훨씬 더 뛰어난 것이다.

계율은 단지 예비적인 단계이며, 목적을 위한 수단일 뿐 목적 그 자체는 아니다. 비록 불교에 있어서 이것은 절대적으로 본질적인 것이지만, 이것 하나만으로 자신의 깨달음 또는 완전한 청정으로 이끌지는 못한다. 이것은 단지 청정한 길의 첫째 단계일 뿐이다. 불교의 바탕은 계율이다. 그리고 계율을 뛰어넘는 것은 지혜이며, 지혜는 계율의 극치이다. 이 두 개는 새의 양 날개처럼 상호 보완적인 성격을 갖고 있다. 지혜는 인간의 눈과 같으며, 계율은 그의 발과 같다. 부처님의 명칭의 하나는 '지혜와 행위의 공덕을 갖춘 자(明行足, *vijjācaraṇasampanna*)'이다.

불교의 근본인 사성제에서 앞의 세 개는 불교의 사상을 나타낸다. 그리고 마지막 네 번째 불교의 윤리는 그러한 사상에 바탕을 두고 있다. 불교의 계율에서는 어떠한 의심스러운 신적인 계시도 발견되지 않으며, 예외적으로 교묘하게 착상된 것도 없다. 이것은 증명할 수 있는 사실과 개인적인 경험에 바탕을 둔 합리적이고 실천적인 규범이다. 맑스 뮐러 Max Muller 교수의 견해에 의하면, 불교의 계율은 이 세계가 지금까지 알아온 것 가운데서 가장 완벽한 것 중의 하나이다.

리스 데이비드는 다음과 같이 말했다.

"불교인이건 아니건 나는 이 세상에서 위대한 종교체계의 모든 사람을 연구해 왔다. 그리고 나는 그들 중 체계적이고 포괄적인 면에서 부처님의 팔정도를 능가하는 자를 아무도 발견하지 못했다. 나는 그 길을 따라 살아가는 것에 대해서 만족한다."

불교에 의하여 윤리적으로 옳고 그른 행위, 옳지도 그르지도 않은 행위, 모든 행위를 소멸시키는 성향이 있는 행위가 있다는 것을 알게 되는 것은 흥미로운 일이다. 좋은 행위는 자신의 해탈에 필수적이다. 그러나 일단 성스러운 삶의 궁극적인 목표가 얻어지면, 그는 선한 것과 악한 것을 초월한다.

부처님께서 말씀하셨다.
"너는 올바른 것(正法)을 버려야 한다. 하물며 올바르지 않은 것(非法)이야 말해서 무엇하랴."

집착, 악의, 그리고 망상과 연관된 행위는 나쁘다. 반면 집착을 여읨, 선한 의지 그리고 지혜와 연관된 행위는 좋은 것이다. 번뇌가 없는 자, 아라한의 행위는 윤리적인 가치로 판단되지 않는다. 그는 이미 선과 악을 뛰어넘었기 때문이다. 이것은 그가 비활동적임을 의미하지 않는다. 그는 더욱 정열적으로 활동한다. 그러나 그의 활동은 이기심이 없으며, 다른 사람들에게 그가 걸어갔던 길을 걷도록 도와서 이끌어준다. 일반적으로 그의 행위는 선한 것으로 받아들여지는데, 그는 세속적인 행위와 달리 자신에 관해서 새로운 업을 짓지 않는다. 그의 행위는 팔리어로 *kiriya*(應所作)로 불린다. 순금은 더이상 순수해질 수 없다.

초세속적인 의식의 네 가지 정신적인 단계, 즉 예류자, 일래자, 불환자, 아라한의 행위는 선한 것이지만, 새로운 업을 쌓는 경향은 없다. 반대로 유전(流轉)하면서 생성하려는 존재 욕구를 점차적으로 소멸시키는 경향이 있으며, 그렇게 함으로써 점차 좋고 나쁜 행위의 소멸이 있게 된다. 이러한 초세속적인 의식에서는 업의 뿌리를 근절시키는 성향이 있는 지혜가 지배적이다. 반면에 세속적인 의식의 형태에서는 업의 행위를 만드는 의지가 지배적이다.

불교에 있어서 계율의 기준은 무엇일까?

그 답은 부처님께서 어린 사미승 라훌라에게 한 충고에서 발견된다.

"라훌라야. 만약 네가 하고 싶은 행위가 있다면 이와 같이 곰곰이 생각해 보아라.

'이 행위가 나에게 해를 끼칠 것인가? 아니면 남에게 해를 끼칠 것인가?

아니면 나와 남 모두에게 해를 끼칠 것인가?' 그래서 이것이 고통을 생기게 하는 그릇된 행위라고 생각되면, 너는 그런 행위를 그만 두어야 한다."

"만약 네가 하고 싶은 행위가 있거든 이와같이 곰곰히 생각해 보아라. '이 행위는 나에게 해를 끼치지 않고, 남에게 해를 끼치지 않고, 나와 남에게 해를 끼치지 않는 것인가?' 그래서 이것은 행복을 수반하는 좋은 행위라고 생각되면 너는 그러한 행위를 계속해서 반복해야 한다."

계율을 부과함에 있어서 불자는 자신과 다른 사람들의 관계를 고려한다. 물론 여기에는 동물도 제외되지 않는다.

카라니야메타(자애)경에서 부처님께서는 다음과 같이 가르치셨다.

"어머니가 목숨의 위험을 무릅쓰면서 외아들을 보호하듯이, 마찬가지로 수행자는 모든 존재들에 대한 무한한 자애의 마음을 길러야 한다."

법구경에는 다음과 같이 쓰여있다.

"모든 것은 폭력을 두려워한다. 그러므로 이 이치를 자신에게 비추어보아서 다른 존재를 죽이거나 죽게 하지 말라."

부처님께서 제자들이 실천하기를 바랬던 이상적인 계율의 기준을 이해하기 위하여 우리가 주의깊게 읽어야 할 경전은 법구경, 시갈로바다(善生)경, 비야가파자(處道)경, 망갈라(기쁨)경, 메타(자애)경, 파라바바(몰락)경, 베살리(천민)경, 담미카(如法)경 등이 있다.

도덕적인 가르침으로서 이것은 다른 어떠한 윤리적인 사상체계보다도 탁월한 포용력을 갖고 있다. 그러나 계율은 단지 시작일 뿐이며, 불교의 목적은 아니다. 어떤 면에서 불교는 철학이 아니지만, 다른 한편으로는 철학중의 철학이다. 또한 어떤 면에서 불교는 종교가 아니지만, 다른 한편으로는 종교중의 종교이다.

불교란 무엇인가.

불교는 형이상학적인 길도 아니며, 종교적인 의식주의의 길도 아니다.

이것은 회의적인 것 또는 독단적인 것도 아니다.

제 1 장 불교란 무엇인가 221

이것은 영원주의 또는 허무주의도 아니다.
이것은 자기 금욕 또는 자기 탐욕도 아니다.
이것은 염세주의 또는 낙천주의도 아니며 다만 사실주의일 뿐이다.
이것은 절대적으로 이 세상을 위한 것도 아니며 그렇다고 다른 세상을 위한 것도 아니다.
이것은 외향적인 것이 아니라 내향적이다.
이것은 신 중심이 아니라 인간 중심이다.
이것은 깨달음의 유일한 길이다.

불교의 원래의 팔리어 용어는 *Dhamma*(법)이다. 이것은 문자적으로 사물의 진리에 일치해서 행위하는 자를 도와주면서 그가 괴로운 상태에 빠지지 않게 보호해주는 것을 의미한다. 영어에는 이와같은 팔리어의 의미를 정확하게 전달해 주는 적합한 단어가 없다.

다르마는 있는 그대로의 사실을 의미한다. 실재의 가르침이 고통으로부터 벗어나는 해탈의 수단이며, 해탈 그 자체이다. 여래가 이 세상에 출현하든 하지 않든 다르마는 언제나 존재한다. 무지한 눈을 가진 사람에게는 영원히 감추어져 있다가 그가 깨달았을 때 이 세상에 자비롭게 나타나는, 이 다르마를 깨달은 자는 부처님이시다.

"여래가 출현하든 안하든, 오 비구들이여, 모든 조건지워진 것들은 무상하며, 괴롭고, 모든 것은 나가 없다는 사실, 자연적 법칙은 항상 존재한다. 이 사실을 여래가 이해하고 깨달았다. 그리고 그가 이것을 깨닫고 이해했을 때 공포하고, 가르치고, 선언하고, 확립하고, 나타내고, 분석해서, 이러한 진리를 명확하게 가르친다."

부처님께서는 마지마나가야에서 다음과 같이 말씀하셨다.
"여래가 가르친 것을 한마디로 말한다면 그것은 바로 괴로움과 괴로움의 소멸이다."
이것은 실재의 가르침이다. 자설경(自說經)에는 다음과 같이 쓰여있다.
"오, 비구들이여. 거대한 대양이 하나의 맛, 즉 소금의 맛이 있듯이. 마찬가지로 오, 비구들이여, 이 다르마도 하나의 맛이 있다. 그것은 바로 해탈의 맛이다."

이 다르마는 해탈의 수단이다.

이 거룩한 다르마는 우리 자신과 동떨어진 관계에 있지않다. 이것은 오로지 자신을 의지하며, 자신에 의해서만 깨달아진다. 여기에 대한 부처님의 충고가 우리들 가슴속에 이천오백년이 지난 지금에도 역력히 들려온다.

'*Attadīpā viharatha attapaṭisaraṇa*'
'자신을 섬으로 삼고, 자신을 피난처로 삼아라.'
'*Dhammadīpā viharatha dhamma paṭisaraṇā, n'añña paṭisaraṇā*'
'다르마를 섬으로 삼아라, 다르마를 의지처로 삼아라. 외부에서 의지처를 구하지 말라.'

제 2 장
불교의 특성

'지혜로운 자는 세존께서 상세하게 가르쳐 준 다르마를 스스로 탐구하면서 깨달음의 길, 니르바나로 나아간다.'

——마지마 니가야

불교의 근본 사상

부처님 스스로 발견하고 이 세상에 선언한 사성제는 불교의 핵심적인 교리이자 근본 사상으로서, 그것들은 1) 괴로움(불교의 존재 이유) 2) 괴로움의 원인 즉 갈애 3) 괴로움의 소멸 즉 니르바나(불교의 궁극 목적) 4) 중도이다.

앞부분의 세개는 불교의 사상적인 면을 나타낸다. 반면에 네번째는 그 사상과 일치하는 불교의 윤리를 나타낸다. 부처님의 다르마를 구성하고 있는 이 네개의 진리는 육신 그 자체에 의존한다. 물론 이 진리가 인간과 다른 존재들에게 전반적으로 연관되어 있다는 것은 논쟁의 여지가 없는 사실이다.

여래가 출현하든 안하든 이 진리는 우주에 존재한다. 그것들을 이 세상에 나타나게 한 것은 부처님이시다. 불교는 괴로움의 주축위에 놓여있다.

비록 불교가 괴로움의 존재를 강조하지만, 그렇다고 염세적인 종교를 의미하지는 않는다. 불교는 전적으로 염세주의도 아니며, 전적으로 낙천주의도 아니며, 단지 사실적일 뿐이다.

만약에 독자가 불교를 바라봄에 있어서 괴로움을 소멸하는 수단과 영원한 행복을 얻는 것을 제시하지 않고, 오로지 괴로움의 진리만 강조한다면 그는 불교를 허무주의로밖에 보지 못할 것이다.

부처님께서는 괴로움의 보편성을 인지하고 이 인간의 보편적인 병을 치료할 수 있는 치료제를 처방하였다. 부처님에 의하면 우리가 상상할 수 있는 최고의 행복은 니르바나이다. 이것은 괴로움이 완전히 소멸된 상태이다.

브리태니카 백과사전은 염세주의에 대해서 다음과 같이 쓰고 있다.

"염세주의는 삶에 대해서 희망이 없는 마음자세와 인간사에 대해서 고통과 악이 지배한다는 애매모호한 견해를 의미한다."

사실 불교의 원래의 교리는 서양의 어느 낙천주의 못지 않게 낙천적이다. 불교를 염세주의라 부르는 것은 단지 개별적인 인격이 없이 행복은 불가능하다는 서양적 사고방식의 특성에만 적용될 뿐이다. 오히려 독실한 불자는 영원한 기쁨에 몰입하는 것을 열광적으로 기대하고 있다.

행 복

부처님께서는 제자들이 삶의 고통을 끊임없이 생각하면서 그들의 삶을 불행하게 만드는 것을 바라지 않았다.

기쁨은 모든 불자들에 의해서 깨달음의 필수적인 요소 또는 본질의 하나로서 받아들여졌다. 많은 저술가들의 객관적인 견해에 의하면, 불교도는 이 세상에서 가장 행복한 사람들이라고 일컬어진다. 불교도들은 자신들을 불쌍한 죄인들이라고 여기는 아무런 열등감도 갖고 있지 않다.

완벽한 마음자세로 성스러운 생활을 영위하고, 성스러운 교단의 구성원은 아마도 이 세상에서 가장 행복한 사람일 것이다.

다음의 귀절 즉

"*Aho sukhaṁ, aho sukhaṁ*(오, 참으로 행복하구나. 오, 참으로 행복하구나.)"

"우리는 기쁨속에서 살아갈 것이다."

는 부처님의 제자들이 반복해서 말하기를 좋아하는 내용들이다.

한번은 어떤 천신이 부처님에게 다가가서 왜 부처님 제자들은 얼굴색이 평온하게 보이는지에 대해서 다음과 같이 질문하였다.

"숲속에 그들의 평온한 안식처를 만드는 자들,

거룩한 삶을 사는 성스러운 자들,
한끼의 식사로 허기를 메우는 자들,
어떻게 그들의 얼굴색이 평온하게 보이는지 말씀해주십시오."

부처님께서 말씀하셨다.

"그들은 지나간 일을 한탄하지 않는다.
그들은 아직 오지 않은 것을 걱정하지 않는다.
그들은 현재 있는 것으로 자신들을 지탱해 나간다.
그러므로 그들의 얼굴색이 평온하게 보인다."
그러므로 비구들은 과거나 미래에 대한 걱정없이 영원한 현재에서 행복하게 살고 있는 것이다.

행복에 있어서의 인과의 법칙

상윳타 니가야에는 행복에 있어서의 인과의 법칙에 대한 재미있는 해석이 실려있다.

부처님께서 말씀하셨다.

"괴로움이 믿음으로 이끈다. 믿음이 즐거움으로, 즐거움이 기쁨으로, 기쁨이 평안으로, 평안이 행복으로, 행복이 집중으로, 집중이 사물을 있는 그대로 보는 지각과 안목으로, 사물을 있는 그대로 보는 지각과 안목이 염오(厭惡)로, 염오가 이욕(離欲)으로, 이욕이 해탈로, 해탈이 번뇌의 소멸로, 그래서 결국 아라한으로 이끈다."

이 중요한 귀절은 어떻게 괴로움을 행복으로 이끌고, 궁극적으로 아라한이 되는지를 명확하게 가르쳐주고 있다.

불교의 관용

사성제를 이해하는데 맹목적인 믿음은 필요하지 않다. 전반부의 세속적인 두 진리는 세속적인 생활을 하면서 경험할 수 있으며, 후반부의 초세속적인 두 진리는 성인의 경지를 얻어서 경험할 수 있다.

불교는 자신의 경험에 의해서 증명되고, 누구에 의해서도 증명될 수 있는 이러한 사실들의 바탕위에 세워졌다. 그러므로 알려지지 않은 것에 대한 두려움은 없다. 불교는 오직 합리적이고 실천적인 체계로 구성된 것이다.

다르마에는 비현실적이거나 비합리적인 것은 없다. 부처님께서는 자신이 가르친 것을 실천했고 자신이 실천한 것을 가르쳤다. 부처님이 가르침에서 가장 강조한 것은 실천이었는데, 믿음 하나만으로는 자신을 정화할 수 없기 때문이다.

법구경에는 다음과 같이 쓰여있다.

"아무리 경전을 많이 암송하더라도 그것에 따라서 행동하지 않으면, 그러한 사람은 다른 사람의 소를 세는 목동처럼 한심하다. 그는 구도자의 기쁨을 나누어 갖지 못한다."

합리적이고 실천적인 체계에는 어떠한 신비적이거나 또는 비밀스러운 교리가 포함될 수 없다. 열반경에서 부처님께서 다음과 같이 단언하였다.

"나는 비교적(秘敎的)인 교리와 현교적(顯敎的)인 교리 사이에 아무런 차별도 없이 진리를 가르쳤다. 진리에 대해서 여래는 스승의 손안에 움켜쥔 것같은 것(師券)은 없다."

Anantaram(無限)과 *abāhiram*(無外)는 부처님께서 직접 사용하신 언어들이다. 만약 부처님께서 '나는 이만큼의 나의 교리를 타인에게 가르치지 않겠다.' 또는 '나는 오로지 이 만큼의 나의 교리를 다른 사람들에게 가르치겠다.'라고 생각했다면, 그는 주먹을 움켜 쥔 스승의 범주에 속하게 되었을 것이다.

만약 부처님께서 '이 사람들에게만 가르쳐야겠다.' 또는 '이 사람들에게는 가르치지 말아야겠다.'라고 생각했다면, 부처님께서는 중심적인 제자의 부류와 비중심적인 제자의 부류를 구별하였을 것이다. 그렇지만 부처님께서는 그러한 차이를 두지 않았다.

앙굿타라 니가야에서 부처님께서는 비밀스러운 교리에 대해서 다음과 같이 말씀하셨다.

"오, 제자들이여. 여기에 비밀로 간직되어온 알려지지 않는 사람들이 있다. 그들이 누구인가? 여자에 속한 비밀은 알려지지 않는다. 성직자의 지혜에 속한 비밀은 알려지지 않는다. 잘못된 교리에 속한 비밀은 알려지지 않는다. 그러나 여래에 의해 선언된 교리와 계율은 모든 세상앞에서 빛나며 비밀이 없다."

부처님께서 인류를 혼동하게 하는 어떤 문제들에 대하여 자신의 견해를 표현하지 않은 것은 사실이다. 그는 논쟁의 여지가 있는 주제들에 대해서는 특별히 침묵을 했다. 왜냐하면 그것들은 부처님의 거룩한 전도와는 연관이 없으며, 개인의 해탈과도 무관하기 때문이다.

어느때 말룬캬푸타라 불리는 비구가 부처님께 다가가서, 만약 다음에 질문하는 내용들에 대해서 답변하지 않으면, 당장 가사를 벗어던지고 나가겠다고 으름장을 놓으면서 말했다.

"스승님, 다음의 문제들은 세존에 의해서 명료하게 설명되지 않았고, 옆으로 제쳐놓았고 거절되었습니다. 즉, 이 세계가 영원한지 아닌지, 이 세계가 무한한지 유한한지, 생명이 육체와 같은 것인지 또는 생명과 육체가 서로 다른 것인지, 여래는 사후에 존재하는지 아닌지, 여래는 사후에 존재하기도 하고 존재하지 않기도 하는지, 여래는 사후에 존재하지도 않고 존재하지 않지도 않은지에 대해서 저에게 자세히 설명해주십시오."

그러자 부처님께서는 그런 무의미한 공론에 시간과 정력을 소모하지 말라고 충고하면서, 그 유명한 독화살의 비유를 들어 설명해주었다.

"이것은 마치 어떤 사람이 독이 묻은 화살에 찔렸는데, 그것을 빼려는 의사에게 이렇게 말하는 것과 같다. '나에게 상처를 입힌 사람이 누구인가, 내가 맞은 화살의 종류는 어떤 것인가, 기타 등등을 상세히 알기 전까지는 화살 뽑는 것을 허락하지 않겠다.' 그러면 그 사람은 그 사실을 전부 알기 전에 죽을 것이다. 마찬가지로 자네도 이 문제들이 모두 설명되기 전에 죽을 것이다."

이러한 형이상학적인 질문을 해결한다고 그것이 곧 번뇌의 소멸, 깨달음 또는 니르바나로 이끌 수는 없다. 또 다른 경우에 제자가 이러한 문제에 대해서 알려고 하자, 부처님은 침묵하면서 코끼리와 눈봉사의 우화를 들려주었다.

"어떤 눈봉사들 앞에 코끼리를 갖다 놓고 그것이 무엇인지 설명하도록 했다. 그들은 코끼리의 서로 다른 부분을 만지면서 서로가 다르게 주장하면서 논쟁을 하다가 마침내 싸움으로 몰고 갔다."

만약 질문의 요지가 지혜를 발전시키고 해탈의 길로 이끄는 것이면 부처님께서는 그 특유의 침묵을 하지 않는다.

불교는 인류와 연관된 모든 윤리적, 철학적 문제들에 대해서 설명을 할 수 있다고 여기지는 않는다. 또한 정신을 함양시킬 수 없는 무의미한 공론들과 이론들을 다루지도 않는다. 불교는 실천적이고 특별한 목적 —고통의 소멸— 을 갖고 있다. 그리고 그 목적과 연관되지 않는 모든 부수적인 문제는 완전히 제쳐놓았다. 그럼에도 불구하고, 삶의 실재의 모습을 깊이 바라볼 수 있도록 모든 격려를 다해주고 있다.

불교에서는 어떠한 강요, 박해, 광신적인 행위도 올바른 행위로 받아들여지지 않는다. 불교 특유의 관용의 정신을 말한다면, 2500년의 평화로운 전도기간 동안, 불교의 이름아래 단 한방울의 피도 흘리게 하지 않았고, 다르마를 전도하기 위해 어느 절대군주도 그의 무자비한 칼을 휘두르지 않았고, 어떠한 개종도 힘이나 강압적인 방법에 의해서 이루어지지 않았다.

또한 부처님은 인류역사상 최초의 가장 위대한 전도자였다. 부처님 당시에 불교는 널리 전파되었고, 지금도 여전히 전세계에 급속히 전파되고 있으며, 모든 나라에 평화롭게 스며들고 있다. 그 이유는 근본적으로 부처님의 가르침의 본질적인 우수함과 견줄 수 없는 장엄함 때문이었으며, 결코 제국주의, 군국주의 또는 어떤 다른 간접적인 개종의 매개수단에 의한 것은 아니다.

헉슬리 Aldous Huxely는 다음과 같이 쓰고 있다.

"세계의 위대한 종교들 중 불교 하나만이 박해, 이교도에 대한 탄압과 검열없이 그 길을 걸어왔다. 이러한 모든 면을 고려할 때 불교의 역사는 기독교의 역사보다 훨씬 더 뛰어난 것이었다. 기독교는 물질주의와 결합해서 그 길을 걸어갔고, 그 신자들의 피에 굶주린 잔인한 기질을 구약의 미개한 청동기 시대의 문학에 호소함으로써 정당화할 수 있었다."

러셀 Russell경은 다음과 같이 말했다.

"역사상 위대한 종교중에 나는 특히 초기형태의 불교를 좋아한다. 왜냐하면 이것은 거의 박해란 요인을 갖고 있지 않기 때문이다."

부처님의 이름 아래, 어떠한 신성한 장소도 죄없는 여자의 피로 물들여진 곳이 없고(희생제를 일컬음), 순수한 사상가가 산 채로 불에 태워진 적이 없고, 이교도를 잔인하게 불로 지지면서 고문한 적이 없었다.

불교는 어떠한 신비스러운 것도 가르치지 않으며 또한 기적같은 것을 말하지도 않는다. 부처님께서는 의심할 여지없이 자신의 정신력을 발전시켜서 신통력을 얻게 되었다. 그러나 예외적인 경우를 제외하고는 기적을 행하지 않았다.

예를 들면 *Yamaka pāṭihāriya*는 '두개의 기적'이라고 매우 잘못 번역되고 있는데, 이것은 오로지 부처님만이 할 수 있는 심리적인 현상이다. 즉 특별한 경우에 신체의 기공으로부터 위로는 불이 솟아오르고 아래로는 물이 쏟아지게 하는 신통력이다.

불교는 감정보다는 지성에 더 호소를 한다. 불교도들은 양적인 숫자보다는 그들의 질적인 자질에 더 많은 관심을 갖고 있다.

한번은 자이나교의 신자인 우팔리장자가 부처님으로부터 설법을 듣고 깊은 감동을 받아서, 그 자리에서 부처님의 제자가 되고 싶다는 의사를 밝혔다. 그러나 부처님께서는 그에게 충고하면서 다음과 같이 말했다.

"오, 재가자여. 참으로 신중하게 깊이 생각해봐야 한다. 그대같이 특별한 사람은 신중하게 생각해서 결정해야 한다."
우팔리는 부처님의 이와같은 자상한 마음에 더욱 큰 감명을 받아서 말했다.
"세존이시여. 만약 제가 다른 스승의 제자가 되었다면, 그의 제자들이 나를 길거리에 데리고 다니면서, 아무개 장자가 그의 이전의 종교를 버리고 자신들의 종교에 들어왔다고 떠들고 다닐 것입니다. 그러나 세존이시여, 당신은 나에게 생각을 좀 더 해보라고 말했습니다.
나는 당신의 사려깊은 충고를 듣고 더욱 기쁠 따름입니다."
그리고 그는 거듭 감사의 표시를 하면서 말했다.
"두번째로 나는 부처님, 다르마, 승가에 귀의합니다."
비록 우팔리가 확신에 의해서 불자가 되었지만, 부처님께서는 무한한 자비심과 거룩한 관용의 정신으로 그에게 이전의 스승도 후원하라고 충고했다.

부처님께서는 모든 구도자들에게 외부적인 권위나 단순한 설득에 의해서 영향받지 말도록 훈계하면서, 더 나아가 제자들에게 높은 권위에 무조건 복종해서 절을 해서는 안된다고 충고하였다.

불교에는 사고의 자유와 거룩한 관용의 정신이 깊이 배어있다. 이것은 열려있는 마음과 합리적으로 체계화된 정신을 가르쳐주며, 지혜와 자비라는 두개의 빛으로 삶과 죽음의 바다에서 허우적거리는 모든 존재들을 밝게 비추어 준다.

부처님은 너무나 자비스럽고 관용적이었기 때문에, 재가신자들에게 어떠한 것도 명령적으로 강요하지 않았다. 예를 들면, '너는 해야 한다. 너는 해서는 안된다.'와 같이 명령적인 어투를 사용하는 대신에 '이렇게 하는 것은 그대에게 달려있다. 이렇게 하지 않는 것도 그대에게 달려 있다.'라고 말하면서 모든 것을 재가자들의 자유의사에 맡겼다.

그러므로 불자들이 지켜야 할 평범한 계율들은 강요적인 계율들이 아니라, 그들 스스로 따라가야 할 계법(戒法)이다.

부처님께서는 이러한 관용과 연민의 정을 남자, 여자 그리고 모든 살아있는 존재들에 대해서 확대해나갔다.

불교와 카스트제도

부처님께서는 인류역사상 처음으로 노예제도의 폐지를 시도하고 보다 높은 도덕성과 모든 인간이 형제라는 생각을 일깨우고, 그 당시 인도사회에 깊이 뿌리박혀 있던 타락한 카스트제도를 강한 어조로 비난하였다.

부처님께서는 다음과 같이 선언하였다.

"사람은 출생에 의해서 천한 자가 되지 않는다.
사람은 출생에 의해서 바라문이 되지 않는다.
사람은 행위에 의해서 천한 자가 된다.
사람은 행위에 의해서 바라문이 된다."

슈타니파타의 바세타(천민)경에는 두 젊은 바라문이 바라문이 되는 조건에 대해서 서로 논쟁하는 이야기가 있다. 한 사람은 출생이 바라문을 만든다고 주장했고, 반면에 다른 사람은 행위가 바라문을 만든다고 주장했다. 서로가 자신의 의견을 고집하다가 마침내 부처님께 가서 이 문제를 해결하기로 결정했다. 그들은 부처님께 가서 답변을 해달라고 요청했다.

부처님께서는 우선 그들에게 곤충, 식물, 네 발 가진 짐승, 뱀, 물고기, 새 같은 것들은 많은 종류와 특징이 있어서 구분될 수 있는 반면에, 사람의 경우에는 그러한 특징이 없다는 것을 깨닫게 했다. 그리고 여러가지 다양한 직업에 따라서 사람을 식별하는 방법을 설명해 주었다.

결론적으로 부처님께서는 다음과 같이 충고해 주었다.

"출생이 바라문을 만들지 않으며, 비바라문도 만들지 않는다.
진실로 바라문을 만드는 것은 그들의 생활이다.
그들의 생활이 농부, 소점상인, 무역거래인, 농노를 만든다.
그들의 생활이 강도, 군인, 사제, 왕을 만든다."

마두라경에는 카스트의 문제에 관한 재미있는 대화가 실려있다. 마두라

왕이 카차나존자에게 다음과 같이 질문했다.
"카차나여, 바라문들은 이와같이 말합니다. '바라문은 네개의 신분계급 중에서 가장 특출하다. 다른 계급들은 모두 이보다 열등하다. 바라문만이 순수하고 바라문이 아닌 자들은 그렇지 못하다'고 주장합니다. 바라문은 브라흐만의 합법적인 아들이며, 그의 입으로부터 태어났으며, 그에 의해서 특별히 태어났고, 브라흐만의 상속자라고 합니다.
존자님, 여기에 대해서 어떻게 생각하십니까?"
카차나존자는 그것은 근거없는 주장이라고 답하면서 다음과 같이 말했다.
"부유한 사람은 어떤 계층이나 계급의 사람도 하인으로 고용할 수 있으며, 카스트계급에도 불구하고 사악한 사람은 고통스러운 환경에 태어날 수 있고, 착한 사람은 행복한 환경에 태어날 수 있으며 죄를 지은 자는 그의 계급에 관계없이 그의 죄에 대한 벌을 받습니다."
그리고 그는 덧붙여서 승가에 들어온 자는 어떠한 계급의 차별도 없이 모두 동등한 영예와 존경을 받는다고 강조했다.
불교에서 볼 때 부처님의 재가 신자가 되거나 모든 사람을 성스러운 자로 대하는 승가에 들어오는데 계급이나 직업이 장애가 될 수는 없다. 어부, 청소부, 창녀가 무사계급이나 바라문과 함께 교단에 자유롭게 들어올 수 있으며, 또한 수계를 받을 수 있다.
우발리는 이발사였는데, 모든 사람들을 제쳐놓고 계율에 관해서 계율제일의 십대제자가 되었다. 수니타는 왕과 귀족들로부터 아라한이라는 칭송을 받았는데, 원래 그는 비천한 신분의 청소부였다.

철학적인 기질이 강했던 사티는 어부의 아들이었다. 창녀 암바팔리는 교단에 들어와서 아라한을 얻었다. 부처님께서 자살을 시도하던 라주말라를 설득해서 귀의시켰는데 그녀는 노예소녀였다. 그리고 푼나는 그녀의 스승인 아나타핀디카 장로보다 먼저 부처님께 우기를 보내는 초대를 허락받았다. 한편 수바는 대장장이의 딸이었으며, 차파는 사슴 사냥꾼의 딸이었다.
이외에도 수많은 예들이 불교의 문이 어떠한 차별도 없이 모두에게 열려져 있음을 여실히 보여주고 있다.

부처님은 모두에게 똑같은 기회를 부여해주었고 사람들의 지위를 낮추기보다는 오히려 올려주었다.

불교에서 우리는 어린이를 위해서는 우유를, 허약한 자를 위해서는 보약을 발견할 수 있다. 그리고 불교는 부자와 가난한 자 모두를 동등하게 포용한다.

불교와 여자

부처님은 또한 여자들의 신분을 향상시켜 주고 사회에 그들의 중요성을 일깨워주었다. 부처님께서 법을 펴기 전에 인도에서 여자는 인간대접을 받지 못하고 있었다. 인도의 작가인 헤마찬드라는 여자를 '지옥으로 이끄는 횃불'이라고 멸시했다.

부처님은 여자를 멸시하지 않았으며, 그대신 천성적으로 나약한 존재로 간주했다. 그는 남자와 여자 모두에게 잠재되어 있는 선한 마음을 보았고 그들 각자에게 적합한 역할을 알려주며 가르쳤다. 여성이라고 해서 자기정화와 봉사를 하는데 있어서 장애가 될 수 없다. 여성을 의미하는 팔리어는 *mātugāna*인데, 이것은 '어머니-일족' 또는 '어머니들의 사회'를 의미한다. 불교에서 여성은 어머니로서 명예로운 위치를 점유하고 있다. 어머니는 하늘로 올라가는데 편리한 사다리로 간주하고 있으며, 아내는 남편의 '가장 좋은 친구'로 여겨지고 있다.

부처님께서 처음에 여자가 승가에 들어오는 것을 거절하였지만, 마침내 아난과 그의 양모인 마하파자파티 고타미의 간청에 의해서 비구니의 교단을 설립하였다. 그래서 최초로 계율과 여자들의 집단을 설립한 것은 부처님이었다.

아라한 사리불과 목건련이 가장 오래전에 민주적으로 구성된 구도자들의 조직인 비구교단의 두명의 중요한 제자가 되었듯이, 마찬가지로 아라한 케마와 우팔라바나는 비구니교단에서 두명의 중요한 여자 제자가 되었다. 이 외에도 가장 뛰어난 독실한 제자들 가운데는 많은 여성 제자들의 이름이 들어있다.

부처님께서 출현하기 전에는 여자들은 충분한 자유를 누리지 못했고 잠재적인 능력과 정신적인 자질을 표출할 기회를 박탈당했다. 고대의 인도에서 딸을 낳는 것은 환영받지 못하였고 귀찮은 부속물도 간주되었는데, 이러한 인식은 오늘날에도 여전히 잔존하고 있다.

한번은 부처님께서 코살라왕과 대화를 나누고 있었는데, 신하가 와서 왕에게 공주가 태어났다고 전했다. 이 말을 들은 왕은 별로 달갑게 여기지 않았다. 그러자 부처님께서 왕을 위로하면서 말씀하셨다.

"오, 왕이시여. 여자는 남자보다도 훨씬 나은 자손이 될 수 있습니다."

부처님이 출현하기 전에 여러가지 불리한 입장에 놓여있던 여자들에게 비구니 교단의 설립은 확실히 큰 기쁨이었다. 이 교단에서, 왕비, 공주, 명문대가의 딸, 과부, 사별한 어머니들, 비참한 여자들, 창녀, 모두가 그들의 계급과 지위에 관계없이 똑같은 입장에 서서 완전한 위안과 평화를 누리고, 작은 집과 대저택에 가두어졌던 여성들에게 부정되었던 자유스러운 분위기를 호흡할 수 있었다.

그렇지 않았더라면 여러가지 면에서 두각을 나타내고 교단에 귀의하여서 해탈을 얻은 많은 여자들이 잊혀졌을 것이다.

여자제자 중 첫번째 서열에 있었던 케마는 빔비사라왕의 아름다운 후궁이었다. 그녀는 처음에 부처님에 대해서 달갑지 않게 생각했다. 왜냐하면 그녀가 듣기로는 부처님께서는 외적인 아름다움을 멸시하는 말을 자주 한다는 것이었다.

어느날 숲으로 놀러 나갔다가 우연히 사원에 들르게 되었다. 그녀는 부처님께서 설법하는 것을 듣고 조금씩 와닿기 시작했다. 이때 부처님께서 그녀의 마음을 읽고, 신통력으로 아름다운 여자를 만들어서 부처님 옆에서 부채질을 하면서 서 있게 하였다.

케마는 그녀의 아름다움에 감탄하였다. 그러자 부처님께서는 이 환영인 여자의 모습을 젊음에서 중년으로 그리고 늙음으로, 마침내 이빨이 빠지고 머리는 백발이 되고, 살가죽은 말라 비틀어지면서 땅위에 쓰러져 있게 변화시켰다.

그것을 보는 순간 그녀는 외적인 아름다움의 헛됨과 삶의 덧없음을 깨달았다. 그녀는 마음속으로, '저렇게 좋은 몸매가 그렇게 말라비틀어졌단 말이지, 그러면 나의 몸도 그럴게 아냐! 아 끔찍하구나.' 하면서 혼자 생각했다.

부처님께서 그녀의 마음을 읽고 말씀하셨다.

"욕망의 노예가 된 자는 강물을 따라 표류한다. 마치 거미가 거미줄을 미끌어져 내려가듯이, 그 스스로 거미줄을 짠다. 그러나 해방된 자는 모든 족쇄를 자르고 어디서나 인류의 행복을 위하는 마음으로 모든 감각적인 즐거움을 떨쳐버린다."

케마는 아라한을 얻었다. 그리고 왕의 승락을 받아서 교단에 들어왔다. 그녀는 비구니들 가운데 통찰력 면에서 가장 높은 경지에 있었다.

파타차라는 두 아들과 남편, 부모와 형제들을 잃어 버리고 매우 비참한 상태에 놓여 있었는데, 부처님께서 신통력으로 그 앞에 오게 했다.

그녀는 부처님으로부터 위로의 말을 듣고, 성인의 첫째 경지를 얻어서 교단에 들어왔다. 어느날 그녀가 대야에 물을 담아 발을 씻고 있었는데, 땅위로 튕긴 물이 조금 있다가 사라지는 것을 보고, 이번에는 조금 더 많이 붓자 물이 조금 오래 있다가 사라졌다. 마침내 물을 다 쏟자 한참동안 남아 있다가 사라지는 것을 보았다. 그래서 마음속으로, '인간 또한 이와 마찬가지로 청년기, 중년기, 또는 노년에 결국 죽게 되는구나.' 하고 깊은 생각속에 빠졌다.

이때 부처님께서 그녀의 마음을 읽고, 그 앞에 신통력으로 환영을 나타내서 법을 가르쳤다. 그녀는 아라한을 얻어서 나중에 사별한 많은 어머니들의 의지처가 되어 그들을 격려해주었다.

담마디나와 바다 카필라니는 다르마를 잘 설명하기로 유명한 두명의 비구니였다. 그리고 비구니 소마는 마군에게 대답하면서 다음과 같이 말했다.

"생각이 잘 정리된 자, 지혜가 깊은 자, 다르마를 올바르게 바라보는 자에게 있어서 여성이라는 구별이 무슨 소용이 있겠는가?
마군이여, 나는 여자인가 또는 남자인가, 아니면 다른 어떤 것인가? 라고 묻는 자에게나 가서 말하는게 좋겠다."

재가 신자들 중에도 또한 신앙심, 관용, 헌신, 학문, 자애심으로 뛰어난 여자들이 많이 있었다. 비사카는 교단의 주요한 여성 후원자였는데, 그들 중에서 최고의 위치에 있었다. 수피야는 매우 헌신적인 여자였는데, 아픈 비구를 위해서 시장에서 고기를 얻지 못하자 그녀의 넙적다리를 칼로 도려내어서 고기국을 마련하였다.

나쿨라마라는 성실한 아내였는데, 계율을 암송한 덕택에 그녀의 남편을 죽음의 문턱에서 구해냈다.

사마바티는 독실하고 자애로운 왕비였는데, 간계에 의해서 불에 타죽으면서까지도 그녀의 적에 대해서 자비로운 마음을 잃지 않았다.

말리카왕비는 남편인 파세나디왕에게 여러번 충고해주었고, 하녀인 쿠주타라는 다르마를 가르쳐서 많은 사람을 귀의시켰다.

푸나바 수마타는 다르마를 얼마나 듣고 싶었던지 우는 아이를 달래면서까지도 그런 심정을 피력했다.

"오 그만 그쳐라, 귀여운 아가야. 그만 울어라. 나 푸나바 수마타는 올바른 진리를 듣고 싶습니다. 스승으로부터, 가장 현명한 자로부터,…
우리에게 소중한 것은 우리의 아이들이고, 우리의 남편입니다. 그러나 나에게 그것들보다 더 소중한 것은 올바른 길을 나아가는 이 다르마의 가르침입니다."

외아들을 잃고도 울지 않던 어느 생각이 깊은 어머니에게 사람들이 그 이유를 묻자 다음과 같이 대답했다.

"부르지 않았는데도 그는 여기에 왔다. 가라고 말하지 않았는데도 그는 곧 가버렸다. 그가 왔듯이, 그는 가버렸다. 여기에 슬퍼할 이유가 어디 있는가?"

수마나와 수바다 자매는 부처님께 독실한 믿음을 지녔던 모범적인 여자들이었다. 이러한 예에서 보듯이 부처님 당시에 여자들이 큰 역할을 했다는 것은 분명한 사실이다.

불교와 불살생

부처님의 대자비는 인간뿐만 아니라 말 못하는 짐승에게까지 모두 깃들어 있다. 부처님은 동물의 희생제를 금지하고 제자들에게 그들의 자비심을 모든 살아있는 존재, 심지어 자신의 발밑에 기어다니는 자그마한 생물에게까지도 확대하라고 훈계하였다. 생명은 모두에게 소중한 것이기 때문에 부처님은 아무도 다른 생명을 해칠 권리를 갖고 있지 않다고 가르쳤다.

비구는 계율에 의해서 땅을 파거나 땅을 파게 하는 것이 금지될 정도로 자비심을 실천하도록 되어있다. 심지어 비구는 여과기 없이 물을 마실 수도 없다. 위대한 불교도인 아소카왕은 석주(石柱)에 이렇게 새겼다.

"자신의 생명을 유지하기 위해 다른 생명을 희생시켜서는 안된다. 심지어 곤충이 있는 짚도 태워서는 안된다.(먼저 짚을 흔들어서 곤충을 떨어뜨린 다음 태운다)."

진실한 불자는 이 자비를 모든 살아있는 존재들에 대해서 실천해야 하며, 그 자신을 모든 것과 동일시하며, 어떠한 차별도 두어서는 안된다. 서로를 구분짓는 계급, 인종, 가치관의 모든 벽을 허물어뜨리려고 시도한 불교의 현저한 특성중의 하나는 불교도들의 자비심이다.

만약에 서로 다른 신앙을 갖고 있는 신자들이 단지 그들이 서로 다른 종교에 속한다는 이유때문에 형제나 자매같이 동일한 발판위에서 만날 수 없다면, 종교지도자들은 분명히 그들의 성스러운 전도에 실패할 것이다.

출라 비유하(小陣)와 마하 비유하(大陣)경전에 근거를 둔 성스러운 관용의 칙령에서 아소카왕은 "조화로움이 최고이다. 모든 사람은 기꺼이 다른 사람들이 주장하는 교리에 귀를 기울여야 한다."라고 말했다.

불교의 가르침은 어떠한 지역이나 나라에만 한정하는 특성이 없다. 이것은 어느 대상을 막론하고 보편적인 호소력을 띄고 있다. 불자에게는 멀거나 가깝거나, 적이거나 이방인이거나, 이교도나 불촉천민(不觸賤民)이 없다. 왜냐하면 깨달음을 통해 실현한 보편적 사랑은 모든 살아있는 존재에 대한 형제애 위에 세워져있기 때문이다. 진실한 불자는 이 세계속의 시민이다.

그래서 불교는 합리성, 실천성, 효용성, 비공격성, 무해, 관용, 보편성 등의 특성을 지니고 있다.

* * *

국가들은 탄생했다가 사라진다. 힘과 권력위에 세워진 제국들은 번영하였다가 소멸된다. 그러나 다르마의 제국은 사랑과 지혜에 바탕을 두고 여전히 번창하고 있으며, 불제자들이 그 성스러운 가르침을 지키는 한 끊임없이 번영할 것이다.

제 3 장
네가지 성스러운 진리(四聖諦)

'나에게 전에는 들어보지 못한 것에 대한 빛이 일어났다.'

──초전법륜

진리(*sacca*)는 '있는 그대로의 상태'이다. 이것과 동일한 산스크리트어는 Satya인데, 이것은 논쟁의 여지가 없는 상태를 의미한다. 불교에 의하면 이른바 존재하는 것에 관련된 네가지 진리가 있다.

부처님은 상웃타니가야에 있는 로히타싸경에서 다음과 같이 말했다.

"지각과 생각을 가진 바로 이 육척의 몸으로 나는 세계, 세계의 기원, 세계의 소멸, 세계의 소멸로 이끄는 길을 선언한다."

이 문장에서 '세계(*Loka*)'는 괴로움을 의미한다. 이 흥미있는 귀절은 사성제를 언급하고 있는 것인데, 이것은 부처님 스스로의 직관지에 의해서 깨달은 것이다.

부처님이 출현하든 안하든 이 진리들은 존재하며, 그것들을 미혹한 이 세상에 드러나게 한 것은 부처님이었다. 그것들은 시대의 변천과 더불어 변할 수 없는데, 왜냐하면 그것들은 영원한 진리이기 때문이다. 부처님은 스스로도 "그것들을 전에는 들어보지 못했다."고 말했다.

그러므로 불교와 힌두교 사이에 어떤 공통적인 교리가 존재하지만 불교가 힌두교에서 자연적으로 발생하였다는 말에는 정당성이 없다. 이 진리들은 영원한 진리 또는 다르마에 일치한다. 이 진리들은 번뇌를 제거한 부처 즉 가장 위대한 Ariya(성자)에 의해서 발견되었기 때문에 팔리어로 *ariyasaccāni*

('성스러운 진리'라는 의미)로 불린다.

첫번째 진리는 둑카(*dukkha*)를 다루는데, 이것은 이에 적합한 표현이 없기 때문에 흔히 '괴로움' '슬픔'으로 번역된다. 둑카(*dukkha*)라는 느낌은 참기 어려운 것을 의미한다.(*du*=어려움, *kha*=참는 것)

추상적인 진리로서 둑카(*dukkha*)는 '하찮은 (*du*)'와 '비어있음(*kha*)'의 의미로 사용된다.

세상은 괴로움에 놓여있다. - 그래서 이것은 하찮은 것이다.
세상은 어떠한 실체도 없다. - 그래서 이것은 비어있다.
따라서 둑카(*Dukkha*)는 하찮은, 비어있음을 의미한다.

보통 사람들은 단지 겉모습만을 추구한다. 성자는 사물을 있는 그대로 본다. 성자에게 있어서 모든 삶은 괴로움이며, 그는 인류를 환상적인 즐거움으로 기만하는 이 세계에서 실제적인 행복을 찾지 못한다. 물질적인 즐거움은 어떤 욕망의 단순한 만족일 뿐이다. '바라는 것이 없어졌을 때, 곧 그것에 대해서 불만족을 느낀다.' 모든 욕망은 만족을 모른다.

모든 것은 태어나고 늙고 병들고 마침내 죽게 되어있다. 아무도 이러한 네개의 어쩔 수 없는 고통의 원인에서 벗어날 수 없다.

바라는 것을 얻을 수 없는 것 또한 고통이다. 우리는 우리가 싫어하는 상태나 사람과 연관이 되는 것을 바라지 않으며, 우리가 사랑하는 상태나 사람과 헤어지는 것을 원하지 않는다.

그렇지만 우리의 소중한 바램이 항상 만족되지는 않는다. 우리는 원하지 않는 상황과 어쩔 수 없이 직면하게 될 때가 있다. 때때로 그러한 예기치 않은 상황이 매우 참을 수 없고 고통스럽게 되면, 나약하고 어리석은 사람은 자살을 시도함으로써 그러한 문제를 해결하려고 한다.

진실한 행복은 자신의 내부에서 발견되며, 그것을 부, 권력, 명예, 또는 승리라는 관점에서 찾을 때는 그 한계성을 느끼게 된다. 만약 그러한 세속적인 소유가 강제적 또는 부당한 방법으로 얻어졌거나 또는 잘못 활용되거나 거기에 집착하게 되면, 그것들은 오히려 소유자에게 고통과 슬픔의 원인이 될 수 있다.

일반적으로 보통사람에게는 감각적 즐거움을 만끽하는 것이 최고이자 유일한 행복이다. 그러한 덧없는 물질적인 즐거움을 바라고, 만족을 느끼고, 그것을 상상할 때는 의심할 여지없이 순간적인 행복이 있다. 하지만 그것들은 환상이고 일시적일 뿐이다.

부처님께서는 이욕 또는 물질적인 즐거움을 극복하는 것은 더 큰 만족과 기쁨을 준다고 가르치셨다.

간단히 말해서, 이 몸뚱아리 자체가 고통의 원인이다. 이른바 존재란 것과 삶의 다양한 면들에 내재되어 있는 괴로움의 첫번째 성스러운 진리는 주의 깊게 분석되고 탐구되어야 한다. 이러한 탐구는 자신을 있는 그대로의 모습으로 볼 수 있도록 올바르게 이끌어 준다.

괴로움의 원인은 갈애 또는 집착이며, 이것은 두번째 성스러운 진리이다. 법구경에는 다음과 같이 쓰여있다.

"갈애로부터 괴로움이 일어나고, 갈애로부터 두려움이 일어난다.

갈애에서 완전히 벗어난 자에게는 괴로움이 없고, 두려움은 더욱 없다."

이 갈애는 모두에게 잠재된 강력한 정신적인 힘이며, 삶의 고통의 중요한 원인이다. 인간이 윤회속에 다시 태어나고 삶의 모든 형태에 집착하게 되는 것은 크든 작든 바로 이 갈애때문이다.

갈애의 표층적인 형태는 성인의 두번째 경지를 얻음으로써 완화되고, 성인의 세번째 경지를 얻으면 근절된다. 그리고 갈애의 물질적인 심층적 형태는 아라한을 얻음으로서 근절된다.

괴로움과 갈애는 둘 다 오로지 부처님게서 가르치신 중도를 따르고 니르바나의 지고의 기쁨을 얻음으로써 완전히 근절될 수 있다.

세번째 성스러운 진리는 괴로움의 완전한 소멸, 즉 불자들의 궁극적 목표인 니르바나이다. 이것은 모든 형태의 갈애의 완전한 근절에 의해서 얻어진다. 이 니르바나는 외적인 세계에 대하여 모든 내적인 집착을 포기한 상태에서 얻어지게 된다.

 네번째 성스러운 진리는 팔정도의 성스러운 길을 걸어가면서 깨달아야 한다. 여덟개의 성스러운 길은 니르바나로 이끄는 유일한 올바른 길이다. 이것은 자신의 지성을 무력화시키는 극단적인 자기금욕과 자신의 도덕적 품성을 퇴보시키는 극단적인 자기 탐욕을 피한다.
 팔정도는 다음의 여덟가지 요소로 구성된다.

1. 올바른 이해 (正見)
2. 올바른 생각(正思惟)
3. 올바른 말(正語)
4. 올바른 행위(正業)
5. 올바른 직업(正命)
6. 올바른 노력(正精進)
7. 올바른 관찰(正念)
8. 올바른 집중(正定)

 1. 올바른 이해는 사성제의 의미를 명확하게 아는 것이다. 다시 말하면, 이것은 자신을 있는 그대로 이해하는 것이다. 왜냐하면 로히타싸경에서 언급한 것처럼, 사성제는 '인간의 육척의 몸'에 관련되어 있기 때문이다.
 불교의 핵심은 바로 이와같은 올바른 이해에 있다.
 2. 올바른 이해 또는 분명한 앎은 명확한 사유로 이끈다. 그래서 팔정도의 두번째 요소는, 올바른 생각(正思惟 ; *sammā saṁkappa*)이다. 영어의 번역 '올바른 결심(right resolutions)' 또는 '올바른 열망'은 팔리어의 의미를 제대로 전달하지 못하고 있다. '올바른 관념(right ideas)' 또는 '올바른 마음의 자세(right mindfulness)' 가 그 뜻에 더 가깝다.
 '올바른 사유(Right thoughts)'는 가장 가까운 영어 동의어로 볼 수 있다.
 이 중요한 정신적 요소는 잘못된 관념이나 개념을 제거하고 다른 도덕적 요소들이 니르바나로 전환하도록 도와준다.

자신을 더럽히든 정화하든 이것은 자신의 생각에 달려있다. 자신의 생각이 자신의 인격을 형성하고 자신의 운명을 지배한다. 사악한 생각은 자신을 타락시키며, 마찬가지로 좋은 생각은 자신의 인격을 향상시켜 준다. 때때로 한 생각을 일으키는 것이 이 세계를 파괴하거나 구할 수도 있다.

올바른 사유는 사악한 생각을 제거하고 순수한 생각을 발전시키는 두개의 목적을 수행한다.

올바른 사유는 세개의 범주로 구성된다.
1) *Nekkhamma*(離欲) - 세속적인 즐거움의 포기 또는 집착,이기심,자기소유와 반대되는 이타심.
2) *Avyāpāda*(無瞋) - 미움, 악의, 혐오와 반대되는 자애, 선의, 상냥함.
3) *Avihimsā*(無害) - 잔인함 또는 무자비함과 반대되는 해를 끼치지 않음 또는 동정심.

이러한 사악하고 선한 기질은 모두에게 잠재되어 있다. 우리가 세속적인 한 사악한 기질들은 예기치않은 상황에서 표면에 드러나 자신을 당황하게 하는 경향이 있다. 오로지 아라한을 얻어서 그것들이 완전히 근절되었을 때 자신의 의식의 흐름은 완전히 청정한 상태에 놓이게 된다.

무지로부터 비롯된 집착과 미움은 이 망상의 세계를 모든 사악한 것들이 지배하는 주요한 원인이다.

'전 세계의 적은 욕망이며, 그것을 통하여 모든 악이 형성된다. 이 욕망이 어떤 원인에 의해서 좌절되었을 때 이것은 다시 분노로 변한다.'

인간은 마음에 드는 대상에 대해서는 집착을 한다. 그리고 마음에 들지않는 대상의 경우에는 혐오감을 가지면서 거부한다.

집착을 통하여 인간은 물질적인 즐거움에 매달리며, 어떤 수단이나 다른 것에 의하여 자신의 욕망을 만족시키려고 시도한다. 마음에 들지않는 대상은 혐오하면서 멀리한다. 그러한 대상들에 대해서 극도로 불쾌감을 느낄 때, 심지어는 그것들을 파괴함으로서 자신의 만족을 얻기도 한다.

자신의 직관적인 통찰에 의해서 자아 중심적인 생각을 단념하면, 집착과 미움은 저절로 사라진다.

법구경은 다음과 같이 서술하고 있다.

"욕망보다 더한 불 길은 없고, 성냄보다 더한 속박은 없으며, 어리석음보다 더한 그물은 없고, 갈애보다 더한 강물은 없다."

1) *Nekkhamma*(離欲) : 정신적인 단계가 올라감에 따라 어린이들이 성장하면서 장난감을 버리는 것과 같이 물질적인 즐거움에 대한 전반적이고 미세한 집착을 줄여가면서 포기한다. 어린이들이 어른들의 생각을 이해하기를 기대할 수는 없다. 그리고 일시적인 즐거움들의 무의미함을 확신시킬 수가 없다.

성인이 되면서 그들은 사물을 보는 그대로 깨닫기 시작하며, 스스로 장난감을 포기한다. 끊임없는 명상과 자기성찰을 통하여 정신이 보다 높은 경지로 향상되면서 하찮은 물질적인 즐거움의 추구와 그것들을 얻었을 때 나타나는 행복이란 것들이 무의미함을 알게 된다.

그는 이후의 마음 상태를 완벽한 정도까지 끌어올린다.

"이 세상에서 이욕은 행복하다. 모든 감각적 즐거움을 뛰어넘는 것은 행복하다."라는 것은 부처님께서 일찌기 가르치셨던 것중의 하나이다.

2) *Avyāpāda*(無瞋) : 또 하나의 가장 다루기 힘든 번뇌는 성냄, 혐오, 악의 또는 미움이다. 이들은 모두 팔리어로 *Vyāpāda*(瞋)를 의미한다. 이것은 그런 마음을 일으키는 자를 야위게 하며, 다른 사람도 또한 그와 같게 만든다. 팔리어인 *avyāpāda*는 문자 그대로 무진(無瞋)이며, 가장 아름다운 덕목인 mettā(자애), 즉 모든 것에 대한 어떠한 차별도 없는 자애나 선의라는 의미와 일치한다.

자애로운 마음으로 가득한 자는 누구에 대해서도 악의를 품지 않는다. 마치 어머니가 자신과 자기 자식에 대해서 아무런 차별도 두지않고 심지어 자신의 생명을 무릅쓰고 보호하듯이, 중도를 따르면서 마음을 닦는 자는 자애로운 마음을 발하여 자기 자신을 모든 것과 동일화한다. 물론 여기서 의미하는 자애심은 축생을 비롯한 모든 살아있는 존재를 포함하는 것이다.

3) *Avihiṃsā*(無害) 또는 *karunā*(同情) : 무해 또는 연민의 정은 올바른 사유의 세번째이며, 마지막 요소이다.

karunā(동정)는 다른 존재의 고통을 자신의 고통으로 여겨서 도와주려는 성스러운 마음이다. 그러므로 자애(*mettā*)처럼 불자들의 동정(*karunā*) 또한 무한하다. 이것은 동일한 종교의 또는 동일한 국가 또는 인간에게만이 한정되는 마음이 아니다. 왜냐하면 대상을 차별하는 것은 진정한 연민의 마음이 될 수 없기 때문이다.

연민의 정이 있는 사람은 솜처럼 부드럽다. 그는 다른 사람의 고통을 참을 수 없다. 그는 타인의 고통을 덜어주기 위하여 필요하면 자신의 삶을 희생할 정도로까지 마음의 자세를 유지한다.

우리는 본생담 이야기에서 보살이 좌절하고 절망적인 사람을 도와주기 위해서 모든 가능한 방법을 다 동원하여, 그들의 행복을 증진시키려고 최선의 노력을 다하는 것을 분명히 볼 수 있다.

karunā(동정)는 어머니가 항상 생각, 말, 행동으로 아픈 자식의 고통을 제거해주려고 하는 것과 같은 성질을 갖고 있다. 이것은 또한 타인의 고통에 대해서 참을 수 없는 고유한 특성을 지니고 있다.

이것의 드러남은 완전한 비폭력과 무해이다. 즉, 연민의 정이 있는 사람은 절대적으로 비폭력적이고 해를 끼치지 않는 모습을 보여준다. 어떤 대상이 불가항력적인 고통의 상태에 처한 것을 볼 때 연민의 정을 실천할 수 있는 가장 좋은 기회가 된다.

연민의 정이 최고조에 달했을 때 모든 형태의 잔인성은 근절된다. 연민의 정이 직접적으로 경계해야 할 것은 잔인성이고 간접적으로 경계해야 할 것은 괜히 함께 슬퍼할 뿐 고통에서 벗어나도록 도움을 주지 못하는 태도이다.

불교의 *mettā*(자애)는 부유한 자나 가난한 자 모두에게 관심을 기울인다. 왜냐하면 불교는 불교도들에게 낮은 자를 올려주고, 가난한 자, 도움이 필요한 자, 절망에 빠진 자를 도와주고, 병자를 돌봐주고, 사별한 자를 위로해주고, 사악한 자를 불쌍히 여기며, 무지한 자를 깨닫게 하도록 가르치기 때문이다.

karuṇā(동정)는 비구와 재가신자들에게 이타적인 삶의 근본적인 원리를 가르쳐 준다. 불교의 자비를 말하면서 헉슬리(Aldous Huxley)는 다음과 같이 말했다.

"인도의 평화주의는 부처님의 가르침에서 그것의 완벽한 표현이 발견된다. 불교는 모든 존재들에 대해서 불살생 또는 불살해를 가르친다. 이것은 심지어 재가자들이 무기를 제조하고 거래하는 것과 관련된 것, 유독성 물질이나 알콜성 성분을 만드는 것, 군사행동이나 동물을 학살하는 것과 관련된 어떠한 것도 금지하고 있다."

부처님께서는 제자들에게 이와같이 충고하고 있다.

"오, 비구들이여. 아무리 사람들이 너희들에 대해서 무어라고 말해도, 시기에 맞든 안맞든, 적절하든 적절하지 않든, 공손하든 무례하든, 현명하게 하든 어리석게 하든, 호의로 하든 악의로 하든, 오, 비구들이여. 너희들은 이와같이 자신을 수행해야 한다.
'우리들 마음이 그것으로 인해서 더럽혀지지는 않을 것이며, 또한 우리들 마음에서 사악한 말로 되받아치지 않을 것이다. 우리는 마음속에 아무런 악의도 품지않고 영원히 선의와 동정심을 유지할 것이다. 그리고 우리는 이러한 사람들을 무한히 흐르는 사랑하는 마음으로 포용할 것이며, 더 나아가 우리는 자애의 끊임없는 생각을 전 세계에 비추며, 넓히고 확대하고, 무한하게 해서, 적으로부터 자유롭고, 악의로부터 자유롭게 된다.'
이와같이 너희들은 자신을 단련시켜야 한다."

마음이 이기적인 욕망, 미움, 잔인함에서 자유롭고, 이타적인 마음, 자애로움 그리고 무해에 깃들여있는 자는 완전한 평화속에 산다. 참으로 그것은 자신과 다른 사람에게 기쁨의 원천이 된다.

3. 올바른 사유는 세번째 요소인 올바른 말로 이끈다. 이것은 거짓말, 비방, 거친 말, 경솔한 말을 삼가하는 것을 의미한다.

이기적인 욕망을 제거하려는 자는 어떠한 이기적인 목적이나 다른 것을 위해서 거짓말을 하거나 비방하는 말을 할 수 없다. 그는 진실하고 믿을만 하며, 주위 사람들을 속이고, 중상하고, 매도하고, 불화시키는 대신에 항상 그들의 이익과 선의를 추구한다.

자애를 생기게 하는 악의없는 마음은 말한 자의 인품을 떨어뜨리고 다시 타인을 상하게 하는 거칠은 말에 대해서 분노를 터뜨리지 않는다. 악의없는 자가 말하는 것은 진실하고, 상냥하고, 즐거울뿐만 아니라 유익하고 도움이 되고 좋은 결과를 맺는다.

4. 올바른 행위는 그 다음에 이어지는데 이것은 살생, 도둑질, 간음을 삼가하는 것을 다룬다. 이 세상에서 모든 악한 행위는 갈애와 성냄이 무지와 결합되어서 야기된다.

이러한 갈애, 성냄, 무지의 삼독(三毒)은 마음을 닦아가는 과정에서 점차적으로 소멸되며, 또한 비난받을 만한 행위들도 사라지게 된다. 그는 어떠한 이유에서도 살생하거나 도둑질하지 않는다. 이제 그는 순수한 마음으로 청정한 삶을 살아간다.

5. 마음을 닦아가는 과정에서 재가신자는 우선 생각, 말, 행위를 올바르게 해나가면서 재가신자에게 금지된 다섯가지 거래를 삼가하면서 자신의 직업을 정화시키려고 노력한다. 그 거래들은 무기, 인간, 고기를 사고 파는 것, 도살하기 위해 짐승을 기르는 것, 알콜성 음료, 유독성 물질을 사고 파는 것이다. 한편 승려들에게 있어서 위선적인 행위는 잘못된 생활로 인용되고 있다. 엄격히 말해서 아비다르마의 관점에서 보면, 올바른 말, 올바른 행위, 올바른 직업은 세가지의 절제를 의미한다.

6. 올바른 노력은 네가지로 구성되어 있다. 즉,

1) 이미 일어난 악한 마음을 버리려는 노력.
2) 아직 일어나지 않은 사악한 마음이 일어나는 것을 막는 노력.
3) 아직 일어나지 않은 선한 마음을 일어나게 하는 노력.
4) 이미 일어난 선한 마음을 더욱 증진시키려는 노력.

올바른 노력은 팔정도에서 매우 중요한 역할을 한다. 왜냐하면 자신의 해탈을 얻는 것은 단순히 다른 대상에 의지하거나 기도를 해서 되는 것이 아니라, 오로지 자신의 노력 여하에 달려있기 때문이다.

우리는 인간의 마음속에서 악이 쓰레기 더미처럼 쌓여있는 반면에 또한 선이 가득차 있음을 발견할 수 있다. 그러므로 우리는 스스로 마음속에 잠재된 악의 쓰레기 더미는 제거하고, 선의 보고(寶庫)를 드러내도록 노력해야 한다.

7. 올바른 관찰은 몸, 느낌, 생각, 정신의 대상(법), 즉 사념처에 관하여 항상 주의깊게 관찰하는 수행을 의미한다. 이 네가지 대상에 대한 주의깊은 관찰은 욕망, 이른바 행복이란 것, 영원한 것, 불멸의 영혼 각각에 대하여 잘못된 관념을 근절시키는 역할을 한다.

8. 올바른 노력과 올바른 관찰은 올바른 집중으로 이끈다.

이것은 마음이 하나로 모아진 상태이다. 집중된 마음은 사물을 있는 그대로 보는 통찰력을 길러준다.

팔정도의 여덟개 요소중 첫번째 두요소는 지혜(慧), 두번째 세요소는 계(戒), 마지막 세요소는 집중(定)에 포함된다.

계(戒) = 올바른 말
        올바른 행위
        올바른 직업
정(定) = 올바른 노력
        올바른 관찰
        올바른 집중
혜(慧) = 올바른 이해
        올바른 사유

따라서 팔정도는 계, 정 그리고 혜의 삼단계를 순서적으로 발전시켜 나간다. 궁극적인 관점에서 볼 때, 팔정도를 구성하고 있는 이들 요소는 무색계에서 집합적으로 나타는 여덟개의 정신적 기질을 의미한다.
 그것들은 지혜, 사유, 세개의 절제(말, 행위, 직업), 노력, 관찰, 심일경성이다.
 결국 이 모든 요소들은 해탈을 얻으려고 노력하는 자의 정신적 태도를 의미하는 것으로 볼 수 있다.

제 4 장
업(業)

'모든 살아있는 존재는 그들 자신의 업을 갖고 있다.'

——마지마 니가야

업은 도덕적인 인과의 법칙이다. 그리고 재탄생은 그것의 당연한 결과이다. 업과 재탄생은 상호 연관성이 있으며, 불교의 근본적인 교리이다.

이 두개의 교리는 부처님께서 출현하기 전에 인도에서 유행하고 있었다. 그렇지만, 우리가 오늘날 알고 있는 것을 완벽하게 설명하고 이론적인 틀을 세운 것은 부처님이었다.

사람들 사이에 존재하는 불평등의 원인은 무엇인가? 이 불균형적인 세계에서 인간의 불공평성을 어떻게 설명할 것인가?

왜 어떤 이는 온갖 사치를 다하고, 뛰어난 정신적, 도덕적, 그리고 육체적 능력을 가지고 자라는가 하면, 어떤이는 절대적인 빈곤속에서 비참한 가난속에서 자라야만 하는가? 왜 어떤 이는 현자의 기질을 갖고 태어나고, 어떤 이는 범죄자의 기질을 갖고 태어나는가? 왜 어떤 이는 언어학자, 미술가, 수학자, 음악가가 되는가?

왜 어떤 이들은 태어날 때부터 눈 멀고, 귀 멀고, 기형인가? 왜 어떤 이들은 이 세상에 태어나는 것이 기쁨이 되는 반면에 어떤 이들은 저주스러운가?

이러한 불평등에는 명확한 원인이 있기도 하고 또한 없기도 하다. 만약 없다면, 불평등은 순전히 우연적인가!

그러나 삶을 바라볼 줄 아는 사람은 이러한 불평등을 맹목적인 기회나 단순한 무엇 때문이라고 생각하지는 않는다. 이 세상에서 어느 누구에게도 어떠한 이유나 관련성 없이 어떤 사실이 발생하지는 않는다. 일반적으로 평범한 지성을 소유한 사람들은 어떤 현상의 실제적인 이유를 이해할 수가 없다. 우리가 삶속에서 겪는 어떤 결과적인 사실들의 원인은 반드시 현생에 한정되지 않을 수도 있으며, 가깝거나 먼 전생까지 거슬러 올라갈 수도 있다.

숙명통(宿命通)을 얻은 자가 육체적인 눈으로는 파악할 수 없는 현상들을 감지하는 것이 가능할까? 불교는 그러한 가능성을 믿는다.

인류의 대부분은 인간들의 불평등의 원인을 창조자의 의지같은 것에 돌린다. 부처님께서는 전지전능한 존재로서 또는 원인없는 우주적 힘으로서의 창조자의 존재를 부정하였다.

그러면 현대의 과학자들은 인류의 불평등의 원인을 어떻게 설명하고 있을까? 그들은 순전히 현대 경험주의의 감각여건의 한계하에서 이러한 불평등성을 파악하여 물리적 원인, 유전 그리고 환경의 탓으로 돌리고 있다.

저명한 생물학자인 헉슬리 Jalian Huxeley 는 다음과 같이 말하고 있다.

"…… 어떤 유전자는 색깔을, 다른 것들은 길이와 무게, 어떤 것은 번식력 또는 수명, 어떤 것들은 생장력과 둔화, 어떤 것들은 모양과 균형을 통제한다. 유전적인 특질의 거의 모든 것이 분명하게 유전자의 지배를 받는다. 특히 더 복잡하고 미묘한 정신적 특질은 증명하기가 더욱 어렵지만, 그것들이 유전적이라는 모든 증거는 있으며, 그들의 유전이 육체적 특성과 다른 구성때문이라는 증거는 없다. 우리의 인격과 육체적 특성에 유전된 것은 어쩌면 유전자의 조화된 배열에 의존한다."

우리는 모든 이러한 화학적-물리적 현상이 과학자들에 의해서 드러나며, 부분적으로는 실험에 의해서 드러나는 것을 인정해야 할 것이다. 그러나 그것들이 개별적으로 개인들 사이에 존재하는 미묘한 차이를 책임질 수 있겠는가?

그렇다면 왜 한 가정의 구성원은 육체적으로 서로 같고, 같은 유전자를 보유하고, 똑같은 환경에서 성장하는데, 기질적으로, 지능적으로 그리고 도덕적으로 완전히 다른가?

유전 하나만으로는 이렇게 다양한 차이를 설명할 수 없다. 다시 말해서, 이것은 대부분의 차이성 보다는 약간의 유사성을 설명할 수 있을 뿐이다.

극히 미세한 화학적-물리적 유전자는 부모로부터 유전되어서 오로지 사람의 일부분, 그의 육체적인 토대를 형성한다.

더 복잡하고 미묘한 정신, 지능, 그리고 더 많은 차이성에 대하여 우리는 더 많은 이해가 필요하다. 유전의 이론은 전통적으로 좋은 가문에서 범죄적인 인물이 태어나거나, 악명높은 가문에서 성인이 태어나거나 또는 신동, 천재 적인 인간, 위대한 영적인 스승들이 나오는 것을 설명할 수 없다.

유전의 이러한 문제를 다루면서, 파스칼 Th. Pascal교수는 그의 유명한 '윤회'에서 다음과 같이 말했다.

"유전의 문제에 관해서 유전자의 역할을 살펴볼 때 오로지 물질적인 유전자, 그 자체만을 개별적으로 해서 인간의 한 부분을 설명할 수 있을 뿐이다.

유전이 육체적인 면에 밝은 빛을 비추지만, 도덕적이고 지성적인 기능의 면에는 많은 어두운 부분을 남겨 놓고 있다. 만약 이것이 인간의 전체를 대표한다면, 인간은 어느 개인에게서도 그의 선조나 부모들에게서 나타난 자질을 발견하기를 기대할 수 있다. 그러나 결코 그러한 사람은 없다. 반면에 우리는 가장 존경하는 집안에서 태어나 범죄를 저지르는자, 매우 빈곤한 부모 밑에서 성인이 태어나는 것을 발견할수 있다.

당신은 똑같은 쌍둥이를 만날지도 모른다. 즉 똑같은 유전자에 의해서 태어나고 똑같은 환경과 시대의 조건 밑에서 자라면서도, 그들의 육체적 형태는 서로가 너무나 닮았지만, 그들 중 하나는 천사가 되고 하나는 악마가 되는 것을 볼 수가 있다.

유전을 연구하는 사람들에게 있어서 신동들은 많은 혼란을 야기시키기에 충분한 대상이다. 이러한 신동들의 가문에는 이러한 기질들을 설명할 수 있는 조상이 단 하나 발견되는데, 이것은 그들이 조숙했다는 것만큼이나 놀랄만 하지 않는가?

만약, 그들이 신동이 된 원인이 선조들에게서 발견할 수 없다는 것에다가 천재는 유전이 아니라는 사실을 보여주는 것, 즉 모짜르트, 베토벤, 단테 같은 이들이 태어날 때부터 신동이나 천재로 이름난 자식을 남기지 않았다는 사실을 덧붙이면, 우리는 다음과 같은 결론을 이끌어내지 않을 수 없다. 즉, 물질주의는 유전을 설명할 수 없다는 것이다.

유전이 항상 드러나는 것은 아니며, 많은 육체적 특성들이 재생산되는 것도 아니다. 생리학적인 면에서 결손이 있는 가정에서 물론 많은 어린이들이 위험한 상태에서 벗어나면서도, 세포 조직의 병든 기질은 그들에게 잠재해서 남게된다. 다시 말하면, 한 가족내에서도 여러가지 다양한 성격으로 구성되어 있으며, 많은 선량한 부모들 밑에서 악한 자식이 태어나 부모들의 마음을 아프게 하는 것을 자주 보게 된다. 그러므로 우리는 유전이나 환경이 인간이란 존재를 충분히 설명하는데 실패했음을 알 수 있다."

불교에 의하면, 이러한 불평등은 유전, 환경, '선천적이고 후천적'인 성격뿐만 아니라 업의 법칙, 즉 자신의 유전적인 과거의 행위와 현재의 행위에 의해서 야기되는 것이다.

행복과 불행에 대한 책임은 우리들 자신에게 있다. 우리는 우리자신의 천국을 창조하며 우리 자신의 지옥을 창조한다. 우리는 우리들 운명의 창조자인 것이다.

불평등의 원인

인간들 사이에 존재하는 불평등의 원인을 이해할 수 없었던 수바라는 젊은 구도자가 부처님께 이에 관하여 질문하였다.

"오 부처님이시여. 그것은 무슨 이유입니까? 무슨 연유입니까? 인간들 사이에서 발견되는 것들, 즉 일찍 죽거나 오래 살고, 병들거나, 허약하고, 추하거나 잘생기고, 사회적 지위가 없거나 있고, 가난하거나 부자이고, 비천한데서 태어나거나 좋은데서 태어나고, 어리석거나 지혜로운 것들의 차이가 생기는 원인은 무엇입니까?"

이에 대해서 부처님은 다음과 같이 말씀하셨다.

"모든 살아있는 존재는 그들 자신의 것, 유전, 선천적인 원인, 혈족, 의지처로서 업을 갖고 있다. 낮고 높은 상태로 차이가 생기는 것은 업 때문이다."[2]

그리고 부처님은 인과의 법칙에 따라서 이러한 차이가 나타나는 원인을 설명해주었다.

"만약 어떤 사람이 생명을 파괴하는 사냥꾼이 되어서 그의 손을 피로 물들이고, 죽이고 다치게 하는데 종사하고, 살아있는 존재에 대해서 자비롭지 못하면, 사람으로 태어났을 때 그는 살생의 과보로 단명하게 된다."

"만약 어떤 사람이 살생을 피하고 몸둥이와 무기를 멀리하고, 모든 살아있는 존재에 대해서 자비롭고 동정적이면, 인간으로 태어났을때 그는 불살생의 과보로 장수할 것이다."

"만약 어떤 사람이 다른 생명들을 주먹이나 돌로 또는 막대기나 칼로 해치는 습관이 있으면, 그의 해치는 과보로 인해서 인간으로 태어났을 때 여러가지 병으로 고생한다."

"만약 어떤 사람이 다른 생명들을 해치는 습관이 없으면, 그의 해치지 않은 과보로 인해서 인간으로 태어났을 때 그는 건강한 생활을 누리게 된다."

"만약 어떤 사람이 성질을 잘내고 난폭하고, 하찮은 말에도 짜증을 내고, 화를 잘 부리고, 악의가 있고, 분개심이 있으면, 그의 성질을 잘내는 과보로 인해서 인간으로 태어났을 때 얼굴이 못생기게 된다."

"만약 어떤 사람이 분노하지 않고, 난폭하지도 않고 모욕적인 말에도 참으면서 분한 마음을 내지 않고, 화냄, 악의, 분개심을 내는 마음이 없으면, 그의 온화한 성질의 과보로 인해서 인간으로 태어났을 때 얼굴이 아름답게 된다."

---

2) 이와 비슷한 질문은 밀린다왕의 질문에 나가세나가 답한 것을 참조해도 좋다.

"만약 어떤 사람이 질투심이 있고, 다른 사람이 갖고 있는 것과, 그들이 존경과 명예를 받는 것을 부러워하면서 그의 마음이 질투심으로 가득차면, 그의 질투의 과보로 인해서 인간으로 태어났을 때, 사회적 지위를 얻을 수 없게 된다."

"만약 어떤 사람이 질투심이 없고, 다른 사람이 얻은 것과 남들이 그들에게 보여주는 존경과 명예를 부러워하지 않으면, 그의 질투심이 없는 과보로 인해서 인간으로 태어났을 때, 사회적 지위를 얻게 된다."

"만약 어떤 사람이 자선을 조금도 하지 않으면, 그의 탐욕의 과보로 인해서 인간으로 태어났을 때, 가난하게 된다."

"만약 어떤 사람이 자선하는 마음이 있으면, 그의 자비로움의 과보로 인해서 인간으로 태어났을 때 부유하게 된다."

"만약 어떤 사람이 고집이 세고, 거만하고, 존경할만한 사람에 대해서 존경하지 않으면, 그의 거만함과 불공손의 과보로 인간으로 태어났을 때 비천하게 태어나게 된다."

"만약 어떤 사람이 고집이 세지 않고, 거만하지 않고, 존경할 만한 사람을 존경할 때, 그의 공손함과 존경심의 과보로 인간으로 태어났을 때 좋은 가문에서 태어난다."

"만약 어떤 사람이 학문을 배우고, 덕망이 있는 사람한테 가서, 무엇이 선하고 악하며, 무엇이 옳고 나쁘며, 무엇을 연마해야 하고 연마하지 않으며, 무엇을 해야하고 하지 말아야 하며, 무엇이 자신의 행복으로 이끌고 자신을 멸망으로 이끄는 지에 대해서 묻지 않으면, 그의 탐구하지 않는 태도의 과보로 인해서 인간으로 태어났을 때, 어리석은 자가 된다."

"만약 어떤 사람이 학문을 배우고 덕망이 있는 사람한테 가서, 앞에서 말한 것들을 묻는다면, 그의 탐구하는 태도의 과보로 인해서 인간으로 태어났을 때 그는 총명한 사람이 된다."

업과 그것의 반응의 유사성에 관하여 그림 Grimm박사가 다음에 말하고 있는 것은 독자들에게 어쩌면 재미있는 사실을 알려줄지도 모른다.

"모든 경우에 있어서, 죽을 때 생기는 새로운 유전자를 지배하는 조정자로서 친화력의 법칙을 보여주는 것은 어렵지 않다. 누구든지 자비심이 없는 자는 사람이나 동물을 죽일 수 있으며, 그 자신의 내부 깊숙한 곳에 생명을 단축시키려는 기질이 잠재해 있다. 그는 다른 생명들의 목숨이 줄어드는 것에서 만족 또는 심지어 즐거움을 발견한다.

그래서 단명한 유전자는 그의 사후에 다른 유전자의 지배하에서 어떤 친화력을 형성해서 그 자신을 손상시키는 것이 발생한다.

마찬가지로, 그들 내부에 기형의 신체로 발전하는 힘을 갖고 있는 유전자들은, 다른 존재들을 손상시키고 못 살게 구는데서 즐거움을 찾는 사람과 친화력을 갖고 있다.

추한 사람은 그 자신의 내부에 추한 육체들과 그들 각각의 유전자에 대한 친화력을 갖고 있다. 따라서 얼굴을 못 생기게 하는 것은 성질을 잘내는 성격때문이다.

누구든지 질투하고, 게으르고, 거만한 사람은 그 자신의 내부에 다른 모든 것들에 대한 원한과 그것들을 경멸하려는 성향을 갖고 있다. 따라서 외적인 환경에서 불충분하게 성장한 유전자가 그에게 친화력을 갖고 있다. 또한 오로지 위의 결과에 의해서 성별의 변화가 생긴다."

이와 같은 것이 디가니가야에서도 이야기되고 있다. 즉 석가족의 딸인 고피카가 사후에 남자인 고파카 데바푸타로 다시 태어났는데, 그녀는 여성적인 마음에 거부감을 느껴서 그녀의 내부에 남성적인 마음을 형성하였기 때문이다.

확실히 우리는 유전적인 특성을 갖고 태어난다. 동시에 우리는 과학이 충분하게 설명할 수 없는 어떤 타고난 능력을 갖고 있다. 우리는 부모에게 이른바 존재라 불리는 중심을 형성하는 많은 정자와 난자를 빚지고 있다.

그곳에서 그것들은 이 잠재적인 유전적 혼합물인 태아를 형성하는데, 필요한 에너지에 의해서 생명화될 때까지 잠복해 있다. 따라서 업은 하나의 존재가 잉태되는데 없어서는 안될 필수불가결한 것이다.

이전의 삶의 과정에서, 축적된 업은 유전되는 성향이 있으며, 때때로 육체적 정신적 특성을 형성하는데 있어서 부모로부터 물려받은 세포와 유전인자보다도 더 큰 역할을 한다.

예를 들면, 부처님은 다른 사람들과 마찬가지로 그의 부모로부터 세포와 유전인자를 물려 받았다. 그러나 부처님의 성스러운 가계에서 육체적, 도덕적, 지성적으로 그에 비교될 수 있는 자는 아무도 없었다.

부처님께서 하신 말씀에서 보듯이 그는 왕가의 계보에 속한 것이 아니라, 성스러운 부처들(깨달은 자들)의 계보에 속했다. 그는 확실히 초인간적이며, 그 자신의 업이 만들어낸 뛰어난 존재였다.

라카나(相好)경에 따르면, 부처님은 전생의 공덕에 의해서 32상호 같은 예외적인 신체적 특성을 지녔다. 각각의 신체적인 특성을 얻는 윤리적인 이유는 경에 정확하게 설명되고 있다.

이러한 독특한 예에서 알 수 있는 것은 업의 특성은 단지 우리의 육체적인 기관에만 영향을 끼치는 것이 아니라, 부모의 세포와 유전인자의 잠재성을 무의미하게 만들기도 한다. 그러므로 부처님의 오묘한 가르침의 의미는 '우리는 우리 자신의 업의 상속자이다.'인 것이다.

다양성에 대한 이러한 문제를 다루면서, 아타살리니(勝義說)는 다음과 같이 말하고 있다.

"업의 차이에 의해서 존재들의 태어남의 차이, 고귀하고, 비천하고, 낮고, 뛰어나고, 기쁘고, 비참한 차이가 나타난다. 서로 다른 업에 의해서 아름답거나 추하고, 좋거나 나쁜데서 태어나거나, 몸이 건강하거나 기형같은, 존재들의 개별적인 특성의 차이가 나타난다.

서로 다른 업에 의해서, 얻거나 잃음, 유명하거나 악명이 높음, 비난과 칭찬, 즐거움과 비참… 등의 세속적인 면에서 존재들의 차이가 나타난다.

업에 의해서 세계가 움직인다.

업에 의해서 인간이 살아간다.
업에 의해서 모든 존재들이 속박된다.
밀 방망이에 의해서 수레가 굴러가듯이
업에 의해서 영광과 찬사를 얻는다.
업에 의해서 속박, 파괴, 고통이 있다.
업이 여러가지 과보를 낳음을 알진데, 그대는 어찌 이 세상에 업이 없다고 말하는가."

이와같이 불교의 관점에서 볼 때 우리의 현재의 정신적, 도덕적, 지적, 기질적인 차이성들은 과거와 현재의 우리들 자신의 행위와 기질에 의해서 지배되는 것을 알 수 있다.

모든 것이 업때문만은 아니다.

비록 불교가 이런 다양성들의 주요한 원인들에 대해서 업의 법칙에 그 근거를 돌리고 있지만, 모든 것이 업때문이라고 주장하지는 않는다. 업의 법칙이 중요하긴 하지만 이것은 단지 불교철학에서 설명하고 있는 24가지의 연기(緣起)의 조건중에 하나일 뿐이다.

부처님께서는 '어떠한 행복, 고통, 또는 평범한 감정을 경험하는 것은 모두 이전의 어떤 행위 때문이다.'라는 잘못된 견해를 부정하면서 다음과 같이 말씀하셨다.

"만약 그렇다면 인간은 이전의 행위때문에, 살인자, 도둑, 거짓말꾼, 중상모략자, 탐욕꾼, 악의에 찬 자, 왜곡된 견해를 가진 자가 될 것이다. 이것이 본질적인 이유라면 이전의 행위로 인해서 타락한 사람에게는 일을 하려는 바램, 일을 하려는 노력도 없으며, 이러한 행위를 하려는 필요성도 저러한 행위를 삼가하려는 의지도 없다."

이 중요한 문장은 모든 육체적 조건과 정신적 기질은 오로지 이전의 업으로부터 생긴다는 믿음과 반대임을 보여주고 있다. 만약 현재의 삶이 완전히 조건지워지거나, 우리의 지나간 업에 의해서 완전히 지배되거나 하면, 업은 확실히 운명주의 또는 사전(事前) 결정주의와 같은 것이 될 것이다.

그러면 인간은 자신의 미래와 현재를 만드는데 자유롭지 못하게 될 것이며 자유의지는 터무니없는 것이 되고 말 것이다. 인생은 순전히 기계적인 것이 되어서, 기계의 움직임과 크게 다를 바가 없을 것이다.

우리가 우리의 운명과 미래를 이미 결정지은 전능한 신에 의해서 창조되었거나, 완전히 우리의 운명을 결정하고 우리의 삶의 과정을 지배하는 필연적인 지나간 업에 의해서 만들어졌다면, 이것들은 우리가 어떠한 행위도 자유스럽게 독립적으로 하지 못한다는 의미에서 서로 본질적으로 같은 것이다.

단지 유일한 차이점은 신과 업이라는 두개의 단어 뿐이다. 이 두개의 힘의 궁극적인 작용은 서로 동일시되기 때문에 사람들은 이 둘을 쉽게 서로 대신하게 할 수 있다.

이러한 결정론적인 교리는 불교에서 말하는 업의 법칙과는 무관하다.

다섯가지 법칙

불교에 의하면 물리적 정신적인 영역에서 작용하는 것에는 다섯가지 법칙 또는 질서가 있다고 한다.

그것들은 다음과 같다.

1. 계절의 법칙 : 물리적이면서 비조직적인 질서 즉, 바람과 비같은 계절적인 현상. 계절들의 정확한 질서, 특정한 계절적인 변화와 사건들. 바람, 비의 원인. 더위 등등이 이 법칙에 속한다.

2. 종자의 법칙 : 유전자와 종자의 질서(물리적이면서 조직적인 질서)즉, 벼를 심으면 벼를 수확하고, 설탕이나 꿀로부터 단맛이 나고, 어떤 열매들의 독특한 특성들을 의미한다. 세포와 유전자의 과학적인 이론과 쌍둥이의 육체적인 유사성은 이 법칙에 속할 수 있다.

3. 업의 법칙 : 행위와 결과의 질서. 즉, 바람직하고 바람직하지 못한 행위는

그에 상응해서 좋고 나쁜 결과를 만든다.

　물이 낮은 곳으로 흐르는 것처럼 업도 기회가 주어지면 분명히 필연적인 결과를 만들어낸다. 그러나 벌이나 보상의 형태가 아니라 본유적(本有的)인 결과로서 나타나며, 이러한 행위와 그 결과의 연속은 태양과 달이 순환하는 것처럼 자연적이고 필연적인 것이다. 이것이 바로 인과응보의 법칙이며, 또한 끊임없이 작용하는 성질을 내포하고 있다.

　우리가 경험하는 여러가지 행위들, 개인적인 특성, 축적된 지식, 그리고 기타 등등이 모두 거듭 쓴 양피지의 사본처럼 마음에 영원히 기록된다. 이러한 모든 경험과 특성들이 이 삶에서 다른 삶으로 이어져 내려간다. 그러나 대부분의 사람들은 시간이 경과하면서 어린시절의 경험처럼 잊어버린다. 신동들과 천재적인 능력을 지닌 아이들은 한번도 교육을 받아보지 못했는데도 다른 나라 언어를 말하는데, 이들은 업의 끊임없는 법칙의 뚜렷한 예가 될 수 있다.

4. 다르마의 법칙 : 규범의 질서, 즉 보살(부처님)이 마지막으로 이 세상에 태어날 때 일어나는 현상. 중력과 이와 비슷한 자연의 법칙. 인간이 착하게 살아야 하는 이유, 기타 등등이 이 법칙에 속할 수 있다.

5. 마음의 법칙 : 마음 또는 심리적인 과정의 법칙. 즉, 의식의 과정, 의식의 구성, 마음의 힘, 텔레파시, 천리안, 전생을 아는 것, 예언, 상대방 마음 읽기 등 현대의 과학으로는 설명할 수 없는 것들이 여기에 포함된다.

　모든 정신적 물리적 현상은 그 자체의 법칙을 갖고 있는 이러한 다섯가지의 질서 또는 과정에 포함하여 설명할 수 있다. 이런 면에서 업은 단지 이 다섯가지 법칙중의 하나일 뿐이며, 또한 다른 자연적인 법칙들 처럼 법을 제정하는 자를 요구하지 않는다.

　이 다섯개 중에서, 물리적이면서 비조직적인 질서(계절의 법칙), 물리적이면서 조직적인 질서(종자의 법칙), 그리고 규범의 질서(다르마의 법칙)는 비록 어느 정도는 인간의 지성과 마음의 힘에 의해서 통제될 수 있지만 다소간은 기계적인 형태이다.

예를 들면, 불이 정상적으로 타오르거나, 얼어죽을 것같은 극한 추위속에서, 인간은 불위를 발을 데지않고 걸어가며, 히말라야의 눈 위에서 맨 몸으로 앉아서 명상을 한다. 원예가는 꽃과 과일을 갖고 놀라운 일을 하고, 요기들은 공중부양을 하기도 한다.

물리적인 법칙은 기계적인 것과 똑같다. 그러나 불교는 올바른 이해와 숙련된 의지로 가능한 마음의 제어를 목표로 한다. 업의 법칙은 완전히 자동적으로 작용하며, 업이 강력하게 작용할 때 인간은 비록 그가 그 진행을 막고 싶어도, 그것의 필연적인 결과를 막을 수 없다.

그러나 여기에 또한 올바른 이해와 숙련된 의지가 많은 것을 성취하고 미래를 형성할 수 있다. 선업을 지속하면서 악업을 받는 것을 막을 수 있다. 업은 확실히 미묘한 법칙이다. 이것의 작용은 오로지 부처님만이 완전히 깨달았다. 불교도는 모든 업을 완전히 제거하는 것을 마지막 목표로 한다.

제 5 장
업이란 무엇인가?

'의지가 업이다.'

─── 앙굿타라 니가야

업(kamma)

팔리어 카르마(kamma)는 행위 또는 행동을 의미한다. 몸으로, 말로, 또는 생각으로 하든 의도적인 행위는 모두 업으로 간주된다. 즉, 생각(意), 말(口), 행위(身)가 모두 업에 포함된다. 일반적으로 말하면, 모든 좋고 나쁜 행위들이 업을 구성한다.

궁극적인 의미에서 업은 도덕적, 비도덕적인 의지를 의미한다. 비자발적, 비의도적, 무의식적인 행위들은 비록 그것이 실행되도 업을 형성하지는 않는다. 왜냐하면 업을 결정하는 가장 중요한 요소인 의지가 없기 때문이다. 부처님께서 말씀하셨다.

"오, 비구들이여, 나는 선언한다. 의지가 업이다. 의지를 가지고 인간은 몸으로, 말로, 생각으로 행위를 한다."

인간의 모든 의도적인 행위는 부처님들과 아라한들을 제외하고는 업이라고 불린다. 이들의 경우는 예외가 되는데, 왜냐하면 그들은 선과 악에서 모두 벗어났기 때문이다. 그들은 업의 뿌리인 어리석음과 갈애를 근절시켰다.

라타나(寶石)경에는

"갈애가 제거되었기 때문에 이기적인 욕망은 더 이상 자라지 않는다."라고 쓰여있다.

그러나 이것은 부처님들과 아라한들이 수동적임을 의미하지 않는다. 그들은 쉬지않고 모든 존재들의 참된 안락과 행복을 위해서 활동하고 있다. 그들의 행위는 보통 선 또는 도덕적인 것으로 받아들여지고 있는데, 그들은 자신의 것으로 간주되는 것은 거의 만들지 않는다. 사물을 있는 그대로 이해하며, 마침내 그들의 우주적인 크나 큰 속박 – 인과의 사슬 – 을 떨쳐버린다.

어떤 종교들은 인간의 불공평을 업의 탓으로 돌린다. 그러나 그들은 심지어 비의도적인 행위조차도 업으로 간주하는데서 불교와 다르다.

그들에 의하면, '어머니에 대한 비의도적인 살인자는 끔찍한 범죄이다. 비의도적이라도 살인을 저지르거나 살아있는 존재를 조금이라도 다치게 한 자는, 불에 접촉한 자가 타는 것처럼 비의도적임에도 불구하고 죄가있다.'고 본다.

"그러나 이것은 명백히 모순으로 이끌 것이다. 그렇다면 태아와 임산모는 서로를 고통스럽게 하는 죄가 있을 것이다. 더 나아가 불의 비교는 적절한 것이 못된다. 그런 관점에서 본다면 어떤 사람이 다른사람에게 살인을 범하게 시키면, 그 사람은 살인의 죄가 없을 것이다. 왜냐하면 우리가 다른 것을 통해서 불에 접촉할 때는 불에 데지 않기 때문이다. 반면에 무의식적인 죄는 의식적인 죄보다 더욱 무겁다. 쇠가 뜨거운 것을 모르고 쇠를 만진 사람은 그것을 알고 만지는 사람보다 더 깊게 델 가능성이 있기 때문이다."
⟨La Vallée Poussin, *The Way to Nirvāṇa*⟩

업의 작용에서 그것의 가장 중요한 특성은 마음이다. 우리의 모든 말과 행위는 우리가 경험하는 순간에 마음 또는 의식 속에 채색된다.

"마음이 조심스럽지 않으면 육체의 행위가 조심스럽지 못하며, 말하는 것이 조심스럽지 못하면, 생각하는 것이 조심스럽지 못하다.
마음이 조심스러워지면, 육체의 행위가 조심스러워지고, 말이 조심스러워지면, 생각이 조심스러워진다."⟨*Atthasālini*⟩

'마음이 모든 상태들을 이끌어가며, 마음이 주인이며,

마음이 그것들을 만든다.
만약 사악한 마음을 갖고 말하거나 행동하면
마치 수레바퀴가 수레를 끄는 동물의
발굽을 따라가듯이 고통이 그를 따라간다.

마음이 모든 상태들을 이끌어가며, 마음이 주인이며,
마음이 그것들을 만든다.
만약 어떤 사람이 깨끗한 마음으로 말하거나 행동하면,
마치 그림자가 그를 결코 떠나지 않듯이
행복이 그를 뒤따른다.
비물질적인 마음이 모든 업의 행위들을 조건지운다."

업은 반드시 지나간 행위들만을 의미하지 않는다. 이것은 지나간 것과 현재의 행위들을 모두 포함한다. 그러므로 한편에서 보면 우리는 전생에 우리가 했던 행위의 결과이며, 또한 현생에 우리가 한 행위의 결과일 수 있다.

그리고 더 나아가 보면, 현재의 우리는 전적으로 전생에서의 자신의 행위의 결과가 아니며, 또한 절대적으로 현생에서의 우리의 행위가 미래의 결과가 되지 않는다. 현재는 의심할 여지없이 과거의 자손이며, 미래의 부모이다. 그러나 현재가 항상 과거 또는 미래의 진실한 지표는 아니다. 이렇게 복잡한 것이 업의 작용이다. 예를 들면, 오늘의 죄인이 내일은 성인이 될 수 있으며 어제의 좋은 사람이 오늘은 악한 사람이 될 수 있는 것과 같다.

어머니가 자식을 가르치면서 다음과 같이 말하는 것이 업의 교훈이다.

"착해라, 그러면 너는 행복할 것이다. 그리고 우리는 너를 사랑할 것이다. 만약 네가 나쁜 사람이 되면, 너는 불행하게 되고 우리는 너를 사랑하지 않을 것이다."

사랑은 사랑을 끌어당긴다. 선은 선을 낳는다. 악은 악을 낳는다. 이것이 업의 법칙이다. 다시 말해서, 업은 윤리적인 면에서 또는 서양인들이 말하듯이 '행위가 영향을 끼친다.'라는 것과 같은 인과의 법칙이다.

업과 과보(vipaka)

업은 행위이고, 비파카(*vipāka*)는 그것에 대한 반응이다. 마치 모든 사물들이 그림자를 동반하듯이 모든 의지적인 행위는 필연적으로 그에 따른 결과를 수반하게 된다. 잠재적인 씨앗같은 것이 업이다. 나무에서 나오는 열매가 그것의 결과이다. 업이 좋거나 나쁨에 따라서 열매 즉, 그 결과도 좋거나 나쁠 수 있다.

업이 이지적이면, 그 결과 또한 이지적이다. 업의 씨앗의 자질에 따라서, 행복, 기쁨, 불행, 비참함이 경험된다. 번영, 건강, 장수같은 물질적 조건이 수반될 때 최상의 이익을 가져오는데 이것을 *ānisama*(利益)라고 부른다.

수반되는 물질적인 조건들이 불리할 때, 그것들은 *ādinava*(危難)으로 알려지고 있는데, 여기에는 빈곤, 질병, 단명같은 것들이 나타난다.

업은 세속적 의식의 도덕적 비도덕적 형태를 의미하며, *vipaka*(果)는 세속적 의식의 결과적인 형태를 의미한다.

아비다르마에 의하면, 업은 감각적 세계(欲界)에 속한 열두개의 비도덕적 의식의 형태와 여덟개의 도덕적 의식, 물질의 세계(色界)에 속한 다섯개의 도덕적 의식, 형상이 없는 세계(無色界)에 속한 네개의 도덕적 의식으로 구성되어 있다.

초세속적 의식의 여덟개의 형태는 업으로 간주되지 않는데, 왜냐하면 그것들은 업의 뿌리를 근절시켰기 때문이다. 그것들에 있어서 지배적인 요소는 지혜이며, 반면에 세속적인 세계에서는 의지이다.

색계와 무색계에 속한 아홉개 형태의 도덕적 의식은 물질계의 다섯의식과 순수한 정신계의 사선정(四禪定)이다.

말과 행위는 세속적 의식의 첫번째 열두개 형태에 의해서 야기된다. 말하는 행위는 마음에 의해서 언어를 통하여 이루어진다. 육체적 행위는 마음에 의해서 신체적인 수단을 통하여 이루어진다. 그리고 순수한 정신적 행위는 마음외에 다른 수단을 갖고 있지 않다.

이러한 스물아홉개의 의식의 형태가 업이라고 불리는데, 왜냐하면 이것들은 다른 외부적인 기능들과 독립해서 자동적으로 그에 따른 결과를 만드는 능력을 갖고 있기 때문이다.

자신의 도덕적 비도덕적 사고의 필연적인 결과로서 경험되는 의식의 형태들은 감각적 세계에 속한 결과적 의식이라고 불린다. 형상의 세계(색계)에 속한 결과적 의식의 다섯가지 형태와 형상이 없는 세계(무색계)에 속한 결과적 의식 네가지 형태는 *vipāka* 또는 업의 열매라고 불린다.

우리는 자신이 뿌린 것을 이 삶 또는 미래에 태어나서 언제 어디선가는 반드시 거두게 되어있다. 그러므로 오늘 우리가 거두어 들이는 것은 현재의 삶 또는 전생에 뿌려놓은 것들이다.

상윳타 니가야에는 다음과 같이 쓰여있다.

"뿌려진 씨앗에 의해서 열매를 거두어들인다.
선한 일을 한 자는 선한 것을 거두어들이고
악한 일을 한 자는 악한 것을 거두어들인다.
씨앗은 뿌린대로 잘 자란다.
그대는 자신이 뿌린 것으로부터 그 열매를 거둘 것이다."

업은 어떠한 외적인 간섭이나 지배자와는 독립적으로 그 자체의 영역에서 법칙에 따라 작용한다.

업의 본성은 그에 따른 결과를 만들어내는 잠재성을 갖고 있다. 원인이 결과를 만들며, 결과가 원인을 설명해 준다. 씨앗이 열매를 생산하고 열매가 그 씨앗을 설명해준다. 이러한 것이 그들의 관계성이다. 업과 그 과보도 이와 마찬가지이다.

인류의 공통적인 운명인 행복과 불행은 그러한 원인들의 필연적인 결과들이다. 불교적 관점에서 보면, 그런 결과들은 초자연적인, 전지전능한 지배자가 선한 행위를 한 자와 악한 행위를 한 자에게 보상이나 벌을 내리는 것이 아니다. 만약에 어떤 유신론자가 전생을 무시하고 일시적인 현세의 삶과 영원한 미래의 삶으로 모든 것을 설명하려고 시도한다면, 그는 사후의 진리를 믿거나 또는 현재의 행복과 운명을 하늘위에 앉아서 인류의 운명을 결정하는 전지전능한 신에 의해서 결정되는 축복과 저주라고 생각할 것이다.

독단적으로 창조된 영원한 영혼을 특히 부정하는 불교는 자연적인 법칙과 정의 즉, 전능한 신 또는 자비로운 부처님에 의해서도 중지될 수 없는 진리를 믿는다. 이러한 자연적인 법칙에 따르면, 인간의 인식능력이 그것을 발견하거나 못하거나 간에 행위는 행위자에게 그 자체의 보상과 벌을 가져온다.

어떤 이들은 다음과 같이 말하면서 불교를 흠잡는 이들도 있다.

"마찬가지로 불교도들도 또한 불쌍한 자들에게 이렇게 말하면서 업의 교리의 마약을 처방하고 있다.

당신은 전생의 악한 업때문에 현생에는 가난하게 태어났다. 그는 전생의 선업때문에 부유하게 태어났다. 그래서 당신의 가난함에 만족해야 하며, 다음 생애에 부유하게 살기 위해서는 좋은 행위를 하여라.

당신은 지금 전생의 악업때문에 억압받고 있다. 그것이 당신의 운명이다. 가난하게 살면서 어려움을 이겨내라. 지금 선업을 쌓아라. 그러면 당신은 죽은 다음에 다시 태어날 때, 분명히 더 낫고 더 행복한 삶을 살게 될 것이다."

업에 대한 불교의 교리는 이러한 결정론(운명론)적인 견해를 가르치지 않는다. 또한 이것은 사후의 진리를 옹호하지도 않는다. 이기적인 동기를 조금도 갖고 있지않는 자비스러운 부처님께서는 사후에 환상적인 행복을 약속하면서 부자를 보호하고 가난한 자를 위로하기 위해 이러한 업의 법칙을 가르치지 않았다.

불교의 업의 교리에 의하면, 사람은 항상 운명에 의해서 지배받는 것은 아니다. 왜냐하면 업은 우리가 어쩔 수 없이 복종해야 하는 어떤 신비스럽고 알려지지 않은 힘이 부여한 운명이나 사전 결정이 아니기 때문이다. 인간은 자신이 한 행위를 자신이 거두어 들이지만, 또한 어느 정도는 업의 진행을 바꿀 수 있는 능력이 있다. 물론 얼마나 많이 그것을 바꾸는지는 자기 자신에게 달려있다.

업의 원인

사물을 있는 그대로 알지 못하는 무지(無知)는 업의 주요한 원인이다. 부처님께서는 연기의 법칙에서 어리석음에 의해서 업이 생긴다고 말씀하셨다.

어리석음과 연관된 것은 그것의 동반자인 갈애인데, 이것은 업의 또 다른 뿌리이다. 이 두개의 원인에 의해서 그릇된 행동들이 조건지워진다. 세속적인 모든 선한 행위들은, 비록 선의, 관용, 지혜라는 세개의 건전한 뿌리와 연관되어 있지만, 그럼에도 불구하고 업으로 간주된다. 왜냐하면 그에게 어리석음과 갈애라는 두개의 뿌리가 잠재해있기 때문이다.

반면에 초세속적인 길(道)에서 의식의 도덕적 형태는 업으로 간주되지 않는다. 왜냐하면 그것들은 두개의 뿌리를 근절시키기 때문이다.

업의 행위자

누가 업을 짓는가? 누가 업의 열매를 거두는가? 이것은 영혼에 대한 일종의 부착물인가?

이러한 난해한 문제에 답하면서, 붓다고사는 비수디마가(청정도론)에서 다음과 같이 쓰고있다.

"행위를 하는 자는 없다. 그 과보를 받는 자도 없다.
구성하는 부분들만이 혼자 굴러간다. 이것이야 말로 올바른 분별이다."

불교에 의하면 실재에는 외관적인 것과 궁극적인 것 두개가 있다. 외관적인 실재는 평범한 관습적인 진리이다. 궁극적인 실재는 추상적인 진리이다.

예를 들면 우리가 보는 책상은 외관적인 실재이다. 궁극적인 면에서 이른바 책상이라는 것은 에너지와 질(質)로서 구성되었다.

평범한 목적을 위해서 물을 사용할 때 과학자는 물이라는 용어를 사용한다. 그러나 실험실에서 그는 H_2O라고 부른다.

똑같은 방법으로 관례적인 목적을 위해서 남자, 여자, 존재, 자아, 기타 등등 같은 언어가 사용된다. 이른바 유전(流轉)하는 형상들은 정신적, 물리적 현상으로 구성되었는데, 이것들은 끊임없이 변하고 연속적인 순간에 똑같이 남아있지 않는다.

그러므로 불교도는 변하지 않는 존재, 행위와 분리된 행위자, 지각과 분리된 지각자, 의식의 뒷면에 있는 의식의 주관자를 믿지 않는다.

그러면 누가 업의 행위자인가? 누가 그 과보를 받게 되는가?

의지 또는 결정 그 자체가 행위자이다. 느낌은 그 자체가 행위의 열매의 수확자이다. 이러한 순수한 정신적 상태와 분리되어서 씨를 뿌리고 그것을 거두어 들이는 자는 없다.

마치 붓다고사가 말한 것처럼, 나무라는 이름을 가진 물질 요소의 경우에 어느 가지에서든지 열매가 생기자마자, 이것은 '나무가 열매를 맺었다.' 또는 '나무에 열매가 생겼다.'라고 말하는 것처럼, 천신이나 인간이라는 이름을 가진 '모임(오온)'의 경우에, 어떤 면에서든지 행복이나 불행의 결과가 생길 때, 이것은 '천신 또는 인간이 행복하거나 불행하다.'라고 불리워진다.

이런 관점에서 불교도는 윌리암 제임스(William James)교수가 데카르트와 다르게 주장하는데 동의할 것이다.

'생각 그 자체가 생각하는 자이다.'

업은 어디에 있는가?

어떤 심리분석가는 이렇게 쓰고 있다.

"전반적으로는 접근할 수 없고 단지 약간의 것만 접근할 수 있는 마음에 저장된 것은, 예외없이 개인들이 거쳐간 모든 경험, 느낌, 흔적을 전체적으로 기록한 것이다.

잠재의식은 개인적인 경험들의 지울 수 없는 기록뿐만 아니라 태고적인 충동과 습관의 흔적을 간직하면서 무의식적인 행동과 기대하지 않은 순간에 자신을 당황시키는 힘으로 작용하기 쉽다."

불교도 또한 여기에 일부 중요한 수정을 가해서 같은 주장을 할 것이다. '마음'이라고 가정된 것 안에는 어떠한 것도 저장된 것은 없다. 왜냐하면 인간이라 불리는 영원히 변하는 복잡한 구성체 안에 어떠한 저장소 또는 장(藏)의 증거가 없기 때문이다. 그러나 개인적인 심리적 -물질적 연속성 또는 유동성에 의존해서 이른바 존재가 겪어온 모든 경험, 모든 느낌, 모든 인상, 모든 특성, 천신, 인간, 또는 짐승으로 발전한 모든 특성이 있다.

즉, 전체적인 업력은 동적인 정신적 유동성(心相續)에 의존하면서 상황이 일어날 때 다양한 현상으로 그 자신을 드러낼 준비가 되어있다.

밀린다 왕이 나가세나에게 질문하였다.
"존자이시여. 업은 어디에 있습니까?"
나가세나가 대답하였다.
"오, 대왕이시여. 업은 이 유전(流轉)하는 의식 어디에도, 신체의 어느 부분에도 저장되어 있지않다고 말합니다. 그러나 마음과 물질에 의존하여 놓여져 있으면서, 마치 망고 열매가 망고 나무 어디에도 저장되어 있지 않고, 망고나무에 의지하면서 놓여있고, 때가 되면 열매가 맺는 것과 마찬가지로 적절한 때에 그 자체를 드러냅니다."

바람 또는 불은 어떠한 특정한 장소에도 저장되어 있지않듯이 업도 육체의 내부 또는 외부의 어디에도 저장되어 있지않다.

업은 개별적인 작용이며, 이것은 하나의 존재에서 또다른 존재로 계속이어져 간다.

이것은 성격을 형성하는데 중요한 역할을 하며, 천재나 신동 기타 등등의 놀라운 현상에 대해 설명해준다. 이 교리의 분명한 이해야말로 인류의 번영을 위해서도 필수불가결한 것이라 할 수 있다.

제 6 장
업의 작용

'업에 의해서 이 세계는 이끌려간다.'

——아타살리니(승의설)

업의 작용은 오로지 부처님만이 완전히 이해할 수 있는 난해한 법칙이다. 아비다르마에 의하면, 이와같은 어려운 문제에 대하여 분명한 이해를 얻기 위해서는 '사고의 과정'에 자신을 익숙하게 하는 것이 필요하다.

이른바 존재라 불리는 것의 본질인 마음 또는 의식은 인간이란 복잡한 구성체에서 가장 중요한 역할을 한다. 자신을 더럽히거나 정화시키는 것은 마음이다. 사실 마음은 가장 악랄한 적이면서 한편으로는 자신의 가장 절친한 친구이다.

어떤 사람이 꿈이 없는 깊은 잠에 빠졌을 때, 그는 능동적인 것보다는 다소간 수동적인 의식의 종류를 경험한다. 인간이 잉태되는 순간과 죽는 순간에 경험하는 의식은 비슷하다. 이러한 유형의 의식에 대한 불교의 철학적 용어는 *bhavaṅga*(有分)인데, 이것은 삶의 요소, 또는 존재의 필수불가결한 원인 또는 조건을 의미한다. 이것은 매 순간에 일어나고 사라지면서, 시냇물이 두개의 연속적인 순간에 끊이지 않는 것처럼 똑같이 머물지 않고 흘러간다.

우리는 이러한 유형의 경험을 꿈없는 상태뿐만 아니라 깨어 있는 상태에서도 경험한다. 삶의 과정에서 우리는 다른 어떤 유형의 의식보다도 생각하는 순간에 *bhavaṅga*(有分)를 경험한다. 따라서 바방가(有分)는 삶의 필수불가결한 조건이다.

어떤 학자들은 바방가(有分)를 잠재의식과 동일시한다. 철학사전에 따르면 잠재의식은, 어떤 심리학자와 철학자들에 의해 주장되는 마음의 일부분으로, 의식층의 저변에 존재한다.

　서양 철학자들의 의견으로는 잠재의식과 의식은 함께 존재한다. 그러나 불교 철학자들에 따르면, 의식의 두개의 형태는 서로 공존하지 않는다. 그들에 의하면 어떤 대상에 열중할 때, 물리적이든 정신적이든 의식의 어떤 특정한 종류를 일상적으로 경험하지 않는 순간은 없다. 이러한 의식의 제한된 시간은 '한 생각 － 순간'으로 불려진다. 각각의 '생각－순간'은 또 다른 생각에 의해서 이어진다. 이러한 '생각－순간'이 연속적으로 빠르게 변하는 것은 인간 지식의 한계로는 거의 인식될 수 없다. 이런 면에서 볼 때 빛이 번쩍하는 순간에도 수천가지 생각이 일어날 수 있다는 주석가의 말은 의미심장하게 받아들일 수 있다.

　바방가(有分)는 결코 의식의 저층이 아니다. 이것은 또한 마이어 F.W. Myer의 잠재의식과도 일치하지 않는다. 서양 철학에서는 바방가(有分)를 위한 어떠한 장소도 보이지 않는다. 어쩌면 우리는 이러한 철학적인 용어들을 다른 의미를 갖고 사용하는지도 모른다.

　바방가(有分)가 이렇게 불리는 것은, 이것이 존재가 연속되는데 본질적인 조건이 되기 때문이다. '생명의 연속체'가 바방가(有分)와 대응할 수 있는 영어의 가장 가까운 표현이 될 것 같다.

　이러한 바방가(有分) 의식은 외부적인 자극에 의해서 간섭받지 않는 한 우리가 항상 경험하는 것인데, 한 생각－순간 동안 활동하다가 물질적 정신적 대상이 마음에 들어올 때 사라진다.

　이 다음에 즉시 대상을 보는 안식(眼識)이 일어나는데, 이것에 대해서는 더 이상 알 수 없다. 이러한 감각작용 다음에는 그렇게 보이는 대상을 받아들이는 의식이 뒤따른다. 다음에는 순간적으로 그렇게 보이는 대상을 판별하는 '생각－순간'이 일어난다.

　그 다음에는 확정하는 생각－순간이 따르고 그때 분별이 작용하면서 자유의지가 그 역할을 하게 된다. 여기에 의존해서 연속되는 심리적인 중요한 단계를 javana(速行)라고 부른다. 바로 이 단계에서 어떤 행위가 도덕적인지 비도덕적인지 판단하게 된다. 업은 이 단계에서 형성된다.

만약 올바른 견해를 가졌다면 이것은 도덕적이 된다. 만약 잘못되었다면 이것은 비도덕적이 된다. 마음에 나타난 대상이 바람직하거나 바람직하지 않는 것과 관계없이 우리가 *javana*(速行)과정을 도덕적이거나 비도덕적인 것으로 만드는 것은 가능하다.

예를 들면 만약 어떤 사람이 적을 만났을 때 저절로 성냄이 일어날 것이다. 이와 반대로 현명한 사람은 자신을 억제하면서 적에 대해서 자비스러운 생각을 품을 것이다. 이것이 바로 부처님께서 다음과 같이 말씀하신 이유이다.

"자신에 의해서 악한 행위가 있으며,
자신에 의해서 자신이 더럽혀진다.
자신에 의해서 악한 것이 행해지지 않으며,
자신에 의해서 자신이 청정해진다.
더러움과 청정함은 자신에게 달려있다.
누구도 다른 사람에 의해서 청정해질 수 없다."

환경, 분위기, 습관적 성향 같은 것들이 우리의 생각을 조건지우는 것은 인정하는 사실이다. 그러한 경우에 자유의지는 종속된다. 그렇지만 우리가 이러한 외적인 요소들을 극복하고, 도덕적 비도덕적 생각을 만들어서 우리 자신의 자유의지를 발휘할 수 있는 가능성은 있다.

외적인 요소들이 인연적인 요소일 수도 있지만 우리 자신은 마침내 따라야 할 행위들에 대해서 직접적인 책임이 있다.

Javana(速行)에 적합한 번역을 제시하는 것은 매우 어려운 일이다. 어떤 이들은 이것을 통각(統覺)이라고 부른다. 또 어떤 이들은 충동으로 번역하는데 이것은 통각보다 덜 만족스러운 것같이 보인다. 그래서 여기에는 팔리어를 그대로 사용하겠다. javana(速行)는 문자적으로 '흐름'을 의미한다. 이렇게 불리는 이유는 생각의 과정에서 똑같은 대상에 대하여 연속적으로 일곱번의 생각─순간이 지나가거나, 또는 죽는 순간에 다섯번의 생각─순간이 지나가기 때문이다.

　이러한 모든 생각-순간에 일어나는 정신적인 상태는 비슷하지만, 잠재적인 힘은 다르다. 아주 짧은 시간동안에 일어나는 전체적인 시간의 과정은 두개의 생각-순간동안 지속되는 인식을 기록하면서 끝난다. 이와같이 하나의 생각-과정은 17개의 생각-순간들이 다하면서 달성된다.

　망고나무의 비유를 인용한 경전에서 이러한 생각의 과정을 잘 설명해준다.

　어떤 사람이 깊이 잠에 빠져서 얼굴을 가리고 망고나무 아래에 누워있다. 바람이 가지를 스치면서 열매가 잠자는 사람의 머리 옆에 떨어졌다. 그는 얼굴을 가렸던 것을 치우고 그 대상 쪽으로 얼굴을 향했다. 그는 이것을 보고 주워들었다. 그는 이것을 보고 잘 익은 망고나무 열매라고 확신하였다. 그는 이것을 먹다가 나머지는 한 입에 삼켜 버렸다. 그리고 다시 잠자기 시작하였다.

　꿈이 없는 잠은 간섭받지 않는 바방가(有分)의 흐름과 일치한다. 나무를 향해서 부른 바람은 지나간 바방가(有分)와 상응하며, 가지를 흔드는 것은 바방가(有分)를 일깨우는 것과 같다. 열매가 떨어지는 것은 주의를 끄는 바방가(有分)를 의미한다. 대상에 대하여 돌아보는 것은 전향하는 의식과 일치한다.

　대상을 보는 것은 인식하는 것으로, 주워드는 것은 받아들이는 의식으로, 조사하는 것은 판별하는 의식으로, 익은 망고열매라고 확신하는 것은 결정하는 의식에 대응된다.

　먹는 행위는 Javana(速行)의 과정과 비슷하고, 나머지를 한입에 삼키는 것은 보존하는 것에 일치한다. 다시 잘려고 결심하는 것은 바방가(有分)에서 다시 마음의 가라앉음과 비슷하다.

　위에서 언급된대로, 일곱개의 생각-순간중에서 잠재성이 가장 약한 첫번째 생각-순간의 효과는 이 삶 자체속에서 거두워들일 수 있다. 이것을 '즉각적으로 효과를 미치는' 업이라고 부른다. 만약 이것이 현생에서 작용하지 않는다면, 그 후에는 효과를 미치지 않게 된다.

그 다음 가장 약한 것은 일곱번째의 생각-순간이다. 이것의 결과를 우리는 다음 생에 태어날 때 받을 수 있다. 그래서 이것은 '뒤에 계속해서 일어나는 업'이라고 불리는데, 이것 또한 만약에 다음에 태어났을 때 작용하지 않으면 자동적으로 효력이 없게 된다.

참고) 1. 생각의 과정은 다음과 같다.

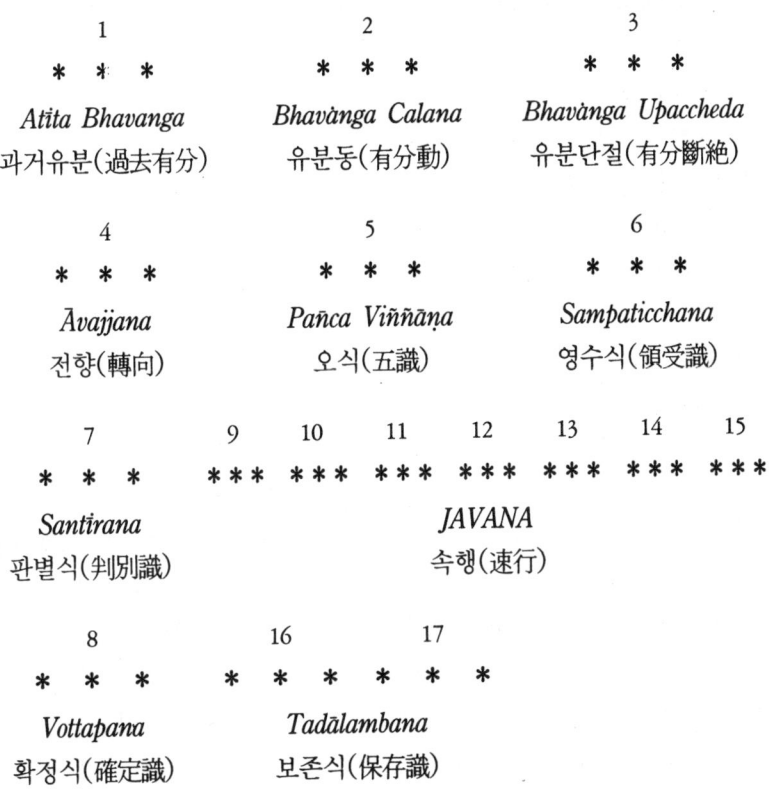

그 사이의 생각-순간의 효과는 완전히 해탈될 때까지 윤회속에서 방황하는 과정에 언제든지 나타날 수 있다. 이러한 형태의 업은 '무제한적인 효과'라고 불린다.

업이 작용하는 시간에 따라서 업을 분류해 보면 다음과 같다.

1. *Diṭṭhadhammavedaniya Kamma*
   (즉각적으로 효과를 미치는 업)
2. *Upapajjavedaniya Kamma*
   (다음 생애에 계속해서 효과를 미치는 업)
3. *Aparāpariyavedaniya Kamma*
   (무제한적으로 효과를 미치는 업)
4. *Ahosi Kamma*(효과를 미치지 않는 업)

예 화
1. 현생에서 받은 선업의 과보
어느 가난한 부부가 있었는데 그들은 외출할 때 입는 옷이 단지 상의 한 벌밖에 없었다. 어느날 남편이 부처님으로부터 법을 듣고 그 가르침에 너무 기쁜 나머지 하나밖에 없는 상의를 보시하고 싶었다. 그러나 그의 잠재적인 탐심은 그렇게 하는 것을 허락하지 않았다. 그는 자신의 마음과 싸우면서, 마침내 탐심을 이겨내고, 부처님께 옷을 드리면서 외쳤다. "나는 이겼다. 나는 이겼다."

왕이 이 이야기를 듣고 매우 감복해서 그의 보시하는 마음에 대한 보답으로 그에게 서른 두벌의 옷을 선사하였다. 독실한 남편은 자신과 부인을 위한 것을 각각 하나씩 남기고 나머지는 부처님께 보시하였다.

2. 현생에서 받은 악업의 과보
한 사냥꾼이 개를 데리고 숲으로 사냥을 나갔다가, 숲길에서 탁발하면서 앞서가고 있는 비구를 만났다. 그 날 사냥꾼은 아무런 사냥감도 얻지 못했는데,

비구를 재수없이 만났기 때문이라고 생각하였다. 집으로 돌아오다가 그는 또 그 비구를 만났는데, 이번에는 화가 크게 났다. 아무런 죄도 없는 비구의 애원에도 불구하고 사냥꾼은 개를 풀어놓아서 그를 물게 하였다. 도망갈 곳을 찾지 못한 비구는 나무위로 올라갔다. 독이 오른 사냥꾼은 나무위로 올라가서, 비구의 발바닥을 화살촉으로 찔렀다. 비구가 고통이 너무 심해서 발버둥치자 입고 있던 가사가 사냥꾼위로 떨어지면서 완전히 그를 덮어버렸다. 그러자 사냥개들은 비구가 나무에서 떨어진 것으로 생각하고 그 주인을 마구 물어뜯었다.

3. 다음 생에 계속해서 효과를 미치는 업

장자의 하인이 밭에서 힘든 노동을 마치고 저녁에 집으로 돌아와 보니, 그날은 보름날로 모두가 재가자의 여덟가지 계율을 지키고 있었다. 자신도 반나절이라도 그것들을 지킬 수 있다는 말을 듣고, 그 계율을 지키면서 밤을 보냈다. 불행하게도 그는 다음날 아침 죽었는데 그 공덕에 의해서 천신으로 태어났다.

빔비사라왕의 아들인 아자타사투는 죽자마자 다시 태어났는데, 그의 아버지를 살해한 과보로 인해서 비참한 상태로 태어났다.

4. 무제한으로 효과를 미치는 업

아무도 이런 종류의 업으로부터 면제될 수 없다.
심지어는 부처님들과 아라한들도 그들의 과거의 업의 과보를 받을 수 있다.

아라한 목건련은 전생에 사악한 아내의 꾐에 빠져서 그의 부모를 죽이려고 시도했었다. 이 업보때문에 그는 오랫동안 고통스런 상태에서 고생했으며, 그의 마지막 생에서는 결국 도적들에게 몽둥이로 맞아 죽었다.

한번은 부처님께서 자이나교의 여성 신도를 죽였다는 중상모략을 당했는데, 이것은 전생에 연각불을 꾸짖었던 것의 과보였다.

데바닷타가 부처님을 죽이려고 산위에서 바위를 떨어뜨렸을 때 부처님의 발이 조금 다친 적이 있었다. 이것은 전생에 이복형의 재산을 빼앗을 목적으로 그를 죽였기 때문이었다.

기능에 따른 업의 또 다른 구분이 있다.

1. *Janaka Kamma*(재생성적인 업)
2. *Upatthambaka Kamma*(지지하는 업)
3. *Upapīdaka Kamma*(반작용하는 업)
4. *Upaghātaka Kamma*(파괴적인 업)

불교에 의하면 다음 생애에 계속해서 태어나는 모든 것은 죽는 순간에 지배하는 선 또는 악업에 의해서 조건지워진다. 이런 종류의 업은 '재생성적인 업'이라고 불린다.

사람이 죽는 것은 단지 '일시적인 현상의 일시적인 끝'일 뿐이다. 현재의 형태가 소멸하고 또다른 형태가 생길 때, 그것은 이전과 완전히 같거나 또는 다르지가 않으며, 죽는 순간에 지배했던 생각에 의해서 결정된다. 왜냐하면 앞으로 발휘하게 될 업의 힘은 육체의 분해와 함께 소멸되지 않기 때문이다. 이러한 마지막 생각-과정을 '재생성적인 업'이라고 부르는데, 이것은 다음 생에서의 그 사람의 상태를 결정한다.

일반적으로 마지막 생각-과정은 그 사람의 일반적인 행위에 의존한다. 어떤 예외적인 경우에, 어쩌면 좋거나 또는 좋지 않은 분위기때문에, 죽은 순간에 착한 사람이 나쁜 생각을 할 수도 있고, 나쁜 사람이 착한 생각을 할 수도 있다. 다음에 태어나는 것은 이 마지막 생각-과정에서 결정될 것이며, 일반적인 행위와는 관계없다. 그렇지만 이것은 지나간 행위의 효력이 없어졌다는 것을 의미하지는 않는다. 그것들은 적당한 순간에 피할 수 없는 결과들을 만들어낼 것이다.

이렇게 거꾸로 바뀌어서 태어나는 것은 덕스러운 부모밑에서 성질이 나쁜 자식이 태어나고, 성질이 나쁜 부모밑에서 착한 자식이 태어나는 것을 설명해준다.

재생성적인 업의 과보를 돕고 유지하기 위해, 또는 악화시키고 방해시키기 위해 또 다른 전생의 업이 간여할 수 있다. 이러한 행위들은 각각 '지지하는 업' 그리고 '반작용하는 업'이라고 불린다.

업의 법칙에 의하면, 재생성적 업의 잠재적인 에너지는 더욱 강력한 전생의 반대되는 업에 의해서 완전히 무효화될 수 있다. 이런 순간은 마치 반작용적인 힘이 화살이 날아가는 길을 방해해서 이것을 땅으로 떨어뜨리는 것처럼, 기대되지 않는 상태에서 작용할 수 있다. 이러한 행위는 '파괴적인'업이라고 불리는데, 이것은 앞의 두가지 보다 훨씬 강력하다. 왜냐하면 이것은 업의 작용을 방해할뿐만 아니라 전체적인 힘을 파괴할 수 있기 때문이다.

네개의 작용의 예로서, 부처님을 제거하려고 시도했었고 승가에 분열을 야기시켰던 데바다타의 경우를 인용하는 것도 좋을 것 같다.

그의 재생성적인 선업이 왕족으로 태어나게 운명지워졌다. 그의 끊임없는 안락과 번영은 그의 지지하는 업의 행위때문이었다. 승가에서 추방되면서 굴욕스러운 일을 겪게 되었을 때 반작용의 업이 작용하였고, 마침내 파괴적인 업이 그의 삶을 비참한 지경으로 몰고갔다.

다음의 분류는 우선적인 과보에 따른 것이다.

1. *Garuka Kamma*(비중이 큰 업)
2. *Ā sanna Kamma*(죽는 순간의 업)
3. *Ā ciṇṇa Kamma*(습관적인 업)
4. *Katattā Kamma*(축적된 업)

첫번째의 비중이 큰 업은 비중이 크거나 심각한 행위를 의미한다. 이렇게 불리는 것은 현생이나 다음 생에 확실하게 그것의 과보를 만들기 때문이다.

도덕적인 측면에서 비중이 큰 행위는 선정 또는 무아지경이다. 반면에 비도덕적인 측면에서 그것들은 다음 생애에 계속하여 효과를 미치는 극악한 죄들이다. 즉, 모친살해, 부친살해, 아라한 살해, 부처님께 상해를 입히는 것, 승가에 분열을 야기시키는 것 등이다.

예를 들면, 만약 어떤 사람이 선정을 닦았는데 나중에 이러한 극악한 죄중의 하나를 범했을 때, 그의 선업은 강력한 악업에 의해서 지워져버릴 것이다. 그의 계속 이어지는 다음 생의 탄생은 일찌기 선정을 얻었음에도 불구하고 악업에 의해서 결정된다. 예를 들면, 데바다타는 신통력을 잃어버리고 비참한 상태로 태어났는데 이것은 부처님을 상해하고 승가를 분열시켰기 때문이다.

 부처님의 말씀에 의하면 아자타사투왕은 만약에 부친살해를 저지르지 않았다면 성인의 첫째 단계를 얻었을 것이라고 한다. 이 경우에는 강력한 악업이 그의 정신적인 발전을 방해했기 때문이다.

 미래에 태어나는 것을 조건지우는 비중이 큰 업이 없을 때는 죽는 순간의 업이 작용하게 된다. 이것은 바로 죽기 전에 하는 행동이나 회상같은 행위이다. 다음에 태어나는 것을 결정하는데 이것이 매우 중요하기 때문에, 임종에 가까운 사람들에게 좋은 행위들을 기억하게 하고 임종자리에서 좋은 일들을 하게 하는 행위가 지금도 불교국에서는 성행하고 있다.

 때때로 나쁜 사람도 만약에 그가 죽는 순간에 운좋게 좋은 행위들을 기억하게 되면 행복하게 죽고 좋은 데서 태어날 수 있다. 그렇지만 비록 그가 좋은데 태어난 것을 누리지만, 이것이 그의 이전의 삶동안 쌓은 악한 행위의 과보로부터 면제된다는 것을 의미하지 않는다.

 이와 반대로 때때로 좋은 사람이 우연히 좋지않은 상황에 빠져서, 갑자기 악한 행동을 기억하거나 나쁜 생각을 품어서 불행하게 죽을 수도 있다.

 습관적인 업은 그 다음의 우선적인 과보이다. 이것은 인간이 매우 좋아하는 것에 대하여 항상 이행하고 회상하는 업이다.

 습관은 좋거나 나쁘거나 두번째 본성이 된다. 그것들은 어느 정도는 그 사람의 성격을 형성하는 경향이 있다. 우리는 흔히 한가할 때 우리들 자신의 습관적인 생각과 행위들에 전념한다. 똑같은 방법으로 죽는 순간에, 만약 다른 환경에 영향을 받지않는다면, 우리는 대개가 우리의 습관적인 생각과 행위들을 회상한다.

 이 구분에서 마지막은 축적된 업으로 앞의 세개에 포함되지 않은 모든 것을 포함한다. 말하자면, 이것은 특정한 존재의 비축된 자원이다.

마지막 분류는 과보가 일어나는 영역에 따른 것이다.
1. 감각적 세계(欲界)에서 짓는 악한 행위
2. 감각적 세계(欲界)에서 짓는 선한 행위
3. 형상의 세계(色界)에서 짓는 선한 행위
4. 형상이 없는 세계(無色界)에서 짓는 선한 행위

1. 감각적 세계(欲界)에서 짓는 악한 행위

몸, 말, 마음에 의해서 악업을 만드는 데는 열가지 악한 행위들이 있다. 그들 중 세개는 몸에 의해서 저지르는데, 살생, 도둑질, 사음이다.

말에 의해서는 네개를 범할 수 있는데, 거짓말, 모욕적인 말, 중상모략, 잡담이다. 마음에 의해서는 세개를 범할 수 있는데, 탐욕, 악의, 그릇된 견해이다.

살생(Pāṇātipāta)은 살아있는 존재를 의도적으로 죽이는 것을 의미한다. 팔리어 Pāṇa는 엄격히 말해서 특정한 존재에 속한 심리적, 육체적 생명을 의미한다.

생명이 제명대로 살지 못하게 제멋대로 이러한 생명력을 파괴하는 것은 Pāṇātipāta이다. Pāṇa는 생명들이 숨쉬는 것을 의미한다. 그러므로 모든 생명이 있는 존재들은 짐승을 포함해서 Pāṇa로 간주되는데, 식물은 마음을 갖고 있지 않기 때문에 제외된다. 그렇지만 비구들은 심지어 식물의 생명도 해치는 것이 금지되어 있다. 이러한 계율은 뒤에 언급되겠지만 재가신자들에게는 적용되지 않는다.

다음의 다섯가지 조건들은 살생의 악업을 형성하는데 필요한 것들이다.
1) 살아있는 존재
2) 살아있는 존재라고 아는 것
3) 살생하려는 의도
4) 살생하려고 시도하는 것
5) 결과적으로 죽는 것

악한 행위의 비중은 관련된 존재의 선의와 관용에 의존한다. 덕스러운 사람 또는 큰 짐승을 죽이는 것은 악한 사람 또는 작은 짐승을 죽인것보다 더 극악하다. 살생의 악한 과보는 단명, 질병, 사랑하는 사람과 헤어져야 하기 때문에 항상 슬프고, 항상 두려워하는 것이다.

도둑질의 악업을 완성하는데 필요한 다섯가지 조건은
1) 다른 사람의 재산   2) 그렇다는 것을 아는 것
3) 훔치려는 의도   4) 훔치는 노력
5) 실제적으로 훔치는 것이다.

도둑질의 피할 수 없는 과보는 빈곤, 비참, 좌절, 종속된 직업이다.

그릇된 성관계의 악업을 완성하는데 필요한 네가지 조건은
1) 즐기려는 생각   2) 그에 따른 행위
3) 만족하기 위한 수단 4) 그리고 만족이다.

그릇된 성관계의 필연적인 결과는 많은 적이 생기고, 원하지 않는 자를 배우자로 만나며, 여자 또는 거세된 남자로 태어난다.

거짓말의 악업을 완성하는데는 네가지 조건이 필요하다.
1) 사실이 아님   2) 속이려는 태도
3) 말하는 것   4) 그리고 실제적으로 속이는 것이다.

거짓말의 필연적인 결과는 모욕적인 말, 중상, 불신을 받고 악취를 풍기는 입을 갖게 된다.

비방하는 것의 악업을 완성하는데는 네가지 조건이 필요하다.
1) 사람들이 서로 나누어지고
2) 그들을 분리시키려는 의도 또는 다른 사람에게 애정을 받으려는 욕망
3) 그에 따른 노력   4) 말하는 것이다.

비방의 필연적인 결과는 충분한 이유도 없이 우정이 깨지는 것이다.

거치른 말이 악업을 완성하는데는 세가지 조건이 필요하다.
1) 욕을 듣게 될 사람   2) 성난 생각

3) 실제적으로 욕하는 것이다.

거치른 말의 필연적인 결과는 비록 절대적으로 해를 끼치지는 않지만 다른 사람들이 싫어하고, 거친 목소리를 갖는다.

잡담이 악한 업이 되기 위해서는 두개의 조건이 필요하다.
1) 잡담하려는 의도   2) 그렇게 말하는 것이다.

잡담의 필연적 결과는 심신의 장애와 신용을 얻을 수 없는 말을 하게 된다.

탐심이 악업이 되기 위해서는 두가지 조건이 필요하다.
1) 다른 사람의 소유물
2) 그것에 주의를 돌리면서 '내 것이 되게 하고 말 것이다.'라고 생각하는 것이다.

탐심의 필연적인 결과는 자신의 바램이 하나도 달성되지 않는 것이다.

악의가 악업이 되기 위해서는 두개의 조건이 필요하다.
1) 다른 사람   2) 그리고 그를 해치려는 생각

악의의 필연적인 결과는 추함, 여러가지 질병, 미움받는 성격이다.

잘못된 견해는 사물을 그릇되게 보는 것이다. 행위의 과보를 부정하는 것과 같은 잘못된 믿음 또한 이러한 악업에 포함된다.

이러한 것이 악업이 되기 위해서는 두개의 조건이 필요하다.
1) 보이는 대상에 대한 왜곡된 태도
2) 잘못된 관념에 따라서 이해하는 것이다.

잘못된 견해의 필연적인 결과는 천한 욕망, 지혜의 부족, 아둔함, 만성적인 질병, 비난받을 만한 생각을 하게 된다.

불교에 의하면 잘못된 견해에는 열가지가 있다.

1) 관용에 공덕이란 것은 없다. 이것은 보시를 해도 좋은 과보가 없다는 것을 의미한다.
2) 인색하지 않은 보시 또는
3) 자선을 베푸는 것에 공덕이 없다. 이것 또한 의도하는 의미는 이러한 자비로운 행위에는 과보가 없다는 것이다.
4) 선하거나 악한 행위에는 과보가 없다.
5) 이 세계 또는
6) 다른 세계에 대한 믿음은 없다. 즉, 여기에 태어난 것은 전생 때문이라고 생각하지 않으며 현생에서의 삶은 내생의 삶을 결정한다는 것을 받아들이지 않는다.
7) 어머니나 또는
8) 아버지는 없다. 즉, 그들이 행한 어떤 것에도 과보가 없다.
9) 죽고 다시 태어나는 존재는 아무것도 없다.
10) 자신의 직관지로 이 세계와 다른 세계를 깨달아서 올바르게 살아가는 운둔자 또는 바라문은 없다.(여기서 언급하는 것은 부처님들과 아라한들이다.)

2. 감각적 세계(欲界)에서 짓는 선한 행위

이러한 공덕을 쌓는 행위에는 열가지가 있다.

1) 보시 2) 지계 3) 선정 4) 공경 5) 봉사 6) 공덕을 남에게 돌리는 것 7) 다른 사람의 선한 행위를 기뻐하는 것 8) 법을 듣는 것 9) 법을 설명해 주는 것 10) 올바른 견해를 갖는 것

때때로 이러한 열개의 도덕적 행위들은 7)과 10)을 다시 세분시킨 것을 포함해서 열두개로 간주되기도 한다.

즉 다른 사람의 선한 행위를 칭찬하는 것은 다른 사람의 공덕을 기뻐하는 것에 덧붙인다. 삼보에 귀의하고 명상을 하는 것은 올바른 견해를 갖는 것 대신에 사용된다.

보시는 부유함을 가져온다. 지계는 좋은 가문과 행복한 상태에 태어나게 한다. 선정은 색계(色界)와 무색계(無色界)에 태어나게 하고 더 높은 지혜와 해탈을 얻는 것을 도와준다.

타인에게 공덕을 돌리는 것은 다음에 태어날 때 풍부함을 주는 원인이 된다. 다른 사람의 공덕을 기뻐하는 것은 어디에 태어나든 지혜로 이끌어준다. 공경하는 것은 고귀한 가문에 태어나는 원인이 된다. 봉사는 많은 추종자를 거느리게 된다.

다른 사람의 선한 일을 칭찬하는 것은 자신이 칭찬받는 일이 된다. 삼보에 귀의하는 것은 번뇌를 소멸시킨다. 명상은 다양한 형태의 행복으로 이끌어 준다.

3. 형상의 세계(色界)에서 짓는 선한 행위

순수한 형상의 세계에는 다섯가지 선정이 있다.

1) 첫번째 선정은 탐구, 고찰, 즐거움, 기쁨, 심일경성(心一境性)의 도덕적 의식이 있다.
2) 두번째 선정은 탐구, 즐거움, 기쁨, 심일경성의 도덕적 의식이 있다.
3) 세번째 선정은 즐거움, 기쁨, 심일경으로 구성된 도덕적 의식이 있다.
4) 네번째 선정은 기쁨과 심일경성으로 구성된 도덕적 의식이 있으며
5) 다섯번째 선정은 평정과 심일경성으로 구성된 도덕적 의식이 있다.[3]

이러한 선정들은 형상이 있는 색계(色界)에서 상당한 효과가 있다.

4. 형상이 없는 세계(無色界)에서 짓는 선한 행위

네개의 무색계의 선정은 무색계에서 그에 상응하는 과보를 갖고 있다.
1) 무한한 공간에 머무는 도덕적 의식

---

[3] 아비다르마 상가하에 의하면 색계 선정에는 다섯 가지가 있지만, 비수디마가 (淸淨道論)에는 네 가지만 언급하고 있다. 그러나 사실상 이 둘 사이에 큰 차이는 없다.

2) 무한한 의식에 머무는 도덕적 의식
3) 무(無)에 머무는 도덕적 의식
4) 지각이 있지도 없지도 않은 도덕적 의식

제 7 장
업의 본질

'씨를 뿌린대로 그 열매를 거두리라'

──상윳타 니가야

인간은 자신이 뿌린 것에 비례해서 모두 거두어들이게 되어 있는가?
반드시 그렇지도 않다! 앙굿타라 니가야에서 부처님은 다음과 같이 말씀하셨다.

"만약 누군가가 인간은 자신의 행위에 따라서 반드시 거두어들여야 한다고 말한다면, 그런 경우에는 종교적인 생활이나 괴로움을 완전히 소멸하는 기회를 얻지 못할 것이다. 그러나 만약 인간이 거두어들이는 것이 그의 행위와 일치한다고 말한다면, 그 경우에 종교적 생활과 괴로움을 완전히 소멸시키는 기회가 주어진다."

그러므로 불교에는 자신의 업을 지을 수 있는 모든 가능성이 있다.

비록 법구경에서 "하늘에도, 바다속 깊은 곳에도, 동굴속 어디에도, 인간이 악업의 인과를 받는 것을 피할 수 있는 곳은 지구상의 어디에도 없다"고 말하고 있지만, 인간이 지나간 업을 반드시 모두 받게 되는 것은 아니다. 그런 경우에 해탈은 불가능하게 될 것이며, 고통은 불행하게도 영원히 사라지지 않을 것이다.

인간은 업의 주인도 아니며 그렇다고 하인도 아니다. 심지어 가장 사악한 사람도 자신의 노력에 의해서 가장 덕스러운 사람이 될 수 있다. 우리는 항상 무엇인가가 되고 있으며, 그 무엇인가는 우리의 행위에 달려있다. 우리는 어느 순간에라도 더 나아지거나 또는 더 나쁘게 변할 수 있다.

비록 가장 사악한 사람이라도 그의 악한 본성때문에 용기를 잃거나 멸시되어서는 안된다. 그는 불쌍히 여겨져야 한다. 왜냐하면 그를 비난하는 사람 또한 어떤 면에서는 그와 같은 위치에 있을지 모르기 때문이다. 그들이 더욱 발전적으로 변함에 따라 그 또한 변할 수 있으며, 어쩌면 그들보다 더 빨리 변할 수도 있다. 좋은 업을 자신의 내부에 저장해두고 있는지, 잠재적인 선한 성품이 있는지 누가 알 것인가?

앙굴마라는 사람들을 수백명이나 죽인 살인자였지만 아라한이 되어서 그의 모든 과거의 잘못된 행위를 없애버렸다.

알라바카는 인간의 고기를 먹는 사나운 귀신이었지만, 사람을 잡아먹는 습관을 단념하고는 성인의 첫째 단계를 얻었다.

암바팔리는 창녀였지만 자신의 마음을 정화해서 아라한을 얻었다.

아소카는 그의 제국을 팽창시키려는 야심때문에 많은 인명을 살상시켰지만, 나중에 마음을 바꾸어 '다르마 아소카' 또는 '정의의 아소카'라고 불릴 정도로 삶이 바뀌었다.

오늘날 '정복의 역사속에서 수만명의 왕들의 이름가운데 존엄하고, 관대하고, 최고의 찬사를 받는 자는 오로지 아소카뿐이다.'

이것들은 어떻게 인간이 자신의 성격을 완전히 바꾸어 놓을 수 있는지를 보여주는 소수의 예들에 불과하다. 어떤 경우에 사소한 악업이 그이상의 과보를 만들 수 있으며, 반면에 더 큰 악업의 과보가 줄어드는 일도 일어날 수 있다.

이러한 사실은 다음의 부처님의 말씀에서 알 수 있다.

"오 비구들이여, 여기에 어떤 사람이 있다. 그는 몸, 마음, 계율, 지혜를 닦지 않았으며, 착함과 덕스러움도 거의 없으며 사소한 잘못된 행위의 결과로 고통스럽게 살고 있다. 심지어 이런 사람은 사소한 행위를 범해도 자신을 고통의 상태로 이끌어갈 수 있다.

오 비구들이여, 여기에 어떤 사람이 있다. 그는 몸, 마음, 계율, 지혜를 잘 닦았으며, 착한 일을 많이 하며, 고결한 정신과 모든 존재에 대한 무한한 자비심으로 살고 있다. 이런 사람이 지은 비슷한 악은 이 삶 자체에서 속죄하게 되고 사후에는 조그만 결과도 나타나지 않으며, 위대한 사람은 말할 것도 없다.

이것은 마치 어떤 사람이 작은 컵안에 있는 물에 소금 덩어리를 넣은 것과 같다. 오 비구들이여, 그대들은 어떻게 생각하는가? 지금 컵속에 있는 작은 양의 물이 짜서 마실 수 없게 되겠는가?"

"예 그러습니다, 부처님이시여."

"왜 그러느냐?"

"왜냐하면 부처님이시여, 컵속에 있는 물이 매우 적기 때문에 소금물이 되어서 마실 수가 없습니다."

"그러면 만약 어떤 사람이 소금 한 덩어리를 갠지즈강에 넣었다고 가정하자. 오 비구들이여, 너희들은 어떻게 생각하느냐? 이 한 덩어리 소금 때문에 갠지즈강이 소금물이 되어서 마실 수 없게 되겠느냐?"

"아닙니다. 부처님이시여"

"왜 안되느냐?"

"왜냐하면 갠지즈강의 물이 너무 많아서 한 덩어리의 소금으로는 끄덕도 없습니다."

"사람의 경우도 이와 똑같으니라. 어떤 사람이 사소한 잘못된 행위를 하였을 때 이것이 그를 불행한 상태로 이끌 수도 있다. 다시 다른 사람이 똑같이 사소한 잘못된 행위를 했을 때, 그는 현생에서 그것을 속죄하고 심지어는 사후에 자그마한 과보도 나타나지 않는다. 위대한 사람의 경우는 말할 것도 없다."

"돈 백원 천원 또는 만원을 도둑질해서 감옥에 간 사람의 경우와 다시 백원, 천원, 만원때문에 감옥에 가지 않은 사람의 경우를 들어보자."

"언제든지 누구라도 가난하고 곤궁하면 백원, 천원, 만원을 갚을 능력이 없기 때문에 감옥에 보내진다. 그러면 백원, 천원 또는 만원때문에 감옥에 보내지지 않는 사람은 누구냐?"

"언제든지 누구라도 부자이고 재산이 풍부하면 백원, 천원 만원을 갚을 능력이 있기 때문에 감옥에 보내지지 않습니다."
"바로 이와같은 방법으로 어떤 사람이 사소한 악한 행위를 했는데 이것이 그를 불행한 상태로 이끄는 경우와, 다시 다른 사람이 똑같이 사소한 잘못된 행위를 했는데 이것을 현생에서 다 속죄해서 심지어는 자그마한 과보도 사후에 나타나지 않는 경우가 있다. 위대한 사람의 경우는 말할 것도 없느니라."

역과보의 원인

선한 것은 선한 것을 낳는다. 그러나 유감스럽게도 어떤 과보들은 좋은 행위를 했음에도 불구하고 그것에 알맞는 결과를 받지 못하는 경우가 있다. 다음의 예는 이러한 좋은 예가 될것이다.

한번은 코살라국의 파세나티왕이 부처님께 가서 질문하였다.
"세존이시여, 여기 사바티에서 백만장자가 죽었습니다. 그런데 그에게 자식이 없었기 때문에 제가 그의 재산을 왕궁으로 옮기고 나서 지금 여기에 왔습니다.
세존이시여, 수만개의 금과 은이 있었는데 이 백만장자는 음식찌거기와 다 변해가는 신죽을 먹곤 했습니다. 옷도 마찬가지로 삼으로 만든 거칠은 옷을 입었고, 마차는 잎으로 만든 천으로 엮은 다 망가진 수레를 타고 다녔습니다."
그러자 부처님께서는 다음과 같이 말씀하셨다.

"과연 그렇습니다. 오 왕이여, 과연 그렇습니다. 전생에 이 백만장자는 타가라시키라 불리는 연각부처님께 음식을 보시했습니다. 그런데 나중에 그는 음식을 보시한 것을 후회하면서 '내가 보시한 음식을 나의 하인들이나 일꾼들이 먹었으면 더 좋았을 걸' 하고 마음속으로 생각했습니다. 이외에도 그는 자신의 형의 재산을 탐내서 형의 외아들을 죽여버렸습니다. 그리고 이 백만장자가 연등불 타가라시키에게 음식을 보시했기 때문에 그 과보로 인해서 천상같이 기쁜 상태에 일곱번 태어났습니다. 그리고 똑같은 행위의 나머지의 과보에 의해서 이곳 사바티에서 일곱번이나 백만장자가 되었습니다.
그러나 이 백만장자가 보시를 한 것을 후회하면서 '차라리 나의 하인과 일꾼들이 먹었으면 좋았을 걸'하고 마음속으로 생각했기 때문에, 이러한 행위의 과보로 해서 그는 좋은 옷, 우아한 마차, 다섯가지의 즐거움을 누리지 못했습니다. 그리고 이 백만장자가 그의 형의 재산을 탐내서 형의 외아들을 살해했기 때문에 이러한 과보로 해서 그는 수년간, 수백년간, 수천년간 수만년간을 불행한 상태에서 고생을 해야 했습니다.
그리고 똑같은 행위의 나머지 과보로 해서 일곱번 동안 자식이 없었으며 그 결과 그의 재산을 왕궁의 재물로 남겨야 했던 것입니다."

이 백만장자는 전생에서 좋은 행위를 한 과보로 막대한 재산을 얻었으나 자신의 좋은 행위를 후회했기 때문에 업이 그에게 준 부유한 조건을 완전히 누릴 수 없었다.

이로운 힘과 해로운 힘

업의 작용에서 스스로 작용하는 법칙을 중화시키거나 지지하는 이로운 힘과 해로운 힘이 있다는 사실을 이해해야 한다. 탄생, 시간이나 조건들, 인격이나 성격, 그리고 노력이 바로 업의 작용에 도움을 주거나 방해하는 힘들이다.

예를 들면 만약 어떤 사람이 좋은 가문 또는 행복한 상태에 태어나면, 그의 운좋은 탄생은 때때로 악업의 과보가 작용하는 것을 방해할 수가 있다.

이와 반대로 만약 그가 비참한 상태 또는 불행한 가정에 태어나면, 그의 불운한 탄생은 악업이 작용하기에 쉬운 기회를 제공해 줄 것이다.

이것은 전문용어로 gati samatti(운좋은 탄생) 그리고 gati vipatti(불운한 탄생)이라고 불린다.

어떤 어리석은 사람이 어떤 좋은 업에 의해서 좋은 가문에 태어나면 그의 훌륭한 부모때문에 사람들에게 칭송을 받을 것이다.

만약 똑같은 사람이 불행한 상태에 태어나면 그는 그같이 대접받지 못할 것이다.

예를 들면 실론의 두타가마니왕은 타미르와 전쟁을 하면서 악한 업을 지었지만, 여러가지 종교적 사회적 행위로 선업을 지었다.

그의 재생성적인 선업때문에 그는 천상의 즐거운 상태에 태어났다.

전설에 의하면 그는 미래불인 미륵불시대에 마지막 탄생을 할 것이라고 전하고 있다.

따라서 그의 악업은 그의 운좋은 탄생때문에 제대로 작용할 수 없게 된 것이다.

또 다른 예를 인용해보면, 아자타사투왕은 부친을 살해했는데, 부처님과의 관계때문에 나중에 현저하게 신심이 돈독해졌다. 그런데도 그는 지금 그의 극악한 죄 때문에 비참한 상태에서 고통을 받고 있다.

그래서 그의 불운한 탄생은 그가 선한 행위의 공덕을 누리는 것을 허락하지 않는 것이다.

아름다움과 추함은 업의 작용을 방해하고 지지하는 두개의 다른 요인들 이다.

만약에 어떤 사람이 어떤 선업에 의해서 행복한 탄생을 얻었지만 불행하게도 신체가 기형이라면 그는 자신의 선업의 좋은 과보를 충분히 누릴 수 없다. 만약 그가 육체적인 장애가 있으면 그는 심지어 법적으로 왕위를 상속받게 되어 있더라도 왕으로 추대되기는 어려울 것이다.

한편, 아름다움은 그것을 소유한 자에게는 자랑이 될 것이다. 가난한 부모의 잘 생긴 아들은 다른 사람들의 주의를 끌 것이며, 그들의 관심을 통하여 자신을 돋보이게 할 수 있을 것이다.

좋은 시간이나 또는 분위기 그리고 좋지않은 시간 또는 분위기는 업의 작용에 영향을 미치는 두개의 요소들이다. 전자는 업의 작용을 도울 것이며, 후자는 방해할 것이다.

기근의 경우에는 예외없이 모두가 똑같은 운명에 처해서 고통을 당하게 될 것이다. 여기서 좋지않은 조건들은 악업이 작용할 가능성의 길을 열어둔다. 이와 반대로 좋은 조건들은 악한 업이 작용하는 것을 억제시킨다.

이롭고 해로운 힘중에서 가장 중요한 것은 노력이다. 업의 작용에서 노력을 하거나 노력을 하지않는 것은 중요한 역할을 한다.

현재의 노력에 의해 인간은 새로운 업, 새로운 환경, 새로운 분위기, 심지어는 새로운 세상까지 만들어 낼 수 있다. 비록 가장 좋은 환경과 모든 필요한 조건들이 갖추어져 있더라도 만약 열심히 노력하지 않는다면 인간은 황금같은 기회를 놓칠뿐만 아니라 또한 자신을 망칠 수 있다. 현재의 노력은 세속적인 것과 정신적인 발전을 위해서 필수불가결하다.

만약 어떤 사람이 자신의 질병을 치료하기 위해서, 어려움에서 벗어나기 위해 노력하지 않는다면, 그의 악업이 그에 따른 과보를 만들어내는 적당한 기회를 발견할 것이다.

이와 반대로 만약 그가 어려움을 극복하기 위해서 더 나은 환경을 위해서 드문 기회를 최대한 활용하기 위해서 그의 진실한 발전을 위해 부지런히 노력한다면 그의 좋은 업이 후원자로 나타날 것이다.

바다 한가운데서 배가 난파되었을 때 마하자나카는 스스로 여기서 빠져 나가는 방법을 모색했다. 반면에 다른 사람들은 신들에게 기도하면서 운명을 신들에게 내맡겼다. 그 결과 마하자나카는 벗어났지만 다른 사람들은 모두 물에 빠지고 말았다.

비록 우리가 자신의 업의 절대적인 종속자나 주인이 아니지만, 이러한 반작용과 지지하는 힘에서 분명한 것은, 어느정도 외부적인 환경, 분위기, 인격성, 개인적인 노력 등등에 의해서 영향을 받는다는 것이다.

불교도들에게 위안, 희망, 의지 그리고 도덕적인 용기를 주는 것은 업의 교리이다. 기대하지 않았던 사건, 어려움, 실패, 불행한 일들이 일어났을 때 불교도는 자신이 지금 뿌려놓은 것을 거두어들이고 있으며, 과거의 빚을 갚고 있음을 깨달아야 한다.

자신을 포기하는 대신에 열심히 노력해서 그 씨앗을 떨구어내고 그곳에 좋은 씨앗을 뿌려야 한다. 왜냐하면 미래는 그의 손에 달려있기 때문이다.

업을 믿는 사람은 가장 타락한 사람조차도 비난하지 않는다. 왜냐하면 그들은 어느 순간이라도 자신을 개혁할 수 있는 기회를 갖고 있기 때문이다.

비록 비참한 상태에서 고통을 받게 되었지만 그들은 영원한 평화를 얻을 수 있는 희망을 갖고있다. 자신의 행위에 의해서 그들도 자신의 천국을 만들 수 있다.

업의 법칙을 완전히 확신하는 불교도는 다른 존재에게 구원받으려고 기도하지 않는다. 대신에 자신의 해탈에 대해서 확실히 자신에게 의지한다. 초자연적인 능력에 복종하거나 속죄하는 대신에, 자신의 의지력에 의존해서 모든 이들의 행복과 번영을 위해서 끊임없이 정진한다. 업에 대한 이러한 믿음은 개인의 책임성을 가르쳐주기 때문에 개인이 노력하게 하고, 종교적 열성을 불붙게 한다.

평범한 불자에게 있어서 업은 방해물로 여겨질지 모르지만, 반면에 지혜로운 사람에게 있어서 업은 좋은 일을 할 수 있는 자극제로 받아들여진다.

업의 법칙은 괴로움의 문제, 이른바 운명이라는 것과 어떤 종교들의 결정론적인 교리, 그리고 무엇보다도 인류의 불평등성을 설명해준다.

우리는 자신의 운명의 설계자이다. 우리는 자신의 창조자이다. 우리는 자신의 파괴자이다. 우리는 자신의 천국을 건설한다. 우리는 자신의 지옥을 만든다.

우리가 생각하고 말하고 행동하는 모든 것들이 우리 자신의 것이 된다. 업이라는 명칭의 가정 아래 한 삶에서 다른 삶으로 옮겨가고 윤회의 방랑하는 과정속에서 우리를 고양시키고 퇴보시키는 것은 바로 생각, 말, 행위들이다,

그래서 부처님께서는 말씀하셨다.

"인간이 지금까지 쌓아온 좋은 행위와 그릇된 행위는
그 자신의 것이며, 이후에도 그것을 갖고 다닌다

제 7 장 업의 본질

그것은 그의 발자국을 따라 다닌다, 마치 그림자가 따르듯이.
그러므로 그밖의 다른 곳에서 살기위한 발판을 확실히 하라
착한 사람에게는 좋은 과보가 기다린다."

제 8 장
생명의 기원은 무엇인가?

'오 비구들이여, 이러한 추세의 시작은 알 수가 없다. 흐름, 추세, 존재의 최초의 기원은 무지에 가리고 갈망에 묶여서 드러나지 않는다.'

──상윳타 니가야

비록 불교의 목적인 니르바나가 바로 이 삶속에서 얻을 수 있는 것이기는 하지만, 불교에서 단순한 이론이 아니라 증거에 의해서 증명될수 있는 사실로 간주하고 있는 재탄생은 불교의 근본적인 교리를 형성하고 있다. 보살의 이상과 완전한 완성을 얻는 해탈은 이러한 재탄생의 교리에 근거를 두고있다.

전생(轉生)또는 윤회로서의 재탄생에 대한 믿음이 피타고라스, 플라톤같은 사상가들과 쉘리, 테니슨, 워즈워드같은 시인들, 그리고 동양은 물론 서양에서 많은 평범한 사람들에 의해서 받아들여지고 있음을 역사적인 사실들은 기록하고 있다.

윤회에 대한 불교의 교리는 다른 사상체계에서 주장하는 전생(轉生)과 윤회의 이론과는 구별된다. 왜냐하면 불교는 신에 의해 창조되어서 전생하는 영원한 영혼의 존재 또는 *Paramātmā*(궁극적인 영혼 또는 신성체)로부터 발산되는 존재를 부정하기 때문이다.

재탄생을 조건지우는 것은 업이다. 과거의 업이 현재의 탄생을 결정지운다. 그리고 현재의 업이 과거의 업과 결합해서 미래를 조건지운다. 따라서 현재는 과거의 자손이며, 다시 되돌아서 미래의 부모가 된다.

현재의 실정은 증거가 필요없다. 왜냐하면 이것은 자기 스스로 증명할 수 있기 때문이다. 과거의 실정은 기억과 전달에 바탕을 두고, 미래의 실정은 예견과 추론에 근거를 두고 있다.

만약 과거, 현재, 미래의 삶을 가정하다면 우리는 즉시 생명의 궁극적인 기원은 무엇인가? 라는 문제에 직면할 것이다.

어떤 학파에서는 이 문제의 해결을 시도하면서, 첫째 원인을 우주적 힘 또는 전능한 존재라고 가정했다.

다른 학파는 첫째 원인을 부정하는데 공통된 경험에서 볼 때, 원인이 언젠가는 결과가 되고 다시 결과가 원인이 되기 때문이다.

인과의 순환에서 첫째 원인은 알수 없다. 전자에 의하면 생명은 시초를 갖고 있으며, 후자에 따르면 이것은 시초가 없다. 어떤 면에서 보면 첫째 원인의 개념은 둥근 삼각형처럼 터무니없는 것이다.

어떤 이는 생명은 분명히 무한한 과거에 시초를 갖고 있으며 시초 또는 첫째 원인은 창조자이다 라고 주장할지도 모르겠다.

만약 그렇게 주장한다면, 이렇게 가정된 창조자에 대해서 똑같은 문제를 제기하지 않을 수 없다.

이렇게 가정된 첫째원인에 관하여 인간들은 여러가지 개념 즉 브라흐만, 여호와, 신, 전능자, 알라, 초월적 존재, 궁극적 영혼, 하늘에 있는 아버지, 창조자, 하늘의 이치, 수도자, 신성체, 우연같은 용어를 사용하고 있다.

힌두교는 생명의 기원을 신비로운 파라마트마(*Paramātmā*)까지 거슬러 올라가는데, 여기서 모든 아트만(自我) 또는 영혼이 분출되어서 마침내 다시 파라마트마에 흡수될 때까지 이 생에서 다음 생으로 전생한다고 한다. 그러면 이에 대해서 어떤 이에게는 재흡수된 아트만(자아)의 경우 다시 전생하는 가능성은 없는지 하는 질문을 할 수 있는 여지가 남는다.

기독교는 궁극적인 기원의 가능성을 인정하면서, 모든 것을 전능한 신의 명령에 돌리고 있다.

쇼펜하우어가 말했듯이

"누구든지 자신을 무(無)에서 나왔다고 생각하는 사람은 또한 자신을 다시 무(無)가 될 것이라고 생각할 것이다. 왜냐하면 '그가 존재하기도 전에 영원성이 지나가 버렸고, 그리고 나서 두번째 영원성이 시작되었고, 그것을 통해서 그는 결코 존재하는 것을 그만 두지 않을 것이다' 라는 것은 터무니없는 생각이기 때문이다."

더군다나 만약 한 생이 절대적인 시작이라면 죽음은 절대적인 끝이 되어야 한다. 인간은 무에서 만들어졌다는 가정은 반드시 죽음은 절대적인 끝이라는 가정으로 이끈다.

스펜서는 다음과 같이 말했다.
"신학적인 이론에 의하면 인간은 자신의 의지와는 관계없이 임의로 창조되었으며, 창조의 순간에 축복 또는 불행, 고귀함 또는 타락이 정해져 있으며, 그의 육체적 창조의 첫 발자국부터 그의 마지막 숨을 쉬는 순간까지 그의 개인적인 바램, 희망, 의지 노력과는 관계가 없다. 이러한 것은 신학적인 숙명론이다.
모든 사람들이 죄인이며 아담의 원죄를 갖고 있다는 교리는 정의, 자비, 사랑, 그리고 절대적인 공평에 대한 하나의 도전이다"

헉슬리는 다음과 같이 말했다.
"만약 우리가 모든 사람이 이러한 경이로운 우주의 진행에서 계획적으로 놓여져 있다고 가정한다면, 아무리 좋게 생각해도 신은 더이상 이익되지 않고 정의롭지 않다는 것이 분명하게 된다."

아인쉬타인Einstein에 의하면
"만약 이 존재(신)가 전능하다면 모든 인간의 행위, 모든 인간의 사고, 모든 인간의 느낌과 바램을 포함해서 일어나는 모든 것이 또한 그의 작품이다. 어떻게 인간이 그러한 전능한 존재앞에서 그들의 행위와 사고에 대해서 책임을 진다는 생각이 가능하겠는가?
벌을 주고 보상을 내리면서, 신은 어느 정도는 스스로 판결을 내릴 것이다. 하지만 어떻게 선과 정의를 겸비한 것이 신으로부터 기인할 수 있을 것인가?"

찰스 브라들로 Charles Bradlaugh에 의하면
"악의 존재는 신에게 매우 언짢은 장애물이다. 고통, 불행, 죄, 빈곤은 영원한 선의 주장에 맞서며, 모든 선, 모든 지혜, 모든 능력으로서 신이라는 그의 주장이 먹혀들어가지 않게 반박한다."

인간의 고통과 신에 대해서 홀덴 J.B.S Haldane교수는 다음과 같이 말한다.
"고통이 인간을 완성하는데 꼭 필요한 것도 아니며, 또 신은 전능하지도 않다. 전자의 이론은 어떤 사람들은 매우 적은 고통을 받지만 운좋은 가문과 교육에 의해서 좋은 성격을 갖는다는 사실에서 반박된다.
두번째의 반론은 일반적으로 신이라는 가정에 의하여 모든 지적인 모순이 해결된다는 것은 단지 우주와 연관되어 있을 뿐이다. 그리고 창조자는 아마도 자신이 원하는 것은 무엇이든지 창조할 수 있었다."

노년의 시 '절망'에서 테니슨 Tennyson경은 이사야 45,7에 기록된 "나는 평화를 만들고 악을 창조한다."고 말한 신에게 대담하게 이의를 제기하였다.

"과연 나는 우리를 그렇게 잘 받들어 온 무한한 사랑에게 호소해야 할 것인가? 차라리 영원한 지옥을 만들고, 우리를 만들고, 우리를 미리 예견하였고, 운명을 예정하였고, 자기의 의지대로 행동하는 무한한 잔인성에게 호소할 것이다. 우리가 신음하는 소리를 결코 들어보지 못한 생명력 없고 몰인정한 어머니(신)보다 오히려 더 낫겠다."

옛날의 독단적인 작가가 신은 인간을 자신의 모양대로 창조했다고 권위있게 선언하였다. 이와 반대로 어떤 현대의 사상가들은 인간이 그의 형상대로 신을 창조했다고 말한다.

문명이 발달됨에 따라서 인간이 신에 대한 관념은 발전되어서 점점 더 세련되어가고 있다. 현재는 이러한 인격적인 신이 비인격적인 신에 의해 대치되는 성향이 있다.

볼테르 Voltaire는 신이야말로 인간의 가장 성스러운 창조물이라고 말했다. 그러나 이렇게 전능하고 어디에나 존재하는, 모든 선한 것의 전형을 상상하는

것은 우주안에서나 밖에서나 불가능 하다.

현대의 과학자들은 제한된 지식으로 이 문제를 풀려고 노력하고 있다. 과학적인 관점에 따르면, 우리는 부모로부터 물려받은 정자와 난자의 직접적인 부산물이다. 그러나 과학은 마음의 발전에 대해서는 만족할만한 설명을 해주지 못하고 있다. 이 마음은 인간의 물질적인 몸의 구성체보다 훨씬 더 중요한 것이다. 과학자들은 '*Omne Vivum ex vivo*'(모든 생명은 생명으로부터)을 주장하는 대신, 마음과 생명은 생명이 없는 곳으로부터 진화해왔다고 주장하고 있다.

과학적인 관점에서 볼 때 우리는 절대적으로 부모로부터 태어났다. 이와 같이 우리의 생명앞에는 반드시 부모의 생명과 그 앞의 생명들이 있다.

이러한 방법으로 생명은 인간이 최초의 원형질 또는 콜로이드(교상체)로 거슬러 올라갈 때까지 생명에 의해서 전해진다.

그렇지만 과학자들은 최초의 원형질 또는 콜로이드(교상체)에 대해서는 모른다고 말하고 있다.

그러면 생명의 기원에 관한 불교의 입장은 무엇인가?

경전에는 부처님께서 인류를 혼란스럽게 하는 윤리적, 철학적 문제들을 모두 풀려고 시도하지는 않았다고 기록하고 있다. 부처님은 깨달음이나 인격을 발전시킬 가능성이 없는 이론이나 공론을 다루지 않았다. 또한 이 세계의 첫째 원인에 관하여 제자들에게 맹목적인 믿음을 강요하지 않았다. 부처님은 오로지 실제적이고도 중요한 문제 －괴로움과 그것의 소멸－에만 관심을 가졌다. 모든 부차적인 문제들은 완전히 무시되었다.

한번은 말룽카야풋타라는 비구가 출가자의 생활과 자신의 정신적 경지에 만족하지 못하여 부처님께 가서, 만약 만족스러운 대답을 안해주면 가사를 벗어버리겠다고 압력을 넣으면서 직접적인 해답을 무례하게 요구하였다.

"부처님, 당신께서는 다음의 이론들을 자세히 설명해 주시지 않았고, 옆으로 제쳐 놓았으며, 거절했습니다. 이 세계는 영원합니까, 영원하지 않습니까? 이 세계는 무한합니까? 한정되어 있습니까? 만약 세존께서

제 8 장 생명의 기원은 무엇인가? 301

이 문제를 저에게 자세히 설명해주시면 저는 계속 세존 밑에서 출가자의 생활을 해 나가겠습니다. 그렇지만 만약 그렇지 못하면 저는 계율을 버리고 세속의 삶으로 돌아가겠습니다.

만약 세존께서 이 세계가 영원한 것을 알면 이 세계가 영원하다는 것을 저에게 설명해주십시오. 만약 세존께서 이 세계가 영원하지 않은 것을 알면 이 세계가 영원하지 않음을 설명해주십시오, 만약에 세존께서 확실히 모르고, 통찰력이 부족하면 솔직하게 '나는 모른다. 나는 통찰력을 갖고 있지않다.'고 말씀해주십시오."

부처님께서 이 답답한 비구에게 그의 출가 생활의 선택이 이러한 문제의 해결에 조금이라도 연관되어 있는지 조용히 반문하였다.

"아닙니다, 세존이시여." 비구가 대답했다.

그러자 부처님께서 그에게 정신적 발전을 저해하는 부질없는 공론에 시간을 낭비하지 말라고 충고 하면서 다음과 같이 말씀하셨다.

"말룽카야푸타야, 누구든지 '세존께서 이러한 문제들을 나에게 설명해 줄 때까지 나는 세존 밑에서 출가생활을 하지 않을 것이다'라고 말하는 자가 있다면 그 사람은 여래가 그 문제를 설명해주기 전에 죽고 말 것이다. 이것은 마치 어떤 사람이 독화살에 맞아서, 그의 친구와 친척들이 상처를 치료하려고 하는데, '나는 누가 나에게 화살을 쏘았는지, 내가 맞은 화살이 어떤 종류인지, 기타 등등에 대해서 알 때까지 이 화살을 뽑지 않을 것이다.'라고 말하는 것과 같다. 그러면 그 사람은 이것들을 알기 전에 죽고 말 것이다.

마찬가지로 만약 어떤 사람이 '세존이 나에게 이 세계가 영원한지 영원하지 않은지, 이 세계가 무한한지, 한정되어 있는지 등에 대해서 자세히 설명해주기 전에는 세존밑에서 성스러운 생활을 하지 않을 것이다.'라고 말한다면, 그 사람은 여래가 이 문제들을 자세히 설명해주기 전에 죽고 말 것이다.

만약 이 세계가 영원하다고 믿는다면, 그것과 성스러운 삶을 살아가는 것과 관계가 있느냐? 결코 그렇지 않다! 만약 세계가 영원하지 않다고 믿는다면 그것과 성스러운 삶을 살아가는 것과 관계가 있느냐? 그 경우에도 그렇지 않다! 분명한 것은 세계가 영원하다고 믿든 영원하지 않다고 믿든 간에 탄생이 있고, 늙음이 있고, 죽음이 있고, 바로 이 삶 속에서 내가 선언한 괴로움의 소멸이 있을 뿐이다.

말룽카야푸타야, 나는 이 세계가 영원한지 영원하지 않는지, 이 세계가 제한되었는지 무제한적인지 가르치지 않았다. 왜 내가 이것들을 가르치지 않았겠느냐? 이것들은 적절치 못하며, 성스러움의 바탕과 무관하며, 번뇌의 소멸, 고요함, 평온, 직관지, 깨달음 또는 니르바나로 이끌 수 없기 때문이다. 그래서 여래는 이것들을 가르치지 않았다."

불교에 의하면, 우리는 모태의 작용으로부터 태어났다. 부모는 우리에게 단지 물질적인 면을 제공했을 뿐이다. 그래서 존재가 존재를 앞서 간다. 잉태되는 순간에 태아에게 생명력을 불어넣는 최초의 의식을 조건지우는 것은 업이다.

이미 존재하는 육체적 현상에 정신적 현상과 생명의 현상을 만들어내는 전생으로부터 나온 눈에 보이지 않는 업 에너지가 인간을 구성하는 세 가지 부분을 완성시킨다.

존재가 잉태되는 것을 다루면서 부처님께서 말씀하셨다.

"다음의 세 가지가 제대로 결합될 때, 생명의 유전자는 심어진다. 만약 어머니와 아버지가 결합되었더라도 이때 어머니가 임신가능 기간이 아니며 '태어나게 될 존재(*gandhabba*)'가 없을 때, 생명의 유전자는 심어지지 않는다. 만약 어머니와 아버지가 결합되고, 이때 어머니가 임신가능 기간이며, '태어나게 될 존재'가 있을 때, 이 세 가지의 결합에 의해서 그곳에 생명의 유전자는 심어진다."

여기서 *gandhabba*(=*gantabba*)는 '잉태의 과정을 주재하는 천신의 부류'를 의미하지 않으며, 적절한 존재가 그 특정한 자궁에 태어날 준비를 한다는 것을 의미한다. 이 용어는 오로지 이러한 특정한 관계에서만 사용되며, 영원한 영혼으로 오해되어서는 안된다.

여기서 어떤 존재가 태어나기 위해서는, 그 존재는 죽어야만 한다. 엄밀히 말하면, 존재의 탄생은 모임(오온)의 생김 또는 현생에서 심리적 ― 육체적 현상을 의미하는데, 이것은 전생에서 어떤 존재의 죽음과 상응한다.

흔히 하는 말로, 한 장소에서 태양이 떠오르는 것은 다른 장소에서 태양이 지는 것을 의미하는 것과 같다. 이러한 수수께끼같은 말은 인생을 직선이 아니라 파도처럼 굽게 연상할 때 더욱 잘 이해될 수 있다.

탄생과 죽음은 똑같은 과정의 두개의 면이다. 탄생 다음에 죽음이 오며, 반대로 죽음 다음에 탄생이 온다. 이러한 삶과 죽음의 끊임없는 연속이 각자의 개별적인 삶의 변천과 연관되어서 끊임없이 돌아가는 saṁsāra(윤회)를 형성한다.

생명의 궁극적인 기원은 무엇인가?
부처님은 분명하게 말씀하셨다.

"그 기원을 알 수 없는 것이 윤회이다. 어리석음에 의해서 방해받고, 갈애에 의해서, 방랑하고 흘러가는 존재의 기원은 인식될 수가 없다."

saṁsāra는 문자적으로 끊임없는 순환을 의미한다.
아타살리니(勝義說)는 saṁsāra를 다음과 같이 정의 했다.

Khandhānam paṭipāti dhātuāyatanānaṁ ca abbocchinnaṁ vattamānā saṁsāro'ti pavuccati.(윤회는 모임(五蘊), 사대요소, 감각기관의 끊기지 않는 연속이다.)

이러한 삶의 흐름은 어리석음과 갈애의 진흙탕에서 빠져나오지 못하는 한 영원히 흘러갈 것이다.

오로지 이 두 개가 완전히 제거되었을 때 삶의 흐름은 흐르는 것을 중단한다. 부처님과 아라한의 경우, 재탄생은 끝난다. 이 삶의 흐름의 최초의 시작은 판단될 수 없다. 왜냐하면 이 생명의 힘이 어리석음과 갈애에 사로잡히지 않을 때의 단계는 인식될 수 없기 때문이다.

여기서 이해해야 할 것은 부처님은 단지 살아있는 존재의 생명의 흐름의 시작만 언급했다는 사실이다.

우주의 기원과 진화에 관해서 연구하는 것은 과학자들에게 맡겨졌다.

제 9 장
창 조 자

"나는 그대의 브라흐만을 정의롭지 못한 것들에 포함시킨다.
왜냐하면 그는 이 세계에서 잘못된 것을 보호하기 때문이다."

———본생담

다른 종교에서 말하는 창조신에 대응하는 팔리어는 이사라(Issare ; St, Iśvara) 또는 브라흐만 (Brahmā)이다.

가끔씩 부처님께서는 영원한 영혼(Atta)의 존재를 부정하였다. 창조주의 부정에 대해서는 약간의 업급만이 있었을 뿐이다. 부처님은 능력이나 존재의 면에서 창조주를 결코 인정하지 않았다.

부처님께서 인간위에 있는 초자연적인 신을 선정하지 않은 사실에도 불구하고, 어떤 학자들은 부처님께서 이 중요한 문제에 대하여 그 특유의 침묵을 했다고 주장한다. 다음의 인용들은 창조주의 개념에 대한 부처님의 견해를 분명히 해 줄 것이다.

앙굿타라 니가야에서 부처님께서는 그 당시에 유행하던 세 가지의 다른 견해들을 말씀하셨다. 그들중에 하나는 다음과 같다.

"어떤 이들은 '인간이 경험하는 행복, 고통, 중립적인 느낌들은 무엇이든지 간에 초월적 존재인 창조주에서 기인한다'고 주장한다."

이러한 견해에 의하면, 우리는 자신이 하고자 하는 것을 창조주에 의해서 하게 된다. 우리의 운명은 완전히 그의 손에 달려있다. 우리의 미래는 그에 의해서 이미 결정되었다. 그러므로 창조주가 인정한 자유의지라는 가정은 명백히 거짓이 된다.

디가니가야의 데바다경에서 이러한 운명론적인 견해를 비판하면서, 부처님께서 말씀하셨다.

"정말 그렇다면, 초월적 신의 창조 때문에 인간은 살인자, 도둑, 사기, 거짓말, 중상모략, 비방, 탐욕, 악의, 그릇된 견해를 갖게 된다. 이와같이 본질적으로 신의 창조에 의존하는 자는 이러한 행위를 하거나 저러한 행위를 삼가하려는 의지나 노력이 필요없다."

데바다경에서 부처님께서는 나체 고행자들의 자기 금욕에 대해서 언급하면서 말씀하셨다.

"오 비구들이여, 만약 신의 창조의 결과로 존재들이 고통과 즐거움을 결정한다면, 확실히 이 나체 고행자들은 사악한 신에 의해서 창조되었음이 분명하다. 왜냐하면 그들은 그러한 혹독한 고통을 받아야 하기 때문이다."

케바다경은 호기심 많은 비구와 가상의 창조주사이의 재미있는 대화를 싣고 있다. 한 비구가 사대요소의 끝을 알고 싶어서 브라흐만에게 가서 다음과 같이 물었다.

"오 친구여, 지·수·화·풍의 사대요소는 어디에서 끝나고, 그 뒤에는 아무런 흔적도 남기지 않는가?"

브라흐만이 대답했다.

"형제여 나는 브라흐만 위대한 브라흐만, 지고의 존재, 누구도 견줄 수 없는 존재, 우두머리, 승리자, 지배자, 지금 있거나 다음에 태어날 모든 존재들의 아버지이다."

재차 비구가 같은 질문을 하자 브라흐만은 자신있게 똑같은 답변을 했다. 세번째로 비구가 같은 질문을 하자, 브라흐만은 비구를 팔로 끌어안아서 자기옆에 앉히고는 솔직히 말했다.

"오 형제여, 나와 같은 신들은 다음과 같이 믿는다. '브라흐만은 모든 것들을 보고, 모든 것들을 알고, 모든 것들을 꿰뚫어 본다.'고. 하지만 형제여, 나는 지·수·화·풍의 사대요소가 어디서 끝나고 그 뒤에 흔적을 남기지 않는지 모른다. 그러므로 오 형제여, 그대가 이 문제의 해답을 구하기 위해 세존을 떠나서 다른 곳으로 가는 것은 어리석고 죄스러운 일이다. 형제여, 돌아가라. 그리고 세존께 가까이 가서 이 문제를 물어보라, 그러면 세존께서 그대가 믿을 수 있도록 설명해 줄 것이다."

이른바 창조주라는 위대한 브라흐만의 기원을 거슬러 올라가면서, 부처님께서 디가 니가야의 파티카경에서 말씀하셨다.

"오 제자들이여, (새로운 세계의 진화과정에서) 처음으로 태어난 존재는 다음과 같이 생각한다. '나는 브라흐만, 위대한 브라흐만, 정복자, 모든 것을 보는 자, 감독자, 주재자, 지배자, 창조자, 우두머리, 할당자, 자아의 주인, 현재 그리고 미래에 있을 모든 존재의 아버지이다. 나로 말미암아 이 존재들이 창조되었다. 그리고 왜 그렇게 되었는가? 일찍이 다른 존재들 또한 생겨났으면 하고 염원을 하자 이 존재들이 생겨났다.'
그리고 그 다음에 생겨난 존재들도 또한 이렇게 생각한다.
'이 존경스러운 자는 브라흐만 위대한 브라흐만, 정복자, 모든 것을 보는 자, 감독자, 주재자, 지배자, 창조자, 우두머리, 할당자, 자아의 주인, 현재 그리고 미래에 있을 모든 존재의 아버지임이 틀림없다'
이때, 오 제자들이여, 먼저 일어난 존재는 더 오래 살고 잘생기고, 더 강력하게 되지만 그의 뒤에 나타나는 존재는 생명이 짧고, 덜 잘생기고 덜 강력하다. 오 제자들이여, 그리고 어떤 다른 존재들이 그 단계로부터 사라지면서 이 상태(지구위)에 오려고 하고, 온 다음에 그는 세속적인 삶에서 출가자의 생활로 나아갈 것이다.
그리고 노력, 헌신, 진지함, 지혜에 의해서 앞으로 나아가서 그는 이전에 거주하던 장소를 기억할 정도로 몰입하지만, 그 이전에 무엇이 진행되었는지는 기억하지 못한다.
그는 다음과 같이 생각한다.
'저 존경할만한 자는 브라흐만, 위대한 브라흐만, 정복자, 모든 것을 보는 자, 감독자, 주재자, 지배자, 창조자, 우두머리, 할당자, 자아의 주인, 현재 그리고 미래에 있을 존재의 아버지이며, 그에 의해서 우리는 창조되었다.

그는 영원하고 항상하고 변함이 없으며, 그는 영원히 존속할 것이다. 그러나 브라흐만에 의해서 창조된 우리는 앞으로 무상하고, 일시적이며, 확고하지 못하고, 생명이 짧고, 사라지게 운명지워져 있다.'

이와같이 모든 것들의 시작이 정해졌다는 것은 그대들의 스승들이 그대들의 전통적인 교리에 따라 선언한 것이다. 말하자면 이것은 주재자, 브라흐만에 의해서 쓰여진 것이다.(즉 브라흐만의 주장일 뿐이다)."

부리다타 자타카(No.543)에서 보살이 상상의 신에게 창조자의 정의를 다음과 같이 물었다.

"고통스러운 광경을 볼 수 있는 눈을 가진 자,
브라흐만은 왜 그의 창조물을 올바르게 하지 않는가?
만약 그가 무한한 능력을 갖고 있다면,
왜 그의 손이 기쁨에는 거의 뻗치지 못하는가?"
"왜 그의 창조물은 모두 고통을 받게 운명지워졌는가?"
"왜 그는 모두에게 행복을 주지 않는가?"
"왜 자만, 기만, 무지가 지배하는가?"
"왜 거짓이 승리하고 진리와 정의가 실패하는가?"
"나는 그대의 브라흐마를 정의롭지 못한 것들에 포함시킨다. 그는 잘못을 보호하기 위해 이 세계를 만들었다."

마하보디 자타카(No.528)에서 모든 것은 지고한 존재의 창조물이라는 이론을 반박하면서 보살은 다음과 같이 말했다.

만약 어떤 주재자가 있어서 모든 창조물이 즐거워하거나 기뻐하거나, 좋고 나쁜 행위를 하도록, 마음대로 할 수 있을 만큼 강력하다면, 그 주재자는 피로 물들여져 있다. 인간은 단지 자신의 의지대로 살아간다.

제 10 장
윤회를 믿는 이유

'나는 이전의 존재에서 나의 여러가지 모습을 회상한다.'

——마지마 니가야

우리는 어떻게 윤회를 믿을 것인가?

부처님은 윤회에 대해서는 가장 위대한 권위자이다. 부처님께서는 깨달음을 얻은 날 초경동안에 전생을 읽을 수 있는 숙명통을 얻었다.

부처님께서 말씀하셨다

"나는 전생의 여러가지 일들을 다음과 같이 회상했다. 첫번째 삶, 그리고 두번째 삶, 그리고 나서 셋, 넷, 다섯, 열, 스물, 쉬흔번까지 그리고 백, 천, 십만 등등"

중경 동안에는 혜안으로 존재들이 한 상태에서 사라졌다가 또 다른 상태로 다시 나타나는 것을 통찰했다. 그는 '천하고, 고귀하고, 아름답고, 추하고, 즐겁고, 비참한 것이, 자신들의 행위에 따라서 지나가는 것'을 알았다.

이것들은 부처님께서 윤회의 문제에 대해 최초로 언급한 것이었다. 경전의 언급들은 결론적으로 다음을 증명하고 있다. 즉 부처님께서는 이러한 윤회의 엄연한 진리를 이미 있었던 다른 교리에서 빌려온 것이 아니라 자신의 체험을 통한 지혜로서 말하고 있으며, 이 지혜는 초월적이며, 자신에 의해서 발견되었고 또한 다른 존재들에 의해서도 발견될 수 있다.

처음으로 기쁨의 게송을 읊으면서 부처님께서는 말씀하셨다.

"많은 생을 거치면서

나는 이 집(몸)을 지은 자를 찾기 위해 방랑했다.
참으로 태어나고 또 태어나는 일은 괴로운 일이다."

초전법륜에서 부처님께서는 두번째 성스러운 진리를 언급하면서 '바로 이 갈애가 윤회를 이끈다'라고 말했다. 그리고 이것이 나의 마지막 태어남 이다. 이제 더 이상의 윤회는 없다'고 말하면서 결론을 내렸다.

마지마 니가야는 부처님께서 중생들에 대한 자비심으로 법을 가르치기로 결심하기 전에 불안(佛眼)으로 세계를 돌아보고는, 두려움에 떨면서 그릇된 견해를 가진 중생들과 또 다른 세계를 알았다고 이야기하고 있다.

몇번의 설법에서 부처님께서는 분명히 "악한 행위를 한 존재들은 죽은 다음에 고통스러운 상태에 태어나며, 좋은 일을 한 존재들은 행복한 상태에 태어난다."고 말씀하셨다.

이외에도 부처님의 전생과 윤리적인 중요성을 강조하는 매우 재미있는 본생담과 마지마 니가야 그리고 앙굿타라니가야는 부처님의 전생의 일부분을 언급하고 있다.

마자마니가야의 가티카라경에서 부처님은 아난다 존자에게 바로 전의 카사파부처님 시대에 자신의 이름은 조피탈라였다고 말씀하셨다.

마지마니가야의 아나타핀디카바다경은 세상을 떠난 즉시 천신으로 다시 태어난 아나타핀디카가 한밤중에 부처님을 방문했다고 묘사하고 있다.

앙굿타라니가야에서 부처님은 전생에 수레바퀴 목수인 파체타나로 태어난 것을 잠시 언급하고 있다. 상윳타니가야에서 부처님은 이전에 있었던 어떤 부처님들의 명호를 언급하고 있다.

대열반경에는 예외적으로 세상을 떠난 사람에 대해 직접적으로 언급한 것이 실려있다. 아난존자가 어느 마을에서 세상을 떠난 몇몇 사람들의 미래의 상태에 대해서 알고 싶어서 부처님께 질문하자, 그들의 운명에 대해서 조용하게 말씀해주셨다.

이러한 예들은 부처님께서 윤회의 이론을 증명할 수 있는 진리로서 자세히 설명한 것으로, 삼장에서 쉽게 발견할 수 있는것이다.

부처님의 가르침을 따라서 제자들 또한 이러한 과거를 인식하는 숙명통을 닦아서 제한적이나마 전생의 여러가지 삶을 기억할 수 있었다. 물론 이러한 방면에서 부처님의 능력은 무제한적이었다.

인도의 어떤 요기들 또한 부처님께서 출현하기 전에, 멀리 있는 것을 보고, 듣고, 분신을 나투고 기타 등등 같은 초능력에 뛰어난 자도 있었다.

비록 과학이 이러한 초능력을 인정하지 않고 있지만, 불교에 의하면 수련을 통한 정신력의 집중으로 이러한 초능력을 발전시켜서, 마치 우리가 자신의 현생에서 지나간 일을 기억하듯이 자신들의 과거를 읽을 수 있다.

또한 초능력의 도움으로 다섯 감각에 의존하지 않고 생각의 직접적인 소통과 다른 세계의 직접적인 인식이 가능하게 된다.

어떤 뛰어난 능력을 지닌 사람들은 특히 어린시절에 저절로 발전해서 연상법에 따라서 그들의 전생의 기억과 전생의 부분들을 연상하고 기억한다. '피타고라스는 전생에서 트로이의 공격때 은신했던 그리이스 사원을 뚜렷하게 기억했었다.'는 기록이 있다. 특별하게 전생을 기억하는 어린이들이 신동들의 경우처럼 대부분이 자라면서 나중에는 모두 잊어버린다.

어떤 믿을 수 있는 현대의 심리학, 자신의 분신을 나투는 것, 유령현상, 영적인 소통 등이 또한 윤회의 이러한 문제에 대한 일말의 해답을 보여주고 있다.

장로게는 방기사라 불리는 바라문에 대한 재미있는 이야기를 하고 있는데 "그는 손톱으로 두개골을 두드려서 그것의 전생의 주인이 어디에 태어났는지를 알아맞추는 스승으로 신망받았다."고 기록하고 있다.

때때로 어떤 사람들은 한 생을 살아가면서 자신과 다른 인격체를 보여주기도 한다. 제임스James교수는 그의 저서 '심리학의 원리'에서 이와 관련된 특별한 예들을 인용하고 있다. 메이어F.W.H Myer의 '인격체와 사후의 부활'을 보라)

비수디마가(청정도론)는 천신이 평범한 사람의 몸에 들어가는 재미있는 사건을 언급하고 있다.(청정도론, I.P48을 보라)

저자 자신이 보이지 않는 존재들의 생각을 전달하는 매개체의 역할을 했던 사람들이나 실제로 악령에 사로잡혔던 사람들을 만났다. 이 최면상태에서 그들은 정상적인 상태에서 자신과 완전히 무관한 것들을 말하며, 깨어나면 그것들을 기억할 수 없었다.

최면상태에서 어떤사람들은 전생의 경험을 이야기하기도 하고, 미국의 에드가 케이시Edgar Cayce같은 소수의 사람은 다른 사람들의 전생을 알 수 있을뿐만 아니라 병을 고치기도 하였다.

부차적인 인격체의 현상은 전생의 경험의 잔여 또는 '보이지 않은 영혼에 의해 사로잡힘'으로 설명되어야 한다. 전자의 설명이 더욱 합리적인 것같이 보이지만, 후자 또한 완전히 부정할 수는 없다.

우리는 전에는 한번도 만나보지 못한 사람인데 만나자마자 친한 느낌이 드는 사람을 얼마나 자주 만나는가? 우리는 어떤 곳을 방문했을 때 순간적으로 그 환경에 완전히 친근하다는 인상을 얼마나 자주 느끼는가?

다음은 왈터 스코트Walter Scott경이 전생의 기억을 더듬었던 경험담이다. 그의 전기 작가 로카르트는 '스코트의 일생'에서 스코트의 일기(1828.2.17)를 다음과 같이 인용하였다.

"나는 이러한 사실을 언급하는 것이 괜찮을지 말할 자신이 없다. 어제 저녁 식사때 놀랍게도 전생의 존재라고 말할 수 있는 것(유령)들이 나에게 찾아왔다. 처음에는 놀라서 아무 말도 못했다. 똑같은 주제에 대해서 대화하면서 그들은 그것들에 대해서 똑같은 의견을 말했다. 그 충격이 너무 강해서 마치 사막에서 신기루를 보는 것과 같았다."

벌버 리톤Bulwer Lytton은 이러한 신비스러운 경험을 다음과 같이 묘사했다.

"이상한 종류의 내적인 그리고 정신적인 기억들이 우리가 전에 전혀 보지 않았던 장소와 사람들을 흔히 기억시켜내며, 플라톤적인 사람들은 전생의 의식을 파헤치려고 노력하였다"(키치너 H.M. Kitchener 윤회의 이론, P.7)

저자는 또한 자신들의 전생을 부분적으로 기억하는 사람들과 유럽에서 사람들을 최면시켜서 자신들의 전생을 이야기하게 하는 유명한 의사들을 만난 적이 있었다.

법구경의 주석서에는 어떤 부부의 이야기가 실려있는데, 그들은 부처님을 보자 발에 엎드려서 경의를 표하면서 말했다.

"사랑하는 아들아, 부모가 늙었을 때 자식이 부모를 돌보는 것이 자식의 의무가 아니냐? 그런데 너는 왜 그렇게 오랫동안 우리에게 나타나지 않았느냐? 이것이 우리가 너를 처음으로 보는 것이다."

부처님은 이렇게 갑작스럽게 부모의 사랑이 터져나오는 것은 그들이 전생에도 몇 번 그의 부모가 된 사실때문이라면서 말씀하셨다.

"전생의 관계 또는 현생의 도움을 통하여, 오래된 사랑은 물속에서 연꽃이 나오는 것처럼 다시 솟아오른다."

이 세계에는 정신이 높이 발전된 인격체들 그리고 부처님들같이 완전한 자들이 생겨난다. 그들은 갑자기 진화될 수 있었을까?

그들은 유일한 존재의 산물이 될 수 있을까?

어떻게 공자, 붓다고사, 호머, 그리고 플라톤같은 인물들과 세익스피어 같은 천재적인 인간, 파스칼, 모짜르트, 베토벤, 그리고 기타 등등과 같은 신동들을 논리적으로 설명할 것인가?

만약 그들이 전생에서 고결한 삶과 비슷한 경험들을 하지 않았다면 예외적인 것이 될 것인가?

그들이 특정한 부모밑에 태어나고 마음에 드는 환경에 처하게 된 것은 단순히 우연일까?

신동들은 또한 과학자들에게 있어서 풀기 어려운 문제로 보인다.

어떤 의학 전문가들은 신동들을 비정상적인 분비선, 특히 뇌하수체, 송과선(松果腺) 그리고 아드레날린 분비선의 부산물이라고 주장한다.

특정한 개인의 분비선의 비정상적인 이상과다 현상은 또한 전생의 업의 원인에 기인할 수도 있다. 그러나 단순히 분비선의 이상과다에 의한 것이라면 어떻게 기독교인 하이네켄Heineken이 태어나서 몇 시간만에 말하고, 한살에 성경귀절을 암송하고, 두살에 지리에 관한 모든 질문에 답하고, 세살에 불어와 라틴어를 하고 네살에 철학과 학생이 될 수 있었겠는가?

존 스튜어트 밀이 세살에 그리스어를 읽을 수 있고, 맥클레이가 여섯살에 세계의 역사를 쓸 수 있었고, 미국의 신동 윌리암 제임스 시디가 두 살에 읽고 쓸 수 있었으며, 여덟살에 불어, 러시아어, 영어, 독일어, 그리고 약간의 라틴어와 그리스어를 말할 수 있었고, 멘처스터의 찰스 베네트Charles Bennet가 세살에 몇 개 국어를 말할수 있었던 것들은 과학자들에게는 이해할 수 없는 놀라운 사건들이다. 과학자들은 왜 분비샘이 전부가 아닌 단지 소수에게만 이상과다가 되는지를 설명하지 못한다.

그래서 본질적인 문제는 여전히 해결되지 않은 채로 남아있다.

유전 하나로만 신동을 설명할 수 없으며, "그밖에 그들의 선조가 이것을 밝혀낼 것이며 그들의 후손들이 그자신보다 훨씬 더 많이 설명해 줄 것이다."

유전의 이론은 이러한 난해한 문제를 적절히 설명하기 위하여 업과 윤회의 교리로 보충되어야 할 것이다.

현재의 삶이 행복과 불행의 두 개의 영원성 사이에서 유일한 존재라는 것을 믿는 것이 합리적인가? 우리가 여기서 보내는 기간은 기껏해야 70년인데 확실히 영원을 위해서는 불충분한 준비 기간임에 틀림없다.

만약 당신이 현재와 미래를 믿는다면 논리적으로 전생을 믿을 수 있다.

만약 우리가 과거에 존재했다는 것을 믿는 이유가 있다면, 분명히 우리가 현재의 삶이 사라진 다음에도 영원히 존재하는 것을 믿지 않을 이유는 없다.

헉슬리T.H.Huxley는 '우리는 현재를 과거의 자식으로, 그리고 미래의 부모로 바라보게 된다'고 말했다.

에디슨 Addison이 말한 '이 세상에서 착한 사람은 흔히 불행하고 악한 사람들은 번영한다'는 것은 전생과 내생을 설명하는데 좋은 논쟁거리를 제공해준다. 우리는 전생의 행위에 의해서 이 상태에 태어나게 되었다. 만약 우리가 선함에도 불구하고 불행한 생활을 해야만 한다면, 이것은 전생의 악업때문이다. 만약 우리의 사악함에도 불구하고 우리가 행복하게 살고 있다면, 이것 또한 전생의 선업때문이다.

그렇지만 현재의 선하고 악한 행위들은 가능한 가장 빠른 기회에 그에 따른 과보를 만들어낼 것이다.

어떤 서양의 작가는 말한다.

"우리가 전생의 존재를 믿거나 안믿거나, 이것은 일상사에 관한 인간의 지식의 어떤 간격을 연결하는 유일한 합리적인 가정을 제시한다.

우리의 이성은 전생과 업이라는 이 관념이, 쌍둥이 사이에 존재하는 차이 정도로, 예를 들면 어떻게 매우 제한된 경험을 가진 세익스피어같은 사람이 놀라울 정도의 정밀함으로, 가장 다양한 인물의 성격과 장면 기타 등등, 그것들에 대한 실제적인 지식없이 그릴 수 있으며, 왜 천재의 작품이 항상 그의 경험을 뛰어넘으며, 조숙한 아이의 존재, 마음과 인격성, 두뇌와 체격, 환경과 분위기의 광대한 다양성 등등, 세계를 통하여 현저하게 두드러진 것들을 유일하게 설명할 수 있다"

업과 윤회는 무엇을 설명하는가?

1. 이것은 우리가 책임져야 할 고통의 문제를 설명해준다.
2. 이것은 인류의 불평등을 설명해준다.
3. 이것은 천재와 신동들이 태어나는 것을 설명해준다.
4. 이것은 왜 육체적으로 똑같은 쌍둥이가 평등하게 자라면서 정신적으로, 도덕적, 기질적, 기능적으로 완전히 다른 성격을 나타내는가를 설명해준다.
5. 이것은 한 가정의 자식들 가운데서 나타나는 차이점을 설명해준다(반면에 유전은 유사성을 설명한다).
6. 이것은 어떤 사람들의 뛰어나게 타고난 능력을 설명해준다.
7. 이것은 부모와 자식 사이의 도덕적 지적인 차이성을 설명해준다.
8. 이것은 어떻게 어린이들이 탐욕, 성냄, 시기같은 감정들을 저절로 발전시키는지 설명해준다.
9. 이것은 처음 보는 순간에 본능적으로 좋아하고 싫어하는 것을 설명해준다.
10. 이것은 어떻게 우리에게서 '악의 쓰레기 더미와 선의 보고(寶庫)'가 발견되는지를 설명해준다.
11. 이것은 마음이 수양된 사람이 갑자기 억제할 수 없는 감정을 분출시키고,

죄인이 갑자기 성인으로 변하는 것을 설명해준다.
12. 이것은 어떻게 성인같은 부모밑에서 방탕한 자식이 태어나고, 방탕한 부모밑에서 성인같은 자식이 태어나는가를 설명해준다.
13. 이것은 일면에서 우리는 과거의 우리 자신의 행위의 결과이며, 오늘의 우리 자신의 행위의 결과가 미래가 될 것이며, 다른 면에서 우리는 절대적으로 과거의 우리 자신이 아니며, 오늘의 우리가 절대적으로 미래의 우리 자신이 되지 않는다는 것을 설명해준다.
14. 이것은 운명에 있어서 때가 되기 전에 죽는 것과 기대하지 않은 변화의 원인을 설명해준다.
15. 무엇보다도 이것은 부처님같이 견줄 수 없는 육체적, 정신적, 지적 특성을 지닌 전지자(全知者), 완벽한 정신적인 스승이 출현하는 것을 설명해준다.

제 11 장
삶의 수레바퀴(緣起論)

신, 브라흐만은 발견될 수 없다.
아무리 삶의 수레바퀴가 흘러가도,
단지 모든 조건에 의지한 단 하나의 현상만이 굴러갈 뿐이다.

─── 비수디마가(청정도론)

윤회의 과정은 부처님에 의해서 연기의 법칙(*Paṭiccasamuppāda*)에서 완전히 설명되었다.

*Paticca*는 '무엇때문에' 또는 '의존해서'를 의미하며, *samuppāda*는 '일어남' 또는 '발단'을 의미한다. 비록 이 단어가 문자적으로는 '무엇때문에 일어남' 또는 '일어남 또는 기원을 의지함'을 의미하지만, 이것은 원인과 결과에 상호 의존하는 12연기에 적용되며, 전문적인 용어로는 '*paccaya*와 *paccayuppanna*'로 불린다.

12 연기는 다음과 같은 방법으로 이해한다.

A로 인해서 B가 일어난다. B로 인해서 C가 일어난다. A가 없을때 B 또한 없다. B가 없을때 C가 없다. 다시 말해서,

'이것이 있으므로 저것이 있다. 이것이 없으므로 저것이 없다'(*imasamimsati, idam hoti imasmim asati, idam na hoti*).

연기론은 삶과 죽음의 과정에 대한 가르침이며, 인류의 진화에 대한 철학적인 이론은 아니다. 이것은 삶의 고통을 제거하려는 사람들을 돕기 위해 윤회와 고통의 원인을 다루고 있다. 이것은 삶의 기원에 대한 수수께끼를

풀려고 시도하지 않는다.

　이것은 단지 '어떤 상태가 그 이전의 상태에 의존해서 일어나는 단순한 상태'임을 설명하고 있을 뿐이다.

　괴로움, 괴로움의 원인, 그것의 소멸, 그것의 소멸로 이끄는 길의 진리에 대한 무지는 삶의 수레바퀴를 움직이게 하는 주요한 원인이다. 다시 말해서, 이것은 사물이나 자신을 있는 그대로 알지 못하는 것이다.

　이것은 모든 올바른 이해를 가려버린다.

　부처님께서는 "무지는 깊은 망상이다. 우리는 이 속에 빠져서 오랫동안 계속 윤회를 거듭하고 있다"고 말씀하셨다.

　무지가 파괴되고 지혜가 생겼을 때, 부처님과 아라한의 경우처럼 모든 인연은 끊어진다.

　이티부타카(如是語)경에서 부처님은 말씀하셨다.

"망상을 제거하고 깊은 어둠을 몰아낸 사람은 더 이상 (윤회속에서)방랑하지 않을 것이다. 그들에게 인연의 얽매임은 더이상 존재하지 않는다."

　과거, 미래, 또는 과거와 미래 그리고 연기를 모르는 것이 또한 무지로 간주된다.

　무지에 의존해서 조건지워진 행위(saṁkhāra)가 일어난다.

　Saṁkhāra는 다양한 의미의 단어인데, 이것은 문장에 따라서 이해되어야 한다. 여기서 이 단어는 비도덕(akusala), 도덕(kusala)그리고 윤회를 야기시키는 업을 만드는 부동의 의지(āneñja cetanā)를 의미한다.

　첫번째는 비도덕적 의식의 열두 가지 형태에 있는 모든 의지들을 포함한다.

　두번째는 선한(sobhana) 도덕적 의식의 여덟가지 형태와 도덕적인 색계의 선정의식의 다섯가지 형태에 있는 모든 의지들을, 그리고 세번째는 도덕적인 무색계의 선정의식의 네가지 형태에 있는 모든 의지들을 포함한다.

　오온의 하나로서 Saṁkhāra는 52가지의 정신적 상태 중 지각과 인식을 제외한 50가지를 의미한다. 이 팔리어의 의미를 정확히 나타내는 적절한 영어 표현은 없다.

네가지 초세간적 길의 의식(lokuttara maggacitta)에 대한 의지들은 Saṁ-khāra로 간주되지 않는다. 왜냐하면 이것들은 무지를 근절시키는 성향이 있기 때문이다. 초세속적인 형태의 의식에서는 지혜가 지배적이며, 반면에 세속적인 형태의 의식에서는 의지가 지배적이다.

모든 도덕적 비도덕적인 생각, 말, 행위는 Saṁkhāra에 포함된다. 행위는 좋건 나쁘건, 무지에 직접적인 뿌리를 두고 있거나 간접적으로 물들어있으며, 이것은 반드시 그에 따른 결과를 만들며, 윤회에서 오랫동안 방황하게 하는 성향이 있다.

그럼에도 불구하고 탐욕, 미움, 망상에서 벗어난 좋은 행위들은 삶의 고통을 제거하는데 필요하다. 따라서 부처님께서는 불법을 우리가 삶의 바다를 건너기 위해 타고 가는 뗏목에 비유하셨다.

그렇지만 부처님들과 아라한의 행위들은 Saṁkhāra로 취급되지 않는데, 그들은 무지를 뿌리뽑았기 때문이다.

무지는 비도덕적 행위에서 지배적이며, 반면에 이것은 도덕적 행위에서는 잠재해 있다. 그래서 도덕적 비도덕적 행위들이 모두 무지에 의해서 야기된 것으로 간주된다.

전생의 조건적 행위에 의존해서 그 다음 생에 태어나면서 재결합 또는 재탄생 의식(Paṭisandhiviññāṇa)이 일어난다.

이렇게 부르는 이유는 이것이 전생을 현생과 연결시켜 주며, 인간이 잉태되는 순간에 경험하는 최초의 의식이다.

Viññāṇa는 엄격하게 말해서 아비다르마에서 설명된 재탄생 의식(Paṭisan-dhiviññāṇa)의 19가지 형태를 의미한다. 그리고 일생동안 경험된 결과적 의식 (Vipākacitta)의 32가지 모든 형태도 이 용어를 의미한다.

어머니의 자궁에 있는 태아는 이 재결합 의식이 부모의 정자와 난세포와 결합되면서 형성된다. 이 의식에는 모든 전생의 흔적, 성격, 여러가지 삶 속에서 겪었던 기질들이 잠재해있다.

재탄생 의식은 순수한 것으로 간주되고 있는데, 욕망, 미움, 망상의 비도적인 뿌리가 없거나 또는 도덕적 뿌리에 의해서 일어났기 때문이다.

재결합 의식이 생겨남과 동시에 마음과 물질(nāmarūpa) 또는 어떤 학자들이 말하기 좋아하듯이 '유형의 유기체'가 생겨난다.

두번째와 세번째 요소(saṁkhāra와 viññāṇa)는 개인의 전생과 현생에 관계된다. 이와 반대로 세번째와 네번째 요소(viññāṇa와 nāma-rūpa)는 동시에 존재한다.

합성어 nāma-rūpa는 각각 nāma(마음), rūpa(물질), 그리고 nāmarūpa(마음과 물질)로 이해하여야 한다.

형상이 없는 세계(arūpa)의 경우에는 오로지 마음만이 일어난다. 마음이 없는 세계(asañña)에는 오로진 물질만이, 감각적 세계(kāma)와 형상의 세계(rūpa)의 경우에는 마음과 물질이 모두 일어난다.

여기서 nāma는 세개의 모임 - 느낌(vedanā), 지각(sañña) 그리고 의지(saṁkhāra) - 이 재결합 의식과 동시에 일어나는 것을 의미한다. rūpa는 삼십법(三十法) - kāya(身), bhāva(性), vatthu(의식의 자리) - 또한 과거의 업에 조건지워진 재결합의식과 동시에 일어나는 것을 의미한다.

몸의 열개(身十法)는 사대 요소로 구성되어 있다. - 즉 1) 확장의 요소 2) 응집의 요소 3) 열의 요소 4) 운동의 요소 그리고 4대요소에서 유래된 것 - 즉, 5) 색깔 6) 냄새 7) 맛 8) 자양질 그리고 아울러 9) 생명력 10) 몸을 포함시킨다.

성의 열개(性十法)와 의식의 바탕의 열개(基十法)는 또한 앞부분의 9개와 여기에 각각 성(bhāva)과 의식의 자리(vatthu)로 구성되어 있다.

이것으로부터 성(性)은 존재가 잉태되는 순간에 과거의 업에 의해서 결정되는 것이 분명함을 알 수 있다. 여기서 몸(kāya)은 신체(pasāda)의 민감한 부분을 의미한다.

성(性)은 잉태되는 순간에는 발전하지 않지만 가능성은 잠재해있다.

심장 또는 두뇌, 가정된 의식의 자리도 잉태되는 순간에는 진화되지 않지만, 그 바탕(基)의 가능성은 잠재해있다.

이러한 맥락에서 볼 때 알아두어야 할 것은, 부처님께서는 다른 감각들을 다루는 것처럼 의식을 위한 특별한 자리를 분명하게 지정하지 않았다는 사실이다. 부처님 당시에 유행했던 것은 심장이론 (심장이 의식의 자리라는 견해)인데, 이것은 우파니샤드에 의해서 분명하게 지지되었다. 부처님께서는 이 유행하던 이론을 받아들일 수도 있었지만 이에 대해 어떤 입장도 취하지 않았다.

Paṭṭhāna(연기론)에서 부처님께서는 의식의 자리를 "yaṁ rūpaṁ nissaya – 그 물질적인 것에 의존함" 같이 간접적인 용어로 언급하면서, rūpa가 심장(hadaya)인지 두뇌인지에 대해서 적극적으로 주장하지 않으셨다.

그러나 붓다고사와 아누르다같은 주석가들의 견해에 의하면 의식의 자리는 명백히 심장이다. 여기서 우리가 이해해야 할 것은, 부처님께서는 그 당시에 유행하던 심장이론을 받아들이지도 거절하지도 않았다는 사실이다.

태아의 기간에 여섯개의 감각기관(六根)이 무한한 가능성이 잠재한 전신적-육체적 현상으로부터 점차적으로 진화한다. 지극히 미세한 작은 입자가 이제 복잡한 여섯개의 감각기관으로 발전하는 것이다.

인간기계가 최초에는 매우 단순했지만 끝에 가서는 너무나 복잡하게 되었다. 이와 반대로 대개의 기계들은 처음 만들 때는 복잡하지만 끝에 가서는 매우 단순하다. 심지어 손가락 하나만으로 가장 거대한 기계를 작동시키는데 충분하다.

여섯감각의 인간기계는 조작자로 활동하는 어떤 영혼같은 작동자도 없이 거의 기계적으로 작동하고 있다. 여섯개의 감각 – 눈, 귀, 코, 혀, 몸, 그리고 의식 – 은 그들 각각의 대상들과 기능들을 갖고 있다. 여섯 가지 감각 대상 즉 형상, 소리, 향기, 맛, 접촉, 그리고 정신적 대상같은 것들이 그들 각각의 감각기관과 부딪칠 때, 여섯 가지 형태의 의식이 일어난다.

감각의 바탕(根), 감각의 대상(境)그리고 그 결과인 의식의 결합은 순수하게 객관적이고 비인격적인 접촉(phassa)이다.

부처님께서 말씀하셨다.

"눈과 형상때문에 안식(眼識)이 일어난다
접촉은 이 세개의 결합이다
귀와 소리때문에 이식(耳識)이 일어난다.
코와 냄새때문에 비식(鼻識)이 일어난다.
혀와 맛때문에 설식(舌識)이 일어난다.
몸과 닿음때문에 촉식(觸識)이 일어난다.
마음과 정신적 대상때문에 심식(心識)이 일어난다.
이 세개의 결합이 접촉이다."

그러나 단순한 부딪침이 접촉이라고 이해해서는 안된다.(*na saṅgatimatto eva phasso*)

접촉에 의존해서 느낌(受)이 일어난다.

엄격히 말하면 하나의 대상이 감각과 접촉될 때 경험하는 것은 느낌이다. 현생이나 모든 전생에서 했던 행위의 바람직하거나 바람직하지 못한 결과를 경험하는 것은 느낌이다. 이러한 정신적 상태외에 행위의 결과를 경험하는 영혼이나 또 다른 대리자는 없다. 느낌 또는 감정은 모든 행태의 의식에 공통적인 정신적 상태이다.

느낌에는 크게 나누어서 세가지 유형이 있다. 즉 즐거운 것(*somanassa*), 즐겁지 않은 것(*domanassaa*), 그리고 중립적인 것(*adukkhamasukha*)이다.

육체적 고통(*dukkha*)과 육체적인 기쁨(*sukkha*)에는 모두 다섯가지 종류의 느낌이 있다. 중립적인 느낌은 또한 *upekkhā*로 불리는데, 이것은 평정 또는 공평의 뜻이 된다.

아비다르마에 의하면 고통에는 오로지 하나의 형태의 의식이 수반된다. 마찬가지로 기쁨에도 하나의 의식이 수반된다. 즐겁지 않은 느낌에는 두가지가 연관되어 있다. 89가지의 의식중에서, 나머지 85가지는 즐겁거나 중립적인 느낌에서 발견된다.

여기서 이해해야 할 것은 니르바나의 기쁨(法樂)은 어떤 종류의 느낌에도 연관되어 있지않다는 사실이다. 니르바나의 기쁨은 분명히 최고의 기쁨이다

(*Nibbānaṁ paramaṁ sukhaṁ*). 이것은 고통으로부터 벗어난 기쁨이다. 이것은 어떤 즐거운 대상을 누리는 것이 아니다.

느낌에 의존해서 갈애(*taṇhā*)가 일어난다.

이것은 무지와 같은 것으로 연기에서 또 다른 가장 중요한 요소이다. 갈애의 팔리어 번역은 집착, 목마름, 달라붙음같은 것들이 있다.

갈애는 세개의 범주로 구분된다. 즉 감각적 즐거움에 대한 갈애(*Kāmataṇhā*) 영원한 견해와 연관된 감각적 즐거움에 대한 갈애(*bhavataṇhā*) 즉 그것들은 소멸하지 않는다고 생각하면서 즐거움을 누리는 것, 그리고 단멸한다는 생각을 하면서 누리는 감각적 즐거움에 대한 갈애(*vibhavataṇhā*) 즉 죽은 다음에 모든 것은 소멸한다는 생각을 하면서 즐거움을 누리는 것으로 마지막은 물질주의적인 관점이다.

또한 *Bhavataṇhā*(有常)과 *vinbhavataṇhā*(所滅)은 각각 색계와 무색계에 대한 집착으로 해석된다.

일반적으로 이 두개의 용어는 존재와 비존재에 대한 갈애로 번역된다. 형상, 소리 등과 같은 여섯 가지 감각대상은 이것들이 내적인 것과 외적인 것으로 이루어질 때는 열두 가지가 된다. 다시 이들을 과거, 현재, 미래로 보면 36가지가 된다. 여기에다 앞에서 언급한 세계의 종류의 갈애를 곱하면 108가지가 된다.

세속적인 삶에서 감각적 즐거움을 위한 갈애가 발전하는 것은 당연하다. 감각적 욕망을 극복하는 것은 어렵다. 삶의 수레바퀴속에서 가장 강력한 힘은, 연기의 주요한 원인이 되는 무지와 갈애이다. 무지는 현재를 조건지우는 현재의 원인이다.

갈애에 의존한 것이 취(取)인데, 이것은 강력한 갈애이다. 갈애는 어둠속에서 어떤 대상을 훔치기 위해 더듬는 것과 같다.

취는 대상을 실제로 훔치는 것과 상응한다. 취는 집착과 그릇됨에 의해서 야기된다. 이것은 '나' 또는 '나의 것'이라는 거짓된 관념을 불러 일으킨다.

취는 네개의 범주 즉 욕망, 그릇된 견해, 관례와 의식에 대한 집착, 그리고 '내가 있다'는 견해로 구성된다. 뒷부분의 두 가지 또한 그릇된 견해로 간주된다.

취에 의존해서 유(有 ; bhava)가 일어나는데 이것은 생성(生成)을 의미한다. 이것은 kammabhava(業有) — 생성의 적극적 과정 — 과 존재의 다른세계(upapattibhava) — 생성의 수동적 과정을 구성하는 도덕적, 비도덕적 행위들로 설명된다. 행(行 ; saṁkhāra)과 업유(業有 ; kammabhava)의 미묘한 차이는 전자는 전생에 속하고, 후자는 현생에 속한다는 것이다.

이 두개가 업의 활동을 의미한다. 미래에 태어나는 것을 조건지우는 것은 오로지 업유(業有 ; kammabhava)이다.

생성(有)에 의존해서 다음 생애에 태어남(生)이 있다.

태어남은 엄격히 말해서 심리적 — 육체적 현상(khandhānam pātubhāvo)의 일어남이다.

늙음과 죽음은 태어남의 필연적인 결과이다.

원인때문에 결과가 일어난다면, 만약 원인이 소멸되면, 그 결과 또한 소멸되어야 한다.

연기를 역으로 살펴보면 이 관계를 분명히 이해할 수 있다.

늙음과 죽음은 오로지 정신적 — 육체적 기관, 말하자면 여섯 가지 감각기관에서 가능하다. 이러한 기관은 태어나야 하며, 그래서 이것은 태어남(生)을 전제로 한다. 그러나 태어남(生)은 전생의 업 또는 행위의 필연적인 결과이다. 이것은 갈애에서 기인된 취(取)에 의해서 조건지워진다. 이러한 갈애는 느낌이 일어날 때 나타난다. 느낌은 감각과 대상 사이에 일어나는 접촉의 부산물이다. 따라서 이것은 감각기관이 마음과 육체가 없이는 존재할 수 없음을 전제로 한다.

마음은 재탄생 — 의식과 함께 시작되는데, 행위에 의해서 조건지워지고, 이것은 사물을 있는 그대로 보지 못하는 무명(無明)에서 기인한다.

*12연기*는 다음과 같이 요약할 수 있다.

무명(無明)에 의존해서 조건적인 행위(行)들이 일어난다.

조건적인 행위(行)에 의존해서 재결합 의식(識)이 일어난다.

제 11 장 삶의 수레바퀴(緣起論) 325

재결합 의식(識)에 의해서 마음과 물질(名色)이 일어난다.
마음과 물질(名色)에 의존해서 여섯개의 감각의 영역(六處)이 일어난다.
여섯개의 감각영역(六處)에 의존해서 접촉(觸)이 일어난다.
접촉(觸)에 의존해서 느낌(受)이 일어난다.
느낌(受)에 의존해서 갈애(愛)가 일어난다.

12 연기

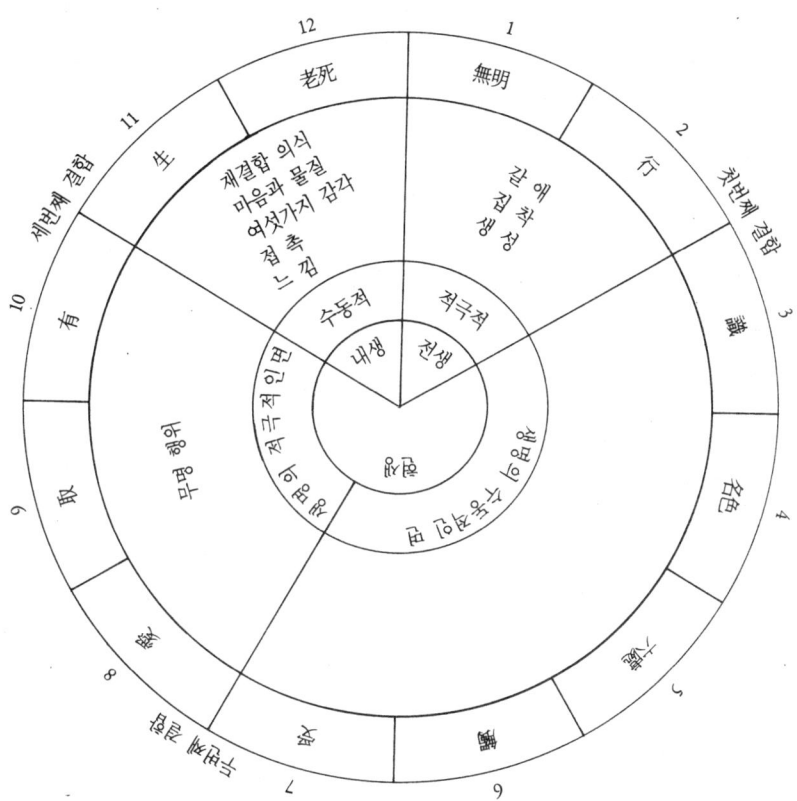

갈애(愛)에 의존해서 집착(取)이 일어난다.
집착(取)에 의존해서 생성(有)이 일어난다.
생성(有)에 의존해서 태어남(生)이 생긴다.
태어남(生)에 의존하여 늙음, 죽음, 고통, 슬픔, 절망, 비참함이 생긴다.
이와같이 해서 고통의 전체적인 모임이 일어난다.
무명의 완전한 소멸이 조건지운 행위(行)의 소멸로 이끈다.
조건지운 행위(行)의 소멸이 재결합 의식(識)의 소멸로 이끈다.
재결합 의식(識)의 소멸이 마음과 물질(名色)의 소멸로 이끈다.
마음과 물질(名色)의 소멸이 여섯개의 감각영역(六處)의 소멸로 이끈다.
여섯개의 감각영역(六處)소멸이 접촉(觸)의 소멸로 이끈다.
접촉(觸)의 소멸이 느낌(受)의 소멸로 이끈다.
느낌(受)의 소멸이 갈애(愛)의 소멸로 이끈다.
갈애(愛)의 소멸이 집착(取)의 소멸로 이끈다.
집착(取)의 소멸이 생성(有)의 소멸로 이끈다.
생성(有)의 소멸이 태어남(生)의 소멸로 이끈다.
태어남(生)의 소멸이 늙음, 죽음, 고통, 비참, 슬픔, 절망의 소멸로 이끈다.
이와같이 해서 고통의 전체적인 모임의 소멸이 있게 된다.

열두개의 요소중 앞의 두개는 전생에 속하며, 중간의 여덟개는 현생에, 그리고 나머지 두개는 다음 생에 연관된다.

이들 중 도덕적 그리고 비도덕적 행위와 생성(有)은 업으로 간주되며, 무지, 갈애, 집착은 번뇌로 간주되며, 재결합 의식, 마음과 물질, 감각의 영역, 접촉, 느낌, 탄생, 늙음 그리고 죽음은 결과(*vipāka*)로 간주된다. 다음의 무지, 행위, 갈애, 집착, 그리고 생성 등 전생의 다섯가지 원인은 현재의 다섯가지 결과(*phala*), 즉 재결합 의식, 마음과 물질, 감각의 영역, 접촉 그리고 느낌을 조건지운다. 똑같은 방법으로 갈애, 집착(取), 생성, 무지, 현재의 행위들이 위에서 언급한 미래의 다섯가지 결과를 조건지운다.

이러한 인과의 과정은 무한정으로 계속된다. 이러한 과정의 시초는 알 수가 없는데, 이 삶의 변천이 무지에 의해서 사로잡히지 않았던 때를 아는 것이 불가능하기 때문이다. 그러나 이 무지가 지혜에 의해서 대치되고 삶의 변천이 니르바나의 세계를 실현하게 될 때, 윤회의 과정은 끝난다.

"이 무지는 지금 이곳에서 그리고 저곳에서 끊임없는 삶과 죽음의 고통스러운 순환을 수반한다. 그러나 앞으로는 그에게 아무것도 기다리고 있지 않음을 누가 알랴!"

328 제 2 부 부처님의 가르침

12 연기(緣起)의 상관관계

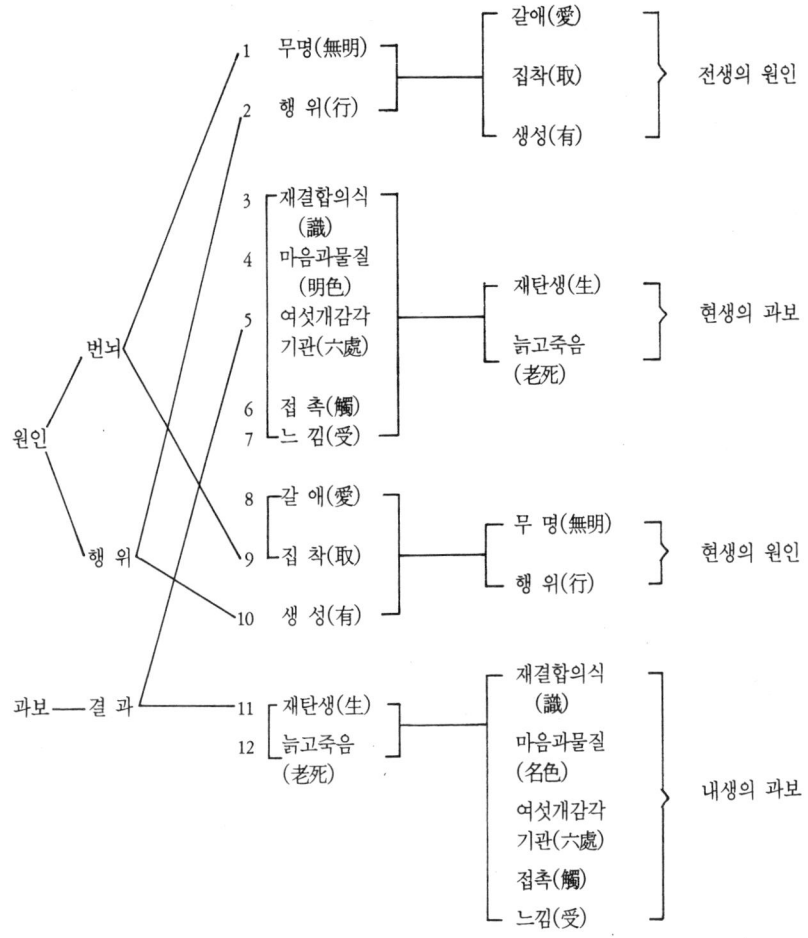

제 12 장
탄생 그리고 죽음

'다시 또 어리석은 사람은 다시태어남을 찾네
다시 또 태어남이 오면서 죽음이 가까와지네
다시 또 인간은 우리를 무덤으로 데려가네'

─── 상윳타 니가야

12연기는 재탄생의 과정을 미묘한 기술적인 용어로 설명했으며, 죽음을 다음의 네개의 원인중의 하나때문이라고 보았다.

1. 재생성적인 업에너지의 소모(*kammakkhaya*)

일반적으로 불교도들은 살아있는 동안의 극도로 강력한 생각, 의지 또는 바람이 죽는 순간에 우세하게 되어서, 다음 생에 태어나는 것을 조건지운다고 믿는다.

이 마지막 순간의 생각과정은 특별한 잠재성을 띄고 있다. 이러한 재생성적인 업의 잠재적인 에너지가 다 소모되었을 때, 생명력이 깃들어있는 물질적 형태의 기관적 활동은 수명이 끝나기 전에 멈추어버린다. 이것은 불행한 상태에서 태어난 존재의 경우에 흔히 일어나지만, 다른 존재의 층에서도 일어날 수 있다.

2. 수명의 다함(*āyukkhaya*).

이것은 서로 다른 존재의 층에서 다양하다. 늙음에 의한 자연적인 죽음은 이러한 범주로 분류될 수 있을 것이다. 이 세계에는 다양한 수명의 기간을 가진 존재의 서로 다른 층이 있다. 지금까지 진행되는 업력에 관계없이, 마침내 존재는 한정된 수명의 최대한에 다다랐을 때 죽음 앞에 굴복해야 한다.

만약 재생성적인 업력이 극도로 강할 때, 업의 에너지는 똑같은 존재의 층, 더 높은 층에 있는 또는 천신들의 경우처럼 그 자체를 다시 형체화 할 수가 있다.

3. 재생성적인 업에너지의 소멸과 수명의 만기(*ubhayakkhaya*)가 동시에 일어날 때.

4. 수명이 끝나기전에 재생성적인 업의 흐름을 예기치 않게 방해하는 강한 업의 반대작용(*upacchedaka-kamma*). 사람들이 제 수명을 다 하지 못하고 갑작스럽게 죽는 것과 유아사망이 여기에 기인한다.

더 강력한 반대의 힘이 날으는 화살의 방향을 차단해서 이것을 땅으로 떨어뜨릴 수 있다. 그러므로 과거의 매우 강력한 업의 힘이 마지막 사고-과정의 잠재적인 에너지를 무효화시킬 수 있으며, 이와같이해서 존재의 생명을 파괴할 수 있다. 예를 들면, 데바다타의 죽음은 그가 살아있는 동안에 저지른 파괴적인 업에 기인한다.

앞부분의 세 가지는 뭉뚱그려서 '제명대로 살다간 죽음' 그리고 네번째는 '제명에 죽지 못한 것'으로 알려지고 있다.

예를 들면, 기름 등잔불이 다음의 네개의 원인중 어느 하나에 의해서 꺼질 것이다. 즉, 심지가 다했을 때, 기름이 다했을 때, 심지와 기름이 동시에 다했을 때, 거센 바람이 부는 것처럼 어떤 외부적인 원인이 있을 때이다.

따라서 죽음은 앞의 네개의 원인중 어느 하나에 기인할 수 있다.

이와같이 죽음의 원인을 설명하면서 불교는 탄생에는 네 가지 유형이 있다고 말한다. 즉 1) 난생(卵生) 2) 태생(胎生) 3) 습생(濕生) 4) 화생(化生 : 자발적으로 태어나는 존재)이다.

이 폭넓은 분류는 모든 살아있는 존재를 포함한다.

새와 거북이들은 첫번째 구분에 속한다. 태로 태어난 것은 모든 인간, 지구에 사는 어떤 천신들, 모태에 잉태되는 어떤 동물들을 포함한다.

세번째 분류에는 습지에서 나서 자라는 하등 동물들이 포함된다.

자발적으로 태어나는 존재들은 일반적으로 육체적인 눈으로 볼 수가 없다. 그들의 전생의 업에 조건지워져서 태의 단계를 거치지 않고 저절로 나타난다. 대개는 아귀와 천신들이, 그리고 범천들이 이 부류에 속한다.

제 13 장
존재의 세계

'아무리 다가가도 닿을 수 없는 것이 세계의 끝이다'

———상윳타 니가야

불교에 의하면, 광대한 우주에서 티끌에 불과한 지구는 생명이 거주하는 유일한 세계가 아니며, 또한 인간만이 유일하게 살아있는 존재인 것도 아니다. 이 우주는 무한정이며 살아있는 존재들 또한 무한정으로 많다. 그리고 '잉태되는 것만이 다시 태어나는 유일한 길'이 아니다. 부처님께서는 "아무리 이 세계를 횡단하여도 그 끝에는 닿을 수 없다"고 말씀하셨다.

탄생은 다른 존재의 세계에서도 일어날 수 있다. 존재들이 자신들의 도덕적, 비도덕적 업에 따라서 나타날 수 있는 곳은 모두 합해서 서른하나의 세계(三十一天)가 있다. 여기에는 네가지의 불행한 상태가 있는데 그것들은 정신적인 측면과 장소적인 측면에서 다음과 같이 나누어 볼 수 있다.

1. Niraya(*ni*+*aya* : 행복의 부재) : 지옥

악업을 속죄하는 비참한 상태, 존재들이 영원히 고통받아야 할 지옥은 없다. 악업의 과보가 다했을 때, 그들의 과거의 선업의 결과에 따라 행복한 상태로 다시 태어날 가능성이 있다.

2. Tiracchāna-yoni(*tiro*=건넘 : *acchāna*=감) : 축생계

불교도들은 이 존재들이 악업때문에 태어난다고 믿는다.

그렇지만 축생들도 과거에 축적해 둔 선업의 과보로 해서 다시 인간으로 태어날 수 있는 가능성이 있다. 다시 말해서 인간의 모습으로 나타난 업은

동물의 형태로 나타날 수 있으며, 또는 그 반대로 될 수도 있다. 이것은 마치 전류가 빛, 열, 모터등의 형태로 나타날 수 있는 것과 같은 것이며, 하나가 반드시 다른 것으로부터 진화되는 것을 의미하지는 않는다. 이러한 사실은 때때로 어떤 동물들 특히 개나 고양이는 그들의 전생의 선업때문에 심지어 어떤 사람들보다는 더 편안한 생활을 한다.

물질적 형태의 본성을 결정하는 것은 자신의 업인데, 이것은 자신의 행위의 숙련 또는 비숙련도에 따라서 다양하다.

3. Peta-yoni(*pa+ita*) : 아귀

즉, 세상을 떠난 존재들 또는 행복이 완전히 부재한 존재들. 그들은 실체가 없는 영혼이나 귀신이 아니다. 그들은 매우 큰 기형적 육체의 형태를 갖고 있으며, 보통사람의 눈으로는 보이지 않는다. 그들은 자신들의 세계를 갖고 있지 않으나, 숲이나 더러운 환경 등에서 산다. 페타바투라는 특별한 경이 있는데, 이것은 오로지 이 불행한 존재들의 이야기를 다루고 있다. 상윳타 니가야 또한 이러한 아귀들의 재미있는 이야기를 다루고 있다.

아귀들의 고통스러운 상태를 설명하였던 목건련 존자의 이야기가 있다.

"방금 내가 영산(靈山)에서 내려올 때, 어떤 해골이 공중을 통과하는데 독수리, 까마귀, 매가 그 뒤를 따라 날아가면서, 그 해골의 갈비뼈를 쪼으고 뜯어먹는 동안에 그 해골은 고통스러워서 소리치고 있었다.

친구여, 그때 나는 이렇게 생각했다. '이것은 놀라운 일이다. 인간이 이러한 모습을 갖게 되고 이러한 형태를 갖게 되고, 존재가 이러한 형태를 갖게 되는 것은 놀라운 일이다.'

이에 대해 부처님께서 말씀하셨다.

"이 존재는 전생에 소 도살꾼이었다. 그의 전생의 업보로 그렇게 비참한 상태로 태어난 것이다."

'밀린다 팡하'에 따르면 아귀에는 네가지 부류, 즉 먹는대로 토해내는 반타시카스, 배고프고 목이 마른 쿠피파시노, 갈증에 의해서 소멸되는 니자마탄히카, 다른 사람들의 보시에 의해 먹고 사는 파라다투파지비노가 있다. 티로쿠다경에서 설명하는 것에 따르면, 마지막에 언급된 아귀들은 그들의 살아있는 친척들이 그들의 이름으로 이루어놓은 공덕을 나누어가져서 더 나은 행복한 상태로 건너갈 수 있다고 한다.

4. Asura-yoni : 아수라의 세계

아수라는 문자적으로 빛이 없는 자 또는 즐거움이 없는 자를 의미한다. 그들 또한 아귀와 비슷한 불행한 존재의 부류이다. 이들을 항상 제석천과 싸우는 악신 아수라와는 구별하기 바란다.

다음에는 일곱개의 행복한 상태가 있는데 그것들은 다음과 같다.

1. 인간계

인간계는 고통과 기쁨이 모두 혼합되어 있다.

보살은 인간계를 더 좋아하는데, 중생을 구제하고 깨달음의 조건을 완성하는데 가장 좋은 세계이기 때문이다. 부처님들은 항상 인간으로 태어난다.

2. 사천왕천(四天王天)

가장 낮은 천상계. 여기에는 천계의 수호신들이 부하들과 함께 머무는 곳이다.

3. 삼십삼천(三十三天)

33명의 천신들이 사는 천상계. 여기서는 제석천이 왕이다. 이 이름의 기원은 제석천이 이끄는 33명의 이타적인 자원자들이 자비행을 하여서 이 천상계에 태어났다는 이야기에서 유래한다. 부처님께서 천신들에게 3개월간 아비다르마를 가르치신 곳이 바로 여기이다.

4. 야마천(夜摩天)

야마신들의 세계. 야마는 고통을 제거한 존재들이다.

5. 도솔천(兜率天)

행복한 거주자들, 즐거움의 세계. 깨닫는데 필요한 요건을 완전히 갖추고, 깨달음을 얻기위해 인간세계로 나타날 기회가 올때까지 이 세계에서 거주

한다. 미래불인 미륵불은 현재 이 세계에 거주하면서 인간으로 태어나 부처가 될 수 있는 기회를 기다리고 있다. 마야부인도 세상을 떠난 후, 이 세계에서 천신으로 태어났다. 천신들은 부처님의 설법을 듣기 위해 이 세계에서 삼십삼천으로 이따금 갔다.

6. 화락천(化樂天)

이 세계에 나면 자기가 보는 대상을 변화시켜 즐거움의 대상으로 삼기 때문에 이렇게 부른다.

7. 타화자재천(他化自在天)

남의 즐거움을 자신들의 목적으로 사용하는 천신들의 세계.

마지막 여섯개의 천상계는 천신들의 육체적 형태가 인간보다 더 미묘하고 세련되어 있으며, 평범한 눈으로는 인식될 수 없다.

이 천상의 존재들은 또한 운명이 다하면 죽게 되어있다. 예를 들면, 어떤 면에서 그들의 체질, 거주지, 음식들이 인간보다 월등히 낫지만, 일반적으로 지혜에 있어서는 인간보다 뛰어나지 못하다. 그들은 자발적으로 열다섯 또는 열여섯살 정도의 젊은이 또는 처녀처럼 나타난다.

이 여섯개의 천계는 일시적인 즐거움의 장소인데, 여기서 존재들은 덧없는 감각의 즐거움을 누리면서 살게 되어있다.

네개의 불행한 상태(*duggati*)와 일곱개의 행복한 상태(*sugati*)는 집합적으로 *kāmaloka* 즉 감각적 세계(欲界)라고 불린다. 이 감각적 세계위에 브라흐만(梵天)의 세계 또는 색계가 있는데, 여기서는 존재들이 감각적 욕망을 포기해서 얻은 선정의 기쁨을 누리고 있다.

색계는 선정 또는 무아경의 발달된 정도에 따라서 여섯개의 영역으로 구성되어 있는데, 그것들은 다음과 같다.

1. 첫번째 선정의 세계(初禪天)

1) 범중천(梵衆天) : 범천의 수행자들의 세계
2) 범보천(梵輔天) : 범천의 대신들의 세계

3) 대범천(大梵天) : 대범천들의 세계

앞의 세개중에서 가장 높은 것은 대범천이다. 이 세계에 거주하는 존재들은 그들의 정신적 발전의 타고난 공덕때문에, 다른 존재들보다 행복, 아름다움, 수명에서 훨씬 뛰어나다.

2. 두번째 선정의 세계(二禪天)

4) 소광천(少光天) : 빛이 조금 있는 세계
5) 무량광천(無量光天) : 무한한 빛의 세계
6) 광음천(光音天) : 빛을 발하는 범천들의 세계

3. 세번째 선정의 세계(三禪天)

7) 소정천(少淨天) — 미세한 영기(靈氣)를 띤 범천들의 세계
8) 무량정천(無量淨天) — 무한한 영기(靈氣)를 띤 범천들의 세계
9) 변정천(偏淨天) — 한결같은 영기(靈氣)를 띤 범천들의 세계

4. 네번째 선정의 세계(四禪天)

10) 광과천(光果天) — 광대한 과보가 있는 범천들의 세계
11) 무운천(無雲天) — 또는 무상천(無想天), 마음이 없는 존재들의 세계
12) 정거천(淨居天) — 청정한 세계, 이것은 다시 다섯개로 나눈다

　1) 무번천(無煩天) : 번뇌가 없는 세계
　2) 무열천(無熱天) : 고요한 세계
　3) 선현천(善現天) : 선한 것이 보이는 세계
　4) 선견천(善見天) : 명확히 보이는 세계
　5) 색구경천(色究竟天) : 가장 높은 세계

오로지 선정이나 무아경을 닦은 자만이 이러한 높은 세계에 태어난다.

첫째 선정을 닦은 자는 첫번째 세계에 태어나며, 두번째와 세번째 선정을 닦은 자는 두번째 세계에 태어나고, 네번째 또는 다섯번째 선정을 닦은 자는 각각 세번째와 네번째 세계에 태어난다. 각각의 세계의 첫 단계는 평범한 정도로 선정을 닦은 자에게 할당되며, 두번째는 더 많은 정도의 선정을 닦은

자에게, 그리고 세번째는 그 선정의 세계를 완전히 닦은 자에게 할당된다.

무상천(無想天)이라 불리는 열한번째 세계에서 존재들은 의식이 없이 태어난다. 여기에는 오로지 물질적인 흐름만이 존재할 뿐이다. 마음은 선정의 힘이 지속되는 동안 일시적으로 정체된다.

보통은 마음과 물질이 분리될 수 없다. 그러나 때때로 명상의 힘에 의해서 이와같이 특별한 경우에는 마음으로부터 물질을 분리하는 것이 가능하다.

아라한이 멸정지(滅定地)를 얻었을 때도 그의 의식은 일시적으로 존재하는 것을 멈춘다. 이러한 상태를 우리는 거의 상상할 수 없다. 그러나 이 세계에는 우리가 상상할 수 없는 사실들이 있을 수 있다.

정거천(淨居天) 또는 청정한 거주지는 오로지 불환과를 얻은 자들만이 사는 세계이다. 평범한 존재들은 이러한 상태에 태어나지 못한다. 다른 세계에서 불환과를 얻은 자는 이러한 청정한 세계에 다시 태어난다. 나중에 그들은 아라한을 얻어서 그들의 수명이 다할 때까지 이 세계에서 산다.

무색계라 불리는 네개의 다른 세계가 있는데, 이것은 완전히 물질 또는 육체가 없는 세계이다. 불교도들은 물질이 없이 마음만 존재하는 세계가 있다고 믿는다.

가섭장로는 다음과 같이 설명했다.

"공중에 떠 있는 철봉이 지탱하는 힘이 있는 동안은 계속 유지될 수 있는 것처럼, 마찬가지로 형상이 없는 존재들도 강력한 마음의 힘에 의해서 나타나 그 힘이 다할 때까지 그 상태를 계속 유지한다. 이것은 마음과 물질의 일시적인 분리이며 보통은 함께 존재한다."

여기서 알아두어야 할 것은 색계나 무색계는 성의 구별이 없다는 사실이다. 무색계는 선정에 따라서 네개의 세계로 나누어지는데, 그것들은 다음과 같다.

1. 공무변처(空無邊處) — 무한한 공간의 세계
2. 식무변처(識無邊處) — 무한한 의식의 세계
3. 무소유처(無所有處) — 무(無)의 세계

존 재 의 세 계				수 명 기 간
무색계	비상비비상처			84,000 M.K.
	무소유처			60,000 M.K.
	식무변처			40,000 M.K.
	공무변처			20,000 M.K.
색 계	다섯개의 청정한 세계		색구경천	16,000 M.K.
			선 견 천	8,000 M.K.
			선 현 천	4,000 M.K.
			무 열 천	2,000 M.K.
			무 번 천	1,000 M.K.
	네번째 선정의 세계		무 상 천	
			광 과 천	500 M.K.
	세번째 선정의 세계		편 정 천	64 M.K.
			무량정천	32 M.K.
			소 정 천	16 M.K.
	두번째 선정의 세계		광 음 천	8 M.K.
			무량광천	4 M.K.
			소 광 천	2 M.K.
	첫번째 선정의 세계		대 범 천	1 A.K.
			범 보 천	1/2 A.K.
			범 중 천	1/3 A.K.
욕 계	행복한 세계	천상계	타화자재천	16,000 C.Y.
			화 락 천	8,000 C.Y
			도 솔 천	4,000 C.Y
			야 마 천	2,000 C.Y.
			삼 십 삼 천	1,000 C.Y.
			사 천 왕 천	500 C.Y.
	인 간 계			제한없음
	불행한 세계	아 수 라		〃
		아 귀		〃
		축 생		〃
		지 옥		〃

M.K.=대 겁
A.K.=아승지겁
C.Y.=천상계 단위(인간계의 400년이 천상계의 1일)

4. 비상비비상처(非想非非想處) - 지각도 지각아님도 아닌 세계

여기서 알아두어야 할 것은 부처님은 어떠한 우주적인 이론의 설명도 시도하지 않았다는 사실이다.

부처님의 가르침의 본질은 이러한 세계들의 존재 또는 비존재에 의해서 영향을 받지않는 데 있다. 어떠한 사실에 대해서 자신의 이성적인 판단으로 옳다고 여겨질 때만 받아들인다. 물론 그렇다고 자신의 제한된 능력으로 이해할 수 없다고 해서 무엇이든지 거절하는 것이 올바른 자세는 아니다.

제 14 장
윤회는 어떻게 일어나는가?

'일겁동안 살아온 한 사람의 뼈를 쌓으면,
산 높이만큼 될 것이라고 위대한 선각자는 말했네.'

——이티부타카(如是語經)

아비다르마 이론에 따르면 죽어가는 사람에게는 그 순간에 *Kamma*(業), *Kamma nimitta*(業相) 또는 gati nimitta(趣相)가 나타난다.

여기서 Kamma(業)란 것은 살아있는 동안 또는 죽는 순간 바로 전의 어떤 좋거나 나쁜 행위를 의미한다. 이것은 좋거나 나쁜 생각일 수 있다. 만약 임종에 가까운 사람이 부모 살해같은 다섯가지 중업(重業)중의 하나를 짓거나 또는 선정을 닦거나 했을 때, 그는 죽기전에 이러한 *Kamma*(業)를 경험한다. 이것은 매우 강력해서 다른 행위들을 가려버리며 마음의 눈앞에 매우 생생하게 나타난다.

만약 그가 이러한 중대한 행위를 하지 않았다면, 그는 죽어가는 생각-과정의 대상을 죽기 바로 전에 행하는 업(近業) 즉, '죽음에 근접한 업'으로 생각할 수도 있다.

죽음에 근접한 업이 없을 때 습관적으로 좋고 나쁜행위(積業) 즉, 좋은 의사의 경우는 환자를 치료한 것, 독실한 비구의 경우는 다르마를 가르치는 것, 도둑의 경우는 훔치는 것 같은 것들이 나타난다. 그리고 이러한 것들이 없을 때, 어떤 하찮은 좋고 나쁜 행위(已作業)가 죽어가는 생각-과정의 대상이 된다.

Kamma nimitta(業相) 또는 상징은 어떤 광경, 소리, 냄새, 맛, 닿음 또는 관념같은 것들의 정신적 재생성을 의미한다. 이것은 도살꾼의 경우는 칼이나 죽어가는 동물의 모습, 의사의 경우는 환자의 모습 그리고 신앙자의 숭배의 대상같이 어떤 중요한 순간에 지배적이었던 좋거나 나쁜 행위들이다.

gati nimitta(趣相) 또는 '운명의 상징'은 다음 생에 태어날 곳의 어떤 상징을 의미한다. 이것은 빈번히 임종하는 사람에게 현현하며, 그들의 얼굴에 기쁨이나 슬픔을 인상지운다. 미래에 태어날 이러한 징후들이 나쁘다면 때 때로 개선될 수 있다.

이것은 임종하는 사람의 생각에 영향을 주어서 이루어진다. 운명의 이러한 사전징후들은 물, 숲, 산, 모태, 천궁 그리고 기타 등등일 수 있다.

대상을 업, 업상, 취상이라고 생각할 때, 생각-과정은 비록 죽음이 즉시 이루어진다고 해도 진행한다.

쉽게 이해하기 위하여, 임종에 가까운 사람이 인간계에 다시 태어나게 되어 있고 그 대상은 어떤 좋은 업이라고 가정해 보자.

그의 생성의식(有分識)은 중단되고, 한 생각-순간 동안 진동하고 사라진다. 그 다음에 전향의식(*mano-dvārāvajjana*)이 일어났다가 사라진다. 그 다음에 심리적으로 중요한 단계인 Javana(速行)과정이 오는데, 여기서는 정상적으로는 일곱 생각-순간이 진행되지만 그 속도의 미세함때문에 오로지 다섯생각-순간만 진행된다. 이것은 모든 재생성적인 힘이 부족하다. 이것의 주요한 기능은 새로운 존재의 단순한 조절이다. 여기서 대상은 바람직한 것이며, 그가 경험하는 의식은 도덕적인 것이다.

그 다음에 그렇게 인식되는 대상의 두개의 순간을 기록하거나 동일화시키는 기능을 갖고 있는 기록-의식(*tadalambana*)이 뒤따를 수도 그렇지 않을 수도 있다. 이 과정 다음에 현생에서 경험할 수 있는 마지막 생각-순간인 죽음-의식(*cuticitta*)이 일어난다.

어떤 이들은 다음에 태어나는 것은 마지막 죽음-의식에 의해서 조건지워진다고 주장하는데, 이것은 잘못된 생각이다. 이 의식은 스스로 작용하는 특별한 기능이 없다. 실제로 재탄생을 조건지우는 것은 Javana(速行)과정 동안 경험된 것이다.

죽음-의식(cuticitta)의 멈춤에 의해서 죽음은 실제적으로 일어난다. 그러면 마음과 세포를 형성하는 물질 즉, cittaja(心生)와 āhāraja(食生)은 생산되지 않는다. 단지 열(火)에서 나온 일련의 물질이 시체가 썩어가면서 먼지가 될 때까지 진행한다.[4]

재탄생-의식의 일어남과 동시에 육체-열개(身十法), 성-열개(性十法), 바탕-열개(基十法)이 일어난다.

따라서 불교에 의하면 성별은 잉태되는 순간에 결정되며 업에 의해서 조건지워지는 것이며, 정자와 난세포의 어떤 우연한 결합에 의한 것이 아니다.

전생의 의식의 소멸은 그 다음에 태어나는 새로운 의식이 일어나도록 하기 위한 것이다. 그렇지만 전생에서부터 현생에 이르기까지 변화하지 않거나 영원한 것은 없다.

마치 바퀴가 땅바닥에 오로지 한 점만 지탱하고 있듯이, 엄격히 말해서 우리도 또한 오로지 한 생각-순간만 살고 있다. 우리는 항상 현재에 있으며, 현재는 다시 부를 수 없는 과거로 영원히 덧없이 흘러가고 있다.

이러한 영원히 변하는 삶의 과정의 모든 순간적인 의식은 사라져가면서, 그것의 전체적인 에너지가 지워지지 않게 기록된 인상은 그 다음의 의식에 옮겨준다. 그래서 모든 새로운 의식은 이전의 잠재성과 함께 그 이상의 어떤 것들로 구성되어 있다.

임종의 순간에 의식이 사라진다. 사실대로 말하자면 이것은 매 순간에 사라지며, 결국은 또 다른 재탄생을 가져온다.

이 새로운 의식은 모든 과거의 경험을 물려받는다. 모든 현상들이 항상 변하는 양피지의 사본같은 마음에 지워지지 않게 기록되기 때문에, 모든

---

[4] 불교에 의하면 물질은 네개의 방법으로 생산된다.
  1. *kamma* : 과거의 도덕적 비도덕적 행위들.
  2. *Ute*   : 육체적 변화 또는 차가움과 더움을 포함한 열 요소.
  3. *Citta* : 마음과 정신적 특성들.
  4. *Ahara* : 음식에 존재하는 영양분.

잠재성들은 일시적인 분해와는 관계없이 이 생에서 다음 생으로 이전된다. 이와같이 해서 전생 또는 과거의 사건들의 회상이 있을 수 있지만, 반면에 만약 기억이 단지 두뇌세포에 의존한다면 그러한 기억들은 불가능할 것이다. 실라차라 비구는 다음과 같이 설명했다.

"업 에너지의 흐름의 현현으로 나타난 이 새로운 존재는, 그것의 윤곽에서 이전의 것과 동일하지도 않으며 비슷하지도 않다. 존재를 구성하는 모임(오온)은 이전의 존재를 구성하던 모임(오온)과 다르며 일치하지 않는다.

그렇지만 이것이 완전히 다른 존재는 아니다. 왜냐하면, 이것은 똑같은 업-에너지의 흐름을 갖고 있으며, 비록 그 자체를 드러내는 것이 변형되더라도 이것은 감각-인식될 수 있는 세계에서 새로운 존재로 알려지는 것의 현재를 만들고 있다."

불교에 의하면 죽음은 어떤 개별적 존재의 심리적 육체적 생명의 소멸이다. 이것은 생명력($āyu$), 즉 심리적-육체적 생명($jīvitindriya$), 열($usma$) 그리고 의식($viññāna$)의 사라짐이다.

죽음은 존재의 완전한 전멸이 아니다. 비록 특정한 생명의 기간이 끝났지만 앞으로 계속 활동하게 되는 힘은 파괴되지 않는다.

마치 전기불이 보이지 않는 전기에너지의 외적인 현현이듯이, 우리도 마찬가지로 보이지 않는 업 에너지의 외부적인 드러남이다. 전구가 깨져서 빛이 사라질 수 있다고 하지만 전류의 흐름은 계속 유지되며 다른 전구에서 다시 빛이 생성될 수 있다.

똑같은 방법으로 업의 힘은 육체의 분해에 의해서 중단되지 않고 존속하며, 현재의 의식의 사라짐은 또 다른 탄생에서 새로운 것이 일어나도록 이끌어 준다. 그러나 이 삶에서 다음 삶으로 건너가는데 영원하거나 변하지 않는 것은 아무것도 없다.

앞의 경우에서 보듯이, 죽기전에 경험한 사고가 도덕적인 것일 때, 그 결과적인 재탄생-의식은 부모의 정자와 난세포를 그것에 적절한 물질로 여기고서, bhavaṅga(有分)상태로 들어간다.

죽는 순간에 연속적인 시간의 흐름은 끊어지지 않으며, 또한 의식의 흐름도 중단되지 않는다.
　재탄생은 태어나는 세계에 관계없이, 마치 전파가 공중으로 투사되면 즉시 라디오에서 받으면서 재생성되는 것처럼 즉시 일어난다. 정신적 흐름의 재탄생 또한 동시적이며, 어떠한 중간 단계의 상태도 남기지 않는다.[5]
　순수 불교는 죽은 사람의 영혼이 재탄생하는데 알맞은 장소를 발견할 때까지 어떤 일시적인 상태에 머무른다는 믿음을 지지하지 않는다.
　죽음과 동시에 재탄생하는 문제는 밀린다팡하에서 잘 설명하고 있다.

　밀린다 왕이 물었다.
　"나가세나여. 만약 어떤사람이 여기서 죽어서 브라만의 세계에 다시 태어나고, 또 한사람이 여기서 죽어서 케시미르 지방에 다시 태어날 때, 그들중 누가 먼저 도착합니까?"
　"오 왕이시여. 그들은 동시에 도착합니다."
　"오 왕이시여. 당신은 어느 지방에서 태어났습니까?"
　"나가세나여. 칼라시라 불리는 마을입니다."
　"칼라시는 여기서 얼마나 먼거리에 있습니까?"
　"나가세나여. 약 200마일 됩니다."
　"그러면 케시미르는 여기서 얼마나 멀리 있습니까?"
　"존자여. 약 12마일 입니다."
　"그러면 이제 칼라시 지방을 생각해보십시오."
　"존자여. 지금 생각했습니다."
　"오, 왕이시여. 케시미르를 생각해 보십시오."
　"존자여. 생각했습니다."
　"이 둘중에 어느 것을 더 빨리 그리고 어느 것을 더 늦게 생각하였습니까?"

---

5) 티베트의 경전에 따르면 존재가 사후에 49일 동안 존속하는 중간적 단계가 있다. 이것은 불교의 가르침과 반대되는 견해이다. Dr. Evans-Wentz, The Tibetan Book of the Dead, pp. 160~165.

"존자여. 모두 똑같습니다."

"오, 왕이시여. 이와 마찬가지로 여기에서 죽어서 브라만의 세계에 다시 태어나는 자는, 여기서 죽어서 케시미르에 다시 태어나는 사람보다 느리지 않습니다."

"존자여. 저에게 한번 더 비유를 들어주십시오."

"왕이시여. 당신은 어떻게 생각합니까? 두마리의 새가 하늘에서 날다가 하나는 높고 하나는 낮은 나무에 동시에 내려 앉는다고 가정을 하면, 어느 새의 그림자가 땅에 먼저 드리우고, 어느 새가 그 다음이 되겠습니까?"

"두 그림자가 동시에 나타나서 그들중 어느 하나가 이르거나 나중이 없습니다."

그러면 '정자와 난세포는 재탄생-의식을 얻기 위해 항상 준비를 하고 있는가?' 하는 의문이 생길지도 모르겠다.

불교에 의하면 살아있는 존재는 무한한 숫자이며 이 우주의 체계도 그렇다. 모태로 잉태되는 것이 재탄생의 유일한 길은 아니다. 우주에서 거의 무의미한 한 점인 지구는 생물이 유일하게 거주하는 세계가 아니며, 인간 또한 살아있는 유일한 존재가 아니다.[6]

그래서 마지막 생각을 받아들이는데 적합한 장소가 있다는 것을 믿는 것은 불가능하지 않다. 다시 말하면, 하나의 점은 떨어지는 돌을 받기위해 항상 준비하고 있는 것이다.

---

6) 은하수에는 생명이 존재할 수 있는 세계가 약 1,000,000개가 있다. (Fred Hoyle, The Nature of Universe, pp. 87~89)

제 15 장
무엇이 윤회하는가? (無我)

'똑같지도 않으며, 그렇다고 다르지도 않다.'

──비수디마가(청정도론)

이른바 존재라 불리는 것을 구성하는 것에서 불교는 마음과 물질을 제외하고는 불멸의 영혼이나 영원한 자아의 존재 － 인간이 신비스러운 원천에서 똑같이 신비스러운 방법으로 얻은 것－를 주장하지 않는다.

영혼이 영원하다면 이것은 어떠한 변화도 없이 항상 똑같이 존속되어야 한다. 만약 인간의 본질로 가정되는 영혼이 영원하다면, 여기에는 일어남도 사라짐도 없을 것이다. 또한 아무도 '왜 서로 다른 영혼들이 태초에 매우 다양하게 구성되었는지' 설명할 수 없다.

영원한 천국에서 끊임없이 행복을 누리는 존재와 영원한 지옥에서 끊임없는 고통을 받는 존재를 정당화하기 위해서는 불멸의 영혼을 가정하는 것이 절대적으로 필요한 것이다.

버트런트 레셀은 '종교와 과학'(P.132-33)에서 다음과 같이 말했다.

"영혼과 육체사이의 오래된 구별은 '물질'이 그것의 고정성을 잃어버리고, 마음이 그것의 영성을 잃어버리는 만큼 사라지고 있다고 말할 수 있다." 그리고 (p.143)에서 "심리학은 … 단지 과학적인 것의 시작일 뿐이다… 심리학과 생리학의 현 상태에서, 어쨌든간에 불멸에 대한 믿음은 과학으로부터 지지받을 수 없다."

어느 유명한 학자의 '우주의 수수께끼'(P.166)에서는 다음과 같이 설명하고 있다.

"인격적 창조자가 불멸의 영혼(일반적으로 신성한 영혼의 일부분으로 간주됨)을 인간에게 숨으로 불어넣어 주었다는 신학적인 증명은 순전히 신화이다.

'세계의 도덕적인 질서'가 인간 영혼의 영원한 존속을 요구한다는 우주론적인 증명은 근거없는 독단론이다.

세속적인 존재의 결점과 불만족한 욕망은 영원성의 다른 면인 '보충적인 정의'에 의해서 완성되어야 한다는 도덕적 증명은 단지 경건한 바람에 불과하다.

신에 대한 믿음처럼, 불멸에 대한 믿음은 모든 인간에게 공통적인 본질적인 진리라는 인종학적인 증명은 사실 잘못된 것이다.

존재론적인 증명 즉 영혼, 단순한 존재, 비물질적 그리고 분할할 수 없는 존재는 죽음의 파멸에 포함할 수 없다는 것은, 심리적 현상에 대한 완전히 잘못된 견해에 근거를 두고 있다. 이것은 정신적인 오류이다.

이러한 모든 증명은 이제 주장하기 어려운 상태에 있다. 이것들은 지난 수십년간 과학적인 비판에 의해서 분명히 취소되고 있다."

만약 이 삶에서 다른 삶으로 옮겨가는 정신적 형태 또는 영혼이 없다면, 다시 태어나는 것은 무엇인가?

이 문제에 있어서 무언가 다시 태어나는 것이 있다는 것을 받아들이는 것은 당연하다.

몇 세기 전에 '*Cogito ergo sum*' (나는 생각한다. 그러므로 나는 존재한다.) 는 것이 논의되었다. 사실, 먼저 증명되어야 할 것은 생각하는 '나'가 있다는 사실이다.

우리는 사실은 그렇지가 않다는 것을 알면서도 태양은 동쪽에서 떠서 서쪽으로 진다고 말한다.

우리는 다음과 같은 사실, 비록 겉으로 보기에는 그렇게 한 것 같지만 동일한 장소를 두번 두드릴 수 없다는 것을 인정해야 한다. 모든 것은 매우 빠르게 변한다. 우리가 동일한 모습으로 존재하는 두개의 순간은 없다.

불교도는 버트런트 러셀이 '종교와 과학'(p.118-19)에서 말한 다음과 같은 사실을 인정한다.

"인간에게는 지금의 나는 어제의 나와 똑같다는 어떤 감각이 분명히 있다. 그리고 더 명백한 증거를 들기 위하여, 만약 내가 어떤 사람을 보는 것과 동시에 그가 말하는 것을 들으면, 보는 나는 듣는 나와 똑같다는 어떤 감각이 있다."

최근까지 과학자들은 원자를 쪼개질 수 없고 파괴할 수 없다고 믿었다.

"충분한 이유로 물리학자들은 이 원자를 일련의 핵물질로 나누었다. 똑같은 이유로 심리학자들은 마음은 독립된 연속적인 '것'의 동일성을 갖고 있지 않으며, 어떤 밀접한 관계에 의해서 함께 결합된 일련의 발생임을 발견하였다. 따라서 불멸의 문제는 이 밀접한 관계들이 살아있는 육체와 연관된 발생과 육체가 죽은 다음에 일어나는 다른 발생사이에 존재하는지에 대한 문제가 되어왔다."(종교와 과학. p. 138-39)

"물질은 우리의 눈앞에서 분해되기 때문에 이것은 더 이상 견고한 것이 아니며, 더 이상 지속될 수 없다. 그리고 무엇보다도 더 중요한 것은 이것은 더 이상 알 수 없다는 것이다."(조우드의 '생명의 의미'에서)

"이른바 원자란 것은 '쪼개지고 파괴될 수 있는 것'처럼 보인다. 원자를 구성하고 있는 전자와 양성자는 서로 결합될 수 있고 소멸시킬 수도 있다. 반면 그것들의 영속성을 말하자면 물체의 영속성보다는 고정된 바탕이 없는 파동의 영속성이며, 모양과 위치에 관해서 끊임없는 변화의 과정이다."

버클리 Berkeley는 이른바 원자란 것은 형이상학적인 가설이었음을 보여주면서 영혼이라 부르는 정신적인 물질이 존재한다고 주장했다.

그리고 데이비드 흄 David Hume은 영혼에 대한 연구에서 다음과 같이 주장했다.(인간 본성에 대한 논문)

"어떤 철학자들은 매 순간에 우리가 마음속으로 자신의 자아라고 부르는 것을 의식하고 있다고 생각한다. 즉 우리는 그것의 존재를 느끼고, 그것에서 존재의 영속을 느낀다. 그리고 논증을 뛰어넘어서, 그것의 완전한 동일성과 유사성을 확신한다…
나에게 있어서, 내가 자아라고 부르는 곳으로 가장 가깝게 들어갔을때, 나는 항상 열 또는 차가움, 빛 또는 그늘, 사랑 또는 미움, 고통 또는 즐거움에 대한 어떤 특별한 인식이나 다른 것에 직면한다. 나는 어느 순간에도 인식이 없이 자아를 붙잡을 수 없으며, 인식외에는 어느 것도 관찰할 수 없다."

헨리 베르그송 Henri Bergson은 말했다.

"모든 의식은 시간의 존재이다. 그리고 의식의 상태는 변화없이 지속되는 상태가 아니다. 이것은 멈춤이 없는 변화이다. 변화가 멈출때 이것도 멈춘다. 이것 자체는 변화말고는 아무것도 아니다."

저명한 심리학자인 와트슨 John B. Watson은 '행동주의'에서 다음과 같이 말했다.

"아무도 영혼을 만져보지 못했으며, 또는 아무도 시험관 속에 들어있는 영혼을 본 적이 없으며, 또는 아무도 자신이 일상적으로 경험하는 다른 대상들처럼 영혼과 어떤 방법으로라도 관계를 맺어본 자는 없다.
그럼에도 불구하고 이것의 존재를 의심하는 것은 비판자가 되고, 한 때는 자신의 목숨을 잃을 가능성도 있었다. 심지어 오늘날조차도 공적인 위치에 서 있는 사람은 그것을 감히 질문하지 않는다."

윌리암 제임스 William James 교수는 이 영혼의 문제를 다루면서 '심리학의 원리'(P.248)에서 다음과 같이 설명했다.

"영혼에 대한 이론은 실재적으로 증명된 의식의 경험에 따르는 한 완전히 불필요한 것이다. 따라서 아무도 이 이론에 명확한 과학적 근거가 있다고 찬성을 강요할 수 없다."

그리고 더 나아가 다음과 같이 요약하였다.(P.400-401).

"나에게 있어서 이것은 객관적으로 알려진 것들의 경험적인 모임이다. 그것들을 아는 '나'는 그 자체가 모임이 될 수 없으며, 심리학적인 목적을 위해서 영혼같은 변하지 않는 형이상학적인 존재로, 또는 '시간을 벗어난' 것으로 보이는 순수한 에고같은 중요한 것으로 간주될 필요는 없다. 사고는 매 순간마다 다르지만 바로 앞의 것을 모두 지니면서 존재한다. 이러한 면에서 모든 경험적인 사실들은 지나가는 사고의 존재 또는 마음의 상태라는 것을 제외하고는 그것에 알맞은 어떠한 가설도 설정할 수 없다."

자아에 관한 그의 재미있는 문장의 결론은 다음의 귀절을 포함하고 있다.

"… 그러므로 생각 그 자체가 사고자이다."

그리고 이것은 바로 부처님께서 2500년전에 갠지즈 강가에서 말씀하신 것의 되울림이다.

마음이 없이 심리학을 가르치는 불교는 살아있는 존재가 끊임없는 유동의 상태에 있는 마음과 물질(nāma-rūpa)로 되는 것을 가르쳐 준다.

고대에는 인도의 성인들도 또한 분해될 수 없는 원자를 믿었는데, 그들은 이것을 파라마누(極)라고 불렀다. 고대인들은 36파라마누가 1마누를 구성하며, 36마누가 1타자리를, 그리고 36타자리가 1라타레누를 구성한다고 믿었다.

햇빛을 볼 때, 그 안에서 움직이고 있는 작은 먼지의 입자가 라타레누라고 불린다. 따라서 1 파라마누는 라타레누의 46,656분의 1 이다. 부처님께서는 초능력적인 혜안으로 파라마누를 분석해서, 파라마누는 파라마타스(최상) 또는 물질의 본질로 알려진 것의 상호 연관적인 힘으로 구성되었다고 말씀하셨다.

이러한 파라마타스가 흙(paṭhavi) 물(āpo) 불(tejo) 그리고 바람(vāyo)이다.

흙(paṭhavi)은 물질의 저층, 팽창의 요소를 의미한다. 이것 없이 사물은 공간을 차지할 수가 없다. 그리고 이것에 의하여 물질이 상대적으로 딱딱하고 부드러운 것이 결정된다.

물(Apo)는 응집의 요소이다. 팽창성(地)과 달리 이것은 형체가 없다. 흩어진 물질의 입자를 결정시켜서 우리에게 몸이라는 생각을 갖게 하는 것이 바로 이 요소이다. 딱딱한 육체가 녹아갈 때, 이 요소들은 액체성이 되면서 더욱 두드러진다. 이 요소는 심지어 딱딱한 몸이 감소하면서 먼지가 될 때 미세한 입자에서도 발견된다. 팽창과 응집의 요소는 매우 일정하게 상호 연관이 되어있어서, 응집이 멈출 때 팽창도 사라진다.

불(Tejo)은 열의 요소이다. 차가움 또한 tejo(火)의 한 형태이다. 열과 차가움은 모두 tejo(火)에 포함되는데, 모두 몸을 성숙하게 하는 힘, 다시 말해서 활력을 주는 에너지를 갖고 있기 때문이다.

몸을 보존하고 썩게 하는 것은 이 요소때문이다. 다른 세개의 물질의 본질과 달리 이 요소는 utu(自生)이라고 불리는데, 그 자체에 의해서 재생하는 힘을 갖고 있다.

바람(Vayo)은 움직임의 요소이다. 움직임은 이 요소에 의하여 야기된다. 움직임은 열의 발생지 또는 힘으로 간주된다.

"물질계에서의 움직임과 열은 정신에서의 의식과 업에 각각 상응한다."

이 네개가 물질의 근본적인 결합(四大要所)이며, 네개의 파생물(所造色) 즉 색깔, 향기, 맛, 그리고 자양적인 본질(食所)과 불변적으로 결집되어 있다. 네개의 요소와 파생물은 각기 분리될 수 없으며 상호 연관적이다. 그러나 한 요소가 다른 것보다 우세할 수는 있다. 예를 들면, 팽창의 요소는 땅에서 우세하다. 응집은 물에서, 열은 불에서, 움직임은 공기에서 우세하다.

이와같이 물질은 힘과 끊임없는 유동의 상태에 있는 질(質)로 구성되어 있다. 불교에 따르면 물질은 오로지 17생각-순간 동안만 지속된다.

주석가들이 '한 생각-순간의 지속기간이 빛이 번쩍하는 순간의 백만분의 일보다도 적다.'고 말하는 것은 흥미롭게 들린다.

인간이라는 복잡한 기계에서 무엇보다 중요한 부분인 마음은 52가지의 정신적 상태로 구성되어 있다. 느낌 또는 감각(*vedanā*)은 하나이며, 지각 (*saññā*)은 다른 것이다.

나머지 50개는 통틀어 의지적인 행위들(*saṁkhārā*)로 불리며, 팔리어의 의미를 명확하게 전달하는 번역은 없다. 이들 중에 의지(*cetanā*)는 가장 중요한 요소이다. 이러한 모든 심리적 상태들은 의식(*viññāna*)에서 일어난다.

불교철학에 따르면, 인간은 한 순간이라도 육체적으로나 정신적으로 어떤 대상에 대해서 어떤 종류의 의식을 경험하지 않는 순간은 없다. 이러한 의식의 제한 시간은 한 생각-순간이라고 부른다. 모든 생각-순간은 다른 것에 의해서 계속 이어진다. 따라서 정신적 상태의 연속은 시간의 요소를 포함한다. 이러한 연속적인 생각-순간의 신속성은 거의 상상이 불가능하다.

의식의 모든 단위는 세개의 *khana*(찰라)로 구성되어 있다. 그것들은 일어남 또는 발생(*uppāda*), 정지 또는 발전(*ṭhiti*), 멈춤 또는 소멸(*bhaṅga*)이다.

한 생각-순간 상태의 소멸 바로 후에 계속적인 생각-순간의 발생 단계가 일어난다. 이렇게 영원히 변하는 삶의 과정에서 매 순간의 의식들은 사라지면서 그것의 모든 에너지와 지울 수 없게 기록된 모든 인상들을 다음 의식에 전달한다. 모든 새로운 의식들은 그 이전의 잠재적인 것들과 그 이상의 어떤 것들로 구성되어 있다.

따라서 어떠한 중단도 없는 개울의 흐름처럼 의식의 끊임없는 흐름이 있다. 계속 이어지는 생각-순간은 그 이전의 것과 절대적으로 같지는 않는데, 이것의 구성이 동일하지 않기 때문이다. 그리고 전적으로 다르지도 않는데, 똑같은 삶이 흐름에 있기 때문이다. 다시 말해서 동일한 것은 없지만, 그 과정에서는 동일한 것이 있다. 그렇지만 의식이 기차나 사슬처럼 연결되어 있다고 이해해서는 안된다. 이와 반대로, 이것은 감각이 지류가 끊임없이 넘치는 퇴적물을 받으면서, 주변에 그 과정에서 모아진 생각-재료를 분배하는 강처럼 끊임없이 흐른다.

여기에 의식의 상태들의 일시적인 공존이 일어난다. 그러나 어떤 이들이 믿는 것처럼 그러한 상태가 포개어져 놓여있는 것은 아니다.

한번 지나간 상태는 결코 다시 되돌아오지 않는다. 어떤 것도 앞에 지나간 것과 절대적으로 동일한 것은 없다. 이러한 상태는 두개의 연속적인 순간에 똑같게 남아있지 않으면서 끊임없이 변한다. 세속적인 사람들은 망상의 그늘에 가려져서, 이러한 외적인 연속성을 어떤 영원한 것으로 잘못 알고, 변하지 않는 영혼(가정된 행위자 그리고 모든 행위들의 관찰자)을 이 영원히 변하는 의식에 도입하려고 한다.

심리적 현상의 네개의 종류는 육체적 현상과 결합되어서, 살아있는 존재라 불리는 복잡한 혼합체인 오온을 형성한다. 인간이란 존재는 이 다섯가지 모임(오온)의 결합물이다. 우리는 바다에서 광대한 양의 물을 본다. 그러나 바닷물은 무수한 방울들로 구성되어 있다. 모래의 무수한 입자들이 모래사장을 구성하지만, 이것은 하나의 길다란 층처럼 보인다. 파도가 일어나서 해안에 부딪친다. 그러나 엄격히 말해서, 깊고 푸른 바다로부터 해안으로 와서 그것의 동일성을 잃어버리는 파도는 없다.

영화관에서 우리는 움직이는 장면을 본다. 그러나 동작을 표현하기 위해서는 일련의 순간적인 그림들이 화면에 나타나야 한다.

우리는 꽃의 향기가 꽃잎 또는 암술 또는 색깔에 의존한다고 말할 수 있다. 왜냐하면 향기는 꽃에 있기 때문이다.

마찬가지로 인간이란 존재는 다섯가지 모임(오온)의 결합물이다.

부처님께서는 이렇게 끊임없이 생성되고 사라지는 심리적-육체적 현상의 전반적인 과정을 가끔씩 상투적인 용어로 자아 또는 *atta*라고 불렀다. 그러나 이것은 하나의 과정일뿐 이와 같이 불리는 용어와 동일한 것은 아니다.

불교는 경험적인 면에서 인격의 존재를 완전히 부정하지 않는다. 궁극적인 면에서 이것은 동일한 존재 또는 영원한 존재를 부정하며, 과정에서의 연속성을 부정하지는 않는다.

개별성에 대한 불교의 철학적 용어는 '*santati*'인데, 이것은 유동성 또는 영속성을 의미한다.

업에 의해 조건지워지고, 시작이 없는 과거에서 지각할 수 있는 근원이 없고, 성스러운 여덟개의 길을 제외하고는 미래에 그것의 끝이 없는 심리적 육체적 현상의 중단되지 않는 유동성 또는 연속성은, 불교가 다른 종교체계에서 말하는 영원한 자아 또는 불멸의 영혼 대신에 사용하는 것이다.

그러면 어떻게 영혼이 없이도 다시 태어나는 것이 가능하겠는가?

불교에 의하면 탄생은 다섯가지 모임(五蘊)의 일어남이다. 이전의 상태를 원인으로 하여 조건지워져서 육체적 상태가 일어나는 것과 마찬가지로, 이러한 심리적 육체적 상태의 나타남도 이전의 것을 태어나는 원인으로 하여 조건지워진다.

생성의 현재의 과정은 전생에서 생성하려는 갈애의 결과이며, 현재의 본능적인 갈애는 다음 생의 삶을 조건지운다.

인간 수명의 과정이 영원한 존재없이 하나의 생각-찰나에서 또다른 생각-찰나로 지나가는 것이 가능하듯이, 일련의 생명-과정이 아무것도 없이 하나의 존재에서 또 다른 존재로 전이하는 것이 가능하다.

재탄생에 대한 불교의 이론은 영혼의 전생(轉生)과 영혼의 고정된 물질적 재탄생을 의미하는 윤회의 이론과는 구별되어야 한다.

밀린다팡하와 비수디마가(청정도론)에서, 나가세나와 붓다고사는 한 생에서 다른 생으로 전생(轉生)하는데 아무것도 없다는 진리를 설명하기 위해 몇가지 비유를 들었다.

불꽃의 비유는 매우 인상적이다. 생명은 불꽃과 비유된다. 재탄생은 이 불꽃이 하나의 모임에서 또 다른 모임으로 전이되는 것이다. 생명의 불꽃은 비록 죽음이라 불리는 것에서 중단이 있는 것처럼 보이지만 계속된다.

밀린다왕이 물었다.
"나가세나여, 재탄생은 아무것도 전생(轉生)하는 것없이 일어납니까?"
"그렇습니다. 왕이시여, 재탄생은 아무것도 전생(轉生)하는 것없이 일어납니다."
"존자여, 그러면 저에게 예를 들어 설명해주십시오."
"오, 왕이시여. 만약 어떤 사람이 이 불빛에서 저 불빛으로 불을 옮겼다면, 하나의 불빛이 다른 불빛을 지나간 것입니까?"

"아닙니다. 그렇지 않습니다. 존자여."
"오 왕이시여, 바로 이같은 방법으로 재탄생은 어떠한 전생(轉生)도 없이 일어납니다."
"예를 하나만 더 들어주십시오."
"오, 왕이시여. 당신은 어렸을 때, 시를 가르친 선생으로부터 어떤 귀절이나 다른 것들을 배운 것을 기억하고 있습니까?"
"예 존자여."
"오, 왕이시여. 그 귀절이 당신의 스승으로부터 당신에게 넘어왔습니까?"
"아닙니다. 그렇지 않습니다. 존자여."
"오, 왕이시여. 이와 똑같은 방법으로 재탄생은 어떠한 것도 전생(轉生)하지 않고 일어납니다."
다시 밀린다왕이 물었다.
"나가세나여. 다음 존재로 태어나는 것은 무엇입니까?"
"오, 왕이시여. 다음 존재로 태어나는 것은 마음과 육체입니다."
"그러면 다음 존재로 태어나는 것이 바로 이와 같은 마음과 육체입니까?"
"오, 왕이시여. 다음 존재로 태어나는 것이 바로 이와 같은 몸과 마음이 아니지만, 이 몸과 마음을 갖고 태어납니다. 오, 왕이시여. 인간은 행위를 합니다. 그것은 선할 수도 있고 악할 수도 있습니다. 그리고 이러한 행위로 해서 또 다른 마음과 몸이 다음 존재에 태어납니다."
"존자여. 만약에 다음 존재로 다시 태어나는 것이 이 마음과 육체가 아니면, 인간은 자신의 악한 행위로부터 자유롭지 않습니까?"
"만약 인간이 또 다른 존재로 태어나지 않는다면, 인간은 자신의 악한 행위로부터 자유로울 수 있습니다. 그러나 왕이시여. 인간이 또 다른 존재로 태어나기 때문에 인간은 자신의 악한 행위로부터 자유롭지 못합니다."
"예를 들어 설명해주십시오."
"오 왕이시여. 이것은 마치 어떤 사람이 다른 사람의 망고열매를 훔쳤는데, 그 망고 주인이 그를 붙잡고 왕에게 데려가서 '왕이시여, 이 사람이 나의 망고열매를 훔쳤습니다.' 라고 말하고, 그 훔친 사람이 '나는 그의 망고를 훔치지 않았습니다. 이 사람이 심은 망고는 내가 가진 것과는 다른 것입니다. 나는 벌을 받을 수가 없습니다.'라고 말한다면, 오 왕이시여. 그러면 이 사람은 벌을 받아야 합니까?"

"존자여. 확실히 그는 벌을 받아야 합니다."

"무슨 이유때문입니까?"

"왜냐하면 그가 그렇게 말해도 그는 마지막 망고가 처음 망고로부터 유래했기 때문에 벌을 받아야 합니다."

"이와 마찬가지로, 이 몸과 마음으로 인간은 좋을 수도 또는 나쁠 수도 있는 행위를 합니다. 그리고 이러한 행위로 인해서 또 다른 마음과 몸이 다음 존재로 태어납니다. 그래서 인간은 자신의 악한 행위로부터 자유롭지 못합니다."

붓다고사는 이러한 난해한 점을 메아리, 빛, (도장을)날인했을 때의 흔적, 거울의 반사등의 비유를 인용하여 자세히 설명하였다.

현대의 작가는 이러한 과정을 가까이 접촉해있는 일련의 당구공으로 설명하고 있다.

"만약 다른 공이 마지막 정지해 있는 공을 향해 굴러가면, 움직이는 공은 멈출 것이며, 가장 앞에 정지해 있는 공이 움직일 것이다. 첫번째 움직이던 공은 앞으로 나가지 않는다. 이것은 뒤에 남아서 멈춘다. 그러나 이것은 의심할 여지없이 그 공의 움직임, 그것의 힘, 그것의 업이며, 완전히 새로 창조된 움직임은 아니며, 맨 처음의 공에서 다시 태어난 것이다."

이와같은 방법으로 −흔히 하는 말로− 육체가 죽어서 그것의 업력이 이 생에서 다른 생으로 아무것도 전생(轉生)하지 않고 다른 것으로 다시 태어난다. 이 삶의 마지막 생각−찰라는 다음에 계속 이어지는 삶에서 또 다른 생각−찰라를 조건지우면서 사라진다.

새로운 존재는 이전과 절대적으로 같지 않다. 왜냐하면 이것은 변하기 때문이다. 또한 완전히 다르지도 않다. 왜냐하면 업에너지의 똑같은 흐름이기 때문이다. 여기에는 단지 특정한 삶의 변천의 연속성이 있을 뿐이다. 그 외에는 아무것도 없다.

제 16 장
도덕적 책임

'인간은 자신에 의해서 더러워지며, 또한 자신에 의해서 청정해 진다.'

——법구경

다음 생에 태어나서 그 결과를 거두어들이는 자는 행위자인가 아니면 또 다른 무엇인가?

씨를 뿌린 자가 그것을 거두어들이는 자와 절대적으로 같다고 말하는 것은 하나의 극단이며, 씨를 뿌린 자가 그것을 거두어들이는 자와 완전히 다르다고 말하는 것도 극단이다. 이 두개의 극단을 피해서 부처님께서는 인과의 면에서 중도의 교리를 가르쳤다.

붓다고사는 비수디마가(淸淨道論)에서 '똑같지도 않으며, 또한 다르지도 않다.(na ca so na ca añño)'라고 설명했다.

나비의 진화가 이러한 설명에 좋은 예가 될 것이다.

나비의 최초의 단계는 알이었다. 그리고 이것은 유충으로 변하고, 나중에 번데기로 발전한다. 그리고 마지막에 나비가 된다. 이러한 과정은 인간의 삶의 과정에서도 일어난다. 나비는 유충과 똑같지도 않으며, 그렇다고 완전히 다르지도 않다. 여기에 삶의 유동성 또는 연속성이 있다.

나가세나는 밤새도록 타오르는 램프의 예를 인용해서 이 점을 설명하였다. 초경의 불꽃은 말경의 불꽃과 동일하지 않다. 그러나 불꽃은 똑같은 램프에서 이것을 의지해서 밤새도록 타오른다. 불꽃이 연속성이 있는 것처럼 생명 또한 연속성이 있다. 계속 이어지는 각각의 단계는 앞의 것에 의존한다.

영혼이 없는데 어떠한 도덕적 책임이 있을 수 있을까?

그렇다. 과정에서의 연속성 또는 동일성이 있기 때문에, 이것이 동일한 인격을 대신하게 된다.

예를 들면 어린이는 자라서 어른이 된다. 후자는 절대적으로 전자와 같지않다. 왜냐하면 세포가 완전히 바뀌었기 때문이다. 또한 완전히 다르지도 않다. 왜냐하면 생명의 동일한 흐름이기 때문이다.

그럼에도 불구하고 인간으로서 개인은 그가 어린 시절에 했던 것에 대해서 무엇이든지 책임이 있다. 유동성이 여기서 멈추고 그밖의 다른 곳에서 다시 태어나든, 똑같은 삶에서 계속 존재하든, 본질적인 요소는 이 연속성이다.

어떤 사람이 바로 앞의 전생에서 'A'였고 지금은 'B'이다 라고 가정하자. 'A'의 죽음으로 업에너지의 외적인 현현, 육체적인 도구는 소멸되고, 'B'의 탄생으로, 새로운 육체적인 도구가 생겨난다.

외적인 물질적 변화에도 불구하고, 의식의 보이지 않는 흐름은 계속 흘러가며, 죽음에 의해서 중단되지 않고, 감각의 지류로부터 얻은 모든 흔적들과 함께 옮겨간다.

일반적으로 말해서, 'B'는 그의 선행자인 'A'의 행위에 책임이 없는가?

어떤 이들은 이러한 경우에 죽음이 중간에 끼어들었기 때문에 아무런 기억이 없다고 반대할 것이다. 그러면 동일성 또는 기억이 도덕적인 책임을 지우는데 절대적으로 본질적인 것인가? 엄격히 말해서, 어느 것도 본질적이 아니다.

예를 들면 어떤 사람이 죄를 짓고, 갑자기 기억을 상실하여 그 사건을 잊어버렸다면, 그는 그 행위에 대해서 책임이 없는가?

그의 기억 상실은 자신이 지은 죄에 대한 책임을 면제시킬 수 없다. 이것에 대해서, 어떤 이는 이렇게 물을지도 모른다.

"자신의 죄에 대해서 벌을 받는 것을 인식하지 못하고 있는데 그를 벌하는 것이 무슨 소용이 있는가? 여기에 다른 무슨 정당성이 있는가?"

만약 우리가 보상을 내리고 벌을 주는 신에 의해서 전적으로 통제된다면 물론 거기에 정당성은 없다. 오히려 불교도는 저절로 작용하는 정의와 법의 합리적 법칙을 믿는다. 그리고 보상과 벌 대신 인과의 측면에서 말한다.

실라차라비구는 다음과 같이 말했다.

"만약 어떤 사람이 잠자다가 의식이 없는 가운데 침대에서 나와 베란다의 난간 위를 걸어 가다가, 밑의 길로 떨어진다면, 거의 팔과 다리가 부러질 것이다. 이것은 결코 그가 자면서 걸어가는 것의 벌이 아니라 단지 그것의 결과로서 발생할 뿐이다.

그리고 그가 베란다 위를 걸어가는 것을 기억하지 못했다는 사실과 그가 떨어져서 뼈가 부러진 결과 사이에는 조그마한 차이도 없다."

그래서 부처님의 제자들은 그 자신이 다치거나 그가 떨어져 밑에 있던 어떤 사람이 다치는 것을 막기 위하여, 잠자거나 깨어있거나, 베란다 위 또는 다른 위험한 장소를 걸어가지 않는 것과 같은 것을 판단의 척도로 삼는다.

인간이 그의 전생을 기억할 수 없다는 사실은 업의 법칙을 이해하는데 결코 장애물이 되지 않는다. 윤회하는 자신의 삶의 과정에서 연속적인 업의 필연성을 아는 것은 불교도의 인성(人性)을 도야하는데 도움을 줄 것이다.

제 17 장
업의 하강과 상승

'업은 존재들을 높고 낮은 상태로 구별 짓는다.'

―― 마지마 니가야

업이 내려가는것이 가능한가? 다시 말해서 인간이 동물로 태어날 수 있는가?

불교도의 대답이 모든 사람에게 받아들여지지는 않을 것 같다. 그러나 불교는 이러한 가능성을 인정하고 있다.

물질적인 형태를 통하여 생명의 연속성이 그 자체를 드러내는데, 이것은 단지 일시적으로 눈에 보이는 업에너지의 현현이다. 현재의 육체는 전생의 육체의 형태로부터 직접적으로 진화된 것이 아니다. 그러나 이것은 업에너지의 똑같은 흐름을 통하여 전생의 형태와 연결된 계승자이다.

마치 전류가 빛, 열, 그리고 계속적인 움직임의 형태로 나타날 수 있듯이 하나의 형태가 반드시 다른 것으로부터 진화된 것이 아니다. 마찬가지로 이 업에너지가 천신, 인간, 동물, 또는 하나의 형태가 다른 것과 아무런 물질적인 연관성을 갖지 않고, 다른 존재로 그 자체를 현현할 수 있다. 물질적 형태의 본성을 결정하는 것은 자신의 업이며, 이것은 전생의 행위들의 숙련성 또는 비숙련성에 따라서 다양하며, 다시 전적으로 실재를 이해하는 자신의 정신적 수준에 의존한다.

인간이 동물이 되거나 또는 그 반대로 된다고 말하는 대신에, 인간의 형태, 그 자체로 드러낸 업력이 동물의 형태로도 그 자체를 드러낼 수 있다고 말하는 것이 더욱 옳은 말이 될 것이다.

우리가 윤회속에서 방황하는 과정에서 — 흔히 하는 말로 한다면 — 우리는 여러가지 경험들을 겪고, 여러가지 인상을 받으며, 다양한 특성들을 얻는다. 우리의 생각, 말, 행위는 양피지 사본같은 마음에 지워지지 않고 기록된다.

이러한 연속적인 탄생의 과정에서 우리가 얻는 서로 다른 본성들은 인간, 천신, 동물 또는 아귀이든 간에 우리자신 안에 잠재해있으며, 우리가 세속적인 한 이러한 파괴되지 않는 본성들은 예기치않은 순간에 '좌절시키는 힘'으로 표면에 떠오를 수 있으며, 잠재적인 업의 기질을 드러나게 한다.

정신수양이 잘 된 사람에게서 감정의 예기치 않은 표출을 볼 때, 다음과 같이 말하는 것은 매우 당연하다.

"어떻게 그가 그런 일을 할 수 있었을까? 그가 그러한 일을 저지를 것이라고 누가 생각이라도 했을까!"

그의 이러한 잘못된 행동에 이상할 것은 조금도 없다. 이것은 단지 자신의 내부에 미묘하게 감추어져 있던 부분이 드러난 것에 불과하다. 이것이 왜 고상한 동기를 가진 정상적인 인간이 때때로 결코 그러한 일을 하지않을 것이라는 기대를 무너뜨리는 행위를 하는가에 대한 근거이다.

예를 들면 데바다타는 왕자로 태어나 승가의 일원으로 수행하면서 초능력을 소유하였다. 그러나 그의 내부에 잠재해있던 질투심에 지배되어서 자신의 스승인 부처님을 제거하려고 수차례 시도하였다. 이러한 것이 인간의 미묘한 본성이다.

바로 전의 과거가 항상 자신의 바로 다음 미래의 진정한 지표는 아니다. 매 순간에 우리는 새로운 업을 창조한다. 한가지 면에서 현재의 우리는 진정으로 과거의 우리이며, 현재의 우리가 미래의 우리가 될 것이다.

다른 면에서 현재의 우리는 절대적으로 과거의 우리가 아니며, 또한 미래의 우리가 아니다. 어제의 죄인이 오늘은 성인이 될 수 있으며, 오늘 성스러운 자가 내일은 사악한 죄인으로 변할 수 있다.

우리는 이러한 영원한 현재에 의해서 완전하고 옳게 판단될 수 있다. 오늘 우리는 미래의 씨를 뿌린다. 바로 이 순간에 잔인한 행위를 하면서 우리

자신의 지옥을 창조할 수 있으며, 이와 반대로 초인적인 행위를 하며 우리 자신의 천국을 창조할 수도 있다.

모든 현재의 생각-찰라는 다음의 생각-찰라를 조건지운다. 불교철학에 의하면 다음 생에 태어나는 것 또한 우리가 이 삶에서 경험한 마지막 생각 -찰라에 의해서 결정된다.

자신의 삶의 과정을 통하여 각각의 생각이 그것의 모든 잠재성을 그 계승자에게 넘겨주면서 사라지듯이, 이 삶의 끝의 마지막 생각의 과정도 그것의 모든 특성과 본성을 모두 그 다음의 찰라인 다음 생에서의 첫번째 생각- 찰라에 전해준다.

따라서 만약 죽어가는 사람이 비천한 욕망이나 동물같은 생각을 신중히 하거나 또는 동물에 적합한 행위를 하면, 그의 악업이 그를 동물의 형태로 태어나게 조건지울 것이다. 인간의 형태에서 그 자체를 드러냈던 업력이 이제는 동물의 형태에서 그 자체를 드러낼 것이다.

그렇다고 해서 이것이 그의 모든 전생의 선업의 성향을 잃어버렸음을 의미하지 않는다. 그것들 또한 표면에 나타날 적당한 기회를 찾으면서 잠재해 있다. 나중에 인간으로 태어나는데 영향을 끼치는 것은 이러한 좋은 업이다.

마지막 생각-과정은 대개 우리의 삶동안 이루어졌던 모든 총체적인 행위에 의존하지는 않는다. 일반적으로 말해서 선한 사람은 좋은 탄생을 얻으며, 악한 사람은 악한 탄생을 얻는다. 그렇지만 예외적인 상황 아래서, 기대하지 않았던 것이 일어날 수도 있다.

예를 들면 코살라왕의 왕비인 말리카는 부처님과 동시대에 착한 삶을 살았지만, 그녀가 죽어가는 순간에 악한 생각을 경험한 결과로 고통스러운 상태에 태어났다.

그녀의 선업이 강력하였지만 그 보상은 단지 며칠간만 지속되었다.

"그러면 과연 이것은 합당한가?"라고 어떤 이는 질문할 것이다.

만약 어떤 성스러운 사람이 어떤 자극에 의해서 살인을 저질렀을 때, 그는 살인자로서 책임을 질 것이다. 그의 과거의 선한 행위들은 의심할 여지없이 그의 명예를 지지해 줄 것이며, 그것에 적합한 영향을 미칠 것이다. 그러나 그의 잔인한 행위는 과거의 선한 행위에 의해서 지워지지 않을 것이다.

어쩌면 과거의 선업의 기록이 그 판결을 완화해 줄 수는 있겠지만, 결코 그의 잔인한 죄를 무죄로 할 수는 없다.

이러한 예기치 않은 사건이 비슷한 죄인들이 있는 불편한 환경속에서 살도록 그에게 강요할 것이다. 이것은 옳은가? 어떻게 하나의 비도덕적 행위가 성스러운 사람을 깎아내릴 수 있는지 상상해 보라!

한번은 소-금욕주의와 개-금욕주의를 수행하는 푸나와 세니야라는 두 고행자가 부처님께 가서 자신들의 미래의 운명에 대해서 질문하였다.

부처님께서 말씀하셨다.

"이 세상에서 어떤 사람은 철저하게 그리고 끊임없이 개의 습관, 정신, 태도, 버릇을 닦는 이가 있다고 하자. 그 사람은 육체가 쇠약해서 죽자마자 개들 가운데 다시 태어날 것이다.

그가 '이 수련, 금욕 또는 성스러운 삶의 공덕에 의해서, 나는 어떤 신이나 신성체가 될 것이다.'라는 믿음을 가진다면, 이것은 분명히 잘못된 믿음이다. 잘못된 믿음을 가진 자에게 나는 두 가지 미래의 상태중 하나가 있다고 말하고자 한다. 즉, 고통의 상태 또는 축생계이다. 이렇게 해서 고통의 상태로 떨어지면, 개 금욕주의자는 오로지 개들과 사귀고 있는 데로 인도된다."

마찬가지로 부처님께서는 소-금욕주의를 지키는 자는 죽은 다음에 소 가운데 태어난다고 말씀하셨다.

따라서 이른바 진화된 상태에 있던 존재의 업이 하강할 가능성이 있다. 그러나 이와 반대로 업의 상승 또한 가능하다.

예를 들면, 어떤 동물이 죽어갈 때 도덕적인 의식을 경험하면, 그것이 성숙되어서 인간으로 태어날 것이다.

이 마지막 생각-과정은 그 동물의 모든 행동 또는 사고에 전적으로 의존하지 않는다. 일반적으로 말해서 동물의 마음은 둔하고 이것은 어떠한 도덕적 행위도 할 수 없다.

이것은 이전의 윤회의 과정에서 행해졌던 어떤 선한 업에 의존한다. 그 결과로 동물은 마지막 순간에 인간으로 태어나도록 하는 생각이나 상상을 품을 수 있다.

프랑스의 학자인 벨리 푸쎈 La Vallee Poussin은 유전의 법칙에 의해서 이러한 사실을 설명하였다.

"인간은 그의 조부를 닮을 수 있지만 그의 부친을 닮지는 않는다. 질병의 유전자가 조상의 신체기관으로 유입된다. 몇 세대간 그것들은 계속 잠재해서 존속되다가 갑자기 실제적인 질병으로 나타나게 된다."

이러한 업과 재탄생의 교리는 얼마나 난해한가! 우리는 어디서 왔으며, 어디로 갈 것이며, 그리고 언제 갈지 모른다. 우리가 확실히 알 수 있는 것은 언젠가는 우리 모두 가야 한다는 사실뿐이다.

자신과 함께 갈 수 있는 것은 우리의 소중한 소유물들, 우리의 친척, 그리고 우리를 따르는 친구들은 결코 아니다. 심지어 우리가 자신이라 부르는 우리의 육체도 아니다. 지, 수, 화, 풍의 요소들로부터 그것들은 왔다. 그리고 그것들은 다시 그 요소로 되돌아간다. 공허한 명성과 헛된 영광이 희미한 공기속으로 사라진다.

우리는 홀로 폭풍이 휘몰아치는 윤회의 바다에서 우리자신의 업에 의해 여기저기로 떠내려가면서, 여기서는 동물로 그리고 저기서는 사람으로 신이나 브라만으로 나타나기도 하면서 외롭게 방황하고 있다.

우리는 만나고 헤어진다. 그리고 어쩌면 다시 서로 안면부지로 만나게 될 것이다. 왜냐하면 우리는 윤회에서 방랑하는 과정에서 만나는 존재가 과거의 언젠가 자신의 어머니, 아버지, 형제, 아들, 딸들인지 결코 알 수가 없기 때문이다.

부처님께서 말씀하셨다.

"만약 어떤 사람이 이 인도에서 목초, 나무토막, 나뭇가지, 잔가지를 잘라서 그것들을 함께 모아 한 뼘 정도의 더미로 쌓아 올려놓고, 각각에 대해서

'이것은 나의 어머니이다. 이것은 나의 어머니의 어머니이다.'라고 말하면, 인도에서 목초, 나무토막, 나뭇가지, 잔가지는 다 사용되어 끝이 있겠지만, 그 사람의 어머니의 어머니는 다함이 없을 것이다."

우리는 윤회 속에서 여행하는 동안 매우 가깝게 결합되어 있다.

우리가 살아온 무수한 삶과 무한한 전생에서 우리가 받았던 셀 수 없는 고통에 대해서 부처님께서 말씀하셨다.

"윤회 속에서 방황하는 동안 한사람의 뼈는 수미산만큼 쌓아올린 돌 무더기가 될 것이며, 어떤 자가 이 뼈들을 아무리 주워도 이 무더기들은 파괴되지 않을 것이다."

"오랫동안 그대는 어머니와 아버지, 아들과 딸, 형제와 자매와 사별하는 괴로움을 겪었으며, 그대가 이와같은 괴로움을 받는 동안 사대양에 있는 바닷물보다도 더 많이, 참으로 오랜동안 눈물을 흘렸다."

"그대가 소, 물소, 숫양, 염소 등등으로 태어났을 때, 도살을 당함으로해서 그대의 피는 오래도록 흘러내렸다."

"오랫동안 그대는 강도, 약탈자 또는 간음자로 붙잡혀서, 교수형을 당하여 참으로 사대양의 물보다도 더 많은 피를 흘렸다."

"그리고 이와같이 그대는 오랫동안 고통받고 슬픔을 겪고, 불행한 일을 당하면서, 공동묘지를 가득 채워왔기 때문에, 이제야말로 이러한 존재의 모든 형태에 대해서 회의를 느끼기에 충분하며 방향을 바꾸어서 그대 자신이 그 모든 것들로부터 해방될 필요가 충분히 있다."

제 18 장
업과 재탄생에 대한 서양의 인식

업과 재탄생의 이론은 플라톤 철학의 핵심이다. 존재들은 '필연의 순환'을 통하여 영원히 유전(流轉)한다. 그들이 순례하는 과정의 반쪽에서 행하는 악은 다른 면에서 속죄를 받는다.

플라톤의 공화국에서 우리는 업이 '필연의 딸, 라치시스'로 인격화된 것을 발견한다. 그녀의 손에서 육체로부터 이탈된 영혼들이 그들의 윤회를 선택한다. 모르페스는 백조의 몸을 선택했다. 테리스테는 원숭이의 몸으로, 아가메옴은 독수리의 몸을 선택했다.

"이와같은 방법으로 동물중의 어떤 것들이 인간으로 들어왔으며, 그리고 차례대로 부당한 것이 야생으로, 정당한 것이 길들여진 것으로 변형되었다."

페르시아 전쟁이 진행되는 기간에 서양의 동양과의 접촉은 호머의 단순한 내세론에 대하여 반란을 야기시켰으며, 삶에 대해 더 깊이 설명하기 위한 연구가 시작되었다.

흥미롭게도 이 문제는 인도의 영향을 받은 소아시아의 이오니아에서 시작되었다. 피타고라스는 B.C580년경에 사모스의 섬에서 출생해서 폭넓게 여행하였으며, 그의 전기 작가에 따르면 인도인들의 가르침을 배웠다고 한다. 서양에 업과 재탄생의 이론을 가르친 자가 바로 그였다.

가베Garbe는 '그리이스의 사상가들'(P.127)에서 다음과 같이 말했다.

"붓다와 동시대의 호기심 많은 그리이스인들이 지적인 동요의 시대에

페르시아의 중개를 통하여, 다소간은 동양에 대한 정확한 지식을 얻었다고 가정하는 것은 무리가 아니다."

재탄생에 대한 다른 견해들

바가바드 기타 :
"인간이 낡은 옷을 벗어버리고 새로운 옷을 입는 것처럼, 육체에 머무르는 자도 다 낡은 옷을 벗어버리고 새로운 다른 것으로 들어간다.
확실한 것은 탄생을 위해 죽음이 있으며, 또한 죽음을 위해 탄생이 있는 것이다."

헤로도투스 :
"이집트인들은 인간의 영혼은 소멸될 수 없으며, 사람이 죽으면 어떤 다른 생으로 들어간다는 이론을 내세우고 있다."

피타고라스 :
"모든 것은 영혼을 갖고 있으며, 모든 것은 영혼이다. 그리고 조직된 세계를 방황하면서 영원한 의지 또는 법칙에 복종한다."

플라톤 :
"영혼은 육체보다 연장자이다. 영혼은 끊임없이 태어나 다시 이 삶으로 들어온다."

피타고라스의 시 :
"죽음이라 불리는 것은 단지 오래된 물질이 새로운 옷을 입는 것이다.
비록 다양한 옷을 입고 이 집에서 저 집으로 건너가지만, 그 영혼은 여전히 똑같고 잃은 것은 오로지 겉모양뿐.
그리고 부드러운 봉랍(封蠟)에 새로운 인장을 찍을 때
이 얼굴이 나타나며, 그 흔적이 남는다.
이제 다른 이름으로 불리는
이것은 오로지 형태만 변했을 뿐, 봉랍은 여전히 똑같은 것이다.

그러므로 태어나는 것은
이전에 우리가 아니었던 어떤 다른 것으로 시작되는 것이다.
그 형태가 변하였음을 나는 인정한다.
처음 모양을 유지할 수 있는 것은 아무것도 없다."

쇼펜하우워 :
"우리는 윤회전생이라는 이름이 인류 최초의 가장 성스러운 시대로부터 나와서 대다수 인류의 믿음으로서 항상 지구상에 넓게 퍼져왔지만, 사실은 유태교와 그것들로부터 나온 두개의 종교를 제외하고는 모든 종교의 가르침으로서 이미 불교에서 언급된 진리에 가장 가까이 다가옴을 발견한다. 따라서 기독교인이 자신의 완전한 인격성을 얻고 단번에 자신을 알 수 있는 또 다른 세계에서 만난다는 생각으로 그들 자신을 위로하는 반면에, 다른 종교에서는 다시 만나는 것을 단지 인식하지 못할뿐 이미 진행되고 있다고 생각한다.
탄생의 연속성에서 지금 우리들과 가까이 연관되거나 접촉하고 서 있는 자는 또한 우리의 다음 탄생에 우리와 함께 태어날 것이며, 지금처럼 우리에 대해서 친근하거나 적대적이든간에 같거나 비슷한 관계 또는 감정을 가질 것이다."
"베다나 인도의 모든 신성한 경전들처럼 베다에서 이미 가르쳐진 윤회전생은 브라만교와 불교의 핵심으로 잘 알려지고 있다.
이것은 결과적으로 비이슬람 아시아의 전 지역에서, 그리고 전 인류 가운데 반 이상이 확고한 신념과 믿을 수 없을 정도의 강한 실제적인 영향으로 오늘날 널리 유행하고 있다.
이것은 또한 이집트인들의 믿음이었으며, 오페우스, 피타고라스, 플라톤 등에 의해서 열광적으로 받아들여졌다.
그렇지만 피타고라스 학파는 특별히 이것을 존속시켰다. 또한 그리이스의 신화에서 가르쳐진 것은 의심할 여지없이 플라톤의 법칙의 9 편을 따른다."
"에다⁷⁾는 또한 볼수나⁸⁾에서 특별히 윤회전생을 가르친다. 이것이 드루이드⁹⁾의 바탕이 된 것은 두말할 나위도 없다."

"이러한 모든 것에 의하면 윤회전생에 대한 믿음은 인간이 조금이라도 편견없는 자세로 반성할 때는 인간의 자연적인 확신으로서 그 자체를 드러낸다."
——의지와 이데아로서의 세계에서.

흄 :
"윤회전생은 철학이 귀를 기울일 수 있는 유일한 불멸의 사상체계이다."

디즈레일리 :
"우리가 윤회전생을 이해하는 것처럼 그렇게 명료하게 거부감이 없는 사상체계는 없다. 이 사상에 의해서 현상에서의 고통과 즐거움은 또 다른 상태에서 우리가 했던 행위의 보상이나 벌로서 간주된다."

단테 :
"그대의 죽음의 형벌을 통과한 아들은 지상으로 되돌아올 것이다."

에머슨 :
"우리는 우리의 운명을 뚜렷한 가치가 없는 수많은 경험을 갖고 본능에 의해 움직이는 마음의 자세로부터 추론해야 한다. 그리고 이전의 수많은 삶을 통하여 겪었을지도 모르는 경험들을 우리는 동화하거나 소멸시킬 것이다."

라쎈 :
"왜 나는 지식과 새로운 경험을 얻을 수 있는 만큼 자주 돌아올 수 없는가? 나는 돌아오는 것을 보상할 것이 아무것도 없는 곳으로부터 그렇게 많은 것을 가져왔는가?"

헉슬리 :
"진화 이론처럼, 전생(轉生)의 이론도 실재의 세계에 그것의 뿌리를 갖고

---

7) 약 1200년경의 고대 아이슬란드의 시집
8) 13세기 아이슬란드의 볼성 일가를 중심으로 한 전설집
9) 기독교로 개종하기 전의 고대 켈트족의 성직자로 예언자, 재판관, 시인, 요술사 등을 포함한다.

있다.

일상적인 경험들이 유전이라는 이름아래 형성된다는 사실과 함께 우리에게 익숙하게 된다. 우리들 모두가 자신에게 자신의 부모, 어쩌면 먼 친척의 뚜렷한 특성들을 지닌다. 특히 어떤 면에서 행위하는 성향이 있는 기질들의 모임을 성격이라 부르는데, 이것은 흔히 긴 일련의 조상과 방계(旁係)를 통하여 거슬러 올라간다.

그래서 우리는 이 성격, 인간의 도덕적 그리고 지적인 본질은 하나의 육체로부터 다른 육체로 건너갔으며, 실제로 한 세대에서 다음 세대로 전생한다는 사실을 정당하게 말할지도 모르겠다.

신생아에게 가계(家系)의 특성은 잠재해있으며, 자아는 한 묶음의 잠재의식에 불과하지만, 이것들은 매우 일찍 활동하기 시작한다.

어린 시절로부터 성인이 될 때까지 그들은 둔하거나 영리하게, 허약하거나 강하게, 사악하거나 올바르게 자신들을 드러낸다. 그리고 각자의 특성이 다른 성격의 영향에 의해서 수정되며, 만약 그 밖에 영향을 줄 것이 없다면, 그 성격은 새로운 몸으로 다시 들어간다.

인도의 사상가들은 이와같이 정의해서 성격을 '업'이라고 불렀다. 이 생에서 다음 생으로 건너가고 그것들을 전생(轉生)의 사슬로 연결하는 것은, 바로 이 업이다. 그리고 그들은 이것은 모든 삶마다 단순히 부모의 영향뿐만 아니라 그 자신의 행위에 의해서 수정된다고 주장한다."

테니슨 :
"만약 내가 더 낮은 삶을 통하여 왔다면
비록 모든 경험들이 지나가 버렸지만
마음과 육체를 튼튼히 해서
나의 나약한 운명을 잊어버렸을 것이다.
이것은 우리가 기억의 되울림을 잊어버린
첫 해가 아니기 때문이다."

워즈 워드 :

"우리의 탄생은 단지 잠과 잊어버림 뿐이다.
우리에게서 일어나는 영혼은 우리의 삶의 별.
그것은 어디에도 놓여있다네.
그리고 연이어 와서는
완전히 잊어버리지도 않고
그리고 완전히 드러내지도 않고 …"

쉘리 :
"만약 우리의 존재가 나타나기 시작하기 전에 우리가 존재했다는 가정을 하는 것이 합리적이 아니라면, 우리의 존재가 소멸된 후에 우리가 계속 존재한다고 가정할 근거는 없을 것이다."

하버드 대학의 프란시스 보웬 Francis Bowen 교수는 기독교가 재탄생을 인정할 것을 촉구하면서 다음과 같이 썼다.

"지구상에서 우리의 삶은 바로 정신을 수양하고 앞으로의 더 높고 영원한 삶을 준비하는 것이라고 생각한다. 그러나 만약 단 하나의 단멸한 육체의 기간에 제한된다면, 이것은 너무 짧아서 그렇게 광대한 목적에는 거의 충분하지 않은 것처럼 보인다.

70년은 분명히 영원성을 준비하는 데는 부적당한 기간이다. 그러나 영혼의 수습기간이 그렇게 좁은 한계에 제한되었다는 것을 우리는 어떻게 확신할 수 있는가?

왜 이것은 긴 일련의 계속적인 세대를 통하여 똑같은 인격이 순서대로 무수한 육체에 생기를 주며, 그 각각에 대해서 그것이 받은 교육, 그것이 형성한 성격, 그것에 깃들어있는 기질과 성향을 운반해주며, 존재의 단계에서 즉시 전진하는 것이 계속되거나 반복되지 않는가?

비록 그 인격의 지나간 행위의 과보가 그것의 현재의 본성에 깊게 스며들어 있지만, 그것의 지나간 역사를 기억할 필요는 없다.

많은 사람들의 삶의 과정이 한 인간을 다른 인간들과 구별짓는 마음과 지성을 형성하는데 커다랗게 공헌을 했을지라도, 얼마나 많은 긴 삶의 과정이 지금은 완전히 기억속에서 잊혀져버렸는가?
우리의 책임은 분명히 이러한 망각에 의해서 줄어들지 않는다. 비록 우리는 헛되게 내버린 것에 대해서 잊어버렸지만, 우리는 여전히 시간을 잘못 사용한 것에 대한 책임이 있다. 우리는 심지어 지금도 허약해진 건강과 타락한 욕망과 나약한 능력을 통하여 자기탐닉, 외고집 그리고 죄의 많음, 망각된 행위 — 이것들은 너무 많아서 잊어버렸는데 — 의 쓰라린 열매를 거두어들이고 있다.

만약 모든 탄생이 절대적 창조의 행위, 완전히 새로운 창조인 생명의 도입이라면, 우리는 당연히 왜 다른 영혼들이 태초에 그렇게 다양하게 구성되었는지에 대해서 질문할 것이다.

만약 윤회전생이 이 세계에서 신이 지배하는 영역에 포함된다면, 이러한 어려움은 모두 사라질 것이다. 이러한 관점에서 바라볼 때, 모든 사람은 그의 전생의 과정에서 정당하게 얻은 상태에 태어날 것이다.

상속받은 죄와 그것의 결과로서의 인간이라는 교리는 조금도 배울만한 가치가 없는 가르침이다. 그러나 아무도 이전의 존재의 상태에 있던 자신의 자아로부터 물려받은 기질과 능력에 대해서 불평할 수는 없다.

우리가 죽음이라고 부르는 것은 지구상에서 또 다른 삶의 도입이며, 그리고 이것이 우리가 방금 마친 것보다 더 높고 더 나은 삶이 아니라면, 이것은 우리 자신의 잘못이다."

이전의 존재

나는 해변에 누웠었네.
그리고 작은 공간을 꿈꾸었지.
높은 파도가 부서지고 철썩거리는 것을 들을 때
태양은 나의 얼굴을 비추고 있었네.

나의 한가로운 손과 손가락들은 볕에 그을리고
잿빛의 조약돌을 갖고 놀았지.
파도가 밀려왔다가 떠내려가네

철썩거리면서.

조약돌은 둥글고 부드러웠네
그리고 내 손에선 따뜻했지.
조그마한 사람처럼
나는 모래 가운데 앉아있는 것을 발견했지.

모래알은 반짝 거리고
손가락 사이를 부드럽게 지나가네.
태양은 내리쬐이고
나의 꿈은 시작되었지.

이것들은 이전엔 무엇이었을까.
얼마나 많은 시간이 흘렀을까
나는 어떤 잊혀진 해안에 누웠었지
마치 오늘 여기에 내가 누워있는 것처럼.

파도는 밀려오고 모래는 빛났네.
여기에 오늘 그것들이 비출 때처럼
그리고 나의 이전의 펠라스기안 손에서
모래는 따뜻했고 부드러웠네.

나는 내가 어디서 왔는지
또는 나의 집이 어떤 것인지
또는 어떤 낯설고 쓸쓸한 이름으로
파도치는 바닷가를 불렀는지
나는 잊어버렸네.

나는 단지 태양이 내리쬐었고
오늘도 그것은 계속 내리쬐이고 있음을 알 뿐이네.
그리고 나의 길다랗고 햇볕에 그을린 손가락에
그 작은 조약돌이 놓여있네.

제 19 장
니르바나

'니르바나는 지고(至高)의 기쁨이다.'

——법구경

니르바나는 불교의 최고선(最高善)이다.

아무리 우리가 분명하게 그리고 생생하게 이 심원한 주제에 대해서 글을 쓸지라도, 그리고 아무리 우리가 이것의 완전한 고요함을 표현하려고 시도하는 용어가 빛을 발하여도, 니르바나의 이해는 단순히 책을 읽는 것으로는 불가능하다.

니르바나는 글로 써내려갈 수 있는 어떤 것도 아니며, 지적인 것만으로 파악될 수 있는 것이 아니다. 이것은 오로지 직관지에 의해서만이 깨달을 수 있는 초세속적인 상태이다.

니르바나를 순수하게 지적으로 이해하는 것은 불가능하다. 왜냐하면 이것은 논리적인 이성에 의해서 해결할 수 있는 문제가 아니기 때문이다.

부처님의 말씀은 완벽하게 논리적이다. 그러나 불교의 궁극적인 목표, 니르바나는 논리 저편에 있다. 그럼에도 불구하고 삶의 적극적인 면과 부정적인 면을 깊이 되돌아 봄에 의해서, 존재를 조건지워진 현상을 역으로 구분하는 논리적인 결론이 나타난다. 거기에는 괴로움이 없고, 죽음이 없고, 조건지워지지 않은 상태가 반드시 존재한다.

본생담의 주석서는 보살이 구도자 수메다로 태어났을 때, 다음과 같이 생각하는 것을 이야기하고 있다.

"비록 불행이 있지만

행복 또한 발견된다.
마찬가지로, 비록 존재가 있지만,
비존재도 보인다.

비록 뜨거움이 있지만
또한 신선한 차가움이 발견된다.
마찬가지로, 세개의 불이 존재하지만.
니르바나 또한 보인다.

비록 악이 있지만
선 또한 발견된다.
마찬가지로, 비록 태어남이 존재하지만
태어나지 않는 것 또한 보인다."

정 의

팔리어 니르바나 *Nibbana*(Sk. *nirvāna*)는 '*ni*'와 '*vāna*'로 구성되었다. Ni는 부정적인 접두사이다. 그리고 *vāna*는 베짜는 것 또는 갈애를 의미한다. 이 갈애는 한 생명을 다른 것과 연결하는 밧줄로서의 역할을 한다.

'욕망(*vāna*)이라 불리는 갈애로부터 벗어난 (*ni*)것을 Nibbana로 부른다.'

인간은 갈애 또는 집착에 의해서 묶여있는 한, 새로운 업의 행위들을 축적하며, 이것은 반드시 삶과 죽음의 영원한 순환속에서 하나의 형태 또는 다른 것으로 형상화된다.

모든 형태의 갈애가 뿌리뽑혔을 때 재생성적인 업력은 작용하는 것을 멈추며, 니르바나를 얻어서 삶과 죽음의 순환에서 벗어난다.

해탈에 대한 불교의 개념은 삶과 죽음의 영원한 재순환으로부터 벗어나는 것이며, 단순히 죄와 지옥에서 벗어나는 것이 아니다.

니르바나는 또한 탐, 진, 치의 세 가지 불의 소멸로 설명된다.

부처님께서는 말씀하셨다.

"이 세상은 불타고 있다. 어떤 불에 의해서 타오르고 있는가? 탐, 진, 치의 불에 의해서, 태어남, 늙음, 죽음, 괴로움, 비탄, 고통, 슬픔, 절망의 불에 의해서 타오르고 있다."

한가지 면에서 니르바나는 이러한 불꽃들의 소멸로 해석될 수 있다. 그렇다고 니르바나를 단지 이러한 불꽃들의 소멸이라고 추론해서는 안된다. 수단은 그 목적과 구별되어야 한다. 여기서 불꽃의 소멸은 니르바나를 얻는 수단이다.

니르바나는 무(無)인가 ?

우리가 니르바나를 다섯 가지의 감각으로 인식할 수 없기 때문에 단지 무(無)라고 말하는 것은, 마치 우리가 단지 볼 수 없다고 해서 빛이 존재하지 않는다고 결론내리는 것처럼 비논리적이다.

어느 잘 알려진 우화에서, 오로지 물에만 익숙한 물고기가 거북이와 논쟁하면서, 물고기의 모든 질문에 대해서 거북이가 '아니다.'라고 대답하자 의기양양하게 그러면 땅이 존재하지 않는다고 결론내리는 것을 볼 수 있다.

아주 먼 옛날에 물고기가 한마리 있었는데 일생동안 물속에만 살아서 물 이외의 것에 대해서는 아무것도 몰랐다.

어느 날 연못에서 수영을 하며 한가로이 노닐고 있을 때, 마침 잘 아는 거북이를 만났다. 그는 육지에 잠깐 외출을 갔다가 방금 돌아오는 길이었다.

"좋은 날이군, 거북이 친구." 하고 물고기가 말했다.

"자네를 본지 꽤 오래 되었군, 그 동안 어디 갔었나?"

거북이가 대답했다.

"아 자네군, 잠깐 마른 땅위에 놀러갔다 왔지."

"마른 땅 위라고?" 물고기가 소리쳤다.

"마른 땅위라니 말도 안되네. 마른 땅이란 없다네. 난 지금까지 그런 것을 본 적이 없는 걸, 마른 땅은 없어."

"글쎄" 거북이가 살짝 웃으면서 말했다.

"자네가 그렇게 생각하고 싶다면, 물론 그렇게 생각할 수도 있겠지. 자네 생각을 막을 수 없지. 하지만 내가 본 것은 모두 사실이라네."

"그럼 어디 한번 말해보게." 물고기가 말했다.

"자네가 보았다는 땅을 자세히 말해주게. 다 젖어있던가?"

"아닐세. 젖지 않았다네." 거북이가 말했다.

"그러면 쾌적하고 신선하고 차가운가?" 물고기가 물었다.

"아닐세. 쾌적하지도 신선하지도 차갑지도 않다네." 거북이가 대답했다.

"그러면 빛이 통과할 수 있을 정도로 투명한가?"

"아니 투명하지 않다네. 빛이 통과할 수 없어."

"그러면 압력에 대해서 유연하고 부드러운가? 내가 지느러미를 이리저리 움직이고 앞으로 나아갈 수 있는가?"

"아니, 부드럽지도 않고 유연하지도 않다네. 자넨 거기서 수영을 할 수 없지."

"그러면 개울에서 움직이거나 흘러가는 건가?"

"아닐세. 개울에서 움직이지도 못하고 흘러가지도 못하지."

"그러면 그것이 솟아올라서 파도속으로 들어갈 때 하얀거품을 뿜는가?" 계속 부정하는 것을 참을 수 없어서 물고기가 물었다.

"아닐세." 거북이가 진지하게 대답했다. "나는 한번도 그것이 솟아올라서 파도속으로 들어가는 것을 보지 못했네."

"그러면 됐네" 물고기가 의기양양하게 소리쳤다. "내가 자네에게 자네가 본 그 땅은 단지 아무것도 아니라고 말하지 않았던가? 내가 방금 자네에게 질문했을 때, 자네는 나에게 그것은 젖지도, 춥지도 않고, 투명하지도 부드럽지도 않고, 개울에서 흐르지도 않고 솟아올라서 파도속으로 들어가지도 않는다고 대답했네. 그리고 만약 이것이 이러한 것들중의 단 하나도 아니라면, 그 밖에 없다는 것 말고 무엇이 있겠는가? 나에게 더 이상 말하지 말게."

"글쎄. 과연 그럴까?" 거북이가 말했다.

"만약 자네가 마른 땅이 없다고 생각하기로 결정했다면, 나는 자네가 그렇게 생각하도록 내버려둘 수밖에 없지. 그렇지만 누구라도 물이 어떤 것이고 육지가 어떤 것인지를 아는 자는 자네를 보고 멍청한 물고기라고 말할 걸세. 왜냐하면 자네는 자신이 알지 못하는 것은 단지 자신이 그것을 알지 못한다는 이유로 없다고 생각하기 때문일세."

그리고 거북이는 작은 연못에 있는 물고기를 뒤로 남기고 돌아서서 아무것도 없는 마른 육지로 또다른 여행을 떠났다.

이 의미있는 이야기로부터 분명한 것은 육지와 바다 모두에 정통한 거북이도 물고기에게 육지의 성격을 설명해줄 수 없으며, 물고기 또한 오로지 물에만 익숙해있기 때문에 육지가 어떤 것인지를 이해할 수 없다는 사실이다.

마찬가지로 세속적인 것과 초세속적인 것에 정통한 아라한도, 세속적인 사람에게 초세속적인 것이 정확히 어떤 것인지 세속적인 말로 설명할 수 없으며, 또한 세속적인 사람도 초세속적인 것을 단지 세속적인 지식만으로 이해할 수 없다는 것이다.

만약 니르바나가 아무것도 없는 것이라면, 이것은 반드시 공간과 일치되어야 한다. 공간과 니르바나는 둘 다 영원하고 변하지 않는 것이다. 전자는 그 자체가 무(無)이기 때문에 영원하다. 후자는 공간도 없으며 시간도 없다. 공간과 니르바나의 차이에 관해서는 간략하게 공간은 없지만 니르바나는 있다고 말할 수 있다.

부처님께서는 존재의 여러가지 세계를 말씀하시면서 무(無)의 영역(ā kiñcaññāyatana)에 대해서 특별히 언급하셨다.

니르바나가 정신적 대상(vatthudhammū)의 하나로서 실현된다는 사실은 무(無)의 상태가 아님을 결정적으로 증명해 준다.

만약 니르바나가 무(無)라면 부처님께서는 그것의 상태를 다음과 같은 용어들로 묘사하지 않았을 것이다. 즉, 무한한(ananta), 조건지워지지 않음(asaṁkhata), 비교할 수 없는(anupameya), 지고의(anuttara), 최고의(para), 저편의(pāra), 최고의 귀의처(parāyana), 안전(tāṇa), 평안(khema), 행복(siva), 유일한(kevala), 머무르지 않는(anālaya), 소멸되지 않는(akkhara),

절대적인 청정(*visuddho*), 초세속적인(*lokuttara*), 불멸(*amata*), 해탈(*mutti*), 평화(*santi*) 등등.

부처님께서는 우다나(自說經)와 이티부타카(如是語經)에서 니르바나에 대해서 다음과 같이 말씀하셨다.

"오 비구들이여. 여기에 태어나지 않고(*ajāta*), 일어나지 않고(*abhūta*), 만들어지지 않고(*akata*), 조건지워지지 않은 상태(*asaṁkhata*)가 있다.[10] 오 비구들이여, 만약에 태어나지 않고, 일어나지 않고, 만들어지지 않고, 조건지워지지 않는 것이 없다면, 태어나고, 일어나고, 만들어지고, 조건지워진 것으로부터 벗어나는 것은 불가능하다. 여기에 태어나지 않고, 일어나지 않고, 만들어지지 않고, 조건지워지지 않는 상태가 있기 때문에 또한 태어나고 일어나고, 만들어지고, 조건지워진 것으로부터 벗어나는 것이 가능하다."

이티부타카(如是語經)에는 다음과 같이 쓰여있다.

"만들어지고, 생성되고, 형성되고, 태어난 것은 오래 지속되지 못한다. 그리고 삶과 죽음, 모임, 질병의 온상, 덧없는 것, 음식에 의해 지탱되는 것이 일어난다. 이러한 것을 즐거워하는 것은 옳은 일이 아니다. 여기에 이것들로부터의 벗어남, 실재, 논리의 영역의 저편, 존속함, 태어나지 않음, 만들어지지 않음, 괴로움이 없는 것, 더러움이 없는 길, 고통스러운 것의 끝남, 걱정으로부터의 평화, 지고의 기쁨의 길이 있다."

그러므로 불교의 니르바나는 무(無)의 상태도 아니며, 그렇다고 단순한 소멸의 상태도 아니다. 이것이 무엇이 아닌지에 대해서, 우리는 정의를 내릴 수 있다. 하지만 이것이 명확하게 무엇인지에 대해서는 워낙 독특한 것이

---

10) 주석서에 따르면, 이 네 가지 용어는 동의어로 사용된다. Ajāta는 조건이나 원인때문에 일어나지 않는 것을 의미한다. Abhūta는 아직 일어나지 않은 것을 의미한다. 이것이 원인으로부터 아직 일어나지 않고, 아직 존재가 되지 않았기 때문에 이것은 어떠한 수단에 의해서도 만들어지지 않을 것이다(akata). 생성과 일어남은 마음과 물질같이 조건지워진 것들의 특성이다. 그러나 이러한 조건에 종속되지 않는 니르바나는 비조건적(asamkhata)이다.

기 때문에 상투적인 언어로 적합하게 표현할 수 없다.
이것은 오로지 자신이 깨달았을 때만이 이해할 수 있다.

Sopādisesa(有餘依)와 Anupādisesa(無餘依) Nibbana Dhātu(涅槃界)

경전에서는 니르바나를 흔히 *Sopādisesa*(有餘依)와 *Anupādisesa*(無餘依) *Nibbana Dhātu*(涅槃界)로 언급한다. 사실 이것들은 니르바나의 두개의 종류가 아니다. 그러나 각각의 니르바나는 죽음을 전후해서 서로 다르게 불린다.

만약 니르바나를 추구하는 자가 그 자신을 니르바나에 부합시키면 니르바나는 바로 현생에서 얻을 수 있다. 불교의 어디에서도 불교의 궁극적인 목표가 오로지 저편의 세계에서만 얻을 수 있다고 말하지 않는다. 여기에 니르바나에 대한 불교도의 인식과 오로지 사후에만 얻을 수 있는 영원한 천국에 대한 비불교도의 인식의 차이가 있는 것이다.

니르바나가 이 몸에서 실현되었을때, 이것은 *Sopādisesa Nibbana Dhātu*(有餘依涅槃界)라고 불린다.

아라한이 육체가 해체된 다음에 반열반(pari-nibbana)을 얻고, 어떠한 육체적인 존재도 남기지 않았을 때 이것은 *Anupaisesa Nibbana Dhātu*(無餘依涅槃界)라고 불린다.

이티부타카(如是語經)에서 부처님께서는 다음과 같이 말씀하셨다.

"오 비구들이여. 여기에 니르바나의 두개의 세계가 있다. 무엇이 두개인가?
바탕(所依)이 여전히 남아있는 니르바나의 계(界)와 바탕(所依)이 없는 니르바나의 계(界)이다."
"오 비구들이여. 여기에 아라한인 비구가 있다. 그는 번뇌를 소멸시켰으며, 해야할 것은 다 한 삶을 살았으며, 무거운 짐을 옆으로 내려놓았고, 그의 목표를 얻었으며, 존재의 속박을 끊어버렸으며, 올바르게 삶을 이해해서 해방되었다.

그의 다섯가지 감각-기관은 여전히 남아있으며, 그리고 그가 아직 그것들을 없애지 못했기 때문에, 그는 즐겁고 즐겁지 않은 경험들을 겪는다. 그의 탐, 진, 치의 소멸은 '바탕이 여전히 남아있는 니르바나 계(有餘依涅槃界)'라고 불린다."

"오 비구들이여. 무엇이 바탕이 없는 니르바나 계(界)인가?
오 비구들이여. 여기에 아라한인 비구가 있다. 그는 해방되었다. 바로 이 삶에서 그의 모든 감각들은 그를 즐겁게 하지 못하며, 그것들은 아무런 감정을 일으키지 못한다.
이것이 '바탕이 없는 니르바나의 계(無餘依涅槃界)'라고 불리는 것이다."

"이 두개의 니르바나는 진리를 보고,
여여(如如)하고 집착이 없는 자에게서 나타난다.
하나의 상태는 비록 생성의 흐름이 중단되었어도
바로 이 삶에서 바탕이 남아있다.
반면에 바탕이 없는 상태는 미래에 속한다.
거기에서 모든 생성들은 완전히 소멸된다.
혼합되지 않은 이러한 상태를 앎으로 해서 그는 해방을 얻을 것이며,
이러한 흐름을 끊어서 다르마의 중심에 도착한 자는
기쁨에 넘쳐서 모든 생성들을 포기한다."

제 20 장
니르바나의 특성

'친구여, 니르바나란 무엇인가?
욕망의 소멸, 성냄의 소멸, 어리석음의 소멸―친구여, 그것이 바로 니르바나이다.'

―상윳타 니가야

현상적 존재인 윤회와는 반대로 니르바나는 영원하고(*dhuva*), 바람직하고(*subha*) 그리고 행복한(*sukha*) 것이다.

불교에 의하면 세속적이고 초세속적인 모든 것들은 두개로 구분된다. 즉 원인에 의해서 조건지워지는 것(*samkhata*)과 어떠한 원인에 의해서도 조건지워지지 않는 것(*asamkhata*)이다.

"일어남, 소멸, 그리고 상태의 변화
이 세가지는 모든 조건지워진 것들의 특징이다."

일어남 또는 생성은 원인에 의해서 조건지워지는 모든 사물들의 본질적인 특성이다. 일어나거나 생성된 것은 변하고 소멸하게 되어있다.

모든 조건지워진 것들은 끊임없이 생성하고 영원히 변한다. 변화의 보편적인 법칙은 우주에서 정신적 육체적으로, 미세한 유전자 또는 아주 작은 입자로부터 최고의 존재 또는 가장 거대한 사물에 이르기까지 모든 것에 적용된다. 마음은 비록 지각할 수 없지만, 물질보다 더 빠르게 변한다.

부처님들과 아라한들이 깨달은 초세속적인 상태, 니르바나는 어떠한 원인에 의해서도 조건지워지지 않는다. 그러므로 이것은 어떠한 생성, 변화, 소멸도 하지 않는다. 이것은 태어나고, 늙음이 없으며, 죽음이 없는 상태이다.

엄격히 말해서, 니르바나는 원인도 아니며 결과도 아니다. 따라서 이것은 유일무이한 상태이다. 원인으로부터 야기된 모든 것은 필연적으로 소멸되며, 그러한 것은 바람직하지 못하다.

생명은 인간이 가장 소중히 여기는 소유물이다. 그러나 극복할 수 없는 어려움과 참을 수 없는 무거운 짐에 직면했을 때, 그 삶은 고통스러운 짐이 되고 만다. 때때로 그는 마치 자살이 자신의 모든 문제를 해결해주는 것처럼 생명을 포기하면서 구원을 찾으려고 시도한다.

대부분의 사람들은 육체를 가꾸고 소중히 한다. 그러나 만들어지고 꾸며진 이러한 매력들은 늙고 병들어서 볼품없게 되었을 때, 극도로 혐오스러워진다.

인간은 가까운 사람들과 즐겁고 유쾌한 분위기에 둘러싸여서 평화롭고 행복하게 살기를 바란다. 그러나 어떤 불운에 의해서 사악한 세계가 그들의 야망과 희망과는 반대로 진행될 때, 어쩔 수 없이 받아야 하는 고통은 거의 상상할 수 없을 정도로 참혹하다.

다음의 아름다운 이야기는 삶의 덧없는 본성과 그것의 유혹적인 즐거움을 적합하게 설명해 주고 있다.

어떤 사람이 가시와 바위에 둘러싸인 깊은 숲속을 지나가고 있었다. 그런데 어디선가 갑자기 코끼리가 나타나서 그를 쫓아오고 있었다. 그는 겁이 나서 도망치다가 웅덩이를 보았다. 거기에 숨으려고 달려갔다. 그런데 웅덩이 바닥에는 무서운 뱀이 도사리고 앉아 있었다. 그렇지만 달리 도망갈 방법이 없었으므로, 그는 웅덩이로 뛰어들어서 웅덩이에서 자라고 있는 가시덩쿨에 매달렸다. 위를 쳐다보자 희고 검은 두마리의 쥐가 덩쿨을 갉아먹고 있었다. 그런데 그의 얼굴위에 있는 벌집에서 꿀이 한방울씩 떨어지고 있었다.

이 사람은 어리석게도 이 긴박한 상황을 잊어버리고 그 꿀을 맛보고 있었다. 그때 친절한 사람이 나타나서 그에게 도망갈 길을 가르쳐주었다. 그러나 이 탐욕스러운 사람은 그것을 다 맛볼 때까지 기다려 달라고 요청했다.

여기서 가시가 있는 길은 삶의 바다 즉, 윤회이다. 인간의 삶은 장미빛 인생이 아니다. 이것은 극복해야 할 어려움과 장애, 반대와 부당한 비난, 참기 어려운 공격과 모욕으로 둘러 싸여있다. 이것이 삶의 가시밭길이다.

여기서 코끼리는 죽음을 의미한다. 독사는 늙음을, 덩쿨은 태어남을, 두 마리의 쥐는 낮과 밤을 의미한다. 꿀은 덧없는 감각적 즐거움과 일치한다. 그 사람은 이른바 존재(衆生)를 의미한다. 친절한 사람은 부처님을 가리킨다.

일시적인 물질적 행복은 단지 어떤 욕망의 만족에 불과할 뿐이다. 바라는 대상이 얻어졌을때, 또 다른 욕망이 일어난다. 이러한 욕망들이 모두 만족되지는 않는다.

고통은 삶의 본질이며, 피할 수 없다. 조건지워지지 않는 상태인 니르바나는 영원하고, 바람직하고 행복한 것이다.

니르바나의 행복은 평범한 세속적인 기쁨과 구별되어야 한다. 니르바나의 기쁨은 진부하지도 않으며 단조롭지도 않으면서 성장한다. 이것은 결코 따분하지도 않으며, 변동하지도 않는 행복의 형태이다.

이것은 일시적인 세속적인 행복이 어떤 욕망의 만족으로부터 나오는 것과 달리 번뇌를 소멸시키면서 일어난다.

부처님께서는 바루베다니야경에서 감각적 즐거움으로부터 시작되는 열 가지의 행복의 단계를 열거하셨다.

어떤 사람이 도덕적인 영역에서 더 높이 올라가면 올라갈수록 세속적인 사람은 그것을 거의 행복으로 인식할 수 없을 정도로 행복의 형태가 더욱 고양되고 깊어진다.

첫번째 선정에서 인간은 다섯감각과 완전히 분리된 초월적인 행복($sukha$)을 경험한다 이 행복은 물질주의자들이 높게 찬양하고 있는 감각적 즐거움에 대한 욕망을 금할 때 실현된다.

그렇지만 네번째 선정에서는 심지어 이런 형태의 행복조차도 버린, 평정($upekkhā$)이 행복으로 불린다.

부처님께서 말씀하셨다.

"아난아, 감각적 속박에는 다섯가지가 있다.

이 다섯가지가 어떤 것들이냐?
눈에 의해서 인식될 수 있는 형상들은 탐욕스러움, 사랑스러움, 매력적인 것, 심취하는 것 등의 갈애를 수반하여서 번뇌의 티끌을 일으킨다. 귀에 의해서 인식될 수 있는 소리, 코에 의해서 인식될 수 있는 냄새, 혀에 의해서 인식될 수 있는 맛, 몸에 의해서 인식될 수 있는 접촉도 탐스러움, 사랑스러움, 매력적인 것, 심취하는 것 등의 갈애를 수반하여서 번뇌의 티끌을 일으킨다."

"아난아, 이것들이 다섯개의 감각적 속박이다. 이러한 감각적 속박으로부터 일어나는 모든 행복이나 즐거움은 감각적 행복으로 알려지고 있다."

"만약 누군가가 '이것이야말로 존재들이 경험할 수 있는 최고의 행복과 기쁨이다.'라고 주장한다면, 나는 그의 말을 인정하지 않는다. 왜냐하면, 더 고양되고 승화된 다른 행복이 있기 때문이다.

그러면 더 고양되고 승화된 다른 행복은 무엇이냐?
여기에 한 비구가 있는데, 그는 감각적 욕망으로부터 완전히 벗어났으며, 비도덕적인 상태로부터 멀리 떨어져있고, 탐구와 고찰을 하면서 기쁨과 행복속에서 첫째 선정에 머무른다. 이것이 더 고양되고 숭고한 행복이다."

"그러나 만약 누군가가 '이것은 존재들이 경험할 수 있는 최고의 행복과 기쁨이다.'라고 주장한다면, 나는 그가 말하는 것을 인정하지 않는다. 왜냐하면 그보다 더 고양되고 숭고한 또 다른 행복이 있기 때문이다.

여기에 여전히 탐구와 고찰을 하는 비구가 내적으로 고요하고, 마음이 하나로 모아지면서(心一境性), 탐구와 고찰이 사라지고, 집중의 결과로 기쁨과 행복속에 살면서, 두번째 선정에 머문다. 이것이 더 고양되고 승화된 또 다른 행복이다."

"그렇지만 어떤 사람이 이것이 존재들이 경험할 수 있는 최고의 행복과 즐거움이라고 말한다면, 나는 그것을 인정하지 않는다. 이것보다 더 고양된 행복이 있기 때문이다.

여기에 한 비구가 있다. 그는 기쁨을 제거하고 고요, 깨어있음 그리고 완전한 의식에 머물면서 성인들이 말한 것 - '평정과 깨어있음을 지니면서 지고의 기쁨에 머문다.'-을 몸에서 경험한다.
이와같이 해서 그는 세번째 선정에 머문다.이것이 더 고양되고 승화된 또 다른 행복과 즐거움이다."
"하지만 여전히 누군가 이것이 최고의 행복이라고 주장한다면, 나는 그것을 인정하지 않겠다. 더욱 고양된 행복이 있기 때문이다.
여기에 한 비구가 있다. 그는 즐거움과 고통을 버리고, 이전의 기쁨과 고통을 떠나서 고통이 없고, 즐거움이 없는, 완전한 평정과 깨어있는 상태에서 네번째 선정에 머물면서 지낸다.
이것이 더 고양되고 승화된 또 다른 행복이다."
"그렇지만 이것이 최고의 행복이라고 주장한다면, 나는 그것을 인정하지 않겠다. 왜냐하면 더욱 승화된 행복이 있기 때문이다.
여기에 한 비구가 있는데, 그는 형상에 대한 지각을 완전히 뛰어넘어서 감각적 반응이 사라지고, 다양한 지각들에 대해서 주의하는 것에서 벗어나, '공간은 무한하다.'라고 생각하면서, 무한한 세계에 머무른다.(空無邊處)
이것이 더 고양되고 승화된 또 다른 행복이다."
"그렇지만 만약 이것이 최고의 행복이라고 말한다면, 나는 그것을 인정하지 않겠다. 이보다 더 승화된 행복이 있기 때문이다.
　여기에 한 비구가 있는데, 그는 무한한 공간의 세계를 완전히 초월해서 '의식은 무한하다.'라고 생각하고, 무한한 의식의 세계에 머무른다.(識無邊處)
이것이 더 고양되고 승화된 또 다른 행복이다."
"하지만 이것이 최고의 행복이라고 주장한다면, 나는 그것을 인정하지 않겠다. 여기에 그보다 더 큰 행복이 있기 때문이다.
여기에 한 비구가 있는데,그는 무한한 의식의 세계를 초월해서 '무엇이든지 아무것도 없다.'라고 생각하고 무(無)의 세계에서 머무른다.(無所有處)
이것이 더 고양되고 승화된 또다른 행복이다."

"그리고 여전히 이것이 최고의 행복이라고 주장한다면, 나는 그것들을 인정하지 않겠다. 여기에 이보다 더 승화된 행복이 있기 때문이다.

　여기에 한 비구가 있는데, 그는 무(無)의 세계를 완전히 뛰어넘어서 지각도 지각하지도 않는 세계에 머무른다.(非想非非想處) 이것이 더 고양되고 승화된 또다른 행복이다."
"그러나 누군가가 '이것이 존재들이 경험할 수 있는 최고의 기쁨과 즐거움이다.'라고 주장하면, 나는 그의 말을 인정하지 않겠다. 왜냐하면 이보다 더 고양되고 승화된 행복이 있기 때문이다.
그러면 이보다 더 고양되고 승화된 행복은 어떤 것인가?
여기에 한 비구가 있는데, 그는 지각도 지각하지도 않는 세계를 완전히 초월해서 지각과 감각의 소멸을 얻은 상태에서 지낸다.(想受滅定)
아난아. 이것이 더 고양되고 승화된 또다른 행복이다.
행복의 열개의 단계 중 이것이 가장 높으며 가장 승화된 것이다. 이러한 초월적인 상태는 *nirodhasamāpatti*(滅定)이라고 부르는데 즉, 니르바나를 이 삶에서 경험하는 것이다."

부처님께서 예상하였던것처럼 어떤 이는 이렇게 질문할 것이다.
"이 상태에서는 그것을 경험할 의식이 없는데, 어떻게 최고의 행복한 상태라고 부를 수 있겠는가?"
부처님께서 대답하셨다.
"그렇지 않다, 제자들아. 여래는 단순히 즐거운 감각때문에 지고의 기쁨을 인식하지 않는다. 그러나 제자들아, 어디에서 지고의 기쁨이 얻어지든간에, 성취자(깨달은 자)는 지고의 기쁨을 알아볼 수 있다."
부처님께서 말씀하셨다.
"나는 선언하노라. 감각에 의해서 경험된 모든 것은 고통스럽다.
왜 그런가 하면, 고통받고 있는 사람은 행복을 갈망하고, 이른바 행복이란 것은 여전히 더 큰 행복을 갈망하기 때문이다. 따라서 만족되지 않는 것이 바로 세속적인 행복이다."

부처님께서 일상적인 언어로 말씀하신 것은

'Nibbānaṁ Paramaṁ Sukhaṁ 니르바나는 최고의 기쁨이다.'였다.

이것은 지고의 기쁨이다. 왜냐하면 이것은 감각에 의해서 경험되는 행복의 부류가 아니기 때문이다. 이것은 삶의 고통으로부터 구원된 축복의 상태이다.

괴로움의 소멸이란 비록 이것의 진실한 모습을 묘사하는데 적합한 단어는 아니지만, 보통 행복으로 불린다.

니르바나는 어디에 있는가?

밀린다팡하에서 나가세나는 이 문제에 대해서 다음과 같이 대답하였다.

"동, 서, 남, 북, 위, 아래 또는 건너편 어디에도 니르바나가 놓일만한 장소는 보이지 않는다. 하지만 니르바나는 있다.
어떤 사람이 자신의 삶을 올바르게 하고, 계율을 토대로 하여 합리적인 마음자세로 이끌어간다면, 그가 그리스, 중국, 알렉산드리아 또는 코살라지방의 어디에서 살든 니르바나를 실현할 것이다."

"마치 불이 어떤 특정한 장소에 저장되어 있지 않지만, 필요한 조건이 갖추어져 있을 때는 불이 붙는 것처럼, 니르바나는 어떤 특정한 장소에 존재하지 않는다고 말하지만 필요한 조건이 충족되었을 때는 얻을 수 있다."

로히타싸경에서 부처님께서는 다음과 같이 말씀하셨다.

"지각과 사고를 갖고 있는 바로 이 육척의 몸에서 나는 이 세계의 기원, 세계의 소멸 그리고 소멸로 이끄는 길을 선언하노라."

여기서 세계는 괴로움을 의미한다. 따라서 세계의 소멸은 괴로움의 소멸, 니르바나를 의미한다.

인간의 니르바나는 이 육척의 몸에 의존한다. 이것은 창조된 어떤 것도

아니며 창조될 어떤 것도 아니다.[11]

니르바나는 응집(*apo*), 팽창(*pathavi*), 열(*tejo*), 그리고 운동성(*vāyo*)의 사대요소가 설 자리를 잃어버린 곳에 있다.

상윳타 니가야는 니르바나의 위치를 언급하면서,

"니르바나는 응집, 팽창, 열, 그리고 운동성의 사대요소가 더 이상 설 자리를 발견하지 못하는 곳에 있다."고 말하고 있다.

우다나(自說經)에서 부처님께서 말씀하셨다.

"오, 비구들이여, 많은 강물이 큰 바다에 이르고, 하늘에서 폭우가 쏟아져 내리지만 일단 큰 바다로 들어가면 적지도 많지도 않게 보이는 것처럼, 많은 비구들이 남김없는 반열반(Parinibbana)으로 들어감에도 불구하고, 니르바나의 세계에서는 많지도 적지도 않은 것이다."

그러므로 니르바나는 초월적인 자아가 거주하는 천국같은 것이 아니라, 우리 모두가 닿을 수 있는 곳에 있는 Dhamma(성취)이다.

인간들이 바라는 모든 형태의 즐거움을 제공해주고 마음껏 행복을 누릴 수 있는 영원한 천국은 실제적으로는 상상할 수 없는 것이다. 그러한 장소가 어디든지 영원히 존재할 수 있다고 생각하는 것은 절대적으로 불가능한 생각이다.

니르바나는 어디에도 저장할 수 없다는 것을 인정하면서, 밀린다왕은 나가세나에게 인간이 자신의 삶을 올바르게 이끌고, 니르바나를 실현하는데는 어떠한 바탕이 있는지에 대해서 질문하였다.

"그렇습니다. 왕이시여 그러한 바탕이 있습니다"
"나가세나여, 그 바탕이란 것이 어떤 것입니까?"
"오, 왕이시여, 계율이 그 바탕입니다.
만약 계율을 토대로 하며, 주의깊게 깨어있으면 시리아 또는 그리스 영

---

11) 니르바나는 오로지 팔정도에 의해서만이 깨달아지며, 이것은 만들어지는 것이 아니다.

토에 있든, 중국 또는 타타르에 있든, 알렉산드리아 또는 니쿰자에 있든 그가 어디에 있든간에 자신의 삶을 올바르게 영위하는 자는 니르바나를 얻을 것입니다."

무엇이 니르바나를 얻는가 ?

이 문제는 부적절한 것으로 반드시 옆으로 제쳐놓아야 한다. 왜냐하면 불교는 영원한 실재 또는 불멸하는 영혼의 존재를 부정하기 때문이다.

우리가 흔히 '영혼의 옷'이라고 말하는 이른바 존재란 것은 조건지워진 요소들의 단순한 묶음일 뿐이다.

아라한 비구니 바지라는 말했다.

"부분들이 올바르게 배열되었을 때 '수레'란 말이 우리 마음에 생기는 것처럼, 우리도 또한 관례적으로 말한다. 모임(五蘊)이 있으면 '존재'라고."

불교에 의하면, 이른바 존재란 것은 빛과 같이 빠르게 끊임없이 변하는 마음과 물질로 구성되어 있다. 이 두개의 구성요소를 제외하고 영원한 영혼이나 변하지 않는 실재는 존재하지 않는다. 이른바 '나'라고 부르는 것 또한 하나의 착각일 뿐이다.

영원한 영혼이나 '나'라고 착각하는 것 대신에 불교는 역동적인 삶의 유동성(santati)를 설정했다. 이것은 무지와 갈애에 사로잡히는 한, 무한히 흐른다.

이 두개의 뿌리깊은 원인이 아라한을 얻은 자에 의해서 뿌리뽑혔을 때, 그것들은 그의 마지막 죽음과 함께 흐르는 것을 멈춘다.

흔히 어떤 사람은 아라한이 반열반을 얻거나 니르바나 속으로 사라져버렸다고 말한다.

'바로 지금, 그리고 여기'에 있기 때문에 영원한 자아나 동일한 존재는 없다. 또한 니르바나에는 '나' 또는 영혼(attā)이 있을 수 없다는 것은 두말할 필요도 없다.

비수디마가(清淨道論)은 다음과 같이 말하고 있다.

"오로지 불행만이 존재할 뿐, 불행한 자는 아무도 없다. 행위를 제외하고 행위자는 발견되지 않는다. 니르바나는 있지만, 그것을 찾는 자는 없다. 길은 존재하지만, 그 위를 걸어가는 자는 없다."

니르바나에 대한 불교의 개념과 니르바나 또는 Mukti(해탈)에 대한 힌두교의 개념 사이의 주요한 차이점은, 불교도가 그들의 목표를 영원한 영혼이나 창조자 없이 바라보는 반면에, 힌두교도들은 영원한 영혼이나 창조자를 믿고 있다. 이것이 불교가 영원주의로도 허무주의(단멸주의)로도 불릴 수 없는 이유이다.

니르바나에서 '영원한 것'은 아무것도 없으며, 또한 아무것도 '단멸한 것'은 없다.

에드윈 아놀드 Edwin Arnold경이 말했다.

"만약 누구라도 니르바나가 소멸이라고 가르치면, 그들이 거짓말을 한다고 말하게. 만약 누군가가 니르바나는 살아있다고 가르치면 그들은 잘못 알고 있다고 말해주게"

이 니르바나의 문제는 부처님의 가르침에서 가장 어려운 것을 인정해야 한다. 아무리 우리가 연구를 해도, 우리는 결코 그것의 진실한 본성을 이해할 수 있는 위치에 있지 못할 것이다. 니르바나를 이해하는 가장 좋은 방법은 우리자신의 통찰지로 깨닫도록 노력하는 것이다.

비록 니르바나가 다섯감각에 의해서 인식될 수 없고 평범한 사람들이 찾을 때는 어둠속에 놓여있지만, 니르바나로 이끄는 유일한 올바른 길은 부처님에 의해서 자세히 설명되었으며, 모두에게 열려있다.

지금 그 목표는 구름에 가려있지만, 그것을 달성하는 방법은 완벽하게 분명하며, 그것이 성취되었을 때 그 목표는 '구름에서 벗어난 달'처럼 분명해질 것이다.

제 21 장
니르바나로 가는 길(1)

'중도(中道)는 고요함, 지혜, 깨달음 그리고 니르바나로 이끈다.'

——초전법륜

    니르바나로 가는 길은 중도이다. 이것은 지성을 약화시키는 극도의 자기 금욕과 도덕적 발전을 퇴보시키는 극도의 자기 탐욕 모두를 지양한다.
    중도는 다음의 여덟 가지 요소로 구성되었다.
    올바른 이해, 올바른 생각, 올바른 말, 올바른 행위, 올바른 직업, 올바른 노력, 올바른 관찰, 올바른 집중.
    첫번째 두개는 지혜에, 두번째 세개는 계(戒)에 그리고 마지막 세개는 집중(定)에 포함된다. 계, 정, 혜의 삼학(三學)에 따라 발전시켜 나가면 니르바나로 이끌어 갈 수 있다.
    고대의 아름다운 시에서는 이 세개의 수행에 대해서 매우 잘 표현해 주고 있다.

    모든 악에서 벗어나
    선한 행을 하고
    마음을 청정하게 하여라
    이것이 모든 부처님들의 가르침이다.

    *   *   *   *

    우리는 자신이 뿌린 것을 거두어 들인다. 악은 고통을 낳으며, 선은 행복을 낳는다. 우리의 고통과 행복은 우리 자신의 선과 악의 직접적인 결과이다.

올바른 이해를 가진 사람은 스스로 이러한 인과의 법칙을 깨달아서, 악을 삼가하고 최선을 다하여 선을 행한다. 따라서 그는 자신의 이익을 위해서 그리고 다른 사람의 이익을 위해서 노력한다. 그는 자신을 기쁘게 하고 또한 남을 기쁘게 하면서 살아가는 것이 자신의 의무라고 생각한다.

생명은 모두에게 소중하며, 아무도 다른 사람의 생명을 파괴할 어떠한 권리도 갖지 않았다는 것을 깨달아서, 그는 모든 살아있는 존재, 심지어는 그의 발밑에서 기어가는 미세한 생물에게까지 자애심과 동정심을 발하며, 다른 살아있는 존재를 죽이거나 해치는 것을 삼가한다.

하나의 존재가 다른 존재의 의해서 희생되어야 하는 규정은 어디에도 없다. 그렇지만 강자는 잔인하게 약자를 죽이며, 고기로 향연을 베푼다.

이것은 동물적인 본능이다. 동물에 의한 그런 행위들은 용서될 수 있다. 왜냐하면 그들은 자신들이 한 행위를 의식하지 못하기 때문이다. 그러나 합리적인 이성과 이해력을 가진 사람이 그러한 죄를 저질렀을 때, 그것은 용서할 수 없다. 자신의 입맛을 만족시키거나 또는 오락으로 하든간에 다른 살아있는 존재를 죽이거나 또는 죽이도록 야기시키는 것은 정당하지 못하다.

만약에 동물을 죽이는 것이 잘못된 것이라면, 개인적으로나 집단적으로, 잔인하거나 또는 이른바 문명화된 수단을 사용하여 평화, 종교 또는 다른 어떤 그럴듯하게 보이는 좋은 목적을 위하여 인간을 죽이는 것은 그 얼마나 잔인한 짓인가?

정직, 믿음, 성실은 또한 올바른 이해를 가진 사람의 특성이다. 이러한 사람은 속이거나 겉으로 명백히 드러나거나 간에 모든 형태의 도둑질을 삼가하려고 노력한다.

인간의 숭고한 특성을 타락시키는 간음을 삼가하며, 순수하고 청정하려고 노력한다. 그는 거짓말, 거칠은 말, 모욕적이고 비방하는 말을 피하고 오로지 진실하고, 친절하고, 상냥하고, 도움이 되는 말만을 한다.

어떤 음료수와 약은 산만한 주의력과 정신적인 퇴보를 조장시키기 때문에, 그는 정신을 마비시키는 음료를 피하며, 관찰력과 혜안을 함양시킨다.

이렇게 규정된 행위들의 기본적인 원리들은 니르바나의 길을 걸어가는 사람에게는 본질적이다. 왜냐하면 그것들은 주로 행동과 말을 자제시키기 때문이다.

그것들을 어기는 것은 그 길에서 그의 도덕적 발전을 방해하는 장애물을 만들어주는 것과 같다. 그것들을 지키는 것은 그 길을 따라서 평탄하고도 꾸준히 진전하는 것을 의미한다. 그의 점진적인 발전 단계에서 한 단계 더 진전되었을 때, 수행자는 이제 감각을 제어하려고 시도한다.

음식에 대한 갈애를 자제하기 위하여 그리고 몸과 마음의 회복력을 증진시키기 위하여 최소한 한달에 한번 단식을 하거나 절식을 하는 것이 바람직하다.

평범하고 단순한 사람들은 자신을 번뇌의 노예로 만드는 사치스러운 생활을 하기 좋아한다. 독신하는 생활은 권장할만 하다. 왜냐하면 이렇게 보존된 자신의 가치있는 에너지를 모두 자신과 다른 사람들의 지적 그리고 도덕적 번영을 위하여 활용할 수 있기 때문이다. 그러한 삶에서 인간은 도덕적 발전을 방해하는 부가적인 세속적 속박으로부터 떨어져있게 된다.

거의 대부분의 정신적인 스승들이 그들의 몸을 절제하면서 유지했고, 엄격한 독신, 검소함, 자발적인 빈곤, 그리고 자기 제어의 삶을 살아가고 있다. 수행자가 규정된 말과 행동 그리고 감각을 제어하면서 천천히 그리고 꾸준히 발전해갈 때, 업의 힘이 그에게 세속적인 즐거움을 포기하고 구도자의 삶을 살도록 이끌어가게 된다. 그러면 그 때 그에게 이런 생각이 떠오른다.

"세속적인 삶은 투쟁의 우리(동굴)이다. 그리고 고통과 결핍으로 가득찼다. 그러나 세속을 떠난 삶은 넓은 하늘처럼 자유롭고 드높다."

이와같이 그는 감각적 즐거움의 덧없음을 깨달아서 스스로 모든 세속적인 것을 포기하고, 구도자의 옷을 입고 청정하고도 성스러운 삶을 살아갈 것이다.

그렇지만 인간을 성스럽게 만드는 것은 외적인 모습이 아니라 내적인 자기정화와 모범적인 생활이다. 자기변혁은 내부로부터 오는 것이지 밖으로부터 오지는 않는다.

니르바나를 깨닫기 위하여 고독하게 은둔해서 수도자의 삶을 살아가는 것이 절대적으로 필요한 것은 아니다. 비구의 삶은 의심할 여지없이 정신적인 진전을 빠르고 용이하게 한다.

하지만 비록 재가신자라 할지라도 성인의 단계를 얻을 수 있다.

재가신자로서 모든 유혹을 겪으면서 아라한을 얻은 자는, 유혹이 없는 환경속에 살면서 아라한을 얻은 비구보다 확실히 더 칭찬할만한 가치가 있다.

아라한을 얻은 사제가 최고로 치장해서 코끼리 위에 앉아있는 것에 관해서 부처님께서 말씀하셨다.

"비록 어떤 사람이 사치스럽게 장식해도 만약 그가 평화롭게 걷는다면, 만약 그가 고요하고 침착하고 굳세고 순수하면, 그리고 그가 어떠한 살아있는 존재를 해치는 것을 삼가하면, 그 사람은 바라문이며, 수도자이며, 승려이다."

여기에 세속적인 삶을 포기하지 않고 니르바나를 깨달은 재가신자의 예가 있다. 가장 헌신적이고 마음씀씀이가 좋은 재가신자 아나타핀디카는 예류자였고, 사키야마하나마는 일래자였고, 옹기장이 가티카라는 불환자였고, 정반왕은 아라한의 경지에서 세상을 떠났다.

비구는 다음과 같은 네 가지의 더 높은 계율을 지켜야 한다.

Pātiimokkha-sila(戒本) – 근본적인 계율, 비구가 지켜야 할 여러가지 규칙
Indriyasamvara-sila(感覺律儀) – 감각의 억제에 관련된 계율
Ājivapārisuddhi-sila(生活歸淨) – 생계수단의 정화에 관련된 계율
paccayasannissita-sila(資具替止) – 생활필수품의 사용에 관한 계율

이러한 계율의 네가지 부류는 집합적으로 *sila-visudhi*(戒淸淨)으로 불리며, 니르바나로 가는 길에서 청정의 일곱개 단계중 첫째이다.

어떤 사람이 승단에 들어가서 구족계를 받을 때, 그는 비구라고 불린다.

팔리어 Bhikkhu의 의미를 정확하게 전달하는 적절한 영어는 없다.

탁발승(Mendicant monk)이 빌어먹는 의미에서가 아니라 보시에 의해서

살아가는 의미에서 가장 가까운 번역으로 제시될 수 있을 것같다.

일단 비구가 되면 계속 비구로 지내야 한다는 서약은 없다. 자발적으로 그가 좋아하는 한 성스러운 삶을 이끌어가기 위해 그는 비구가 된 것이다. 언제라도 교단을 떠나는 것은 그의 자유이다.

비구는 몇개의 사소한 것을 제외하고 220개의 계율을 지켜야 한다. 완전한 독신, 도둑질, 살인, 그리고 거짓말을 다루는 네개의 중요한 계율은 더 높은 정신력을 요구하는데, 이것은 엄격히 지켜져야 한다. 만약 그가 이것들 중 하나라도 어기면, 그는 바라이(婆羅夷)죄를 짓게 되고, 자동적으로 비구생활을 그만두게 된다.

만약 그가 바라면, 다시 교단에 들어가서 사미니(초보자)로 남을 수 있다.

그가 다른 계율을 어겼을 경우에는 위반의 중대함에 따라서 바로잡아야 한다.

비구의 특성 가운데는 청정, 완전한 독신, 자발적인 빈곤, 겸손, 검소함, 이타행, 자기억제, 인내, 동정심, 그리고 불살생이 있다. 비구의 삶 또는 다른 말로 해서 세속적인 즐거움과 야망을 포기한 것은, 단지 니르바나를 얻는데 효과적인 수단일뿐, 그 자체가 목적은 아니다.

제 22 장
니르바나로 가는 길(2)
-명 상-

'여기에 두 길이 있다.
하나는 이득의 길 그리고 다른 하나는 열반에 이르는 길이다.'

——법구경

삼매(三昧 : *Samādhi*)

계율에 확고한 발판을 마련한 다음에 수행자는 청정한 길의 두번째 단계, 마음의 제어와 수양, 삼매의 더 높은 수련에 들어간다.

삼매는 마음이 하나로 모아진 상태이다. 이것은 하나의 대상에 대하여 그 이외의 것을 완전히 제외한 마음의 집중상태이다.

불교에 의하면 40개의 명상의 대상이 있는데, 이것은 각 개인의 근기에 따라서 다르다. 그것들을 보면 다음과 같다.

1. 열개의 카지나(Kasiṇa)[12]
   ① 땅 ② 물 ③ 불 ④ 공기 ⑤ 푸른색 ⑥ 노란색 ⑦ 빨간색 ⑧ 흰색 ⑨ 빛
   ⑩ 공간

---

12) 여기서 카지나는 전체, 모든, 완전함을 의미한다. 이렇게 불리는 것은 카지나 대상에 투영해서 나오는 빛은 어디에서나 제한이 없이 확대될 수 있기 때문이다. 땅의 경우 직경 한뼘반의 원을 그려서 부드러운 황갈색 진흙을 덮는다. 만약에 황갈색 진흙이 충분치 못하면 다른 종류의 진흙을 밑에 깔아도 된다. 이렇게 원을 만드는 것을 카지나 만달라라고 부른다. 나머지 카지나도 이와 비슷하게 이해하면된다. 자세한 것은 비수디마가에 실려있다. 단지 여기서 다를것은 빛과 공간 카지나는 이 경전에서 발견되지 않고 있다는 것이다. 따라서 이것들을 제외하면 38개의 대상이 있다.

2. 열개의 혐오스러운 것(不淨觀) : 10개의 시체 각각에 대한 것이다.[13]
① 부풀은 것 ② 변색된 것 ③ 곪은 것 ④ 해부된 것 ⑤ 갉아먹어서 조각난 것 ⑥ 조각으로 늘어진 것 ⑦ 살덩이가 여기저기 흩어진 것 ⑧ 피 ⑨ 벌레와 구더기 ⑩ 해골

3. 열개의 명상(念)
① 부처님 ② 교리 ③ 승가 ④ 계율 ⑤ 보시 ⑥ 천신들 ⑦ 평화 ⑧ 죽음 ⑨ 몸에 대한 관찰 ⑩ 호흡에 대한 관찰

4. 네가지 무한한 마음(四無量心)
① 자애로운 마음   ② 동정하는 마음
③ 같이 기뻐하는 마음 ④ 공평한 마음

5. 하나의 인식 즉 물질적 음식에 대해 혐오스럽게 생각하는 것

6. 하나의 분석, 즉 팽창(地), 응집(水), 열(火), 운동성(風)의 4대요소에 대하여 각각의 특별한 특성을 분석하는 것

7. 무색계의 사선정
① 무한한 공간의 세계
② 무한한 의식의 세계
③ 무(無)의 세계
④ 지각도 지각하지도 않는 세계

각각의 기질에 따른 명상의 대상들

경전에 의하면 열가지 혐오스러운 대상과 몸에 대해 관찰하는 것(32개의 부분같은 것들)은 탐욕적인 성향이 강한 사람을 위해서 알맞은 명상의 대상들이다. 왜냐하면 이것들은 육체에 대한 유혹을 방지해주기 때문이다.

---

13) 이러한 열가지 종류의 시체는 고대의 공동묘지난 납골장에서 발견되었다. 여기에는 묻거나 화장하지 않았기 때문에 고기를 먹는 벌레들과 새들이 빈번하였다. 오늘날 이러한 시체를 명상의 대상으로 얻는 것은 불가능하다.

무한히 자비스러운 네가지 마음과 네개의 색깔 카지나는 남을 미워하는 성향이 강한 사람에게 적합하다.

부처님과 그의 여러가지에 대해서 명상하는 것은 종교적 성향이 강한 사람에게 적합하다.

그 중에서도 다음의 대상들, 즉 늘 부처님의 위신력을 생각하는 것, 자비스러운 마음에 대한 명상, 몸의 모든 움직임에 대한 주의깊은 관찰, 죽음에 대한 명상은 특정한 성격에 관계없이 누구에게나 알맞는 방법이다.

이러한 기질(carita)에는 여섯부류가 있다.

1) 탐욕적인 성향이 강한 기질(*rāgacarita*)
2) 미워하는 성향이 강한 기질(*dosacarita*)
3) 어리석은 성향이 강한 기질(*mohacarita*)
4) 종교적인 성향이 강한 기질(*saddhācarita*)
5) 지적인 성향이 강한 기질(*buddhicarita*)
6) 논리적인 성향이 강한 기질(*vitakkacarita*)

*Carita*는 인간의 타고난 성격을 의미하는데, 이것은 다른 어떤것에 의해서도 영향을 받지않는 정상적인 상태에서 나타난다. 사람들의 기질은 그들의 행위 또는 업의 다양성때문에 서로 다르다. 습관적인 행위들은 그에 따른 특정한 기질을 형성하는 성향이 있다. 탐욕은 성냄, 또는 미움이 다른 사람을 지배하려 할 때 우세하게 나타난다.

대부분의 사람들은 이 범주에 속한다. 그리고 지적인 것이 부족하고 다소간 어리석은 사람들도 약간은 있다. 어리석은 부류의 사람들은 항상 마음이 갈피를 못잡아서, 그들의 주의력을 의도적으로 하나의 대상에 집중시킬 수 없다. 천성적으로 어떤 사람들은 종교적이며, 반면에 어떤 사람들은 지적인 성향이 강한 경우가 있다.

이 여섯개의 부류를 각각 결합하면 63개의 성격이 나온다. 여기에 사색적 기질을 포함하면 64개의 유형의 기질이 있게 된다. 명상의 대상들은 이러한 여러가지 기질과 유형의 사람들에게 다양하게 적용된다.

제 22 장 니르바나로 가는 길(2) 401

　삼매를 수련하기 전에, 유능한 수행자는 이러한 명상의 대상에 대하여 주의깊게 관심을 기울여야 한다.
　고대에는 제자들이 자신의 기질에 따른 알맞은 대상을 선택하기 위하여 전문적인 스승의 지도를 받는 것이 관례였다. 그러나 지금은 만약 전문적인 스승의 도움을 받을 수 없다면, 수행자는 스스로 자신을 판단해서 자신에게 가장 적합한 것을 선택하여야 한다.
　대상이 선택되면, 그는 주의가 산만하지 않은 조용한 장소로 찾아가야 한다. 숲, 동굴 또는 고요한 장소가 가장 바람직하다. 왜냐하면 그곳은 수련하는 기간 동안 최소한의 방해만 받을 수 있기 때문이다. 그러나 고요함은 우리들 모두의 내부에 있다는 것을 알아야 한다.
　만약 우리의 마음이 안정되지 않는다면 아무리 조용한 숲도 편안한 장소가 못될 것이다. 그러나 우리의 마음이 안정되면, 시끄러운 도심속에서도 편안할 것이다. 우리가 살고 있는 환경은 마음을 고요하게 하는데 간접적으로 도움을 주는 역할을 할 뿐이다.
　다음으로 수행자는 자신과 환경이 수행하기에 가장 편리한 시간을 결정해야 한다. 마음이 신선하고 활동적인 이른 아침이나 또는 만약 지나치게 피곤하지 않을 때는, 잠자기 전이 일반적으로 명상하기에 가장 알맞은 시간이다.
　그러나 선택된 시간이 어떻든간에, 특정한 시간을 정해서 매일 꾸준히 하는 것이 바람직하다. 왜냐하면 그때 우리의 마음은 그 수련에 익숙해지기 때문이다.
　명상의 자세도 집중하는데 강력한 도움을 주는 역할을 한다.
　동양인들은 일반적으로 허리를 세우고 가부좌를 틀고 앉는다. 그들은 왼쪽 발을 오른쪽 넓적다리위로 포개어놓고, 다시 오른쪽 발을 왼쪽 넙적다리위로 포개어놓는다. 이것이 완전한 자세이다.(결가부좌).
　만약 이 자세가 어려우면, 오른쪽 다리나 왼쪽 다리 반쪽만 올려놓으면 되는데(반가부좌), 대부분의 사람들이 이 자세를 주로 취하고 있다.

이 앉는 자세가 잘 유지되었을 때 몸이 전체적으로 균형을 잘 이루게 된다. 오른 손은 왼 손위에 올려 놓아야 하며, 고개는 똑바로 쳐들어서 눈은 코끝을 응시해야 한다. 혀는 입천장에 닿게 하고, 허리띠는 편하게 풀어놓고 옷은 편하게 입는다.

어떤 이들은 불필요한 빛과 외부의 광경을 모두 차단시키기 위해 눈을 감는 경우가 있다. 물론 눈을 감으면 편하겠지만 이것은 졸음이 올 가능성이 많기 때문에 가능하면 눈은 뜨는 것이 좋다. 조금 지나면 마음은 통제력에서 벗어나 여기저기 목적없이 헤매면서, 걷잡을 수 없는 생각들이 일어나고, 똑바로 세운 몸은 구부러들고, 자기도 모르게 입이 열리고 침이 흘러내리면서, 고개는 꾸벅꾸벅 흔들리게 된다.

부처님께서는 보통 눈을 반쯤 뜨고 콧등을 지나서 네발자국 거리 이상을 바라보고 앉으셨다. 가부좌의 자세가 너무 힘들다는 생각이 들면 의자나 다른 기댈 것에 편안히 앉아서, 바닥에 있던 발을 충분히 쉬도록 한다. 사실 어떤 자세를 선택해야 그것이 쉽고 편하게 해주는 가는 그렇게 중요한 것이 아니다.

마음의 집중을 얻기 위해 전진하는 수행자는 어떠한 불건전한 생각도 처음에 일어나자마자 제어하도록 노력해야 한다.

슈타니파타의 파다나(精勤)경에 언급된 것에 따르면 수행자는 열개의 마군 무리의 유혹에 의해서 공격받을 수 있다. 그것들을 보면 다음과 같다.

① 감각적 욕망 ② 좌절 ③ 배고픔과 목마름 ④ 집착 ⑤ 게으름과 나태함 ⑥ 두려움 ⑦ 의심 ⑧ 악의와 기만 ⑨ 이익, 칭찬, 명예 그리고 비난 ⑩ 자만심과 경멸

이러한 경우에 부처님께서 가르쳐주신 다음의 방법들이 모두에게 도움이 될 것이다.

1. 자신을 침해하려는 자에 대해서 좋은 생각을 품는 것, 즉 미움의 경우에는 자애로운 마음을 낸다.
2. 행위의 결과가 불행을 초래하게 될 가능성을 명상하는것, 즉 성냄은

때때로 살인을 불러일으킨다.
3. 그것들에 대해서 무관심하거나 또는 완전히 내버려두는 것
4. 불건전한 생각을 야기시킨 원인으로 거슬러올라가 회상하는 과정에서 그것들을 잊어버리는 것
5. 육체적인 힘으로 제어하는 것

강한 사람이 약한 사람을 압도하는 것과 마찬가지로 수행자는 강력한 육체적인 힘으로 악한 생각을 극복해야 한다.

부처님께서는 "이를 악물고 혀를 입천장에 딱 붙여서"에 대해서 다음과 같이 말씀하셨다.

"승려는 온 힘을 다하여 자신의 마음을 제어하고 길들여야 한다. 그리고 이를 악물고 혀에 힘을 주어서, 마음을 제어하고 길들여야 한다.
그러면 사악하고 불건전한 생각은 사라지면서 소멸될 것이다. 그리고 그러한 생각들이 소멸됨에 따라 마음은 안정되고 가라앉고, 통일되고 집중될 것이다."

이렇게 모든 필요한 예비단계를 거친 다음에 자격을 갖춘 수행자는 한적한 장소로 들어가서 목적 달성에 대한 확실한 신념을 가지고 집중을 발전시키기 위해 꾸준히 정진해야 한다.

카지나만다라같은 물리적 대상은 오로지 집중에 도움을 준다. 그러나 자애같은 덕목은 인격에서 특별한 덕성을 함양시키는데 유리한 점이 있다.

명상을 하는 동안에 어떤 사람은 특별한 귀절의 말을 반복할 수 있다. 왜냐하면 그것들은 그 대상이 나타내는 생각을 불러일으키는데 도움을 주기 때문이다.

수행자가 그의 명상의 대상에 대해서 아무리 전념하여도 그는 초보자들이 필연적으로 부딪치는 최초의 어려움들로부터 벗어날 수 없다.

"마음은 방랑하고, 낯설은 생각들이 그의 앞에서 춤을 추고, 진전의 속도가 느리기 때문에 그것을 극복하지 못하고, 그의 정진은 느슨해진다."

오로지 결심이 확고한 수행자만이 이러한 장애들을 환영한다. 그는 이러한 어려움들을 물리치고 자신의 목표를 똑바로 보고, 결코 한 순간도 목표로부터 한눈을 팔지 않는다.

예를 들어, 수행자가 명상의 대상으로 땅을 택했다고 가정해보자.

약 직경 한뼘의 원위에 흙을 평평하게 잘 다듬어 놓는다. 이러한 종류의 카지나는 예비적인 명상의 대상으로 알려지고 있다. 그리고 이것을 약 네 발자국 앞에 놓고 바라보면서 집중하기 시작한다. 수행자는 여기에 완전히 몰입해서 모든 외적인 생각들이 저절로 마음으로부터 제외될 때까지 '땅'이라고 계속 반복한다.

수행자가 이것을 어느 기간 동안 했을 때 ㅡ일주일 또는 한달 또는 일년ㅡ 그는 눈을 감아서 그 대상을 마음에 생생하게 떠오르게 할 수 있다. 이러한 상상의 모습은, 그 대상의 정신적인 복사판인데 그는 이것이 개념화된 모습으로 발전할 때까지 여기에 집중한다.

비수디마가는 첫번째 상상화된 모습과 두번째 개념화된 모습의 차이에 대하여 "전자에서는 카지나대상의 결점이 나타나는 반면에 후자는 가방에서 꺼낸 거울판이나 또는 잘 닦은 조개껍질 또는 구름에서 벗어난 둥근달과 같다"고 설명하고 있다.

개념화된 모습은 색 또는 형태가 없다. 이것은 단지 현상의 한 형태 일 뿐이며 인식 그 자체일 뿐이다.

이러한 추상적인 개념에 계속 집중함에 따라 그는 '근접집중'(*upacara samadhi*)에 있다고 불린다. 그리고 정신적 발전에 대한 선천적인 다섯가지 장애 ㅡ 즉 감각적 욕망, 미움, 게으름과 나태함, 불안과 초조, 결단력 부족은 일시적으로 심일경성, 기쁨, 탐구, 행복, 고찰에 의해서 각각 억제된다.

마침내 그는 '무아적인 집중'(*appanā samādhi* : 安止定)을 얻고 선정에 몰입해서 심일경성의 고요함과 평온함을 누린다.

다섯가지 장애를 억제해서 성취된 이 심일경성은 '청정한 마음'(*cittavisuddhi*)즉 청정한 길(道)의 두번째 단계이다.

물에 대한 명상을 위해서 수행자는 빗물같이 색깔이 없는 물을 그릇에 가득채워서, 그것에 집중하면서 심일경성을 얻을 때까지 '물'이라고 반복한다.

불에 대한 명상을 발전시키기 위해 명상자는 자신의 앞에 불을 놓고 그것에 집중하면서 가죽 조각이나 옷 조각 또는 종이 조각에 한뼘 정도의 구멍을 내서 그것을 통하여 집중한다.

공기에 대한 명상을 발전시키려는 자는 창문 또는 벽에 있는 구멍을 통하여 들어오는 바람에 집중하면서 '공기', '공기'라고 말한다.

색깔에 대한 명상을 발전시키기 위해서 명상자는 규정된 크기의 원판을 만들어서 그 위에 푸른색, 노란색, 빨간색, 흰색을 칠하고 땅에 대한 명상처럼 색깔의 이름을 부르면서 그것에 집중한다. 그는 심지어 푸른, 노란, 빨간 그리고 흰꽃에 대해서도 집중할 수 있다.

빛 명상은 달 또는 흔들거리지 않는 램프 불빛, 태양빛으로 벽이나 바닥에 둥글게 원을 그려놓거나 또는 벽의 갈라진 틈이나 구멍으로 달빛이 들어가는 것에 집중하면서 '빛', '빛'이라고 말한다.

공간에 대한 명상은 잘 덮힌 천막이나 가죽 또는 멍석조각에 한뼘 정도 넓이로 구멍을 뚫어서 집중하면서 '공간, 공간'이라고 말하면서 수행하여 발전할 수 있다.

부 정(不淨 : Asubha)

고대 인도의 공동묘지에서는 열가지 종류의 시체를 볼 수 있었는데, 여기서는 시체를 화장하지 않았기 때문에 시체를 뜯어먹는 짐승이 많았다. 오늘날 그것들을 발견하는 것은 불가능하다.

수 념(隨念 : Anussati)

Buddhānussati(佛念)은 부처님의 공덕을 다음과 같이 찬양하는 것이다.

"참으로, 세존은 공양을 받을 가치가 있는 자, 완전히 깨달은 자, 지혜와 품행을 갖추신 자, 번영자, 세상일을 다 아시는 분, 중생들을 제도하는데 견줄 수 없는 스승, 신과 인간들의 스승, 모든 것을 아는 자 그리고 성스러운 자"

Dhammānussati(法念)는 교리의 특징을 다음과 같이 찬양하는 것이다.

"이 교리는 부처님에 의해서 잘 설명되었다. 스스로 잘 깨달을 수 있으며, 탐구해보면 즉시 결과를 얻을 수 있고, 니르바나로 이끌며, 현명한 사람에 의해서 스스로 이해될 수 있다."

Saṅghānussati(僧念)는 승가의 청정한 공덕을 다음과 같이 찬양하는 것이다.

"세존의 제자들의 공동체는 좋은 행위를 한다.
세존의 제자들의 공동체는 올바른 행위를 한다.
세존의 제자들의 공동체는 현명한 행위를 한다.
세존의 제자들의 공동체는 의무감이 강하다.
이러한 네쌍의 사람들은(四位) 여덟 사람들(八聖)로 구성되어 있다.
세존의 제자들의 공동체는 보시를 받을 가치가 있다.
세존의 제자들의 공동체는 환대를 받을 가치가 있다.
세존의 제자들의 공동체는 공양을 받을 가치가 있다.
세존의 제자들의 공동체는 이 세상에서 비교할 수 없는 공덕의 집단이다."

Sīlānussati(戒念)는 자신의 고결한 행위의 완벽함에 대해서 찬양하는 것이다.

Cāgānussati(施念)는 자신의 자비스러운 성품에 대해서 생각하는 것이다.

Devatānuseati(天神念)은 수행자가 '천신들은 자신들의 믿음과 다른 공덕 때문에 그렇게 행복한 상태에 태어났다. 나 또한 그런 공덕을 갖고 있다'고 생각하면서 자신의 믿음과 다른 공덕을 되풀이해서 찬양하는 것이다.

Upasamānussati(滅靜念)은 고통과 그밖의 것들의 소멸과 같은 니르바나의 특성을 명상하는 것이다.

Maraṇānussati(死念)는 심리적 육체적 생명이 다한 것을 명상하는 것이다.

죽음에 대한 명상은 우리에게 삶의 덧없는 본성을 이해하게 해준다.

우리가 죽음이 확실하고 삶이 불확실한 것을 이해할 때, 감각적 즐거움에 완전히 빠지는 대신에 자신의 발전과 다른 사람의 발전을 위해서 자신의 삶을 최대한으로 이용하려고 노력할 것이다.

죽음에 대한 끊임없는 명상은 인간을 염세적이게 하거나 퇴보하게 만들지 않으며, 오히려 더욱 활동적이고 정열적으로 만든다. 이외에도 우리는 침착하게 죽음에 직면할 수 있다.

죽음에 대해 명상하는 동안, 우리는 인생을 거품같거나 또는 이른바 존재란 것들이 보이지않는 업에너지의 일시적인 외적 모습이라고 생각할지도 모른다.

자신이 좋아하는 것에 따라 여러가지 비유를 사용하면서, 우리는 삶의 불확실성과 죽음의 확실성에 대해서 명상할 수 있다.

Kāyagatāsati(身念)는 육체의 32가지 불결한 부분들에 대해서 명상하는 것이다. 그것들은 다음과 같다.

'머리카락, 신체의 털, 손톱, 이빨, 가죽, 살, 근육, 뼈, 골수, 신장, 심장, 간, 횡경막, 비장, 폐, 내장, 장간막, 위, 배설물, 뇌, 담즙, 점액, 고름, 피, 땀, 분비액, 눈물, 지방, 타액, 콧물, 관절액, 소변.'

육체의 불결한 것에 대하여 명상하는 것은 육체에 집착하지 않도록 이끈다. 부처님 당시에 많은 비구들이 이와같이 불결한 것들을 명상해서 아라한을 얻었다.

만약 명상자가 32가지 모두에 대해서 정통하지 않으면, 그는 뼈, 살덩이 가죽같은 한 부분만 명상해도 된다. 이 몸안에서 뼈가 발견된다. 이것은 가죽으로 덮인 살덩이로 가득찼다. 가죽 이면에 아름다운것은 아무것도 없다.

명상자가 이러한 태도로 몸의 불결한 부분을 명상할 때, 몸에 대한 집착의 감정은 점차 사라진다. 이 명상은 관능적이지 않은 사람에게는 어울리지 않을지도 모른다. 그들은 인간이라는 이 복잡한 기계의 타고난 창조적인 가능성에 대해서 명상할지도 모른다.

$\bar{A}$ pānasati(數息觀)은 호흡에 대한 명상이다. 즉 호흡이 들어오고 나가는 것을 자세히 관찰하는 것이다. $\bar{A}$ na는 들어오는 것을 의미하며, pāna는 나가는 것을 의미한다.

숨쉬는 과정에 대해서 집중하는 것은 심일경성과 궁극적으로는 아라한으로 이끄는 통찰을 가능하게 한다. 이것은 모든 사람에게 적합한 가장 좋은 명상의 대상중의 하나이다. 부처님 또한 깨닫기 전에 이 수식관을 수련하셨다.

이 명상에 대한 상세한 설명은 염처경(念處經)과 비수디마가에 실려있다. 여기서는 일반독자를 위해서 약간 설명해 주고자 한다.

편안한 자세를 취해서 숨을 내쉬고 입을 다문다. 그러면 숨이 코속을 강제적이 아니라 자연스럽게 통과한다. 처음 숨을 들이마시면서 마음속으로 하나를 쉰다. 내쉬면서 둘을 세고 숨쉬는 과정에 집중한다.

이와같은 방법으로 열을 헤아릴때까지 하면서 항상 숨이 들어오고 나가는데 정신을 집중한다. 그러나 처음에는 하나에서 열을 헤아리기 전에 마음이 산란해지는 것을 보게 될 것이다. 그러나 실망해서는 안된다. 하나가 성공할 때까지 계속해야 한다. 점차적으로 명상자는 숫자를 다섯에서 열까지 늘릴 수 있다.

나중에 명상자는 수를 헤아리지 않고 호흡에 집중할 수 있다.

어떤 이들은 숫자를 헤아리면서 집중하는 것을 좋아하고, 반면에 어떤 이들은 이런 방법을 좋아하지 않는다. 본질적인 것은 집중하는 것이고 수를 헤아리는 것은 부차적인 것이다. 명상자가 이 명상을 할 때 그는 몸과 마음이 매우 평화로운 것을 느낄 수 있다. 그는 마치 공중에 떠 있는 것처럼 느낄 수 있다. 일정 기간 수련했을 때, 몸이 단순히 숨에 의해 지탱되고 숨이 멈추면 몸도 사라진다는 것을 깨달을 때가 올 것이다.

그는 그 즉시 몸이 영원하지 않다는 것을 깨닫는다. 이러한 변화가 있는 곳에 영원한 존재나 불멸의 영혼은 없다. 그러면 아라한을 얻기위한 통찰력이 발전할 것이다.

이제 호흡에 대한 이러한 집중의 대상은 단순히 마음을 모으는 것이 아니라,

해탈을 얻기 위해 통찰력을 기르는 것임을 분명히 알 수 있다.

이러한 단순한 방법은 어떠한 부작용도 없이 모두에게 권장할만한 것이다. 더 상세한 것은 비수디마가(淸淨道論)에 언급되어 있다.

염처경(念處經)에서는 수식관을 다음과 같이 설명하고 있다.

"수행자는 숨을 주의깊게 들여마신다. 그리고 주의깊게 내쉰다.
숨을 길게 들이 마셨을 때 그는 안다. '나는 숨을 길게 들이 마신다.' 숨을 길게 내쉬었을때 그는 안다. '나는 숨을 길게 내쉰다.'
숨을 짧게 들이마셨을 때 그는 안다. '나는 짧게 숨을 들이마신다.' 숨을 짧게 내쉬었을 때 그는 안다. '나는 숨을 짧게 들이마신다.'
'숨쉬는 모든 과정(처음, 중간 그리고 끝)을 분명히 인식하면서 나는 숨을 들이마실 것이다.' 이와같이 자신을 훈련한다. '숨쉬는 전체 과정을 분명히 인식하면서, 나는 숨을 내쉴 것이다.' 이와같이 그는 자신을 훈련한다.
'호흡을 고요하게 하면서 나는 숨을 들이 마실 것이다.' 이와같이 그는 자신을 훈련한다. '호흡을 고요하게 하면서 나는 숨을 내쉴 것이다.' 이와같이 그는 자신을 훈련한다."

범 주(梵住 : Brahmavihāra)

여기서 *Brahma*는 Brahmacariya(거룩한 생활)에서 처럼 거룩한 성스러움을 의미한다. *Vihāra*는 행위의 형태나 상태, 또는 살아있는 상태를 의미한다.

이것은 또한 *appamaññā*(無限)으로 불린다. 왜냐하면 이러한 생각들은 모든 존재를 향하여 제한을 두지않고 자비스러운 빛을 발하기 때문이다. (四無量心)

Metta(慈), 자애, 친절함, 선의는 사람의 마음을 부드럽게 해주는 것으로 정의된다. 이것은 육체적 사랑 또는 개인적인 애정이 아니다.

자애의 직접적인 적은 미움, 악의, 또는 혐오이다. 이것의 간접적인 적은 개인적인 애정이다. 자애는 모든 존재들을 예외없이 포용한다.

자애의 극치는 자신을 모든 존재와 일치시키는 것이다. 이것은 모든 존재들의 이익과 행복을 위한 바램이다. 사랑은 이것의 주요한 특성이다. 이것은 증오를 내쫓는다.

Karuṇā(悲)는 다른 것들이 고통을 받을 때 선한 마음이 떨리게 하는 것이며, 다른 것들의 고통을 소멸시켜주는 것으로 정의된다.

이것의 주요한 특성은 다른 존재들의 고통을 제거시켜주려는 간절한 바램이다. 이것의 직접적인 적은 사악함이며, 간접적인 적은 조심스럽게 걱정하는 것이다. 연민(悲)은 고통에 잠겨있는 모든 존재를 포용하며, 잔인성을 제거 시킨다.

Muditā(喜)는 단순한 동정심이 아니라 호의적이거나 인정하는 기쁨이다. 이것의 직접적인 적은 질투이며, 간접적인 적은 자신을 위해서 흥겹게 노는 것이다. 이것은 미움을 제거하고 다른 사람을 축하해주는 자세이다.

Upekhā(捨)는 집착도 혐오도 아닌 공평한 견해를 의미한다. 이것은 단순한 무관심이 아니라 완벽한 평정 또는 잘 균형을 이룬 마음이다.

이것은 칭찬과 비난, 고통과 행복, 이익과 손실, 명성과 비난같은 삶의 모든 변천 가운데서 마음의 균형된 상태이다.

이것의 직접적인 적은 집착이며, 간접적인 적은 무감각한 것이다. 평정(捨)은 집착과 혐오를 버린다. 공평한 자세는 이것의 주요한 특성이다.

여기서 평정은 단순히 중립적인 느낌을 의미하지 않으며, 가치있는 덕을 의미한다. 평정은 선과 악, 사랑과 미움, 즐거움과 불쾌함 모두를 포용한다.

비수디마가는 선정을 발전시키기 위하여 사무량심을 함양하는 방법을 차세히 설명하고 있다.

일단 명상자가 선정을 발전시키는 것에 성공하면 그는 어렵지 않게 다섯가지의 신통력 즉 천안통(天眼通), 천이통(天耳通), 숙명통(宿命通), 타심통(他心通), 그리고 여러가지 정신적인 능력을 발전시킬 수 있다.

그러나 삼매와 이러한 신통력은 아라한을 얻는데 반드시 본질적인 것은 아니다.

예를 들면, 선정의 도움없이 단지 통찰력을 길러서 아라한을 얻은 아라한들이 있었다 부처님 당시에는 많은 사람들이 선정을 닦지 않고도 아라한을 얻었다.

오로지 다섯번째 선정을 얻은 자만이 다섯가지 신통력을 발달시킬 수 있다.

천안통은 신적인 눈으로 투시력으로 불린다. 이것은 육체적인 눈으로는 인식할 수 없는 천상이나 세속적인 것들, 멀리 있거나 가까이 있는 것들을 볼 수 있게 한다.

존재들의 죽음과 재탄생에 대하여 아는 것은 이러한 투시력과 일치한다. 미래에 대해 아는 것과 존재들의 선하고 악한 행위에 따른 운명에 대해서 아는 것은 똑같은 범주에 속하는 앎이다.

천이통은 멀리나 가까이에 있는 크고 작은 소리를 들을 수 있는 것이다. 숙명통은 자신과 다른 사람들의 전생을 기억하는 능력이다. 이 앎에 대해서 부처님의 능력은 무제한적이다. 반면에 다른 사람들의 경우는 제한되어 있다.

타심통은 다른 사람의 생각을 아는 능력이다. 그외 여러가지 신통력은 공중을 날거나 물위를 걷거나 땅속으로 들어가거나 새로운 형태를 만들어 내는 힘과 같은 것이다.

제 23 장
장 애 (Nīvarana)

여기에 마음을 타락시키는 다섯가지가 있다.
이것에 물든 마음은 부드럽지도, 유연하지도, 빛나지도, 쉽게 깨지지도 않으며,
타락을 제거하기 위한 것을 완전히 갖추어 놓지도 않았다.

— 상윳타 니가야

Nīvarana(*Ni*＋*var* ; 방해, 장애)는 인간의 발전을 방해하거나 해탈과 극락의 상태로 가는 길을 좌절시킨다. 이것은 또한 '생각의 속박, 가려버리는 것, 감싸버리는 것'으로 설명된다.

다섯가지의 장애는 다음과 같다.

① 감각적 욕망(*kāmacchanda*) ② 성냄(*vyāpāda*) ③ 게으름과 지둔함 (*thīna-middha*) ④ 불안과 걱정(*uddhacca-kukkucca*) ⑤ 의심(*vicikicchā*)

1. *Kāmacchanda*는 감각적 욕망 또는 기분좋은 감각의 대상 즉 형상, 소리, 향기, 맛, 그리고 접촉같은 것에 집착하는 것을 의미한다. 이것은 또한 인간을 윤회에 묶는 속박의 하나로 간주된다.

평범한 사람들은 이러한 감각적인 대상의 유혹에 빠지고 만다. 자기억제의 결핍은 결국 필연적으로 번뇌를 일으킨다. 이 장애는 선정의 다섯 가지의 특성 중 하나인 심일경성에 의해서 억제된다. 이것은 일래과를 얻어서 완화되고 불환과를 얻어서 완전히 뿌리뽑힌다.

색계와 무색계에 대한 집착의 미세한 형태는 오로지 아라한을 얻었을 때 뿌리뽑힌다.

다음의 여섯가지 조건은 감각적 욕망을 근절시키는 경향이 있다.

① 대상의 혐오스러움을 인식하는 것 ② 혐오스러움에 대한 끊임없는 명상 ③ 감각의 억제 ④ 음식의 절제 ⑤ 좋은 우애 ⑥ 유익한 말

2. *Vyāpāda*는 성냄 또는 혐오하는 것이다. 좋아하는 대상은 집착하게 하는 반면 싫어하는 대상에게는 거부감을 느끼게 한다. 이것은 온세상을 태워버리는 두개의 큰 불이다. 무지와 더불어 이 두 가지는 이 세상에서 모든 고통을 만들어낸다.

성냄은 선정의 요소중의 하나인 기쁨에 의해서 억제된다. 이것은 일래과를 얻어서 완화되고 불환과를 얻어서 근절된다.

다음의 여섯 가지 조건들은 성냄을 근절시키는 경향이 있다.

① 선의를 갖고 대상을 인식하는 것 ② 자비에 대해 항상 명상하는 것 ③ 업은 자신이 만든 것이라고 생각하는 것 ④ 그러한 생각을 고수하는 것 ⑤ 우애 ⑥ 유익한 말

3. *Thina*(게으름)는 마음의 병적인 상태로서, *middha*(지둔함)은 의지의 병적인 상태로 설명된다. 지둔한 마음은 '나무에 매달려있는 박쥐나 달라붙은 당밀, 또는 너무 딱딱해서 바르기 어려운 버터덩어리' 만큼 비활동적이다.

나태함과 지둔함을 육체적으로 둔한 상태로 이해해서는 안된다. 왜냐하면 이 두개의 상태를 제거한 아라한 또한 육체적인 피곤함을 경험하게 되기 때문이다.

이 두개의 두드러진 정신적인 무기력은 용맹정진과 반대이다. 이것들은 선정의 요소인 탐구(*vitakka*)에 의해서 억제되며, 아라한을 얻어서 근절된다.

다음의 여섯 가지 조건들은 나태함과 지둔함을 근절시키는 성향이 있다.

① 음식을 절제하는 것에 대한 명상 ② 육체적 자세의 변화 ③ 빛의 대상에 대한 명상 ④ 활기있게 생활하는 것 ⑤ 우애 ⑥ 유익한 말

4. *Uddhacca*는 정신적인 불안 또는 마음의 동요이다. 불안은 모든 형태의 비도덕적 의식과 연관된 정신적 상태이다. 일반적으로 악은 불안이나 초조로 이루어진다. *Kukkucca*(惡作)은 걱정이다. 이것은 악을 저지르거나 또는 선한 것을 이루지 못한 것에 대한 후회이다.

자신의 악한 행위를 반성하는 것이 자신을 그것의 필연적인 결과로부터 벗어나게 하지 못한다. 가장 큰 반성은 다시는 그런 악을 저지르지 않겠다는 의지이다. 이 두개의 장애는 선정의 요소인 행복(*sukha*)에 의해서 억제된다. 불안은 아라한을 얻어서 근절되며, 걱정은 불환과를 얻어서 근절된다.

다음의 여섯가지 조건은 이 두개의 상태를 근절시키는 성향이 있다.

① 박식함 또는 배움 ② 의문제기 또는 논쟁 ③ 계율의 의미를 이해함 ④ 선배승려와 사귀는 것 ⑤ 우애 ⑥ 유익한 말

5. *Vicikicchā*는 의심 또는 결단력 부족을 의미한다. 즉 이것은 지혜의 능력이 없는 것이다.(*vi*=없음 ; *cikicchā*=지혜), 이것은 또한 혼란된 생각때문에 고민하는 것으로 설명된다(*vici*=찾음 ; *kicchā*=고민).

여기서 이것은 부처님과 그밖의 것들에 대해서 의심하는 의미에서 사용된 것은 아니다. 왜냐하면 심지어 비불교도도 의심을 억제해서 선정을 얻기 때문이다. 속박의 면에서 의심은 부처님과 그 밖의 것에 대해서 의심하는 것을 의미한다. 그러나 장애의 면에서 이것은 반드시 해야 할 특별한 일에 대해서 끈기가 없는 것을 가리킨다.

의심에 대한 주석서의 설명은 반드시 해야 될 어떤 것에 대해서 결정할 능력이 없는 것을 의미한다. 다른 말로 이것은 결단력의 부족이다. 이러한 상태는 선정의 요소인 고찰(*vicāra*)에 의해서 억제된다. 그리고 이것은 예류과를 얻어서 근절된다.

다음의 여섯가지 조건은 이것을 근절시키는 성향이 있다.

① 다르마와 계율에 대해 아는 것 ② 논쟁 또는 의문제기 ③ 계율의 의미를 이해하는 것 ④ 강력한 확신 ⑤ 우애 ⑥ 유익한 말

제 24 장
니르바나로 가는 길(3)

'모든 조건지워진 것들은 일시적이다 ······
모든 조건지워진 것들은 고통스럽다 ······
모든 조건지워진 것과 조건지워지지 않은 것은 나가 없다.'

———법구경

비파사나(통찰)

장애의 일시적인 억제에 의해서 선정이 발전되었을 때, 마음이 매우 청정해지게 되면, 여기서는 모든 것의 진실한 모습이 분명하게 반영되는 잘 닦은 거울같이 된다. 그러나 여전히 불건전한 생각으로부터 완전히 자유롭지는 않다. 왜냐하면 집중에 의해서 악한 성향이 단지 일시적으로 억제되었기 때문이다. 그것들은 예기치 않은 순간에 언제라도 표면에 떠오를 수 있다.

계율은 말과 행동을 조심스럽게 하며, 집중은 마음을 제어한다.

그러나 세번째 그리고 마지막 단계는 지혜(통찰)이다. 이것은 성인의 단계를 얻으려는 수행자가 삼매에 의해서 억제된 번뇌를 완전히 근절하게 한다.

처음 시작할 때 그는 사물을 있는 그대로 보기 위하여 청정한 시각(*ditthi-visuddhi*)을 닦는다[14]. 심일경성의 마음으로 그는 이른바 존재를 분석하고 조사한다. 이러한 탐구는 그가 '나', '인격'이라고 부르는 것이 단지 끊임없는 유동의 상태에 있는 마음과 물질의 복잡한 혼합물임을 보여준다. 이와같이 그는 이른바 존재의 참모습에 대한 올바른 견해를 얻어서 영원한 자아의 잘못된 인식으로부터 벗어나, 이러한 '나' 또는 '인격'의 원인을 찾는다. 그

---

14) 이것은 청정한 길의 세 번째 단계이다.

는 이 세상에는 어떤 원인이나 원인들이, 과거 또는 현재에 의해서 조건지워진 것외에 아무것도 없으며, 그의 현존재는 과거의 무지, 갈애, 집착, 업, 그리고 현생의 물질적 자양분때문이라는 것을 깨닫는다.

이러한 다섯가지 원인때문에 이른바 존재란 것이 생겨나고, 과거의 원인이 현재를 조건지우는 것처럼 현재는 미래를 조건지운다. 이와같이 명상하면서 그는 과거, 현재, 미래에 대한 모든 의심을 초월한다.[15]

그리고 나서 그는 '모든 조건지워진 것들은 일시적이며, 고통받는, 나라는 것은 없다'라는 진리를 명상한다. 사방 어디를 둘러보아도 이 세 가지의 특성만이 뚜렷이 두드러지게 보일뿐이다. 그는 삶이란 것은 내적이거나 외적인 원인에 의해서 단지 변천하는 것이 조건지워진 것임을 깨닫는다.

어디에서도 그는 진실한 행복을 찾을 수 없다. 왜냐하면 모든 것은 덧없기 때문이다. 이와같이 그가 삶의 진실한 모습을 관찰하면서 명상에 몰입하면 놀라움게도 그의 몸에서 오로라가 방출되는 것을 볼 때가 온다.

그는 이전에 겪어보지 못했던 즐거움, 행복, 그리고 고요함을 경험한다.

그는 평정한 마음이 되며, 종교적 열정이 증가하고 깨어있음이 분명해지면서 통찰이 예민해진다. 그는 오로라의 현상에 대해서, 자신의 향상된 정신적 상태가 성인의 단계라고 착각하면서, 이 정신적 상태를 좋아하면서 계속 발전시켜 나간다. 그러나 곧 이 새로운 현상들이 도덕적 발전에 방해가 되는 것을 깨닫게 되며, 그는 길과 길이 아닌 것에 대한 청정한 지혜를 닦는다.[16]

올바른 길을 인식하면서 그는 다시 모든 조건지워진 것들의 일어나고 사라짐에 대해서 명상을 시작한다. 이 두 가지의 상태 중 후자는 그의 마음에 더욱 인상적이 되는데, 변화는 생성보다 더욱 뚜렷하기 때문이다.

따라서 그는 그의 주의를 사물이 소멸되는 것에 대한 명상으로 향하게 한다. 그는 이른바 존재를 구성하고 있는 마음과 물질은 모두 끊임없이 유동하는 상태에 있으며, 한 순간도 똑같게 남아있지 않는 것을 인식한다. 그러면 그에게 모든 소멸되는 것들이 두렵다는 인식이 생긴다. 온 세상이 그에게 타오르는 불덩이─두려움의 원천─처럼 보인다. 즉시 그에게는 두렵고 미혹한 세계

---

15) 청정한 길의 네 번째 단계이다.
16) 청정한 길의 다섯번째 단계이다.

의 비참함과 덧없음을 돌이켜보고 혐오감을 느끼면서 그것으로부터 해방되려는 강한 의지가 뒤따른다.

대상에 대해서 이렇게 생각하면서 그는 다시 무상, 괴로움, 무아의 세개의 특성을 명상한 다음에, 모든 조건지워진 것들과 어떠한 세속적인 대상에 대해서도 집착도 혐오도 하지않는 완전한 평정심을 발전시킨다.[17]

이러한 정신적 단계에 이르면 그는 세 가지의 특성중에서 특별히 노력을 기울일 대상을 하나 선택하고, 그의 궁극적인 목적인 처음으로 니르바나를 깨닫는 영광의 그날까지 그 특정한 대상을 통해서 집중적으로 통찰력을 발전시켜 나간다.[18]

달케Dahlke박사는 이것을 다음과 같이 표현했다.

"밤에 여행자가 길을 걷다가 빛이 번쩍하는 순간에 바라본 주위의 모습이 오랫동안 뇌리속에 남아있듯이, 마찬가지로 진리를 추구하는 자도 통찰의 번쩍하는 빛에 의해서 얼핏 본 니르바나의 명료한 모습은 그후에도 결코 그의 마음으로부터 사라지지 않는다."

정신적인 발전 단계에서 니르바나를 처음으로 깨달았을 때, 그는 예류자 즉 최초로 니르바나로 이끄는 흐름에 들어간 자로 불린다. 이 흐름은 성스러운 여덟개의 길을 나타낸다. 예류자는 더 이상 범부가 아니며, 성스러운 자(Ariya)이다.

이 첫번째 성인의 단계를 얻어서, 그는 자신을 존재에 묶어 놓는 다음의 세가지 속박을 근절한다.

1) *Sakkāya-diṭṭhi*(有身見=sati+kāye+diṭṭhi,)즉 모임 또는 합성물이 존재한다는 견해, 여기서 *Kaya*는 물질, 느낌, 인식, 의지 그리고 의식의 다섯가지 모임(五蘊)을 의미한다.

   심리적-육체적 모임들의 복합적인 합성물이 있을 때, 여기에 변하지 않는 존재, 영원한 나가 있다는 견해는 *Sakkāya-diṭṭhi*(有身見)로 불린다.

---

17) 청정한 길의 여섯 번째 단계이다.
18) 청정한 길의 일곱 번째 단계이다.

담마상가니는 이러한 견해에 대해서 20여가지의 이론을 열거하고 있다.
  Sakkāya-diṭṭhi(有身見)은 일반적으로 거짓된 자아, 그 자아가 있다는 이론, 개체주의의 그릇된 생각으로 번역된다.

2) vicikicchā(의심)에는 다음과 같은 것들이 있다.
  ① 부처님 ② 다르마 ③ 승가 ④ 계율 ⑤ 전생 ⑥ 내세 ⑦ 전생과 내세 ⑧ 연기 등에 관한 의심.

3) Sīlabbataparāmāsa(戒禁取) − 잘못된 관례나 의식에 집착하는 것

담마상가니(法集)는 이것을 다음과 같이 설명하고 있다.

"도덕적 행위의 규칙이나 의식에 의해서 또는 도덕적 행위의 계율과 의식에 의해서 청정이 얻어진다는 것은, 이 교리밖에서 고행자와 바라문에 의해서 주장되는 이론이다."

나머지 일곱개의 속박을 근절시키기 위하여 예류자는 최대 일곱번까지 태어난다. 그는 부처님, 법, 그리고 승가에서 절대적인 확신을 얻는다. 그는 어떠한 이유로도 다섯가지 중 어느 것도 침해하지 않는다. 그는 깨달음이 운명지워졌기 때문에 고통스러운 상태에 다시 태어나지 않는다.
  니르바나가 멀리서 언뜻 보임으로 해서 새로운 용기를 갖게 되고, 성스러운 깨달음의 순례는 빠른 속도로 진전되며, 두개의 다른 속박인 감각적 욕망과 성냄을 완화시켜서, 그의 통찰을 완벽히 하면서 성인의 두번째 단계인 한번 돌아오는 자(一來者)가 된다.
  이제 그는 한번 돌아오는 자로 불리는데, 왜냐하면 만약 바로 현생에서 아라한을 얻을 수 없게 되면, 그는 인간계에 오직 한번만 더 태어나기 때문이다.
  여기서 재미있는 사실은 성인의 두번째 단계를 얻은 성인만이 시작없는 과거로부터 그가 묶인 이 두개의 강력한 속박을 완화시킬 수 있다는 것이다. 그는 사소한 정도지만 때때로 욕망과 성내는 생각을 품을 수 있다.
  그가 이 두개의 속박을 완전히 근절시키는 것은 성인의 세번째 단계인 다시

돌아오지 않는자(不還者)를 얻은 때이다. 이후에 그는 이 세상에 돌아오지도 않으며, 천상계에 태어나지도 않는다. 왜냐하면 그는 감각적인 만족에 대한 욕망을 뿌리뽑았기 때문이다. 사후에 그는 불환자를 위해 예약된 장소 즉 청정거(清淨居=Suddhāvāsa)에 다시 태어난다. 그곳에서 그는 아라한을 얻어서 수명이 다할 때까지 지낸다.

재가자가 불환자가 되었을 때, 그는 독신생활을 한다.

불환자는 이제 그의 마지막 목표를 위해 노력하며 나머지 다섯가지 속박 즉 색계에 대한 집착, 무색계에 대한 집착, 자만심, 불안, 무지를 제거하고 성인의 마지막 단계인 아라한을 얻는다.

흐름에 들어간 자, 한번 돌아오는 자, 다시 돌아오지 않는 자는 아직도 수행을 해야하기 때문에 유학(有學=Sekhas)이라고 불린다. 아직도 수행을 해야하기 때문이다. 아라한은 더 이상 어떠한 수련도 하지않기 때문에 무학(無學=Asekhas)이라고 불린다.

아라한Arahant은 문자적으로 존경받을 가치가 있는 자를 의미하며, 다시 태어나지 않게 되어있다. 왜냐하면 그는 새로운 업의 행위를 축적하지 않기 때문이다. 그의 재생성의 종자는 모두 소멸되었다.

아라한은 이루어져야 할 것이 다 이루어졌고, 고통의 무거운 짐을 마침내 벗어놓았으며, 모든 형태의 갈애와 무지의 모든 양태가 완전히 전멸한 것을 깨닫는다. 행복한 깨달음의 순례는 이제 천상보다도 더 높은 곳에서 있으며, 제어되지 않는 번뇌와 더러움의 세계로부터 멀리 벗어나, 이루 말할 수 없는 니르바나의 최고의 기쁨을 누린다.

재탄생은 더 이상 그에게 영향을 미치지 못한다. 왜냐하면 신선한 업의 활동에 의해서 더이상 재생성적인 종자는 형성되지 않기 때문이다.

비록 아라한이지만 이러한 해탈의 기쁨에 대한 경험은 간헐적이기 때문에, 그는 육체적인 고통으로부터 완전히 자유롭지 못하며, 또한 아직 그의 물질적인 몸을 벗어버리지 못한다.

아라한은 더 이상 수련을 하지않는 무학(無學=Asekha)이라고 불린다. 왜냐하면 그는 성스러운 삶을 살면서 그의 목적을 성취했기 때문이다.

예류자로부터 아라한의 길(道)까지 다른 성인들은 유학(有學=*sekhas*)이라고 불리는데, 그들은 계속 수행을 하여야 하기 때문이다.

이러한 맥락에서 알 수 있는 것은 색계와 무색계의 선정을 발달시킨 불환자와 아라한은 바로 현생에서 니르바나의 기쁨을 중단되지 않고 7일간 경험할 수 있다는 사실이다.

팔리어에서 이것은 멸정(滅定 : *Nirodhasamapatti*)이라고 알려지고 있다.

이 상태에서 성자는 고통으로부터 완전히 자유로우며 그의 정신적 활동은 모두 정지된다. 그의 의식의 흐름은 일시적으로 멈춘다.

Nirodhasamāpatti(滅定)를 얻은 자와 죽은 자의 차이에 관해서 비수디마가는 다음과 같이 언급하고 있다.

"시체는 육체의 형성력(호흡), 말 그리고 마음이 비활동적이고 정지됐을 뿐만 아니라 또한 생명력이 다하고 열이 소멸되고, 감각적 기능이 파괴된 반면에, 무아경에 들어간 비구는 비록 호흡, 관찰, 지각이 비활동적이고 정지되어도 생명력이 지속되고 열이 있고, 기능들이 분명하다."

불교에 의하면 흔히 하는 말로 이것은 이 삶에서 누릴 수 있는 최고 형태의 기쁨이다.

왜 아라한은 니르바나를 얻고도 계속 살아가는가?

이것은 그를 태어나게 한 업력이 아직 다하지 않았기 때문이다. 경전에서 예를 든다면 아라한은 나무에서 잘려나온 가지와 같다.

이것은 더이상 신선한 잎, 꽃 그리고 과일이 달리지 않는다. 왜냐하면 이것은 더 이상 나무의 수액에 의해서 지탱되지 않기 때문이다. 그렇지만 이미 존재한 것은 그 특정한 가지가 말라비틀어져 꺾일 때까지 계속 유지될 것이다.

자신의 수명밖에서 사는 아라한은 더이상 새로운 업을 축적하지 않으며 죽음에 완전히 무관심하다.

사리불존자는 다음과 같이 말했다.

"죽음도 삶도 나는 바라지 않는다.

이제 나는 이 죽어없어질 빈 껍데기를 내버리리라.
마음은 깨어있고 의식은 제어되면서 죽음에 대한 생각으로 시간을 헛되이 보내지도 않고, 살아있는 것을 즐거워하지도 않으리라.
나는 기다린다. 그 시간을, 마치 일을 다마친 고용인처럼"

아라한의 사후에 무엇이 일어나는가?

불꽃이 바람에 의해서 이리저리로 흔들리다가 사라지면 새겨놓을 수 없는 것처럼 마음과 물질에서 벗어난 부처님과 아라한이 사라지면 흔적을 새길 수가 없다고 말한다.

그러면 아라한은 단순히 사라지거나 또는 더 이상 존재하지 않는 것일까? 숫타니파타는 이에 대해서 다음과 같이 말하고 있다.

"사라진 자에게는 '그는 있다'라고 말할 수 있는 어떠한 형태도 존재하지 않는다. 모든 조건들이 중단되었을 때, 논쟁을 위한 모든 문제 또한 중단된다."

우다나(自說經)은 이 어려운 문제를 다음과 같이 설명하고 있다.

"용광로에서 타오르는 불이 조금씩 조금씩 사라져 갈 때 그것들이 어디로 갔는지 아무도 모른다. 이와 마찬가지로 완전한 해탈을 얻은 자, 욕망의 강을 건너간 자, 고요한 기쁨으로 들어간 자는 남아있는 흔적이 없다."

마지마 니가야는 이 문제에 관하여 부처님과 유행승 바차고타 사이에 있었던 재미있는 대화를 기록하고 있다.

유행승 바차고타가 부처님께 다가와서 물었다.
"하지만 고타마여, 마음으로부터 해방된 비구는 어디에 다시 태어납니까?"
그는 물론 아라한에 대해서 언급하고 있었다.
부처님께서 말씀하셨다.
"바차고타야, 그가 다시 태어난다고 말하는 것은 적합한 말이 아니다."

"그러면 고타마여, 그는 다시 태어나지 않습니까?"
"바차고타야, 다시 태어나지 않는다는 말도 적합한 것이 못된다."
"그러면 고타마여, 그는 다시 태어나고 다시 태어나지 않는 것 둘다 입니까?"
"바차고타야, 그가 다시 태어나고 다시 태어나지 않는다는 말은 적합한 것이 못된다."
"그러면 고타마여, 그는 다시 태어나지도 않고 태어나지 않는 것도 아닙니까?"
"바차고타여, 그가 다시 태어나지도 않고 다시 태어나지 않는 것도 아니라고 말하는 것은 적합한 표현이 못된다."
바차고타는 모순되어 보이는 답변을 듣고 머리속이 혼란하여 외쳤다.
"고타마여, 저는 이 문제에 대해서 어떻게 생각해야 할지 모르겠습니다. 그리고 저는 지금 매우 혼란되어 있습니다."
"오 바차고타여, 그럴만도 하지, 이 문제에 대해서 당황하지 말라, 그리고 너무 그렇게 혼란스러워할 것도 없다.
오 바차고타여, 이 교리는 심원하고, 이해하기 어려우며, 훌륭하고, 뛰어나다. 단순한 이성으로는 닿을수 없으며, 오로지 현명한 사람만이 이해할 수 있으며, 자네같이 다른 교단, 다른 믿음, 다른 종파, 다른 수행, 다른 스승의 발밑에 앉아있는 자에게는 배우기가 어려운 교리이다.
오 바차고타야, 이번에는 내가 너에게 물어볼테니 네가 옳다고 여기는 것을 한번 대답해보거라. 바차고타야, 만약에 불이 너 앞에서 타오르고 있다고 가정하면 너는 불이 네앞에서 타오르고 있다는 것을 알아차리겠느냐?"
"고타마여, 만약 불이 제 앞에서 타오르고 있으면 저는 불이 제앞에서 타오르고 있는 것을 알 수 있습니다."
"그렇지만 바차고타야, 만약 어떤 사람이 너에게 '당신앞에서 타오르고 있는 불은 무엇을 의지하고 있는가'라고 묻는다면 어떻게 대답하겠느냐?"
"고타마여 '내 앞에서 타오르고 있는 불은 풀과 나무 등의 연료를 의지하고 있다'고 말하겠습니다."
"그러면 바차고타야, 네 앞에 있는 불이 꺼지면 네 앞에 있는 불이 꺼진 것을 알겠느냐?"
"고타마여, 만약에 제 앞에 있는 불이 꺼지면, 저는 제 앞에 있는 불이 꺼졌다는 것을 알아차릴 것입니다."
"그러면 바차고타야, 만약 누군가가 너에게 '그 불은 동, 서, 남, 북 어디로 갔습니까?'라고 물으면, 너는 어떻게 말하겠느냐?"
"고타마여, 그 질문은 목초와 나무의 연료에 의지하는 불에 대해서는 적합하지 못합니다. 그리고 연료가 다 되었을 때 그리고 더 이상 공급되지 않으면, 이것은 꺼졌다고 말합니다."
"바차고타야, 이와 똑같이 모든 형상, 감각, 인식, 정신적 활동, 그리고 의식이 포기되고, 근절되고, 파미라나무 그루터기처럼 되어서 소멸되고, 미래에 다시 새싹이 돋을 가능성은 없다."
"오 바차고타야, 오온을 형성한 것으로부터 벗어난 성자는 거대한 태양처럼 깊고 헤아릴 수 없다. 그가 다시 태어난다고 말하는 것은 적절한 것이 못된다. 그가 다시 태어나지도 않고 다시 태어나지 않는 것도 아니라고 말하는 것 또한 적합한 것이 못된다."

우리는 아라한이 다시 태어난다고 말할 수 없다. 왜냐하면 재탄생을 조건지우는 모든 번뇌는 근절되었기 때문이다. 또한 아라한이 전멸되었다고 말할 수 없다 왜냐하면 전멸이란 아무것도 없음을 말하기 때문이다.
과학자인 로버트 오펜하이머Robert Oppenheimer는 다음과 같이 쓰고 있다.

"만약 전류의 위치가 똑같은 곳에 유지되느냐고 묻는다면, 우리는 '아니오'라고 대답해야 한다. 만약 전류의 위치가 시간에 따라 변하는가 하고 물으면, 우리는 '아니오'라고 대답해야 한다.
'만약 전류가 멈추었는가'라고 묻는다면, 우리는 '아니오'라고 대답해야 한다.
만약 이것이 움직이고 있는지 묻는다면 우리는 '아니오'라고 대답해야 한다."

"부처님께서는 사후에 인간존재의 형태에 관해서 질문받았을 때, 그렇게 답변하였다. 그러나 그것들은 17세기와 18세기의 과학의 전통에서 볼때는 이해하기 쉬운 답변이 아니다.

그래도 안전하게 결론을 내린다면 니르바나는 번뇌의 완전한 소멸에 의해서 얻어진다. 그러나 이러한 지고의 상태의 진실한 본성은 말로 표현될 수 없다.

형이상학적인 관점에서 니르바나는 고통으로부터의 완전한 해탈이다. 심리학적인 관점에서 니르바나는 자아의 근절이다. 윤리적인 측면에서 니르바나는 탐, 진, 치의 소멸이다."

제 25 장
아라한의 상태

"비록 경전을 조금만 암송하더라도
가르침에 따라 행동하면서
욕망, 미움 그리고 어리석음을 버리고
진실하게 알고, 마음이 자유롭고
어디에도 집착하지 않으면
그는 성스러운 삶의 열매(果)를 얻으리니"

———법구경

재미있고 고상한 이야기들로 가득찬 삼장(三藏)은, 수명이 다할 때까지 이 세상에 살면서 모범적인 생활과 가르침으로 다른 구도자들을 돕는, 아라한의 평화롭고 행복한 상태에 대해서 설명하고 있다.

법구경에서 부처님은 말씀하셨다.

'여행을 마친 자[19], 고통이 없는 자[20], 모든 것[21]으로부터 완전히 자유로운 자, 모든 속박[22]을 끊어버린 자에게(번뇌의) 열은 존재하지 않는다.'[23]

그들은 깨어있다. 어느 거처에도 그들은 집착하지 않는다. 백조가 그들의 저수지를 떠나듯이 집을 하나씩 버리고는 떠난다.[24]

아무것도 축적된 것이 없는 자[25], 그들의 음식을 절제하는 자[26], 해탈을 얻은 자[27]의 마음은 텅 비어있어서 마치 공중에 나는 새처럼 흔적이 없다.

모든 번뇌가 소멸되고 장애가 제거되고, 음식에 집착하지 않고, 해탈을 얻은 자는 비어있고 흔적이 없다. 왜냐하면 그의 길은 공중에 있는 새처럼 자취를 찾을 수 없기 때문이다.

조련사에게 잘 훈련된 말처럼, 모든 감각이 가라앉고, 자신의 자만심을 제거하고, 번뇌로부터 자유러운 자는 신들조차도 찬탄한다.

대지와 같이 너그럽고 큰기둥처럼 확고한 사람은 성내지 않는다. 흙탕물이 없는 호수처럼 그렇게 평온한 자[28]에게 삶의 방황은 일어나지 않는다.[29]

생각, 말, 그리고, 행동이 고요하고 올바르게 아는 자는 번뇌로부터 완전히 자유롭고, 완전히 평화로우며, 균형을 이루었다.

경솔하지 않는 자[30], 창조되지 않은 것(니르바나)를 이해하는 자, 연결고리를 끊어버린 자[31], (선과 악의)기회를 잘라버린 자, 모든 욕망을 제거한 자[32], 그는 참으로 뛰어난 자이다.

마을 또는 숲속에 있거나, 골짜기에 있거나, 언덕에 있거나, 어디에 살든 간에 아라한은 참으로 그 곳에서 즐겁게 산다.

세속적인 즐거움이 없는 숲속은 즐겁다. 번뇌가 없는 자[33]는 그곳에서 즐겁게 지낸다. 왜냐하면 그는 감각적 즐거움을 찾지않기 때문이다.

오 행복하여라, 우리는 미움속에서 미움없이 산다. 미워하는 사람들 가운데서 미움없이 산다.

오 행복하여라, 우리는 병자들속에서 건강하게 산다.

오 행복하여라, 우리는 감각적 욕망을 동경하는 사람들 속에서 그것에 대한 동경없이 산다.

오 행복하여라, 우리는 아무런 장애가 없다. 우리는 빛을 발하는 세계의 신들처럼 기쁨을 주는 자.

여기에도[34] 또는 저쪽 해안에도[35], 여기와 저쪽 해안 모두에도[36] 그를 위한

것은 존재하지 않는다. 그는 고통받지 않으며, 속박당하지 않는다 — 나는 그를 바라문이라고 부른다.[37]

명상적이고[38], 더러움이 없고, 한적한 곳에 있는 자[39], 그의 의무를 다하고 번뇌로부터 자유로운 자[40], 최고의 목표를 얻은 자[41] — 나는 그를 바라문이라고 부른다.

몸, 말, 또는 마음으로 악한 것을 하지 않는 자, 이 세 가지를 제어한 자 — 나는 그를 바라문이라고 부른다.

(미움의)끈, (갈애의)가죽끈, 부가물(잠재된 성향)과 함께 있는 (이단의)밧줄을 끊은 자, (무지의)걸림돌을 무너뜨린 자, 깨달은 자[42] — 나는 그를 바라문이라고 부른다.

성내지 않고, 비난, 채찍질 그리고 형벌을 참는 자, 그의 힘이 인내인 자 — 나는 그를 바라문이라 부른다.

성내지 않으며, 의무적이고[43] 덕스러우며, 갈애에서 벗어나고, 자신을 제어하고 그의 마지막 몸을 지닌 자[44] — 나는 그를 바라문이라 부른다.

연꽃위의 물처럼, 바늘끝의 겨자씨처럼 감각적 즐거움에 매달리지 않는 자 — 나는 그를 바라문이라 부른다.

바로 여기 이세상에서 그의 고통의 소멸을 실현한 자, 짐[45]을 옆으로 내려놓고 해방된 자 — 나는 그를 바라문이라 부른다.

지혜가 깊고, 현명하고, 올바르고 올바르지 않은 길을 잘 알며, 최고의 목표에 도달한 자[46] — 나는 그를 바라문이라고 부른다.

세속에도, 세속을 떠난 생활에도 집착하지 않는 자, 머무는 곳 없이 방황하는 자, 바라는 것이 없는 자 — 나는 그를 바라문이라고 부른다.

약하거나 강한 존재들에 대해서 휘두르던 몽둥이를 버려놓은 자, 해를 끼치거나 죽이지 않는 자—나는 그를 바라문이라 부른다.

미워하는 사람들 사이에서 친절한자, 폭력가운데서 평화로운 자, 집착한 자들[47] 가운데서 집착하지 않는 자—나는 그를 바라문이라 부른다.

욕망, 미움, 자만, 그리고 비난의 바늘끝에서 겨자씨가 떨어진 것처럼 떨어진 자—나는 그를 바라문이라 부른다.

상냥하고, 교훈적이고, 진실한 말을 하는 자, 자신의 말로 아무에게도 해를 끼치지 않는 자—나는 그를 바라문이라 부른다.

이 세상에 관한 것이든, 다음 세상에 관한 것이든 아무런 바램이 없는 자, 바라는 것이 없고 해방된 자—나는 그를 바라문이라고 부른다.

선과 악 그리고 속박[48]을 뛰어넘은 자, 고통이 없으며, 더러움이 없으며, 청정한 자—나는 그를 바라문이라고 부른다.

달처럼 오점이 없는 자, 청정하고 고요하고 동요되지 않는 자[49], 생성에 대한 갈애를 제거한 자—나는 그를 바라문이라 부른다.

인간의 속박을 벗어버리고 천상의 속박을 뛰어넘어, 모든 속박으로부터 완전히 자유로운 자—나는 그를 바라문이라 부른다.

좋아함[50]과 싫어함[51]을 포기한 자, 침착하고 더러움이 없는 자[52], 세상[53]을 정복한 자, —나는 그를 바라문이라 부른다.

과거, 미래 또는 현재의 모임들(五蘊)에 집착하지 않는 자, 집착과 붙잡음이 없는 자—나는 그를 바라문이라 부른다.

두려움이 없는 자[54], 성스러운 자, 영웅, 위대한 현자[55], 정복자[56], 바라는 것이 없는 자, (번뇌의) 청소부[57], 깨달은 자[58]—나는 그를 바라문이라 부른다.

그의 이전의 거주지[59]를 아는 자, 즐겁고 고통스러운 상태[60]를 아는 자,

태어남의 끝에 다다른 자[61], 뛰어난 지혜로 자신을 완벽히 한 자[62], 성스러운 삶을 완성한 자[63], 모든 번뇌의 끝에 다다른 자-나는 그를 바라문이라 부른다.

---

19) 존재의 세계에서의 삶, 즉 아라한을 의미
20) 인간은 성인의 세번째 단계인 불환과를 얻어서 고통을 벗어날수있다. 이 단계에서 인간은 감각적 욕망에 대한 집착과 성냄 또는 혐오를 완전히 근절시킬수 있다.
21) 오온을 의미함
22) 속박에는 네가지 종류가 있다.
① 탐욕 ② 성냄 ③ 잘못된 관례와 의식에 빠지는 것 4)자신의 선입견을 진리로 고수하는 것
23) 이것은 아라한의 윤리적 상태를 언급한 것이다.
열은 심리적 육체적 모두이다 아라한은 살아있는 동안은 육체적 열을 경험하지만, 그것 때문에 걱정하지는 않는다.
그는 번뇌의 정신적 열을 경험하지 않는다.
24) 아라한은 그들이 가고 싶은 곳은 어디든지 어떠한 집착도 없이 돌아다닌다. 왜냐하면 그들은 '나'와 '나의 것'이라는 관념에서 벗어났기 때문이다.
25) 여기에는 두 가지 종류의 축적이 있다. 즉 업을 쌓는 행위와 삶의 네 가지 필수품이다. 전자는 윤회에서 삶을 연장하는 성향이 있으며, 후자는 비록 필수적이지만, 정신적인 발전에 장애가 되기 쉽다
26) 음식에 대한 욕망을 제거하는 것
27) 니르바나는 고통으로부터의 해방이다. 이것은 비어 있음이라고 불리는데, 왜냐하면 탐, 진, 치가 비어있기 때문이며, 무(無) 또는 절멸이 아니다. 니르바나는 적극적인 초세속적 상태이며, 세속적인 언어로는 설명될 수 없다. 이것은 흔적이 없다. 왜냐하면 이것은 탐, 진, 치의 흔적으로부터 벗어나 있기 때문이다. 아라한은 살아있는 동안에 니르바나의 기쁨을 경험한다. 아라한은 사후에 존재하거나 또는 사후에 존재하지 않는다고 말하는 것은 옳지 못하다. 왜냐하면 니르바나는 영원주의도 아니며, 단멸주의도 아니기 때문이다. 아라한은 바로 현생에서 아라한과를 얻어서 니르바나의 기쁨을 경험한다.
28) 그는 바라는 대상에 집착하지도 않으며, 마음에 들지 않는 대상에 혐오하지도 않는다. 그는 어느 것에도 집착하지 않는다. 여덟 가지의 세속의 조건-이익과 손실, 명예와 불명예, 비난과 칭찬, 행복과 고통-가운데 아라한은 동요되지 않으며, 집착도 혐오도, 즐거움도 슬픔도 드러내지 않는다.
29) 왜냐하면 그들은 탄생과 죽음을 하지 않기 때문이다.
30) 그는 다른 사람이 말하는 것을 무조건 받아들이지 않는다. 왜냐하면 그는 자신의 경험으로부터 알기 때문이다.
31) 존재와 재탄생의 연결고리를 의미한다.
32) 성인의 네개의 길에 의해서 제거된다. 욕망의 총체적인 형태는 앞의 세단계에 의해서 그리고 섬세한 형태는 마지막 단계에서 근절된다.
33) 한적한 숲속에서 번뇌가 없는 아라한의 즐거움은 세속적인 것과 아무런 연관성이 없다.
34) 여섯개의 내적인 감각분야
35) 여섯개의 외적인 감각분야
36) 어떠한 것도 '나' 또는 '나의 것'으로 붙잡지 않는다.

37) 여기서 바라문은 성스러운 자들을 의미하는 것으로 사용되고 있다.
38) 집중(삼매)와 통찰(비파사나)를 수련한 자
39) 숲속에 혼자 사는 자
40) 사성제를 깨닫고 번뇌를 근절시킨 것
41) 니르바나를 말한다.
42) 사성제를 이해한자
43) 종교적인 내핍에 헌신적인 것
44) 왜냐하면 그는 번뇌를 제거했기 때문에 더이상 다시 태어나지 않는다.
45) 모임들(五蘊)의 짐
46) 그는 고통스러운 상태, 즐거운 상태, 그리고 니르바나로 가는 길을 안다.
47) 물질의 모임(오온)에 집착한 자
48) 탐, 진, 치, 자만, 거짓된 견해
49) 번뇌에 의해서 동요되지 않다
50) 감각적 욕망에 대한 집착
51) 숲속의 생활을 싫어하는 것
52) 이것은 Upadhi(所衣)를 의미하는데 여기에는 네가지 종류가 있다. 즉 모임들(五蘊), 번뇌, 의지적활동, 감각적 욕망이다.
53) 이것은 모임들(五蘊)의 세계를 의미한다.
54) 코뿔소처럼 두려움이 없는 자
55) 높은 계, 정, 혜를 추구하는자
56) 번뇌의 정복자
57) 모든 더러움들을 깨끗이 청소한 자
58) 사성제를 이해하는 자
59) 여섯개의 천상계. 열여섯개의 색계. 네개의 무색계
60) 네개의 고통스러운 상태
61) 아라한
62) 이해해야 할 것은 이해하고, 버려야 할 것은 버리고, 깨달아야 할 것을 깨닫고, 발전시켜야 할 것을 발전시켜서 최고의 정적에 올라간 자
63) 모든 번뇌의 소멸, 아라한의 길과 연관된 지혜의 최고의 정점에 올라간 자

제 26 장
보살의 이상

"살과 피로 이루어진 이몸을 나는 지닌다,
바로 인류의 이익과 번영을 위해서."

——스리 상가보디

부처님의 가르침에서 보면, 궁극적인 목표를 실현하기 위한, 세 가지 종류의 깨달음이 있는데, 수행자는 자신의 기질에 따라서 그들 중 하나를 선택할 수 있다.

그것들은 *Sāvakabodhi*(聲聞), *paccekabodhi*(緣覺), 그리고 *sammāsambodhi*(正等覺者)

*Sāvakabodhi*는 제자(문자적으로 듣는 자)의 깨달음이다. 이것은 아라한(문자적으로, 가치있는 또는 번뇌가 없는 자)의 이상이라고 알려지고 있다.

아라한이 되기를 원하는 수행자는 일반적으로 뛰어나게 깨달은 스승의 가르침을 찾는다. 도덕적으로 향상된 수행자는 유능한 스승으로부터 약간의 가르침만으로도 깨달음의 윗길로 나아가는 것이 가능하다.

예를 들면 사리불존자는 아라한 아사지로부터 오로지 사구게 반쪽만 듣고 성인의 첫째 단계를 얻었다. 사랑하는 이들을 모두 잃어버리고 비참한 상태에서 괴로워하던 파타차라는 발을 씻던 물을 보고 깨달았다.

숨이 끊어진 외아들을 부처님께 살려달라고 사정했던 순진한 키사고타미는 등잔불이 꺼지는 것을 보고 성인의 경지를 얻었다.

4개월간 한 귀절도 암송하지 못했던 주리반특은 깨끗한 흰색천을 사용하여 태양을 바라보면서 무상함을 명상하다가 아라한을 얻었다.

아라한은 그의 목적을 이룬 후에 나머지 삶을 모범적인 생활과 가르침으로 평화를 찾는 자들을 도와주는데 헌신한다. 그는 먼저 자신을 정화시키고 다른 사람들에게 그의 가르침을 설명해주어서 정화시키려고 노력한다.

아라한은 진리를 깨닫지 못한 세속적인 스승들보다 법을 가르치는데 훨씬 능력이 있다. 왜냐하면 그는 자신의 경험으로부터 깨달은 것을 말하기 때문이다.

아라한의 성스러운 이상에는 이기적인 것이 없다. 왜냐하면 아라한은 오로지 이기심의 모든 형태를 근절시켰을 때만이 얻을 수 있기 때문이다. 자아가 있다고 착각하는 것은 아라한을 얻기 위하여 버려야 할 또 다른 속박이다.

부처님 당시에 살던 현명한 남자와 여자들 그리고 후대의 사람들이 바로 현생에서 깨닫기 위하여 부처님의 법을 배울 수 있는 황금같은 기회를 이용하여 은혜를 입었다.

Paccekabodhi(緣覺)은 다른 외부적인 도움을 찾지않고 스스로의 노력에 의해서 목적을 달성한 자로, 의존하지 않고 깨닫는 자이다. 이렇게 성스러운 사람은 *Pacceka* Buddha(개인적 부처)라고 불린다. 그는 발견한 법을 남에게 가르쳐주면서 정화시키고 도와줄 능력은 없기 때문이다. 그럼에도 불구하고 그는 계율을 지도해준다.

연각불은 오로지 부처님의 가르침이 존재하지 않는 기간에 일어난다.

그들의 숫자는 Sammā Sambuddhas(正等覺者)경우처럼 어느 특정한 시기에 단지 한 사람만 정해지지는 않는다.

비록 석가모니 부처님이 출현하였던 시대는 지나갔지만, 우리는 여전히 석가모니 부처님 법의 주기적인 순환속에서 살고있다. 그 가르침은 원래의 순수성을 여전히 간직한 채 존재하고 있다. 따라서 이 기간에 연각불은 일어나지 않는다.

슈타니파타의 카가비사니경에는 연각불에 대한 재미있는 이야기들이 실려있다. 그들중 일부를 인용해보면 다음과 같다.

1. 모든 존재들에게 향한 몽둥이는 옆으로 놓고, 아무에게도 해를 끼치지

않으며, 아들이나 친구들을 부러워하지 않고, 무소의 뿔처럼 혼자서 가라.
2. 애정은 친밀한 사이로부터 일어난다. 그리고 그 결과 괴로움이 생긴다. 애정이 악을 낳는 것을 깨달아서 무소의 뿔처럼 혼자서 가라.
3. 우리는 확실히 친구간의 우정의 가치를 칭찬한다. 우리는 윗사람이나 동료들과 친하게 지내야 한다. 그들이 없을 때는 비난받지 않는 생활을 하면서 무소의 뿔처럼 혼자서 가라.
4. 다양한 색, 달콤한 것, 매력적인 것은 감각적 즐거움이다. 여러가지 형태로 그것들은 마음을 유혹한다. 그것들의 해악을 알아서, 무소의 뿔처럼 혼자서 가라.
5. 추위와 더위, 배고픔, 갈증, 바람, 태양, 모기, 뱀 그것들을 극복하고 무소의 뿔처럼 혼자서 가라.
6. 어떤 소리에도 놀라지 않는 사자처럼, 그물에 걸리지 않는 바람처럼, 진흙에 물들지 않는 연꽃처럼, 무소의 뿔처럼 혼자서 가라.
7. 때가 되면 자비, 평정, 동정, 해탈, 기쁨을 닦아서 세상에 의해서 방해받지 않고 무소의 뿔처럼 혼자서 가라.

Sammāsambodhi(正等覺者)는 가장 발전되고, 가장 자비스럽고, 가장 사랑하고, 존재를 완벽하게 모두 아는 지고의 깨달은 자로 불린다.

이렇게 불리는 이유는 자신의 노력과 지혜에 의해서 법을 깨달았을 뿐만 아니라 진리를 찾는 자를 정화시키고 진리를 설명해줄 수 있으며, 그들을 태어남과 죽음의 영원한 윤회로부터 구해주기 때문이다. 연각불과 달리 어떤 나무에서는 하나의 꽃만 피듯이 오로지 한명의 지고한 부처가 특정한 시기에 출현한다.

삼먁삼붓다(正等覺者)를 얻기를 바라는 자는 Boddhisatta(보살)이라고 불린다. 보살의 이상은 가장 성스럽고 가장 아름답다. 과연 이 자기 중심적 세계에서 청정과 봉사의 삶보다 더 성스러운 것을 생각할 수 있겠는가?

윤회속을 방황하는 과정에서 다른 사람들을 도와주고 궁극적인 완성에 도달하기를 바라는 자들이 보살의 이상을 따르는 것은 자유이다. 그러나 모두가 깨달음을 얻기 위하여 노력해야 한다고 강요하지는 않는다. 사실 그것은 불가능한 것이다.

보살의 이상은 조용하고 내적인 수도원 생활에 대한 반작용으로 발전했다고 주장하는 비판가들은 오로지 불교에 대한 무지를 드러낼 뿐이다.

후대의 산스크리트 저서이며, 반야경의 주해석서인 *Abhisamayālaṅkāra-Āloka*(現視釋加光)에는 다음과 같이 설명되어 있다.

"더 닦아야 할 것이 있거나 없는 두 가지 종류의 깨달음(성문과 연각)을 얻은 위대한 제자들의 마음에 두려움이 가득 남는다. 왜냐하면 그들은 대자비와 최고의 지혜가 없기 때문이다. 전생의 생명력에 의해서 만들어진 생명력이 소멸될 때 니르바나의 완성이 가능하게 된다.

그러나 사실상 소승자들은 오로지 니르바나같이 보이는 것을 소유하는데, 이것은 꺼진불과 같은 니르바나로 불린다.

삼계(三界)에서 태어남은 멈추었다. 그러나 그들의 세속적인 존재가 끝난 다음의 아라한은 번뇌가 없는 세계(無我界)에서 가장 순수한 불교도의 행위가 있는 곳에 태어나, 영원한 초월의 상태에서 연꽃잎 안에서 지낸다. 그 다음에 아미타부처님과 태양을 닮은 다른 부처님들이 남아있는 무지를 제거해주기 위하여 그들에게 나타난다.

그리고 나서 아라한들은 최상의 깨달음을 얻기위하여, 창조적인 노력을 통하여 점차적으로 깨달음을 얻기 위한 모든 요소들을 축적한 다음에, 그들은 살아있는 존재들의 스승들(부처님)이 된다."

이것은 부처님의 가르침의 원래의 정신과 완전히 낯설은 기상천외한 견해이다. 이것은 아라한은 이기적이며 모든 사람은 다른 사람을 구하기 위하여 깨달음을 얻어야 한다고 주장한다.

그러면 누군가 이렇게 질문할 것이다. '깨달음을 얻는 목적은 무엇인가? 이것은 다른 사람들에게 아라한을 얻게 하고 그들을 구하기 위한 것인가?' 만약 그렇다면 논리적인 결론은 깨달음 자체가 불합리한 이기심을 조장시키는 것이 된다.

깨달음은 논쟁의 여지없이 이들 세 가지의 이상 중 최고로 성스러운 것이다.

그러나 모두가 이 최고의 이상을 달성할 수는 없다. 분명히 모든 과학자들이 아인슈타인이나 뉴우튼처럼 될 수는 없다. 또한 자신의 능력에 따라서 인류를 돕는 과학자도 있어야 한다.

팔리어 '*Bodhisatta*'는 '지혜' 또는 '깨달음'을 의미하는 *Bodhi*와 '헌신하는' 또는 '열중하는'을 의미하는 *satta*로 구성되어 있다. 그래서 Bodhisatta는 지혜나 깨달음에 헌신적이거나 열중하는 자를 의미한다.

산스크리트어로는 '*bodhisakta*'가 된다. 그러나 일반적으로는 '지혜로운 자' 또는 부처가 되기 위하여 열망하는 Bodhisattva를 사용한다.

이 용어는 일변적으로 깨달음을 얻기 위해 노력하는 모든 사람에게 적용되지만, 엄격한 의미에서는 오로지 최상의 깨달음을 얻는 것이 결정된 사람에게만 적용된다.

어떤 면에서 모든 사람들은 잠재적인 부처들이다. 왜냐하면 깨달음은 특별히 뛰어난 사람들의 특권이 아니기 때문이다.

여기서 유의할 것은 불교도들은 우리들 내부에 발전시켜야 할 어떤 신적인 것이 잠재해 있는 것을 믿지 않는다. 왜냐하면 그들은 창조자의 존재를 부정하기 때문이다. 이와 반대로 그들은 내재적인 잠재성과 인간의 창조적인 힘을 알고있다.

불교는 이런 삶에서 저런 삶으로 옮겨가며 태어나서 모든 것들을 경험해 보는 영원한 영혼의 존재를 또한 부정한다. 인간의 본질을 불변하는 영혼 대신에 동일체적인 과정 속에서 역동적인 삶의 유동성에 두고 있다.

인간으로서 싯다르타 왕자는 그 자신의 의지와 지혜와 사랑으로 어떤 존재라도 열망할 수 있는 최고 완성의 상태인 깨달음을 얻었고, 그곳으로 이끌 수 있는 유일한 길을 인류에게 보여주었다. 불교의 두드러진 특징 중 하나는 어떤 사람이든 그가 노력만하면 그의 스승의 경지에 오를 수 있다는 것이다. 부처님은 깨달음에 대한 어떤 독점같은 것을 주장하지 않았다. 그것은 일종의 진화과정이 아니다. 그것은 다른 사람의 도움없이 자기 자신의 노력에 의해서 달성되어질 수 있다. 부처님은 인간을 비참한 죄인이라고 부르면서 비난하지 않았다. 오히려 그들의 순수한 마음을 일깨워 주면서 용기를 북

돋아주었다. 신자들을 의기소침하게 하고, 열등감을 생기게 하며, 깨달음의 숭고한 경지를 자기 자신에게만 따로 국한시켜 두는 것이 아니라, 그들에게 용기를 주고 자기를 본받도록 고무시켰다. 보살이 반드시 불교신자일 필요는 없다. 오늘날 우리는 비록 불교신자들이 자신들의 숭고한 의무를 의식하지 못함에도 불구하고 불교신자들 가운데 영원히 사랑하는 보살들을 발견할 수 있으며, 보살들은 또한 다른 종교인들 가운데서 발견될 수도 있다.

보살의 세 가지 유형

불교에 의하면 세 가지 유형의 보살이 있다. 즉 지성적인 보살(*Paññadhika*), 헌신적인 보살(*Saddhādhika*), 활동적인 보살(*Viriyādhika*)이다. 이 세 가지 보살들은 힌두교의 *Jñāna Yogi, Bhakti Yogi, Karma Yogi*에 대응된다.

지성적인 보살은 덜 헌신적이면서 보다 활동적이다. 즉 헌신적인 보살은 덜 활동적이면서 보다 지성적이고, 활동적인 보살은 덜 지성적이면서 보다 헌신적이다. 이러한 세 가지 특징이 한 사람 속에서 조화롭게 결합되어 있는 경우는 드물다. 고타마 부처님은 지성적인 집단의 하나로 인용되어지고 있다. 책에 의하면 지성적인 자들은 짧은 기간 동안에 깨달음을 얻고, 헌신적인 자들은 좀더 긴 기간안에, 그리고 활동적인 자들은 훨씬 더 긴 기간안에 깨달음을 얻는다.

지성적인 보살들은 외적인 대상을 숭배하는 것 보다는 지혜의 발전과 명상연습에 더 집중한다. 그들은 항상 이성을 따르며 맹목적인 신앙으로는 아무것도 받아들이지 않는다. 그들은 절대 자기를 포기하지 않고 경전이나 권위있는 자의 말을 무조건 받아들이지 않는다. 그들은 외로운 명상을 선호한다. 그리고 홀로 명상하는 것으로부터 생기는 평온함을, 강력한 생각으로 그들은 고통받고 있는 인류에게 정신의 세계에서 무한히 발산한다.

Saddhā(信仰)이나 믿음의 확신같은 신심의 요소가 헌신적인 보살들에게는 주된 것이다. 그들의 반려자로 *Saddhā*(신앙)이 있으면 그들은 목표에 도달할 수 있다. 이러한 보살들은 온갖 종류의 신앙심에 관심을 갖는다. 부처님의 상은 그들을 크게 고무시켜 준다.

불교도들은 형상을 경배하지 않는다는 것을 이해해야만 한다. 그들은 그것이 상징하고 있는 부처님의 공덕에 경의를 표하는 것이다. 부처님에 대해 생각하면 할 수록 그들은 부처님을 더욱 사랑하게 된다. 수행이 명백히 더 훌륭한 것이고, 논쟁할 여지 없이 더 나은 것임에도 불구하고 이것이 불교가 신앙심이라는 외형을 비난하지 않는 이유이다. 오히려 건조한 지성은 만족스러운 결과를 얻기 위해서 *Saddhā*(신앙)을 곁들일 필요가 있다. 물론 과도한 신앙(믿음)은 또한 해로울 수도 있기 때문에 그것은 지혜에 의해 절제되어야만 한다.

활동적인 보살들은 항상 다른 사람에게 봉사할 기회를 찾는다. 적극적인 봉사보다 더 그들을 기쁘게 해주는 것은 아무것도 없다. "그들에게 일은 행복이고, 행복은 일이다." 그들은 활동적이지 못하게 되면 행복하지 못하다. 스리랑카의 상가보디왕은 "그들은 세계의 선과 행복을 위하여 살점과 피로 된 이 육체를 참고 견딘다"라고 말했다. 그들은 자신들만이 아니라 또한 다른 사람들을 위해서 산다.

이러한 이타적인 봉사 정신은 모든 보살들의 주가되는 특질들 중의 하나이다. 그들은 엄청난 정열을 가지고 노예로서가 아니라 주인으로서 일한다. 그들은 평판이나 명성을 원하는 것이 아니라, 단지 봉사에 관심이 있을 뿐이다. 다른 사람들이 자기의 이타적인 봉사를 알아주든 그렇지 않든 그것은 중요치 않다. 그들은 전적으로 칭찬이나 비난에는 관심이 없다. 그들은 다른 사람들에 대한 공평무사한 봉사에 몰두한다. 그들은 어떤 행동이 다른 사람을 구하는 일이라면 자기 목숨까지도 희생하려고 한다. 다른 사람에게 봉사하는 일에 전념하는 보살은 특히 고도로 측은지심과 자애심을 훈련해야 한다.

보살은 세계의 선(善)과 지복을 갈구한다. 그는 어머니가 단 하나 있는 자식을 사랑하듯이 모든 존재를 사랑한다. 그는 만물과 자신을 동일시한다. 그에게는 모든 사람이 그의 형제이고 자매라는 생각보다 더 즐겁게 해 주는 것은 아무것도 없다. 그는 모든 이에게 어머니같고, 아버지같고, 친구같고 스승같다.

보살의 자비심은 한 사람이 다른 사람과 평등하다는 것과 일체라는 것을 깨닫는 데에 있다. 그가 그렇게 간주할 때, 그는 자타의 분별심을 벗어나 자기와 다른 사람들간에 차이가 없게 된다. 그는 악을 선으로 갚고, 요구받지 않고도 자기에게 해를 끼친 바로 그 사람을 돕는다. 왜냐하면 '강력한 종교적 스승은 인내심.'이라는 것을 알기 때문이다.

  욕설을 듣고도 그는 독설하지 않는다. 맞고도 그는 때리지는 않는다. 괴로움을 당하지만 그는 괴롭히지 않는다. 마치 어머니인 대지가 자기에게 가해지는 모든 고통을 말없이 견디듯이 보살의 용서는 끝이 없다.

제 27 장
바 라 밀
-완 성-

"다른 이들의 행복을 위하여 일하라."

———숫타니파타

모든 보살들이 최고의 깨달음, 삼막삼붓다를 얻기 위하여 수련하는 *Pārami* (완성)에는 열가지의 초월적인 덕목이 있다. 그것들은 보시(*dāna*), 지계 (*sīla*), 출가(*nekkhamma*), 지혜(*paññā*), 정진(*viriya*), 인내(*khanti*), 믿음 (*sacca*), 발원(*adhitthāna*), 자비(*mettā*), 평정(*upekkhā*)이다.

차리야피타카(所行藏) 주석서에 따르면, 바라밀*Parami*[64]은 연민에 의해서 함양되고, 이성에 의해서 이끌리고, 이기적 동기에 의해서 영향받지 않으며, 그릇된 믿음과 자만심에 의해서 타락되지 않는 덕목들이다.

보살의 행위들은 절대적으로 이타적이며, 오로지 모든 존재들에 대한 연민에 의해서 유발된다. 그는 셀 수 없는 윤회의 순환속에서 무한한 사랑과 연민의 마음으로 모든 이들의 고통을 소멸시키고, 가난한 자와 나약한 자들에게 용기를 주고, 그들이 필요한 모든 것을 도와주기 위하여 끊임없이 노력한다.

그의 불행한 형제와 자매들이 고통을 당하고 있는 한 그는 결코 자기탐닉에 빠지지 않는다. 비야그리 자타카에서 이야기 한 것에 따르면, 그는 고통을

---

64) *Parami*(*Param*, 저편(즉, 개달음)+i, 가는 것) : 문자적으로 이것은 인간이 저편 해안으로 가게 해주는 것을 의미한다. 팔리어 *paramita*도 같은 이미로 사용되었다.

덜어주기 위하여, 그가 가장 소중히 여기는 것들, 심지어 자신의 목숨조차도 희생시키는 것을 조금도 주저하지 않는다. 그는 비록 이성적인 판단으로 행동하지만 가슴 가득히 넘치는 충만한 자비심으로 모든 존재들의 번영과 행복을 위해서 일한다.

그는 이성과 감성의 본질적인 기질들을 모두 충분히 발달시켜서 지니고 있으며, 이것들은 널리 인류를 위해 헌신하게 되어있다.

중생들을 도와주는데 있어서 보살은 권력이나 세속적인 소유를 바라지 않고 행동한다. 명예를 찾지않을 때 그것의 가치가 있다는 것을 아는데, 왜 그것을 추구하겠는가?

그의 동기는 완전히 이타적이며 여기에 어떤 이기주의적인 생각이 끼여들 여지는 없다. 법구경은 다음과 같이 말하고 있다.

"재가자와 승려들이 '이것은 나에 의해서 이루어졌다고 생각하게 해야 한다. 크거나 작은 모든 일에서, 그들이 나를 언급하도록 해야 한다.' 이러한 것은 어리석은 사람이 바라는 것이다. 그의 욕망과 자만심은 점점 증가한다."

이렇게 속좁고 이기적인 바램은 보살의 마음 어디에도 들어갈 곳이 없다.

* * *

보시(Dāna)

Dana 또는 보시는 첫째 바라밀이다. 이것은 보시자에게 이기적인 비도덕적 생각을 억제하는 것과 이타적인 순수한 생각을 발전시키는 두개의 기쁨을 가져다 준다.

보살이 도움을 받는 자에 대해서 아무런 조건없이 보시행을 실천하는 것은, 그렇게 함으로서 그의 내부에 잠재해 있는 갈애를 소멸시킬 수 있기 때문이다.

봉사의 즐거움, 그에 따른 행복, 그리고 고통의 완화는 보시의 또 다른 기쁨이다. 큰 관용의 정신으로 사랑을 베푸는 보살은 중생들에 대해서 어떠한 차별도 두지 않으며, 그들이 필요로 하는 것을 합리적으로 판단해서 적절한 도움을 준다.
  예를 들면, 만약 술주정꾼이 그의 도움을 요청하고 있고, 술주정꾼이 그의 보시를 잘못 사용할 것이라고 확신이 들면, 보살은 지체없이 그것을 거절한다. 왜냐하면 그러한 잘못된 관용은 바라밀을 이룰 수 없기 때문이다.
  만약 누군가가 가치있는 목적을 위하여 그에게 도움을 요청하면, 그는 위엄있는 태도를 보이거나 짐짓 젠 체하는 대신에, 기회가 주어진 그 자체에 대하여 깊은 감사를 드리고, 기꺼이 그리고 공손히 가능한 모든 도움을 준다.
  그러나 그는 결코 다른 사람을 도와준 것에 대해서 조금도 자신의 공덕으로 생각하지 않으며, 그 사람은 그에게 도움을 받은 빚진 자로 생각하지도 않는다.
  그는 오로지 선행에만 관심이 있으며, 그밖에는 어떠한 것도 마음에 두지 않는다. 그는 아무런 보수도 바라지 않으며, 그것으로부터 좋은 평판을 듣는 것도 바라지 않는다. 보살은 비록 항상 도움을 줄 준비가 되어있지만, 결코 누구에게 필요한 것을 요청하지는 않는다.
  브라흐마다타 자타카에는 다음과 같은 이야기가 있다.
  언젠가 보살이 숲에서 고행자의 생활을 하고 있었는데, 어떤 왕이 매일 그를 방문해서 필요한 것들을 주곤 했다.
  그런데 그는 12년 동안 비록 신발 한쌍과 나뭇잎 우산이 하찮은 것들이 었지만, 이것을 요청하는 것을 삼가했다. 왕이 이상히 여겨서 공손히 여쭈어보자 그는 왕에게 대답했다.
  "판찰라왕이시여, 요청하는 자는 마음이 괴롭지 않을 수 없습니다. 거절하는 자도 또한 마음이 괴롭습니다."
  비록 아무런 보상도 바라지 않지만 보살은 계급, 신앙, 인종에 관계없이 모든 도움을 준다. 그의 마음은 시인 에드워드 다이어 Edward Dyer가 읊었던 것처럼 완벽히 만족스럽다.

  "어떤 사람은 많이 가졌으면서도 여전히 더 갖기를 원하네.
  나는 가진 것이 적지만 더 이상 바라지 않네.
  비록 그들은 많이 가졌지만 여전히 가난하다네.

하지만 나는 가진 것은 적지만 부자라네."

캉하자타카(No.440)에는 다음과 같은 이야기가 있다.

sakka(제석천)이 캉하 보살의 훌륭하고 고결한 삶에 마음이 이끌리어서 그에게 다가가서 원하는 것을 요청하라고 했다. 제석천의 요구를 친절하게 받아들이면서 그는 다음과 같은 것을 바랬다.
1. 나의 이웃에 대하여 악의나 미움을 품지 않았으면!
2. 나의 이웃들의 소유물을 탐하지 않았으면!
3. 다른 존재들에 대해서 개인적인 애정을 품지 않았으면!
4. 평정심을 지녔으면!

비록 사심이 없는 모습을 극구 칭찬하면서도, 제석천은 크게 실망해서, 그에게 또 다른 필요한 것을 선택하라고 간청하였다.

그는 대답하였다.

"내가 영원히 머무르는 숲.
 나 혼자만이 머무를 수 있는 곳.
 어떠한 질병도 나의 평화를 손상시키거나
 나의 선정을 깨뜨리지 못하게 하는 것을 달라."

이것을 듣고 제석천은 생각했다.

'역시 현명한 캉하는 필요한 것을 요청하면서 음식과 연관된 것은 아무것도 선택하지 않는구나. 그가 선택한 모든 것은 고행자의 삶에 속한 것이다.'

그리고 다시 제석천은 말했다.

"필요한 것을 선택하시오"

보살이 대답했다.

"오 제석천이시여. 이 세계의 주(主)여!
 당신은 선택하라고 말한다.
 오 제석천이여, 어떠한 생물도 몸 또는 마음 어디에 있든 나를 위해서 해를 입혀서는 안된다. 제석이여, 이것이 나의 바램이다."

보살은 이러한 보시를 함에 있어서 부와 다른 소중한 것들 뿐만 아니라 또한 그의 왕국, 그의 사지, 심지어는 처자식까지 단념할 준비가 되어있을 정도로 보시의 공덕을 쌓고 있다.그리고 자신의 몸을 희생하는 것이 인류의 이익을 위한 것이면 생명까지도 바칠 준비가 되어있다.

베산타라자타카(No.547)는 베산타라왕자가 여덟살때 얼마나 지극한 마음으로 생각했는지를 말해주고 있다.

"만약 누군가 나의 심장을 원한다면, 나의 가슴을 열고 그것을 꺼내 줄 것이다. 만약 누군가 나의 눈을 원한다면, 눈을 도려내서 그들에게 주리라. 만약 누군가 나의 살덩이를 원한다면, 그가 원하는 것을 잘라서 주리라."

비야그리 자타카는 보살이 다른 사람들의 이익과 행복을 위해서 자신의 목숨을 기꺼이 즐겁게 희생한 사건에 대해서 극구 칭찬하고 있다.

자타카말라경에서 그 이야기는 다음과 같이 전개된다.

한번은 보살이 제자를 데리고 숲속을 지나가다가 어미호랑이가 세마리 새끼들과 배가 고파서 다 죽게 된 것을 보았다. 자비심이 동하여서, 그는 제자에게 호랑이에게 줄 음식을 약간 얻어오라고 했다. 그러나 이것은 단지 그를 내보내기 위한 핑계였고, 보살은 생각했다.

"나의 온 몸을 이용할 수 있는데,내가 왜 다른 것들의 몸에서 고기를 찾아야 하는가? 다른 고기를 찾는 것 또한 우연한 것이고 어쩌면 나는 나의 의무를 행할 기회를 놓쳐버릴지도 모른다."

"이 몸은 더럽고 고통의 근원이다. 다른 존재의 이익을 위해서 이것을 사용하는 것을 기뻐하지 않는 것은 현명한 사람이 아니다.

여기에는 두가지가 있다. 즉 다른 존재의 고통을 못본 체 하는 것과 자신의 즐거움에 집착해서 도와줄 능력이 없는 것이 있다. 그러나 내가 그를 도와줄 수 있는 한 다른 존재들이 괴로운 동안에 즐거움을 누릴 수 없다. 그런데 내가 왜 무관심해야 하는가?

이 절박한 상황에서 나는 쓸모없는 이몸을 희생해서 호랑이의 먹이로 줄 것이다.그러면 어미 호랑이가 새끼를 죽이지 아니하고 새끼는 어미의 이빨에 물려죽는 것으로부터 벗어날 것이다."

"그렇게 함으로서 더 나아가 인류의 이익을 위하려는 사람들에게 본보기가 될 것이다. 나는 나약한 자들을 격려한다. 나는 자비의 의미를 이해하는 자를 기뻐한다. 그리고 나는 그 숭고한 정신을 고무시킨다. 그리고 마침내 내가 바랐던 기회, 그들에게 나의 사지를 주어서 그들을 이익되게 하는 기회를 나는 이제 얻게 되었다. 그리고 오래지 않아 삼막 샴붓다, 최고의 깨달음을 얻을 것이다."

이렇게 생각하면서, 그는 절박한 상황에 자신을 내 던져서, 도움을 필요로 하는 존재들의 이익을 위하여 자신의 목숨을 희생시켰다.

네팔 번역본에서는 이 재미있고 헌신적인 이야기가 다음과 같이 전해 내려오고 있다.

아주 오랜 옛날에 마하라타라고 불리는 독실한 왕이 있었는데, 그에게는 마하 프라사다, 마하 데바 그리고 마하사타라 불리는 세 아들이 있었다.

어느 화창한 날에 왕은 왕자와 수행원들을 데리고 숲속에 놀러나갔다. 젊은 왕자들은 숲과 나무의 아름다운 경치에 매료되면서 점차 깊은 숲속으로 들어가기 시작했다.

수행원들은 그들이 없는 것을 알고 왕에게 보고하였다. 왕은 신하들에게 그들을 찾아 궁궐로 데려오라고 지시했다.

세 왕자는 숲속에서 헤메다가 산 위에 도착했다. 거기서 맏형 왕자가 어미 호랑이가 다섯마리 새끼와 함께 거의 다 굶어죽게 된 것을 보았다.

어미 호랑이는 새끼를 낳은 후 며칠간 먹지 못했는지 새끼가 어미에게 다가가서 젖을 빨았지만, 어미는 새끼들의 배고픔을 채워줄 수가 없었다. 그리고 어미는 굶주림에 못이겨서, 어쩔 수 없이 새끼들을 잡아먹을 처지에 있었다. 이 불쌍한 광경을 처음으로 본 것은 맏형이었다. 그는 이것을 형제들에게 가리켜 주면서 말했다.

"오, 형제들아. 가엾은 모습을 보아라. 저 굶어 죽어가는 어미는 새끼들을 잡아먹으려는 참이다. 그들의 처한 상황이 얼마나 비참하냐!"

"형님, 호랑이의 주식은 뭡니까?" 마하사타가 물었다.

"고기와 피가 호랑이와 사자의 주식이다." 마하 프라사다가 대답했다.
"저 어미는 매우 약하게 보이는데, 분명히 며칠을 먹지 못하고 지낸 것 같아. 만약 누군가 그들을 위해서 자신의 몸을 희생하면 얼마나 성스러울까!"
"그렇지만 누가 그런 희생을 기꺼이 하겠니?" 마하 데바가 대꾸했다.
"분명히 아무도 그렇게 할 수가 없을 거야." 마하 프라사다가 말했다.
"나는 지혜가 부족합니다. 우리같이 어리석은 사람은 다른 이들을 위해서 자신들의 몸을 희생시킬 수 없습니다. 그러나 어디엔가는 그런 일을 기꺼이 하는 무한한 자비심을 가진 이타적인 사람이 있을 것입니다." 마하사타가 동정어린 목소리로 말했다.

그들은 이렇게 서로 논쟁하다가 마지막으로 가엾은 호랑이를 한번 힐끗 쳐다보고는 자리를 떠났다.

이때 마하사타는 마음속으로 생각했다.

'나는 굶주린 호랑이를 위하여 이 덧없는 육체를 희생시켜야 하겠다. 이 몸은 더러운 것이다. 그리고 언젠가는 늙고 죽게 되어있다. 어떤 이는 이 몸을 치장하고 향수를 바른다. 그러나 이것은 곧 고약한 냄새를 내면서 썩어갈 것이다.'

이렇게 곰곰히 생각하면서, 그는 형들에게 자신은 숲속에 좀 더 머물러서 할 일이 있다고 말하면서 형들을 먼저 떠나게 하였다. 그리고는 호랑이가 있는 장소로 다시 되돌아왔다. 그의 옷과 장신구들을 나무에 걸어 놓고 다시 생각했다.

'나는 다른 이들의 행복을 위해서 일해야 한다. 우리는 모든 존재에 대해서 자비로와야 한다. 우리의 도움을 바라는 사람들을 도와주는 것은 최고의 의무이다.

나는 나의 더러운 몸을 희생시켜서 어미 호랑이와 새끼들을 구할 것이다. 이 공덕에 의해서 나는 삼먁삼붓다를 얻고 윤회의 바다로부터 모든 존재들을 구할 것이다. 모든 존재들이 안락하고 행복하기를!'

자비심에 이끌려서, 이타적인 봉사의 정신에 고무되어서 겁도 없이 그는 호랑이를 향해서 절벽에서 뛰어내렸다. 그러나 떨어졌지만 즉시 숨이 끊기지는 않았다. 호랑이는 비록 본능적으로 잔인하지만, 보살을 불쌍히 생각하여서 그의 몸을 건드리지 않았다.
 그러자 보살이 생각했다.
 '분명히 이 불쌍한 동물이 너무 허약해서 나를 잡아먹지 못하고 있을거야!'
 그래서 그는 자신의 몸을 상하게 할 도구를 찾다가 마침 옆에 대나무가지가 있는 것을 발견하고 주워서 호랑이 가까이로 갔다. 그리고 목을 찔러서 피를 가득 흘리면서 쓰러졌다. 그러자 배고픈 호랑이는 탐욕스럽게 피를 빨아마시고는 뼈만 남기고 살을 뜯어먹었다.
 이야기는 여기서 덧붙여서 계속된다.

 보살이 그의 몸을 던져서 희생하는 순간에 땅이 진동하고, 바닷물이 소용돌이치고, 햇빛이 희미하고, 온 천지가 일시적으로 흐려지고, 천신들은 '착하고 착하도다' 찬탄하면서 꽃비를 내려주었다.
 땅이 진동하는 것을 보고, 두 형은 즉시 동생이 호랑이의 먹이가 되었을 것이라고 짐작하였다.
 "분명히, 마하사타가 목숨을 희생한게 분명해. 왜냐하면, 아우가 매우 동정적인 목소리로 말했거든." 하고 마하 데바가 말했다.
 그래서 둘은 되돌아서 다시 그 장소로 갔다. 그들은 예기치 않았던 광경을 보고 소스라치게 놀랐다. 그들이 본 것은 사랑하는 동생이 아니라 피에 물든 뼈다귀들이었다. 그리고 근처 나무위에 있는 동생의 옷을 발견했다.
 그들은 비탄에 잠겨 실신했다가 다시 의식을 회복하고 무거운 마음으로 궁궐로 돌아왔다.
 보살이 자신의 목숨을 희생한 바로 그날 왕비가 꿈을 꾸었는데, 그녀가 죽어서, 이빨은 떨어져나가고, 그녀의 몸이 날카로운 도구에 의해서 잘리는 것처럼 고통을 겪었다. 그리고 나서, 매가 갑자기 내려와서 지붕위에 살고 있던 아름다운 비둘기 한마리를 낚아채갔다.
 왕비가 깜짝 놀라서 깨어나자, 왕자들이 숲속에 놀러간 일이 떠올랐다. 그리고 급히 왕에게 가서 불길한 예감이 드는 꿈을 이야기했다. 왕으로부터

제 27 장 바라밀 447

왕자들을 숲에서 잃어버렸다는 말을 듣고 곧 그들을 찾으러 사람들을 보내도록 간청했다.

잠시후에 먼저 왕자를 찾으러 떠났던 몇몇의 신하들이 궁궐로 되돌아 와서 세째 왕자가 비참하게 죽었다는 슬픈 소식을 전했다. 그 사정 이야기를 듣고 아무도 울지않을 수 없었다. 그렇지만, 왕은 왕비를 위로하고 코끼리에 올라타서, 신하들을 데리고 급히 그 숲속으로 달려갔다. 그리고 두 아들이 슬픔에 잠겨서 돌아왔다.

그들의 슬픔이 너무 커서 처음에는 말문이 열리지 않았다. 나중에 용기를 내어 왕비에게 그들의 성스러운 동생의 영웅적인 죽음을 설명해 주었다. 곧 왕자가 죽은 장소에 모두가 갈 수 있도록 준비를 갖추라고 왕이 명령했다. 이윽고 모두가 그 장소에 도착했다. 왕과 왕비는 사랑하는 아들의 피 묻은 뼈가 여기저기 흩어진 비참한 광경을 보고 기절하였다. 사제가 즉시 그들에게 백단향 물을 붓자, 다시 의식을 회복하였다.

그리고 나서 왕은 신하들에게 머리카락, 뼈, 의복들을 모두 모아서 금탑을 세우라고 명령한 다음에 슬픈 마음을 억누르면서 궁궐로 되돌아왔다.

그 탑은 나중에 '*Om Namo Buddhā*' (부처님께 귀의합니다.)라고 불려졌다.

본생담은 끝에서 그 탑이 현재는 '*Namura*' (귀의합니다.)라고 불리워지고 있다고 설명했다.

이 두이야기의 차이에도 불구하고 그 중점은 보살의 자기 희생이다. 보살이 목숨을 희생하는 것이 고행자의 입장이든 왕자의 입장이든 그것은 중요한 문제가 아니다. 다른 본생담에서처럼 여기서도 본생담이 설하게 된 인연품이 나타난다. 그러나 본생담의 끝에서 발견되는 인물의 동일성이 여기에는 없다.

네팔 본생담이 산스크리트 번역문보다 분명히 더 묘사적이다. 그런데 네팔본의 근거는 그 출처가 불확실하다.

* * * *

차리야피타카(所行藏)의 주석서에는 보시행을 닦는 보살에 대한 이야기를 재미있게 다루고 있다.

보살은 음식을 주면서 그것에 따라서 받는 자에게 장수, 아름다움, 행복, 정력, 지혜, 그리고 최고의 열매인 니르바나를 주려고 한다.

그는 목마른 중생에게 번뇌의 갈증을 소멸시키는 목적과 함께 마실 것을 주며, 도덕적인 수치심과 도덕적인 두려움을 익히기 위하여 옷을 주며, 신통력을 길러주며, 계율의 향기를 내뿜도록 해주며, 깨달음의 자리를 얻을 수 있는 자리를 주며, 이 세상의 귀의처로서 봉사할 수 있는 곳을 제공해주며, 다섯가지의 눈 - 육체적인 눈, 지혜의 눈, 성스러운 눈, 부처의 눈, 모든 것을 아는 눈 - 을 얻기 위한 빛을 주며, 부처님의 광채를 갖도록 형상을 주며, 범천의 목소리처럼 부드럽게 목소리를 향상시키도록 소리를 주며, 모든 것을 즐길 수 있도록 맛을 주며, 부처님의 섬세한 감각기관을 얻도록 접촉을 주며, 니르바나를 위해서 약을 준다.

그는 번뇌의 속박으로부터 인간을 구출하기 위해 노예들을 해방시키고, 모든 중생들에 대하여 아버지의 자비심을 발달시키기 위해 자식을 포기하고, 인류의 남편이 되기 위하여 아내를 포기하고, 진리의 왕국을 상속받기 위해 왕국을 포기한다.

이 숭고한 보살의 원력은 이타적인 마음자세를 나타내는 것 이외에도, 인류의 향상을 위해서 사심없이 노력하는 것을 보여준다.

지 계(Sīla)

보살의 이러한 뛰어난 자비심과 연관되어 있는 것은 덕스러운 행위(*sīla*)이다. 팔리어 *sīla* 의 의미는 훈련이다.

이것은 인간이 행해야 할 의무와 인간이 닦아야 할 절제된 행위로 구성되었다. 부모, 자식, 남편, 아내, 스승, 제자, 친구, 승려, 하인, 기타 등의 의무들은 시갈라(善生)경에 상세히 설명되어 있다.

재가신자의 의무는 이해를 돕기 위해 각각 다섯가지 항목으로 나누어 일련의 관계속에서 설명하고 있다.

1. 자식은 부모를
   ① 부양하면서 ② 그들의 의무를 행하면서 ③ 가계를 유지하면서 ④ 그의 상속물과 그 이외의 것들을 가치있게 활용하며 ⑤ 멀리 떨어진 친척들을 도와주면서 그의 부모를 돌본다.

2. 이와같이 자식에 의해서 부양받는 부모는 그들을
   ① 악에 물들지 않게 하며 ② 좋은 일을 하게 하며 ③ 그들에게 기술을 가르쳐주며 ④ 알맞은 배우자와 결혼하게 하며 ⑤ 때가 되면 그들에게 유산을 물려주어야 한다.

3. 제자는 스승을
   ① 높이 공경하며 ② 시중을 들어주며 ③ 주의깊게 경청하고 ④ 개인적으로 도와주며 ⑤ 가르침을 받으면서 존경스럽게 모신다.

4. 제자들에 의해서 이렇게 섬김을 받는 스승은
   ① 지고의 수련으로 그들을 훈련시키며 ② 그들이 가르치는 것을 잘 받아들이도록 하며 ③ 그들에게 적합한 모든 기술과 학문을 가르치며 ④ 그들에게 좋은 친구를 소개해서 사귀게 하고 ⑤ 그들의 안전을 위해서 물심양면으로 도와주어야 한다.

5. 남편은 그의 아내를
   ① 정중하게 ② 무시하지 않고 ③ 믿음으로 ④ 아내에게 필요한 권한을 넘겨주고 ⑤ 장신구들을 주면서 돌보아야 한다.

6. 남편에 의해서 이렇게 보살핌을 받는 아내는
   ① 자신의 의무를 완벽하게 완수하며 ② 주위의 사람들을 환대하며 ③ 믿음직스럽고 ④ 남편이 가져온 것을 보호해주고 ⑤ 근면해서 의무를 수행하는데 게을러서는 안된다.

7. 선량한 자는 그의 친구들과 주변 사람들을

① 관용 ② 정중한 말 ③ 선한 것을 증진시키고 ④ 평등하고 ⑤ 진실하게 사귀어야 한다.

8. 선량한 자에 의해서 이렇게 보살핌을 받은 친구와 주변 사람들은
① 그가 방심할 때 보호해주며 ② 그가 부주의할 때 그의 재산을 보호해주며 ③ 그가 두려울 때 피난처가 되며 ④ 위험에 처해있을 때 버리지 않으며 ⑤ 그의 장래에 대해서 사려깊게 생각해 주어야 한다.

9. 주인은 그의 하인과 고용인들을
① 그들의 능력에 맞게 일을 할당해주고 ② 음식과 임금을 지급해 주고 ③ 아플때 돌봐주며 ④ 맛있는 것들을 나누어주고 ⑤ 때때로 그들을 교대해주면서 돌보아야 한다.

10. 주인에 의해서 이와같이 보살핌을 받는 하인과 고용인들은
① 주인이 일어나기 전에 일어나며 ② 주인이 잠자리에 든 후에 자며 ③ 오로지 주는 것만 받으며 ④ 그들의 의무를 만족스럽게 완수하며 ⑤ 주인의 인덕과 명성을 널리 알려준다.

11. 선량한 자는 고행자와 바라문들을
① 상냥한 행동 ② 상냥한 말 ③ 상냥한 생각 ④ 그들에 대해서 문을 닫지 않으며 ⑤ 물질적으로 필요한 것을 제공하면서 보살펴야 한다.

12. 선량한 자에 의해서 이렇게 보살핌을 받는 고행자와 바라문은
① 그들이 악에 물들지 않게 하며 ② 선한 일을 하도록 설득하며 ③ 친절한 마음으로 사랑하며 ④ 아직 듣지 못한 것을 듣게 하고, 이미 들은 것을 분명히 하게 해주며 ⑤ 천상의 상태에 가는 길을 가르쳐주어야 한다.

이러한 세속적인 의무(cāritta : 作持戒)를 마친 보살은 엄격한 의미에서 보면 진정으로 세련된 불제자가 된다. 이러한 강제적인 의무외에도 그는 도덕(vāritta sīla : 止持戒)에 관련된 다른 계율들을 지키기 위하여 최선을 다하면서 이상적인 불자의 생활을 영위한다.

스스로 작용과 반작용의 법칙을 올바르게 식별하고, 악을 삼가하고, 그의 능력을 다하여 선을 행한다. 그는 자신과 타인들을 기쁘게 하고, 인간이든 동물이든 어느 누구도 학대하지 않는 것이 자신의 의무라고 생각한다.

생명은 모두에게 소중하고, 아무도 다른 존재의 생명을 빼앗을 권한을 갖고 있지않다. 그는 모든 살아있는 존재, 심지어는 그의 발밑에 기어가는 작은 곤충에 이르기까지 모든 존재에 대해서 그의 연민과 자비심을 확대하며, 어떠한 살아있는 존재에 대해서도 죽이거나 해를 끼치는 것을 삼가해야 한다.

인간이 잔인하게 약자를 죽이고 그들의 고기로 향연을 베풀도록 유발시키는 것은 동물적인 본능이다. 자신의 식욕을 돋구거나 또는 잔인하거나 그렇지 않은 방법에 의해서 가엾은 동물을 죽이도록 야기시키는 것은 옳지 못하다. 그리고 동물을 죽이는 것이 잘못된 것이라면 인간을 죽이는 것은 말해서 무엇하랴. 아무리 그것이 처음에는 고상한 동기처럼 보일지라도.

더 나아가 보살은 직접적이든 간접적이든 모든 형태의 도둑질을 삼가해야 하며, 정직, 믿음과 올바름을 닦아 나가야 한다. 인간의 숭고한 품성을 타락시키는 잘못된 행위를 삼가하며, 성적인 생활에서도 순수하고 순결하도록 노력해야 한다.

그는 거짓말, 거친 말, 모욕적인 말, 질투하는 말을 삼가하며, 진실하고, 부드럽고, 평화롭고, 도움이 되는 말만 한다. 정신적인 혼란을 야기시키는 취하는 음료를 피하며, 맑고 깨끗한 정신을 기른다.

보살은 그의 이해관계에 이익이 되든 안되든, 행위와 말을 지배하는 이 다섯가지 계율을 지킨다. 상황에 따라서 필요한 경우에 그는 계율을 위하여 자신의 소유물과 부뿐만 아니라 목숨 자체도 희생한다.

그러나 윤회의 과정에서 보살이 하는 행위가 완벽하다고 믿어서는 안된다. 세속에 있기 때문에 그는 결점과 한계를 안고 있다.

카나베라자타카(No.318) 같은 어떤 본생담들은 그를 매우 타락한 노상강도로 묘사하였는데, 이것은 일반적인 것이라기 보다는 예외적인 것이다.

깨달음을 바라는 자에게 계율이 중요하다는 사실은 실라비맘사자타카(No. 362)에서 분명하게 알 수 있는데, 여기서 보살은 '계율과 지혜외에 가치있는 것은 없다.'라고 말하고 있다.
　모든 깨달음의 근본인 계율을 찬양하면서, 붓다고사는 비수디마가에서 다음과 같이 썼다.

"그 밖에 무슨 향기가 바람에 따라서 그리고 바람에 거슬려서 불까?
어떤 계단이 그녀를 하늘의 문으로 이끌까?
무슨 문이 니르바나의 도시로 가는데 열려있을까?
계율로 장신구를 한 현자는 진주로 장식한 왕보다 더욱 빛나네.
계율을 지키는 자는 비난받을만한 것들을 제거하고 즐거움과 칭찬을 얻네.
그러므로 그대 알아야 한다네. 지계의 힘, 공덕의 근원, 결점의 제거에 대한 모든 가르침들이 여기에 있음을."

출 가(Nekkhamma)

더욱 열성적인 보살은 *Nekkhamma*(出家)에 대한 마음을 품기 시작한다. 왜냐하면 천성적으로 그는 혼자 있기를 좋아하기 때문이다. *Nekkhamma* (出家)는 수행자의 생활을 선택해서 계속해서 즐거움을 포기하고 선정에 의해서 일시적으로 장애를 억제하는 것이다.
　보살은 이기적이 아니며 이기적으로 소유하지도 않으며, 그의 모든 행위는 이타적이다. 그는 심지어 다른 이들을 위해서 그의 행복도 희생할 준비가 되어 있다. 비록 그가 사치의 무릎위에 앉아서, 세속적인 즐거움에 빠지더라도 그는 그것들의 덧없음과 출가의 가치를 이해한다.
　이와같이 일시적인 물질적 즐거움의 공허함을 깨달아서, 그는 스스로 세속적인 소유물들을 버리고 간소한 구도자의 옷을 입어서 청정하고 성스러운 삶을 살아가려고 시도한다.
　여기에 그는 모든 행위에서 실질적으로 이타적이 될 정도까지 더 높은 계율을 닦아나간다. 명예, 부, 존경, 세속적 이익 등의 어떠한 유혹도 그가 계율과 어긋나는 것을 하도록 유혹할 수는 없다.
　마카데바 자타카(No.9)의 경우, 보살에게 흰머리가 처음으로 나는 것 하나만으로도 은둔자의 고독한 생활을 위해서 궁궐의 덧없는 즐거움을 버리려는 마음이 일어나도록 하는데 충분한 자극이 된다. 때때로 이슬 방울 또는 시들은 나뭇잎이 그의 마음에 수도자의 생활을 선택하도록 불러 일으킨다.

그렇지만 보살이 항상 출가자의 삶을 지키는 것은 아니다.

예를 들면, 쿠사자타카(No.531)에서 보살은 아름다운 공주 파바바티의 마음을 사로잡으려는 억제할 수 없는 욕망 때문에 많은 굴욕을 겪어야만 했다.

다시, 다리무카자타카(No.376)에서는 보살의 이전 친구인 연각불이 그에게 다가가서 말한 것이 언급되고 있다.

"감각의 즐거움은 다만 늪과 수렁일뿐이다. 나는 그것들을 세 겹으로 된 뿌리깊은 두려움이라고 부른다. 나는 그것들을 연기와 먼지라고 선언한다. 존경하는 이여, 형제가 되어서 그것들을 모두 버리라."

그가 즉시 대답했다.

"나는 넓고 깊게 그것들에 물들어있다. 즐거움을 가진 범천이여, 그것들이 두려울지라도 나는 삶을 사랑하고 그것들을 버릴 수 없다네. 나는 끊임없이 좋은 일들을 한다네."

불법이 존속하지 않는 시대에 태어난 보살은 구도자의 삶을 선택해서, 고독하고 성스러운 독신자의 생활을 해나가곤 했다. 만약 불법이 존속하는 시대에 태어났더라면, 그는 승가에 관련된 계율을 엄격히 따르면서 비구의 삶을 이끌어나갔을 것이다.

모범적인 생활을 해가는 이상적인 비구는 그 자신과 다른 사람들에게는 기쁨의 원천이다. 그는 모범적인 생활과 법으로 가르친다. 그리고 청정한 마음으로 주의를 청정하게 만든다.

그는 자신의 내적인 발전을 위해서 정열적으로 정진하며, 아울러 끈기가 없는 형제자매들에게 필요한 정신적인 도움을 준다.

그는 사회에 대해서 아무런 부담감이 되지 않는다. 왜냐하면 그는 아무에게도 손해를 끼치기 않기 때문이다. 그는 꽃을 상하지 않고 그곳에서 꿀을 추출하는 벌과 같다.

그는 아무런 재산도 소유하지 않는다. 왜냐하면 그는 세속적인 것은 모두 포기했기 때문이다. 그는 필요로 하는 것도 없으며 또한 마음은 부자처럼 만족스럽다.

그는 과거를 후회하지도 않으며, 미래를 걱정하지도 않는다. 그는 현재에 살며, 세속의 모든 속박과 의무로부터 자유롭다.

그는 어떠한 거주지에도 집착하지 않고, 다른 사람들의 이익과 행복을 위해서 어디로든지 갈 준비가 되어있다.

삶의 흥망성쇠 속에서 그는 균형된 마음을 유지한다. 그의 자유로운 봉사는 항상 다른 사람들의 의향에 달려있다. 비불교도인 구도자들은 대부분이 파리바자카스, 아지바카스, 산야신등으로 불린다. 오늘날 비구는 거의 불교도에게 사용되고 있다. 비구들을 위해 설정된 계율들은 그가 다른 사람으로부터 어떠한 것도 구걸하는 것을 허용하지 않는다. 그는 자신에게 바쳐진 네가지 필수품 즉 가사, 바루, 주거지, 약을 받아들일 수 있다.

만약 이것들 중 어느 것이라도 필요하면 그는 그것을 그의 부모, 가까운 친척, 또는 후원자에게 부탁할 수 있다.

비구는 반드시 일생의 서약을 하는 것은 아니다. 그는 스스로 성스러운 삶을 영위하기 위해서 교단에 들어가며, 원하지 않으면 다시 나갈 수 있다.

일단 그가 아라한의 상징인 노란 가사를 입으면 그는 반드시 이와 연관된 계율을 지켜야 한다.

완전히 청정하고 이타적인 봉사의 삶을 영위하기 위하여, 마음을 쉽게 제어하고 정화하기 위하여, 사물을 있는 그대로 보기 위하여, 올바르고 깊게 생각하기 위하여, 인간의 높은 품성을 향상시키기 위하여, 높은 정신적 가치를 충분히 이해하기 위하여, 비구의 삶보다 그렇게 용이하게 큰 기회를 제공하는 또 다른 삶의 양태는 없다.

비구는 관조적인 삶 또는 학문적인 삶을 살아갈 수 있다. 전자는 비구의 이상에 훨씬 더 일치한다. 왜냐하면 청정과 겸손의 상징, 노란가사를 입는 궁극적인 목적은 번뇌를 뿌리 뽑고 니르바나를 실현하는 것이기 때문이다.

지 혜 (Paññā)

출가(*Nekkhamma*) 다음에는 *paññā*(지혜 또는 앎)가 뒤따른다. 이것은 이 삶의 본질을 무상, 괴로움, 무아의 관점에서 올바르게 이해하는 것이다. 보살은 이 세개의 특성을 명상한다. 그러나 아라한을 얻을 정도까지는 하지 않는다. 그렇게 하는 것은 그의 목적으로부터 벗어난 것이기 때문이다.

동시에 그는 세속적인 지식을 멸시하지 않는다. 그는 심지어 그의 하인으로부터도 지식을 얻으려고 노력한다. 그는 결코 자신의 지혜를 과시하는 어떠한 태도도 보이지 않으며, 대중앞에서 무지를 알리는 것도 부끄러워하지 않는다. 왜냐하면 어떤 상태하에서도 그는 아는 체하는 사람으로 행동하지 않기 때문이다.

그의 지식의 활용은 항상 다른 사람들의 의향에 달려있으며, 그들이 필요로 하면 혼자만 간직하지 않고 언제든지 그 지식을 제공해준다. 그는 항상 다른 사람들을 위해 지식을 쌓으며, 언제든지 그는 다른 사람들을 어둠속에서 빛으로 이끌기 위해 최선의 노력을 한다.

일반적으로 앎에는 세 가지 종류가 있다.

첫째는 입으로 전해진 앎이다.(*sutamaya paññā*)

고대에는 문자에 의한 기록이 없었기 때문에 듣는 것에 의해서 지식이 전달되었다. 따라서 유식한 사람은 *bahussuta*(많은 것을 들은 사람)로 불리웠는데, 이것은 영어의 '박식한'과 의미가 상통한다.

두번째 종류의 앎은 생각에 의해서 얻어진 것이다.(*cintāmaya paññā*)

서양의 실재적인 과학적인 지식은 이러한 부류의 앎으로부터 직접적으로 나온 것이다.

세번째의 앎은 명상과 관조에 의해서 얻어진 수승한 지혜이다.(*bhāvana maya paññā*) 이것은 논리적 이성을 뛰어넘은 것으로서 명상에 의해서 직관적으로 진리를 깨닫는 것이다.

Bhāvanā 또는 명상은 수동적인 공상이 아니라 적극적으로 노력하는 것이다. 이것은 자기훈련, 자기승화, 자기억제, 자기명지(明知)로 이끈다. 또한

마음을 강하게 해주는 역할도 있다.

지혜는 불교의 절정이다. 이것은 팔정도에서 첫째 길이다. 이것은 깨달음의 일곱요소 가운데 하나이다.(慧覺支) 이것은 네가지 완성의 수단의 하나이다.(慧如意足) 이것은 다섯개의 능력중의 하나이며(慧力), 다섯가지 감각능력 중의 하나이다.(慧根) 이러한 지혜가 바로 청정과 마지막 해탈의 길로 이끄는 것이다.

정 진(Viriya)

지혜와 가깝게 연관된 것은 *viriya*(정진 또는 끈기)이다. 여기서 *viriya*는 육체적인 힘을 의미하는 것이 아니라, 정신적인 힘 또는 활력을 의미하는 것으로 이것이 훨씬 더 뛰어난 것을 말한다.

이것은 생각과 행동 모두에서 다른 사람들의 이익을 위해서 끈기있게 노력하는 것으로 정의된다. 보살은 이러한 덕성에 자신을 확고히 세워서 자력(自力)을 닦아나가서, 이것을 그의 뛰어난 특성의 하나로 만든다.

타고르박사가 언급한 것에 보면 자신의 능력에 의지하는 보살은 그의 마음을 다음과 같이 다져나간다.

"위험으로부터 벗어나도록 기도하는 것이 아니라.
그것들을 두려움없이 부딪치게 하소서.
나의 고통을 멈추도록 기도하는 것이 아니라
그것을 극복할 용기를 갖게 하소서.
구원에 대한 불안을 갈망하는 것이 아니라
나의 자유를 얻기 위해 인내를 바라게 하소서."

마하자나카 자타카(No.539)에는 바다에서 조난당하자 구조될 때까지 한번도 희망을 포기하지 않고, 7일간을 악전고투했던 보살의 정진에 대해서 명확하게 묘사하고 있다.

보살은 실패를 성공으로 나가는 계단으로 보고, 장애는 그에게 그 두배의 노력을 야기시키고, 위험에 부딪칠수록 그의 용기는 더욱 증가된다. 연약한 자의 열정을 무너뜨리는 난관들을 헤쳐나가고, 평범한 사람들을 좌절시키는 장애들을 극복하고, 그의 목표를 향해서 곧장 앞으로 나아간다. 그는 결코 그의 목표에 닿을 때까지 멈추지 않는다.

보살에게 진리의 길을 단념하도록 유혹한 마군에게 그는 말했다.

"나에게는 번뇌와 싸우다가 죽는 것이 삶에서 승리한 것보다 더욱 명예스럽게 보인다."

그의 지혜가 항상 다른 사람을 도와주기 위해 있는 것처럼 그의 정진도 마찬가지이다. 그는 편협하게 자신의 목적을 달성하는데 그것을 한정시키는 것 대신에, 보편적인 행복을 추구하는 방향으로 나아가도록 한다.

멈추지 않고 그리고 지칠줄도 모르고 그는 아무런 보상도 바라지 않고 다른 사람을 위해서 일한다. 그는 언제나 자신의 최대한의 능력으로 다른 사람을 도와줄 준비가 되어 있다.

어떤 점에서 정진은 목표를 달성하는데 지혜보다 더 큰 역할을 한다. 팔정도를 걸어가는 사람에게 있어서 올바른 노력은 악한 상태가 일어남을 억제하며, 이미 일어난 악을 근절시키며, 좋은 상태를 촉진시키고, 이미 일어난 좋은 상태를 완벽하게 한다.

이것은 깨달음의 일곱요소 중의 하나로 간주된다.(精進覺支) 이것은 네가지 완성의 수단중 하나이다.(精進如意足) 올바른 노력의 네가지 기능을 완성하는 것은 정진이다.(正勸) 이것은 다섯가지 능력의 하나이며,(勸力) 다섯가지 감각능력 중의 하나이다.(勤根)

따라서 정진은 아홉개의 기능을 수행하는 것으로 간주되어야 한다. 이것은 지혜와 한쌍이 되어서 모든 목적을 성취하는데 강력한 도움을 주는 손으로 간주된다.

인 내(Khanti)

정진만큼 중요한 것이 인내이다. 이것은 다른 사람들이 자신에게 가한 고통을 참는 것과 다른 사람의 잘못을 용서해주는 것이다. 보살은 그의 손과 발이 잘릴 때조차도 화를 내지않을 정도로 인내를 닦아야 한다.

칼티바디자타카(No.313)에서 설명한 것을 보면, 술취한 왕이 잔인하게 보살의 손과 발, 귀와 코를 자르라고 명령해서 그러한 고통을 당하면서도 태연하게 참았을뿐만 아니라, 이에 대해서 조금도 억울한 마음을 내지않고 앙갚음하지 않았다. 잘려진 팔다리에서 피가 넘치지만 바닥에 누워서 보살은 말했다.

"늙은 왕이 잔인한 손으로 나의 몸을 이렇게 망가뜨렸다. 그러나 나의 순수한 영혼은 그러한 행동에 결코 화를 내지않을 것이다."

그는 자신에게 해를 입히는 사람에 대해서 다음과 같은 관용의 정신으로 아량을 베푼다.

"이 사람은 나의 친구이다. 의도적이든 의도적이 아니든 나 자신에게 이러한 일이 생기게 한 원인이 틀림없이 있을 것이다. 아니면 나의 전생의 악업때문일 것이다.
어떻든간에 이것이 나로부터 말미암은 것인데 내가 왜 상대방에 대해서 악한 마음을 품어야 하는가?"

보살은 상대방의 부끄럼없는 행위에 의해서도 화를 내지 않는다고 할 수 있다.

제자들에게 인내를 닦으라고 훈계하면서, 부처님께서는 카카추파나 경에서 말씀하셨다.

"만약 노상강도가 너의 사지를 톱으로 자를 때 너의 마음이 상하면, 너는 나의 가르침을 따르는 자가 될 수 없다.
이와같이 너는 자신을 닦아야 한다.
'우리의 마음은 더럽혀지지 않고 유지된다.
나의 입에서는 어떠한 악한 말도 나오지 않는다. 친절하고 동정적으로 사랑하는 마음으로, 악한 마음을 품지않고 지켜나갈 것이다. 심지어 이 도적들도 자비로운 마음으로 포용할 것이다.

더 나아가, 우리는 온 세상에 자비로운 마음을 넓고, 광대하고, 무수히 발하면서, 이익되고 정화되게 해야 한다.'"

다른 사람들의 단점을 보는 대신에 인내와 관용을 닦으면서, 보살은 모든 사람에게서 선과 아름다움을 찾도록 노력해야 한다.

진 실(Sacca)

진실 또는 sacca는 일곱번째 완성이다. 여기서 sacca는 자신의 약속을 완성하는 것을 의미한다. 이것은 보살의 두드러진 특성중의 하나이다. 왜냐하면 그는 결코 자신이 한 말을 위반하지 않기 때문이다. 그는 말한대로 행동하며, 행동하는 것에 따라서 말한다.

하리자타카(No.431)에 의하면, 보살은 방황하는 삶의 과정에서, 비록 때때로 다른 네개의 계율을 침해할지라도 진리가 아닌 것은 결코 말하지 않는다. 그는 심지어 공손히 할 목적으로라도 진리를 숨기지 않는다. 그는 진실을 자신의 안내자로 만들고, 자신의 말을 지키는 것이 그에게 주어진 의무라고 생각한다. 그는 약속을 하기전에 깊이 생각한다. 그러나 일단 약속하면 어떠한 일이 있어도, 심지어 목숨을 희생하는 일이 있더라도 완수 한다.

하리자타카(No.363)에서 보살은 다음과 같이 충고한다.

"그대 모든 약속은 참으로 진실해야 하네.
그대가 할 수 없는 약속은 거절하게나.
현명한 자는 공허한 허풍꾼을 달갑지않게 여긴다네."

다시 마하 수타소마자타카(No.537)는 약속을 완수하기 위하여 보살이 목숨까지도 희생할 준비가 되어있음을 역설하고 있다.

"높이 떠있는 새벽별이
항상 일정한 궤도를 유지하고
모든 시간, 계절, 해를 통과하고
결코 그 궤도에서 벗어나지 않듯이

마찬가지로 현명하게 말하는 자는
진실의 길에서 결코 벗어나지 않는다."

보살은 믿을 수 있고 성실하고 진실하다. 그는 생각한 것을 말한다. 그의 생각, 말, 그리고 행동에는 완전한 조화가 있다. 그가 다루는 모든 것은 일관성 있고 정직하다. 그는 위선적이 아니다. 왜냐하면 그는 계율들을 엄격히 고수하기 때문이다.

그의 내적인 자아와 외적인 행동사이에는 아무런 차이가 없다. 그의 개인적인 생활은 공적인 생활과 일치한다.

그는 다른 사람들의 마음을 사로잡기 위하여 아첨하지 않으며, 그들의 존경을 받기 위하여 자신을 내세우지도 않으며, 그의 단점을 감추거나 공덕을 공연히 드러내지도 않는다. 칭찬할만한 것은 악의없이 칭찬하며, 비난할만한 것은 경멸하지 않고 동정심을 가지고 정당하게 비난한다. 심지어 진리조차도 그는 항상 언급하지 않는다. 만약에 그러한 말이 다른 사람들을 이익과 행복으로 이끌지않을 때는 가만히 침묵을 지킨다.

만약 어떤 진리가 다른 사람에게 이익되어 보이면, 아무리 그것이 자신에게 손해를 줄지라도 그것을 반드시 말한다. 그리고 다른 사람들이 한 말을 자신의 말을 존경하듯이 존경한다.

발 원 (Adhiṭṭhāna)

진실 다음은 *adhiṭṭhāna*가 뒤따르는데, 이것은 굳건한 결심으로 번역될 수 있다. 이러한 확고한 결의없이 다른 바라밀들은 성취될 수 없다. 그러므로 이것은 건물의 기초공사에 비유된다. 이러한 의지력은 보살의 길에서 모든 장애들을 밀어내고 질병, 슬픔, 재난 등 어떠한 것이 그에게 닥쳐와도 두려워하지 않으며, 결코 자신의 목표로부터 한눈을 팔지 않게 한다.

예를 들면 석가모니 부처님께서는 깨달음을 얻기 위해서 왕자의 지위를 버리려는 확고한 결심을 하였다. 그에게 있어서 6년간은 초인적인 고행의 기간이었다. 그는 여러가지 곤경을 참아야 했고 수많은 난관에 직면하지 않으면 안되었다.

가장 도움을 필요로 하던 절실한 상황에서 사랑하는 다섯동료들은 그를 버렸다. 그러나 그는 정진을 포기하지 않았다. 그의 열정은 더욱 배가 되었다. 그는 혼자서 분투하여 결국 목적을 성취했다.

"바위산 봉우리가 움직이지 않고 서 있어서
휘몰아치는 바람에도 흔들리지 않고,
항상 그 자리에 지키고 있듯이
그대 또한 언제나 확고하게 있어야 하네."

보살은 그의 원력이 흔들리지 않는 강철같은 결심을 가진 사람이다. 선한 일을 하는데는 쉽게 설득되며, 아무도 그에게 이러한 원력에 반대되는 것을 유혹할 수 없다. 상황이 요구하는 것에 따라서 그는 꽃처럼 부드럽기도 하고 바위처럼 단단하기도 하다.

자 애(Mettā)

모든 바라밀에서 가장 중요한 것은 *mettā*(Sk. *Maitrī*)이다. 영어에는 Mettā에 어울릴만한 좋은 표현이 없다. 이것은 은혜, 선의, 자애, 우애로 번역되며, 예외없이 모든 존재들의 행복을 바라는 것으로 정의된다.

보살이 다른 사람들을 위해서 개인적인 해탈을 포기하도록 유도하는 것이 바로 이러한 사랑이다. 그는 모든 존재들에 대하여 계급, 신앙, 인종, 성별에 관계없이 무한한 선의를 골고루 스며들게 한다.

그는 보편적인 사랑의 화신이기 때문에, 아무도 두렵게 하지 않으며, 누구에 의해서도 두려움을 느끼지 않는다.

외로운 숲속에 있는 야생동물들은 그의 사랑하는 친구들이다. 그들 사이에서 상호간의 우애를 조장한다. 그는 자신의 가슴속에 있는 모든 존재에 대한 무한한 선의를 항상 소중히 여긴다.

불교에서 Mettā(慈愛)는 개인적 애정 또는 평범한 육체적 사랑과는 구별되어야 한다. 애정으로부터 두려움과 슬픔이 오지만, Mettā(慈愛)로 부터는 그렇지 않다.

이러한 자애를 베풀면서 또한 자신을 무시해서는 안된다. 자애는 다른 사람들과 마찬가지로 자기자신에 대해서도 동등하게 확대되어야 한다.

그러므로 불교의 자애는 자기자신을 포함해서 전 인류를 포용한다.

마하담마팔라자타카(No.385)에서 보면, 젊은 보살은 자애를 그에게 고문을 가하고 죽이라고 지시한 잔인한 아버지, 사악한 고문관, 울며 지내는 사랑하는 어머니, 그리고 자기자신에게 동등하게 펼쳤다.

자애는 멀리 그리고 가까이 있는 존재들에게 쉽게 영향을 미칠 수 있는 신비한 힘을 갖고 있다. 이러한 은혜로운 힘을 발하는 청정한 마음은 야생동물을 온순한 동물로, 살인자를 성인으로 바꿀 수 있다. 이 신비한 힘은 누구나 닿을 수 있는 거리에 있다. 약간의 노력만 기울인다면 누구나 자신의 것으로 만들 수 있다.

부처님께서 말씀하셨다.

"산 기슭에 머무르면서, 나는 자애로운 마음으로 사자와 호랑이들을 나에게 오게 했다. 나는 숲에서 사자와 호랑이, 표범과 물소, 영양, 사슴, 그리고 곰에 둘러싸여서 지냈다. 어느 짐승도 나를 두려워하지 않았고, 나 또한 어느 짐승도 두려워하지 않았다.

자비심이 나를 지탱해주었다. 이렇게 나는 산 기슭에서 머물렀다."

한 사람이 다른 사람을 사랑하면 그도 그들로부터 사랑받게 된다. 어떠한 반대의 힘도, 어떠한 적대감도, 어떠한 부정적인 생각도 자애심의 오로라에 의해서 강하게 보호받는 자에게는 영향을 미칠 수 없다.

그는 평화로운 마음으로 자신이 만들어 놓은 천국에서 살 것이다. 심지어는 그와 접촉하는 사람도 그 기쁨을 함께 경험할 것이다.

어떤 사람이 자애심이 몸에 베고 그것을 말과 행동으로 표현할 때 막혔던 벽들이 허물어진다. 구별하는 마음은 점차 사라지고, '나'는 '모두'에 흡수된다. 그곳에 '나'라는 것은 결코 존재하지 않는다.

마침내 자신은 자비의 절정, 즉 모든 사람들과 동일화할 수 있다.

보살은 이 자비를 모든 살아있는 존재에 대하여 확대하고, 모든 것들과 자신을 동일화시키고, 어떠한 계급, 신앙, 인종 또는 성별이든지간에 차별두지 않는다.
 서로 서로를 분리시키는 모든 장벽을 허물어뜨리려고 시도하는 것이 불교의 자애이다. 보살에게 있어서는 멀고 가까운 것이 없으며, 적이나 이방인도 없으며, 배교자도 감동되지 않는 자도 없다. 왜냐하면 올바른 이해를 통하여 깨달은 보편적 사랑은 모든 살아있는 존재들의 형제애를 바탕으로 확립되었기 때문이다. 보살은 친절하고 다정하고 자비로우며 영원한 인류의 진정한 시민이다.

평 정(upekkhā)

 열번째 바라밀은 *upekkhā* 또는 평정이다. 팔리어 *upekkhā*는 정당하게, 공평하게 또는 올바르게를 뜻하는 '*upa*'와 보거나 식별하는 것 또는 의미하는 '*ikkha*'로 구성되었다.
 이 용어의 어원학적인 의미는 집착이나 혐오없이, 좋아하거나 싫어하는 것 없이 올바르게 보는 것, 합당하게 생각하는 것, 또는 공평하게 바라보는 것이다. 여기서 이 용어는 무관심하거나 중립적인 느낌의 의미에서 사용되지 않았다.
 특히 불균형적인 삶의 성쇠속에 살고 있는 재가자에게 있어서, 모든 바라밀중에서 가장 어렵고 가장 본질적인 것이 바로 평정이다. 경멸하거나 모욕하는 것은 인간의 삶에서 늘상 있는 일이다. 또한 칭찬과 비난, 이익과 손실, 고통과 행복도 마찬가지이다.
 이러한 삶의 변천 가운데서 보살은 완전한 평정심을 닦으면서 확고한 바위같이 움직이지 않고 서 있으려고 노력한다. 행복하거나 역경에 부딪칠 때, 비난과 슬픔 가운데서 그는 균형을 유지한다. 어떠한 소리에도 동요하지 않는 사자처럼, 그는 제멋대로 설치는 혀의 신랄한 말에 의해서도 흔들리지 않는다. 그물에 걸리지 않는 바람처럼, 그는 이 변천하는 세계의 환상적인 즐거움에 집착하지 않는다.
 연꽃에서 피어난 연꽃이 진흙에 물들지않는 것처럼, 그는 세속적인 유혹에 영향받지 않고 영원히 고요하고 침착하고 평화롭게 산다.

"어떠한 파도도 깊은 바다의 고요를 깨뜨릴 수 없듯이,
그대의 마음도 흔들려서는 안된다."

더 나아가 평정심을 닦는 보살은 탐, 진, 치 그리고 두려움의 지배를 받지않는 정의를 모두에게 나누어준다.

위의 바라밀에서 우리는 보살의 삶은 그 전체가 자기 희생, 청정, 포기, 깊은 통찰력, 정진, 인내, 진실, 원력, 무한한 사랑 그리고 완벽한 정신적 평정의 과정임을 알 수 있다.

* * *

이 열개의 바라밀 이외에도 보살은 다음의 세개의 행위(*cariyā*)를 실천해야 한다. 즉, *buddhi cariyā*(지혜로 선을 행하면서 자신의 발전을 소홀히 하지 않는 것), *ñatyāttha caryiā*, (친척들의 더 나은 것을 위해 일하는 것), *lokattha cariyā*(전세계의 발전을 위해 일하는 것.)

여기서 두번째 행위는 친척주의가 아니라, 아무런 편애없이 자신의 친척들의 번영을 증진시키기 위해 일하는 것이다.

이와같이 최고의 완성을 얻기 위하여 열개의 바라밀을 닦으면서 세 가지 형태의 행위를 발전시키는 동안, 그는 윤회의 폭풍이 휘몰아치는 바다에서 저항할 수 없는 업의 힘에 의해 여기서 저기로 떠다니면서, 다양한 시간속에서 여러가지 모습으로 태어나서 자신을 드러낸다.

그는 권능한 제석천, 또는 빛나는 천신으로, 어떤 때는 높거나 낮은 인간으로, 다시 짐승으로, 마침내 도솔천에서 태어날 때까지 바라밀을 완성한다. 여기서 그는 인간계에 삼먁삼붓다로 출현할 순간을 기다리면서 지낸다.

그렇지만 보살이 보편적인 경험을 얻기위하여 그렇게 여러가지 모습으로 나타난다고 생각하는 것은 옳지않다. 새로운 존재로 모든 삶을 마친 부처님과 아라한을 제외하고는, 아무도 자신의 미래의 탄생을 유일하게 결정하는 업의 필연적인 법칙으로부터 벗어날 수 없다.

그렇지만 보살은 그의 타고난 공덕 때문에 어떤 특별한 능력을 갖는다. 예를 들면 수명이 무수한 겁 동안 유지되는 범천계에 태어나면, 마음의 능력을 사용하여서 그 세계에서 사는 것을 그만두고 인류를 도와주고 바라밀을 닦을 수 있는 또 다른 안락한 세계에 태어난다.

이러한 자발적인 죽음의 부류는 별도로 하고, 자타카 주석서의 설명에서 보면, 보살이 윤회에서 방황하는 과정에서 축적된 업의 결과로 다시 태어나지 않는 열여덟개의 상태가 있다.

예를 들면, 그는 결코 장님이나 귀머거리로 태어나지 않으며, 업과 그 과보를 부정하는 견해를 가진 자가 되지 않는다.

그는 축생계에도 태어날 수 있다. 그러나 코끼리보다 크지 않으며, 도요새보다 작지 않다. 그는 평범한 상태의 고통을 겪을 수 있다. 그러나 결코 최악의 고통을 겪도록 운명지워지지는 않는다.

또한 보살은 불환자가 다시 태어나는 청정한 세계(淨居)에 다시 태어나기를 바라지도 않으며, 다른 사람들을 도와줄 수 있는 기회가 없는 무색계에 다시 태어나기를 바라지 않는다.

그러면 이렇게 질문할지도 모르겠다. "과연 보살은 윤회의 과정에서 깨달음을 얻으려는 자신의 열망을 인식하고 있는가?"

때때로 그는 인식하지만, 인식하지 않을 때도 있다. 어떤 본생담에 따르면, 어떤 경우에 보살 고타마는 보리를 얻기 위한 자신의 노력을 완전히 의식하고 있었다.

비사야세티자타카(No.340)가 그 예로서 인용될 수 있을 것 같다.

이 특별한 이야기에서 제석천은 보살에게 그가 왜 그렇게 관대한지에 대해서 질문하였다. 그때 그는 이것은 어떠한 세속적인 능력을 얻기 위한 것이 아니라, 최고의 보리를 얻기 위한 유일한 목적때문이라고 말했다.

그러나 조피탈라의 경우에서 보면 그는 자신의 높은 열망을 알고 있지 못할 뿐만 아니라 성스러운 스승 카사파부처님을 단지 신성한 말 '부처'라고 말하면서 모욕을 주었다. 그런데 여기서 알아두어야 할 것은 보살이 마지막 수계를 얻은 것은 바로 이 부처님으로부터였다.[65]

우리 자신이 인류를 위한 성스러운 목적을 위해 우리의 삶을 헌신하는 보살일지도 모른다. 우리는 보살의 이상이 오로지 뛰어난 자들에게만 제한되어 있다고 생각할 필요는 없다.

필요한 노력과 열정이 주어지면, 어떤 사람이 한 것을 다른 사람도 할 수 있다. 우리들도 삶에서 우리의 목적 —봉사와 완성의 성스러운 이상— 을 지녀서 우리들 자신과 타인을 위해서 사심없이 일하기 위해 노력해야 한다. 완벽하게 되도록 도와주어라!. 도와주는데 완벽하라.!

---

65) 이것이 상좌부와 대승사이에서 중요한 이론의 차이중에 하나인데, 대승에서 보살은 모든 중생들이 니르바나를 얻을 때까지 도와주기 위하여 니르바나의 얻음(성불)을 자발적으로 포기했다고 주장한다.

제 28 장
네가지 무한한 마음(四無量心)

"인간으로 태어나기는 어렵다.
태어난 자는 모두 죽음을 면치 못하리니,
이 기회를 놓치지 말아라."

── 법구경

　인간은 상상할 수 없는 잠재능력을 가진 신비스러운 존재이다. 인간에게는 성인의 성품과 죄인의 기질이 모두 잠재되어 있다. 이것들은 기대하지 않았던 순간에 자신을 좌절시키는 힘으로서 겉으로 드러날 수도 있다. 우리는 그것들이 어떻게 시작되었는지에 대해서는 모른다. 우리는 단지 그것들이 여러가지 모습으로 인간에게 잠재되어 있다는 것만을 알 뿐이다.
　이 복잡한 기계같은 인간의 강력한 마음속에서는 덕의 보고와 악의 쓰레기 더미가 발견된다. 각자의 발전에 따라서 인간은 인류에게 기쁨이 될 수도 있고 비난의 대상이 될 수도 있다.
　위대하고, 성스럽고, 헌신적인 사람이 되기를 바라는 자, 모범적인 생활과 가르침으로 자신을 숭고하게 하고 인류에게 봉사하려는 자, 그리고 인간으로 태어난 황금의 기회를 이용하려는 자는 최선의 노력을 기울여서 잠재된 악을 제거하고 깊숙히 묻혀있는 덕성을 개발해야 한다.
　땅에 박혀있는 귀중한 보물을 파내기 위해서 인간은 막대한 자본을 투자하고, 많은 노력을 기울이며, 때때로 심지어 자신의 목숨을 희생시키기도 한다. 마찬가지로 인간에게 내재되어 있는 귀중한 보물을 캐내기 위해서는 오로지 꾸준한 노력과 끈기있는 인내력이 필요하다. 심지어는 가장 가난한 남자나 여자도 이 일을 완성할 수 있다. 왜냐하면 부는 초월적인 보물을 축적하는데 본질적인 전제조건이 아니기 때문이다.

인간에게 잠재된 악이 거의 본능적이고 당연하게 보이는 것은 이상한 일이다. 모든 악이 그것과 반대되는 진실한 선을 갖고 있다는 것도 똑같이 이상하다. 그렇지만 모든 사람에게 선이 내재함에도 불구하고 저절로 드러나지는 않는다.

인간에게 있어서 강력한 파괴적인 악은 성냄이다. 이러한 악의 힘을 가라앉히고 인간을 숭고하게 하는 좋은 덕이 사랑(慈)이다. 잔인성은 또 다른 악이다. 이것은 인류에게 널리 행해지는 많은 공포와 잔학 행위에 책임이 있다. 그리고 이것을 바로 잡는 것은 동정(悲)이다. 시기심은 또다른 악이다. 이것은 자신을 망치며, 불건전한 경쟁관계와 위험한 적들을 야기시킨다. 이러한 해독스러운 악에 가장 효과적인 처방은 같이 기뻐하는 마음(喜)이다. 인간의 정신적 균형을 깨뜨리는데는 두개의 다른 보편적 특성이 있다. 그것은 즐거운 것에 집착하는 것과 즐겁지 않은 것을 혐오하는 것이다. 이러한 것은 평정(捨)을 발전시켜서 제거할 수 있다.

이 네개의 순수한 덕은 통틀어서 팔리어로 '*Brahmavihāra*'라고 불리우는데, 이것은 숭고한 조건의 형태, 숭고한 상태, 또는 신성한 장소라고 번역될 수 있다.

이 덕들은 인간을 숭고하게 만드는 성향이 있다. 이것은 인간을 바로 이 삶에서 하나의 신성한 인간으로 만든다. 그리고 인간을 초월적인 자로 변형시킬 수 있다.

만약 모두가 이것을 닦으려고 노력한다면, 신앙, 피부색, 인종, 성별 그리고 지역에 관계없이 모두가 하나의 세계의 이상적인 시민으로서 이 세계를 완전한 평화와 조화속에 살 수 있는 낙원으로 바꿀 수 있다.

이 네 가지 숭고한 덕은 또한 네 가지의 무한한 마음(四無量心)으로 불린다. 이렇게 불리는 이유는 제한이나 장벽이 없으며, 예외없이 모든 존재에 대해서 확대할 수 있기 때문이다. 물론 이것은 동물들을 포함해서 모든 살아있는 존재들을 포용한다.

종교적 믿음에 관계없이, 우리는 이러한 성스러운 덕을 닦을 수 있으며, 자신과 타인들을 기쁘게 할 수 있다.

자 애(慈愛)

첫번째 숭고한 상태는 자애(慈愛)이다. 이것은 자신의 마음 또는 진실한 우정의 상태를 포근하게 해주는 것을 의미한다.

이것은 예외없이 모든 존재들의 번영과 행복을 진실한 마음으로 바라는 것을 의미한다. 이것은 또한 우애적인 성질로 설명되기도 한다. 왜냐하면 진정한 우정은 친구의 행복을 진실로 바라기 때문이다.

부처님께서 훈계하셨다.

"마치 어머니가 생명의 위험을 무릎쓰고 외아들을 보호하듯이, 비구는 모든 살아있는 존재에 대해서 끊임없는 자애심을 닦아야 한다."

여기서 강조하고자 하는 것은 어머니의 자식에 대한 열렬한 애정이 아니라, 자식의 진정한 행복을 바라는 진실한 마음이다.

자애로운 마음은 고통을 유발시키는 육체적 사랑도 아니고 개인적 애정도 아니다. 자애로운 마음은 단순한 이웃 사랑이 아니다. 왜냐하면 이것은 이웃과 외부인을 차별하지 않기 때문이다.

자애로운 마음은 동물들을 포함한 모든 살아있는 존재를 포용하기 때문에 단순한 보편적인 형제애가 아니다.

자애로운 마음은 정치적인 형제애, 민족적인 형제애, 또는 국가적 형제애 또는 심지어 종교적 형제애도 아니다. 왜냐하면 정치적인 형제애는 민주주의, 사회주의, 공산주의 등의 당파적 형제애처럼 오로지 비슷한 정치적 견해를 가진 자들에게만 한정되어 있기 때문이다. 민족적 형제애와 국가적 형제애는 오로지 똑같은 민족과 국가에게만 한정된다. 어떤 국가주의자들은 국가를 너무나 사랑한 나머지 때때로 죄없는 남자와 여자, 어린이들을 단지 그들이 금발 또는 파란 눈의 축복을 받지 못했다는 이유로 잔인하게 죽인다.

백인은 흰 피부에 특별한 애정을 갖고 있으며, 흑인은 검은 피부를, 황인종은 황색을, 갈색 인종은 갈색을 좋아한다. 다른 색이 혼합된 사람들은 때때로 의심과 두려움의 대상이 된다.

그들은 흔히 자신들의 민족적 우월성을 주장하기 위하여 하늘로부터 폭탄을 무자비하게 퍼부으면서 수백만을 죽이는 잔인한 전쟁에 호소하기도 한다. 2차대전의 비참한 사건은 인류가 결코 잊을 수 없는 현저한 사례이다.

고대국가에서는 어떤 편협된 마음을 가진 사람들 사이에서, 계층과 계급의 소수의 집단이 존재했는데, 여기서 이른바 강력한 압제자의 형제애라고 불리는 것은 매우 제한되었기 때문에, 억압받는 자들은 단지 출생이나 계급 때문에 기본권을 누리는 것이 허용되지 않았다. 이 압제자들은 가엾은 인간들이다. 왜냐하면 그들은 자신들이 만든 물샐 틈 없는 벽에 스스로 갇혀있기 때문이다.

자애로운 마음은 또한 종교애도 아니다. 이른바 종교적인 형제애라는 한심한 제한때문에 인간의 머리가 조금도 거리낌없이 잘리웠고, 진실을 말한 사람들을 불로 지지고 살아있는 채로 물속에 던져넣었다. 종교적인 형제애라는 명목하에 형언하기 어려울 정도로 많은 흉악한 일들이 저질러졌다. 잔인한 전쟁들이 치루어지면서 인류 역사의 순수한 페이지를 피로 물들였다.

심지어는 문명화되어 보이는 20세기에도 어떤 종교의 추종자들은 다른 신앙을 가진 자들을 단지 자기들과 똑같이 생각하지 않거나 또는 서로 다른 계층에 있다는 이유만으로, 미워하거나 냉혹하게 박해하거나 죽이기도 한다.

만약에 종교적 견해때문에 다른 신앙을 가진 사람들이 형제와 자매처럼 하나의 단상에 함께 설 수 없다면, 인류의 자비스러운 스승들의 전도 활동은 애석하게도 실패하고 말 것이다.

숭고한 사랑은 이러한 종류의 편견있는 형제애를 모두 초월한다. 이것은 그 대상과 범위에서 무제한적이다. 이것은 아무런 장벽을 갖고 있지않다. 이것은 차별을 만들지 않는다. 자애로운 마음은 우리로 하여금 온 인류를 자신의 어머니의 땅과 자신의 친구처럼 생각하게 해준다.

마치 태양이 어느 방향에도 예외없이 빛을 비추듯이 숭고한 사랑도 즐거운 것과 즐겁지 않은 것, 부자와 가난한 자, 높은 자와 낮은 자, 악한 자와 선한 자, 남자와 여자, 인간과 동물 모두에게 향기로운 사랑의 축복을 평등하게 쏟아붓는다.

부처님의 사랑은 바로 이처럼 무한한 사랑이다. 부처님은 자신을 사랑하는 이들은 물론 자신을 미워하고 심지어 해를 끼치고 죽이려는 사람들의 이익과 행복을 위해서 살았다.

부처님은 유일한 아들 라훌라, 그의 반대자 데바다타, 시자 아난존자, 그의 추종자들과 적들에 대해서도 똑같이 자애로운 마음을 베풀었다.

자애로운 마음은 친구, 적, 그리고 중립적인 자에 대해서 똑같이 대하듯이 우리자신에 대해서도 똑같은 정도로 확대되어야 한다. 만약 어떤 사람이 친한 친구, 평범한 친구, 적과 함께 숲속을 여행하다가 도적떼를 만났을 때, 그에게 그들중 하나를 희생자로 바치라고 요구한다고 가정해보자.

만약 여행자가 자신을 가져가라고 말한다면, 그는 자신에 대해서 아무런 자애로운 마음을 갖고 있지 않다. 만약 셋중에 어느 한 사람을 가져가라고 한다면, 그는 또한 그들에 대해서도 아무런 자애로운 마음을 갖고 있지 않을 것이다.

이것이 진짜 자애로운 마음의 특성이다. 이 무한한 자애심을 발휘할 때 자신이 무시되어서는 안된다. 이 비유를 오해해서는 안된다. 왜냐 하면, 자기희생은 또 다른 숭고한 덕이며, '자아가 없다는 것'은 또 다른 더 높은 덕이다.(여기서는 사랑에 한정되며, 희생과는 별개의 관점이다.)

이러한 사랑의 극치는 자신을 모든 존재들과 동일화시키면서 자신과 다른 것들 사이에 아무런 차이도 두지않는 것이다. 이른바 '나'란 것은 전체에서는 잃어버린다. 구별하는 마음은 사라져버린다. 그리고 하나란 것이 실현된다.

이러한 자애로운 마음을 의미하는 숭고한 팔리어 *metta*에 대응될 수 있는 적당한 영어 표현은 없다. 아마도 선의, 자애, 자비, 보편적 사랑이 최고의 번역으로 제시될 것 같다.

자애로운 마음과 정반대되는 것은 성냄, 악의, 미움, 혐오 등이다. 자애로운 마음은 성냄이나 복수심에 불타는 행위와는 함께 공존하지 못한다.

부처님께서 말씀하셨다.

"미움은 미움을 통하여 소멸되지 않는다.
오로지 자애로운 마음을 통하여 그것들은 사라진다."

자애로운 마음은 성냄을 극복하는 성향이 있을뿐만 아니라 다른 것들에 대해 미워하는 생각을 품지않게 한다. 자애심을 갖고 있는 자는 결코 다른 것들을 해칠 생각을 하지 않으며, 또한 다른 사람들을 무시하거나 비난하지도 않는다. 그러한 사람은 다른 사람을 두려워하지도 않으며, 다른 사람에게 두려움을 느끼게 하지도 않는다.

교묘한 간접적인 적이 친구로 가장해서 자애심을 공격한다. 이것은 이기적인 애정이다. 왜냐하면 경계하지 않은 자애심은 때때로 욕망에 의해서 공격을 받기 때문이다.

이 간접적인 적은 숲속이나 길목에 숨어있다가 다른 사람에게 해를 끼치려는 사람과 같다. 다시 말하면 간접적인 적인 슬픔은 애정으로부터 나오며, 자애심에서 나오지 않는다.

여기서 이 비유를 오해해서는 안된다. 부모들은 분명히 그들의 자식에 대한 애정을 피할 수 없으며, 자식의 부모에 대한 애정, 남편의 부인에 대한 애정, 그리고 부인의 남편에 대한 애정도 마찬가지이다.

그러한 애정은 매우 자연스로운 것이다. 이 세계는 상호간의 애정 없이는 존재할 수 없다. 여기서 강조하고자 하는 것은 이타적인 자애심은 평범한 애정과 동의어가 아니라는 것이다.

인정이 많은 태도는 자애심의 주요한 특성이다. 자애심을 닦는 자는 항상 다른 사람들의 번영을 증진시키는데 관심이 있다. 그는 모두에게서 선과 아름다움을 찾을 뿐, 추함을 찾지는 않는다.

자애심에 수반되는 기쁨

1. 자애심을 닦는 자는 행복하게 잠을 잔다. 그는 미움에서 벗어나 가벼운 마음으로 잠자리에 들기 때문에 자연히 한번에 깊은 잠에 빠질 수 있다.

이러한 사실은 자애심을 가진 사람들에게서 분명하게 나타난다. 그들은 눈을 감자마자 즉시 깊은 잠에 빠진다.

2. 자애로운 마음으로 잠자리에 들듯이, 그는 자애로운 마음으로 일어난다. 인정이 많고 동정적인 사람들은 흔히 잠자리에서 일어날 때 미소짓는 얼굴로 일어난다.

3. 심지어 자애로운 사람은 잠자면서도 나쁜 꿈에 시달리지 않는다. 왜냐하면 그들은 깨어있는 동안에 자애심으로 가득찼기 때문에, 잠을 잘 때도 또한 평화롭기 때문이다. 그들은 깊은 잠에 빠지거나 또는 즐거운 꿈을 꾼다.

4. 그는 사람들에게 존경받는다. 그가 다른 사람들을 사랑하기 때문에 다른 사람들도 그를 사랑한다.

　어떤 사람이 미소짓는 얼굴로 거울을 바라볼 때, 비슷한 얼굴이 그를 맞이할 것이다. 이와 반대로 만약 그가 찡그린 얼굴을 하고 바라보면 그는 이와 유사한 반영을 볼 것이다. 자신이 세상에 대해서 행동하는대로 바깥 세계가 자신에게 반영된다. 결점으로 가득찬 사람은 다른 사람들에게서 악을 보기가 쉽다. 그는 선한 것을 무시하기 때문이다.

　시인 볼튼 홀 Bolton Hall은 이것을 아름답게 표현했다.

"나는 나의 형을 비판의 현미경을 갖고 보았다.
그리고 말했다. '나의 형은 얼마나 저주스러운가!'
나는 그를 경멸의 현미경을 통하여 보았다.
그리고 말했다. '나의 형은 얼마나 작은가!'
그리고 나는 진리의 거울을 들여다보았다.
그리고 말했다. '어쩜 저렇게 형은 나를 닮았을까!'"

　가장 선한 사람에게 악이 있고 가장 악한 사람에게 선이 있는데, 왜 우리는 다른 사람들에게서 추함을 보아야 하는가? 만약 우리가 모두에게서 선과 아름다움을 볼 수 있다면, 모두에게 기쁨의 원천이 될 것이다.

5. 자애심을 닦는 자는 인간이외의 존재로부터도 존경받는다. 동물들 또한 그에게 이끌린다. 수행자들은 숲속에서 자애심을 발산하면서 아무런 해도 입지 않고, 무서운 동물들 사이에서 즐겁게 지낸다.

6. 만약 그가 어떤 피할 수 없는 업을 받게 된 운명이 아니라면, 그의 자애심에 의해서 독과 그밖의 것들로부터 면제될 수 있다.

　자애심은 활력있는 건강한 힘이기 때문에 적대적인 자극에 대해서는 중화시킬 수 있는 힘을 갖고 있다. 마치 미워하는 생각이 이 육체에서 유독한 결과를 낳을 수 있는 것처럼, 자애로운 생각도 건강한 육체적 효과를 만들 수 있다.

　기록에 의하면 매우 인정이 많고 독실한 수피야라는 여자가 다리에 상처를 입었는데, 부처님을 뵙자 금방 나아버렸다는 것이 있다. 부처님과 그 여인의 평화로운 생각의 파동이 결합되어서 그러한 이로운 결과를 만들어낸 것이다.

　부처님께서 깨달은 후 고향을 처음으로 방문했을 때, 겨우 일곱살 밖에 안된 아들 라홀라는 부처님께 다가가서 말했다.

　"오 구도자시여. 당신의 그림자조차 저를 기쁘게 합니다."

　라홀라는 부처님의 자애로운 힘을 깊이 느낄 수 있었던 것이다.

7. 그의 자애로운 힘때문에 보이지 않는 신들이 그를 보호한다.

8. 자애로운 마음은 정신적 집중을 빠르게 한다. 그의 마음이 적대적인 파동에 의해서 혼란되지 않기 때문에 마음이 하나로 모아지는 것을 쉽게 얻을 수 있다. 평화로운 마음으로 그는 그 자신이 창조한 천국에서 살게 된다. 심지어는 그와 접촉하는 사람들도 또한 그 기쁨을 경험할 수 있다.

9. 자애로운 마음은 자신의 얼굴표정을 아름답게 만드는 성향이 있다. 얼굴은 일반적으로 마음의 상태를 반영한다.

　어떤 사람이 화를 내면 심장은 평소보다 두배 내지 세배 더 빠르게 피를 분출해낸다. 미워하는 피가 얼굴까지 올라가서 빨갛거나 검게 변한다. 때때로 얼굴은 보기에 역겨울 정도가 되기도 한다.

이와 반대로 자애로운 생각은 마음을 기쁘게 하고 피를 맑게 한다. 그러면 얼굴은 사랑스러운 모습을 나타낸다.

기록에 의하면, 부처님께서 깨달은 다음에 연기의 관계를 관할 때, 마음은 매우 평화로왔고, 피는 너무나 선명해서, 파란색, 노란색, 빨간색, 흰색, 오렌지색의 여러가지 빛깔과 이 색깔들의 혼합된 색깔이 부처님의 몸에서 방출되었다고 한다.

10. 자애로운 마음을 지닌 사람은 평화롭게 죽음을 맞이한다. 왜냐하면 그는 누구에게 대해서도 미워하는 생각을 조금도 품지않기 때문이다. 심지어 죽은 후에도 그의 고요한 얼굴은 그의 평화로운 죽음을 반영한다.

11. 자애로운 사람이 행복하게 세상을 떠나면 그는 다음 생에 행복한 상태로 다시 태어난다. 만약 그가 선정(무아경)을 얻었으면, 그는 범천계에 다시 태어난다.

자애로운 마음의 힘

이러한 필연적인 세속적 기쁨 이외에도 자애로운 마음은 끌어당기는 힘을 갖고 있다. 이것은 심지어 멀리 있는 사람에게도 좋은 영향을 미칠 수 있으며, 다른 사람들을 자신에게 끌어올 수도 있다.

한번은 부처님께서 어떤 도시를 방문했었는데, 유명한 사람들이 부처님을 환영하러 왔다. 그들중에 로자라 불리는 성스러운 자가 있었는데, 그는 아난존자의 친구였다.

그를 보자 아난존자가 말했다.

"오 로자. 자네가 부처님을 환영하러 나와주어서 고맙네."

로자가 대답했다.

"아닐쎄, 존경하는 친구여. 내가 부처님을 만나러 온 것은 그 분을 존경해서가 아니라네. 사실은 친구들과 약속을 했는데, 부처님을 만나러 가지 않는자는 벌금으로 금 오백냥을 내야 한다네. 내가 여기 부처님을 뵈러 온 것은 순전히 벌금을 내는게 두려웠기 때문이라네."

아난존자는 조금 실망했다. 그래서 그는 부처님께 가서 로자에게 법을 가르쳐달라고 간청했다. 부처님께서 그 자리에서 즉시 로자에게 자애로운 마음을 내보내서 그의 방에 머물러있게 하였다.

로자의 몸이 부처님의 자애로운 마음으로 감싸이게 되었다. 말하자면 그는 부처님의 무한한 사랑이 이끄는 힘에 의해서 감전된 것이다.

마치 송아지가 어미 소를 찾아 쫓아가듯이 여기저기 사원을 뒤지면서 부처님이 계신 곳을 물으면서 찾아갔다. 마침내 한 승려가 부처님의 처소를 가르쳐 주었다. 그가 방문을 두드리자 부처님께서 방문을 열었다. 그는 안으로 들어가 부처님께 인사하고 가르침을 듣고서 부처님께 귀의하게 되었다.

이러한 자애로운 마음의 이끌리는 힘은 누구나 자신의 능력에 따라서 활용할 수 있다. 또 한번은 술취한 코끼리가 부처님을 짓밟으려고 막 달려오고 있었다.그러자 부처님께서 침착하게 자애로운 마음을 코끼리에게 발산하여 멈추게 하였다.

이처럼 아름다운 이야기를 하나 더 인용해 보면, 전생에 보살이 소년이었을 때, 아버지가 그를 죽이라고 명령을 내렸을 때 그의 무한한 자애심을 내보였던 데서 잘 나타나고 있다. 비록 보살은 어렸지만, 마음 속으로 생각했다.

'지금 나에게 자애심을 닦을 수 있는 절호의 기회가 왔다. 나의 아버지는 내 앞에 서 있고, 나의 가엾은 어머니는 울고 있고, 사형 집행인은 나의 손과 발을 끊을 준비가 되어있다. 희생자인 나는 가운데 있다.

나는 이 네사람을 어떠한 차별도 없이 똑같은 정도로 사랑해야 한다.

오 나의 인자한 아버지가 이러한 잔인한 행동으로 어떠한 고통도 받지 않기를! 아, 다음 생에는 부처가 되기를 바라노라.!'

전생의 어느 때 보살은 궁궐에서 인내의 공덕을 닦고 있었다. 어느날 술에 취한 왕은 그의 인내력을 시험하기 위하여, 사형 집행인에게 명령하여 그를 두들겨패고 그의 손과 발을 자르게 하였다. 하지만 그는 여전히 인내를 닦았다.

화가 난 왕은 그의 가슴을 발로 찼다. 피를 흘리면서 쓰러져서, 거의 죽음에 가까운 상태에서, 보살은 왕에게 축복을 내리고, 다시는 자기와 같은 사람에게 화를 내지말라고 말하면서 오래 살도록 기원했다.

비구는 곤충이나 다른 미생물들을 죽이지 않기 위하여 땅을 파거나, 파도록 시키는 것이 금지될 정도로 자애로운 마음을 닦아야 한다.

비구가 지녀야 할 높은 경지의 자애심은 다음과 같은 부처님의 훈계로부터 이해될 수 있다.

"만약 도적떼들이 너의 팔다리를 톱으로 절단할 때, 너의 가슴에 성내는 마음이 있으면, 너는 나의 가르침을 따르는 자가 되지 못할 것이다."

이러한 인내력을 닦는 것은 극도로 어렵다. 그러나 그것은 부처님께서 그의 제자들에게 기대하는 숭고한 윤리적 기준이다. 부처님 자신이 그 성스러운 예를 보여주셨다.

"전장에서 코끼리가 날아오는 화살로부터 뒤로 물러나지 않듯이, 나 또한 다른 사람들이 거의 닦을 수 없는 정도로 모욕을 참을 것이다."

이 혼란스럽고 전쟁에 시달리는 세계에서 막강한 무기로 무장한 국가들이 서로를 공포에 떨게 하고, 인간의 생명이 어느 순간에라도 터질 수 있는 핵무기에 의해서 위험에 처한 불안한 상황에서 유일하게 필요한 것이 이러한 보편적인 자애심이며, 이러한 사랑에 의해서 모든 사람들이 하나의 세계에서 형제자매같이 완전한 평화와 조화속에 살 수 있다.

인간이 파멸적인 핵무기와 다른 파괴적인 무기에 위협당할 때 과연 자애심을 닦는 것이 실제로 가능할까?

그러면, 과연 하늘위에서 폭탄이 비오듯 쏟아질 때 힘없는 사람들은 무엇을 할 수 있을까? 그들은 그러한 재난을 피할 수 있을까?

불교의 자애심은 인간이 피할 수 없는 죽음에 직면하는 그러한 치명적인 폭탄에 대한 유일한 대답이다.

만약 전쟁을 좋아하는 모든 나라들이 이러한 정신적인 자애심을 물질주의의 파괴적인 무기보다 우세하게 할 수 있다면, 그리고 이 세계를 권력과 힘이 아니라 정의와 사랑으로 통치할 때, 오로지 그때만이 이 세계에 진정한 평화와 행복이 깃들게 된다.

거의 비현실적인 이러한 문제는 제쳐놓고라도, 자신의 능력을 다해서 숭고한 자애심의 공덕을 닦으면서 자신과 인류에 대해서 관심을 가지는 것은 권장할 만한 것이다.

자애로운 마음은 어떻게 닦을 것인가?

자애심을 실제적으로 명상하는데 대해서 약간의 언급을 하고자 한다.

자애심은 먼저 자기자신을 향해서 닦아야 한다. 그렇게 하는 과정에서 우리는 자신의 몸과 마음을 평화와 행복의 적극적인 생각으로 채워야 한다. 그는 어떻게 하면 평화롭고, 행복하고, 고통, 걱정, 성냄으로부터 자유롭게 될 수 있는가에 대해서 생각해야 한다. 그러면 그의 몸과 마음은 자애심으로 가득차게 된다. 자애심으로 보호되면 모든 적대적인 혼란과 부정적인 생각이 차단된다. 그는 악은 선으로, 성냄은 사랑으로 돌려준다.

그는 언제나 참는 자가 되며, 최선을 다해서 어느 누구에게도 성내는 모습을 보여주지 않으려고 노력한다. 그 자신이 행복의 빛을 발하면서, 일상적인 생활의 과정에서 자애심을 닦으면서, 내적인 것뿐만 아니라 외적으로도 다른 사람들에게 행복이 스며들게 한다.

그가 평화로 가득차고 미워하는 생각에서 자유로울 때, 다른 사람들을 향해서 자애심을 발산하는 것은 쉽다. 다른 사람들을 행복하게 만들기 전에 먼저 자신부터 행복해야 한다. 자신을 행복하게 만드는 길과 방법을 알아야 한다.

이제 가깝고 사랑하는 사람들에 대해서 개별적 또는 전체적으로 평화롭고 행복하고 고통, 질병, 걱정, 성냄으로부터 벗어나기를 바라면서 자신의 자애심을 발산해야 한다.

또한 자신의 자애로운 생각을 친지와 친구들을 향하여 공평하게 나누어 준다. 자기자신과 자신의 가깝고 사랑하는 자들의 평화와 행복을 바라는 것과 마찬가지로 자신과 무관한 사람들도 고통, 질병, 걱정, 성냄에서 벗어나서 평화와 행복하기를 진정으로 바란다.

비록 어느 정도는 어려울지 모르지만 마침내 자애심을 똑같은 방법으로 적대적인 사람들에게도 (만약 있다면) 발산해야 한다. 자애심을 닦아서 자신에게 적대감을 갖는 사람에게 대해서 친절한 태도를 보일 수 있다면, 그의 성취는 더욱 자랑스럽고 칭찬할만한 것이 될 것이다.

그래서 부처님께서 훈계하셨다.

"미워하는 사람들 가운데서, 미움에서 벗어나 살게 하라."

자신으로부터 시작해서 모든 존재를 향하여, 신앙, 민족, 인종, 성별 그리고 말못하는 짐승을 포함해서 그 자신이 모두와 일체가 될 때까지, 아무런 차별도 두지않고 점차 자애심을 확대해나가야 한다.

자신을 온 우주에 몰입시켜서 마침내 그들과 하나가 된다. 그는 더 이상 자아가 있다는 인식에 의해서 지배받지 않게 된다. 그는 모든 형태의 차별주의를 뛰어넘는다.

더 이상 자신을 물샐 틈 없는 방에다 가두지 않으며, 더 이상 계급, 계층, 국가, 민족, 또는 종교적 편견에 의해서 사로잡히지 않으며, 온 인류를 어머니의 땅과 삶의 바다에 놓여 있는 친구들로 생각할 수 있다.

동 정(悲)

숭고한 두번째 덕은 동정심이다. 이것은 다른 존재들이 고통을 겪을 때 선한 마음이 감화되거나 그들의 고통을 제거해주는 것으로 정의된다. 이것의 주요한 특성은 다른 존재들의 고통을 제거해주려는 마음가짐이다.

동정적인 마음을 가진 사람은 꽃보다도 더 부드럽다. 그들은 고통받는 존재들을 구제해줄 때까지, 편안하게 쉬지않으며 또한 그럴 수도 없다. 때때로 그들은 다른 존재들의 고통을 완화시켜주기 위하여 자신들의 목숨을 희생할 정도까지 이타적이다.

비야그리자타카에서 보살이 굶어죽어가는 어미호랑이와 그 새끼들을 목숨을 버려서 구했다는 이야기는 좋은 예로서 인용될 수 있다.

어떤 사람이 인류애적인 동기로 다른 사람을 도와주지 않을 수 없는 것이 동정심이다. 진정으로 동정적인 사람은 자신을 위해서가 아니라 남을 위해서 산다. 그는 아무런 보상도 바라지 않고, 심지어는 고맙다는 인사말도 바라지 않으면서 다른 사람들을 도와줄 기회를 찾는다.

누가 동정심을 필요로 하는가?

우리들 가운데 많은 사람들이 동정심을 받을 가치가 있다.

빈궁한 자, 병들고 무력한 자, 고독하고 궁핍한 자, 무지하고 사악한 자, 불순하고 타락한 자들은 그들이 어떤 종교를 갖고 어떤 민족에 속해있든지 간에 성스러운 마음을 가진 사람들의 친절한 동정심이 요구되는 자들이다.

어떤 나라는 물질적으로 부유하나 정신적으로 가난하며, 반면에 어떤 나라는 정신적으로 부유하나 물질적으로 빈곤하다. 이러한 불균형적인 상태는 모두 물질적인 부유함과 정신적인 부유함에 의해서 고려되어야 한다.

부유한 자들의 최대의 의무는, 불행하게도 삶의 필요한 것들이 대부분 결여된 가난한 자들의 구제자가 되는 것이다. 풍부하게 갖고 있는 사람은 분명히 빈곤한 자들에게 자신이 크게 손해보지 않는 범위내에서 남는 여분을 나누어줄 수 있다.

한번은 어린 학생이 자기 집의 창문 커튼을 가져다가 불쌍한 사람에게 주고는, 어머니에게 문은 추위를 못 느끼지만 그 불쌍한 사람은 분명히 추위를 느낄 것이라고 말했다. 젊은 사람들에게 그렇게 친절한 마음이 있다는 것은 높이 칭찬할만 하다.

어떤 부유한 국가들이 후진국을 돕기 위해 여러가지 인류 봉사단체를 만드는 것은 반가운 현상이다. 또한 남자와 여자 그리고 학생들이 가난한 자들을 돕기 위해 모든 나라에서 자선 단체들을 설립하고 있다. 종교 단체들 또한 이러한 맥락에서 그들의 방법대로 각자의 의무를 실행하고 있다. 후진국에서는 노인과 고아들을 위한 집과 다른 비슷한 자선 단체들이 요구되고 있다.

거지가 직업으로 되고 있는 어떤 나라에서 거지의 문제는 해결해야 할 과제이다. 이 문제는 불행한 거지들을 위한 동정심은 물론 각국의 정부에 의해서 거지의 존재는 국가의 자존심을 상하게 하는 것으로 인식하고 만족스럽게 해결되어야 한다.

물질적으로 부유한 사람들이 물질적으로 가난한 자들을 동정하고 도와주려고 노력하듯이, 정신적으로 부유한 사람 또한 비록 물질적으로 부유하더라도 정신적으로 빈곤한 사람을 동정하고 그들을 숭고하게 해야 할 의무가 있다. 경제적인 부유함 하나만으로는 진정한 행복을 줄 수 없다. 마음의 평화는 물질적인 보물이 아니라 정신적인 보물에 의해서 얻어질 수 있다.

이 세상에서 많은 사람들이 실질적인 정신적 자양분을 필요로 하고 있지만, 이것은 쉽게 얻을 수가 없다. 왜냐하면 정신적으로 빈곤한 사람이 물질적으로 빈곤한 사람보다 훨씬 많으며 또한 그들은 부자와 가난한 자들 모두에게서 발견되기 때문이다. 심지어는 빈곤 이상으로 질병이 전 세계에 걸쳐서 지배하고 있다. 많은 사람들이 육체적인 질병이 있으며, 약간의 사람들이 정신적인 병을 앓고 있다. 의학은 전자에 대해서 효과적인 치료를 하지만 후자에게는 그렇지 못하다. 흔히 후자는 정신병원에서 오히려 쇠약해지는 경우가 있다.

이러한 두개의 질병에는 원인이 있다. 동정심이 있는 사람들은 이들의 효과적인 치료를 바란다면 그 원인들을 제거하도록 관심을 기울여주어야 한다. 많은 국가에서 인간뿐만 아니라 동물의 질병을 막고 치료하기 위해 여러가지 효과적인 방법들이 사용되고 있다.

부처님께서는 아픈 비구를 손수 돌보는 모범을 보이면서 제자들에게 매우 중요한 말씀을 해주셨다.

"아픈 자를 돌보는 자는 바로 나를 돌보는 자이다."

어떤 이타적인 의사들은 환자의 고통을 덜어주기 위하여 무료로 봉사해 준다. 어떤 이들은 그들의 모든 시간과 정력을 심지어 자신들의 생명도 무릅쓰고 가난한 환자들을 돌보는데 바친다. 병원과 무료 치료소들은 인류에게 기쁨이 되고 있다. 그러나 가난한 자들이 도움을 받으려면 더 많은 시설들이 필요하다.

후진국에서 가난한 자들은 의료시설이 부족해서 고통을 겪고 있다. 환자는 가장 가까운 병원이나 의료 시설에 가기 위하여 큰 불편을 겪으면서 수 마일이나 가야 한다. 때때로 그들은 중도에서 죽는다. 임산부는 더 큰 고통을 겪는다. 후진국에서는 병원, 보건소, 등 치료시설이 무엇보다도 필요하다. 비천하고 빈곤한 사람들은 부유한 사람들의 동정을 받을만 하다.

하인이나 일꾼들이 급료를 잘 받지 못하고, 잘 먹지 못하고, 잘 입지 못하고 학대받는 경우가 허다하다. 그들에게 정의는 결코 주어지지 않는다. 그들은 무시되고 힘이 없다. 따라서 아무도 그들을 위해 변호해줄 사람은 없다. 어떤 예외적인 경우에는 비인간적인 잔인한 행위가 공공연히 받아들여지고 있다. 단지 많은 경우가 알려지지 않을 뿐이다. 이 불행한 사람들은 마치 대지가 모든 고통을 침묵으로 받아들이듯이, 얌전하게 고통을 받아들일 뿐 달리 선택의 도리가 없다. 그들은 절망적인 상태에서 그 고통을 참을 수 없게 되었을 때, 자살을 시도한다.

악하고, 잔인하고, 무지한 사람들은 육체적으로 고통을 받는 사람보다도 더 동정을 받을만 하다. 왜냐하면 그들은 정신적으로 환자이기 때문이다.

우리는 그들을 비난하거나 경멸해서는 안되며, 그들의 잘못과 어리석음을 불쌍히 여겨야 한다. 어머니가 모든 자식들에게 똑같은 동정심을 갖고 있지만 어머니는 아무래도 아픈 자식에 대해서 더 동정적으로 관심을 가질 것이다.

마찬가지로, 큰 동정심은 정신적으로 아픈 자들에 대해서 쏟아야 할 것이다. 왜냐하면, 그들의 병은 자신의 인격을 파멸시키기 때문이다.

예를 들면, 부처님께서는 창녀 암바팔리와 살인자 앙굴라마에 대해서 큰 동정심을 갖고 있었고, 둘 다 나중에 부처님의 제자가 되어서 다시 자신의 인격을 올바르게 형성할 수 있었다.

우리는 어떤 사람이 아무리 사악해도 그의 마음 깊은 곳에는 위대한 선함이 내재되어 있음을 알아야 한다. 어쩌면 어떤 순간에 가슴에 와 닿는 한마디의 말이 그 사람의 모든 삶을 바꾸어놓을 수도 있다.

아소카 왕은 너무나 많은 죄를 저질렀다. 그 결과 그는 사악한 아소카라고 낙인이 찍혔다. 그러다가 어느날 신참자 수도승이 '근면은 죽음없는 곳으로 가는 길이다.'라고 한마디 언급한 것에 큰 심적인 변화를 일으켜서 나중에 진리의 아소카 (Dharmāsoka)가 되었다.

부처님의 충고는 어리석은 자를 사귀지 말라는 것이었다. 하지만 이것은 선한 자들이 어리석은 자들을 일깨우기 위하여 사귀는 것까지 금한 것을 의미하지 않는다.

사람들은 전염병으로 고통받는 사람들을 피한다. 그러나 동정심이 있는 의사는 그 병을 고치기 위하여 그들을 돌보아준다. 그렇지 않으면 그들이 죽을지도 모르기 때문이다. 똑같은 면에서 볼 때 만약 선한 사람들이 사악한 사람들에 대해서 아량이 있고 동정적이 아니면, 그들은 정신적으로 죽을지도 모른다.

일반적으로 부처님께서는 가난하고 무지하고 사악한 자들을 찾아다녔다. 그러나 선하고 덕있는 사람들은 부처님을 찾아왔다.

자애로운 마음과 마찬가지로 동정심 또한 말 못하는 짐승과 수정란을 포함해서 모든 고통받고 무력한 존재들에게 널리 확대해야 한다.

계층, 인종, 민족 때문에 인간의 권리와 특권을 부정하는 것은 비인간적이고 잔인한 것이다. 동물을 죽이거나 또는 그들을 죽이게끔 해서 동물의 고기로 향연을 베푸는 것은 인간적인 동정심이 아니다.

하늘위에서 폭탄을 퍼부어서 수백만의 남녀노소를 잔인하게 학살하는 것은 어리석은 인간이 저지르고 있는 최악의 잔인한 모습이다.

오늘날 인정이 메마르고 복수심에 가득찬 세계는 잔인한 무기의 제단위에다 지구상에서 가장 귀중한 목숨을 제물로 바쳐서 희생시키고 있다. 도대체 동정심은 어디로 도망쳐버렸을까?

오늘날 세계는 지구상에서 폭력과 잔인성을 추방하기 위하여 동정심이 많은 사람들을 필요로 하고 있다.

여기서 유의해야 할 것은, 불교의 동정심은 단순히 불쌍한 생각이 들어서 눈물이나 흘리는 것이 아니다. 오히려 감정적인 슬픔은 동정심의 간접적인 적이다.

　동정심은 모든 고통받는 존재들을 포용하며, 반면에 자애심은 행복하거나 슬픈 것에 관계없이 모든 살아있는 존재들을 포함한다. 우리가 일반적으로 알고 있는 자비는 바로 이 둘을 합한 용어이다.

함께 기뻐하는 마음(喜)

　세번째 숭고한 덕은 함께 기뻐하는 마음이다.
　이것은 단순한 동정심이 아니라 호의적인 또는 적극적으로 이해해주는 기쁨이다. 그리고 이것의 직접적인 경계의 대상인 시기심을 제거하는 성향이 있다.
　우리의 전반적인 상황을 위험에 처하게 해서 파멸로 몰고가는 것은 질투심이다. 흔히 어떤 사람들은 다른 사람들의 성공을 듣거나 보는 것을 참을 수 없어 한다. 그들은 다른 사람들의 실패는 기뻐하지만 그들의 성공은 도저히 봐줄 수 없다. 성공한 사람을 칭찬하고 축하해주는 대신에 그를 파멸시키고, 비난하고 중상모략한다. 어떤 면에서 함께 기뻐하는 마음은 다른 사람보다 자신과 더 연관되어 있다. 왜냐하면 이것은 자신을 망치는 질투심을 근절시키는 성향이 있기 때문이다. 다른 면에서 이것은 다른 사람들을 도와준다. 왜냐하면 함께 기뻐하는 마음을 닦은 사람은 다른 사람의 발전과 번영을 방해하지 않기 때문이다.
　자신과 가깝고 사랑하는 사람들의 성공을 기뻐하는 것은 매우 쉽다. 그러나 자신의 적대자의 성공을 기뻐하는 것은 너무 어렵다.
　사실 그렇다. 대다수는 이것이 어렵다는 것을 발견할 뿐만 아니라 기뻐하지도 않으며 기뻐할 수도 없다. 그들은 자신들의 적을 망하게 하기 위하여 모든 가능한 장애들을 창조해내면서 기쁨을 찾는다.
　그들은 심지어 착하고 덕스러운 자들을 독살하고, 십자가에 못박고 암살했다. 소크라테스는 독약을 마셨고, 그리스도는 십자가에 못박혔으며, 간디는 암살당했다. 이것이 사악하고 미혹한 세계의 본 모습이다.
　자애로운 마음과 동정하는 마음을 닦는 것은, 많은 노력과 강력한 자기

의지를 요구하는 함께 기뻐하는 마음을 닦는 것보다 훨씬 쉽다.
 서양의 국가들이 동양의 번영을 기뻐하고 동양은 서양의 번영을 과연 기뻐하고 있을까?
 어느 한 나라라도 다른 국가의 번영을 기뻐하는 나라가 있는가?
 어느 한 민족이라도 다른 민족이 발전해가는 것을 기뻐하는 민족이 있는가?
 심지어는 도덕적인 발전을 가치로 내걸고 있는 종교중에 다른 종파의 정신적인 발전을 기뻐하는 종교가 있을까?
 하나의 종교가 다른 종교를 시기하며, 지구의 한 부분이 지구의 다른 부분을 시기하며, 한 회사가 다른 회사를 시기하며, 한 가정이 다른 가정을 시기하며, 성공하지 못한 제자가 성공한 제자를 시기하며, 심지어는 형제나 자매가 다른 형제나 자매를 시기한다.
 이것이 바로 개인이나 단체들이 자신들을 숭고하게 하고 내적으로 행복하기를 바란다면, 함께 기뻐하는 마음을 닦아야 하는 이유이다.
 함께 기뻐하는 마음의 주요한 특성은 다른 사람의 번영과 성공을 즐겁게 인정해주는 것이다. 단순히 웃는 것과 같은 것은 함께 기뻐하는 마음의 특성이 아니다. 왜냐하면 소리내어 개념없이 떠드는 것은 간접적으로 경계해야 할 대상이기 때문이다.
 함께 기뻐하는 마음은 모든 부유한 처지에 있는 사람들을 포용하고 성공한 사람에 대해서 축하하는 자세이다. 이것은 성공한 사람에 대해서 어떠한 질투도 제거하는 성향이 있다.

평정한 마음(捨)

네번째 숭고한 상태는 가장 어렵고 가장 중요한 것이다.
 이것은 upekkhā 또는 평정으로 불린다. upekkhā의 어원학적 의미는 '올바르게 식별함', '정당하게 생각함' 또는 '공평하게 바라봄' 즉 이것은 집착이나 혐오가 없으며, 좋아함이나 싫어함이 없음을 의미한다.

 평정은 특히 불균형적인 세계의 변천하는 환경 가운데서 살아야 하는 재가자들에게 필요하다.

경멸과 모욕은 인류에 공통적으로 존재한다. 불행히도 이 세계는 착하고 덕스러운 사람들이 부당하게 비판과 공격을 받도록 구성되어 있다. 이러한 환경에서 균형적인 마음을 유지하는 것은 가히 영웅적이라 할 수 있다.

이익과 손실, 명예와 불명예, 칭찬과 비판, 고통과 행복은 모든 인간에게 영향을 끼치는 여덟개의 세속적인 조건들이다. 대부분의 사람들은 마음에 들거나 들지 않는 이러한 상태에 의해서 영향받을 때 동요된다. 인간은 칭찬받을 때는 의기양양하고, 비난과 모욕을 받을 때는 침울해진다. 부처님께서 말씀하셨다.

"이러한 삶의 변천 가운데서 단단한 바위처럼 움직이지 않고 서서, 완전한 평정을 닦는 자는 지혜로운 자이다."

인류 역사상 부처님처럼 그렇게 심하게 비난받고, 공격받고, 중상모략을 당한 종교 스승은 없었다. 또한 부처님처럼 그렇게 높이 칭찬받고, 공경받고, 존경을 받은 자도 없다.

한번은 부처님께서 탁발하러 나갔는데, 성질이 못된 바라문이 부처님을 천민이라고 불렀다.

부처님께서 가만히 그가 비난하는 것을 듣고 있다가 그에게 천민을 만드는 것은 출생성분이 아니라 비천한 성격이라고 자세히 설명해주었다. 그러자 그 바라문은 잘못을 깨닫고 부처님께 귀의했다.

어떤 사람이 탁발나온 부처님을 자기 집에 불러들여서, 그 당시 사용하던 가장 더러운 욕설로 부처님을 불렀다. 그는 부처님에게 '돼지', '짐승', '소' 등과 같은 사람이라고 불렀다. 그러나 부처님은 조금도 화내지 않았다. 또한 아무런 대꾸도 하지 않았다. 그리고는 조용히 주인에게 손님이 집에 찾아왔을 때 당신은 어떻게 하느냐고 물었다. 그는 그들을 대접하기 위해 진수성찬을 준비할 것이라고 대답했다.

그러면 만약 그들이 그것을 함께 나누어갖지 않으면 어떻게 하겠느냐고 부처님께서 질문하였다.

"그때는 우리가 그 성찬을 나누어 갖습니다."

"좋은 형제여, 당신은 나를 당신의 집에 초대했습니다. 당신은 욕설을 퍼부으면서 나를 접대했습니다. 나는 그것을 받지 않습니다. 그것을 도로 되돌려 가지시지요."

이 말을 듣고 주인의 마음이 완전히 바뀌었다.

"대꾸하지 말라. 다른 사람들에게 비난을 들을 때는 깨진 종처럼 침묵해라. 만약 네가 그렇게 한다면, 나는 네가 비록 아직 니르바나를 얻지 않았지만, 이미 니르바나를 얻었다고 생각한다."

이것이 부처님의 충고였다.

이것은 오늘날의 수양이 덜 된 시대에 주의깊게 들어야 할 금같이 귀중한 가르침이다.

한번은 어느 왕의 후궁이 술주정꾼들을 부추켜서 부처님을 욕하도록 시켰다. 그래서 시자 아난다 존자가 부처님께 그 도시를 떠나 다른 곳으로 가자고 간청했다. 그러나 부처님은 동요하지 않았다.

또 다른 여자가 임신을 가장해서 대중들에게 부처님이 자신을 그렇게 만들었다고 비난했다. 부처님과 적대관계에 있던 사람들이 한 여자를 죽이고 부처님에게 살인죄를 뒤집어씌웠다.

부처님의 사촌이면서 제자인 데바다타가 언덕위에서 바위를 굴려 부처님을 죽이려고 시도했었다. 부처님의 제자들중의 일부가 부처님을 시기하여 편파적이고 편애주의자라고 비난했다.

이와 반대로 많은 사람들이 부처님을 칭송했다. 왕들이 부처님의 발밑에 엎드려 최고의 경의를 표했다. 이러한 여건속에서 부처님은 완전한 평정속에서 대지처럼 침묵으로 모든 것을 받아들였다.

어떠한 소리에도 놀라지 않는 사자처럼, 우리는 제어되지 않은 혀에서 나오는 독살스러운 말에 동요되어서는 안된다.

그물에 걸리지 않는 바람처럼, 우리는 이 변하는 세계의 환상적인 즐거움에 집착해서는 안된다.
 연못에서 피어난 연꽃이 진흙에 물들지 않듯이, 우리는 세속적인 유혹에 빠지지 않고 항상 고요하게 침착하고 평화롭게 살아야 한다.

 앞의 세개의 덕목과 함께, 평정심도 직접적으로 경계해야 할 대상으로 집착을 갖고 있으며, 간접적으로 경계해야 할 대상으로는 무감각하거나 어리석게 무관심한 것이 있다.

 평정한 마음은 집착과 혐오감을 버린다. 공평한 태도는 이것의 주요한 특성이다. 평정을 닦는 자는 바라는 대상에 대해서 이끌리지도 않으며, 바라지 않는 대상을 혐오하지도 않는다. 그는 죄인과 성인을 똑같이 대한다. 왜냐하면 그는 아무런 차별도 없기 때문이다.

 자애심은 모든 존재를 포용한다. 동정심들은 모든 괴로움들을 포용한다. 기뻐하는 마음은 모든 번영하는 것을 포용한다. 그리고 평정은 선과 악, 사랑과 미움, 즐거움과 즐겁지 않음을 포용한다.

 바로 이 삶에서 신성한 존재가 되기를 바라는 자는 모두에게 잠재해 있는 이 네개의 숭고한 상태를 매일 닦아야 한다. 윤회의 무수한 탄생의 과정에서 자신을 완성하고 모든 존재들의 이익을 위해서 동정심을 갖고 일하기를 바라는 자는, 열개의 바라밀을 부지런히 닦아서 궁극적으로 삼먁삼붓다, 최고의 깨달음을 얻은 자가 될 것이다.

 가장 빠른 시간내에 니르바나를 깨달아서 번뇌를 근절하고 고통을 소멸시키기를 바라는 자는, 원래의 청정함을 여전히 갖고 있는 팔정도의 유일한 길을 부지런히 따라가야 할 것이다.

 부처님께서 훈계하셨다.

 "비구들이여. 만약에 이 거대한 땅이 큰 바다라고 생각하고, 어떤 사람이 여기에다 구멍이 하나 뚫린 통나무를 내 던졌다고 가정해 보자.
 바람이 동쪽에서 불어오면 이것은 서쪽으로 떠내려갈 것이고, 서쪽에서 오는 바람은 이것을 동쪽으로, 북쪽에서 부는 바람은 이것을 남쪽으로, 남쪽에서 부는 바람은 이것을 북쪽으로 떠내려보낼 것이다.

그때 일백년에 한번 물위로 불쑥 떠오르는 눈먼 거북이가 있다고 하자. 자, 비구들아. 한번 생각해 보라. 이 거북이가 백년에 한번씩 물위로 불쑥 고개를 내밀때마다 통나무 구멍을 통해서 목을 내밀 수 있겠느냐?"
"그렇지 않습니다, 스승님. 그 눈먼 거북이는 그렇게 하지 못할 것입니다."
"비구들아, 그와 마찬가지로 인간의 몸을 받고 태어나는 것도 어려운 일이다. 여래, 아라한, 완전히 깨달은 자가 이 세상에 출현하는 것이 이처럼 어려우며, 여래에 의해서 선언된 법이 이 세상에 나타나는 것도 이처럼 어렵다.
그러나 비구들이여, 이제 인간의 몸으로 태어났고, 여래가 이 세상에 출현했고, 여래에 의해서 선언된 법이 이 세상에 나타났다.
오 비구들이여. 그러므로 너희들은 깨달음을 얻기 위하여 열심히 노력해야 한다. 이것은 괴로움이다. 이것이 괴로움의 일어남이다. 이것이 괴로움의 소멸이다. 이것이 괴로움의 소멸로 이끄는 길이다."

제 29 장
여덟가지 세속적인 조건들

　이 불균형된 세계가 절대적으로 장미빛은 아니다. 또한 전적으로 가시밭 길이라고도 할 수 없다. 장미는 부드럽고, 아름답고 향기롭다. 그러나 그것이 자라면 줄기는 가시투성이다. 장미는 장미일뿐이며, 가시는 가시일뿐이다. 인간은 장미때문에 가시를 만지지 않을 것이며, 또한 가시 때문에 장미를 얕보지도 않을 것이다.
　낙천주의자에게 이 세상은 절대적으로 장미빛이다. 염세주의자에게 이 세상은 완전히 가시밭길이다. 그러나 사실주의자에게 이 세상은 절대적으로 장미빛도 아니며 그렇다고 가시밭길도 아니다. 사실주의적 관점에서 보면 인생은 아름다운 장미는 물론 날카로운 가시로 가득차 있다.
　지혜로운 사람은 장미의 아름다움에 심취하지도 않으며 단지 그것을 있는 그대로 볼 것이다. 가시의 특성을 잘 알아서 그는 그것들을 있는 그대로 보며 상처를 입지 않도록 조심할 것이다.
　오른쪽과 왼쪽으로 쉬지 않고 흔들리는 시계추처럼 네종류의 바람직하고 바람직하지 못한 조건들이 이 세상에 있다. 이것은 예외없이 모든 사람들이 삶의 과정에서 어쩔 수 없이 겪어야 하는 것이다.
　그것들은 이익과 손실, 명예와 불명예, 칭찬과 비난, 행복과 고통들이다.

이익과 손실
　일반적으로 사업가들은 이익과 손실을 겪게 되어있다. 이익을 얻었을 때 만족해하는 것은 매우 자연스러운 것이다. 그 자체에는 아무것도 잘못된 것이 없다. 이러한 정당하거나 정당하지 않은 이익은 보통사람들이 추구하는 어떤 즐거움을 준다. 비록 일시적이지만 즐거운 순간이 없다면, 인생은 정말 살 맛나지 않을 것이다. 이러한 경쟁적이고 혼란한 세상에서 사람들은 자신들의 마음을 만족하게 하는 어떤 부류의 행복들은 거의 누리지 못한다. 이러한 행복들은 비록 물질적이지만 건강과 장수로 이끌어준다.

문제는 손실의 경우에 생긴다. 이익을 얻었을 때 인간은 미소를 지을 수 있지만, 손실의 경우에는 그렇지 못하다. 가끔씩 손실은 정신적인 착란으로 이끌며 손실이 참을 수 없는 정도일 때는 자살하기도 한다. 바로 그러한 역경의 상태에서 우리는 도덕적인 용기를 내고 균형된 마음을 유지해야 한다. 누구나 삶이란 것과 한판 승부를 벌이는 동안 우세한 것과 열세한 것을 갖고 있다. 우리는 특히 손실에 대해서 항상 준비를 해두고 있어야 한다. 그러면 그런 일을 당해도 좌절이 덜할 것이다.

물건을 도둑맞았을 때 사람들은 당연히 슬픔을 느낀다. 그러나 슬퍼한다고 잃어버린 것을 되찾을 수는 없다. 당신은 어떤 사람들이 비록 정당하지 않지만 그것으로 이익을 얻었다고 생각할 것이다. 오 그가 부유하고 행복하기를!

또는 당신은 스스로 "이것은 최소한의 손실이야"라고 위로할 것이다. 어떤 사람은 심지어 더 높은 철학적인 자세를 취할 것이다. "이 세상 어디에도 나 또는 나의 것이라 부를 수 있는 것은 아무것도 없다."

부처님 당시에 한번은 귀족부인이 사리불존자와 몇몇 승려들에게 음식을 제공했다. 그들을 시중드는 동안 그녀는 논쟁을 해결하러 나갔던 남편과 아이들이 중간에 습격당해서 모두 죽었다는 전갈을 받았다.

그러나 그녀는 당황하지 않고 침착하게 그 전갈을 허리주머니에 넣고 마치 아무일도 일어나지 않은 것처럼 승려들의 시중을 들었다.

승려들에게 주기위해 버터주전자를 나르던 하녀가 실수로 떨어뜨려서 버터잔을 깨뜨렸다. 그 부인이 당연히 잃어버린 것에 대해서 안타까운 마음을 느낄 것이라고 생각한 사리불존자는 그녀를 위로하면서 만들어진 모든 것은 반드시 깨어진다고 말했다.

이 현명한 부인은 조금도 내색을 않고 말했다.

"이렇게 하찮은 손실이 뭐 대단하겠습니까?

저는 방금 남편과 자식들이 모두 살해되었다는 전갈을 받았습니다. 저는 마음의 균형을 잃지 않고 그것을 주머니에 넣었습니다. 저는 그러한 손실에도 불구하고 여러분에게 시중들고 있습니다."

이런 용기를 가진 여자는 크게 칭찬할 만하다.

한번은 부처님께서 마을에 탁발하러 나가셨다. 마군의 방해때문에 부처님은 음식을 조금도 얻지 못했다.

마군이 조금은 비꼬는 투로 부처님에게 배가 고픈지 안고픈지 질문하였다. 부처님께서는 번뇌로부터 벗어난 자의 마음가짐을 엄숙히 설명했다. 그리고 대답했다.

"오, 우리는 행복하게 산다. 우리는 아무런 번뇌도 없다. 우리는 기쁨을 기르는 자들이다. 마치 빛을 발하는 세계의 신들처럼"

한번은 부처님과 제자들이 한 바라문의 초대로 어느 마을에서 우기안거를 하고 있었다. 그런데 그 바라문은 부처님과 승가가 필요한 것을 시중드는 의무를 완전히 잊어버렸다.

목건련존자가 신통력으로 음식을 얻으려고 건의했지만 3개월동안 부처님은 아무런 불평도 하지 않고 말몰이꾼이 주는 말여울에 만족하였다.

부처님의 주요한 여성제가 신자인 비사카는 부처님과 승가에 필요한 것들을 도와주려고 자주 사원에 가곤 했는데, 매우 값진 장식물들로 몸을 치장하고 있었다.

승가일을 돌볼 때는 그것들을 떼내서 하녀에게 안전한 곳에 잘 보관하도록 지시하곤 했다. 한번은 하녀가 그만 깜박 잊어버려서 그것을 절에 두고 집으로 돌아왔다. 아난존자가 그것을 발견하고 안전한 곳에 놓았다가 비사카가 사원을 들렀을 때 되돌려주려고 했다.

비사카는 그것을 놓고 온것을 알고 하녀에게 가서 그것을 찾아보되 만약 어떤 승려라도 그것을 만졌으면 그것을 도로 가져오지 말라고 지시했다.

하녀가 되돌아가서 찾아보니 아난존자가 그것을 안전하게 보관하고 있다는 것을 알았다. 집으로 돌아와서 주인에게 그 일을 알렸다. 비사카가 사원을 방문해서 부처님께 그 값나가는 장신구를 팔아서 얻은 돈으로 어떤 좋은 일을 해야 할지 물었다.

부처님께서 그녀에게 승가를 위해서 사원을 지으라고 조언했다. 그 값이 너무 비싸서 그 장신구를 살 사람이 아무도 없게 되자, 그녀는 스스로 그것을 산 셈 치고 자신의 돈으로 사원을 지어서 승가에 바쳤다.

그것을 보시한 다음에 그녀는 하녀에게 고마움을 표시하면서 말했다. "만약 네가 실수로 나의 장신구들을 놔두지 않았다면 나는 결코 이러한 공덕을 베풀 수 있는 기회를 갖지 못했을 것이다. 그 공덕은 또한 너의 것이기도 하다."

잠깐 잃어버린 것을 애태워하고 하녀의 부주의를 꾸짖는 대신에 비사카는 그녀에게 공덕을 쌓을 수 있는 기회를 만들어 주었다고 고마워했다.

후덕스러운 비사카의 모범적인 태도는 무력한 아래사람들의 실수에 대해서 다짜고짜 성질을 내는 모든 사람들에게 좋은 교훈이 될 것이다.

우리는 손실에 대해서 큰 용기를 갖고 즐거운 마음으로 참도록 노력해야 한다. 예기치 않게 우리는 그것들을 흔히 개별적이 아닌 집합적으로 직면하기도 한다. 우리는 그것을 평정한 마음으로 받아들여야 하며, 이것은 숭고한 덕을 닦는 기회라고 생각해야 한다.

명예와 불명예

명예와 불명예는 우리의 일상적인 삶의 과정에서 부딪치는 또다른 한쌍의 피하지 못할 세속적인 조건이다.

우리는 명예를 환영한다. 그러나 불명예는 싫어한다. 명예는 우리 마음을 만족스럽게 하며, 불명예는 우리를 낙담시킨다. 우리는 유명하게 되기를 바란다. 우리는 우리의 이름과 사진들이 신문에 실리기를 바란다. 우리는 자신의 행위들이 비록 무의미한 것일지라도 대중앞에 나타날 때 매우 즐거워한다. 때때로 우리는 자신의 수준에 걸맞지 않게 공공성을 추구한다.

잡지에서 자신의 사진을 보기 위하여 어떤 사람들은 어떠한 금액도 지불할 준비가 되어있다. 명예를 얻기 위하여 어떤 사람들은 어떠한 뇌물을 제공하거나 또는 권력을 잡은 정당에 두툼한 헌금을 바칠 준비가 되어있다.

공공성을 위하여 어떤 이들은 일백명의 승려 또는 그 이상의 사람들에게 보시를 베풀면서 자신들의 관용스러움을 보여주지만, 바로 이웃에서 빈곤한 자들의 고통에는 완전히 무관심할 수가 있다.

어떤 사람은 굶주린 사람이 배고픔을 채우기 위하여 그의 정원에서 사과 하나를 훔친 것에 대하여 책임을 묻고 벌을 주면서도, 명예를 얻기 위하여 수천개의 사과를 기부하는 것을 주저하지 않는다.

이것이 인간의 나약함이다. 대부분의 사람들은 심지어 좋은 행위조차도 그 이면에 나름대로의 저의를 깔고 행한다. 이 세상에 사심없이 이타적인 사람은 드물다. 비록 그 동기가 매우 칭찬할만한 가치가 없더라도, 어떤 좋은 일을 한 사람은 자비로운 행위를 했다는 이유로 칭찬을 듣게 되어있다. 대부분의 세속적인 사람들은 그들의 소매속에 무엇인가를 감추고 있다. 과연 누가 100% 선할까? 그들의 동기중에 얼마나 많은 것들이 완벽히 순수할까? 얼마나 많이 절대적으로 이타적일까?

우리는 명예를 찾아다닐 필요가 없다. 만약 우리자신이 명예를 받을 가치가 있다면, 그것은 우리가 찾지 않아도 자연히 오게 되어있다. 벌은 꿀이 있는 꽃에 이끌리게 되어있다. 그렇지만 꽃은 벌을 초대하지 않는다.

자신의 명성이 널리 퍼질 때, 우리는 당연히 행복을 느낄 것이다. 아니 극도의 행복을 느낄 것이다. 그러나 우리는 명예, 명성, 그리고 영광이 결국에는 무덤으로 이끌어가는 과정임을 깨달아야 한다. 그것들은 희미한 공기속으로 사라질 뿐이다. 비록 귀에 듣기에 즐거울지 모르나 그것들은 공허한 말들이다.

불명예에 대해서는 어떠한가? 이것은 귀에도 마음에도 듣기 좋은 것이 못된다. 우리는 불명예스러운 냉혹한 말이 귀를 뚫고 들어올 때 의심할 여지없이 마음이 동요된다.

마음의 고통은 이른바 알려진 것이 부당하고 절대적으로 잘못된 것이라고 해도 여전히 더 크기 마련이다. 일반적으로 거대한 빌딩을 세우는 데는 수년이 걸린다. 그러나 현대의 파괴적인 무기들은 일분 또는 이분내에 이것을 쉽게 무너뜨릴 수 있다. 때때로 좋은 평판을 얻는데는 수년 또는 일생이 걸린다. 그러나 어렵게 쌓아온 명성이 하루아침에 무너져내리는 것은 쉽다. 아무도 '그러나'로 시작하는 불명예스러운 말로부터 면제될 수는 없다.

'그렇다, 그는 매우 훌륭하다 그는 이것과 저것을 한다. 그러나 …' 그의 과거의 모든 좋은 기록들이 이 이른바 '그러나'에 의해서 오명을 쓰게 된다. 당신은 부처님의 삶처럼 살 수 있다. 그러나 당신은 비난, 공격, 중상모략 으로부터 면제될 수는 없다.

부처님은 당시에 가장 유명하면서도 한편으로는 가장 저주스러운 종교적 스승이었다. 위대한 사람들은 흔히 알려지지 않는다. 비록 알려져도 그들은 잘못 알려질 때가 많다.

부처님의 적대자들이 여자가 사원에서 밤을 지내곤 한다고 소문을 퍼뜨 렸다. 이러한 비열한 계략이 뜻대로 안되자 그들은 다시 대중들에게 부처님과 제자들이 그 여자를 살해해서 시체를 사원에 있는 마른 풀더미속에 숨겨놓 았다고 거짓 소문을 퍼뜨렸다.

부처님의 역사적인 전도가 성공적으로 진행되면서 많은 사람들이 그 밑 에서 수계를 받을 때, 적들은 부처님에게 악의에 찬 비난을 퍼부으면서, 부 처님이 어머니들로부터 자식들을 빼앗고 아내들로부터 남편을 강탈했기 때 문에 그는 나라의 발전을 저해하고 있다고 주장했다.

부처님의 성스러운 인격을 훼손시키려는 모든 시도가 빗나가자 사촌이며 시기심 많은 제자인 데바다타가 언덕위에서 바위를 굴려서 부처님을 죽이 려고 시도했다.

하지만 인류를 위해 출현하신 부처님께서 그런 일로 인해서 쉽게 죽을 수는 없는 것이다. 그렇게 죽는 것이 결점이 한점없는 청정한 부처님들의 비극적인 운명이라면, 평범하고 단멸한 사람들의 운명은 어떻게 될까?

산을 더 높이 오르면 오를수록 아래에서 볼 때 보다는 더욱 눈에 띄면서 한편으로는 훨씬 작게 보인다. 당신의 등은 보이지만 당신의 앞면은 감춰

져있다. 남의 결점을 들추어내기를 좋아하는 이 세상은 당신의 단점과 잘못된 점을 보여주지만, 당신의 현자다운 인품은 감추어 버린다.

탈곡기는 껍질은 내보내지만 곡물은 남긴다. 이와 반대로 여과기는 많은 찌꺼기는 남기고 달콤한 쥬스는 여과시켜버린다.

수양을 쌓은 사람은 핵심적인 것을 갖고 개괄적인 것들은 버린다. 수양이 덜된 사람은 개괄적인 것을 갖고 핵심적인 것을 버린다.

당신이 고의적이든 고의적이 아니든, 잘못 알려졌을 때, 부당하게 인식되었을 때, 에픽테투스Epictetus처럼, 다음과 같이 생각하거나 말하는 것은 현명하다.

"아, 그가 나와 조금밖에 친하지 못하고, 나를 잘 알지 못하기 때문에, 나에게 조금 비판을 가하고 있는 것이다."

만약 당신이 꼭 해명해야 하는 상황이 아니라면 잘못 알려진 말을 바로 잡는데 시간을 낭비할 필요는 없다. 적은 당신이 상처를 입는 것을 보고 만족한다. 그것이 바로 그가 기대하는 것이다. 만약 당신이 무관심하면, 그러한 잘못된 말은 귀머거리한테 들려주는 것과 같은 것이다.

우리는 다른 사람의 결점을 보면서 눈 먼 사람처럼 행동해야 한다.

우리는 다른 사람들의 부당한 비판을 들으면서 귀머거리처럼 행동해야 한다. 우리는 다른 사람들이 나쁜 점을 말할 때 벙어리처럼 행동해야 한다.

잘못된 소문, 비난을 멈추게 하는 것은 불가능하다. 이 세상은 가시와 자갈밭길로 가득찼다. 그것들을 제거하는 것은 불가능하다. 그러나 불가능한 그것들을 제거하려고 노력하는 대신, 그러한 장애물에도 불구하고 걸어가야 한다면, 다치지 않게 신발을 신고 걸어가도록 충고해야 할 것 같다.

법구경은 여기에 대해서 명확히 가르치고 있다.

"어떤 소리에도 동요하지 않는 사자처럼 되어라.

그늘에 매달리지 않는 바람처럼 되어라.

연못에서 피어난 연꽃이 진흙에 물들지 않는 것처럼 되어라.

무소의 뿔처럼 혼자서 가라"

　　사자는 숲속의 왕자이기 때문에 두려움이 없다. 천성적으로 그들은 다른 동물들의 으르렁대는 소리에 놀라지 않는다. 이 세상에 살면서 우리는 거꾸로 된 소문, 잘못된 비난, 제멋대로 구는 혀로 신랄하게 깎아내리는 말들을 듣게 될 것이다. 하지만 사자처럼 우리는 그것들에 대해서 조금도 귀를 기울여서는 안된다. 부메랑처럼 그것들은 시작한 곳으로 되돌아가 끝날 것이다. 개들은 짖지만 사막의 대상들은 평화롭게 이동한다.
　　우리는 진흙같은 세상에 살고있다. 수많은 연꽃들이 그곳으로부터 피어 오른다. 연꽃들은 진흙에 물들지 않고 세계를 아름답게 장식한다.
　　연꽃처럼 우리도 자신에게 내던져질 수 있는 진흙에 개의치 않고 비난하지 않는 성스러운 삶을 살도록 노력해야 한다.
　　우리는 장미 대신에 진흙이 우리에게 내던져지길 기대하면서 항상 마음의 준비를 해야한다. 그러면 아무런 실망이 없을 것이다. 비록 어렵지만 우리는 집착을 여의는 것을 닦도록 노력해야 한다.
　　우리는 혼자 왔다. 그리고 혼자서 간다. 집착을 여의는 것은 이 세상에서 가장 행복한 일이다. 제멋대로 떠드는 신랄한 말에 개의치않고, 최선을 다하여 다른 사람을 도와주는 고독한 길을 가야만 한다.
　　위대한 사람들이 중상모략을 당하고, 비난받고, 독살당하고, 십자가에 못박히고 암살을 당한다는 것은 도저히 이해할 수 없는 일들이다. 위대한 소크라테스는 독배를 마셨다. 그리스도는 잔인하게도 십자가에 못박혔다. 비폭력주의자 간디는 암살을 당했다.
　　과연 너무나 선하다는 것은 위험한 것인가 ?
　　그렇다. 그들은 일생동안 비난받고, 공격받고, 죽임을 당하였다. 사후에 그들은 신격화되고 존경을 받게 되었다.
　　위대한 사람들은 명예나 비난에 무관심하다. 그들은 자신들이 비난받거나 모욕적인 대접을 받아도 동요되지 않는다. 왜냐하면 그들은 명예나 명성을 위해서 일하지 않기 때문이다. 그들은 다른 사람들이 자신들의 헌신적인 삶을 알아주거나 안하거나 무관심하다.

"그들은 일할 권리는 갖고 있지만 그것으로부터 나온 결실을 가질 권리는 갖고 있지않다."

칭찬과 비난

칭찬과 비난은 인간에게 영향을 미치는 두개의 세속적인 조건들이다. 칭찬을 받을 때는 마음이 기쁘고, 비난을 들을 때 마음이 불쾌한 것은 당연한 것이다.

부처님께서 말씀하셨다.

"칭찬과 비난 가운데서 현명한 사람은 의기양양하거나 의기소침한 것을 나타내지 않는다. 바람에 흔들리지 않는 단단한 바위처럼 그들은 동요되지 않는다."

칭찬이란 것이 만약 가치가 있다면 이것은 귀를 즐겁게 해주는 것이다. 만약 가치가 없다면, 이것은 아첨의 경우처럼 비록 즐겁지만 속이는 것이다. 그러나 만약 그것들이 우리 귀에 닿지 안는다면 그것들은 모두 아무런 반향이 없는 소리일뿐이다.

세속적인 관점에서 보면 칭찬하는 말은 효과가 있다. 칭찬에 의해서 약간의 호감은 쉽게 얻을 수 있다. 한마디의 칭찬하는 말이 강연을 하기전에 청중을 이끌기에 중요하다.

만약 강연자가 처음에 청중을 칭찬하면 청중은 그의 말에 귀를 기울일 것이다 만약 처음에 그가 청중들을 비판하면, 그들의 반응은 그렇게 만족할만한 것이 못될 것이다.

덕이 있는 사람은 아첨하는데 의지하지도 않으며, 또한 다른 사람들에 의해서 아첨받기를 원하지도 않는다. 그들은 칭찬할만한 것은 아무런 시기심도 없이 칭찬해준다. 또한 비난할만한 것은 비난하되, 경멸적이 아니라 동정심에서 우러나와서 그들을 개선시킬 목적으로 한다.

위대한 사람들은 비록 칭찬에는 전적으로 무관심하지만 그를 잘 아는 모든 사람들에 의해서 높이 칭찬받는다. 부처님을 가깝게 알았던 많은 사람들이 부처님의 공덕을 자신들이 할 수 있는 방법으로 극구 찬양하였다.

새로 귀의한 백만장자인 재가신자가 백가지의 공덕을 나열하면서 부처님을 칭송하였다. 부처님 당시에 불렸던 부처님의 아홉가지 순수한 공덕이 지금도 추종자들에 의해서 불상을 바라보면서 암송되고 있다. 그것들은 신앙심을 키우는 명상의 대상들이다. 이러한 부처님의 공덕은 지금도 제자들을 크게 고무시키고 있다.

비난에 대해서는 어떻게 해야 하는가?
부처님께서 말씀하셨다.

"말을 많이 하는 자는 비난받는다. 말을 적게 하는 자도 비난받는다. 침묵을 지키는 자도 또한 비난받는다. 이 세상에서 비난받지 않는 자는 아무도 없다."

비난은 인류에게 보편적인 유산처럼 보인다.
부처님께서는 말씀하셨다.

"전장에서 코끼리가 그를 향해 날아오는 화살을 피하지 않듯이 나 또한 모든 비난들을 감수한다."

어리석고 사악한 사람들은 다른 사람들에게서 좋고 아름다운 것을 놔두고 오로지 추한 것만 찾는 성향이 있다.
부처님을 제외하고 아무도 일백퍼센트 선하지는 않다.
또한 아무도 일백퍼센트 나쁜 사람은 없다. 우리들 가운데 가장 선한 사람에게도 악은 있다. 그리고 우리들 가운데 가장 악한 사람에게도 선은 있다.
부처님께서 말씀하셨다.

"비난, 모욕, 험담에 대해 깨어진 종처럼 침묵을 지키는 자는 비록 아직 니르바나를 얻지 못했지만, 나는 그를 니르바나의 위치에 있다고 말하겠다."

어떤 사람은 일을 함에 있어서 나름대로 최대한의 동기를 부여하고 임한다.

그러나 세상 사람은 흔히 그를 잘못 이해하고 지레 짐작해서 그의 동기들이 실현되지 않을 것이라고 비난하는 경우가 허다하다.

어떤 사람은 최선의 노력을 기울여서 때때로 빚을 대신 갚아주거나 곤경에 처한 친구를 구하기 위해 자신의 재산을 팔면서 도와주기도 한다.

그러나 나중에 이 어리석은 세상은 그가 도와주었던 그 사람들이 적반하장으로 그의 결점을 찾아내고, 그를 등쳐서 빼앗고, 그의 좋은 인격을 더럽히고, 마침내 그의 몰락을 기뻐하는 사람들로 구성되었다는 사실을 알게 될 것이다.

본생담 이야기에서 보면 음악가인 구틸라는 그가 알고 있는 것을 제자에게 하나도 남김없이 모두 가르쳐주었다. 그런데 제자는 배은망덕하게도 스승과 경쟁해서 그를 파멸시키려고 시도했었다.

부처님의 사촌이면서 제자인 데바다타는 신통력을 갖고 있었는데, 부처님의 명예를 실추시키려고 했을뿐만 아니라, 부처님께서 고요히 거닐면서 명상하는 동안 언덕위에서 바위를 떨어뜨려 죽이려고 시도했었다.

역사상 어느 누구도 부처님만큼 그렇게 높이 추앙받고, 그렇게 심하게 비판받고, 비난받고, 모함받은 종교적 스승은 없다. 그것이 바로 위대한 사람들의 운명이다.

대중이 모인 장소에서 친차라 불리는 여자가 임신을 가장해서 부처님을 험담했다. 부처님께서는 얼굴에 미소를 지으면서 가만히 그 비방을 참기만 했다. 그리고 곧 부처님의 결백은 증명되었다.

부처님께서 제자들이 한 여자를 살인한 것을 방조했다는 모략을 받게 되었다. 세상 사람들은 아난존자가 부처님께 다른 마을로 떠나자고 간청할 정도로 부처님과 제자들을 심하게 비난하였다.

"아난아, 만약에 다른 마을 사람들도 우리를 비난하면 어떻게 하겠느냐?"

"글쎄요 스승님, 그러면 또 다른 마을로 가야 되지 않겠습니까?"

"아난아, 그러면 인도 전역 어디에서도 지낼수 있는 곳이 없게 된다. 참아라. 이러한 험담들은 저절로 사라지게 될 것이다."

후궁인 맘가디야는 부처님에 대해서 큰 원한을 품고 있었다. 왜냐하면 그녀의 아버지가 아무것도 모르고 부처님이 자신의 딸과 결혼하기를 바라자 부처님께서 기대에 잔뜩 부푼 맘가디에게 여자의 아름다움은 덧없는 것이라고 무시해버렸기 때문이었다. 후에 그녀는 후궁이 되자 술취한 사람들을 꾀어서 대중앞에서 부처님을 비난하도록 시켰다. 그러나 부처님은 완벽한 평정심으로 그것들을 참아냈다. 결국 맘가디야는 자신의 잘못된 행위로 망신을 당하게 되었다.

비난은 인류에게 공통적인 것이다. 당신이 더 많이 일하고 더 위대해질수록 당신은 더욱 더 비난과 굴욕을 당해야 할 것이다.

그리스도는 비난받고 모욕당하고 창피를 당하고는 마침내 십자가에 처형되었다. 소크라테스는 바로 자신의 아내에게 꾸지람을 들었다. 그가 다른 사람을 도와주기 위해 어디를 갈 때마다 그의 참을성없는 아내는 그에게 비난을 하곤했다. 어느 날 그의 아내가 몸이 불편해서 그날은 소크라테스에게 비난을 하지 못했다. 그날 소크라테는 슬픈 얼굴을 하고 집을 나갔다. 그의 친구가 그에게 왜 그렇게 슬픈 얼굴을 하고 있는지 물었다.

그는 오늘 아내가 몸이 아파서 자신에게 비난을 못했다고 말했다.

"아니 그러면 자네는 오늘 듣기 싫은 소리를 안들었으니 기뻐해야 하지 않겠나?"하고 친구가 말했다.

"오 아닐세, 그녀가 비난할 때 나는 인내심을 기를 기회를 얻었다네. 그런데 오늘은 그 기회를 얻지 못했네. 그것이 내가 슬픈 이유라네"하고 그가 말했다.

이것은 모두에게 새겨두어야 할 교훈이다.

누구에게 비난을 들을 때 우리는 바로 지금이 인내력을 기를 좋은 기회라고 생각해야 한다. 성질을 내고 대드는 대신에 우리는 우리의 적에게 감사해야 한다.

행복과 고통

행복과 고통은 서로 상반되는 마지막 한쌍이다. 이것은 인류에게 가장 강력하게 영향을 끼치는 것들이다.

일반적인 행복은 바라는 것에 대한 만족이다. 바라는 것이 얻게 되자말자 우리는 다시 또 다른 종류의 행복을 찾는다. 우리의 이기적인 욕망은 여전히 만족되지 않는다. 보통 사람에게 감각적인 즐거움을 누리는 것은 최고의 유일한 행복이다. 기대, 만족, 그리고 감각주의자들이 높게 찬양하는 물질적 즐거움들을 회상하는 것은 의심할 여지없이 순간적인 행복이다. 그것들은 환상적이고 일시적일 뿐이다.

물질적인 소유가 인간에게 진정한 행복을 줄 수 있을까? 만약 그렇다면, 백만장자는 자살을 생각하지 않을 것이다.

물질적 발전이 극점에 달한 어떤 나라에서는 국민의 십퍼센트 정도가 정신병으로 고생하고 있다. 만약 물질적 소유 하나만으로도 진정한 행복을 줄 수 있다면 왜 그런 일이 생길까?

전 세계를 지배하는 것이 진정한 행복을 가져다 줄 수 있을까?

승승장구하면서 인도로 행군한 알렉산더는 영토를 정복하는 과정에서 더 많은 땅을 정복하지 못한 것을 한탄하였다.

왕관을 쓴 황제와 왕들은 항상 행복할까?

권력을 휘두르는 정치가의 삶은 종종 위험에 처한다. 마하트마간디와 케네디의 가슴아픈 경우가 바로 이것을 보여주는 예이다.

참된 행복은 자신의 내부에서 발견되며 부, 권력, 명예, 정복같은 것에서 찾을 수는 없다. 만약 그러한 세속적인 소유물들이 강제적으로 부당하게 얻어졌거나 또는 그것에 집착하게 될 때, 그것들은 소유자에게 고통의 근원과 불행이 될 것이다.

어떤 사람에게 행복한 것이 반드시 다른 사람에게 행복이 되는 것은 아니다. 어떤 사람에게는 약이 되는 것이 다른 사람에게는 독이 될 수 있다.

부처님께서는 재가신자들을 위해서 네가지 행복을 말씀해주셨다.

그 첫번째는 소유의 행복이다. 즉 건강, 부, 장수, 아름다움, 기쁨, 재산, 정력, 자식 등.

두번째 행복의 원인은 이러한 즐거움을 누리는 것이다. 평범한 사람들은 즐기기를 바란다. 부처님께서는 모두가 세속적인 즐거움을 포기하고 한적한 곳에 가서 은둔하면서 지내라고 가르치지 않았다. 부를 누리는 것은 자기 자신을 위해서 사용하는 것뿐만 아니라 다른 사람들의 이익을 위해서 주는데 있다. 우리가 먹고 마시고 쓰는 것은 오로지 일시적이다. 언젠가 우리는 우리가 보존하고 있던 것을 모두 남기고 떠난다. 자신이 준 것은 결국 언젠가는 자신에게 되돌아오게 되어있다. 우리는 세속적인 소유물로 행한 선행에 의해서 영원히 기억된다.

빚에 쪼들리지 않는 것이 또 다른 행복의 근원이다. 만약 우리가 현재 겪고 있는 것에 만족하고, 경제적이라면 우리는 누구에게도 빚질 필요가 없다. 빚진 사람들은 정신적인 고통과 그들의 채권자의 눈치를 보며 살아야 한다. 비록 가난하지만, 빚에서 자유로울 때, 당신은 편안함을 느끼며 정신적으로 행복할 것이다.

비난받지 않은 생활을 영위하는 것은 재가신자들의 가장 큰 행복의 원천중 하나이다. 오점이 없는 사람은 자기 자신을 기쁘게 하고 다른 사람들을 기쁘게 한다. 그는 모두에게 존경받고 다른 사람들의 평화로운 행동에 영향을 받아서 더욱 행복을 느낄 것이다. 그러나 분명히 말하지만 모든 사람들로부터 좋은 명성을 듣는 것은 지극히 어렵다는 사실을 알기 바란다.

성스러운 마음을 가진 사람들은 오로지 흠이 없는 삶을 사는데 관심이 있으며, 세상 사람들이 자신을 인정하는 것에 대해서는 무관심하다.

이 세상에서 대다수는 즐거움을 누리는 데서 기쁨을 찾지만, 어떤 사람들은 그것들을 단념하는 데서 즐거움을 찾는다. 진리를 찾는 사람들에게는 집착을 여의거나 물질적 즐거움을 초월하는 것이 행복이다.

고통으로부터 벗어난 기쁨인 니르바나의 기쁨은 최고 형태의 행복이다.

우리는 대개가 행복은 환영하지만 그것의 반대되는 고통을 참는 것은 매우 어려워한다. 고통이나 괴로움은 다른 모습으로 우리에게 온다. 우리는 자연스럽지만 늙어야만 할 때 괴로움을 겪는다. 평정한 마음으로 우리는 늙어감의 괴로움을 참아내야 한다.

늙어야만 한다는 괴로움보다 더욱 고통스러운 것은 질병으로 인한 고통이다. 이것이 만성적일 때는 우리는 차라리 죽는 편이 낫다고 느낀다.

심지어 사소한 치통이나 두통도 때때로는 참을 수 없다. 우리가 병에 걸리게 되었을 때 걱정하지 않고 어떻게 해서든지 그것을 참아낼 수 있어야 한다.

어쩌면 우리는 그보다 더 심한 병에서 벗어났다고 생각하면서 자신을 위로해야 할 것이다. 너무나 많이 우리는 가깝게 지냈던 사랑하는 사람들과 헤어진다. 그러한 이별은 마음에 큰 고통을 야기시킨다. 우리는 모든 만남은 언젠가 반드시 헤어진다는 사실을 이해해야 한다. 여기에 평정심을 닦을 좋은 기회가 있다.

간혹 우리는 직장이나 그외의 장소에서 마음에 안드는 사람과 함께 일해야 하는 경우가 있다. 우리는 그들이 마음에 안들지만 그것을 참을 수 있어야 한다. 어쩌면 우리는 자신의 전생 또는 현생의 업보를 거두어들이는지도 모른다. 우리는 자신을 새로운 환경에 적응하도록 노력하거나 다른 수단과 방법을 다 동원해서 그 장애들을 극복하도록 노력해야 한다.

심지어 모든 번뇌를 끊은 자, 완벽한 존재, 부처님께서도 질병과 사고에 의해 야기된 육체적 고통을 참아내야만 했다.

부처님은 항상 머리가 아팠다. 그리고 마지막 병은 많은 육체적 고통을 야기시켰다. 데바다타가 부처님을 제거하기 위해 떨어뜨린 바위의 파편때문에 수술을 요하는 상처를 입었다.

때때로 그는 굶어야만 했다. 어떤 때는 말여울로 만족해야만 했다. 제자들의 불복종때문에 부처님은 숲에 들어가 3개월간을 혼자 지내야만 했다.

숲의 거칠은 땅위에 나뭇잎을 깔아서 싸늘한 밤공기를 마시면서, 그러나 마음은 완전한 평정심 속에서 잠을 잤다. 고통과 행복속에서 그는 언제나 평정한 마음으로 살았다.

죽음은 우리가 윤회의 방황하는 과정에서 직면해야 하는 가장 큰 고통이다. 때때로 죽음은 그 당사자에게만 오는 것이 아니라 심지어 주위사람들에게 정신적인 이상을 야기시키기도 한다.

파타차라는 그녀의 사랑하는 부모, 남편, 자매, 그리고 두 자식들을 잃어버리고 미쳐버렸는데 부처님께서는 그녀를 위로해주었다.

기사 고타미는 이미 숨이 끊어진 자식을 업고 다니면서 살릴 수 있는 방법을 찾아다니고 있었다. 마침내 그녀가 부처님께 다가가서 자식을 살려달라고 간청했다.

"그러면 고타미여, 겨자씨를 구해올 수 있겠는가?"

"예 구해올 수 있습니다."

"그러나 사람이 아무도 죽어본 적이 없는 집에 가서 구해와야 한다."

비록 겨자씨는 발견했지만 죽음이 찾아간 적이 없는 집은 없었다.

그녀는 삶의 본질을 깨닫게 되었다.

한 어머니가 왜 외아들의 비극적인 죽음을 슬퍼하지 않는지에 대해서 질문을 받았다.

그녀가 대답했다.

"그는 초대하지도 않았는데도 왔다. 그리고 간다는 말도 없이 갔다. 그는 왔기 때문에 다시 간 것이다. 그런데 왜 울어야 하는가?
우는 게 무슨 소용이 있는가?"

과일이 나무에서 새싹이 돋고, 익고, 오래되어 떨어지듯이 우리도 어릴 때, 젊은 때 또는 늙어서 죽는다. 동쪽에서 솟아난 태양은 결국 서쪽에서 지게 되어있다.

아침에 활짝 핀 꽃은 저녁에는 시든다.

우리 모두에게 예외없이 다가오는 피할 수 없는 죽음을 우리는 완벽한 평정심으로 맞부딪쳐야 한다.

부처님께서 말씀하셨다.

"대지가 달콤한 것이든, 더러운 것이든 어떤 것을 쏟아부어도, 모두에게 무관심해서 미움도 나타내지 않고 애정도 나타내지 않듯이, 좋거나 나쁜 것에 대해서 그대들도 항상 평정심이 되어야 한다."

세속적인 조건에 의해서 접촉을 받았을 때, 아라한의 마음은 결코 흔들리지 않는다. 니르바나의 성스러운 길을 건너가는 보살은 이익과 손실, 명예와 불명예, 칭찬과 비난, 행복과 고통 가운데서 평정한 마음을 유지 하도록 노력해야 한다.

제 30 장
삶의 문제들

누가? 언제? 어디서? 왜? 무엇을? 같은 것은 모든 인류가 관심을 갖고 있는 중요한 문제들이다.

'인간은 누구인가?'가 우리의 첫번째 문제이다.

그러면 나의 존재에 대해서 우리 모두가 이해할 수 있도록 알아보자

인간은 육체를 갖고 있는데, 이것은 우리의 감각이나 또는 기관을 통하여 알 수 있다. 이 물질적인 육체는 항상 유동하는 상태에 있는 힘과 질(質)로 구성되어 있다. 과학자들은 물질이 무엇이가에 대한 정의를 내리는 것이 어렵다는 것을 알고 있다.

어떤 철학자들은 "변화에 앞서 있는 것으로서의 물질이 움직임을 요구하고, 변화하는 것으로서 움직임은 물질에 앞서 있다."고 정의했다.

물질에 대한 팔리어는 'rūpa'이다. 이것은 변하거나 분해되는 것으로서 설명된다. 그리고 '그 스스로를 드러내는 것'은 또 다른 설명이다.

불교에 의하면 네개의 근본적인 물질적인 요소가 있다. 그것은 흙(*paṭhavi*), 물(*āpo*), 불(*tejo*), 바람(*vāyo*)이다.

흙(*paṭhavi*)는 물질의 하부층인 팽창성의 요소이다. 이것이 없이는 사물은 공간을 점유할 수가 없다. 단단함과 부드러움의 상반적인 특질은 이 요소에 포함된다.

이러한 팽창성의 요소는 땅, 물, 공기, 불, 바람에 있다. 예를 들면 위에 있는 물은 아래에 있는 물에 의해서 지탱된다.

상승 압력을 만들어내는 운동성(vāyo)의 요소와 결합된 것은 바로 이러한 확장성의 요소이다. 열이나 차가움은 불(tejo) 요소이며, 반면에 유동성은 물(āpo)의 요소이다.

물(āpo)은 응집성의 요소이다. 흙(paṭhavi)과 달리 이것은 만질 수 없다. 물질의 흩어진 원자들을 운집시켜서 우리에게 몸이란 생각이 들게 하는 것은 바로 이 요소이다.

불(Tejo)은 열성의 요소이다. 차가움 또한 tejo의 한 형태이다. 열과 차가움은 모두 tejo에 포함된다. 이것들을 몸을 성숙하게 하는 힘, 다른 말로 에너지를 활력화시키는 힘을 갖고 있다. 몸이 보존되고 썩는 것은 이 요소때문이다.

바람(vāyo)은 운동성의 요소이다. 움직임들은 이 요소에 의해서 야기된다. 운동성은 열의 힘 또는 열을 발산시키는 것으로 간주된다. 물질계에서 운동성과 열성은 정신계에서 의식과 행위에 각각 상응한다.

이 네개의 강력한 힘들은 분리될 수 없으며 상호 연관되어 있다. 그러나 하나의 요소가 다른 것들보다 영향력이 더 있을 수는 있다. 예를 들면 땅에서는 팽창성이 우세하며, 물에서는 응집성이, 불에서는 열성이, 공기에서는 운동성이 우세하다.

이와같이 끊임없이 변하는 힘과 질(質)로 구성된 물질은, 한 순간도 같은 상태로 남아있지 않는다. 불교에 의하면 물질은 오로지 17생각-찰나[66] 동안 유지된다고 한다.

생물학에 의하면, 인간은 잉태되는 순간에 부모로부터 직경 1인치에 3천만개의 아주 미세한 세포를 물려받는다.

'이 작은 입자는 9개월 동안 성장해서 처음보다 부피가 일백오십억배가 증가한다.'

---

[66] 빛이 번쩍하는 순간에도 수백만의 생각-찰나가 일어날 수 있다. 따라서 17 생각-찰나는 극히 짧은 순간을 의미한다.

이 미세한 화학적-물리적 세포가 인간의 육체적인 바탕인 것이다.

불교에 의하면 성별은 잉태되는 순간에 결정된다. 이 인간이라는 복잡한 기계에는 또 다른 중요한 요소가 물질과 결합되어 있다.

그것이 바로 마음이다. 어떤 전문가들은 인간을 마음과 물질을 더한 것이 아니라 '마음과 몸' 이라고 말하기를 즐겨한다.

과학자들은 생명은 물질에서 나왔고, 마음은 생명에서 나왔다고 주장한다. 그러나 그들은 마음의 발전에 대해서 우리에게 만족할만한 설명을 해주고 있지 못하다. 물질적인 육체와 달리 비물질적인 마음은 볼 수 없다. 그러나 직접적으로 느낄 수는 있다.

어떤 오래된 2행시가 있다.

"마음이란 무엇일까? 물질은 아니지.
물질이란 무엇일까? 결코 마음은 아니지"

우리는 직접적인 감각에 의해서 자신의 생각 그리고 느낌들을 알고 있다. 그리고 우리는 유추에 의해서 다른 이들에서 그것들의 존재를 추론한다.

여기에 마음을 나타내는 팔리어가 몇개 있다.

*Mana, citta, viññāna*는 그들 중 가장 두드러진 것들이다. 팔리어 어근 'man'(생각함)을 영어 'man'과 팔리어 *manussa*(인간)을 비교하면 이것은 발전된 의식을 가진 사람을 의미한다.

불교에서는 마음과 의식사이에는 아무런 구별을 두고 있지 않다. 둘 다 동의어로 사용되고 있다. 마음은 단순하게 대상을 알아차리는 것으로 정의될 수 있다. 왜냐하면 어디에도 모든 행위들을 지시하는 작용자 또는 영혼은 없기 때문이다. 이것은 끊임없이 빛의 속도로 일어나고 사라지는 일시적인 정신적 상태로 구성되어 있다.

"이것은 태어남을 그 기원으로 하고 죽음을 그 강어귀로 하여서, 감각의 지류로부터 모여진 강물이 끊임없이 흘러넘치듯이 지속적으로 흐른다."

이 끊임없이 변천하는 삶의 흐름속에서 모든 순간적인 의식은 사라지면서, 지울 수 없게 기록된 인상들의 모든 에너지는 그 다음 연속체로 계속 옮겨 간다. 따라서 모든 새로운 의식들은 이전에 있었던 것과 그 이상의 모든 것들을 잠재적으로 구성하고 있다. 이 끊임없이 변하는 양피지같은 마음에 모든 인상들이 지워지지 않게 기록되고, 모든 과거의 인상이 잠재되어서 현생에서 다음 생으로 옮겨짐에 따라, 일시적인 육체적인 분해(죽음)에 관계없이 전생이나 전생의 사건들에 대한 기억이 가능하게 된다. 만약 기억이 단지 뇌세포에만 의존한다면 이것은 불가능하다.

전류처럼 흐르는 마음은 창조적이면서도 파괴적인 강력한 힘을 갖고 있다. 이것은 선이나 악을 위해서 똑같이 사용될수 있는 양면성을 띤 무기와 같다. 보이지 않는 마음에서 일어나는 단 하나의 생각이 인류를 구할 수도 파괴할 수도 있다. 그런 생각을 하는 사람은 전세계를 지배할 수도 있고 그렇지 않을 수도 있다. 자신의 천국을 창조하는 것은 마음이다. 또한 자신의 지옥을 만드는 것도 마음이다.

오스펜스키Ouspensky는 다음과 같이 말했다.

"우리는 의식의 현상, 즉 생각, 의지, 느낌같은 것들에 포함된 잠재된 에너지가 헤아릴 수 없을 정도로 무한적이라는 것을 발견한다.

개인적인 경험으로부터, 관찰로부터, 역사로부터, 우리는 생각, 느낌, 의지같은 것들이 스스로 드러나면서, 거대한 양의 에너지를 작용시키고, 연속적인 무한한 현상을 창조할 수 있다는 것을 안다.

하나의 생각이 수세기 그리고 수천년간 활동하면서 성장하고 성숙해지고, 항상 새로운 일련의 현상으로 진화하면서, 새로운 에너지를 작용시킬 수 있다.

우리는 '생각'이 그것을 만든 바로 그 사람의 이름이 고대 종교의 창시자의 이름, 고대의 불멸의 시적인 작품의 창조자들 — 영웅, 지도자 그리고 예언자들 처럼, 신화적인 것으로 바뀔 때 조차도 계속 살아서 활동하는 것을 알 수 있다. 그들의 말들은 수많은 입으로 반복되었으며, 그들의 생각들은 학습되고 상세히 설명되고 있다.

의심할 여지없이 시인의 모든 생각은 한 조각의 석탄 또는 살아있는 세포에 놓여있는 힘처럼, 거대한 잠재적인 힘을 포함하고 있다. 그러나 그것은 헤아릴 수 없이 지극히 미세한 형태로 잠재해있다."

예를 들면 다음과 같은 부처님의 중요한 말씀에서 그 잠재적인 힘을 알 수 있다.

"마음이 행위를 이끌어간다
마음이 주인이며, 그것들은 마음이 만들어놓은 것들이다."

불교에 의하면, 마음 또는 의식은 잉태되는 순간에 물질과 함께 생겨난다. 따라서 의식은 태아에게 있다. 전문적인 용어로 재탄생의식 또는 재결합의식 (*patisandhi viññāna*)알려진 최초의 의식은 관련된 그 사람의 전생의 업에 의해서 조건지워진다.

사람들 사이에 존재하는 미묘한 정신적, 지적 그리고 도덕적 차이성은 인간의 두번째 요소인 이러한 업, 즉 조건지워진 의식에 기인한다.

인간을 구성하고 있는 세 가지를 완성하기 위해서는 세번째 요소 즉, 마음과 물질에 활력을 불어넣어주는 생명의 현상이 있어야 한다. 생명의 존재때문에 재생성이 가능해지는 것이다. 생명은 육체적 정신적 현상에서 스스로 나타난다.

팔리어에서 생명의 두개의 형태는 *nāmajīvitindriya*와 *rūpajīvitindriya*(심리적 육체적 생명)이라고 불린다.

따라서 물질, 마음, 그리고 생명은 인간을 구성하고 있는 세개의 뚜렷한 요인들이다. 이들의 결합으로 인간으로 알려진 강력한 힘이 상상할 수 없는 정도의 가능성을 갖고 나타나게 된다. 인간은 그 자신이 창조자와 파괴자가 된다.

인간에게서는 악의 쓰레기더미이자 선의 보고가 발견된다. 그리고 벌레, 짐승, 인간, 초인, 천신, 범천간은 성격이 발견된다. 죄인같은 기질과 성인같은 성격이 그에게는 잠재해있다. 그는 자신과 다른 사람들에게 기쁨 또는 혐오의 대상이 될 수 있다. 사실 인간은 그 자신이 하나의 세계이다.

'언제부터'는 우리의 두번째 문제이다.
인간은 어떻게 시작되었을까?

인간의 최초는 있을 수도 있고 없을 수도 있다.
첫번째 학파에 속하는 사람들은 우주적 힘이든 전능한 존재이든 제일원인을 가정한다. 두번째 학파에 속하는 사람들은 공통된 제일원인을 부정한다. 왜냐하면 일반적인 경험에서 볼 때, 원인이 항상 결과가 되며 결과가 원인이 되기 때문이다.

원인과 결과의 순환속에서 제일원인은 생각할 수가 없다. 전자에 의하면 생명은 최초를 갖고 있다. 반면에 후자에 의하면 이것은 시작이 없다. 어떤 면에서 볼 때 제일원인의 개념은 둥근 삼각형처럼 우습기 짝이 없다.

과학적인 견해에 의하면, 인간은 그의 부모에 의해서 제공된 정자와 난세포의 직접적인 부산물이다. 과학자들은 *Omne vium ex vivo*(모든 생명은 생명으로부터)를 말하면서도 한편으로는 마음과 생명은 생명이 없는 곳으로부터 진화했다고 주장한다.

어떻든 과학적인 관점에서 보면 인간은 절대적으로 부모로부터 태어났다 그렇게 해서 생명이 생명에 앞선다. 생명의 제일 원형질 또는 콜로이드(어느 것으로 불러도 괜찮다)의 기원에 관하여 과학자들은 모른다고 말한다.

불교에 의하면, 인간은 행위를 모체(*Kammayoni*)로 하여 태어난다. 부모는 인간에게 물질적인 층을 제공해줄 뿐이다. 그렇게 해서 존재가 존재에 앞선다. 잉태되는 순간에 태아에 생명력을 불어넣어 주는 최초의 의식을 조건지우는 것은 업이다.

정신적 현상과 이에 존재하는 육체적 현상에서 생명의 현상을 만들어서 인간을 구성하는 세 가지 요소를 완성시키는 것은, 전생으로부터 이어져오는 보이지 않는 업에너지이다.

부처님은 존재들의 잉태되는 과정을 다음과 같이 말씀하셨다.

"다음의 세 가지 부분이 제대로 결합되었을 때 생명의 싹이 튼다. 만약 남자와 여자가 결합했을 때 여자의 임신가능 기간이 아니고 '태어나게 될 존재(*gandhabba*)가 없을 때, 생명의 싹은 트지 않는다.

만약 남자와 여자가 결합했을 때 여자가 임신가능 기간이고 '태어나게 될 존재'가 또한 있게 되면, 그때 이 세개의 결합에 의해서 그곳에 생명의 싹이 트게 된다."

여기서 *gandhabba*(=*gantabba*)는 그 특정한 자궁에 태어나려고 준비하는 존재를 의미한다. 이 용어는 오로지 이러한 특별한 관계에서만 사용되며, 영원한 영혼으로 오해해서는 안된다.

한 존재가 여기에서 태어나기 위해서는 그 존재는 어디선가는 죽어야 한다. 현생에서 존재의 탄생은 전생에서 한 존재의 죽음과 서로 상응한다. 이것은 흔히 하는 말로 한 장소에서 태양의 솟아나는 것은 다른 장소에서 태양이 지는 것을 의미하는 것과 같다.

부처님께서 말씀하셨다.

"무지에 의해 방해받고 갈애에 의해 속박받으면서 이리저리 방황하면서 살아가는, 존재의 최초의 시작은 알 수가 없다."

이 삶의 흐름은 무지와 갈애의 더러운 물에 젖어있는 한 무한정 흘러간다. 이 두개가 완전히 끊어졌을 때, 오로지 그 때 삶의 흐름은 멈춘다. 부처님과 아라한의 경우에 재탄생은 멈춘다. 이 삶의 흐름의 궁극적인 시작은 판단할 수 없다. 왜냐하면 이 삶의 힘이 무지와 갈애에 사로잡히지 않았던 상태를 알 수 없기 때문이다.

부처님은 여기서 단지 존재들의 삶의 흐름의 시작을 언급했을 뿐이다. 우주의 기원과 진리에 대한 탐구는 과학자들에게 맡겨졌다.

우리의 세번째 문제는 '어디로?' 이다.

다시 말하면, 인간은 어디로 가는 것인가?

팔리어나 산스크리트어로 *Lokāyata*(唯物論)로 알려진 고대의 물질주의에 의하면, 인간은 사후에 자신으로부터 나온 모든 힘들을 남겨둔 채 전멸해

버린다.

"인간은 사대요소로 구성되었다. 인간이 죽으면 땅같은 요소는 땅으로 되돌아간다. 물같은 요소는 물로 되돌아가고, 공기같은 요소는 공기로 되돌아간다. 감각들은 공간으로 들어간다. 몸이 분해됐을 때 현명하고 어리석은 것들이 똑같이 중단되고 소멸되고 더 이상 존재하지 않는다.

여기에 다른 세계는 없다 죽음은 모든 것들의 끝이다. 오직 현존하는 세계만이 실재이다. 이른바 영원한 천국과 지옥이라는 것은 사기꾼들이 고안해낸 것들에 불과하다."

물질주의자들은 오로지 감각에 의해서 인식될 수 있는 것만 믿는다. 그러므로 오로지 물질만이 실재이다. 궁극적인 원리들은 지, 수, 화, 풍의 사대요소이다.

알라딘이 램프를 문지르면 귀신이 나타나는 것과 마찬가지로 생명의 자아의식은 신비스럽게 사대요소로부터 나왔다. 간이 담즙을 분비하듯이 뇌가 생각을 분비한다.

라다크리슈난이 말한 것에 따르면 물질주의자들은 다른 세계의 존재에 대한 믿음을 허위, 여성주의, 나약함, 비겁, 그리고 부정직의 상징이라고 생각한다.

기독교에 의하면 인간에게 전생은 없다. 현재만이 유일하게 천국과 지옥의 두 가지 영원성에 대한 준비 기간이다. 그것들이 장소이든 아니면 어떤 다른 상태로 생각되든간에, 인간은 그의 미래를 천국에서 끝없는 행복을 누리든지 아니면 지옥에서 끝없는 고통을 당하든가 하는 미래를 갖고 있다. 따라서 인간은 사후에 전멸하지 않으며, 그의 본질은 영원히 존재한다.

쇼펜하우어가 말한 것에 따르면,

"누구든지 자신을 무(無)에서 나왔다고 생각하는 사람은 또한 다시 무(無)가 될 것이라고 생각할 것이다. 왜냐하면, 하나의 영원성이 그가 존재하기 전에 이미 지나갔고, 그리고 나서 두번째 영원성이 시작됐고, 그것을 통하여 그는 결코 소멸되지 않을 것이라는 것은 터무니없는 생각이기 때문이다."

전생과 현재를 믿는 힌두교 신자들은 인간은 사후에 전멸한다고 말하지 않는다. 또한 그들은 인간은 사후에 영원하지도 않다고 말한다. 그들은 끝없는 전생과 내생의 탄생을 믿는다. 그들의 견해에서 보면 인간의 삶의 흐름은 자신의 행위인 업력에 의해서 추진되는 한 무한히 흘러간다. 때가 되면 인간의 본질은 그의 영혼이 나왔던 궁극적인 실재로 다시 재흡수 될 수 있다.

불교는 현재를 믿는다. 현재를 바탕으로 해서 과거와 미래를 말한다. 마치 전기빛이 보이지 않는 전기에너지의 외적인 드러남이듯이 인간은 업으로 알려진 보이지 않는 에너지의 단순한 외적인 드러남일 뿐이다.

전구는 깨질 수 있다. 그리고 빛도 꺼질 수 있다. 그러나 전류는 남아있으며 빛은 다른 전구에서 재생성될 것이다. 마찬가지로 업력은 육체적인 몸이 분해되는 것에 의하여 중단되지 않고 여전히 존속하며, 현재의 의식의 소멸은 또다른 탄생에서 새로운 존재의 탄생으로 이끈다. 여기서 전류는 업력과 같으며, 전구는 부모에 의해서 제공된 유전자에 비유된 것이다.

전생의 업이 현생의 탄생을 조건지우며, 현생의 업이 전생의 업과 결합해서 미래를 조건지운다, 현재는 전생의 자식이며, 다시 미래의 부모가 된다. 그러므로 죽음은 인간의 완전한 전멸이 아니다. 왜냐하면 비록 그 특정한 생명의 수명이 끝나도 그 힘은 소멸되지 않고 여전히 활동하기 때문이다.

사후에도 인간의 생명의 유동성은 무지와 갈애에 물들어있는 한 끝없이 계속된다. 인간은 반드시 인간으로 태어날 필요는 없다. 왜냐하면 인간만이 유일한 살아있는 존재가 아니기 때문이다.

더 나아가 우주에서 미세한 한 점에 불과한 지구가 인간이 다시 태어날 유일한 장소는 아니다. 다른 형태의 존재로 거주할 수 있는 다른 행성에도 물론 태어날 수 있다.

만약 인간이 이렇게 되풀이되는 일련의 탄생을 멈추기를 바란다면, 그는 부처님과 아라한들이 했던 것처럼 니르바나의 실현 즉 모든 형태의 갈애를 완전히 소멸시켜야 한다.

인간은 어디로 가는가?

만약 어디든지 가고 싶은 곳이 있을 때, 그에 따른 적합한 자격을 갖추면 그가 원하거나 좋아하는 곳을 갈 수 있다.

만약 특별한 바램이 없이 흘러가는 과정속에서 준비된 길을 떠나면 그는 자신의 업에 따라서 그에 상응하는 장소나 상태로 갈 것이다.

'왜?'는 우리의 마지막 질문이다.

인간은 왜 사는가?

삶에 어떤 목적이 있는가? 이것은 다소간 논쟁의 여지가 있는 질문이다. 그러면 물질적인 관점에서는 무엇인가?

과학자들은 대답한다.

"삶이 목적이 있는가? 무엇, 언제 또는 어디에?
공간으로부터 우주가 왔고, 태양이 왔고,
지구가 왔고, 생명이 왔고, 인간이 왔고,
그리고 더 많은 것들이 와야 한다.
그러나 목적에 관해서는 누구의 또는 왜 그런지 모른다."

물질주의자들은 그들 자신을 순전히 감각적인 면과 모든 정신적 가치를 무시하는 현재의 물질적 번영에 한정시켜서, 도덕주의자들이 주장하는 것과 정반대의 가치관을 갖고 있다. 그들의 견해에서 보면 목적자는 없다. 그러므로 목적은 있을 수 없다. 비유신론자들은 물론 그 범주에 불교신자도 속하는데 창조적인 목적자를 믿지 않는다.

"누가 공작을 아름답게 꾸몄는가? 또는 누가 뻐꾸기가 소리를 잘 내도록 만들었는가?" 이것은 물질주의자들이 모든 것을 사물의 자연적 질서 탓으로 돌릴 때 말하는 주요한 주장중의 하나이다.

"먹고 마시고 즐겁게 놀자. 왜냐하면 죽음은 모두에게 와서 우리의 생명을 끝내버리기 때문이다."라는 것은 그들 사상체계의 윤리적 이상이 되는 것이다.

그들의 견해에 대해서 라다크리슈난이 쓴 것에 따르면,

"덕은 하나의 망상이며 즐기는 것이 유일한 실재이다. 죽음은 생명의 끝이다. 종교는 어리석은 착각이며, 정신병이다. 모든 선, 지고한 것, 순수, 동정심같은 것들은 믿을 수 없다 이 이론은 감각주의 그리고 이기주의를 대표한다. 감정과 본능을 제어할 필요는 없다. 왜냐하면 그것은 자연이 우리에게 물려준 유산이기 때문이다."

사바디사나상그라하(P2)에는 다음과 같이 쓰여있다.

"생명이 너에게 붙어있는 한 즐겁게 지내라. 아무도 죽음이 찾아오는 것으로부터 벗어날 수 없다. 일단 죽음이 우리의 이 형체를 태워버리면 어떻게 이것이 다시 되돌아올 수 있을까?"

"생명이 유지되는 동안 인간들을 행복하게 살도록 하라. 비록 그가 빚을 져도(물소의) 버터기름을 먹게하라."

자 그러면 이제 과학적인 관점으로 방향을 돌려서 이 '왜'에 대한 문제를 풀어보도록 하자. 여기서 알아두어야 할 것은 "과학은 사물에 대한 탐구, 이것은 무엇인가에 탐구이며, 반면에 종교는 이상에 대한 탐구이며 무엇이 되어야 할 것인가에 대한 탐구이다."라는 점이다.

탐프슨 J.A Thompson경은 과학은 완벽하지 못하다고 주장한다. 왜냐하면 이것은 '왜'에 대한 질문에 대답할 수 없기 때문이다.

버트런트 러셀은 우주적 목적에 대해 다루면서 유신론적 범신론적 그리고 돌출적인 세개의 견해를 제시했다.

"첫째는 신이 이 세계를 창조하고 자연의 법칙을 선고하였다고 주장한다. 왜냐하면 그는 때가 되면 어떤 좋은 것이 진화될 것이라는 것을 예견했기 때문이다. 이 견해에서 목적은 창조자의 마음에 의식적으로 존재하는데 창조자는 그의 창조물의 외부에서 존재한다.

범신론적인 형태에서 신은 우주에 대해서 외부적인 존재가 아니며, 전체로서 간주되는 우주 그 자체이다.

따라서 여기에서는 창조의 행위가 있을 수 없으며, 우주자체에 일종의 창조적인 힘이 있으며, 이것은 정해진 계획에 따라 발전되며, 이 창조적인 힘은 과정을 통하여 마음속에 있다고 말할 수 있다."
"돌출적인 형태에서의 목적은 더욱 맹목적이다. 태초의 단계에서, 우주의 다음 단계를 예견하는 것은 아무것도 없다. 그러나 일종의 맹목적인 충동이 변화를 이끄는데, 이것은 더욱 발전된 형태의 존재를 만든다. 그렇게 해서 다소간 불분명한 의미를 갖고 목적이 은연중에 시작되었다."

우리는 여기에 대해서 아무런 설명도 가하지 않겠다. 이것들은 단지 서로 다른 종교가들과 위대한 사상가들의 견해일 뿐이다.

우주적인 목적이 있거나 없거나, 촌충, 뱀, 모기, 기타 등등의 유용성과 광견병같은 것들의 존재에 대한 의문은 일어난다.

어떻게 하나만으로 악의 문제를 설명할 것인가?

지진, 홍수, 전염병, 그리고 전쟁들이 계획된 것들인가?

우주적 목적에 대해서 자신의 의견을 표명하면서, 러셀은 단호하게 주장하였다.

"어쨌든간에, 인간에 대한 찬양은 왜 하는가? 사자와 호랑이에 대해서는 어떤가?

그것들은 우리 인간보다 동물이나 사람 목숨을 덜 해치며 우리보다 훨씬 더 아름답다.

개미에 대해서는 어떤가? 그들은 어느 파시스트보다도 훨씬 잘 협동적인 상태를 유지해나간다. 나이팅게일, 종달새 그리고 사슴의 세계가 잔인과 비정의와 전쟁으로 가득찬 인간세계보다 더 낫지 않은가?

우주적 목적을 믿는 자들은 우리의 상상력을 풍부하게 만들지만 그들의 작품들은 우리를 의심스럽게 한다.

만약 내가 전능하다고 가정해서, 수백만년 동안 실험해왔다면 나는 나의 모든 노력의 마지막 결과로서 만들어낸 인간이란 작품을 크게 자랑할만한 것이라고 생각하지 않을 것이다."

다른 종교에서 삶의 목적은 무엇인가? 힌두교에 따르면 삶의 목적은 '브라만과 하나가 되거나' 또는 '그의 영혼이 방출되었던 신성한 본질에 재흡수되는 것이다'이다.
　유대교, 기독교, 그리고 이슬람교에 의하면 '신을 찬양하고 그를 영원히 즐겁게 해주는 것이다'.
　어떤 종교의 평범한 사람이 궁극적인 평화의 천국에서 영원히 있기 위해서 그가 끈질기게 집착하는 세속적인 삶을 포기할 준비가 되어 있을까?
　참으로 매우 의심스러운 일이다. 그러면 이제 불교는 '왜'라는 질문에 어떻게 답변할 것인가?
　불교는 창조자의 존재를 부정한다. 그러므로 불교의 관점에서 강제적으로 명령된 목적은 있을 수 없다. 불교는 운명주의, 결정론주의 또는 인간의 자유로운 행위와 관계없이 인간의 미래를 결정하는 사전예정주의도 옹호하지 않는다. 그러한 경우에 자유의지는 절대적인 어릿광대가 되어버리고 인생은 순전히 기계적이 될 것이다.
　인간의 행위는 다소간 기계적인 정도로 광범위하게 자신의 행위, 성장, 환경 그리고 기타 등등에 의해서 영향을 받는다. 그러나 인간은 어느 정도 자신의 자유의지를 활용할 수 있다.
　예를 들면 절벽에서 떨어지는 과정에 있는 사람은 생명이 없는 돌이 떨어지는 것처럼 바닥으로 그냥 떨어지고 말 것이다.
　이 경우에 그는 비록 돌과 같지 않은 마음을 지니고 있지만 그의 자유의지를 쓸 수는 없다. 만약 그가 절벽으로 올라가는 과정이라면, 그는 확실히 자신의 자유의지를 사용할 수 있고 그가 하고자 하는대로 행동할 것이다.
　이와 반대로 돌은 자신의 의지에 따라서 그렇게 하는 것이 자유롭지 못하다. 인간은 옳고 그름, 선과 악사이에서 선택할 능력을 지녔다. 인간은 자신 또는 다른 사람들에게 절대적일 수도 있고 우호적일 수도 있다. 이것은 모두 그의 마음과 그 마음의 수양정도에 의존한다. 인간에게 특별한 목적이란 것은 없지만, 인간은 그의 삶에서 자유롭게 어떤 목적을 가질 수 있다.

　그러면 삶의 목적은 무엇인가?
　오스펜스키 Ouspensky는 다음과 같이 말했다.

"어떤 이들은 삶의 의미는 봉사하고, 자아를 포기하고, 자기를 희생하고, 모든 것, 심지어는 목숨 그 자체도 희생하는데 있다고 말한다.

다른 사람들은 삶의 의미는 그것을 즐기고, '죽음의 마지막 공포의 예감' 으로부터 해방시키는데 있다고 주장한다.

어떤 사람들은 삶의 의미는 완벽함 그리고 죽음 저편의 더 나은 미래의 창조 또는 우리 자신들을 위한 미래의 삶에 있다고 말한다.

다른 사람들은 삶의 의미는 비존재에 접근하는 것이라고 말하며, 또 다른 사람들은 삶의 의미는 인생행로의 완벽함, 지구상에서 삶의 의미를 알려고 시도하는 가능성조차 부정하는 사람들이 있다."

이러한 모든 견해들을 비판하면서 어떤 저자는 말했다.

"이러한 설명들의 결점은 다음과 같은 사실에 놓여있다. 즉 그들은 삶의 의미를 항상 인간의 미래에서, 또는 죽음 저편에 있는 어떤 불확실한 존재에서, 또는 수많은 윤회를 통과한 자아의 진화같이 인간의 현재의 삶 밖에 있는 어떤 것에서 찾으려고 시도한다.

그러나 삶의 의미에 대해서 이와같이 고찰하는 대신에, 자신들의 내면을 들여다 보면, 삶의 의의는 결코 그렇게 애매하지 않은 것임을 알 수 있다. 이것은 '앎'에 놓여있다."

불교도들의 견해에서, 삶의 목적은 최고의 깨달음,즉 자신을 있는 그대로 이해하는 데 있다. 이것은 숭고한 행위, 정신적인 수양, 그리고 통찰력 또는 다른 말로 봉사와 완성(바라밀)을 통하여 성취될 것이다.

봉사에는 무한한 자애, 동정, 그리고 다른 존재들을 도와주려고 촉진시키는 절대적인 이타심이 포함된다.

완성(바라밀)은 절대적인 청정과 절대적인 지혜를 포용한다.

〔부 록〕

망갈라(기쁨)경[1]

이와같이 내가 들었다.
한때 세존께서 사바티[2] 근처의 제타숲에 있는 아나타핀다카의 사원에[3] 머무르고 계셨다. 이윽고 밤이 깊어가자 어떤 천신이 몸에서 제타숲 전체를 환히 비추면서 세존앞에 나타나 공손히 인사하고 옆으로 물러서서 세존께 다음과 같이 물었다.[4]

1. 많은 천신과 인간들이 선한 것을 갈망하면서, 기쁨에 대해서 알려고 합니다. 오 세존이시여. 저에게 최고의 기쁨을 가르쳐주십시오.[5]

2. 어리석은 사람과 사귀지 않고, 현명한 사람과 사귀며, 공경할 만한 사람을 공경하라.―이것이 최고의 기쁨이다.

3. 알맞은 지역에 살면서,[6] 전생에 쌓은 공덕을 계속 쌓고 올바른 길에 자기자신을 두는 것[7]―이것이 최고의 기쁨이다.

4. 박학,[8] 완벽한 기술,[9] 고도의 숙련된 계율,[10] 즐거운 말―이것이 최고의 기쁨이다.

5. 부모를 봉양하고, 아내와 자식을 돌보고, 평화로운 직업을 갖는 것― 이것이 최고의 기쁨이다.

6. 자유, 올바른 행위, 이웃을 도와주는 것, 그리고 비난받지 않을 행동―

이것이 최고의 기쁨이다.

7. 악을 금하며, 정신을 취하게 하는 것을 금하며, 착실하게 덕을 쌓는 것 – 이것이 최고의 기쁨이다.

8. 존경[11], 겸손, 만족, 감사 그리고 적당한 때 법을 듣는 것[12] – 이것이 최고의 기쁨이다.

9. 인내, 복종, 사문[13]을 보고, 적당한 때에 종교적인 이야기를 나누는 것 – 이것이 최고의 기쁨이다.

10. 자기 억제, 성스러운 생활, 성스러운 진리의 이해, 그리고 니르바나의 깨달음 – 이것이 최고의 기쁨이다.

11. 세속적인 것과[14] 접촉해도 마음이 동요되지 않고, 괴로움이 없고, 번뇌가 없고, 안정을 유지하는 것[15] – 이것이 최고의 깨달음이다.

12. 이러한 기쁨들로[16] 가득찬 사람들은 어디에서도 정복될 수 없고 모든 면에서 행복하게 움직인다. – 이것들이 최고의 기쁨들이다.

---

1) 이 경은 슈타니파타와 소부경(小部經)에 실려있다.
2) 지금의 지명은 사헤트마헤트로 불린다.
3) 즉, '불쌍한 자들에게 보시를 베푸는 자' 또는 '버림받은 자들을 돌보는 자'이다. 그의 이전의 이름은 수자타였다. 불교에 귀의한 후, 그는 제타왕자에게 속했던 그 숲을 사서 정사를 세웠는데 나중에 제타바나라마로 불렸다. 부처님께서 생애의 대부분을 보낸 것이 바로 이 기원 정사 였다.
4) 주석서는 다음과 같이 기록하고 있다.
즉, 어느날 대중들 사이에서 기쁨에는 어떤 것들이 있는가에 대해서 재미있는 논쟁이 일어났다. 사람들은 자연히 서로 다른 견해를 주장하였다. 한 사람이 이른 새벽에 상서로운 광경(예를들면 어린애를 데리고 있는 여자, 소년, 흰 소 같은 것)이 기쁨으로 간주되어야 한다고 주장하였다.
다른 사람은 '가득함', '행운' 등의 상서로운 소리들을 그리고 또다른 사람들은 향기로운 꽃의 향기, 땅을 만지는 것 같은 마음에 드는 경험들을 주장했다.
사람들의 의견이 분분해지면서 나중에는 세개의 그룹을 형성하게 되었다. 그리고 논쟁이 더욱 심해져서 마침내 이들의 이야기가 천신의 세계에까지 들리게 되었다. 천신들은 그 논쟁이 해결될 때까지 가만히 앉아서 기다릴 수 없어서 그들이 최고의 지혜자로 인정하고 있는 지도자 제석천에게 간청하였다. 제석천은 신중하였기 때문에 어떤 천신에게 부처님께가서 부처님의 믿을 만한 의견을 들어오도록 지시했다. 그래서 이 천신이 세존께 다가가서 말한 것이다.
5) 주석서에 의하면 mangala는 행복과 번영으로 이끄는 것을 의미한다. 본 고장의 어원학자들은 이 용어를 '*man*(고통스러운 상태)', '*ga*(가는 것)', 그리고 '*la*(막음)'의 세개의 음절로 나누어 설명하면서, 이것은 고통의 상태로 가는 것을 막는 것을 의미한다고 말한다.
6) 즉 비구, 비구니, 우바새, 우바리가 항상 거주하는 모든 곳.
   독실한 신자들이 열가지 공덕을 실천하는 성향이 있고, 다르마가 살아있는 규범으로 존재하는 곳을 의미한다.
7) 즉, 자신의 비도덕성을 도덕성에 두는 것, 불신을 믿음에, 그리고 이기심을 이타심에 두는 것을 의미한다.
8) 고대에서 박학의 정도는 입으로 전하는 것을 얼마나 많이 기억하고 있는가에 의해서 판단되었다. 여기서 '많이 들음'은 법을 많이 아는 것을 의미한다.
9) 주석서는 여기서 두가지 종류의 기술을 언급하고 있다. 즉 금세공 같은 재가자들의 무해한 기술 그리고 가사를 꿰메는 것 같은 출가자들의 기술을 의미한다.
10) 주석서에는 두개의 종류의 계율을 말하고 있다. 즉, 열개의 비도덕적인 행위를 금하는 재가자의 계율과 출가자의 계율인데 이것은 계본(戒本)에 열거된 일곱개의 규정을 범하지 않는 것이나 또는 사분율을 준수하는 것이다.
11) 즉 부처님, 제자, 스승, 부모, 형 등.
12) 예를들면, 나쁜 마음에 사로잡혔을 때 듣는 것
13) 번뇌를 가라앉힌 자들
14) 여덟가지 세속적인 것들은 이익과 손실, 명예와 불명예, 칭찬과 비난, 고통과 행복으로 구성된다.
15) *Asokam, Virajam*, 그리고 *Khemam*. 이것들은 아라한의 마음을 언급하고 있다. *Asoka*는 고통으로부터 벗어난 것이다. *Viraja*는 탐, 진, 치의 더러움에서 벗어난 것이다. *khema*는 감각적 욕망, 생성, 거짓된 견해, 무지로 부터 안전한 것이다.
16) 즉, 위에서 언급된 38가지의 기쁨들이다.

파라바바(몰락没落)경[1]

이와같이 내가 들었다.

한때 세존께서 사바티 근처의 제타숲에 있는 아나타핀다카의 사원에 머물고 계셨다. 이윽고 밤이 깊어지자 한 천신이 온 제타숲을 환하게 비추면서 세존앞에 다가가서 공손하게 예를 올리고 옆으로 한 걸음 물러섰다. 그리고 세존께 다음과 같이 물었다.

1. 오 고타마여, 저희들은 세존께 몰락하는 사람에 대해서 묻고 싶어서 왔습니다. 저희들에게 인간이 몰락하는 원인에 대해서 가르쳐주십시오.

2. 진보적인 사람은 쉽게 알 수 있다.
   퇴보적인 사람은 쉽게 알 수 있다. 법을 사랑하는 자는 진보적인 자이다. 법을 싫어하는 사람은 퇴보적인 자이다.

3. 그러면 이것은 저희들이 배운 인간이 몰락하는 첫째 원인입니다. 오 세존이시여, 인간이 몰락하는 두번째 원인에 대해서 가르쳐주십시오.

4. 악한 것이 그에게 귀여움을 받는다. 덕스러운 것에서 그는 어떠한 즐거운 것도 발견하지 못한다. 그는 악한 생각들을 좋아한다. 이것이 인간이 몰락하는 원인이다.

5. 그러면 이것은 저희들이 배운 인간이 몰락하는 두번째 원인입니다.
   오 세존이시여, 저희들에게 인간이 몰락하는 세번째 원인에 대해서 가르쳐주십시오.

6. 둔하고 남과 어울려다니기를 좋아하고 근면하지 않고 게으르고 화를 잘 내는 자-이것이 인간이 몰락하는 원인이다.

7. 그러면 이것은 저희들이 배운 인간이 몰락하는 세번째 원인입니다. 오 세존이시여, 저희들에게 인간이 몰락하는 네번째 원인에 대해서 가르쳐 주십시오.

8. 누구든지 부자이면서 나이든 부모님을 봉양하지 않는 자-이것이 인간이 몰락하는 원인이다.

9. 그러면 이것은 저희들이 배운 인간이 몰락하는 네번째 원인입니다. 오 세존이시여, 저희들에게 인간이 몰락하는 다섯번째 원인에 대해서 가르쳐주십시오.

10. 어떤 사람이 거짓말로 브라흐만 또는 고행자 또는 다른 어떤 탁발수도승들을 기만하는 자-이것이 인간이 몰락하는 원인이다.

11. 그러면 이것은 저희들이 배운 인간이 몰락하는 다섯번째 원인입니다. 오 세존이시여, 저희들에게 인간이 몰락하는 여섯번째 원인에 대해서 가르쳐주십시오.

12. 어떤 사람이 금과 식량등 많은 재산을 갖고 있으면서 자기 혼자만 그것들을 즐긴다.-이것이 인간이 몰락하는 원인이다.

13. 그러면 이것은 저희들이 배운 인간이 몰락하는 여섯번째 원인입니다. 오 세존이시여, 저희들에게 인간이 몰락하는 일곱번째 원인에 대해서 가르쳐주십시오.

14. 어떤 사람이 자신의 출생, 부 또는 가문을 자랑하면서 자신의 친족을 무시하는 자-이것이 인간이 몰락하는 원인이다.

15. 그러면 이것은 저희들이 배운 인간이 몰락하는 일곱번째 원인입니다. 오 세존이시여, 저희들에게 인간이 몰락하는 여덟번째 원인에 대해서

가르쳐주십시오.

16. 어떤 사람이 방탕하고 술주정꾼, 도박꾼 그리고 그가 갖고 있는 것은 모두 낭비하는 자 - 이것이 인간이 몰락하는 원인이다.

17. 그러면 이것은 저희들이 배운 여덟번째 인간이 몰락하는 원인입니다. 오 세존이시여, 저희들에게 인간이 몰락하는 아홉번째 원인을 가르쳐 주십시오.

18. 만약 창녀들이나 다른 사람의 아내들을 보면서 자신의 아내가 그 보다 못하다고 생각하는 자 - 이것이 인간이 몰락하는 원인이다.

19. 그러면 이것은 저희들이 배운 인간이 몰락하는 아홉번째 원인입니다. 오 세존이시여, 우리들에게 인간의 몰락하는 열번째 원인에 대해서 가르쳐주십시오.

20. 나이든 남자가 매우 젊은 아내를 데려와서 지나치게 정력을 낭비하는 자 - 이것이 인간의 몰락하는 원인인다.

21. 그러면 이것은 저희들이 배운 인간이 몰락하는 열번째 원인입니다. 오 세존이시여, 저희들에게 인간이 몰락하는 열한번째 원인에 대해서 가르쳐주십시오.

22. 권위있는 자리에 무절제하게 낭비하는 여자나 이와 비슷한 성격을 가진 남자를 임명하는 자 - 이것이 인간이 몰락하는 원인이다.

23. 그러면 이것은 저희들이 배운 인간이 몰락하는 열한번째 원인입니다. 오 세존이시여, 저희들에게 인간의 몰락하는 열두번째 원인에 대해서 가르쳐주십시오.

24. 어떤 이가 무사계급 출신으로 자질이 부족한데도 야심만 있고 군주가 되기를 바라는 자 - 이것이 인간이 몰락하는 원인이다.

25. 이 세계에서 인간이 몰락하는 원인들을 잘 알았습니다. 통찰력을 지니신 세존께서 온 세계를 밝게 비추시니 모든 존재들이 기뻐합니다.

---

1) 인간의 행복과 번영에 대한 것들을 다루는 망갈라경을 듣고난 다음에 천신들은 부처님으로부터 인간의 몰락을 이끄는 것들에 대한 것들을 듣기를 바랬다. 그 결과 천신들은 부처님께 가서 이 문제들을 질문하였다.

바살라(천민賤民)경

이와같이 내가 들었다.

한때 세존께서 사바티 근처의 제타숲에 있는 아나타핀다카의 사원에 머무르고 계셨다. 이윽고 세존께서 가사를 입으시고 발우를 들고 사바티로 탁발하러 들어가셨다.

그 시간에 바라문 아기카 바라드바자의 집 한쪽에서는 불이 타오르고 있었으며, 공양이 준비되어 있었다. 그때 세존께서 사바티에서 집집마다 탁발을 다니시다가 바라문 아기카 바라드바자의 집 앞에 다다랐다.

그 바라문이 멀리서 세존이 오는 것을 보고 외쳤다.

"멈추시오, 까까머리여. 거기 멈추시오. 오 불쌍한 중이여, 거기에 멈추시오. 오 가엾은 천민이여."[1]

그러자 세존께서 말씀하셨다.

"오 바라문이여. 당신은 무엇이 천민 또는 천민을 만드는 자를 아는가?"

"오 존경하는 고타마여, 사실은 누가 천민인지 또는 천민을 만드는 것이 무엇인지 모릅니다. 고타마께서 자세히 가르쳐 주십시오."

"오 바라문이여, 그러면 잘 들으시오. 내가 하는 말을 잘 새겨 들으시오. 내가 그대에게 가르쳐드리겠소."

"고맙습니다. 존경하는 이여." 바라문이 대답했다.

세존께서 다음과 같이 말씀하셨다.[2]

1. 화를 잘내고, 증오에 불타고, 사악하고, 비방하고, 의견을 곡해하고, 기만하는 자.―이러한 자가 바로 천민이다.

2. 이 세상에서 한번 태어나거나 또는 두번 태어난 모든 살아있는 존재에 대하여 해를 끼치는 자.[3] 모든 살아있는 존재에 대해서 아무런 동정심을 갖지 않는 자.—이러한 자가 바로 천민이다.

3. 누구라도 마을을 파괴하고 괴롭히며 학대하는 자로 알려진 자. —이러한 자가 바로 천민이다.

4. 마을에 있거나 숲에 있거나 다른 사람들에게 속한 것 또는 자신에게 주어지지 않은 것을 빼앗는 자.—이러한 자가 바로 천민이다.

5. 누구든지 빚을 진 다음에 갚으라고 말했을 때 '당신에게 진 빚은 없소.' 하면서 시치미떼는 자.—이러한 자가 바로 천민이다.

6. 누구든지 어떤 사소한 것을 바라면서, 길 가던 사람을 죽이고 물건을 약탈하는 자.—이러한 자가 바로 천민이다.

7. 누구든지 자신을 위해서 또는 다른 사람들을 위해서 또는 경제적 이익을 위해서 증인으로 섰을 때 거짓말을 하는 자.—이러한 자가 바로 천민이다.

8. 누구든지 강제 또는 동의로 친척 또는 친구의 아내를 범한 자.—이러한 자가 바로 천민이다.

9. 누구든지 부자이면서, 나이가 든 부모를 봉양하지 않는 자.—이러한 자가 바로 천민이다.

10. 누구든지 부모, 형제, 장모를 구타하거나 또는 폭언으로 괴롭히는 자. —이러한 자가 바로 천민이다.

11. 누구든지 무엇이 선한 것인가에 대한 질문을 받았을 때 그릇된 것을 말하고 속여서 가르쳐주는 자.—이러한 자가 바로 천민이다.

12. 누구든지 악한 행동을 하고 그것이 다른 사람들에게 알려지지 않기를 바라면서, 속여서 행동하는 자.—이러한 자가 바로 천민이다.

13. 누구든지 다른 사람의 집에 찾아가서, 식사를 대접받고 돌아올 때 주인에게 식사대접을 잘 받았다고 인사하지 않는 자. — 이러한 자가 바로 천민이다.

14. 누구든지 고행자, 바라문,[4] 또는 다른 탁발승을 속이는 자. — 이러한 자가 바로 천민이다.

15. 누구든지 식사시간이 되었을 때 바라문이나 고행자에게 싫은 소리를 하고 음식을 주지 않는 자. — 이러한 자가 바로 천민이다.

16. 이 세상에서 누구든지 무지에 가려서, 사실이 아닌 것을 예견하면서 어떤 것을 바라는 자. — 이러한 자가 바로 천민이다.

17. 누구든지 자신을 자랑하고, 다른 사람을 무시하며, 자신의 자만심으로 품위를 떨어뜨리는 자. — 이러한 자가 바로 천민이다.

18. 누구든지 성질내고, 탐욕스럽고, 이기적이고, 기만하고, 악한 일을 하면서 부끄러움이 없고 두려움이 없는 자. — 이러한 자가 바로 천민이다.

19. 누구든지 부처님 또는 출가자이든 재가자이든 부처님의 제자를 험담하는 자. — 이러한 자가 바로 천민이다.

20. 누구든지 아라한이 아니면서 아라한이라고 공언하는 자는 모든 세계에서 도둑이다.[5] — 그는 가장 낮은 천민이다. 지금까지 내가 설명해준 사람들이 진짜로 천민이라 불리는 자들이다.

21. 인간은 출생에 의해서 천민이 되지 않는다.[6] 인간은 출생에 의해서 바라문이 되지 않는다. 행위에 의해서 인간은 천민이 된다. 행위에 의해서 인간은 바라문이 된다.

22. 다음 설명에 의해서 이것을 알 수 있다. 전생에 마탕가(개요리사)로 알려진 천민의 아들이 있었다.[7]

23. 이 마탕가는 얻기 어려운 최고의 명예를 얻었다. 많은 무사계급과 바라문들이 그를 섬기러 왔다.

24. 천상계의 수레를 타고 번뇌가 없는 높은 길을 따라서, 그는 감각적 욕망을 버리고 범천계로 높이 올라갔다.

25. 베다를 찬송하는 사제의 집안에는 바라문이 태어난다. 그러나 그들 또한 악한 행동에 빠지는 것이 흔히 보인다.

26. 현생에서 그들은 경멸당하고, 다음 생에는 고통스러운 상태를 얻는다. 그의 출생성분이 고통스러운 상태 또는 비난으로부터 그를 막아줄 수 없다.

27. 출생에 의해서 인간은 천민이 되지 않는다. 출생에 의해서 인간은 바라문이 되지 않는다. 행위에 의해서 인간은 천민이 되며, 행위에 의해서 바라문이 된다.

부처님께서 설법을 다마치자, 바라문 아기카 바라드바자는 부처님께 다음과 같이 말했다.

"오 뛰어난 이여, 존경하는 고타마여, 훌륭하십니다! 이것은 마치 넘어졌던 사람이 바로 서는 것과 같으며, 길 잃은 사람에게 길을 가르쳐주는 것 같으며, 어둠속에서 등불을 켜는 것과 같습니다. 그래서 눈이 있는 자는 누구든지 볼 수 있듯이, 존경하는 고타마께서 여러가지로 상세히 법을 가르쳐주셨습니다. 그리고 불·법·승 삼보에 귀의합니다. 존경하는 고타마께서 저를 이 순간부터 목숨이 다할 때까지 귀의하는 제자로 받아 주십시오."

---

1) 여기서 바라문이 모욕적인 말은 나중에 부처님을 찬양하는 것과 매우 대조적이다. 이에 대해 주석서는 다음과 같이 설명하고 있다.
　그날 아침 부처님께서 혜안으로 세상을 두루 살피시다가 이 바라문이 부처님께 귀의하고 가르침을 받을 때가 무르익었음을 보았다. 그래서 부처님께서 특별히 그를 만나러 가셨다. 이 바라문은 방금 제단에 공양을 올리고, 미래의 상징을

532 바살라(천민)경

돌아보았다. 그의 눈이 '까까중머리'와 '사미'의 모습에 마주쳤는데, 이것은 바라문의 관습에 따르면 둘다 재수없는 상징이었다. 그의 당황과 성냄은 이러한 모욕적인 말을 내뱉는 데서 알 수 있다.

그러나 부처님의 설법을 조용한 목소리로 듣고 자비로우면서 의연한 스승의 모습을 보자 바라문은 부끄러웠다. 그의 뒤의 이야기는 그의 후회를 반영하고 있다.

2) 바라문은 부처님을 보자 재수없다고 생각해서 화가 난 나머지 부처님께 무례하게 말했다. 하지만 부처님은 그 바라문을 무시하거나 자신을 내세우지도 않으면서 조용하고 침착하게 대답했다.

"사실대로 말하면 비록 바라문의 가문에 태어났더라도 화를 잘 내고 증오를 품는 자들은 천민이다."

그의 대답에 의해서 그 바라문은 부처님이야 말로 진짜 바라문이라고 생각하게 되었다. 반면에 이른바 바라문이라는 그 자신은 천민이었던 것이다.

3) '한번 태어난 것' – 알로 태어난 새 같은 것들을 제외한 모든 것들. '두번 태어난 것' – 처음에 알로 나타난 존재들. 두번째 태어난 것은 알이 부화할 때이다.

여기서 스승(부처님)의 유머가 드러나는데, 왜냐하면 바라문들은 자기자신들을 '두번 태어난 자'로 생각하고 있기 때문이다.

4) 모든 번뇌를 제거한 완벽한 성인

5) 이 20개의 귀절에서 부처님은 34개의 천민을 조건지우는 것에 대해서 설명했다. 첫째 귀절은 성냄을 다루고, 둘째는 해로움을, 세째는 학대를, 네째는 도둑질을, 다섯번째는 사기꾼을 여섯째는 약탈을, 일곱째는 위증을, 여덟번째는 배반하는 행위를, 아홉째는 부모를 돌보지 않는 것을, 열번째는 구타와 괴롭힘을 열한번째는 자기기만을, 열두번째는 악한 행위를 하고 감추는 것, 열세번째는 감사하지 않는 것, 열네번째는 속이는 것, 열다섯번째는 종교적인 사람을 괴롭히는 것, 열여섯번째는 협잡꾼, 열일곱번째는 자기 자랑과 다른 사람을 무시하는 것, 열여덟번째는 괴롭힘 등등의 일곱개 조건, 열아홉번째는 부처님과 제자들을 비난하는 것, 스무번째는 거짓으로 성인인 체 하는 것, 출생이 아니라 행위에 의해서 판단할 때 이 서른 여섯 가지의 사람들은 성인에 의해서 천민이라 불린다.

6) 주석서에 의하면 천민은 불순한 행위의 비를 내린 자이고, 바라문은 청정한 행위로 부정한 것을 막은 자이다.

여기에서 사용된 바라문은 아라한을 가리키는 데 사용한 것이다.

7) 부처님께서 전생에 천민으로 있을 때를 언급하고 있다. 그때 부처님은 매우 덕스러운 삶을 살면서 모든 사람들의 존경을 받고 범천계에 태어났다.

라타나(보석寶石)경[1]

1. 여기에 모인 존재들은 지상에 있든, 천상에 있든 모두가 행복하기를 ! 그리고 그들이 나의 말을 주의깊게 듣기를 !

2. 모든 존재들이여, 귀를 기울여라 ! 그대들의 사랑을 날마다 그대들에게 헌신하는 이들에게 보여주어라.[2] 그래서 그들을 열정적으로 보호해주어라.

3. 어떤 보석[3]이 여기 또는 이 세상 저편에 있든, 어떤 귀중한 보석이 천상[4]에 있더라도 완성자(부처님)와 견줄 수 있는 것은 없다. 참으로 부처님에게는 이 귀중한 보석이 있도다. 이 진리로 말미암아 행복이 있기를 !

4. 석가족의 고요한 성자[5]가 소멸, 번뇌로부터 해탈, 불멸의 지고(至高)를 실현했다. 이 법과 비교될 수 있는 것은 아무것도 없다. 참으로, 법에는 이 귀중한 보석이 있도다. 이 진리로 말미암아 행복이 있기를 !

5. 세존께서 칭찬하는 성스러운 것은 '중단없는 집중[6]'이다. 집중같이 성스러운 것은 없다. 참으로 법에는 이 귀중한 보석이 있도다. 이 진리로 말미암아 행복이 있기를 !

6. 고귀한 덕으로 칭찬받는 여덟성인[7]들은 네쌍의 사람들로 구성되었다. 공양을 받을 가치가 있는자(應供), 세존의 제자들에게 바친 공양은 풍부한 열매를 낳는다.[8]

   참으로 승가에는 이 귀중한 보석이 있도다. 이 진리로 말미암아 행복이 있기를 !

7. 굳건한 마음으로, 고타마의 법을 철저하게 실천하면서, 해탈한 그들은 얻어야 할 것을 얻었고, 죽음 없는 곳(不死)으로 들어가서, 평화를 누린다.
   참으로 승가에는 이 귀중한 보석이 있도다. 이 진리로 말미암아 행복이 있기를!

8. 땅에 단단히 박은 기둥⁹⁾이 사방에서 불어오는 바람에 의해 흔들리지 않듯이, 나도 성스러운 진리를 철저하게 이해한 사람을 올바른 사람이라고 선언한다.
   참으로, 승가에는 이 귀중한 보석이 있도다. 이 진리로 말미암아 행복이 있기를!

9. 성스러운 진리를 명확하게 이해하고, 수승한 지혜로 잘 가르치는 자는 아무리 부주의하더라도 여덟번째는¹⁰⁾ 태어나지 않는다.
   참으로 승가에는 이 귀중한 보석이 있도다. 이 진리로 말미암아 행복이 있기를!

10. 통찰을 얻은 자¹¹⁾에게는 세개의 조건¹²⁾ 즉, 망상¹³⁾, 의심¹⁴⁾ 그리고 잘못된 의식과 의례에 집착하는 것이 일어나지 않는다. 그는 불행의 네가지 상태¹⁵⁾로부터 완전히 자유로우며 여섯가지의 극악한 죄¹⁶⁾를 범할 수 없다.
    참으로, 승가에는 이 귀중한 보석이 있도다. 이 진리로 말미암아 행복이 있기를!

11. 그가 어떠한 악한 행위를 하든 말, 생각, 행동에 의해서 하든, 그는 그것을 감출 수가 없다. 왜냐하면 그러한 행동은 그 길(道)을 본 자에게는 불가능하다고 말하여지고 있기 때문이다.
    참으로, 승가에는 이 귀중한 보석이 있도다. 이 진리로 말미암아 행복이 있기를!

12. 초여름에 나무끝에 꽃이 핀 숲동산과 같이, 니르바나로 이끄는 장엄한 법은 최상의 선을 위해서 가르쳐지고 있다.

참으로 부처님에게는 이 귀중한 보석이 있도다. 이 진리로 말미암아 행복이 있기를!

13. 견줄 수 없이 뛰어난 자, 아는 자, 주는 자, 수승한 것을 가져온 자가 수승한 교리를 자세히 설명해주었다.
참으로, 부처님에게는 이 귀중한 보석이 있도다. 이 진리로 말미암아 행복이 있기를!

14. 그들의 과거는 소멸되었다. 새로운 탄생은 일어나지 않는다.[17] 그들의 마음은 미래의 탄생에 집착하지 않는다. 그들의 욕망은 증가하지 않는다. -이 현명한 자들은 램프 불빛[18] 처럼 사라진다.
참으로, 승가에는 이 귀중한 보석이 있도다. 이 진리로 말미암아 행복이 있기를!

15. 지상 또는 천상계에 있는 모든 존재들이 여기에 모여서 신과 인간들로부터 공경을 받는 완성자 부처님에게 경의를 표한다.
여기에 행복이 있기를!

16. 지상 또는 천상에 있는 모든 존재들이 여기에 모여서, 신과 인간들로부터 공경을 받는 수승한 법에 경의를 표한다.
여기에 행복이 있기를!

17. 지상 또는 천상에 있는 모든 존재들이 여기에 모여서 신과 인간들로부터 존경을 받는 거룩한 승가에 경의를 표한다.
여기에 행복이 있기를! [19]

---

1) 주석서는 이 중요한 경전이 설해지게 된 배경을 생생하게 묘사하고 있다.
한때 번영의 도시 베살리의 시민들이 세가지 재난 즉, 기근, 귀신, 그리고 전염병에 시달리고 있었다. 기근이 그들에게 먼저 찾아와서 가난한 시민들사이에서 몇사람의 생명을 앗아갔다. 썩어가는 시체로부터 나오는 구역질나는 냄새를 맡고 귀신들이 나타났다. 마지막으로 많은 사람들이 죽어가면서 전염병이 발생했다. 거의 참을 수 없는 한계에 다다르자, 그들은 완전히 절망에 빠져서, 마지막 재난을 피하기 위하여 무엇을 해야 할지 몰랐다.
바로 이 심각한 순간에 그들에게 라타가하에 잠깐 머무르고 계셨던 부처님을 이 공포에 떠는 도시로 방문해 주도록 요청할 생각이 떠올랐다.
　　그래서 두명의 리차비 대신이 수행원을 데리고 급히 라자가하로 떠났다. 부처님께 자신들의 도시를 방문해서 재난에서 벗어날 수 있도록 자비를 베풀어 달라고 요청하자, 부처님께서 초청을 승낙하였다.
　　부처님은 아난존자를 포함한 많은 비구들을 데리고 라자가하를 떠나 갠지즈강을 건너서 베살리에 도착했다. 부처님께서 베살리에 도착하자마자 폭우가 쏟아지기 시작했다. 이 폭우로 인해서 모든 썩어가는 시체가 떠내려가고 오염된 공기는 완전히 정화 되었다.
　　그래서 부처님께서 이 라타나경을 아난존자에게 가르쳐주고, 그에게 리차비 대신들과 시내를 돌면서 시민들을 보호하기 위해서 이 경을 암송하라고 지시했다.
　　곧 아난존자가 이 경을 암송하면서 시내를 돌았고, 동시에 부처님의 발우에서 신성한 물이 쏟아져 나왔다. 주석서는 아난존자가 'yaṁ kinci, 얌 킹치'라고 말을 하자마자, 모든 귀신들이 두려워서 그 도시에서 떠났다고 기록하고 있다.
　　아난존자는 위해서 언급한 데로 시내를 돌면서 시민들을 보호해준 다음에 되돌아왔다. 이때 부처님께서 라타나경을 다시 대중들에게 자세히 설명해 주었다.
2) 주석서의 설명에 따르면 사람들은 천신들의 그림을 그리거나 그 모양을 새긴 목각을 나무에 매달아서 신성시하면서 공양을 바쳤다고 한다.
3) 라타나 Ratana는 귀중한 보석을 의미한다. 여기서 'ratana'는 불, 법, 승 삼보에 적용된다. 어원학자들에 따르면, 'ratana'는 세개의 음절, 즉 ra, ta, 그리고 na로 구성되었다. 여기서 Ra는 끌어당김을, ta는 건너감을, na는 이끌림을 의미한다. 불, 법, 승 삼보는 집합적으로 ratana로 불리는데 왜냐하면, 그들은 지혜로운자의 마음을 끌어당기는 공덕을 갖고있고 윤회의 바다를 건너가는 수단으로서 활동하고, 천상과 니르바로 이끌어 주기 때문이다.
4) 주석서에 따르면 이것은 가장 낮은 세계로부터 가장 높은 범천계까지 모두 포함한다.
5) 이렇게 불리는 것은 모든 번뇌들이 완전히 근절되었기 때문이다.
6) magga(道)는 anantarika samadhi(無間三昧)로 불리는데 왜냐하면 phala(果)가 중단없이 즉시 뒤따르기 때문이다.
7) 즉, ① 예류도와 예류과를 얻은자 ② 일래도와 일래과를 얻은자 ③ 불환도와 불환과를 얻은자 ④ 아라한도와 아라한과를 얻은자이며, 이들 여덟사람이 네쌍의 사람들을 구성한다.
8) 즉, 아라한과를 일컬음.
9) 원문은 Indakhila이다. Inda는 천신들의 왕 Sakka(제석천)을 의미한다. Indakhila는 제석천의 위치처럼 높고 확고한 것을 의미한다.
　　주석서에 따르면 인다킬라는 장식품으로서 도시 안에 있거나 또는 보호신으로 마을 밖에 확고하게 세워져 있는 기둥을 의미한다. 일반적으로 이것들은 돌이나 단단한 나무를 팔각형으로 만들어 사용한다. 이 기둥의 반이 땅속에 깊이 박혀있기 때문에 이 비유는 인디칼라처럼 확고하고 단단한 것을 의미한다.
10) 성인의 첫번째단계(예류과)를 얻은자는 최대한으로 일곱번 밖에 태어나지 않는다.
11) 이것은 니르바니를 얼핏보는 것이다.
12) 열개의 속박중 앞의 세개를 의미한다.
13) Sakkayaditthi(有身見); 몸이 존재할 때 생기는 믿음, 즉 영원한 영혼 또는 자아의 관념에 대한 믿음, 이것은 몸에 관하여 일어나는 세개의 관념중의 하나이다. 나머지 두개는 갈애와 자만심이다.
14) 이것은 불, 법, 승, 계율, 전생, 내생, 전생과 내생 그리고 연기의 법칙에 대해서

의심하는 것.
15) 즉, 지옥, 축생계, 아귀계, 아수라계.
16) *Abhithanani*(極罪) ; ① 모친살해 ② 부친살해 ③ 아라한 살해 ④ 부처님의 피를 흘리게 하는 것 ⑤ 승가에 분열을 일으키는 것 ⑥ 그릇된 믿음을 영원히 갖는 것.
17) 아라한은 전생의 행위에 의해서 다시 태어나지 않는다. 그가 살아있는 동안에 했던 행위들은 과보는 만들지 않는다. 왜냐하면, 그는 집착의 모든 번뇌로부터 벗어났기 때문이다.
18) 도시의 수호신을 숭배하기 위해 타오르고 있던 횃불을 가리키는 순간에 그 불은 꺼져버리고 말았다.
19) 부처님께서 베살리 시민들에게 평화와 행복이 깃드는 설법을 마치자, 천신들의 왕 제석천은 부처님께 예를 올리고 수행원들과 함께 되돌아갔다. 주석서는 부처님께서 이 경을 베살리에서 7일간 계속에서 설법했다고 기록하고 있다.

메타(자애慈愛)경[1)]

1. 공덕을 쌓고 고요한 상태[2)]를 얻으려는 자는 이와 같이 행동해야 한다. 합리적이고, 올바르고, 긍정적이고, 완벽하게 올바르고[3)], 유순하고, 공손하고, 겸손해야 하며,

2. 스스로 만족하며, 언제나 도와줄 준비가 되어있고, 해야 할 의무를 다하며, 올바른 직업을 가지며, 감각적 욕망을 제어하고, 신중하며, 거만하지 않고, 세속에 지나치게 집착하지 않아야 한다.

3. 다른 현명한 자가 비난할 지도 모르는 어떠한 가벼운 죄도 범해서는 안된다. 모든 존재들이 행복하고 안락하기를! 그들의 마음이 건강하기를!

4. 약하거나 강하거나, 길거나 뚱뚱하거나 보통이거나, 짧거나 적거나 많거나, 보이거나 보이지 않거나, 가까이 살거나 멀리 살거나, 태어났거나 태어나게 될 — 모든 존재들에게 행복한 마음이 깃들기를!

5. 어떠한 곳에 있던지 다른 사람을 속이지도 않고 또한 경멸하지도 않기를! 성냄 또는 증오로 다른 사람에게 어떠한 해를 끼치는 마음을 갖지 않기를!

6. 어머니가 생명의 위험을 무릅쓰고 외아들을 보호하듯이 그대도 모든 존재들에 대해서 무한한 자애의 마음을 닦아나가라.

7. 그대의 무한한 사랑의 마음이 지상, 천상을 비롯한 온 세계에 어떠한

방해도 없이, 어떠한 미움도 없이, 어떠한 적의도 없이 펼쳐나가도록 하라.

8. 서 있든, 앉아있든 또는 누워있든 그대가 깨어있는 동안에는 자비관을 닦아나가야 한다. 성인들은 이것이 최고의 행위[4]라고 말한다.

9. 그릇된 것에 빠지지 않고[5], 청정하고, 통찰력[6]을 가진 사람 은 감각적 욕망에 대한 집착을 버린다. 이제 그는 더이상 모태에 잉태되지 않는다.[7]

---

1) 우기가 가까워져 오면서 몇명의 비구가 부처님으로부터 명상에 대해서 가르침을 받고 적당한 곳을 찾아 떠났다. 여기저기 찾아헤메다가 경치가 좋은 한적한 장소를 발견하자 그곳에 머물면서 해탈을 얻기위한 명상을 하기로 결정했다.
   이때 이 숲에서 살던 천신들이 자신들의 영역을 침범한것에 화가나서 불청객들을 내 쫓으려고 생각했다.
   밤에 천신들은 명상하는 비구들의 마음을 혼란 시켜서 명상을 못하도록 방해하였다. 비구들은 이렇게 불편한 분위기에서는 마음을 집중하기가 어렵다고 판단해서, 부처님께 되돌아가서 밤에 일어났던 일들을 말했다.
   그러자 부처님께서 그들에게 이 경을 가르쳐주고 다시 그 장소에 가서 시킨 데로 명상하라고 충고했다. 비구들이 돌아와서 자애로운 마음을 발해서 숲주변을 가득차게 만들자 천신들이 매우 흐뭇해서 그들의 명상을 방해하는 대신에 필요한 것들을 적극 도와주었다. 그래서 바로 이 우기 동안에 그 비구들은 모두 아라한을 얻었다.
   이 설법은 자애심을 명상의 대상으로 하는데 도움이 된다. 경전의 전반부에서는 자신의 행복을 바라는 사람들이 닦아야 할 덕성을 설명하고 있으며 후반부에서는 자애심을 닦는 방법이 자세히 설명되고 있다.
2) 즉, 니르바나를 의미한다.
3) *Uju*(올바름)와 *Suju*(완벽하게 올바름) ; 전자는 말과 행위에서 올바른 것을 의미하고 후자는 생각에서 올바른 것을 의미한다.
4) 사무량심을 의미한다.
5) 여기서는 '자아가 있다.'는 그릇된 견해를 의미한다.
6) 즉, 니르바나를 처음으로 얼핏 본것을 의미한다.
7) 불환과를 얻었을 때는 청정한 세계에 태어나며, 인간계에는 태어나지 않는다.

역자 후기

이 책은 Nārada Mahāthera의 'The Buddha and his teachings'의 온전한 번역이다.

이것은 저자 자신의 말대로 팔리경전과 주석서, 그리고 불교국가 특히 스리랑카에서 많이 알려진 경전들을 토대로 한 승려의 입장에서 씌어진 것이다.

이것에는 두 가지 의미가 있다.

하나는 지금까지 한국의 불교인이나 일반 독자들이 접근하기 힘들었던 테라바다 불교를 접할 수 있는 기회를 제공해준다는 것이다. 한국불교에서는 일반적으로 소승불교라고 격하하여 부르는 테라바다 불교는 실질적으로는 부처님의 가르침의 원형을 가장 잘 보존하고 있다. 따라서 부처님의 가르침의 원형을 알고 싶어하는 불교인이나 일반 독자에게 있어서 이 책은 훌륭한 지침서가 되어 줄 수 있을 것으로 믿는다. 그동안 테라바다 불교에 대한 소개는 단편적으로 이루어져 왔는데, 불교인이나 일반 독자들의 요구에는 충분히 부응치 못했던 것이 현실이다. 그런 점에서 이 책은 테라바다 불교의 입장에서 씌어진 것이면서, 동시에 개론서의 성격을 가지고 있으므로, 그러한 요구들에 대한 하나의 길잡이가 되어 줄 것이다.

나머지 하나는 승려 즉 수행자의 입장에 충실한 저술이라는 점이다.

일반적으로 한국불교에서 학문적 입장에서의 개론서는 많이 존재해왔지만, 실천적 입장에서 씌어진 개론서는 드물고 또 그러한 요구들을 충분히 만족시켜주지 못했던 것이 사실이다. 이미 본문에서 충분히 느낀 것이겠지만, 이 책은 학구적·이론적이지는 않다. 이것은 전적으로 삶에 있어서의 궁극적인 목표를 성취하도록 하기 위한 실천적인 수행의 지침서이다. 다음으로 이

두가지외에 이 책의 특징으로 얘기될 수 있는 것은 부처님의 가르침에 대한 이해를 용이하게 하기 위해서, 많은 서구의 철학적·과학적 관점들이 부처님의 교설과 대비되었다는 점이다.

이들 부분은 우리에게 있어서도 많이 논란이 되어왔던 문제들 — 예를 들면, 불교는 종교인가 철학인가, 윤회에 대한 이해, 세상의 기원과 영혼에 대한 문제 등 — 을 명쾌하게 해결해준다. 이러한 문제들에 대한 이해는 곧바로 '이것이 부처님의 가르침이다'라는 이해에 직결된다.

독자들이 불교의 진면목을 다시 한번 실감하고, 새롭게 인식할 수 있는 계기가 이 책을 통해서 이루어지기를 기대한다.

본 역서 중의 이해가 어렵거나 오류가 있는 부분은 원저의 것이 아니라, 역자들의 역량부족 때문이다. 모쪼록 이 역서가 독자 여러분께 충실한 삶의 지침서가 되기를 기대하며, 도서출판 경서원의 여러분과 교정에 도움을 준 김대일군 그리고 이 책이 번역되는 동안, 음으로 양으로 도와주신 모든 분들께 감사드린다.

나무불 나무법 나무승!

불기 2537년 12월

역 자 합장.

오직
그대 자신을 등불로 삼아라

지은이 —— 나라다 마하테라
옮긴이 —— 정 동 하
　　　　　 석 길 암
펴낸이 —— 이 규 택

佛紀 2529年(1985) 10月 20日 初 版 1刷 發行
佛紀 2540年(1996) 11月 25日 初 版 2刷 發行
佛紀 2550年(2006) 3月 20日 初 版 3刷 發行
佛紀 2555年(2011) 9月 10日 初 版 4刷 發行
佛紀 2562년(2018) 5月 25日 初 版 5刷 發行

펴낸곳 —— 경 서 원
주 소 —— 서울·종로구 견지동 55-2
등록 1980. 7. 22. 제1-37호
☎ (02)733-3345~6
FAX 722-7787

*파본은 바꾸어 드립니다.　　값 25,000 원
ISBN 89-85101-01-3